歐戰後美日兩國在華的對抗

Confrontation between the United States and Japan
in China after World War I

應俊豪 著
YING Chun-hao

民國論叢 ｜ 總序

呂芳上
民國歷史文化學社社長

　　1902 年，梁啟超「新史學」的提出，揭開了中國現代史學發展的序幕。

　　以近現代史研究而言，迄今百多年來學界關注幾個問題：首先，近代史能否列入史學主流研究的範疇？後朝人修前朝史固無疑義，但當代人修當代史，便成爭議。不過，近半世紀以來，「近代史」已被學界公認是史學研究的一個分支，民國史研究自然包含其中。與此相關的是官修史學的適當性，排除意識形態之爭，《清史稿》出版爭議、「新清史工程」的進行，不免引發諸多討論，但無論官修、私修均有助於歷史的呈現，只要不偏不倚。史家陳寅恪在《金明館叢書二編》的〈順宗實錄與續玄怪錄〉中說，私家撰者易誣妄，官修之書多諱飾，「考史事之本末者，苟能於官書及私著等量齊觀，詳辨而慎取之，則庶幾得其真相，而無誣諱之失矣」。可見官、私修史均有互稽作用。

　　其次，西方史學理論的引入，大大影響近代歷史的
書寫與詮釋。德國蘭克史學較早影響中國學者，後來政
治學、社會學、經濟學等社會科學應用於歷史學，於
1950 年後，海峽兩岸尤為顯著。臺灣受美國影響，現
代化理論大行其道；中國大陸則奉馬列主義唯物史觀為
圭臬。直到 1980 年代意識形態退燒之後，接著而來的
西方思潮──新文化史、全球史研究，風靡兩岸，近代
史也不能例外。這些流行研究當然有助於新議題的開
發，如何以中國或以臺灣為主體的近代史研究，則成
為學者當今苦心思考的議題。

　　1912 年，民國建立之後，走過 1920 年代中西、新
舊、革命與反革命之爭，1930 年代經濟大蕭條、1940
年代戰爭歲月，1950 年代大變局之後冷戰，繼之以白
色恐怖、黨國體制、爭民權運動諸歷程，到了1980 年
代之後，走到物資豐饒、科技進步而心靈空虛的時代。
百多年來的民國歷史發展，實接續十九世紀末葉以來求
變、求新、挫折、突破與創新的過程，涉及傳統與現
代、境內與域外方方面面的交涉、混融，有斷裂、有移
植，也有更多的延續，在「變局」中，你中有我，我
中有你，為史家提供極多可資商榷的議題。1949 年，
獲得諾貝爾文學獎美國作家福克納（William Faulkner）
說：「過去並未死亡，甚至沒有過去。」（The past is
never dead. It's not even past.）更具體的說，今天海峽兩
岸的現況、流行文化，甚至政治核心議題，仍有諸多
「民國元素」，歷史學家對民國歷史的回眸、凝視、觀
察、細究、具機鋒的看法，均會增加人們對現狀的理

解、認識和判斷力。這正是民國史家重大任務、大有可為之處。

　　民國史與我們最是親近，有人仍生活在民國中，也有人追逐著「民國熱」。無庸諱言，民國歷史有資料閎富、角度多元、思潮新穎之利，但也有官方資料不願公開、人物忌諱多、品評史事不易之弊。但，訓練有素的史家，一定懂得歷史的詮釋、剪裁與呈現，要力求公允；一定知道歷史的傳承有如父母子女，父母給子女生命，子女要回饋的是生命的意義。

　　1950 年代後帶著法統來到臺灣的民國，的確有過一段受戰爭威脅、政治「失去左眼的歲月」，也有一段絕地求生、奮力圖強，使經濟成為亞洲四小龍之一的醒目時日。如今雙目俱全、體質還算健康、前行道路不無崎嶇的環境下，史學界對超越地域、黨派成見又客觀的民國史研究，實寄予樂觀和厚望。

　　基於此，「民國歷史文化學社」將積極支持、鼓勵民國史有創意的研究和論作。對於研究成果，我們開闢論著系列叢書，我們秉持這樣的出版原則：對民國史不是多餘的書、不是可有可無的書，而是擲地有聲的新書、好書。

目錄

緒論

一、研究的再思考

（一）美日矛盾

　　第一次世界大戰（以下簡稱歐戰）結束後不久，關於美、日矛盾的傳聞，可能就已逐漸成型。不少派駐遠東地區的美國軍人言之鑿鑿，聲稱美、日戰爭已不可免。例如曾任美國西伯利亞遠征軍軍醫的摩理森上尉（Captain H. E. Morrison）在退役返美後，於 1919 年 7 月接受報紙訪問時，大膽預言美、日兩國五年內必有一戰。[1] 美國駐華海軍艦長郝威爾（Captain Glenn F. Howell, USS *Palos*），在其 1920-1921 年的日記中，甚至不諱言地表示，當時英、美駐華軍人均普遍相信：美、日五年內將有一戰。[2] 由此觀之，美軍派駐遠東的第一線人員，在歐戰結束後不久，可能即難以再掩飾對日本的不滿情緒，意欲在戰場與之分出高下。而且或許不只是美國軍人，連局外旁觀的英國軍人也隱約感覺到美、日終將一戰的意味。

　　作為另外一邊當事者的日本，也有類似的感觸。歐

1　"Army Surgeon Says Japs Prepare for War," *San Francisco Examiner*, 24 July 1919.

2　Glenn F. Howell, Dennis L. Nobel, ed., *Gunboats on the Yangtze: The Diary of Captain Glenn F. Howell of the USS Palos, 1920-1921* (Jefferson: McFarland & Company, Inc., 2002), p.127.

戰後期日本派往西伯利亞作戰的浦塩派遣軍，在該部
特務機關長荒木貞夫大佐於 1919 年 3 月給陸軍次長的
報告中，同樣也間接證實當時已出現「日、美開戰」的
傳聞。更有意義的是，當日本陸軍省官員見到荒木的報
告後，竟然註記「日美戰爭不可避免」的意見。[3] 顯見
美、日戰爭論的議題，或許對於日本軍部來說，也已在
預期之中，並沒有感到太大的意外。

　　影響所及，美、日在遠東地區矛盾的態勢，也會連
帶刺激到其他國家，甚至因此見獵心喜，故意捲入其
中，以牟取自身利益。特別是久困於內部紛擾而無力
抗衡日本的中國，可能相當喜聞樂見美、日關係的持
續惡化，部分中國有識之士，即意圖「聯美制日」。[4]
美國軍事情報處（Military Intelligence Division, MID）
在 1921 年有關外人在華的政情報告中，就提及了所謂
「ABC 同盟」的出現，聲稱美國（America）、英國
（Britain）與中國（China）將共同合作對抗日本。[5] 雖
然此類議論背後，明顯帶有人為故意炒作與渲染的痕
跡，但某種程度上，還是反映出歐戰後美、日關係不睦
的客觀現實，這也才給予中國等有心人士一個可以操作
利用的機會。事實上，歐戰後在華外文報紙，多次謠傳

3　〈荒木大佐ヨリ陸軍次長宛〉，1919 年 3 月 20 日，浦特 22 號，
　　日本外務省外交史料館藏，《帝国諸外国交関係雑纂／日米間》，
　　第四卷，JACAR: B03030308000。

4　〈上海を中心と英米するのプロパガンダ〉，《大阪毎日新聞》，
　　1919 年 2 月 17 日。

5　"The Foreigner in China," 8 June 1921, *Correspondence of the
　　Military Intelligence Division Relating to General, Political, Economic, and
　　Military Conditions in China, 1918-1941*(MID), 2657-I-176.

美、日開戰的「假消息」，或許也體現類似的時代背景。[6] 尤有要者，歐戰後，也陸續出版一些有關於美、日戰爭論的書籍。例如日本陸軍退役中將佐藤鋼次郎所著的《日米若し戰はば》（或稱《日米戰爭夢物語》）、[7] 美國新聞學者皮德金（Walter B. Pitkin）的英文專書《美國必須對抗日本嗎？》（*Must We Fight Japan?*）等。[8] 隨著這些書籍的出版印行，無論論據是否適當，但包裹著學術研究的外衣，自然又更加深兩國人民以及外界對於美、日矛盾態勢日趨嚴峻的刻板印象。

歐戰後的美、日矛盾，很容易讓人連想到其與二戰之間的密切關係。畢竟太平洋戰爭的爆發與美國的參戰，均直接肇因於珍珠港事變的發生，而日本究竟為何下定決心偷襲美國的珍珠港，則與之前美、日之間的矛盾與敵意脫離不了關係。事實上，兩次大戰之間出現的美、日戰爭論，即使在當時有些危言聳聽，許多人也都視為只是謠言幻想，但就後來的歷史發展來看，似乎卻早已有先見之明，也為未來的遠東國際局勢演變埋下伏筆，預設了通往戰爭的道路。職是之故，當二戰結束後，人們不禁反思提問，究竟是什麼原因導致了美、日矛盾格局的出現，並最終還是迎來了戰爭。近幾十年

6　"Japanese-American War Rumours," *The North China Herald*, 29 January 1921.

7　佐藤鋼次郎，《日米若し戰はば》（《日米戰爭夢物語》）（東京：日本評論社，1921）。該書同時有英文翻譯本，顯見作者寫作設定的對象，可能已有將美國等英文讀者納入考量。見 Kojiro Sato, *IF Japan and America Fight* (Tokyo: Meguro Bunten, 1921)。

8　Walter B. Pitkin, *Must We Fight Japan?* (New York: The Century Co., 1921).

來，歷史與國際政治學界的學者紛紛探尋二戰的起源，研究成果極其豐碩，相關外文專書更是汗牛充棟，也為二戰起源與美、日矛盾問題，進行了非常深入的探討，也提出了許多精闢的歷史解釋。[9]

不過，必須強調的是，本書研究主旨，雖然在剖析歐戰後美、日在華矛盾論述的緣起及其可能的實際情況，但無意於探究美、日兩國最終為何走向了戰爭，因此與既有二戰起源的研究成果在目的、時間斷限與本質上均有所差異。

如前所述，關於此類議題，美國、日本學者已經有許多傑出的研究，從政府、軍事、經濟、地緣、資源等現實的面向切入，探究太平洋戰爭爆發的前因後果。一言以蔽之，與前述既有研究成果相較，本書主旨並非要全面探究二戰的起源，而是想要反思為何歐戰結束後

9　關於二戰起源與近代美、日矛盾的脈絡，最重要的研究典範，莫過於入江昭（Akira Iriye）一系列的研究，包括：*After Imperialism: The Search for a New Order in the Far East, 1921-1931* (Cambridge: Harvard University Press, 1965)；*Across the Pacific: An Inner History of American-East Asian Relations* (Chicago: Harcourt, Brace, 1967)；*Pacific Estrangement: Japanese and American Expansion, 1897-1911* (Cambridge: Harvard University Press, 1972)；*The Origins of the Second World War in Asia and the Pacific* (London & New York: Longman, 1987)。至於其他研究成果，舉其要者，如麻田貞雄，《兩大戰間の日米關係—海軍と政策決定過程》（東京：東京大學出版會，1993）；Sadao Asada, *From Mahan to Pearl Harbor: The Imperial Japanese Navy and the United States* (Annapolis: Naval Institute Press, 2006)；Barak Kushner, *The Thought War - Japanese Imperial Propaganda* (Honolulu: University of Hawaii Press, 2006)；渡辺惣樹，《日米衝突の根源：1858-1908》（東京：草思社，2011）；渡辺惣樹，《日米衝突の萌芽：1898-1918》（東京：草思社，2018）；加藤陽子，黃美蓉譯，《日本人為何選擇了戰爭》（臺北：廣場出版，2016）；藤田俊，《戰間期日本陸軍の宣伝政策—民間・大衆にどう対峙したか—》（東京：芙蓉書房，2021）。

不久，1919 年美、日戰爭論即傳的沸沸揚揚、甚囂塵上。而這些戰爭論的出現，似乎又多少與中國場景或中日爭執有關。故啟人疑竇的是，究竟是什麼樣的刺激下，環繞在中國相關議題上，直接或間接促成美、日戰爭論的甚囂塵上。它與所謂的中國問題（山東問題、中國地位與門戶開放等諸多議題），以及歐戰後1920 年代開始出現的東亞新秩序——華盛頓會議體制（Washington Conference System）之間的關係，又是如何？

藉由本書諸多議題的開展，筆者個人傾向認為，歐戰後的美日戰爭論，與之後二戰的起源，固然有其內在理路上的淵源關係，但在本質上可能還是有相當的差別。尤其是它與 1920 年代美、日在中國問題上的互動特殊性，有著密切的關係。而且美、日關係也不是歐戰後就急轉直下，以至發生戰爭。事實上，歐戰後的美、日互動裡，中國問題尤關緊要，且日本對美政策一直在調整與轉變，也牽涉到極為複雜的內部角力與國外形勢變化，從歐戰期間的武斷外交，逐漸修正到歐戰後的協調外交，以便迎合華盛頓會議體制，之後才因為許多因素的改變與影響，又轉向武斷外交，最終走向戰爭。[10] 而美國真正開始思考要與日本一戰，那時間點更是晚

---

10 關於歐戰以來，日本外交政策如何在與歐美協調以及武斷自主之間的搖擺與起伏，可以參見白井勝美，陳鵬仁譯，《近代日本外交與中國》（臺北：水牛出版社，1989），頁 1-101；邵建國，〈從幣原外交到田中外交〉，米慶餘主編，《日本百年外交論》（北京：中國社會科學文獻出版社，1998），頁 98-112；米慶餘、喬林生，〈也論幣原外交〉，《日本百年外交論》，頁 113-131。

近，絕非歐戰之後的 1920 年前後。因此，本專書的主
要核心關懷，不是去探究華盛頓會議體制如何瓦解，以
致於走向戰爭，而是要思考歐戰後美、日矛盾論述是如
何形成？在中國事務上的實際情況又是如何？與後來華
盛頓會議體制的形塑，又有何種關係？[11]

　　直言之，歐戰後美、日戰爭論的盛傳，可能與歷經
一場世界大戰後，遠東國際政治與勢力重新洗牌有關。
美、日兩國作為歐戰後急速躍起的新興強權，難免互相
較量，摸索對方的底線，發展新的相處模式，目的或許
不是欲以戰爭定輸贏，而是想要避免發生戰爭，在新國
際格局中，找尋一條未來可行的路線。所以，歐戰後出

11　美國召開華盛頓會議主要是為了處理兩大問題：海軍軍備限制問
　　題，以及遠東及太平洋問題。這兩個問題實為一體兩面。因為如
　　果無法順利解決巴黎和會所遺留下來的諸多爭議與問題（遠東及
　　太平洋問題）等，勢必埋下諸民族間的仇恨與敵對，使得各國對
　　於未來充滿不確定性，再度憂懼戰爭的發生，甚至導致為了備
　　戰，而競相投入軍備的擴充。一旦各國致力於海軍軍備擴充，則
　　勢必又將使得遠東及太平洋局勢更加詭譎多變，從而形成惡性循
　　環。上述所謂的遠東及太平洋問題，主要是指英日同盟問題、中
　　國地位問題，太平洋島嶼歸屬權問題，以及中日山東問題等。不
　　過，因為日本的反對，中日山東問題終究未能列入華盛頓會議正
　　式議程，而是採取折衷模式，透過中日兩國以會外協議的方式進
　　行解決。無論如何，山東問題如未能獲得妥善解決，仍然會為未
　　來的中國現況以及遠東局勢的和平發展，構成嚴重威脅。關於華
　　盛頓會議的目的與山東問題之間的關係，學界研究成果豐碩，
　　可以參見下列著作：George W. Bear, *One Hundred Years of Sea Power:
　　The U.S. Navy, 1890-1990* (Stanford: Stanford University Press, 1994),
　　p. 94; J. Kenneth McDonald, "The Washington Conference and the
　　Naval Balance of Power," John B. Hattendorf and Robert S. Jordan
　　ed., *Maritime Strategy and the Balance of Power: Britain and America in the
　　Twentieth Century* (London: The Macmillan Press, 1989), pp. 194-195;
　　Westel W. Willoughby, *China at the Conference: A Report* (Baltimore:
　　John Hopkins Press, 1922), pp. 277-332；幣原喜重郎，外務省調
　　查部第一課編，〈ワシントン會議の裏面觀其ノ他〉，広瀨順
　　浩監修、編集、解題，《近代外交回顧錄》（東京：ゆまに書房，
　　2000），第 3 卷，頁 63-126。

現的美、日戰爭論，與後來 1930 年代的美、日對抗格
局，在本質上還是有很大的不同。不過，*毋庸置疑的*，
歐戰後美、日兩國在互測對方底線的過程中，也絕對不
是平靜、安穩的；相反的，彼此攻訐叫囂，甚至偶爾發
生武裝衝突事件，則是在所難免，不足為奇。這些看似
摩擦衝突不斷的表象，或許都是為了醞釀未來遠東政治
格局的遊戲規則，而做的熱身運動。

（二）民間與新聞輿情的角色

究其實際，以歐戰後的時代背景而言，美、日矛盾
論述的出現，可能還反映出許多有意義的歷史面向，可
以深入探究。因為除了過去學者較為關注的國際（地
緣）政治、生存空間、貿易競爭、軍國主義、海軍戰略
等因素外，由新聞報紙與輿論宣傳所體現的種族歧視、
民族偏見，可能也是促成美、日人民敵對態度的重要原
因之一。當時美、日報紙究竟如何描繪對方？政府有無
故意放縱新聞輿論的炒作與渲染，甚至利用報紙為工
具，鼓動民族情緒，來遂行外交輿論戰？兩國人民在頻
繁接觸到報紙所營造出的彼此負面形象後，會不會在實
際互動時，做出過於激烈的反應，而在現實中構成外交
問題？尤其是對於實際生活在中國的美國人與日本人，
包括領事、軍人、商旅、教士、記者以及一般僑民等，
他們眼中所看的中國現況，以及對於彼此的直覺印象與
觀感，也都有可能助長歐戰後美、日矛盾。這些「在
地」（those on the spot）的觀點，縱然未必與「不在」
中國而遠在華盛頓與東京的政府高層官員（those not on

the spot）一致，然而這些所謂的「在地」觀點，非但
能夠反映出最赤裸裸的美、日在華互動情況，有時透過
新聞媒體的傳遞與渲染，形成沛然莫之能禦的公眾輿論
力量，也會對於政府決策造成牽制與影響。畢竟，外交
並不總是由上而下，侷限於政府高層政治家與外交官的
專屬品，有時也會由下而上，兩國間第一線人員的往來
互動，也會構成外交行為。而上下互動交織而成的外交
活動，或許更能構成歐戰後美、日在華關係的完整面
貌。尤其是如果將上述「在地」觀點，與後來的遠東政
治的歷史發展，以及美國推動華盛頓會議體制的主要訴
求，進行交叉比對與參照，就會發現部分早在歐戰後不
久就提出的論點，確實非常有遠見，鑑往知來，提前預
見到未來可能面臨的挑戰與困境。

（三）中美關係的發展

　　近代以來中美關係的演變與發展，一直對於「中
國」的形塑，有著舉足輕重的作用。雖然在晚清時期，
美國在中國對外事務上，尚未扮演關鍵性的角色，在
此方面，無庸置疑地以英國的影響力最大，美國則可
能還遠在法、德、俄等歐洲列強之後。這與當時美國
國力有限，且未積極涉入東亞事務有關，但是並非意
謂美國在中國的地位不重要。事實上，晚清時期中國
派往外國的第一個使節團，即是委任由前美國駐華公
使蒲安臣（Anson Burlingame）擔任「辦理中外交涉大
臣」。蒲安臣使節團的出現，除了象徵中國正逐漸嘗試
從天朝體系邁出來探索世界外，更為重要的是，也體現

中國對於美國的高度信賴，才會任命一位美國人來擔任國家的代言人，前往歐美各國宣達善意，並討論條約交涉等相關事務。雖然清廷派遣此使團原因複雜，包括因應未來修約之需、抵禦外人要求中國改革聲浪、知己知彼、以夷制夷等諸多考量。然而清廷會選擇由美國人擔任使團交涉大臣，也可推知蒲安臣以及當時美國在中國領導階層心目的特殊地位。[12] 特別是恭親王在奏摺中，即將蒲安臣與英人李泰國比較，稱其「處事平和，能知大體」。[13] 換言之，在當時清廷領導者的心目中，美國縱然不是最強大的，但卻是中國最相信的國家之一，也才會把如此重要的外交事務，委託給一個外人。相較於英、法、德、俄等國，美國為何成為中國人最信賴的國家，而近代以來中美關係的發展，又如何對「中國」的形塑，造成重要的影響，則值得進一步深究。

---

12 此外交使節團成員，除了蒲安臣外，還有兩位華人大臣，志剛（滿）與孫家穀（漢）同為「辦理中外交涉大臣」，三位大臣的權力平等，且在大臣下又編有「左協理」英人柏卓安（J. McLeavy Brown）以及「右協理」法人德善（M. E. de Champs）。換言之，使團組成為美、滿、漢、英、法的均衡妥協結構，而三位大臣中的兩華一美，即寓有對蒲安臣構成制衡之意。但無論如何，蒲安臣畢竟還是在使團中扮演極關鍵性角色，並在使團出訪的過程中，權力確實凌駕另外兩位大臣，故此使節團後世多乃稱之為蒲安臣使節團。關於以上蒲安臣使團背景，見黃世雄，〈「蒲安臣使團」之研究〉（臺北：中國文化大學碩士論文，1980）；黎國珍，《安森・蒲安臣與一八六一至一八七〇年之中美關係》（臺北：輔仁大學碩士論文，1980）；潘一寧，〈近代中國的外交演進與蒲安臣使團〉，陶文釗、梁碧瑩（主編），《美國與近現代中國》（北京：中國社會科學出版社，1996），頁 21-40；應俊豪，〈試論一八六〇年代的中美關係—以蒲安臣使節團為例〉，《政大史粹》，創刊號（1999 年 6 月），頁 101-124。

13 《同治朝籌辦夷務始末》，卷 51，頁 26-28，收錄於蔣廷黻編，《近代中國外交史資料輯要》（臺北：臺灣商務印書館，1972），上卷，頁 391-392。

　　也因此，歷史學界才會有中、美之間有著與其他國家間不同的「特殊關係」（special relationship）等論調的出現。[14] 此種論說的形成，當然與近代以來美國對華政策的特性有著密切關係。當英、法等歐洲列強正汲汲於開拓在華市場，甚至不惜發動戰爭以獲取更大的利權之際，美國則顯得保守低調。雖然美國也是條約列強的一份子，享有不平等條約特權，但美國在對華態度上明顯較為節制，往往也傾向顧及中國的立場，不願過分索求，亦不希望列強因競逐在華利益，強制劃分勢力範圍，以致於瓜分中國。即是之故，美國從提出合作政策，到中國門戶開放政策，均主張列強應彼此協調，避免強佔地盤，尊重中國領土完整與主權獨立，以維持中國的門戶開放。

　　美國推動這些政策的背後，固然有其時代背景與自身的利益考量。以 1860 年代的合作政策來說，其一、當時美國正陷於南北戰爭的泥沼之中，無力兼顧中國市場，也無法與其他列強競爭，故希望能在維持現狀的前提下，列強彼此合作，共享利益；其二、中國現狀的維持，不可能僅靠美國單方面的一廂情願，其他列強對華畢竟帶有侵略傾向，故根本之計，中國還是必須自立自強，所以美國願與中國合作，協助其推動洋務與自強事業。[15] 而以 1900 年代的中國門戶開放政策來說，究其

14　Michael Hunt, *The Making of A Special Relationship: The United States and China to 1914* (New York: Columbia University Press, 1983)；楊玉聖，《中國人的美國觀：一個歷史的考察》（上海：復旦大學出版社，1996）。

15　John Watson Foster, *American Diplomacy in the Orient* (Cambridge: The

實際，此乃由於 1896 年中俄密約，1897 年德國藉口山東巨野教案強佔膠州灣等，連帶引起 1898 年的瓜分風潮，演變成列強競相分食中國地盤。但美國相較於其他列強，終究較晚進入中國市場，且並未涉入到勢力範圍之爭，故一旦列強果真強行各取地盤，甚至瓜分中國，勢將造成排擠效應，從而對美國在華商貿利益構成嚴重威脅。[16] 再者，又如從美國的排華政策著眼，也流露出現實的一面：當 1860-1870 年代，南北戰爭結束、開發大西部需要大量勞力時，美國大開國門，讓許多華工前往美國，但到了 19 世紀末期，當開發與建設逐漸趨緩，不再需要勞動力時，立即推動排華政策，不再讓華工赴美。[17]

然而，不容否認美國在對華政策上，還是有理想性的一面。特別是在主動率先提出願意歸還多餘庚子賠款，更是可以看出美國在對華事務上不為己甚、傾向克制的特性。尤有要者，退回的庚子賠款，部分作為資助中國學生留美之用。[18] 這些拿著美國庚款赴美留學的學子，在學成返回中國後，逐漸成為社會的中堅，對於往

Riverside Press, 1903), p 257; Tyler Dennett, *Americans In Eastern Asia: A Critical Study of United States' Policy in the Far East in the Nineteenth Century* (New York: Barnes & Noble, 1963), p. 369; 李定一，《中美早期外交史（1784-1894）》（臺北：三民書局，1978），頁 396-397。

16　郭廷以，《近代中國史綱》（香港：香港中文大學出版社，1989），頁 275-285。

17　應俊豪，〈試論一八六○年代的中美關係—以蒲安臣使節團為例〉，頁 101-124。

18　梁碧瑩，〈庚款興學與中國留美學生〉，《貴州社會科學》，1991 年第 12 期，頁 45-50；郭宗禮，〈中美庚款興學論析（1904-1929）〉（濟南：山東師範大學碩士論文，2007）。

後中國知識分子的親美傾向，扮演著正面性的作用。

　　辛亥革命爆發，民國成立，美國又成為列強之中，率先承認新中國的國家。對於晚清以來致力推動革命事業、建立民主政體的新知識分子來說，美國帶頭承認新中國，自然帶有很大的示範作用，除了在實質上免除其餘列強意圖在承認問題上多索利權的可能性，更體現出美國對華的友善態度。與此同時，當列強正籌組銀行團，利用中國政權更迭、亟需外部借款的時機，藉由對新中國借款，以擴大在華利權之際，美國卻在威爾遜總統（Woodrow Wilson）的主導下，主動表態退出銀行團，理由即是善後大借款的條件，明顯有礙於中國行政的獨立，以及美國歷來對華的門戶開放政策。[19] 如此舉動，也容易在中國知識分子心中形成一種觀感，亦即美國與其他列強的對華態度，有著本質上的不同，美國並不想要利用中國現狀的重大改變，趁機擴大在華利權。[20] 而美國的這種傾向，與近代以來英、法等歐洲列強所樹立的行為模式，明顯大異其趣。因為自 19 世紀中葉鴉片戰爭以來，歐洲列強總是不輕易放過任何一個中國內部動盪不安的機會，透過戰爭或外交手段，一步步擴大在華利權。與之相比，美國又再次展現「特殊」的一面。

19　郭廷以，《近代中國史綱》，頁 418。至於列強對華金元外交政策，可以參見吳心伯，《金元外交與列強在中國（1909-1913）》（上海：復旦大學出版社，1997）。

20　關於近代以來中國知識分子如何逐漸產生對於美國的特殊情感，進而引導出仰賴美國等傾向，可以見楊玉聖，《中國人的美國觀：一個歷史的考察》。

　　再者，歐戰期間因日本對德宣戰、出兵山東所引發的山東問題爭議，同樣也對中美關係造成重大影響。關於山東問題爭議，向來是中國外交史研究上的熱門議題。既有關於「山東問題」的研究，大致著重在三個部分。第一部分乃是探究山東問題的起源，主要關係到歐戰期間日本藉口英日同盟對德國宣戰與出兵山東，以及後續中日二十一條交涉與所謂的「民四條約」。[21] 第二部分則是「山東問題」的核心歷程，聚焦於探究巴黎和會上山東問題的中日外交對抗與美國扮演的重要角色。這也是關於「山東問題」的各類研究中，最多學者投入其中，學術成果也最豐碩的一部分。[22] 第三部分，則是從華盛頓會議切入，在美國等西方列強的關切下，分析

21 可參見唐啟華，《洪憲帝制外交》（北京：社會科學文獻出版社，2017）；川島真，〈「二十一條要求」與中日關係〉，《一戰與中國：一戰百年會議論文集》（北京：東方出版社，2015），頁367-388；吳翎君，〈1923年北京政府廢除《中日民四條約》之法理訴求〉，《新史學》，19卷3期（2008），頁157-186；李毓澍，《中日二十一條交涉（上）》（臺北：中央研究院近代史研究所，1966）等。

22 舉其要者，中文部分的研究，如唐啟華，《巴黎和會與中國外交》（北京：社會科學文獻出版社，2014）；馬建標，《衝破舊秩序：中國對帝國主義國際體系的反應（1912-1922）》（北京：社會科學文獻出版社，2013）；徐國琦著，馬建標譯《中國與大戰：尋求新的國家認同與國際化》（上海：三聯書店，2008）；應俊豪，《公眾輿論與北洋外交 — 以巴黎和會山東問題為中心的研究》（臺北：國立政治大學歷史系，2001）；廖敏淑，〈巴黎和會與中國外交〉（臺中：中興大學碩士論文，1998）；張春蘭，〈顧維鈞的和會外交〉，《中央研究院近代史研究所集刊》，第23期（下）（臺北，1994.6），頁31-52；項立嶺，《中美關係史上的一次曲折：從巴黎和會到華盛頓會議》（上海：復旦大學出版社，1993）。外文部分的研究，如川島真，《中國近代外交的形成》（名古屋：名古屋大學出版會，2004）；Bruce A. Elleman, *Wilson and China: A Revised History of the Shandong Question* (New York: M. E. Sharpe, 2002) 等。

中、日兩國如何以會外形式的談判，解決所謂的「山東問題懸案」。[23] 簡單來說，過去既有的研究，在上述三大部分，均已有了十分深入且廣泛的探究與成果，也出版了許多專書著作與期刊論文，相關研究書目更是極為蔚然可觀。

　　然而，筆者仍然想要切入此議題，因為近來在處理歐戰後美、日矛盾論述的起源時，發現幾個關鍵的問題有待釐清。首先，山東問題雖然不是造成歐戰後期美、日相互仇視的主因，但絕對是重要推手之一。[24] 因為日本朝野素來認為，山東乃是日本軍隊在對德戰爭不惜流血犧牲所獲得的戰利品，然而中國卻妄想不勞而獲地收回。在日本人心中，中國之所以膽敢在巴黎和會上提出收回山東的要求，顯然也並非憑藉自身的實力，而是全然仰賴於外部的奧援，亦即美國的教唆與大力支持。換言之，日本如果失去山東，美國絕對就是罪魁禍首。另外一方面，在巴黎和會上，作為中國在山東問題上最大支持者的美國總統威爾遜，雖然相當同情中國的立場，在顧全現實利益與國際聯盟等考量上，最終依然做出了

23　川島真：〈華盛頓會議與北京政府的籌備——以對外「統一」為中心〉，《民國研究》，第2輯（1995年7月），頁113-133；吳滄海，《山東懸案解決之經緯》（臺北：臺灣商務印書館，1987）；李紹盛，《華盛頓會議之中國問題》（臺北：水牛出版社，1973）。

24　歐戰期間美、日之間的敵視與許多因素相關，包括日本軍售墨西哥問題、日本對菲律賓的野心問題、美國限制日本移民加州問題等。但所謂的中國問題，尤其是二十一條交涉、山東爭議與美日在華競爭等，則是美國逐漸公開對日本表達憎惡態度的重要因素，並在歐戰後期約1917年左右逐漸成型。見羅伊·沃森·柯里（Roy Watson Curry）著，張瑋瑛、曾學白譯，《伍德羅·威爾遜與遠東政策（1913-1921）》（北京：社會科學文獻出版社，1994），頁120-145。

妥協與放棄支持中國的決定，同意由日本繼承德國在山東的利權。這自然導致中國的激烈反應，影響後世深遠的五四運動即由此引發，反日風潮與抵制日貨行動也成為歐戰後中國社會上經常出現的歷史場景。可是，在上述過程中，卻又造成美、日之間進一步的緊張。一來中國人從「聯美制日」策略中嚐到些許甜頭，自然更視美國為救世主，更加積極地推動親美與聯美，而日本人卻從中國援引美國力量意圖收回山東的作為中，嗅到危機感，不禁戒慎恐懼，擔憂美國人會介入中日之間的各類問題，甚至故意煽動中國的反日情緒來抵制日本。二來，美國人則是從中國學生與民族主義運動中，看到民間公眾輿論的初步覺醒，更加關注中國現況發展，尤其是如何反制日本擴大在華勢力範圍與既有利益的野心。[25] 一般學界主流意見多傾向認為這即是美國後來出面召開華盛頓會議，透過會外談判解決中國山東問題懸案的重要原因之一。

然而，這樣的學術觀點卻沒有進一步釐清部分關鍵問題。在山東問題爭議引起五四運動後，美國自然極其關注山東問題的後續發展。但是前述諸多的研究成果似乎還是沒有清楚告訴我們，在五四運動後、華盛頓會議前，美國人究竟如何觀察與分析日本在山東的擴張與野心，並導致後來做成出面幹旋施壓，並讓日本將山東膠

25　應俊豪，〈一戰後美國對「中日山東問題爭議」後續效應的觀察與評估〉，中國社會科學院近代史研究所近代中外關係史室，《近代中外關係史研究》，第 7 輯（北京：社會科學文獻出版社，2017），頁 145-169。

澳歸還中國的決定。其次,在後面的歷史發展過程中,
我們均知道在國民革命軍北伐後期,當革命軍兵鋒進展
到山東地區時,日本曾不惜發動濟南慘案,以阻礙北伐
的進展。日本主要的動機,是想要確保在日本在山東、
華北與東北的優勢地位。換言之,即使在華盛頓會議召
開數年後,中國看似早已經收回山東膠澳,但日本顯然
依舊視山東地區為禁臠。這或許意謂著日本即使在簽訂
解決山東懸案條約後,仍持續暗中經營著山東,顯然蓄
謀已久。簡單來說,本書想要弄清究竟在五四運動後,
美國駐華官員們如何蒐集有關日本在山東擴張與經營的
情報,而這些情報分析內容又如何可以影響到美國政府
最終的決策,迫使其出面制衡日本。雖然無論如何,美
國的制衡作為,如以後來的結果論而言,可謂是失敗
的,因中國僅名義上收回了山東,但是卻依然未能阻止
日本在此地區的繼續擴張。不過,這也並非就是美國之
錯,很大程度上是日本與中國之間彼此強弱形勢使然。
反過來說,由此也可以看出美國駐華官員可能早已掌握
或是預見到,日本對於山東的擴張與滲透行動將會對東
亞秩序的穩定構成嚴重的威脅,所以才會採取較為積極
的外交作為,並利用華盛頓會議,嘗試抑制日本對華的
野心,可惜最終未能獲致成功。

　　最後,目前中文學界對於中美關係史的研究,基本
上大多以實證研究為主,亦即根據原始史料,重建中美
互動往來的重要史實。舉其要者,諸如早期李定一、王
綱領、陶文釗、吳翎君、梁碧瑩、項立嶺等人有關中美
關係史的研究,多半乃是針對不同時期的中、美兩國政

府的外交施為與相關交涉，重新進行梳理與探究，以便更為完整地呈現近代以來中美關係史的重要歷程。[26] 至於美國史學界對於中美關係史的研究，則有比較大的曲折轉變，從早期費正清（John King Fairbank）以美國中心觀為主要出發點，著重研究近代以來中國如何回應西方的挑戰，到後來孔華潤（Warren I. Cohen）修正觀點，主張應該反向思考美國如何回應中國的變化；至於柯文（Paul A. Cohen）則是重新梳理近代以來中國研究的歷史脈絡，檢討美國與西方既有理解中國的三大學術論述「衝擊與反應」、「傳統與現代」、「帝國主義模式」等，提出應該要建立以中國中心觀為核心的歷史脈絡。[27] 這些研究視角的調整與轉向，很大幅度地衝擊並

---

26 見李定一，《中美早期外交史（1784-1894）》；王綱領，《歐戰時期的美國對華政策》（臺北：臺灣學生書局，1988）；陶文釗，《中美關係史（1911-1950）》（重慶：重慶出版社，1993）；吳翎君，《美國與中國政治，1917-1928：以南北分裂政局為中心的探討》（臺北：東大圖書公司，1996）；陶文釗、梁碧瑩主編，《美國與近現代中國》（北京：中國社會科學出版社，1996）；項立嶺，《中美關係史上的一次曲折—從巴黎和會到華盛頓會議》（上海：復旦大學，1997）；資中筠，陶文釗（主編），《架起理解的新橋樑—中美關係史研究回顧與展望》（合肥：安徽大學出版社，1996）等。

27 關於美國中美關係史學界，如何從美國中心觀到中國中心觀的演變思路，可以參見 Paul A. Cohen, *Discovering History in China: American Historical Writing on the Recent Chinese Past* (New York: Columbia University Press, 1984). 關於以中國為本位的歷史研究，以及對於後續外界批評的回應，柯文後來又再出版一本論文集以及其他文章進一步以闡述見解。見 Paul A. Cohen, *China Unbound: Evolving Perspectives on the Chinese Past* (London: Routledge Curzon, 2003)；柯文，〈變動中的中國歷史研究視角〉，《二十一世紀》，第78期（2003年8月），頁34-49。至於費正清、孔華潤等人的著作，見 John King Fairbank & Ssŭ-yü Têng, *China's Response to the West: A Documentary Survey, 1839-1923* (Cambridge : Harvard University Press, 1954); John Fairbank King, *The United States and China* (Cambridge, Mass.: Harvard Univ. Press, 1971); John King Fairbank & Edwin O. Reischauer, *China:*

擴大了美國史學界對於中美關係史研究的看法。此後陸續出現其他重要的研究途徑與見解，例如入江昭（Akira Iriye）等主張透過國際史以及文化國際史的角度，以分析兩國或是多國關係，最近已逐漸蔚為美國國際關係史研究的主流之一。[28]

　　至於啟迪筆者研究最深的，莫過於美國學者韓德（Michael H. Hunt）的研究，他另闢蹊徑，從近代以來中美特殊情誼的研究角度出發，有系統地分析美國處理涉華事務的官員、民間商民、傳教士等與美國對華政策形塑之間的關係，以及中國人本身如何利用所謂的中美情誼，來開展對美關係，藉此擬定外交政策。[29] 推而論之，美國對華關係以及中國對美關係間，絕非僅是兩國政府內部高層外交決策者的片面刻板認定，更多的，還涉及到許許多多處於中美互動前緣邊界上的各類官民人士，諸如外交使領、軍事官員，以及商人、教士、記者、留學生等。這些位處中美互動第一線的人士，他們不但實實在在參與了歷史，同時也透過各種社群網路與組織，發揮言論影響力，提供政府後續外交施為重要的

Tradition and Transformation (Boston: Houghton Mifflin, 1973); Warren I. Cohen, *America's Response to China: An Interpretative History of Sino-American Relations* (New York & London: John Wiley & Sons, 1971).

28　日裔美籍學者入江昭原先以研究近代以來的美、日關係以及美國遠東政策等傳統國際關係史而著稱，近年來則提倡調整視野，主張國際史與文化國際史的研究取徑。關於近年來美國史學界對於中美關係以及國際關係史研究的轉變歷程，可以參見吳翎君的研究，見吳翎君，〈從徐國琦 Chinese and Americans: A Shared History 談美國學界對中美關係史研究的新取徑〉，《臺大歷史學報》，第 55 期（2015 年 6 月），頁 219-249。

29　相關論述，參見 Michael Hunt, *The Making of A Special Relationship: The United States and China to 1914*。

參考依據。中、美兩國政府正是透過這些人士之眼，看待並檢視彼此。[30]

而吳翎君在《美國人未竟的中國夢：企業、技術與關係網》中，也認為歐戰乃是近代中美關係史上的一次非常重要的發展契機，間接促使中美兩國的經貿互動更為緊密。此乃因歐戰爆發後，美商為了避免遭到戰事波及，不得不重新思考並盤整在歐洲的投資比重與全球資金配置。而歐戰初期中國與美國一樣，均為未參戰的中立國，中國廣大的市場及豐富的資源，吸引美商的目光，於是乎在中、美兩國的企業及相關的利益集團運作下，透過「各種經濟和社群網絡」，諸如美國亞洲協會、中美工程師協會、美國大學俱樂部、美國中國商會等，推動中美經濟提攜，除了加大美商對華投資外，也將西方技術引進中國，並配合中國低廉的勞動成本、勤勉的民族性，協助中國進一步的開發與成長，共享利潤。吳翎君即認為歐戰爆發後「中美經濟交往的關係網，是一段中美共享與合作的歷史」。此外值得注意在前述關係網路中，扮演關鍵性作用的，並非中國政府官方，而是中國民間的力量，他們與美國駐華使領、商務參贊以及美國工商團體組織等通力合作，引進美國的力量，發展工商業，進一步改造傳統落後的中國。[31] 這反

---

30 關於促進中美互動的關鍵人士，則可以參見徐國琦的專書，見徐國琦，鍾沛君譯，《中國人與美國人：從同舟共濟到競爭對決，一段被忽視的共有歷史》（臺北：貓頭鷹，2018）。

31 見吳翎君，《美國人未竟的中國夢：企業、技術與關係網》（新北：聯經出版公司，2020），第五章。亦可參見吳翎君，〈歐戰爆發後中美經濟交往的關係網：兼論「美國亞洲協會」的主張〉，《國立政治大學歷史學報》，第43期（2015年5月），頁179-218。

映出中國民間的新知識分子，尤其是留美回國的學生，他們急於想要依持美國的資金、技術與人才，來協助中國的現代化與邁向富強。

　　不過，也就在中美經濟提攜、強化民間合作的過程中，隨著美國在歐戰期間及之後陸續投入大量技術與資金以開發中國，美國在華利益的重要性及其與美國對華政策的密切身關聯性也就日益突顯出來。[32] 然而，與此同時，日本同樣也利用歐戰期間歐洲列強無暇東顧的契機，積極擴大在華的政治與經濟利益，並漸趨展露對華的野心與控制中國市場與資源的企圖之後，美、日之間赤裸裸的矛盾與衝突，自然也就無法再繼續掩蓋下去。不可避免的，美國駐華使領、海軍與商務等官員為了確保與維護日益重要的美國利益，必須更加關注日本對華的動作與謀劃。反之，同理可推，日本基於類似動機，對於美國的敵意與猜忌之心，也會在前述中美共同推動經濟提攜的過程中與日俱增，畢竟臥榻之處，豈容他人酣睡。特別是當美商資金或技術，如果進入日本眼中的特殊利益地區，諸如南滿、山東、福建等地時，日本方面的反應也就更為激烈。[33]

32　至於歐戰前後美商在華的整體投資與活動情況，可以參見吳翎君的專書，有非常系統性的討論。見吳翎君，《美國大企業與近代中國的國際化》（臺北：聯經出版公司，2012）。

33　例如在歐戰期間的福建廈門船塢交涉案中，日本海軍方面即十分擔心美商會藉由收購英商所擁有的廈門船塢，而將經貿觸角伸至福建地區，故主張日商必須介入並參與此交易案，以反制美國。見日本海軍省，〈覺書〉，1917 年，「7・廈門船渠会社二関スル件」，JACAR: B07090348100，頁 310。關於廈門船塢交易案的背景，亦可參見，應俊豪，〈民初廈門船塢交易案及其背後運作情況〉，杜繼東、吳敏超主編，《紀念福建船政創辦 150 週年

二、脈絡觀察與核心關懷

　　美、日矛盾的歷史淵源，最早可能可以追溯至 19 世紀中期。早從「黑船事件」開始，由於美國的砲艦政策，迫使德川幕府改變原有閉關政策，也開啟了西方列強勢力入侵日本的序幕。雖然在歷經激烈的朝幕之爭與中央與地方對抗後，最終在明治維新的體制下確立了西化路線，但是對於作為入侵始作俑者的美國，在絕大部分日本人心目中，恐怕依然還是夾雜著相當複雜的情感，愛恨交織。1898 年美西戰爭結束後，菲律賓成為美國屬地，更進一步強化美國在西太平洋地區的影響力，同時也加深美國對於此區的關注度。而日本在先後歷經甲午戰爭、日俄戰爭後，西化路線獲致極大的成功，成為亞洲首屈一指的強國，具備挑戰西方列強的資格。對於已走出既有領土，擴大在亞洲地區勢力的日本，很明顯將對有志於發展西太平洋地區利益的美國構成阻礙，而同樣地，反之亦然。美、日兩國作為近代帝國主義在亞洲地區擴張路線的後進者，理所當然容易發生碰撞與矛盾。事實上，日俄戰爭結束後不久，即開始出現一些描述美、日可能發生戰爭的著作。20 世紀初美國加州的日本移民限制問題，使得美、日關係的裂痕擴大。隨之而來的「黃禍論」（Yellow Peril）以及對於日本人種的歧視言論，在美國社會逐漸發酵，引發出許

專題研討會論文集》（北京：中國社會科學出版社，2019），頁 371-390。

多對於日本移民的不友善行為，也更加引起日本人對於
美國的憤恨與仇視。[34]

　　在上述歷史脈絡影響下，美、日矛盾本來即在醞釀
中。在歐戰後日本軍方的特務報告中，亦曾懷疑美國故
意替日本製造麻煩，以便為未來的美、日戰爭做準備，
包括在日本本土及朝鮮地區挑起動亂，干擾日幣與日
貨市場以引起通貨膨脹與削弱日本的經濟實力，以及
利用基督教青年會（Young Men's Christian Association,
YMCA）[35] 煽動反日力量等。[36] 如果再加上中國的因
素，以及歐戰後出現的東亞新國際格局，不啻雪上加
霜，這也導致歐戰後美、日在華矛盾傳聞的甚囂塵上。

34　示村陽一，《異文化社会アメリカ》（東京：研究社，2006），
　　頁 10-11。近代以來美國「黃禍論」的觀點，尤其是與中國關係
　　密切的荷馬李（Homer Lea），其關於美、日必戰論的著作在出
　　版後，對美、日矛盾論述的形成，有相當大的影響。參見 Carey
　　McWilliams, "The Yellow Peril," *Prejudice Japanese-Americans: Symbol of
　　Racial Intolerance* (Boston: Little, Brown and Company. 1944), pp. 40-45;
　　Lawrence M. Kaplan, *Homer Lea: American Soldier of Fortune* (Lexington:
　　University Press of Kentucky, 2010), pp. 189-214；荷馬李（Homer
　　Lea），李世祥譯，《無知之勇：日美必戰論》（上海：華東師範
　　大學出版社，2019）。

35　基督教青年會乃是由喬治威廉斯（George Williams）等十二位
　　英國青年基督徒於 1844 年在倫敦成立。該組織在 19 世紀末，
　　陸續盛行於美國各大城市與學校。美國青年會的領導者們決定
　　響應世界傳教活動，發起國外 YMCA 活動，協助工業落後國家
　　成立青年會。在「北美基督教青年會協會」（The International
　　Committee of YMCAs of the United States and Canada）的主導下，
　　在中國等國家，成立青年會。關於基督教青年會的歷史，可以參
　　見臺灣基督教青年會協會網站（http://www.ymca.org.tw/）。

36　日軍駐海參崴的特務機關長荒木貞夫在給陸軍省的電報中表示，
　　此類情資乃是從當地美國領事以及其他「美國責任者」口中蒐集
　　而來，或許乍聽之下難以確信，但美國對於日本似乎小動作不
　　斷，製造許多騷亂，而必須予以關注。〈荒木大佐ヨリ陸軍次長
　　宛〉，1919 年 3 月 20 日，「2 大正 7 年 11 月 9 日から大正 8 年
　　11 月 1 日」，JACAR: B03030308000，頁 77。

而其中最主要關鍵，莫過於兩國在華商貿利權上的爭奪。自歐戰期間美、日兩國由於較晚或較少受到歐戰的波及，故利用歐洲列強困於戰事而無暇東顧的天賜良機，大肆競逐中國利權。影響所及，歐戰後美、日在中國市場投資與獲利的比重均大幅成長，兩國在商貿上彼此競爭與矛盾的格局遂逐漸形成。[37]

其次，同樣受到歐戰的拖累，傳統歐洲列強的英、法、德等國在遠東地區的海上軍事實力均大幅萎縮。戰敗者的德國，失去了對太平洋島嶼與亞洲重要殖民地的控制權，本來也就無力繼續尋求太平洋的海上霸權。但是身為戰勝國的英、法，姑且不論戰時的鉅額損耗，受到戰後殘破不堪的國內財政情況牽制，縱使能夠維持在歐洲地區大西洋水域的海上霸權，也無力繼續將觸手伸至太平洋水域，充其量僅能勉強既有地盤。也因此，歐戰後西太平洋水域的海上霸權競逐，勢必將成為美、日兩國後續矛盾的重要舞臺。[38]

再者，歐戰後的山東問題爭議，也是激化美、日矛盾的重要因素。對於中國人來說，山東問題固然有著極其深遠的意義，因為除了牽涉到如何與日本周旋，維護歷史上固有的領土主權外，[39] 其後續的影響，也是相當

37　關於歐戰前後美、日在華商貿利權的競爭，可以參見吳翎君，《美國大企業與近代中國的國際化》。

38　戰間期（歐戰至二戰間）美、日兩國在太平洋海上霸權之爭的歷程，見應俊豪，〈談判桌上的海權劃分：五國海軍會議（1921-1922）與戰間期的海權思維〉，《國立政治大學歷史學報》，第 30 期（2008 年 11 月），頁 119-168。

39　應俊豪，《公眾輿論與北洋外交─以巴黎和會山東問題為中心的研究》；唐啟華，《巴黎和會與中國外交》。

關鍵：究其實際，山東問題不但激發出五四政治運動，間接導致中國人公眾意識的覺醒與國權觀念的深化，同時也進而促成日後主導中國政局發展的國、共兩黨之改組與成立。[40] 另一方面，更為關鍵且不容否認的事實是，山東問題對於當時的日本人來說，一樣也有著不易切割與放棄的重大意義。因為所謂的山東利權，包括膠州灣租借地，以及膠濟鐵路沿線的交通與採礦權等，在日本人心目中，乃是他們歷經流血奮鬥的收穫：在犧牲了許多士兵的性命，以及耗費了龐大的戰爭經費後，千辛萬苦從德國手中苦戰取得。也因此，對於妄圖不勞而獲就收回山東利權的中國人，或是意欲藉口門戶開放政策與國際接管山東以分一杯羹的美國等列強，日本人自然是非常氣憤不平的。[41] 尤有要者，以當時中國貧弱的國力，與紛擾內鬥不休的國內現況來說，之所以能夠在國際上抗衡日本、高唱收回山東的憑藉，毋庸諱言地，主要即是仰賴美國的支持。不論是巴黎和會上的山東問題爭議，還是後來華盛頓會議會外解決山東懸案的磋商，基本上均不脫美國在幕後所扮演的重要角色。而五四運動後中國各大城市陸續出現的反日與抵制日貨運動，直接嚴重損害到日本在華既有的商貿活動，影響鉅大，而日本人則強烈懷疑這恐怕與美國在華人士在幕後

40　關於五四運動的影響，可以參見呂芳上，《從學生運動到運動學生：民國八年至十八年》（臺北：中央研究院近代史研究所，1994）。

41　一宮房治郎，〈青島居留地問題（一～五）〉，《大阪每日新聞》，1919 年 7 月 23 日 -28 日。

的煽動教唆與協助有所關聯。[42] 如此，新仇舊恨反覆疊加的影響下，日本人對於美國的仇恨心態，自然也就不難理解。

（一）日本的仇美根源

歐戰以來，日本人對於美國的仇恨程度，明顯有逐漸高漲的趨勢。此種情況的出現，絕非一蹴可幾或是單一事件的刺激所致，而是成因多重複雜，且經年累月，就美國對日政策與所作所為的不滿情緒，長期蓄積而成。如果要深入剖析日本對於美國的仇恨根源，並非易與之事，但是或許可以選擇從當時的日本報紙報導切入，藉以略窺箇中詳情。尤其是歐戰之後的日本報紙，三不五時即試圖累述並分析美國對於日本的歧視政策，顯見當時日本人對於美國的排斥情緒確實存在。[43] 此類報導，適足以反映出當時日本人的仇美根源，可能有相當大的比例，來自於他們不滿長期遭到美國不公不義的對待所致。換言之，日本人自認為是被動的受害者，而歐戰後美、日關係之所以趨於嚴峻，也非日本人主動挑釁生事，而是美國長期以來對日本的不友善態度造成的。因此，藉由詳細審視並分析這些所謂的「反美」報導，將可以清楚知道美國哪些政策或作為，深深引起日

42　〈ABC 同盟：（上海特電八日発）：妄動学生団の傀儡師〉，《大阪毎日新聞》，1919 年 6 月 10 日。

43　例如〈日米戦争説：米人の恐日病的讝語＝病根は改悛によって絶つを得べし〉，《大阪毎日新聞》，1919 年 5 月 5 日；〈日米関係の緊張：総て米国の排日的態度に因す＝米人の反省以外緩和の道なからんとす〉，《大阪毎日新聞》，1919 年 11 月 12 日。

本人的反感與厭惡，從而理解當時日本人為何仇美的根源所在。

（二）日本在華野心的觀察

　　歐戰後美、日矛盾論述的出現，也與歐戰期間日本利用戰爭爆發的天賜良機積極擴張在華勢力有關。日本在戰時提出的二十一條要求，不但牴觸了美國向來主張的中國門戶開放政策，也嚴重侵害了美國在華享有的利益與條約特權。尤有要者，從二十一條要求的實質內容，也不經意流露日本對華野心，恐怕不止於單純想要擴張商貿上的利權，而是隱約帶有侵略併吞的企圖，畢竟將中國部分地區變為日本的殖民地與保護區，正是未來併吞整個中國計畫的第一步，如同先前日本併吞朝鮮的情況一樣。職是之故，美國駐華使領、海軍司令等政府官員們，以及涉及到中國事務的顧問、學者等，自歐戰以來也紛紛向美國政府示警，建議應密切關注日本在華的所作所為，包括將南滿、東蒙、山東、福建等地納入日本的優勢地位區（劃分勢力範圍）、對於中國親日派系的扶持（建立代理人政權）、透過軍火輸出與金援介入中國內戰（助長中國內戰與混亂局勢）等。[44]

　　其次，除了駐華的政府官員外，實際生活居住在中國各大城市、租界的美國人社群團體，對於日本在華的

44　"Observations With Reference to Political Conditions in Japan and China," Second Report of W. W. Willoughby, 30 January 1919, RIAC 893.00/3305 1/2; "Observations on the Situation in the Far East," Commander-in-Chief, Asiatic Fleet, Vladivostok, to the Secretary of the Navy, 1 February 1920, RIAC 893.00/3314.

所作所為感觸最為深刻，且處於勢力迅速擴大、日本利
益團體的激烈競爭，擔心可能因此造成美國既有通商
傳教權利與商業利益的損害或負面影響。這些不滿日本
種種舉措的美籍人士，自然也會選擇透過種種途徑，或
直接致書美國國務院，或投書報紙，或訴諸其他外人輿
論，藉此表達對於日本在華積極擴張的憂慮與反感。[45]
前述美國駐華官員的報告，以及在華民間社群的呼籲發
聲，或多或少也會影響到美國政府對於日本的觀感，甚
至進而重新審視並檢討歐戰後美國對於遠東地區以及中
國事務的整體政策規劃。

（三）競爭與矛盾

歐戰以後，美、日戰爭論逐漸成為遠東地區熱議討
論的重要話題之一。英文報紙、在華外僑圈等甚至三不
五時盛傳美、日即將開戰。[46]空穴來風，未必無因，是
以此類議論或謠言的出現，也反映出當時美、日兩國互
動關係已轉趨緊張。而導致歐戰後美、日在遠東地區呈
現對立態勢的現實因素與具體矛盾，舉其要者，包括
美、日兩國在華的商業競爭，出兵西伯利亞問題與美、

---

45 "Japan's Ambitions," Mr. Webb, Business Editor, *The China Press*, Shanghai to the Department of State, Washington, 3 August 1919, RIAC 893.00/320; "D. J. Torrance, Representative of American International Corporation, Peking to F. M. Dearing, New York," 31 July 1919, RIAC 893.00/3223; "American Prestige in China," *The Millard's Review of the Far East*, 27 December 1919.

46 "Army Surgeon Says Japs Prepare for War," *San Francisco Examiner*, 24 July 1919; "Japanese-American War Rumours," *The North China Herald*, 29 January 1921.

日齟齬，前德屬南洋群島歸屬問題，以及太平洋美、日
海權劃分等。

　　歐戰期間歐洲列強大多受到戰事拖累，無暇顧及中
國市場，日本以及較晚參與歐戰的美國，自然受惠良
多，積極趁機擴張在華的投資與利權，以爭取歐洲列強
所遺留下來的貿易空間。歐戰後歐洲列強雖然重返遠東
地區，但戰敗的德國，發生革命的俄國等，經濟實力與
國際政治地位大幅滑落，也喪失在華經商的特權地位，
而英、法等雖然是戰勝國，但戰爭過程中同樣也耗盡國
力，亟需休養生息，短時間內也無法恢復到戰爭前的狀
態。這也間接使得美、日兩國在華商務活動的高度競爭
狀態，從歐戰期間，延續到戰後。[47]

　　其次，受到布爾什維克革命的影響，俄國內部分
裂，為了協助白俄抗衡日漸壯大的紅俄勢力，並維持對
於西伯利亞地區的控制，1918 年協約國決定出兵西伯
利亞，其中又以日本最為積極，派兵最多。[48] 然而，在
出兵協同作戰過程中，美國卻與日本之間屢生磨擦與爭
端，對於日本人的惡感由此累積而生。除了牽涉到日本
意圖利用出兵行動，將侵略與殖民觸角延伸至東北亞地
區，藉此深化西伯利亞以至蒙古等地區的利權控制，而
引起美國方面的懷疑與忌憚外，尤有要者，當上述曾經

47　"American Manufacturers Do No Fear Japanese Competition," *The
Shanghai Gazette*, 13 February 1920；〈米国の対支活躍：連山借款
成立説：退嬰主義を改めよ〉，《大阪毎日新聞》，1919 年 7 月
19 日。

48　關於日本出兵西伯利亞的詳細過程，可以參見原暉之，《シベリ
ア出兵：革命と干渉 1917-1921》（東京：筑摩書房，1989）。

出征西伯利亞的美軍士兵返回美國後，隨著報紙媒體的大加報導渲染，士兵們的反日情緒，也逐漸擴散至一般美國百姓，更加深對於日本整個民族的負面印象。[49] 再者，隨著歐戰後德國勢力退出北太平洋地區，所遺留的水域、島嶼歸屬權問題，則直接關係到美、日在太平洋地區的海權爭奪。歐戰期間日本藉口英日同盟，果斷地攻佔德屬太平洋群島，自然懷抱著戰後能夠順勢接收這些島嶼的企圖。[50] 然而，此片島嶼及其廣大鄰近水域，卻具有極其重要的戰略地位，位處美國屬地菲律賓群島（Philippine Islands）、關島（Guam）以及威克島（Wake）、中途島（Midway）之間。一旦由日本繼承，日本將可以在島嶼上打造海軍基地，從而威脅美國在太平洋水域的海軍霸權，屆時如果發生戰爭，日本不但可以迅速封鎖美國與西太平洋地區間的海運路線，同時還可以藉由控制通過此片水域的海底電纜，切斷與美國與菲律賓群島與關島之間的通信，影響深遠。華盛頓會議五國海軍會議期間，美、日對於海軍限武之間的爭執與歧見，亦清楚反映兩國在海權爭奪上的潛在對抗態勢。[51]

---

49 "Japs Against U.S. in Siberia Says Barrows," *San Francisco Examiner*, 17 July 1919；〈西伯利亞帰還米兵等ノ有害ナル談話報告ノ件〉，1919 年 7 月 24 日，「2 大正 7 年 11 月 9 日から大正 8 年 11 月 1 日」，JACAR: B03030308000，頁 82-84。

50 德國在北太平洋水域的島嶼，包括北馬里亞納群島（Northern Mariana Islands）、馬紹爾群島（Marshall Islands）、加羅林群島（Caroline Islands）等，當時日人稱為南洋諸島。見〈南洋諸島（一）〉，《京都日出新聞》，1916 年 12 月 20 日。

51 "Minutes of Committee on Limitation of Armament," Fourth Meeting, 11 A.M., 22 December 1921, & "Report of the American

（四）「聯美制日」與美國的中國情結

　　自面對日本的二十一條要求開始，部分中國朝野有志之士就逐漸意識到日本對華的野心，以及僅憑藉中國本身的力量，恐無法與日本抗衡。即使是在甲午戰爭以前就曾與日本在朝鮮打過交道的大總統袁世凱，也相當清楚，中國必須訴諸新聞輿論的力量，將其他列強拉進中日交涉進程，方始有機會可以應付日本的咄咄進逼。而當時尚未參戰的美國，自然也就是中國極力拉攏的主要對象。[52] 美國參戰後，受惠於美國對華輿論宣傳以及總統威爾遜提出十四項和平建議的影響，中國知識分子對於美國有著更為高度的期待，深信美國將會出面主持公道，秉持民族自決原則，協助中國收回失去的土地與國權。[53] 而以顧維鈞為首的一些中國的外交官們，也很早即確立聯美制日路線，將會是戰後國際善後和會談判裡，中國賴以反制日本的主要手段。[54] 雖然巴黎和會對於山東問題的處置，基於國際現實的考量，犧牲了中國而偏向日本，但是美國終究還是唯一一個曾在和會上伙

　　　Delegation Submitted to the President," 9 February 1922, U. S. Naval War College, *International Law Documents: Conference on the Limitation of Armament with Notes and Index, 1921* (Washington: Government Printing Office, 1923), pp. 32-33, 265.

52　應俊豪，〈從《顧維鈞回憶錄》看袁世凱政府的對日交涉—以中日山東問題為例〉，國立政治大學文學院編，《陳百年先生學術論文獎論文集》（臺北：陳百年先生學術基金會，2000），第二期，頁 93-104。

53　Carl Crow, *China Takes Her Place* (New York: Harper & Bros., 1944), pp. 113-114.

54　顧維鈞，中國社會科學院近代史研究所譯，《顧維鈞回憶錄》（北京：中華書局，1982），第一分冊，頁 166。

義執言，且曾努力斡旋想讓日本將山東租借地歸還給中國的國家。因此，中國知識分子固然對於巴黎和會感到失望，但依然對於美國懷抱特殊情感，冀望繼續仰仗美國的幫助。[55] 而為了推動聯美制日策略，中國知識分子自然非常樂見美、日關係惡化，有時甚至也會採取一些新聞輿論手段，無事生非，刻意渲染美、日之間的對立局勢，讓雙方敵對意識加溫。[56]

另一方面，美國政府雖然相當理解中國聯美制日的企圖，但其駐華的使領官員以及一般僑民等，卻大都相當同情中國，並不支持巴黎和會對於山東問題的處置，也希望美國政府能夠繼續支持中國，爭取協助改正既有的中、日僵局。特別是一些長年旅華的美國專業人士，由於熟悉中國事務，做為「中國通」，經常會就中日問題發表看法，不論是投書報紙媒體，或是直接向美國國務院提出建言，均會對美國後續的對華與對日政策發揮一定程度的影響。他們的態度往往同情弱者，認為日本逼人太甚，強調美國在拯救中國上的關鍵作用，甚至有時還帶有白人負擔論的觀點，認為美國有責任也應該挺身而出，解救身陷危局的中國。[57]

55　"Report on Political and Economic Conditions for the Quarter Ending June 30, 1919," Paul S. Reinsch, "The Minister in China (Reinsch) to the Secretary of State," 10 September 1919, *FRUS 1919* (Washington, D.C.: U.S. Government Printing Office, 1919), Vol. I, pp. 364-368.

56　〈上海を中心と英米するのプロパガンダ〉，《大阪毎日新聞》，1919 年 2 月 17 日。

57　"America's Position," Mr. Webb, Business Editor, *The China Press*, Shanghai to the Department of State, Washington, 3 August 1919, RIAC 893.00/3201. 此種觀點乃是以上海為中心，由曾在美國受大學教育的專業人士所組成的「在華美國大學俱樂部」，最具代

　　簡言之，無論如何，中國人推動聯美制日策略，抑
或是美國在華人員對於中國的特殊情結，想要幫助中
國，最終均會助長美、日在華矛盾的態勢。

（五）外部因素

　　在歐戰後美、日在華矛盾論述的形塑過程中，不可
避免地，也會受到諸多外部因素的影響，尤其是歐洲列
強，可能即在其中扮演著催化劑的作用。英國是近代以
來第一個以戰爭武力手段，打破中國閉關現況，率先
在華建立條約特權體制的歐洲國家。而歷經半個多世紀
的銳意經營，英國早已成為所有外國列強中，在華享有
最大利權的國家。而美、日兩國利用歐戰的契機，大肆
擴大在華利權，雖然尚不足以取代或超越英國在華的地
位，但必將構成英國極大的危機感。況且，日本藉口英
日同盟，對德宣戰，表面上忠實地替英國看守遠東地
區，實則有監守自盜之嫌，除了搶佔德國在中國山東地
盤之外，還趁機提出二十一條要求，意圖極力擴充對於
中國事務的控制能力與相關利權。而美國一方面既不滿
日本對華的野心，二方面更對日本挾著英日同盟，肆意
擴張勢力，接收德國在遠東地區的地盤，進而威脅到美
國在西太平洋地區的海上優勢等，感到擔憂與厭惡。因
此，在歐戰後日趨嚴峻的美、日矛盾態勢中，英國扮演
的角色，亦尤足輕重。除了英國可能必須在美、日之間

　　表性。見美國國務院遠東司的分析： "Memorandum by Division
of Far Eastern Affairs to the Third Assistant Secretary, Department of
State," 11 August 1919, RIAC 893.00/3201.

做出抉擇，究竟應該維持先前的英日同盟，支持日本，抑或琵琶別抱，轉而與美國通力合作，延續歐戰期間以來的英、美親密戰友關係，出面共同制衡日本。[58]

再者，美、日矛盾態勢的惡化，對於英國在華利益而言，或許也未必是壞事。鷸蚌相爭，漁翁得利。兩個新興強權在華展開爭鬥，對於原有最大的既得利益者英國來說，正好可以隔山觀虎鬥，努力恢復戰前的優勢地位。[59]

另外一個可能影響到歐戰後美、日矛盾論述的外部因素，則與德國脫離不了關係。德國被視為是挑起歐戰的元兇，普魯士軍國主義則在形塑德國帶有侵略性的對外政策中，曾經發揮關鍵作用。因此，以美國為首的協約國國家，對於德國及其軍國主義色彩，在戰後依然心懷警惕，也不忘繼續追究德國當初發動戰爭的罪行。[60]而近代以來，日本在推動西化，脫亞入歐，致力於學習西方文明。但在西化、文明化的過程中，部分日本軍方

---

58 關於美國對於英日同盟的態度，以及英國如何在美、日之間做取捨等問題，已有許多相關的研究。可以參見下列研究：Akira Iriye, *After Imperialism: The Search for A New Order in the Far East, 1921-1931* (Cambridge: Harvard University Press, 1965), pp. 15-16; Malcolm D. Kennedy, *The Estrangement of Great Britain and Japan, 1917-35* (Berkeley and Los Angeles: University of California Press, 1969), pp. 48-59; J. Kenneth McDonald, "The Washington Conference and the Naval Balance of Power," John B. Hattendorf and Robert S. Jordan ed., *Maritime Strategy and the Balance of Power: Britain and America in the Twentieth Century* (London: The Macmillan Press, 1989), pp. 192-193.

59 "Japanese-American War Rumours," *The North China Herald*, 29 January 1921, p. 296.

60 蕭道中，〈第一次世界大戰德國戰爭罪問題研究〉（臺北：國立政治大學博士論文，2009）。

以及右翼人士一度也熱衷學習德國軍國主義，並嘗試將
其經驗與模式移植至日本。[61] 從 1894-1895 年中日甲午
戰爭、1904-1905 年日俄戰爭、1914-1915 日德戰爭（歐
戰），基本上每十年一戰，而在對外發動戰爭與日漸強
大的過程中，軍方角色及軍國主義色彩，也愈益濃厚。
歐戰以降，當美國開始正視日本在遠東地區擴張行動
時，部分學者不禁會聯想起日本繼承自德國軍國主義的
對外侵略性。[62] 日本與德國之間的軍國主義脈絡關係，
無論是確有其事，還是莫須有的原罪指控，均會助長
美、日矛盾態勢。

（六）衝突背後的輿論因素

歐戰以來，雖然基本上美、日在官方外交互動層
面，仍維持相對和諧的關係，但在西伯利亞出兵、山
東、人種平等、海權與地盤劃分，以及商貿競爭等諸
多問題的刺激下，實際上彼此關係已有轉趨惡化的跡
象。[63] 此種對立態勢，尤其以在華表現出來的情況最為
明顯。在官方或半官方人員有意或無意的縱容與推波助

---

61 關於近代以來日本與德國間複雜關係，可以參見工藤章、田嶋信
雄編，《日獨關係史：一八九〇─一九四五》（東京：東京大學
出版會，2008），第一冊至第三冊。

62 美國方面對於日本繼承德國軍國主義的脈絡與質疑，可以參見前
述 Walter B. Pitkin, *Must We Fight Japan?* 中所提的諸多觀點。

63 〈内外における米人の排日：原内閣の対米策如何〉，《大阪毎
日新聞》，1919 年 4 月 11 日；〈日米戦争説：米人の恐日病的
囈語＝病根は改悛によって絶つを得べし〉，《大阪毎日新聞》，
1919 年 5 月 5 日；〈日米関係の緊張：総て米国の排日的態度に
因す＝米人の反省以外緩和の道なからんとす〉，《大阪毎日新
聞》，1919 年 11 月 12 日；"American Manufacturers Do No Fear
Japanese Competition," *The Shanghai Gazette*, 13 February 1920.

瀾下，雙方輿論宣傳攻訐不斷，激發旅華第一線軍人與
僑民的同仇敵愾之心。[64] 再加上歐戰後陸續出現的兩國
矛盾以及開戰謠傳，持續在中國流傳的疊加影響，間接
也使得美、日在華的軍民往來關係，受到很大的波及，
誤以為兩國終有一戰，故更加肆無忌憚地向對方宣洩仇
恨情緒。

　　自歐戰結束至華盛頓會議召開前，雙方在華軍民
人員，即曾兩度爆發大規模的武裝衝突事件。第一次
是 1919 年 3 月間，美軍官兵與日本軍警、僑民，在天
津法租界與日租界內發生的武裝衝突事件。原先只是肇
於雙方在風化區的單純酒後口角與鬥毆事件，最後竟演
變成彼此動員，高達數百人的集體械鬥衝突。涉入其中
的，有美國駐華陸軍主力第十五步兵團官兵，以及日本
駐天津領事當局、租界軍警、居留民團等，彼此均聲言
指責對方動手在先，故只能被迫進行自衛，無論是非真
相如何，後來演變成雙方異常兇狠的隨機報復攻擊行
動。[65] 兩年多後，1921 年 5 月間，在上海公共租界，
美、日雙方又爆發第二次大規模衝突事件。起因於少數

64　"Sir J. N. Jordan, British Minister, Peking to Earl Curzon of Kedleston, Foreign Office," 25 March 1919, FO 371/3698.

65　"American Officers Make Report on Recent Japanese American Report: Lieut.-Col. Smart, Provost Marshal, and Capt. Landreth Make Reports Which Are Approved by Col. Wilder and Forwarded to American Legation," *The North China Star*, 21 March 1919; "Report of Committee of Inquiry, Tientsin," 28 March 1919, RIAC 893.00/3057; "Official Report on Occurrence: Fracas in the French Concession & Military Movement in the French Concession," Enclosure 2 of "The Japanese Consul General (Funatsu) at Tientsin to the American Consul General at Tientsin (Heinzleman)," 4 August 1919,「6‧調書第六号　天津事件」，JACAR: B12080893100。

美軍水兵登岸放假、燃放鞭炮戲弄日兵之舉，引起日本水兵以及上海居留民團的憤慨，竟輕易聚集多達數百人之眾，攜帶棍棒武器，在公共租界虹口區到處攻擊美國水兵。而美國水兵亦不甘示弱，紛紛集結小股部隊，伺機反擊日人。雙方人馬公然在虹口區巷道內，相互圍堵狙擊，大打出手，部分美軍人員甚至一度準備返回軍艦攜出槍械，大有不惜與日本人火拼的氣勢，引起其他中外人士極大的側目。後來在上海公共租界工部局巡捕房的強勢介入，美、日兩國軍事與領事當局也盡量克制，下令約束軍隊與僑民，才勉強制止了雙方人員的持續攻擊行動。[66]

　　綜觀這兩次大規模武裝衝突事件的共通性，均源自於少數個人間一些很小的口角細故或捉弄，但不知為何，隨即猶如星火燎原般，很快演變成大規模、無差別的暴力攻擊事件。知微見著，歐戰後天津、上海先後兩起美、日衝突案件的發生，除了凸顯出雙方關係本身的脆弱性之外，也間接說明兩國在華人員彼此間積怨已深，以致稍有偶發細故，相當容易就擦槍走火，升級成集體武裝械鬥。換言之，美、日兩國在華人員間累積的仇恨，可能就是衝突擴大化的元兇。但更為關鍵的，究

66　"Report by K. F. McEuen, Commissioner of Police, Shanghai Municipal Council to E. S. Cunningham, American Consul General, Shanghai," 23 May 1921, RIAC 893.00/4213; "Investigation of Disturbance Ashore in Shanghai May 22 in Which Enlisted Personal of U.S. Navy Were Involved," from Lieutenant Commander J. H. Buchanan, USS *Huron* to Admiral Joseph Strauss, Commander in Chief, Asiatic Fleet, 23 May 1921, RIAC 893.00/4213；〈山崎總領事ヨリ內田外務大臣宛〉，1921 年 5 月 23 日，「8 大正 10 年 5 月 24 日から大正 10 年 7 月 23 日」，JACAR: B03040760500，頁 351-353。

竟是什麼原因，造成美、日在華人員之間的彼此仇恨？

根據事後的檢討調查，除了歸咎於意外事件等偶發因素外，很可能也與事發前新聞報紙上的報導言論，刺戳了兩國在華人員之間敏感的民族神經有關。在某種程度上，美、日在華報紙都在煽動民族間的猜忌與仇恨，故當再發生一些偶發細故，很容易就引起同仇敵愾之心，以至於擴大為大規模衝突事件。

（七）背後的輿論宣傳與角力

歐戰期間，為了有效運用新聞，以協助軍事作戰，美國政府成立公共資訊委員會（Committee on Public Information, CPI），職司國內外新聞輿論的檢查與宣傳，也在各國成立分支機構，進一步擴大輿論戰的幅度，一方面動員對於敵國的仇恨，二方面則團結協約國之間的友誼。[67] 而公共資訊委員會派駐在中國的代表，則是記者出身的克勞（Carl Crow）。在克勞以及其他美籍記者的努力下，大肆宣傳美國的崇高理想，尤其是總統威爾遜提出的十四項和平建議，其中民族自決的主張，在中國引起很大的迴響，間接促使美國在華的整體形象，於歐戰期間獲得空前的高漲。[68] 在此之前，日本

---

67 關於 CPI 的成立及運作情況，參見 James R. Mock and Cederic Larson, *Words That Won the War: The Story of the Committee on Public Information, 1917-1919* (Princeton, Princeton University Press)。

68 關於克勞及在中國的輿論宣傳事業，可以參見克勞本人的回憶，見 Carl Crow, *I Speak for the Chinese* (New York: Harper & Brothers, 1937); Carl Crow, *Foreign Devils in the Flowery Kingdom* (New York: Harper & Brothers, c1940); Carl Crow, *China Takes Her Place* (New York: Harper & Bros., 1944).

藉口英日同盟，對德宣戰，除了持續佔領山東拒絕撤兵
外，又提出更為兇狠的二十一條要求。日本此舉，不但
意圖獨佔中國，壟斷通商、礦產、交通等諸多利益，同
時也揭露了日本對華野心，自然引起其他在華外人的忌
憚。當時美國還未參戰，尚具有牽制日本的力量，故在
華美國人也就成為中國抗衡日本的重要求援對象。部分
美國在華記者，在袁世凱英文祕書顧維鈞的新聞洩密策
略下，亦曾與聞或參與其事，並在報紙上披露箇中細
節，質疑日本的企圖。[69] 而這些美國記者，也因此對於
日本在華勢力的急遽擴張，抱持極大的戒心，甚至力主
美國應出面節制日本。美國參戰後，這些在華美國記
者，利用公共資訊委員會作為平臺，除了宣傳美國外，
也持續關注日本的野心與企圖，不時動用新聞輿論的力
量攻訐日本斑斑劣行，間接帶動中國的反日輿論。[70]

　　歐戰結束後，美、日在遠東地區的勢力迅速崛起，
國際秩序重新調整，而受到地緣政治的影響，雙方在各
種層面上難免有所競爭，彼此矛盾的情況也就愈見明
顯。面對美國的進逼之勢，可能在日本外務省有意無意
的暗示下，歐戰後的日文報界也開始出現一系列的反美
宣傳論調，反覆列舉近代以來美國的不友善態度，痛批
美國表裡不一的虛偽形象，揭露美國施加在日本民族上

69　J. B. Powell, *My Twenty-Five Years in China* (New York: The Macmillan
　　Company, 1945), pp. 43-45；〈東報反對收回山東利權〉，《晨報》
　　（北京），1918 年 12 月 10 日。

70　Paul French, *Carl Crow, A Tough Old China Hand: The Life, Times,*
　　and Adventures of An American in Shanghai (Hong Kong: Hong Kong
　　University Press, 2006), pp. 17-24.

的惡意歧視與層層限制。日本似乎有意動員新聞輿論力量，來對抗美國。[71] 職是之故，歐戰之後，美、日兩國雖然在政治外交上仍維持大致和諧關係，但雙方輿論界早已短兵相接、言語交鋒。而在美、日輿論宣傳戰的影響下，美、日兩國在華的第一線軍人與僑民可能感受最深，故對於彼此的惡感，也最為濃厚。[72] 美國軍人相信美、日終有一戰，而日本僑民則深信美國帶有種族偏見，非但蔑視日本，甚至暗中煽動中國的反日與抵制日貨運動，意圖將日本人趕出中國。就在雙方輿論宣傳的一再轉載與加溫下，造就美、日兩國在華僑民與軍人爆發出前述所稱的激烈武裝衝突事件。

（八）中國反日問題上的對立地位

受到二十一條要求以及後續巴黎和會山東主權歸屬爭議等問題的刺激與影響，歐戰後中國的反日運動有轉趨激烈之勢。學生團體則在其中扮演著關鍵性角色，透過各地學生聯合會組織，經由縱向與橫向的聯繫與合作，從一校，到單一城市，再擴大到中國各大城市。[73] 而學生反日運動的目標，也從五四運動期間喊出的「內

---

71 "The Chargé in Japan (MacMurray) to the Acting Secretary of State" Tokyo, 5 March 1919, *FRUS 1919*, Vol. I, pp. 686-687.

72 參見英國駐華公使朱爾典（J. N. Jordan）從旁對於美、日在華人民互動的觀察，見 "Sir J. N. Jordan, British Minister, Peking to Earl Curzon of Kedleston, Foreign Office," 25 March 1919, FO 371/3698.

73 關於五四後中國學運的情況，可以參見呂芳上，《從學生運動到運動學生：民國八年至十八年》；黃自進，〈日本駐華使領館對五四學生愛國運動的觀察〉，《思想史9：五四百年專號》（新北：聯經出版公司，2019），頁 63-109；陳以愛，《動員的力量：上海學潮的起源》（臺北：民國歷史文化學社，2021）。

除國賊、外爭國權」，進展到抵制日貨運動，採取遊行、示威、散發傳單、組織糾察隊等形式，在各大城市防堵日貨，對日實施經濟絕交；其具體作為，包含了檢查華店有無陳售日貨，防止華客進入日店消費，檢查華船有無承運日貨，防止華客乘坐日船等，甚至有時還會採取暴力行動，攻擊與日本人有關係者，例如服務於日本商社的華籍員工、臺籍人士等。[74] 此類反日運動，由於影響到日人在華的利益，因此最為日本所忌憚與痛恨。部分日僑甚至也會採取實際行動來進行報復，從而使得情況更為複雜。[75]

　　然而，在上述反日學運的運作過程中，美國卻隱隱約約被動發揮著重要作用。因為各地的學生團體往往將美國視為中國足以抗衡日本的主要憑藉，盡力拉攏美國駐華使領官員，以便刻意營造出中美友好同盟的印象。[76] 部分學運組織有時為了避免政府當局的打壓，也

74　關於歐戰後學生抵制日貨運動的行為模式，可以參見美國駐福州領事館的報告，見 "Political Conditions in North Fukien," G.C. Hanson, American Consul, Foochow to Paul S Reinsch, American Minister, Peking, 4 June 1919, RIAC 893.00/3194; "Political Conditions," American Consulate, Swatow to Charles D. Tenney, American Charge d'Affaires ad interim, Peking, 17 October 1919, RIAC 893.00/3256. 至於學生抵制日輪的行為模式，見〈長沙妨阻日清汽船交貨事〉，中央研究院近代史研究所檔案館藏，《北洋政府外交部檔案》，03-33-110-02-054。

75　例如長沙日僑即曾採取暴力行動，攻擊當地抵制日貨人員。見〈長沙妨阻日清汽船交貨事〉，中央研究院近代史研究所檔案館藏，《北洋政府外交部檔案》，03-33-110-02-054。

76　歐戰後武漢的學生活動，即帶有此項特徵，可以參見美國駐漢口總領事館的報告："Wuhan Cities' Association- Memorial Services," Edwin S. Cunning, Consul General, Hankow to Paul S. Reinsch, American Minister, Peking, 7 July 1919, RIAC 893.00/3205.

會選擇利用美系教會作為掩護。尤其五四運動後，中國
各大城市反日、抵制日貨運動如火如荼的展開，而學生
組織作為反日主力，不時託庇於美國傳教團體的保護
傘，藏身於教會產業內規劃反日行動，以避免皖系、安
福系等親日派系的打壓。[77] 雖然在實際作為上，美國政
府已屢次重申不介入中國內政事務，不干涉中、日交
涉，也嚴格禁止在華僑民涉入到中、日之爭，但美國在
華僑民卻不見得會完全遵守。例如像基督教青年會等傳
教團體，即有可能在中國反日運動中，扮演一定程度的
角色，而同情中國學運的美籍教士，有時更會睜一隻眼
閉一隻眼地默許青年會學生參與反日運動。[78] 一些居住
在上海的美國記者，往往也認為美國應該挺身而出，支
援中國，否則如果繼續束手以觀，中國將無力抵抗日本
的侵略，而導致美國失去中國市場。[79] 然而，一旦在華
美國人士有疑似介入並支持中國的反日運動，無論僅是
言語上的袒護，抑或是付諸實際行動，均易讓日本方面
認為美國在背後故意煽動中國的反日情緒，因此加深
對於美國的憤恨情緒，從而讓美、日關係更趨於緊張與

---

77 以山東的反日學運為例，隨著中、日關係漸趨緊繃，親日的山東
軍政當局，以及日本駐山東當地的駐軍均加大對於學生運動的
打壓，使得學生組織往往必須更加仰賴美國教會團體基督教青
年會提供的掩護。見 "Conditions in Shantung Province," Office of
Naval Intelligence, Navy Department to the Department of State, 3
December 1919, RIAC 893.00/3271.

78 "Observations on the Situation in the Far East," Commander-in-
Chief, Asiatic Fleet, Vladivostok, to the Secretary of the Navy, 1
February 1920, RIAC 893.00/3314.

79 "America's Position & The Shantung Situation," Mr. Webb, Business
Editor, *The China Press*, Shanghai to the Department of State,
Washington, 3 August 1919, RIAC 893.00/3201.

對立。[80]

　　本書除了從現實層面去探究歐戰後美、日矛盾的各種可能成因外，更為重要的是試圖從當時的公眾輿論與報紙言論中，去分析歐戰後的人們究竟是如何討論與看待所謂的美、日矛盾。因此，本書的核心關懷，與其說是研究歐戰後美、日矛盾的本身，倒不如說是，想要釐清當時人所「論述」的美、日矛盾。換言之，本書章節篇幅中，有很大的比例，將集中探究輿論宣傳中所呈現出來的美、日矛盾。特別是為何在歐戰結束後不久的1920 年代，當舉世尚在歌頌和平時代的到來，並檢討如何才能避免戰爭的再度發生之際，美、日兩國，尤其是民間人士或是少部分軍人就已經開始不合時宜、危言聳聽地高唱美、日戰爭論？當時美、日兩國的報紙，又在其中扮演了何種角色？

三、歷史紀錄

　　要深入瞭解歐戰後的美、日在華矛盾論述，首先必須先分析兩國政府在其中所扮演的角色，他們如何看待彼此，而對於當時盛傳的戰爭論，美、日兩國駐華官員，尤其是海軍、陸軍等軍事人員，他們又是從何種思維來理解美、日矛盾的起源與本質？是單純視為謠傳生波而不以為意，還是慎重其事地因應處理？以及當真正

80　〈米國ノ臺灣擾亂說ニ關スル件〉，1919 年 11 月 10 日，「2 大正 7 年 11 月 9 日から大正 8 年 11 月 1 日」，JACAR: B03030 308000，頁 102。

發生矛盾與衝突時,他們的解決之道又是為何?為了釐清上述問題,則必須大量參閱美、日兩國政府原始檔案。

美國方面,除了國務院遠東司內部的分析報告外,美國駐日本大使館以及駐華各使領館每月、每季、每年的政情報告,則是瞭解當時地方輿情的第一手報告,這些派駐在各地的外交使領人員,實際身處日本與中國,對於當地的輿情發展與演變,感觸最為直接,因此其報告中所反映的情況,應該最為貼近事實。其次,美國駐華軍事人員,包括海軍艦隊、情報官員等,也會針對中國輿情,以及日本在華活動情況,提出許多珍貴的報告。這些軍方報告與外交使領報告的不同,一來在於他們較為關注日本駐華軍事力量的擴充與發展,二來他們蒐集資訊的管道,有時也與一般外交使領系統有所差異,甚至部分乃是透過所謂的祕密線民,因此視角更為在地,也較能夠掌握一些更為細部的消息。要深入探究上述報告,無法僅靠查閱《美國對外關係文件》(*Foreign Relations of the United States,* FRUS)獲得,[81] 而必須使用更詳盡的國務院檔案,因此本書大量參閱中央研究院近代史研究所圖書館所藏美國國務院《中國國內事務檔案》(*Records of the Department of State Relating to the Internal Affairs of China, 1910-1929,* RIAC),收錄許多歐戰後美國駐華第一線領事館以及海軍「亞洲艦隊」(Asiatic Fleet)官員的各類型報告,可以彌補《美國對外關係文件》偏重中

81　United States Department of State, *Foreign Relations of the United States*, University of Wisconsin Digital Collections Center (https://search. library.wisc.edu/digital/AFRUS).

央政府層次的不足之處，從而更為細緻地理解當時在華美國人所實際親身見證的美、日矛盾情況。

日本方面，也是使用除了已經整理出版的《日本外交文書》外，[82] 亦大量參閱日本亞細亞歷史資料中心（JACAR）所藏檔案，包括日本外務省的《戰前期外務省記錄》，以及陸軍、海軍等軍方相關的檔案資料。日本駐華使領的各類型地方政情報告，素來以其調查的詳細完備著稱，可以藉此清楚瞭解日本官員眼中的中國反日情況，以及其背後的美國因素。而日本駐華的軍事人員，以及派駐臺灣，甚至包括西伯利亞的派遣軍，也都曾回報對於美國介入中國反日運動，或是煽動日本內部反動勢力（如朝鮮獨立問題等）的情資。從這些機密情資，也可以略窺日本軍方內部對於美國的敵對意識，在歐戰後終究從何而來，又如何進一步發展。

美、日兩國以外，中國、英國的史料也是重要的切入點。中國方面，北京政府外交部檔案，自然是必須使用的材料。特別自巴黎和會山東問題爭議以來，北京政府外交官中，不少即致力於推動聯美制日策略，並試圖透過鼓動民族輿論力量的方式，來引起美國駐華官員的關注與支持，藉此抗衡日本。其次，英國作為近代以來外國在華最大的既得利益者，歐戰後中國現況丕變，以及美、日在華勢力的崛起與競爭，均會直接衝擊到英國既有的優勢與地位。因此，英國對於此類問題一直非常關注。英國外交部檔案（*Foreign Office 371*, FO 371）中，

---

82 日本外務省，《日本外交文書》（東京：日本國際聯合協會）。

收錄許多駐華使領報告，將可以藉此瞭解英國對於當時
美、日在華對立的客觀分析。[83]

最後，當時中外各重要報紙所形塑出的美、日在華
矛盾論述，乃是本專書撰寫內容中極其重要的一部分。
因此，除了利用前述美、日政府檔案，來分析政府層次
在輿論宣傳戰上所扮演的角色，及其對於新聞輿論面
向所做的內部評估外，也實際參閱當時所發行的中外報
紙，以嘗試建構當時人民所認知的輿論環境。

外人在中國各大城市（尤其是上海地區）所發行的
英文報紙，作為美、日在華進行新聞輿論攻防的重要平
臺，足以體現美國與日本雙方的輿論形塑策略。尤有要
者，透過這些英文報紙，也可以同時去理解美、日兩
國當事人以外，作為旁觀者的其他外人觀點。例如藉由
美、日在華發生的重大衝突與爭議事件為切入點，透過
當時美、日、其他國家等不同輿論論調的比較與分析，
可以更為清楚地分析新聞輿論背後，隱藏的言外之意與
政治圖謀。

其次，各大中文報紙也是非常重要的參考資料。中
國聯美制日策略，及其與親日派之間的輿論角力，也可
以從新聞報紙中發現端倪。此外，美、日兩國的主流報
紙媒體，也是必須參閱的研究對象。畢竟歐戰後美、日
在東亞的崛起與競爭，已是既成的客觀事實，而當日、

---

83 Foreign Office, *General Correspondence, Political, China, 1905-1940*
 (FO371)，中央研究院近代史研究所圖書館藏微卷檔案；中央研
 究院圖書館線上資料庫，「英國外交部解密檔案：中國」（*Foreign
 Office Files: China, 1919-1980*）。

美雙方從近代以來原先的學習與被學習關係，逐漸演變成對等的競爭關係時，兩國報紙之間，對於彼此民族與國家形象的重新梳理與再建構，自然也是意料中之事。藉由分析歐戰後美、日看待對方的新聞言論，從中也可探查到美、日在華矛盾論述的蛛絲馬跡。職是之故，基於上述考量，本書使用與參閱的報紙範疇，包括中國、日本以及美國的重要報紙。例如上海《申報》、天津《大公報》、北京《晨報》、《廣州民國日報》等中國各地發行的中文大報，外人在上海等各通商口岸發行的英文報，[84] 美國的《紐約時報》（*The New York Times*）、《華盛頓郵報》（*The Washington Post*）、英國《泰晤士報》（*The Times*），[85] 以及日本素來關注中國問題的報紙，如《大阪每日新聞》、《京津日日新聞》、英文《日本時報》（*The Japan Times*）等。[86]

84　ProQuest Historical Newspapers: Chinese Newspapers Collection（1832-1953）資料庫收錄了十二份在中國發行的英文報紙，包括 *The North China Herald*（1850-1941）、*The China Weekly Review*（1917-1953）、*The China Critic*（1939-1946）、*Peking Daily News*（1914-1917）、*Peking Leader*（1918-1919）、*Shanghai Gazette*（1919-1921）、*The China Press*（1925-1938）、*The Chinese Recorder*（1868-1940）、*The Chinese Repository*（1832-1851）、*Peking Gazette*（1915-1917）、*Shanghai Times*（1914-1921）、*Canton Times*（1919-1920）等。此外，ProQuest Historical Newspapers-*South China Morning Post*（1903-1995）則可以看出中國南方的輿論情況。

85　均可參見線上資料庫：New York Times: Historical Newspapers 1851-2013、ProQuest Historical Newspapers-Washington Post 1877-、The Times Digital Archive (TDA) 等。

86　日本神戶大學附屬圖書館「新聞紀事文庫」（https://da.lib.kobe-u.ac.jp/da/np/）整理收錄許多日本東京、關西、舊殖民地等地區的重要報紙，諸如《東京每日新聞》、《大阪每日新聞》等。此外，還有日本在華北地區最重要的報紙《京津日日新聞》，以及日本國內發行的官方英文報紙 *The Japan Times* Archives (1897-1970)（https://hslib.sinica.edu.tw/cht/content/japan-times-

四、本書架構

在本書章節安排上，除緒論及結論外，全書分為三大部分，共十三章。

第一部為「歐戰後美、日在華對抗論的時代背景」，就意識形態、東亞競爭與英國影響等三個面向，探究美、日矛盾論述形成的主要時代背景。

第二部為「從中、日之爭到美、日對抗」，就美國的中國情結、美國對日本野心的觀察、美國海軍的山東情蒐報告，以及中國知識分子與北洋外交官的「聯美制日」策略等視角，深入探究歐戰以來日本在華勢力的擴張，與中日爭端的加劇，如何逐漸轉變為美國對於日本疑忌，從而導致美、日在華矛盾論述的加溫。

第三部為「輿論宣傳與歐戰後美、日在華對抗論」，從輿論宣傳的面向，細部分析歐戰後的美、日在華矛盾論，討論日本的反美宣傳，美國的輿論宣傳對策，美系教會的反日宣傳，美、日在華衝突背後的輿論宣傳戰，以及美、日戰爭論等主題，檢視歐戰以來美、日雙方如何利用新聞輿論宣傳策略來為外交造勢與彼此過招，以及在輿論戰的一再渲染刺激下，如何促成美、日人民惡感的強化，進而導致在華催生出實際的衝突事件，以及美、日必有一戰等甚囂塵上的戰爭論述傳聞。

---

archives-1897-1970）等。《京津日日新聞》，可以參考自山田辰雄、家近亮子、浜口裕子等人編輯出版的《橘樸翻刻と研究：京津日日新聞》（東京：慶應義塾大學出版會，2005）中，所蒐集各類新聞評論。

第一部
歐戰後美、日在華對抗論
的時代背景

第一章　意識形態之爭與美、日在華矛盾論述

一、前言

　　歐戰後美、日矛盾論述的出現，部分原因可能與兩國在對華政策上的重大分歧與對立有關。眾所皆知，20世紀以來美國對華政策的基本核心觀點，就是主張中國門戶開放。美國的中國門戶開放政策，可以區分為狹義的經濟層面，以及較為廣義的政治層面。經濟層面著重在中國市場的完整對外開放，投資與貿易機會均等，反對單一列強壟斷市場，以及採取任何排他性的經濟措施。而政治層面則是強調必須維持中國的主權獨立與領土完整，反對列強私自劃分勢力範圍，甚至瓜分中國。1899年，美國國務卿海約翰（John Hay）在列強瓜分中國風潮的時代背景下，提出中國門戶開放政策，即清楚體現上述兩種核心價值。經濟層面的門戶開放，固然仍帶有美國對於自身在華通商貿易利益的競逐，但政治層面的門戶開放，更多的，乃是體現出一種利他主義的精神，希望能夠協助並維持中國獨立自主的地位。不過，海約翰提出中國門戶開放政策時，美國對於中國以及遠東地區事務的介入能力仍然相當有限，也無力改變其他列強的對華政策，充其量只是發揮些許制衡的作用，亦

即作為一種反常、特例的存在，勉強間接減緩列強串連瓜分中國的力道。

　　歐戰之後，美國國力與地位提升到前所未有的高度，美國也展現出對於主導國際事務，以及重塑戰後世界秩序的強烈企圖，歐洲事務如此，亞洲事務當然也不例外。歐戰後美國積極介入遠東事務，更為強力地推銷中國門戶開放政策。在美國的運作與影響下，門戶開放不再只是過去美國一國的口號或理想，而是列強諸國間無法迴避且必須正視、甚至被迫付諸實現的政策。為了鼓吹中國門戶開放政策的合理性，美國人也進一步賦予此政策背後所體現的道德價值：追求公理與正義，反對祕密外交與地盤分贓，尊重民族自決，保護弱小民族，反對殖民與擴張。例如載之於國際聯盟盟約第十條，對於成員國主權獨立與領土完整的尊重與維護，自然也適用於中國與遠東地區。[1]為了強調中國門戶開放政策的正當性，美國人也與之前歐洲列強的對華政策進行切割，凸顯過去乃是標準的帝國主義行徑，為了追求國家利益的最大化，不惜藉由侵略或剝削他人，以達到利己的目的。對比之下，美國的中國門戶開放政策，則站在道德的制高點，標榜著利他性質。

　　另一方面，毋庸置疑，並非所有列強均認同美國的主張，也有少數國家依然緬懷並意圖繼承過去西方帝國

1　國際聯盟盟約第 10 條規定，尊重並維護成員國的主權完整與獨立，國際聯盟應採取手段協助對抗外部侵略與威脅。見《國際聯合會盟約》，中央研究院近代史研究所檔案館藏，《北洋政府外交部檔案》，03-23-111-01-001。

主義擴張時期的榮光，傾向延續擴張政策，搶佔地盤，以攘奪中國廣大的市場與資源為職志。這些國家尊崇國家利益至上主義，將其視為不容汙衊的神聖原則，追求海外領土與利益，甚至嘲諷美國不過是偽善者，而看似利他的中國門戶開放政策下，其實隱藏著美國獨佔中國的盤算與企圖。事實上，在部分美國人心目中，日本就是前述反對中國門戶開放政策、迷信國家利益至上的國家之一。尤其是歐戰以來，日本在華的所作所為，包括二十一條要求、西原借款，以及對於滿蒙以及山東地區的宰制與壟斷等，均清楚體現日本在華的野心，以及其遂行帝國主義擴張的企圖。所以，美國與日本在華的對立，也牽涉許多複雜的意識形態之爭，包括自由與現實、公開與祕密、正義與私利，公理與陰謀、開放與帝國，以及最重要的利他與利己等。[2]

　　本章主要焦點，乃試圖以報紙輿論的視角，分從三個不同的面向，去理解並分析意識形態之爭與歐戰後美、日矛盾論述之間的關係。首先從種族偏見的面向，去回顧並理解歷史上，日本人究竟如何看待美國的對日政策與作為，及其衍生而出的民族仇恨根源。其次，則從歐戰後中國風起雲湧的反日運動作為切入點，去觀察

2　部分美國新聞輿論高度標榜中國門戶開放政策的利他道德性，自詡為「自由的政策」（liberal policy），而將其對立面，亦即那些追求國家利益至上，迷信帝國主義政策者，稱為「神聖的自我中心主義」（sacred egoism），或是「現實的政策」（practical policy）。以上關於歐戰後美國人對於中國門戶開放政策的讚頌之詞，以及與帝國主義之間的上下對比與道德差異，可以參見 "Practical Politics and the Anglo-Japanese Alliance," *The Millard's Review of the Far East*, 14 May 1921.

日本在華輿論，如何將美國與中國反日之間掛上關連，從而帶動起新一波的對美仇恨情緒。最後則從歐戰後盛行的軍國主義論戰，去反思究竟誰才是軍國主義思維與路線的繼承者，並透過軍國主義的認定與賦予標籤，進而剖析美、日矛盾論述背後隱藏的意識型態之爭。

二、種族問題與日本對美仇恨根源

如要進一步探究歐戰後的美、日矛盾論述，以及近代以來日本對於美國的仇恨根源，應該還可以從許多面向切入，其中有舊恨，也有新仇。不過，如果依據當時日本報紙輿論的分析，可知日本對於美國的仇恨根源，大致上仍不脫於美國素來帶有種族歧視的意識形態，以及因此而採取了許多侵害日本權益的措施。

（一）人種問題：種族歧視、白人優越論與所謂的「黃禍」

歐戰後的美、日矛盾論，基本上與種族偏見等意識形態問題脫離不了關係。近代以來，美國加州屢次制定帶有排除與歧視日本移民的法令。日本則意圖反擊，在巴黎和會上提出種族平等問題，希望援引國際的力量，來制衡美國對於日本人的歧視問題。顯見種族問題在當時美、日兩國來說，確已成為極其嚴重的問題。

美國之所以制定帶有歧視性質的排日移民法案，反映出美國白人對於日本等黃種人大舉滲透進入美洲的疑慮。而在某種程度上，或許也代表著那些看似陳舊過時的白人優越論以及黃禍論，並未完全滅跡，依然在暗地裡持續發酵。[3] 事實上，19 世紀末期以來，隨著以日本為代表的亞洲國家崛起，甚至隱約有與歐美等西方國家並駕齊驅的態勢，日益使得部分美國人感到不安。這些有心人士，利用美國大眾普遍對於亞洲不甚了解的情況，利用新聞媒體營造出一種印象，那就是亞洲國家將挾帶著龐大的人口優勢與軍事實力，未來勢必會對歐美等基督教文明國家構成嚴重威脅。而受到媒體輿論的影響，許多捕風捉影、別有動機，宣揚亞洲威脅論的書籍文章亦大量浮出檯面，他們彼此鼓吹唱和，對於當時甚囂塵上的黃禍論，起了推波助瀾的作用。再加上日本移民的湧入美洲，某種程度上，確實也多少排擠了美國人的工作機會與生存空間，自然更加深此種刻板印象。[4]

　　在此輿論環境脈絡下，大聲疾呼阻止有色人種進入

3　關於近代以來歐美國家的種族歧視與黃禍論的出現，學界已經有非常多的討論，相關研究成果亦極為浩瀚，可謂汗牛充棟，所以此處不再贅論。舉其要者，可以參見以下研究：Carey McWilliams, *Prejudice Japanese-Americans: Symbol of Racial Intolerance* (Boston: Little, Brown and Company, 1944); Stanford M. Lyman, "The Yellow Peril Mystique: Origins and Vicissitudes of a Racist Discourse," *International Journal of Politics, Culture, and Society*, Vol. 13, No. 4 (Summer, 2000), pp. 683-747; John Kuo Wei Tchen & Dylan Yeats, *Yellow Peril!: An Archive of Anti-Asian Fear* (London & New York: Verso Books, 2014)。此外，也可參考日本學者飯倉章的研究，見《黃禍論と日本人：欧米は何を嘲笑し、恐れたのか》（東京：中央公論新社，2013）；《イエロー・ペリルの神話：帝国日本と「黄禍」の逆説》（東京：彩流社，2004）。

4　關於 19 世紀末、20 世紀初美國的亞洲威脅論、日本黃禍論等刻板印象的形塑，以及新聞媒體在其中所扮演的關鍵角色，可以參見 Jason Barrows, "The Japanese Yellow Peril," Proceedings of International Academic Conferences 5007625, International Institute of Social and Economic Sciences, 2017.

美洲與澳洲，以維持「白人的美洲」、「白人的澳洲」等觀點，在歐戰前後的太平洋兩岸地區，依然是當時不少歐美白人熱議的焦點。甚至有部分英國觀點認為，美國之所以出面護衛中國，並非單純只是友愛於中國，畢竟中、日都是黃種人，更多可能的動機，乃是為了防止日本的進一步擴張。此乃因貧弱的中國人，並不會對白人在太平洋地區的優越地位構成威脅，但強大的日本人則具備相當的條件與實力。因此扶植弱小的中國來對抗日本，間接削弱日本的力量，其實符合白人至上的核心主張。換言之，如何在太平洋地區，無論是東岸的美國加州，還是西岸的中國大陸、南洋群島、澳洲與紐西蘭等，構築防堵日本繼續擴張的包圍網，也就成為部分美國白人優越論者倡議推動的目標。[5] 事實上，當時美國傳媒巨擘赫斯特出版集團（Hearst Corporation），即曾不遺餘力地在美國推銷「黃禍論」，強化美國公眾對於日本的畏懼與敵意。該集團甚至散播某種日本早已準備入侵美國的陰謀論，指控日本可能直接在美國的後花園建立根據地，利用租借墨西哥的加利福尼亞灣作為跳板，建立海軍基地，以謀入侵美國。[6]

對於美國長期以來的限制打壓，日本早已憤恨不平，尤其是對於帶有種族歧視的怨懟之恨尤深，雖然尚不至於和美國發生激烈的矛盾與衝突，但卻不時亟思反

5　關於此觀點，見 "The Anglo-Japanese Alliance," *The Millard's Review of the Far East*, 14 May 1921, p. 566.

6　瑪格蕾特‧麥克米蘭（Margaret MacMillan）著，鄧峰譯，《巴黎‧和會：締造和平還是重啟戰爭？重塑世界新秩序的關鍵 180 天》（臺北：麥田出版社，2019），頁 388。

制。日本對於美國種族歧視政策的反彈與厭惡，可以從
歐戰後巴黎和會上日本提出種族平等方案，略窺端倪。
此舉在很大程度上，即是為了表達對於美國歧視政策的
不滿，希望透過戰後國際會議，訴諸輿論，逆襲美國。
回顧歷史，為了創建理想中的世界秩序，美國總統威爾
遜苦心孤詣，規劃國際聯盟的盟約，藉此確立未來國際
關係的基本原則。而其中一項極其重要的原則，就是宗
教平等。此乃是參酌過去歷史上往往因宗教歧見與對
立，而爆發大規模的長期戰爭，故為避免重蹈覆轍，應
倡言宗教平等，以消弭戰爭。但日本則蓄謀在巴黎和會
討論國際聯盟宗教平等原則時，提出種族平等方案，強
調除了宗教外，種族間的歧視與不平等，同樣也是催生
戰爭的重要元兇，理應一併思考。日本代表牧野伸顯在
巴黎和會國際聯盟起草委員會上的發言，適可以體現日
本對於種族歧視問題的念茲在茲，以及想要訴諸國際輿
論與力量，來改變此不當現況的企圖：

　　無可否認的，在法律上以及事實上，種族歧視依然
　存在……。種族偏見問題，牽涉到深沉的人類情感，
　是一件複雜且需要小心處理之事……。雖然在現實
　上，不可能尋求理想中種族平等對待的立即實現，
　但是透過盟約條款，先闡明種族平等的原則，再將
　其交由國際聯盟的國家領袖，參酌國際輿論，並廣
　泛邀請相關國家與人民，詳細並嚴肅地檢視種族問

題，提出可以解決當前種族矛盾的解決方案。[7]

　　毋庸諱言，日本顯然意圖透過國際聯盟盟約的討論，插入種族平等主張，將其與宗教平等原則綑綁在一起，並藉此訴諸公議，挾帶國際輿論，站在道德的至高點上，聯合其他不滿白人優越論、遭歧視的國家，反將美國一軍。雖然日本的計畫，在英、美等國的反對下，最終未能獲得成功，但還是使得威爾遜總統原先極為重視的宗教平等原則一併陪葬，未能載之於國際聯盟盟約。

　　尤有要者，美、日種族平等問題之爭，也與中國脫離不了關係。一方面，中國本身也是種族歧視的受害者，近代以來美國制定的排華法案，以及歐美白人對於中國的慣常歧視，均是不爭的事實。因此在情感上，中國應該與日本有著相同立場。但是在巴黎和會上，中、日兩國代表團之間正為了山東問題而爭鋒相對，亟需美國為首的西方國家支持，方能抗衡日本。因此，中國代表團必須權衡得失，縱使情感上認同，實際上卻不太可能冒著得罪美國的風險，去表達支持日本的種族平等。與此同時，當美國在山東問題上流露出對中國的同情與支持態度之際，日本代表團則曾藉此威脅美國，表示山東問題以及種族平等問題是日本極其重視的兩大議題，如果最後都無法獲得，考量國內輿論的壓力，日本則有

7　"Tenth Meeting", 13 February 1919, Arthur Stanley Link, ed., *The Papers of Woodrow Wilson* (*PWW*) (Princeton: Princeton University Press, 1966-1994), Vol. 55, pp. 137-140.

可能不得不退出巴黎和會。[8] 換言之，此時所謂的種族平等問題，早已脫離原先的道德理念之爭，忽然搖身一變，成為現實政治與民族利益的斟酌考量，亦是中、美、日三國間角力權衡的關鍵要素。因為對於日本來說，種族平等已成為與美國交易山東利權的重要籌碼，希望能夠失之東隅，收之桑榆。對於中國來說，則是不能因為對種族平等的期望，就犧牲掉美國方面的支持。

再者，種族平等問題也並非僅在巴黎和會上成為美、日過招的重要議題，在山東當地，同樣亦曾作為挑起民族敏感神經、鼓動群眾輿論的一種手段。事實上，根據美國基督教差會（American Presbyterian Mission, APM）的報告，即指出日本有意在中國，特別是山東地區，利用美國的種族歧視問題，挑動中國的排外情緒。也就是說，不論是美國過去的排華政策，抑或是現在的排日傾向，本質上乃是一體之兩面，清楚反映美國人向來對於亞裔民族與有色人種的的偏見與歧視。因此，中國人不該屈服於美國的淫威之下，而應與日本站在一起，共同對抗白人的種族歧視政策。為了鼓動群眾，日本在山東當地的報紙即經常鼓吹日、中一體論，強調中國的救贖之道，必須建立在與日本的聯合之上，在日本的領導下，利用中國的龐大資源，方能共同對抗帶有種族偏見「邪惡」的美國勢力。[9]

8　"Hankey's and Mantoux's Notes of A Meeting of Council of Four", 28 April 1919, *PWW*, Vol. 58, pp. 179-180.

9　"Anti-American Propaganda," in A Member of the American Presbyterian Mission, "Sinister Japanese Methods in Shantung," 1919, RIAC 893.00/3271.

（二）日本對美仇恨與美國的「恐日病」

　　以下即根據日本《大阪每日新聞》的報導分析，來看當時的日本人與新聞輿論究竟是如何看待歐戰後美、日矛盾的起源。

　　首先，包括許多日本人念茲在茲的老問題。琉球問題上，日本認為早自黑船事件以來，美國即帶有佔領琉球的侵略意圖，也就是說美國雖然一再標榜反對帝國主義擴張路線，但實際上卻自始即對日本就不安好心，帶有佔領土地的野心。至於朝鮮問題，日本極其憤恨美國的兩套標準，一方面鼓吹民主自由，積極煽動並支持朝鮮人民進行獨立運動，但反過來自己卻表裡不一，多加限制美國屬地菲律賓的獨立。夏威夷問題則是日本人自認與夏威夷關係極為密切，不少日人移居島上，但美國卻無視日本民族的存在，逕行將其納為一州，嚴重侵害到日本在夏威夷諸島的利益。至於加州問題，則是牽涉到加州政府制定許多帶有種族歧視與限制日本移民的政策，像是規範日本學童入學以及禁止購地等等。[10] 透過上述觀點，不難看出日本報紙輿論想要構織出的美國形象，其實就是帝國主義者、殖民者及種族歧視者的綜合體。

　　其次，除了上述問題外，日本對於美國的新仇，最主要還是歐戰後美國採取的諸多政策，嚴重抵觸到日本未來的發展與擴充，包括國際聯盟、南洋群島處置、軍

10　〈日米戰爭說：米人の恐日病的囈語＝病根は改悛によって絕つを得べし〉，《大阪每日新聞》，1919 年 5 月 5 日。

備制限及中國問題等。在國際聯盟問題上，日本認為不
過是美國推動建立的「強國聯盟」，其目的主要還是為
了確保美國的利益，不過乃是過去門羅主義（Monroe
Doctrine）、利己觀點的再次呈現，而在籌組國際聯盟
背後，也充斥著種族歧視，以及對於日本的汙辱。至於
在南洋群島處置問題上，日本人認為該地區乃是日本歷
經辛苦戰爭與犧牲才獲得的新土地，然而美國卻意圖藉
由國際共管，片面奪取日本的既得之地。在軍備制限方
面，美國銳意於發展海軍軍備，但是卻限制日本在陸軍
上的發展，明顯居心不良。[11]

　　追本溯源，日本報紙在分析美國為何如此刻意針
對，並採取諸多不利於日本的政策，甚至未來亦不排除
與日本發生戰爭，認為真正的始作俑者，乃是肇因於歷
來美國人宥於種族外觀上差異，對日本民族產生的莫名
恐懼感。《大阪每日新聞》即透過一則關於青蛇的寓言
故事，說明當時矛盾複雜的美、日關係。青蛇（日本）
本性溫和而無害，而且還能捕捉老鼠等害蟲，但是受到
其外貌的影響，並不為人所喜，經常被頑童（美國）虐
待與殺害。而本性善良的頑童之所以虐殺青蛇，乃是在
於受到恐蛇心態的影響，夜晚經常被有關青蛇的惡夢所
驚醒，因此醒來後即報復虐殺青蛇。日本就像是一條溫
和無害的青蛇，只因外貌不討喜，故經常被如頑童般的
美國所仇視。換言之，日本並非有害於美國，而是美國

11　〈日米戰爭說：米人の恐日病的囈語＝病根は改悛によって絶つ
　　を得べし〉，《大阪每日新聞》，1919 年 5 月 5 日。

自身的「恐日病」發作，故處處針對日本，才是導致美、日關係惡化的主因。

就歐戰來說，日本對德宣戰，制止德國對於世界和平的危害，本應是正面之舉，對於維護世界文明與人類安寧，均有極其重要的貢獻。但以美國為首的白人世界，卻因為日本外貌上是黃種人，而心生嫉妒與不快，就像頑童仇視青蛇一樣，認為日本的存在會威脅白人的發展，故疑心疑鬼地意欲除之而後快，甚至認為美、日終將一戰，不惜以戰爭方式來排除心理上日本對於美國的威脅。毋庸諱言，日本認為美國將日本視為假想敵，其實不過只是一種莫名其妙、自我想像出來「恐日熱病」的展現。但是如果美國一直沉溺於自己的恐懼症，繼續「汙辱、虐待、排斥、違反神意人道」的敵視日本，甚至想像要與日本一戰的話，勢必導致美、日關係進一步的惡化，不但會在太平洋地區造成波濤，也會危害到世界的和平。

所以，日本報紙呼籲美國應該盡早幡然醒悟，不要再像虐殺青蛇的頑童一樣，並改變對於日本的不當成見，放棄過去對於日本的野蠻作為、征戰欲望以及帶有種族歧視的心態，不再仇恨日本，也不再煽動排日運動，如此才能避免美、日關係惡化與發生戰爭衝突。[12]

簡言之，《大阪每日新聞》在分析歐戰以後美、日關係的緊張時，理解歸納出美國歷來的種族歧視與排日

12　以上分析，參見〈日米戰爭說：米人の恐日病的囈語＝病根は改悛によって絕つを得べし〉，《大阪每日新聞》，1919年5月5日。

態度，乃是造成兩國關係惡化的主因。日本國民對於美國一再出現的種族歧視傾向，以及蓄意推動的反日方案，早已滿懷憤慨、充斥著不滿情緒，但是基於維持兩國友誼與世界和平，一直勉強克制與隱忍。但是如果美國繼續其惡劣的汙辱與排日心態，日本國民或將忍無可忍，兩國之間也可能發生更為嚴重的衝突。因此，該報呼籲美國政府與人民必須改正與反省此不當態度，方能緩和美、日間日益緊張的關係。[13]

三、反日運動與歐戰後中、美、日互動

在日本人心中，普遍認為自歐戰以來中國逐漸出現的反日傾向，可能即是美國人在幕後策動，與部分中國人和英國人等共謀發起，針對日本的意識形態輿論戰。其手段乃是不斷抹黑日本，將其型塑成禍亂中國的最大元兇，一來可以藉此離間中日關係，鼓動中國的反日運動，二來則能夠利用中國急於尋求外援的心態，間接加深中國對於美國的依賴，從而強化中美關係。因此，中國反日運動，自然又連帶引出日本更加仇美的情緒。

不過，另一方面，也有部分日人輿論持不同看法，認為應該暫時放下對於中國反日的執著，畢竟中國反日的內部成因極其複雜，不一定全然是美國外部因素等煽

---

13 〈日米関係の緊張：総て米国の排日的態度に因す＝米人の反省以外緩和の道なからんとす〉，《大阪毎日新聞》，1919 年 11 月 12 日。

動而成，其實更帶有中國本身的南北對立與派系之爭等
色彩。因此，日本當下不該持續執著於要解決中國的反日
問題，相反地，日本首要之務，乃是放下中國的反日
問題，以便集中全力對付美國。畢竟以美、英為首的西
方國家，才是日本真正的敵人。

（一）美國的雙重標準與鼓動中國反日運動

　　歐戰以來的中國日漸高昂的反日問題，則是造成日
本對於美國不滿的另外一個重要根源。歐戰期間日本開
展「西原外交」，給予北京政府當權的皖系軍閥軍備武
器與貸款援助。[14] 但是皖系領袖、國務總理段祺瑞所遂
行的武力統一政策，卻備受南方各省所攻訐，指控日本
以軍備與金錢干涉中國內政，助長內戰，破壞可能的和
平統一。也因此，部分中國人，特別是意圖聯美、英制
日的南方人，往往對日本抱持恨意，帶有強烈的排日情
感。日本報紙輿論即認為，在中國反日派以及某些外國
勢力的合謀下，意圖將日本貼上侵略中國的標籤，將中
國現有的亂象與動盪不安歸咎到日本身上。而其目的，
則在藉此帶動其他歐洲國家對於日本猜忌，從而在中國
問題上孤立日本。[15]

14　「西原外交」乃是指日本寺內正毅內閣主政期間，由大藏大臣勝
　　田主計所提出的「菊之分根」計畫。亦即日本藉由先給予中國大
　　量貸款，以換取對中國鐵路礦產資源的控制，同時也可以開展與
　　中國當權軍事派系的關係。關於勝田主計與西原借款，可以參見
　　勝田龍夫，《中國借款と勝田主計》（東京：ダイヤモンド社，
　　1972）；林明德，〈簡論日本寺內內閣之對華政策〉，《臺灣師
　　大歷史學報》，第 4 期（1976 年 4 月），頁 499-528。

15　〈無權威の外交：不明迂闊亦之を助く＝之を支那に見よ歐米に

　　然而，更令日本人憤恨難平的，乃是美國向來的雙重標準，一方面嚴辭指責日本對華軍事借款助長中國南北內戰，破壞中國的和平統一，但另一方面自己也在從事類似的行為，縱容部分美商出售軍火給南方各省。例如在兩湖戰爭之際，[16] 美商即出口了三十挺機關槍、五百萬發子彈給湖南當局，使其可以用於對抗隸屬北方陣營的湖北軍隊。因此，日本報紙即曾痛批美國嚴以律人、寬以待己的矛盾行徑，已充分體現出美國的毫無信義、寡廉鮮恥與詭譎狡詐。[17]

　　尤有要者，歐戰後中國反日運動的大舉興起，日本人更是認定絕對與美國脫不了關係，背後就是美國在推波助瀾與提供援助。美國一直指責日本對於中國借款與軍售，但自己卻在做同樣的事情，致力於對華軍售與借款。在東北鐵路問題上，美國推動國際共管計畫，陰謀排除日本在華的利權，目的則在於取代日本的地位。美國還介入干涉中日山東問題，透過實力與詭辯之法，非法強迫日本放棄山東，藉此一方面既可以離間中日

　　見よ〉，《大阪毎日新聞》，1919 年 4 月 14 日。

16　此處所稱的兩湖戰爭，乃是指前述 1917 年至 1918 年間由皖系軍閥段祺瑞推動武力統一政策中，非常重要一場的戰爭。當時，段祺瑞為了遂行武力統一，在四川、兩湖、湘滇等南北邊界，進行一系列的戰爭。關於段祺瑞及武力統一政策，可以參見李慶西，〈段祺瑞與民初政局（民國五年至民國九年）〉（臺北：國立臺灣師範大學碩士論文，1976）；胡曉，〈段祺瑞武力統一政策失敗原因探析〉，《安徽史學》，第 1 期（2003 年 1 月），頁 50、84-86。

17　〈無權威の外交：不明迂闊亦之を助く＝之を支那に見よ欧米に見よ〉，《大阪毎日新聞》，1919 年 4 月 14 日。

關係，同時則進一步強化中美親善友誼，一箭雙雕。[18]
1919 年 5 月，北京五四學生運動如火如荼期間，《大
阪每日新聞》刊出北京女學生聚會參與反日運動的消
息，即指出美國基督教教會所屬的女校學生扮演重要
角色，且女學生聚會的地點即設在美國的「協和女學
校」。[19] 同年 11 月，日本臺灣軍參謀長給軍部的報告
中，亦清楚指出美國利用各種手段與團體在中國等地煽
動反日運動，包括透過基督教青年會在廈門運作反日勢
力，在上海操控朝鮮人的獨立運動，以及利用美籍與華
人傳教士滲透臺灣，暗中鼓動反日。此外，在福州、馬
尼拉等地，美國同樣亦透過類似機關，串連起來，藉口
民族主義，大肆鼓動中國人的反日意識。[20]

　　簡言之，日本輿論向來認定歐戰以來中國反日運動
的勃興，基本上與外部因素脫離不了關係。一來，以美
國為首的西方列強可能從中煽動挑唆，表面上聲稱保持

18　〈日米戰爭說：米人の恐日病的囈語＝病根は改悛によって絕つ
　　を得べし〉，《大阪每日新聞》，1919 年 5 月 5 日。

19　《大阪每日新聞》並未指明是美國教會策動反日學運，不過卻唯
　　獨點名美國教會學校（Mission School）所屬學生，積極參與了聲
　　援山東問題的北京學生運動，故應該帶有部分言外之意。見〈歐
　　米留學生俱樂部盛んに妄動す：祕密會議を開き實行委員三名は
　　四國公使を歷訪；女學生も動く徐總統に請願書提出〉，《大阪
　　每日新聞》，1919 年 5 月 14 日。所謂協會女學校，乃是由美國
　　公理會（Congregational Church）建立，包括華北協和女子大學、
　　協和女醫學校、協和看護學校、貝滿女校等。關於協和女校的建
　　立，見張姍，〈中國第一所女子大學概覽──記華北協和女子大
　　學〉，《山東女子學院學報》，第 5 期（2011），頁 64-69；至於
　　協和女校在五四學運期間的活動，參見黃新憲，《基督教教育與
　　中國社會變遷》（福州：福建教育出版社，1996），頁 244-245。

20　〈米國ノ臺灣擾亂說ニ關スル件〉，1919 年 11 月 10 日，
　　「2 大正 7 年 11 月 9 日から大正 8 年 11 月 1 日」，JACAR：
　　B03030308000，頁 102。

中立，不介入中國內政事務，但卻透過民間團體，如基督教會及其所屬學校的掩護，暗中支持各地的反日學生運動，其目的在藉此掣肘日本在中國的發展，以維護並擴大自身利益。二來，中國知識分子也清楚認清到弱國外交的國際現實，單憑中國本身實難以抗衡日本，故必須竭盡所能地拉攏對華持同情立場的美國，推動聯美制日策略。換言之，歐戰後中國的反日運動，可能乃是中外（美）合作對付日本的結果。在此思維模式下，日本自然傾向將影響日本在華利益甚鉅的反日運動，歸咎於美國因素，從而強化了對於美國的厭惡與敵意。

（二）中國反日與日本反美之間的內在邏輯與關連

不過，除了上述主流意見外，日本亦是有部分民間意見領袖持不同看法。其中又以日本在華重要報紙《京津日日新聞》主筆橘樸為代表。橘樸在檢討歐戰後的中國反日運動時，與日本主流意見有不小的差異。他傾向從內部鬥爭的角度，來分析中國的反日運動，認為這可能只是中國派系政爭的一環，而不是國際問題。1919 年巴黎和會山東問題爭議，引發中國五四政治運動之初，確實引起美國等西方國家的同情，中國人也曾試圖拉攏外國來對付日本。但後來事過境遷，1920 年代中國各地方看似方興未艾的反日學生運動，其實恐已非當初的民族主義運動，反而逐漸淪為中國內部權力鬥爭的籌碼。也因此，美國等西方列強亦表現出相對冷淡的態度，不再積極支持。究其實際，五四學生運動時期

喊出「內除國賊、外抗強權」的口號，或許早已流露出
其反軍閥與反帝國主義的兩大特徵。橘樸認為中國反日
運動的對象，主要在於軍閥，所謂反帝國主義則是其手
段。換言之，透過反帝國主義為口號，喚醒並鼓動民眾
情緒，藉此來打擊所謂與帝國主義相互勾結的軍閥。特
別是中國各地的反日學生運動及其組織，大多與南方以
孫文為首的廣東等西南勢力之間，有著密切的聯繫關
係。廣東方面可能透過鼓動反日輿論，站在民族主義的
道德至高點，來為其反北洋軍閥的訴求張勢。[21] 職是
之故，中國的學生運動，顯然已逐漸從原先的反日愛國
民族主義性質，漸漸流於黨派與南北之爭。學生或許本
來基於維護國家主權等愛國心理，自發性地參與「學生
運動」，但到了 1920 年代，卻慢慢變為有心人士的政
治手段，籌思如何能夠「運動學生」，透過鼓吹民族輿
論，以遂行其打倒北洋軍閥的大業。[22]

　　另一方面，當南方試圖透過鼓動學運，以反日為口
號，籌謀推翻北洋軍閥之際，北洋軍閥也可能亦從反日
運動所蓄積的民氣中，察覺到其可資利用性與可形塑
性。歷經 1920 年直皖戰爭，直系軍閥擊敗素以親日著

21　關於橘樸對於 1920 年代中國反日學運的看法，詳見下列評論：
　　朴庵，〈學生の政治革命宣言〉、〈學生と外交〉〈全國學生大
　　會〉、〈全國學生大會の宣言〉、〈學生會の外交宣言〉、〈學
　　生大會の壓迫〉、〈學生團體の組織〉、〈學生と廣東〉，《京
　　津日日新聞》，1923 年 3 月 10 日、3 月 17 日、3 月 20 日、3 月
　　23 日、3 月 24 日、3 月 30 日、4 月 4 日、4 月 6 日。
22　關於歐戰後的中國學運逐漸從「學生運動」，變質為「運動學生」
　　的過程，可以參見呂芳上，《從學生運動到運動學生：民國八年
　　至十八年》。

稱的皖系，成為北京政府幕後的當權勢力之後，也逐漸
意識到反日民氣可用。特別是 1920 年代反日與反軍閥
兩大議題，已蔚為媒體風潮，成為當時報紙新聞輿論熱
議的主要焦點，但是彼此之間也常有排擠效應。畢竟群
眾總是盲目與健忘，當反日問題博得報紙媒體版面，並
吸引絕大部分公眾目光時，反軍閥等議題自然也就為人
淡忘，暫時消融下去。換言之，對於直系軍閥而言，只
要能夠適當操作反日問題，使之成為公眾輿論關注議
題，或許就可以轉移新聞焦點，從而大幅緩和公眾輿論
對於北洋軍閥的質疑與批判。[23] 尤有要者，如果由作
為中央政府的北京當局，進一步聯合直系控制的華北與
長江省分，共同炒作反日議題，甚至還可以站在民族道
德的制高點，不但能夠避免學生團體的攻擊，某種程度
上，還有機會主導公眾輿論流向，甚至爭取反日學運的
向背，以防止其被南方操控。依此邏輯，反日議題則搖
身一變，不再是南方攻訐北方的政論工具，反倒成為北
洋軍閥試圖宣洩社會內部質疑與反彈聲浪時，最好的擋
箭牌與替身符。

　　尤有要者，當反日議題，不再只是單純「一致對
外」的外交問題，甚至演變為內部鬥爭的政治手段時，
中國反日力道，還有可能延續五四運動時期的強度嗎？
1919 年慷慨激昂的反日運動，是在以顧維鈞等人為主
的英美系外交官刻意引導，以及在「三罷」（學生罷

23　朴庵，〈直隸派の排日計畫〉，《京津日日新聞》，1923 年 4 月
　　2 日。

課、商人罷市、工人罷工）等民間力量支援下，成功鼓
動輿論，得以挾民氣以為外交之助。但是到了 1920 年
代，部分學生團體已逐漸與廣東等南方勢力合流，並在
其奧援下，開始操弄反日議題，藉此推動反北京政府的
大計。而直系控制的北京政府，也慢慢察覺到反日議題
對於吸引群眾目光、爭取民心向背的強大作用，故也著
手規劃利用反日來轉移社會矛盾。如此，中國反日運動
不但已大幅走味變調，更為重要的是，反日運動的兩大
主要幕後推手：英美系外交官以及學生團體之間，可能
產生莫名的分化。[24] 在政府層次，英美系外交官是推動
聯美（外）制日外交策略的主要操盤手。在民間層次，
學生團體推動的抵制日貨，則是鼓動反日群眾輿論的關
鍵力量。兩者合作，方能在反日運動上，順利結合民氣
與外交，也才足以挾民氣以為外交之助。但是當學生反
日的目的，在於推翻北京政府時，則在北京政府下推動
反日外交的英美系外交官，又該以何面目處世？同時，
當北京政府也開始利用反日來宣洩反北京政府力道，甚
至藉此反制南方當局之時，英美系外交官又如何能夠自
圓其說、義正辭嚴地繼續推動反日外交？換言之，當英
美系外交官的反日外交，與學生團體的反日運動之間發
生矛盾時，其力量自然為之削弱。

　　然而，必須格外注意的，橘樸對於中國反日學運的
理解，雖然著重於中國內部的南北對立與黨派鬥爭，等

24　關於 1920 年代反日學生運動與英美系外交官反日外交之間的路
　　線矛盾，可以參見朴庵，〈二十一條廢棄〉，《京津日日新聞》，
　　1923 年 3 月 12 日。

於間接將美國煽動因素與中國排日運動之間的關係予以
模糊，但這並不意謂著有助於緩解歐戰後的美、日矛
盾論述。究其實際，橘樸等人之所以大力疾呼在華日本
人應認清中國排日運動的本質，並不在於想要為美國解
套；相反地，他希望在華日本人理解中國的反日運動，
並非針對日本，不過只是出於中國內部的黨派之爭與南
北對立，故日本不應過度反應，尤其不該採取過於激烈
等非理性手段來壓迫中國。如此非但無助於解決反日問
題，反倒會造成中、日之間更大的矛盾與衝突。事實
上，橘樸素來以其反西方立場著稱，對於美國，尤其是
西方基督教文明，一直抱持很大的質疑立場。[25] 他甚
至主張日本必須及早正視美、日關係的矛盾性，盡可能
地做好戰爭準備，打造大海軍計畫，穩固日本在西太平
洋既有的制海權與地緣優勢。橘樸認定日本未來最大的
敵人，乃是以美國為首的西方國家，而非中國，故他呼
籲應該改善與中國的關係，推動中日親善，拉攏中國以
對抗美國。[26] 也因此，橘樸主張的中日親善論，很有
可能乃是在為未來的美、日矛盾格局，預先做鋪路與準
備工作。

　　再者，歷經了巴黎和會山東問題爭議以至華盛頓會
議之後，橘樸在檢討日本於歐戰期間意圖介入中國內政
扶植親日勢力的作法時，一方面坦承此可謂是日本一次
「失敗」又「慘痛」的經驗，但是另外一方面卻也強

25　李金銓，《報人報國：中國新聞史的另一種讀法》（香港：香港
　　中文大學出版社，2013），頁 265。

26　朴庵，〈排日對應策〉，《京津日日新聞》，1923 年 6 月 13 日。

調最為可悲的是，美、英等國反應遲鈍，依然在重蹈日本的覆轍。橘樸指出，誠如日本在歐戰期間大力支持皖系軍閥一樣，美、英於 1920 年代正在陰謀護持直系軍閥，介入中國的內政與內戰，遂行統一行動，但其結果，恐怕也會如同日本當初一樣，以失敗告終。[27] 不過，從橘樸上述觀點再進一步論述與探究，如果認定美、英等國不加掩飾地護持直系是事實的話，那麼由直系控制的北京政府及其麾下的英美系外交官，他們所積極操弄的反日議題，以及推動的聯美（英）制日的外交策略，又意謂著什麼？兩者（即美國支持北京政府，與北京政府及其外交官炒作反日議題）之間，豈非有著更為深層的內在理路關係？因此，儘管橘樸一再強調中國反日運動是內部鬥爭問題，而非外部煽動，並呼籲日本在華僑民應理性克制，不宜反應過度，但或許對於一般日本人來說，尤其是日本僑民，由於直接身處中國抵制日貨、鼓吹反日的現場，難免產生迫切的危機感，並因此心生怨恨，在急於找尋罪魁禍首與解套方案的情況下，很容易推導出一個現成的結論，那就是一切都是美國的錯！亦即美國介入中國內政扶持直系，以及北京政府的煽動反日、外交官的聯美制日策略，或許自始就不是兩件事，而可能乃是一體之兩面。依此邏輯，日本人自然不得不更加審慎思考，到底該如何因應與反制美國了。換言之，此時美國是否真有介入中國內政、策動中

27　朴庵，〈支那統一論（十五）〉，《京津日日新聞》，1922 年 5 月
　　23 日。

國反日運動已非重點，而是一旦日本人有了上述聯想與猜測，很容易就會落入套套邏輯的迷思之中，認定美國對日本有敵意，再加上過往根深蒂固的舊恨，與歐戰以來累積的新仇，日本民間對於美國的猜忌與反感必然也隨之強化。

簡言之，關於歐戰以來的中國反日運動，無論是認定背後有美國等外國因素運作的主流意見，抑或是如橘樸等所持只是單純的中國內部鬥爭論，最後均殊途同歸，直接或間接地助長了歐戰後的美、日在華矛盾論述。

四、貼標籤：美國對日本軍國主義的想像 [28]

德國遂行的軍國主義路線與軍事擴張，與歐戰的爆發，有著密不可分的關係。在歷經了世界大戰四年的重大犧牲與慘痛教訓後，與世諸國痛定思痛、檢討得失，往往將軍國主義視為是破壞和平、引起戰爭的罪魁禍首。職是之故，軍國主義成了極其負面的代名詞，任何

---

28 關於戰間期各國軍國主義的發展，相關的研究非常多，牽涉到許多複雜的面向，乃是必須嚴肅看待的課題，不宜輕易下斷論。因此，必須強調，本章此處有關軍國主義「標籤」的討論，並非要去論證或判斷當時日本在國家政府層次確實是否已然出現軍國主義化，而是嘗試從美、日雙方官民相關論述中，去歸納與整理彼此貼到對方身上的軍國主義「標籤」。其實無論是宣揚軍國主義或是反對軍國主義的觀點，大都還停留在討論的層次，多少有些類似兩國之間口水戰。姑且不論這些論戰與貼「標籤」的行為，是否符合實際情況，但多少都會對歐戰後的美、日矛盾與對抗起到加溫的作用。

國家如果妄想效法德國模式，必將受到全世界的公敵，
備受唾棄。而歐戰後的美、日矛盾，也不可避免地涉及
到軍國主義之爭。當時兩國的報紙輿論，均曾將對方的
軍備擴張行動，解釋為德國軍國主義的後繼者，而大加
撻伐。

（一）官員與專家的觀察

　　日本軍國主義思維的萌發，恐怕也是助長歐戰後
美、日在華矛盾論述的重要原因。例如一向主張調和
美、日矛盾與衝突的美國國務卿蘭辛（Robert Lansing），
他曾在歐戰期間與日本外相簽訂《蘭辛－石井協定》
（*Lansing-Ishii Agreement*），促成美、日相互諒解。[29] 但
是巴黎和會山東問題爭議發生，當蘭辛進一步認知到日
本對中國的野心後，即曾暗諷日本就像是戰前的「普魯
士」一般。[30]

　　巴黎和會結束後，大力反對威爾遜總統在山東問題
上向日本妥協，並以保留國會參戰權，運作參議院否決

29　蘭辛在 1917 年時與日本外務大臣石井菊次郎簽署協議，在確認
　　尊重中國門戶開放政策的前提下，美國同意由於地理位置上鄰近
　　的原因，日本在中國有特殊利益。此即《蘭辛－石井協定》，過
　　去經常被視為是美國與日本妥協和解的表徵。然而，必須強調，
　　此協定並不意謂美國向日本示弱或是背離中國門戶開放政策。事
　　實上，這或許是美國過於自信的展現，透過此協定將日本拘束在
　　中國門戶開放政策之內，至於承認日本在華有特殊利益，則充其
　　量可能只是一種權宜手段，且侷限在工商範疇，不涉及領土主權。
　　見劉正萍，〈「蘭辛－石井協定」簽訂的歷史事實再認知〉，《南京
　　師大學報（社科版）》，第 6 期（2016 年 11 月），頁 104-112。

30　Burton F. Beers, *Vain Endeavor: Robert Lansing's Attempts to End the
　　American-Japanese Rivalry* (Durham: Duke University Press 1962), pp.
　　109-154；《巴黎・和會：締造和平還是重啟戰爭？重塑世界新
　　秩序的關鍵 180 天》，頁 404、406。

凡爾賽和約，從而使得美國最終未能參加國際聯盟的重量級參議員洛奇（Henry Cabot Lodge），也曾經發表言論，將日本視為德國在亞洲的翻版。洛奇暗指如果美國為首的西方國家在亞洲姑息日本，就如同當初英國在歐洲姑息德國一樣，必將導致戰爭的發生。

> 日本正在中國打造巨大的影響力，而我們則是幫凶。當初德國從丹麥手中拿走什勒斯維希—霍爾斯坦（Selsvig-Holstein），英國只是袖手旁觀。德國又破壞了奧地利，使其成為德國的藩屬國家，英國又再次袖手旁觀。當德國在 1870 年毀滅法國時，英國還是袖手旁觀。英國還把黑爾戈蘭島（Island of Haligoland）給予德國。英國過去的錯誤，造成了這四年的戰爭。英國當初高貴又華麗地做的這些事，如今卻付出非常慘痛的代價。[31]

不難理解的是，洛奇的言外之意，似乎已將日本比喻成歐戰前的德國，也呼籲美國等西方國家不應重蹈過去姑息德國的覆轍。

美國海軍亞洲艦隊總司令葛利維斯（Albert Gleaves）也有類似的評價。在 1920 年 2 月給美國海軍部關於遠

31　"America and Shantung: The Fear of Japanese Imperialism" *The Peking Leader*, 20 September 1919. 美國參議員洛奇以強硬的外交立場著稱，主張歐戰後的美國，應該在世界事務上扮演更重要的角色，且不應該受到過去歐洲的陰謀與利益所限制。關於洛奇生平及主張，見 William C. Widenor, *Henry Cabot Lodge and the Search for An American Foreign Policy* (Oakland: University of California Press, 1983)。

東地區的現況報告中,葛利維斯直指日本軍部獨立於文
人政府之外、對於國家政策有著強大影響力,且一直致
力於向外發動擴張,積極尋求機會發動戰爭。因此,雖
然歐戰以來日本就努力避免與戰前德國發生不當聯想,
但實際上所作所為,在外人眼中,依然還是在仿效德國
模式,追求世界霸權。葛利維斯也坦承日本可能早已將
美國視為在遠東地區擴張最大的假想敵,所以未來美、
日之間爆發戰爭,也並非不可能之事,尤其是兩國持續
在移民以及中國等問題上,持續有著重大矛盾。[32]

再者,美國哥倫比亞大學新聞學院皮德金教授
(Walter B. Pitkin)在 1921 年出版的英文專書《美國必
須對抗日本嗎?》(*Must We Fight Japan?*)中,也曾從
歐戰前德國的情況,來對照歐戰後的日本。皮德金質
疑,雖然戰後有許多美國人認為歐戰的慘痛教訓,早
已使得世人厭倦戰爭,故美國不會再與日本發生任何的
戰爭。

然而,問題是,歐戰後美國與日本之間的緊張矛
盾,遠比之前美國與德國之間的情況嚴重,而過去的歷
史已證明美、德即使一再協商妥協,但最終依舊迎來了
戰爭,那麼歐戰後情況更為險峻對立的美、日關係,難
道就能夠免除戰爭嗎?自歐戰結束以來,無論是在前德
屬北太平洋群島的雅浦島(Yap)歸屬問題之爭,到中
國、朝鮮以至於西伯利亞出兵問題,以及在加州與夏威

---

32 "Observations on the Situation in the Far East," Commander-in-
Chief, Asiatic Fleet, Vladivostak, to the Secretary of the Navy, 1
February 1920, RIAC 893.00/3314.

夷的日本移民等問題上，美國與日本處處針鋒相對。皮
德金特別指出日本軍部勢力的膨脹，可能就是未來美、
日發生戰爭最大的推手，或許也可以視為是「普魯士主
義在亞洲」（Prussianism in Asia）的再現。日本可能會
大舉進兵菲律賓、夏威夷，以至於美國的太平洋東岸，
也會將軍事侵略的觸角伸入中國，但中國必然不會坐以
待斃，並採取各種手段將日本人趕走，而這也迫使日本
必須在中國駐防一支龐大的陸軍，並維持充分的海上運
補運輸路線，方能壓制中國的反抗。無論如何，歐戰後
日本軍部勢力進一步的擴張，勢必使得美、日互動陷入
「極大的僵局」（great deadlock）。毋庸諱言，歐戰後
的美、日關係，雖然看似平緩，但實際上不過只是像暫
時休眠的火山一般，隨時可能爆發。[33]

　　上海英文《密勒氏評論報》（*Millard's Review of the
Far East / The Weekly Review of the Far East*）一篇專門介紹皮
德金教授著作的評論中，開宗明義亦從十年前的德國說
起。因為早在歐戰爆發以前，部分有識之士已提出德國
為了宰制歐洲可能不惜發動侵略戰爭的觀點，但是當時
全世界泰半對此嗤之以鼻。一些和平主義觀點者，甚至
大言不慚地宣稱，戰爭時代早已過去。然而，一直到砲
火響起，大家才驚覺到與德國的戰爭，並非難以想像與
覺察的。十年過去了，歐戰也已經結束，如今卻又有人

33　不過皮德金認為日本軍部的擴張行動，終將玩火自焚，為自己敲
　　響喪鐘。因為除了美國外，英國未來在美、日的取捨之間，應該
　　會選擇拋棄英日同盟，而與美國攜手。當面對美、英兩國強大
　　的海軍力量，日本根本毫無勝算。參見 Walter B. Pitkin, *Must We
　　Fight Japan?*

提出類似的觀察，只是主角從德國換成了日本。然而，
仍舊有許多人醉生夢死對此警示不屑一顧，認為是天方
夜譚、庸人自擾。但是無論如何，歐戰前的德國以及歐
戰後的日本，畢竟有太多類似之處，不禁讓人反思，未
來與日本的戰爭難道真的不可能發生嗎？而且正是由於
有德國的前車之鑒，歐戰後的人們才應該有更好的經
驗，來判斷日本的對外擴張是否引起戰爭。[34]

　　最後，對於日本軍國主義發展批判最力的，還有
美國知名學者且曾擔任北京政府顧問的威羅貝（Westel
Woodbury Willoughby）。[35] 在給美國國務院的機密報告
中，威羅貝詳細分析了中國與日本政情現況，特別是著
重於評估近代以來日本軍國主義路線的發展脈絡，自以
為是的民族優越感，以及對於中國門戶開放政策的重大
危害。威羅貝認為近代以來日本侵華政策的形成，可能
與兩個因素相關：其一是與日本自身的民族優越感，因
為他們普遍堅信中國人是相當卑賤的民族；其二則是日
本逐漸成型的軍國主義路線，因為日本一直意圖仿效普
魯士模式，推動軍國強兵政策。不過，威羅貝對於日本
自以為是的民族優越感相當不以為然，因為在過往成就

34　"Must the U.S. Fight Japan?" *The Millard's Review of the Far East*, 16
　　April 1921.

35　威羅貝曾任美國約翰霍普金斯大學教授，不但是美國當時知名的
　　國際政治經濟學者，也與中國關係密切，政治立場相當同情中國
　　的處境，主張美國應該加大對於東亞事務的介入，扶持中國以抗
　　衡日本，他長期關注中國事務，並曾多次擔任中國政府的顧問。
　　歐戰後，威羅貝著有兩本有關中國事務的重量級論著：*China at the
　　Conference: A Report* (Baltimore: The Johns Hopkins Press, 1922)、*Foreign
　　Rights and Interests in China* (Baltimore: The Johns Hopkins Press, 1927)。

上，任何熟悉中、日歷史之人，均清楚中國人一點也不
輸日本人，更何況姑且不論日本與中國民族孰優孰劣，
基本上，任何強勢的民族本不應該去侵略或損害弱勢民
族的利益。但是在日本主流的政治思維中，卻十分推崇
強者，堅信能力就代表著權利，有能者自然應該比無能
者享有更多的權利。依此邏輯，有能力的日本，也就該
比此時堪稱懦弱無能的中國，享有更多的權利。而這一
套自成邏輯但詭異的思維模式，很明顯地即是日本從普
魯士繼承而來，亦即對軍國的極度歌頌，強調國家利益
理應超越傳統道德的限制，著重軍事主義與官僚主義掛
帥，推動對外擴張，而無須顧及弱小民族的利益。至於
在歐戰結束後，隨著德國戰敗，世界局勢的改變，軍國
主義路線開始備受譴責與質疑，日本有無可能藉此契機
迷途知返，重新思考與檢討此套軍國路線的正當性，從
而廢棄或是改變對華的侵略政策？威羅貝則認為可能性
不大，因為軍國路線極度迷信力量與成效，只要此政策
能夠持續帶來利益，日本即會沉迷其中，繼續擁護侵略
政策，不可自拔。而從普魯士的發展脈絡來看，唯有當
軍國路線引來了重大災難，或是遭到更為強大的外來力
量壓制，甚至被迫吞噬其身後，為政者才會真正去面對
並理解此政策的重大弊端，並改弦易轍。但以日本現今
的情況來看，似乎一切前景大好，對華的侵略政策也持
續為日本帶來更多的利益與權力，領導者自然不可能，
也不會主動去檢討或是改變。[36]

---

36 "Observations With Reference to Political Conditions in Japan and

　　此外，威羅貝也進一步檢討了日本近來「自由民權運動」（liberal movement）蓬勃發展，是否有可能改變以及抑制日本未來對外侵略擴張的帝國主義傾向與軍國主義路線呢？威羅貝評估日本「自由民權運動」目前雖然仍然停留在理論建構，尚未進入到實踐階段，但已有相當長足的發展，逐漸邁向建立代議制國會。日本現今的公民的選舉權，固然受到嚴格的限制，僅有不到 5%的公民擁有選舉權，以至於選舉結果，並不能夠體現出真正的公眾意志，但相信未來應該會逐步放寬。而且隨著「自由民權運動」與代議民主制度的逐步健全，日本選舉制度上的諸多問題以及政治腐敗現象，可望多少都會有顯著的改善。然而，另外一方面，即使隨著「自由民權運動」的進展與代議民主制度的落實，威羅貝依然不認為日本對外擴張、侵略中國的軍國主義政策，就會有所改變。因為究其實際，日本公眾輿論與智識階層迄今普遍並未認真反省日本過去在中國的暴行，也從未思考要放棄以暴力脅迫所獲得的二十一條要求利益。在日本政界與知識界，雖然也不乏對於二十一條要求的批判聲浪，也承認日本在歐戰期間曾犯下許多錯誤，但是前述日本人的檢討重點，並非在於指責日本政府向中國擴張發展的大方向有所偏差，而只是認為在策略運用上略有失當。

　　尤有要者，日本人打從心底深信日本有權領導整個

China," Second Report of W. W. Willoughby, 30 January 1919, RIAC 893.00/3305 1/2.

東亞局勢的發展，自然也絕對不會認為日本欲藉此建立
東亞霸權的天命與職志，有絲毫的問題。職是之故，威
羅貝分析無論未來日本自由民主運動如何的進展，但
要去期待日本軍國主義路線與對華政策會有所收斂與改
變，不啻是痴人說夢、天方夜譚。畢竟日本如果要達遂
帝國擴張的野心，就必須確實掌握整個東亞地區的自然
資源，也必須努力阻止其他列強染指。所以日本未來對
華的政策路線與行為模式，恐將依循過去，亦即盡其所
能避免西方列強提高對中國事務的干涉與影響力，同時
也將持續削弱中國政府的行政組織能力，藉此有效控制
中國。威羅貝特別指出，就像日本學者安達金之助多次
撰文所強調的，「一個統一、覺醒、有組織、有效率的
中國，會威脅到日本的存在基礎」。[37] 也就是說，日本
在東亞的強大與擴張，勢必得建立在削弱中國統治的
基礎上。所以日本既不可能誠心支持美國所提的中國
門戶開放政策，以防止西方勢力影響中國，同時也不

37　Adachi Kinnosuke, "The United States, China and Japan: What the
　　New Understanding Means to Japan," *Asia* (December 1917), Vol. 17,
　　pp. 788-791. 安達金之助在歐戰前後曾在美國紐約各大刊物上，
　　多次發表文章，討論近代以來日本在中國與東亞的發展，及所涉
　　及到的中日英美等外交關係。除了前述論文外，還撰有許多文章：
　　"The Attitude of Japan towards the United States," *The Independent*
　　(June 1907), Vol. 62, pp. 1457-1459; "Anglo-American Arbitration and
　　the Far East," *Review of Reviews* (November 1911), Vol. 44, pp. 602-
　　604; "America, Japan, and the Pacific, *Harper's Weekly* (February 1915),
　　Vol. 60, pp. 177-179; "China and Japan and America," *Harper's Weekly*
　　(April 1915), Vol. 60, pp. 330-331; "Why Japan's Army Will Not Fight
　　in Europe," *Asia* (February 1918), Vol. 18, pp. 117-120. 關於他的著作
　　情況，見 Dorothy Purvianc Miller, ed., *Japanese-American Relations: A
　　List of Works in the New York Public Library* (New York: New York Public
　　Library, 1921), pp. 18, 21, 28, 37, 52.

會容許中國本身的統一與發展，方能讓日本能夠繼續宰制中國。[38]

（二）報紙輿論與民間觀點

1919 下半年，美國長老會差會一份有關日本在山東治理的祕密報告中，也指控日本於佔領山東後，已經在當地建立「一個強而有力、普魯士軍國主義化的政府」（a powerful militaristic Prussianized government）。[39] 事實上，長老會已將日本貼上「亞洲的普魯士人」（Asiatic Prussian）、「掠奪成性的軍事國家」（predatory militaristic state）等帶有鮮明德國軍國主義色彩的標籤。[40] 尤有要者，美國長老會差會甚至還投書至美國腥羶報紙《紐約世界報》（The New York World），揭露日本在山東滲透與活動的情況。在該份由長老會差會傳教士撰寫的報告中，痛聲指控日本是「亞洲普魯士化的政府」（Asian Prussianized government），迷信偶像崇拜，敵視基督教，迫害教徒，誓死方休。[41] 該報告甚至明指日本在依循「普魯士學院大師」（Prussian School-

---

38 "Observations With Reference to Political Conditions in Japan and China," Second Report of W. W. Willoughby, 30 January 1919, RIAC 893.00/3305 1/2.

39 A Member of the American Presbyterian Mission, "Sinister Japanese Methods in Shantung," 1919, RIAC 893.00/3271.

40 "The So-called Concession in the City of Tsingtao," in A Member of the American Presbyterian Mission, "Sinister Japanese Methods in Shantung," 1919, RIAC 893.00/3271.

41 "Especial Vindictiveness toward Chinese Christians," in A Member of the American Presbyterian Mission, "Sinister Japanese Methods in Shantung," 1919, RIAC 893.00/3271.

master）的教導下，仿效當初德國在西北歐的擴張模式
（德國曾藉由國家資本，抑助所謂的德資私人公司，以
掌握比利時與法國北部地區的自然資源，變相實際掌控
該地區），將觸手伸入山東省；具體作為與目標，乃是
透過經濟滲透，實際握有該地的自然資源，以便將山東
省納入日本勢力範圍。[42]

　　事實上，在許多美國人眼中，日本政治體制並非屬
於民主政府，而隱身在君主立憲天皇制背後的軍部極權
專制，或許才是真正主宰日本內外作為的最主要力量。
而美國如果無作為並坐視日本的對外擴張，則太平洋
盆地終將會淪入日本軍部之手，而民主力量也將會在遠
東地區失去立足之地。[43] 美國《芝加哥論壇報》（The
Chicago Tribune）知名新聞特派員杭特（Frazier Hunt）
甚至不諱言地指稱「今日的日本，不過是德國俾斯麥
的翻版」（Today Japan is merely an echo of the Germany of
Bismarck）。[44] 換言之，美、日矛盾的背後，似乎隱含有
德國式軍國主義遺毒的負面影響，涉及到自由民主與軍
國體制之爭。

　　此外，上海美系英文報紙《密勒氏評論報》在一篇

42　美國基督教長老會差會認為日本已經透過各種手段，攫奪了全中
　　國近五分之二的資源，包括控制山東的近二百萬平方哩的土地及
　　自然資源。見 "The So-called Concession in the City of Tsingtao," in
　　A Member of the American Presbyterian Mission, "Sinister Japanese
　　Methods in Shantung," 1919, RIAC 893.00/3271.

43　例如美國紐約大學商學院講師霍舉斯即宣稱日本政府已被軍部
　　力量所控制，對內壓制民主派，對外則遂行軍事擴張。見 "What
　　Are America's Responsibilities on the Pacific?" The Weekly Review of the
　　Far East, 18 June 1921.

44　"Smiling John Chinaman," The Weekly Review of the Far East, 2 July 1921.

評論中，即指控歐戰以來日本即無所不用其極地藉由各種手段，陰謀破壞中國的和平統一，延長南北對立與內戰情勢，以便遂行削弱中國，達成侵略征服的企圖，實乃「亞洲的德國」（Germany of Asia）。[45] 而在另外一篇社論中，《密勒氏評論報》又指控日本一直在學習過去西方帝國主義以及德國老路，雖然歐戰的結果，早已證明上述路線的不合時代潮流與重大弊端，但日本顯然卻還是昧於形勢且樂此不疲。換言之，當舊秩序已逐漸成為落日黃花之際，似乎只有當初的德國以及現在的日本，依然迷信著過去的榮景，而沒有意識到新的世界秩序已然成形。[46] 記者將歐戰後的日本，與過去的舊帝國主義以及德國路線結合在一起，隱然帶有指控日本追尋軍國主義之路的意涵。

歐戰後關切並提醒美國公眾應注意日本軍國主義路線的美國人還有不少。例如美國《展望》（The Outlook）雜誌特派員在巴黎和會採訪期間，即曾略帶引導式地詢問中國代表王正廷，是否認為「日本有著危險的軍國思想？」[47] 又例如美國《舊金山考察報》（The San Francisco Examiner）亦曾引述一位之前服役美國西伯利亞派遣軍的上尉軍醫說法，聲稱曾親眼看到一所日本在太

45　此為董顯光語，見 Hollington K. Tong, "Alien Forces Working Against China's Unification," *The Millard's Review of the Far East*, 1 February 1919.

46　"American Money and the Future of China," *The Millard's Review of the Far East*, cited from *The Canton Times*, 6 April 1920.

47　王正廷的答覆則是肯定的，他認為日本稱得上軍國主義、帝國主義與普魯士主義的展現。關於美國《展望》雜誌記者的提問，以及王正廷的答覆，參見〈支那委員米國記者（上）〉，《大阪每日新聞》，1919 年 8 月 4 日。

平洋島嶼上的學校，完全仿效德國方式在訓練日本男孩。[48] 諸如此類的言論，無論真實性如何，均會逐漸加深美國人對於日本在仿效德國軍國主義路線的刻板印象。

　　除了美國報紙外，英國輿論也不乏此類觀點，陳述日本的軍國主義路線。例如英國新聞鉅擘北岩子爵（Alfred Harmsworth, 1st Viscount Northcliffe）即明確指出，日本現今的情況「似乎很像歐戰前的德國」（Japan seem to be in much the same position as German before the late war）。表面上雖然屬於民主體制，但實則政府被少數軍部巨頭所把持，強化日本的軍備，在遠東地區進行軍事擴張行動。北岩並從新聞輿論的角度，分析日本軍部如何利用新聞的手段，遂行其目的：日本軍部勢力極大，非但敵視美國，且透過新聞媒體，發動對美宣傳，同時也藉由各種審查措施，箝制新聞輿論自由，不僅日文報紙，甚至許多英文報紙，背後也都是由軍部勢力所控制。職是之故，日本本地的報界人士，同樣早就對軍部濫權抱持不滿，希望能夠終結軍部的控制，實現新聞自由。[49]

48　"Army Surgeon Says Japs Prepare for War," *The San Francisco Examiner*, 24 July 1919.

49　"We Must Hang Together: Important Speech by Lord Northcliffe in Peking on the Anglo-Japanese Alliance and the Need for Anglo-American Unity: Reasons Why the Alliance Should be Dropped," *The North China Herald and Supreme Court & Consular Gazette*, 26 November 1921.

五、貼標籤：日本對軍國主義的認識與反應

　　歐戰後的日本究竟是否屬於軍國主義？美國人又為何指控日本是軍國主義？或許可以從日本的角度，來進行某些反思，並評估迴響。特別是當時日本人自己是如何看待軍國主義路線？而對於美國的指控，日本輿論又有何種反應？

（一）軍國主義論述引起的迴響

　　1920年代前半期，倡揚日本軍國主義最具代表性的人物之一，乃是當時日本陸軍退役中將佐藤鋼次郎，他在歐戰後出版了名為《日米若し戰はば》（《日米戰争夢物語》）的書籍，詳論未來美、日發生戰爭的各種可能性，並預測其結果。[50] 此書當時即被翻譯成英文書（*If Japan and America Fight*），因此影響範疇，不只侷限在日本本國，對於關心歐戰後亞洲與中國事務發展的外國社群，同樣也有極大的作用力。在英文版譯者序中，盛讚佐藤鋼次郎是「日本的伯恩哈迪」（the Japanese Bernhardi）。[51] 伯恩哈迪（Friedrich von Bernhardi）乃是歐戰前德國知名、倡言軍國主義思維的將領，在《德國與下一次戰爭》（*Germany and the Next War*）中，鼓吹

50　佐藤鋼次郎，《日米若し戰はば》（《日米戰争夢物語》）（東京：日本評論社，1921）。

51　Kojiro Sato, *If Japan and America Fight* (Tokyo: Meguro Bunten, 1921).
　　此書譯者為戶田節次郎，由東京目黑分館出版。

戰爭是民族生存的文化根本，該書前兩章分別為「發動戰爭的權利」（The Right to Make War）與「發動戰爭的責任」（The Duty to Make War），開宗明義大力宣揚並合理化戰爭行為。[52] 佐藤鋼次郎曾留學德國，參與過甲午戰爭、日俄戰爭，退役後從事軍事評論工作，從個人經歷來看，不難看出應該多少受到伯恩哈迪等德國軍事主義思維者的啟發，推動日本的軍國主義路線。[53]

尤有要者，隨著佐藤鋼次郎英文專書的出版，美國人對日本執意走向德國式軍國主義路線的刻板印象，又愈加濃厚。例如上海英文《密勒氏評論報》在 1921 年 10 月的新書評介中，指謫該書內容極其荒謬，很像歐戰前的德國軍國主義者的著作，不但充斥著「廢言」，而且還是「危險的廢言」（Dangerous Nonsense）。因為從書中文字脈絡以及邏輯思維，不難看出日本軍國主義者的傲慢心態：他們無視各國以外交手段維持世界和平的努力，卻迷戀那些陳舊過時的軍國思維，嘲弄外交行為不過只是軟弱的表現，故妄圖以武力手段，來成就日本的帝國霸業。特別是當分析美國與日本的關係，以及比較雙方差異時，佐藤這些日本軍國主義者，蓄意將美國醜化為加害者形象，就像是經常口出穢言、暴戾成性的「惡徒」（brawny ruffian），而日本則是無辜的受

52　Friedrich von Bernhardi, *Germany and the Next War* (New York: Longmans, Green, and Co., 1914).

53　佐藤鋼次郎背景，見「デジタル版 日本人名大辞典 +Plus」，佐藤鋼次郎條（網址：https://kotobank.jp/word/ 佐藤鋼次郎 -1078640）（檢索時間：2018 年 5 月 3 日）。亦可參見上田正昭等編，《日本人名大辞典》（東京：講談社，2001）。

害者，如同一位備受惡徒欺凌的老紳士。日本經常指控
因為美國一再「踐踏日本的榮耀」、「汙辱日本」的尊
嚴，像是美國隨意介入干涉中日山東問題、推動新國際
銀行團與日本唱反調、阻礙日本佔領庫頁島，還出兵西
伯利亞與日本競逐地盤等，件件椿椿都是美國故意羞辱
日本的明證。美、日之間，勢必難以和平共存，而日本
想要討回公道，除了戰爭之外，似乎也別無他途。佐藤
極度迷信戰爭能夠為日本帶來救贖的力量，因為戰爭雖
會造成死傷與耗損，但失之東隅、收之桑榆，將可以藉
此迎來新一波的經濟榮景。佐藤呼籲，為了準備與美國
的戰爭，日本必須著手進行十年計畫，籌措戰略物資，
主要的方法就是結合與日本一海之隔的東亞大陸，藉由
彼此經濟提攜、資源整合，日本不但可以取得與美抗衡
的立足點，還可以在東亞大陸上獲致極大的經濟成長與
繁榮。佐藤甚至還在書中，呼喚出日本開國君主神武
天皇的神祕力量，聲稱大和民族的存在與職責，即在
於推動整個世界的文明開化，如同西方人到處散播福
音一般，日本人的責任，則在萬世一系天皇家族的英
明領導下，「將帝國道德的價值，傳播到東亞的六億
人口」。[54]

---

54 以上對於佐藤專書內容的引介與嘲諷，參見 "New Books and
Publications: Dangerous Nonsense. *If Japan and America Fight*: By
Kojiro Sato, Lieutenant-General, Japanese Army. Meguro Bunten,
Tokyo, 1921," *The Weekly Review of the Far East*, 15 October 1921.

（二）日方反駁與對美仇恨的升高

　　相當令人諷刺的是，當歐戰後美國民間認知有逐漸將日本劃歸德國軍國主義的繼承者的趨勢之際，部分日本報紙也展開了反擊行動。不過，他們沒有在澄清駁斥上多費唇舌，也無意於證明日本不是軍國主義，相反地，日本記者執筆反攻，指控美國的所做所為，才是真正軍國主義的行徑。換言之，當美國指控日本在華種種惡行（如懷抱野心、違反中立、干涉中國內政、扶持軍閥等）體現著軍國主義表徵時，或許應該先反省自身，是否才是在依循德國軍國主義的老路。

　　例如日本在華北地區的重要報紙《京津日日新聞》，即曾指控美、英違反中立，介入中國內政，支持直系軍閥遂行統一大計。而美、英等之所以對中國大感興趣，主要著眼點就是基於資本主義利益。或許其中甚至亦不乏懷抱著過去帝國主義時代的野心，想要進一步染指中國市場。但是紙是包不住火的，野心終究會流露出來，屆時中國人可能就會採取澈底的抵制行動，來抗衡其野心與慾望。而美、英在華人士，也終將自食其惡，陷入中國人的敵視與排斥中，生活難以為繼。[55]

　　尤有要者，部分日本報紙甚至將歐戰以來美國強勢介入並主宰世界秩序的作為，理解為一種升級版的軍國主義。而美國版的軍國主義，與當初德國版的最大不同，乃是它表面上依然披著民主體制的外衣，以維護世

55　朴庵，〈支那統一論（十五）〉，《京津日日新聞》，1922 年 5 月
　　23 日。

界和平與秩序口號，但實際上卻遂行著軍國擴張的勾當，惡劣陰險程度，遠高於表裡如一的德國軍國主義。換言之，德國的軍國主義易防，但偽裝民主制度的美國軍國主義，卻處在道德的至高點上，經常以良善利他的面貌出現，實不易防範。

《大阪每日新聞》的一篇社論，嘗以「軍國的美國」為題，諷刺歐戰以來美國持續進行軍備擴張，本質上就是軍國主義思維的復活與落實。歐戰結束後，美國雖然隨即開始進行軍事復員行動，但卻持續向國會推動國內軍備強化方案。例如 1919 年 1 月，提出軍隊編成改正方案，內容包括：擴充並強化參謀團與參謀首長的權限；將原先的技術部擴張為運輸部、自動車運輸部、航空部以及坦克部等；擴充基層士官兵的人數；將服役年限延長至三年等。3 月，美國總統又將美國常備兵的總編制兵員，由歐戰前的不到十萬人，大舉提高至五十萬人，且必要時總統還能依職權，進一步擴張兵力至二百萬。之後，美國陸軍參謀長又向眾議院報告，並遊說推動國民軍訓方案，不但繼續保留國民軍制度，還要求國會授權可將十八歲至四十五歲的成年男子徵召入伍，進行軍事訓練。此舉將使得美國得以免除背上與維持一支龐大軍隊的負擔與質疑，但卻仍然可以同時維持強大戰力的後備軍隊。[56]

歐戰期間美國派出大量年輕新兵支援法國戰場，與

---

56 〈軍国的米国：米国の軍備拡張＝官僚的軍国主義は猶破るべし、民生的軍国主義は終に破るべからず〉，《大阪每日新聞》，1919 年 9 月 23 日。

其說是陷入僵持戰，倒不如說是美國利用歐洲戰場來練兵。當初美國參戰的時機，同樣也是充斥著陰謀與盤算，刻意選擇利用英法與德國等兩虎相爭精疲力竭之際，再順勢收割戰場成果。再者，美國地理位置優越，四周都有天然屏障，不易有外患入侵，故如果僅是要防衛本土安全，並不需要太多的軍隊。然而歐戰結束後，美國非但不裁減軍備，反倒卻擴張常備兵人數，遠高於戰前的四至五倍。也就是說，美國對於戰後軍備的構想，並非僅是要維護國家安全，而是有更遠大的抱負。而推動所謂的國民軍訓計畫，更隱含著全民皆兵主義的意涵，表面上透過立法手段，進行一般國民的軍事訓練，實則在巧妙地迴避軍國主義的質疑。[57]

　　因此，《大阪每日新聞》指出歐戰以來美國擴充軍備的行動，以及推動國民軍訓方案，意圖已昭然若揭，那就是美國並不以打造太平洋艦隊、控制太平洋海上霸權為滿足，而是致力提升國內儲備的武裝力量，甚至還想派出遠征軍，進而染指歐亞大陸。然而令人擔憂的是，德國式由政府推動的軍國主義（官僚的軍國主義）容易被打破，而披著民主外交的美國式軍國主義（民主的軍國主義），卻不容易打破。偽善的美國，表面上聲言恪遵國際聯盟的精神，裁減軍備，以維護世界和平，實際上卻陽奉陰違，同時致力於海、陸軍備的擴充，如此勢必將導致世界又重新回到歐戰前的軍備競賽，以及

---

57 〈軍国的米国：米国の軍備拡張＝官僚的軍国主義は猶破るべし、民生的軍国主義は終に破るべからず〉，《大阪每日新聞》，1919 年 9 月 23 日。

權力均勢下的恐怖平衡。所以《大阪每日新聞》呼籲
日本國民必須正視美國的種種舉動,並深思日本的因應
對策。[58]

六、小結

　　美國過去的「恐日」、「黃禍」論等種族偏見,以
及其阻礙日本向海外發展等帶有歧視性的措施,誠然是
導致近代以來日本對美仇恨的主要根源。事實上,歐戰
後的 1920 年代,不少日本輿論可能陷入兩種意識形態
的迷思中,其一是仍然痛恨美國歷來的種族歧視政策,
以及隨之而來的種種限制日本措施,其二則是執著於維
持甚至是進一步擴大日本在歐戰期間所攢下的龐大利益
與新地盤,故對於中國日趨嚴重的反日運動感到憤怒與
不滿。因此,歐戰後部分日本輿論偏向帶有仇美(因為
向來美國歧視日本)與反華(對中國抱持野心,且為壓
制中國的反日)兩種元素。但這兩者之間,彼此可能又
互為表裡。因為日本往往認定是美國在幕後煽動中國的
反日運動,而中國本身確實也經常利用美國的支持來反
日(聯美制日)。換言之,美國的種族偏見、日本的仇
美反華、中國的聯美制日,或許本質上就是一種意識形
態之爭的連鎖反應。這也部分構成了歐戰後美、日在華
矛盾論述的內部底蘊所在。

58　以上對於美國軍國主義的指控,均參見〈軍国的米国:米国の軍
　　備拡張=官僚的軍国主義は猶破るべし、民生的軍国主義は終に
　　破るべからず〉,《大阪每日新聞》,1919 年 9 月 23 日。

　　不過，偏向意識形態之爭的美、日在華矛盾論述，並不意謂著兩國在現實上即將發生衝突。事實上，部分日本人即試圖修正上述套路，以避免美、日矛盾局勢的惡化。歐戰期間大隈重信、寺內正毅內閣時期帶有侵略性的對華政策，在戰後亦不見得有適當的時空環境能夠繼續遂行。某種程度上，無論是毫不避諱，直接流露對話野心的二十一條要求，還是意圖透過金錢援助，大肆介入中國軍事內政，扶植親日派系的西原外交，可能都在歐戰後結成了部分惡果。[59] 中國人日趨激昂的反日運動，尤其是抵制日貨與經濟絕交，也對日本在華利益構成了一定的威脅。或許誠如日本知名報人橘樸所論，當北洋外交官的聯美制日外交，與民間學生團體所推動的反日運動發生牴觸時，確實會削弱中國整體的反日力道。但無論如何，反日終究成為歐戰後中國內部的基本共識與最大公約數。也因此，稍有理智判斷之人，也會察覺到箇中利益得失，或許二十一條要求，亦或是「欲取先予」的經濟進攻策略，很有可能造成得不償失的結果。

　　尤有要者，受到日本歐戰期間對華進取政策的刺激，越來越多的美國在華人士，對於日本的擴張野心，感到不安與厭惡，並採取顧忌防範的態度。影響所及，部分較為極端的美國人士，甚至嘗試將日本貼上仿效德國「軍國主義」的標籤，間接也使得日本在美國社會的

59　《京津日日新聞》主筆橘樸，即認為日本在歐戰期間介入中國內
　　政、扶持皖系的作法就是一次失敗之作。見朴庵，〈支那統一論
　　（十五）〉，《京津日日新聞》，1922 年 5 月 23 日。

形象更趨劣化。美國政府之所以出面主導的華盛頓會議體系，限制日本的軍備擴張，以及重申中國門戶開放政策，亦明顯帶有防止日本繼續走向軍國擴張的意圖。另外一方面，日本對於美國自歐戰以來的軍備擴張，同樣亦極度抱持戒慎與警覺態度。日本輿論屢屢指出美國的表裡不一，戰爭結束後美國政府表面上宣告停戰，開始進行復員軍隊的計畫，但卻又同時透過立法手段，擴充常備兵人數，強化軍事參謀編制與權限，默許陸軍提出國民軍訓方案等，其實都是美國暗中推動軍國主義路線的最佳寫照。《大阪每日新聞》即控訴美國藉口打倒軍國主義，表面上高唱人道主義與維護世界和平，扮演著救世主的角色，但實則欺天瞞地，暗中遂行軍國擴張路線。

然而，美、日之間的軍國主義論爭，可能充其量亦只是一場輿論戰。歐戰後 1920 年代的日本，尚遠遠稱不上是軍國主義國家。固然軍方內部不乏立場強硬的軍國主義分子，試圖向外發動擴張，但整體來說，日本軍部的力量尚未真的強大到可以完全控制政府，目空一切。嚴格來說，應該還是要到了 1930 年代前後，日本才逐漸稱得上是軍國主義國家。至於美國方面更是如此，歐戰後美國國內反戰輿論高漲，呼籲要大幅裁減海、陸軍備，美國主導華盛頓會議，推動五國海軍限武協議即是具體例證之一，遑論要進一步走向軍國路線。換言之，歐戰後的美、日兩國現況，在本質上均稱不上是軍國主義，但在彼此報紙輿論中，卻往往均背上軍國之名。職是之故，歐戰後所謂的美、日軍國主義論爭，

同樣並非是具體現實的反映，反倒是跟前述「恐日」、
黃禍論、仇美等美、日在華矛盾論述的底蘊如出一轍，
比較屬於一種被刻意凸顯出來的意識形態對立：妖魔化
的軍國，與體現正義的反軍國。不過此類意識形態的論
爭，在報紙輿論的一再炒作加溫下，還是很有可能逐漸
模糊化想像與現實之間的邊界，進而強化彼此的對立
情況。

第二章　美、日在東亞的競爭與矛盾

一、前言

　　歐戰結束後不久，美國即十分關注東亞局勢的未來發展，因考量日本在此區域有著舉足輕重的地位，故一度也曾希望能夠與日本通力合作，打破過去陋習，重建西太平洋地區的和平與秩序。1918 年 11 月，日本外務大臣內田康哉就任後不久，與美國總統威爾遜關係密切，作為其重要支持者的美國實業家克蘭（Charles R. Crane），[1] 即曾透過美國外交領事系統，傳遞了一封私人書信給內田。在此封信中，克蘭非常肯定內田在就職典禮上的演說，並熱切呼籲內田能夠協助並支持美國總統威爾遜對於太平洋地區的計畫與安排。克蘭強調威爾遜所代表的新精神，不只體現在美國之內，也延伸至美國之外，而是屬於整個世界；威爾遜主張完全告別過去的中世紀舊外交，以及華爾街的政治資本主義的控制，而在人民的全力支持下，重建世界秩序。因此，克

1　克蘭為美國知名實業家，但對政治與外交事務涉入甚深。他全力資助威爾遜競選美國總統，威爾遜當選後，也委派克蘭參與許多國外事務，包括俄國、土耳其以及在法國巴黎召開的戰後和會。1920 年至 1921 年間，克蘭並獲威爾遜任命，擔任美國駐華公使。關於克蘭的生平及重要事蹟，見 Norman E. Saul, *The Life and Times of Charles R. Crane, 1858-1939: American Businessman, Philanthropist, and A Founder of Russian Studies in America* (Lanham: Lexington Books, 2013).

蘭希望內田能夠毫無保留地信任威爾遜，將日本的問題
完全託付給他，並作為威爾遜在日本最主要的支持者，
推動美、日合作，共同維持與推進太平洋地區的和平與
榮景。[2]

　　克蘭給內田的書信，固然偏向民間性質，但竟可以
透過正規的外交領事系統代遞，顯見背後多少帶有官方
的默許與授意。加上克蘭本人與威爾遜總統之間的密切
關係，不難理解此封信可能代表著美國向日本遞出橄
欖枝的試探之舉，希望美、日雙方彼此能夠摒除過往成
見，攜手合作，在威爾遜總統的領導下，打破舊窠臼，
重建東亞新秩序。

　　不過好景不長，美、日在東亞地區本質上的矛盾與
衝突，很快即浮出檯面。根據當時美國知名學者威羅貝
的分析，其實早自日俄戰爭以降，日本對華野心恐怕就
已昭然若揭，積極強化對中國的滲透與宰制。歐戰期
間，日本又大肆擴張在華的勢力，不但嚴重損害中國的
主權，同樣也間接影響其他列強在華的利益，牴觸美國
所堅持的中國門戶開放政策。究其實際，日本政府經常
以官方的力量為後盾，逾越中國的法律與政府當局，公
然鼓勵以及支援僑民在華參與各種利益的攫奪。而日本
政府歷年對華的貸款，也沒有被用於正途，只是助長不

2　克蘭在信中表示「威爾遜教」（Wilson Cult）的勢力目前正在全
　　世界迅速成長，故期許內田能夠成為在日本的領導者。克蘭當
　　時正在中國訪問，也希望能夠在返美前在日本與內田做更進一步
　　的晤談。見 "Charles R. Crane to Baron Uchida," 18 October 1918,
　　〈チャールス．アール．クレーン及本大臣往復文寫送付ノ件〉，
　　「2 大正 7 年 11 月 9 日から大正 8 年 11 月 1 日」，JACAR:
　　B03030308000，頁 11。

同派系的爭權奪利，更加削弱中國政府的穩定力量，使其內部陷於更為嚴重的對立與分裂。再者，日本駐華官員可能還透過其他手段，擾亂中國的金融市場，藉此削弱中國的經濟力量。例如各條約國在上海曾籌組委員會，檢討海關稅率是否該「切實值百抽五」等問題。[3] 此案一旦獲得通過，自然對於中國政府日益萎縮的財政收入，有很大的助益與改善。但是根據上述海關稅率調查委員會主席私下透露給威羅貝的消息，在委員會中，正是日本的代表意圖從中作梗，阻礙海關稅率的確實值百抽五。尤有要者，日本還採取其他手段阻礙中國政府強化對銀幣的控管，以及多次違背中國法令，將大量銅幣輸出海外，使得市面上流通的銅幣短缺，從而導致中國貨幣通流情況的紊亂。因此，威羅貝認為，從諸多證據均顯示，自日俄戰爭至一次大戰期間，日本對華的種種行徑，均是非常惡意且負面。因為日本政府及人民，很明顯地故意無視中國的主權與行政獨立，肆意攘奪各

3　〈中英五口通商章程〉曾規定貨稅「值百抽五」，不過實際上往往並未課足。〈辛丑和約〉亦規定「進口貨稅增至切實值百抽五」，以補充賠款擔保，顯見當時稅率普遍仍未及「值百抽五」。巴黎和會上，中國提出關稅自主要求，希望藉此一舉廢除協定關稅等不平等條約特權，但未獲同意。歐戰後，條約列強基本上仍先以滿足「切實值百抽五」，或以附加稅取代釐金等為條件，增加中國海關稅收，藉此緩解中國對於關稅自主的訴求。1921 年至 1922 年的華盛頓會議、1925 年的關稅特別會議，條約列強基本上仍依此脈絡應付中國。一直要到北伐後，在國民政府的繼續推動下，才完成關稅自主的目標。關於近代以來海關稅率調整問題，可以參見王建朗，〈日本與國民政府的「革命外交」：對關稅自主交涉的考察〉，《歷史研究》，第 4 期（2002），頁 20-32；楊天宏，〈北洋外交與華府會議條約規定的突破——關稅會議的事實梳理與問題分析〉，《歷史研究》，第 5 期（2007），頁 119-134。

種權利。而這樣的侵略作為，不但違背人道、有害於中日情誼，同樣的也影響到其他國家在華的利益，並牴觸到美國對華門戶開放政策的基本原則。[4] 簡言之，歐戰以來，日本對華的種種作為，非但違背中國門戶開放政策，也不可避免地影響到美國在華既有的條約權利，促使美、日關係轉趨緊張。

歐戰以來，兩國本身的貿易情況，以及在亞洲太平洋地區的利益競逐，則可能使得美、日矛盾情況更加惡化。究其實際，美、日兩國都受惠於歐戰的天賜良機，不但蠶食歐洲國家商品在亞洲市場的佔有率，同時也扮演著歐戰物資主要供給者的角色，出口貿易額激增，呈現出一片欣欣向榮的景象，甚至有取代歐洲國家成為世界金融霸主的趨勢。然而，隨著歐戰的結束，歐洲國家勢力捲土重來，美、日兩國仍否繼續享有戰時的經濟榮景，面臨著重大挑戰。簡單來說，戰後的美國與日本貿易情況，呈現出兩種迥然不同的樣貌。美國仍大致維持的戰時的優勢，出口依然旺盛，帶來鉅額貿易順差。但是日本則明顯陷入嚴重衰退，雖然總體貿易額仍有所成長，但並非良性發展，因為貿易成長的主力並非肇因於出口提升，而是進口激增所致。[5] 更為棘手的是，日本在對美貿易上也呈現疲態與弱勢，歐戰後日本輸往美

4　威羅貝給美國國務院關於中日政治形勢的觀察報告，見 "Observations With Reference to Political Conditions in Japan and China," Second Report of W. W. Willoughby, 30 January 1919, RIAC 893.00/3305 1/2.

5　〈日米貿易趨勢：貿易上より見たる我経済組織の欠陥〉，《大阪毎日新聞》，1919 年 12 月 8 日。

國的商品雖然維持穩定的情況，但美國輸往日本的商品
貿易額，相較於戰爭期間，卻顯著大幅成長。這也使得
日本對美國的貿易逆差，在歐戰結束後，又進一步擴
大。[6] 換言之，相較於美國的持續強盛，逐步邁向經濟
霸權，而日本則有被打回戰前原形之虞，陷入戰後貿易
逆差與出口大量衰退的窘境。不難想見，日本對於美國
的競爭嫉視與憂患意識，自然也就愈益強烈。美國似乎
成為擋在日本能否持續成長道路上的大山，故日本往
往也以美國作為競逐經濟霸權的假想敵，籌思因應對
策。

　　歐戰後期，美、日兩國曾共同出兵西伯利亞，表面
上彼此協同作戰，劃歸統一的指揮體制，共同對付布
爾什維克（Bolshevik）勢力，也有助於兩國軍隊彼此的
瞭解，但實際上受到語言風俗習慣等的差異，雙方士兵
早已衝突不斷。兩國軍事當局恐怕也難免各懷鬼胎，一
方面盡量抵制對方的活動，二方面則強化己方對於西伯
利亞地區的滲透與控制。其中影響較大的，除了牽涉到
美、日軍隊在西伯利亞協力作戰期間，在兩國軍隊與個
人間所引起的摩擦衝突與惡感外，更重要的，可能還關
係到美、日在遠東地區的資源利益與地盤的重新分配與
競逐。[7]

6　以歐戰期間 1918 年上半年的貿易數字來看，日本出口美國貿易額
　　約 2.54 億日圓、進口貿易額約 3.44 億日圓，逆差約 0.9 億日圓。
　　歐戰後的 1919 年上半年，日本出口美國仍維持 2.54 億日圓，但
　　進口貿易則提升至 4.08 億日圓，日本對美貿易逆差提升至 1.54 億
　　日圓。見〈対米貿易逆勢〉，《大阪每日新聞》，1919 年 8 月 3 日。

7　歐戰後期協約國決議出兵西伯利亞的詳細過程及影響，可以參見
　　原暉之，《シベリア出兵：革命と干涉 1917-1921》。

　　美、日兩國對於太平洋地區似乎都顯示出志在必得
的決心，甚至視為是自己的天命所在。美西戰爭後，美
國接收了關島與菲律賓，後續又吞併夏威夷，從此直通
東亞大陸，取得西太平洋地區的入場卷。1914 年巴拿
馬運河正式開通後，更使得美國可以輕易溝通大西洋與
太平洋兩大洋區。歐戰期間美國擴建的龐大海軍，透過
運河，可以在兩大洋間投射海軍武力，更加使得美國對
於西進太平洋的行動充滿著自信與衝勁。[8] 日本《大阪
每日新聞》曾抨擊歐戰以來美國即致力於擴張海權，
戰後依然維持一支非常龐大的海軍艦隊，目的即在於
控制太平洋的海權。[9] 上海英文《字林西報》（*The North
China Daily News*）駐北京特派員、知名美籍記者甘露德
（Rodney Gilbert）[10] 在分析歐戰後流傳的「美、日戰爭
論」時，亦曾引據在一位未具名的中國軍事高官意見，
認為以當時的國際環境來看，美國暫時應該不會因為遠
東問題而與日本發生戰爭，縱使是牽涉到中國、朝鮮或
是上海。然而，未來的情況可能隨時會發生變化，因為
日本一直希望控制太平洋的貿易，但這樣的作為勢必牴

8　《巴黎·和會：締造和平還是重啟戰爭？重塑世界新秩序的關鍵
　　180 天》，頁 388。

9　〈軍國的米國：米國の軍備擴張＝官僚的軍國主義は猶破るべ
　　し，民生的軍國主義は終に破るべからず〉，《大阪每日新聞》，
　　1919 年 9 月 23 日。

10　甘露德為美國人，與民國以來的中國關係密切，自美來華後即長
　　期擔任英文報紙《字林西報》駐北京特派員，經常撰寫有關中國
　　事務的評論，非常瞭解中國內外情況。在國共內戰、海峽兩岸
　　對峙後，甘露德則任職於美國中央情報局外圍組織的「西方公
　　司」（Western Enterprises Inc.），協助臺灣對大陸心戰業務。見
　　Frank Holober, *Raiders of the China Coast: CIA Covert Operations During the
　　Korean War* (Annapolis, Md.: Naval Institute Press, 1999).

觸到美國發展太平洋貿易的需求,而在不斷的矛盾衝突下,美、日心結日深,惡感逐漸累積,有朝一日,終究可能引爆更大規模的衝突。甘露德也坦承,抱持這種看法之人,並非少數,因為在遠東地區的日本人與美國人,似乎泰半亦有類似看法。[11]

簡言之,本章擬從三個面向來探究歐戰後美、日在東亞太平洋地區的競爭。其一是雙方在中國問題上的衝突,包含條約權利、門戶開放政策,以及商貿利益上的矛盾。其二是在出兵西伯利亞問題上的爭執,牽涉到兩國對於是否要介入干涉俄國革命的重大歧見,以及對於西伯利亞這片廣大處女地所蘊含的開發利潤,雙方所抱持的貪婪與覬覦之心。其三則是關於北太平洋前德屬島嶼及其相鄰水域的控制權,體現著美、日兩國對於太平洋海權的劃分與競逐。

二、競爭與對立:美國對於中國
市場的熱衷

歐戰期間及其後,由於美國在華商業以及各種投資利益日顯重要,美國對於中國市場的關注程度,也遠甚以往。歐戰後不久,日本《大阪每日新聞》即曾指稱美國對華活動極為活躍,除了政治方面外,經濟方面亦不遑多讓,積極進行銀行與礦山等實業投資。[12] 美國

11　"Japanese-American War Rumours," *The North China Herald*, 29 January 1921.

12　〈米国人の対支活躍:財界短信〉,《大阪每日新聞》,1919 年

駐華商務官員，在 1919 年 9 月時，亦曾對外表示，美
國將大力發展對華商務，以期在十年內恢復半世紀前
的榮景。[13] 從美國對華出口貿易數字來看，歐戰前大約
每年平均僅約一千多至兩千多萬美元，但自歐戰後期
的 1917 年開始，大幅提高到四千多至五千多萬美元，
1919 年甚至躍升至超過一億美元。[14]

回顧歷史，晚清以來美國即一直對修築與經營東北
鐵路有著濃厚興趣，也曾推動東北鐵路中立化計畫，雖
然未獲實現，但興趣依然不減。[15] 歐戰後，美國企業與
資金大舉進入中國，更是對於投資東北流露出極大的熱
誠。1919 年時美國銀行團代表即曾來華與北京政府政
要周自齊、梁士貽等人商討錦璦鐵路（錦州至璦琿）支
線延長，以及連山灣（錦州灣）築港借款問題，甚至也

---

5 月 11 日。

13　近代以來，美國對華貿易歷經起伏，1860 年時居於高峰，當時美國
　　在中國所有對外貿易中佔有高達 47% 的比例，但後來陷於低潮，
　　又歷經 1906 年的排斥美貨運動後，使得美國對華貿易比例，在
　　1910 年降至最低的 6%。之後逐漸恢復，在歐戰期間的 1917 年
　　則增加到 16%。而美國商務官員所謂的半世紀前的榮景，即是指
　　要提升到 1860 年的 47%。見〈米支間貿易額增加：米国輸出機関
　　改善〉，《大阪每日新聞》，1919 年 9 月 27 日。

14　不過必須強調的，歐戰後期以降，美國對華輸出貿易額確實顯著
　　提高，但是佔當時美國整體對外輸出的比重，似乎並沒有顯著改
　　變，大約都在 1% 上下飄動。即使是 1919 年，美國對華輸出貿
　　易額，也是僅佔該年度整體對外輸出的 1.3%。遠遠比不上日俄
　　戰爭時期的 2.5-3.5%。見 "The American Economic Stake in China,
　　1905-1919," Warren I. Cohen, *America's Response to China: A History of
　　Sino-American Relations* (New York: Columbia University Press, 1990), p.
　　68. 換言之，當美國參戰後，美國對全世界的輸出都有顯著提高，
　　而中國卻處於平均標準之下。但是反過來說，這也意謂著歐戰後
　　中國市場有很大的成長空間，可待美商進一步挖掘開發。

15　梁啟超，〈錦璦鐵路問題〉、〈滿州鐵路中立化問題〉，《飲冰室合
　　集》，第九冊（北京：中華書局，1989），文集之 25 上，頁 84-88。

曾商議共同籌組美中銀行等事宜。[16] 錦州位處遼西，為
東北門戶，地理位置極其重要，美商開發錦州鐵路與港
灣等交通設施，顯見對於進入東北一事抱持高度熱誠。
然而這對於向來視東北為禁臠的日本來說，卻是赤裸裸
的挑釁。也因此，日本報紙輿論倡議日本應該以更為積
極的態度，來因應美商資本逐步的進逼，呼籲日本政府
儘快改弦易轍，調整既有軟弱不爭的對華政策，防止美
商資本透過鐵路與港灣的修築進入東北地區。[17] 不難想
見，美、日之間的彼此敵視、猜忌與競爭，自然更不可
免。過去美國在華市場上的商業競爭，往往處於相當不
利的地位，這或許與許多歷史因素有關，包括：相較於
其他列強，美國進入中國市場的時間點太晚；美國對於
經營遠東地區的經驗，相對較為缺乏；美國較少在中國
市場進行商務投資；美國在太平洋以及中國內河水域，
缺乏足夠的航運承載量；美國政府沒有提供在華商業投
資足夠的國家支援；美國人比較不願意長期居住在遠東
地區等。但是若是美國下定決心要致力開發中國市場，
則有著其他列強所沒有的優勢，那就是近代以來美國在
華的所作所為，幾乎是毫無瑕疵的，早已贏得中國人普
遍的好感，當美商在華擴展商務時，這將是非常珍貴的

16　《大阪每日新聞》建議日本應該改變當前對華不借款的中立方
　　針，利用北京政府財政窘況，提供財政援助與借款，以便抗衡美
　　國資金進入中國。見〈米国財団の活動と我対支方針〉，《大阪
　　每日新聞》，1919 年 7 月 18 日。

17　〈米国の対支活躍：連山借款成立説：退嬰主義を改めよ〉，《大
　　阪每日新聞》，1919 年 7 月 19 日。

無形資產，有助於美國商品能夠迅速打入中國市場。[18]

（一）美國駐華公使舒爾曼的建言

在美國駐華公使舒爾曼（Jacob Gould Schurman）給美國國務卿休斯（Charles Evans Hughes）的報告中，即大力鼓吹美國應該擴大參與在中國的投資項目，特別是在鐵路部分。舒爾曼分析中國未來建造鐵路的需求極大，鐵路網絡的興修不只可以促進商貿利益的流通，更有助於將不相聯繫的各個省分串連在一起。而在這些鐵路中，舒爾曼認為增進華中地區東西向連結的漢口－宜昌段，以及連結華中與華南地區的漢口－廣州段鐵路，最有前景。美商應該積極參與前述路段的興建工程，以防止美國既有利益遭到其他國商人的壓制。舒爾曼建議休斯應該籌思既有美國對華政策的彈性。雖然美國一向反對利用歐戰後的國際新銀行團來為美國圖利，但是這不應該限制個別美商企業的投資活動。舒爾曼強調：

> 歐戰後的頭幾年是美國在華投資機會的黃金時期……。美國人有許多的資金，可以參與中外合作企業。銀行團可以扮演更為積極的角色，讓中國銀行團與列強的銀行團有更多的合作。[19]

---

18 "American Prestige in China," *The Millard's Review of the Far East*, 27 December 1919.

19 "Telegram from Jacob Gould Schurman, American Minister, Peking to the Secretary of State, Washington," 3 December 1921, RIAC 893.00/4148.

　　舒爾曼主張美國擴大對華投資，非但不會引起中國的排斥，相反地，這對於中、美兩國都是同等互利的活動。美國過去堅持的中國門戶開放政策，以及「無私地維護中國領土與獨立的完整，已經為美國贏得中國的親善友好，而這正是無形的資產」。中國人普遍視美國人為友人，中國知識社群也都願意與美國保持親密的關係。所以，美國應該利用歐戰後的良機，擴大對於中國的支援與協助，美國在華地位應該可以進一步獲得強化。職是之故，舒爾曼建議休斯除了繼續堅持中國門戶開放政策之外，也應該針對中國現況的新發展，進行調整，採取更積極的作為。[20]

　　美國駐華公使舒爾曼的建言，某種程度上，清楚反映出歐戰後美國在中國市場上扮演的角色，已逐漸從過去的內斂低調，轉為擴大參與。在客觀形勢上，美國挾著歐戰勝利凱旋之姿，躍居世界主要強國之列，積極介入並規劃太平洋與遠東事務。加以龐大國力的奧援下，許多熱衷中國市場與事務的美國人，抱持著前所未有的信心，當仁不讓地想要投資中國，同時也藉此改造中國。美國歷來推動的中國門戶開放政策，或許也不再是早期列強間口頭上敷衍帶過的一紙聲明，而是美國對華強烈企圖心的具體展現。受到美國以往過於自我設限的投資政策限制，早已不甘於鬱悶低調的美商企業，也準

20　以上為華盛頓會議召開期間，美國駐華公使舒爾曼給擔任大會主席的美國國務卿休斯的特別報告，見 "Telegram from Jacob Gould Schurman, American Minister, Peking to the Secretary of State, Washington," 3 December 1921, RIAC 893.00/4148.

備利用歐戰後天賜良機，大展拳腳，藉美國國內豐沛的
資本，加大對華投資，既能夠擴充在華的商業獲利，同
時也能夠呼應中國人的殷殷期盼，協助中國從落後逐步
邁向現代化。

（二）美國在華商會的成立及其作用

其次，美商積極擴大在華商業活動另一個較具指標
性的證據，乃是如雨後春筍般紛紛成立的美國在華商
會（American Chamber of Commerce, China）。歐戰以
來，上海、天津、北京、漢口、哈爾濱、長沙等各大通
商口岸，均陸續出現美國商會。1920 年 6 月《密勒氏
評論報》即指出美國商會於歐戰期間在中國各大城市的
出現，其實反映出美商對於在華利益的高度關注。雖然
在中國各大城市籌組美國商會組織的原始動機，主要還
是考量到戰爭期間對於交戰國的諸多規定與限制，而為
了避免這些規定影響到美商利益，乃決定籌組商會匯聚
力量，以便合作處理戰時糾紛與麻煩。[21] 然而，必須強
調的是，大戰期間美商在中國以至於世界各地的貿易
量，均有相當顯著的成長，為了確保以及擴大美商在遠
東地區的貿易優勢，勢必得籌組商會，方能集中力量，
共同對付貿易上的可能對手。特別是商會組成後，美商

---

21 歐戰爆發後不久，美商即感到戰時對美國在華商務發展的諸多限
制，因此首先在上海與天津籌組了商會。之後，北京、漢口、哈
爾濱、長沙等地，亦後隨之陸續成立美國商會。截至 1920 年，
美國在上海與天津的商會，均已有固定的會所，上海商會還設有
專任的秘書處理日常庶務。見 Upton Close "American Enterprise
and Chambers of Commerce in North China," *The Millard's Review of
the Far East*, 19 June 1920.

也可以仿效英國商會的慣常作法，讓個別的美商公司，可以透過所屬的商會組織，充分利用美國在華使領機構以及商務部門（美國商務部派駐中國的商務隨員與祕書）所蒐集的各類商務情報，從而掌握中國各地區市面上流通商品的供需情形與未來可能的發展趨勢，以便提早掌握商機。[22]

此外，受到美國政府主動退回庚子賠款，用以投入教育事業，以及美國傳教團體積極在美募款，致力改善中國的醫療與教育環境之故，中國人普遍對於美國抱持好感。中國人強烈的親美傾向，自然也成為美國商人在華推展業務時的重要資產，往往無須額外付出，即可贏得中國人的信賴。因此，如果透過美國在華商會組織的居中聯繫與有效運作，將可以充分發揮此種優勢，一方面除了繼續維持中國人既有的親美傾向，或許還能夠進一步強化中美關係，另外一方面則可以將其用於協助擴大在華的商務與貿易活動。簡言之，藉由商會組織的有效運作，將可以確保中美親善外，內部成員間也可以提早參閱駐華使領與商務代表所做成的各類報告，讓彼此迅速交流商務消息，及早針對中國情況演變，制定因應對策，以有效抗衡商務上的競爭對手。[23]

---

22 Upton Close "American Enterprise and Chambers of Commerce in North China," *The Millard's Review of the Far East*, 19 June 1920.

23 此篇報導評論認為美國在華成立商會組織後，未來如果積極運作，對於進一步擴大在華商務活動與利益，將會有很大的助益。特別是美國駐華使領機構以及商務代表，對中國各地商務情況，以往均做有例行性的統計與分析報告，並送交華盛頓國務院與商務部做未來規劃與對華政策參考。但是這些重要的商務報告，過去均不會專門提供給在華的個別美商參考。美商如需要參考這些

（三）日本對於美商擴張的阻礙

　　另一方面，自歐戰以來，美、日在商業上的競爭已逐漸浮出檯面。美國逐漸意識到日本在全世界商務貿易擴張所帶來的挑戰。雖然根據美國商務部的評估，日本輸入美國的製品，大多以低階商品為主，並不會對美國本土製造業造成太大的威脅。加以戰爭結束後，歐洲工業重新恢復產能，也將會影響到日本原先的出口成長。然而，無論如何，歐戰期間日本在全世界出口貿易上的顯著成長，終究乃是不爭的事實，日本也已經大致取得了在遠東地區輕工業製品貿易上的領先地位。[24] 因此，面對日商的強勢崛起，美商在國內本土市場、中國市場，乃至於全球布局上，均必須籌思如何正面因應與日本的商貿競爭。以歐戰後中國市場的情況來看，由於美國在華利益於戰爭期間即持續擴充，再加以美國商會

　　報告，則還必須自行向國務院或是商務部交涉，才能取得。但中國現況瞬息萬變，重大商機可能稍縱即逝，如此曠日廢時才取得的資料，可能早超過時效性。不過，只要有美國在華商會組織，即可以透過該組織，直接要求國務院與商務部，授權駐華人員在完成報告的第一時間，即送交商會組織。如此，個別的美商公司，則可以向所屬的商會，要求參考這些報告，以及時掌握商機。其次，分布在中國各大城市的美國商會，或許也可以扮演更為重要的角色，那就是跟其他外國以及中國商會合作，共組一個在華「總商會」（General Chamber of Commerce）。如果再利用中國人對於美國的特殊友好情感，美國商會在中國事務上的影響力，應該可以再進一步提升。見 Upton Close "American Enterprise and Chambers of Commerce in North China," *The Millard's Review of the Far East*, 19 June 1920.

24　自美國參戰以來，日本貨物輸入美國的規模雖然不大，但還是呈現出成長趨勢。以日貨輸美的年度貿易額來看，1917 年為二三八萬美元、1918 年為二六四萬美元，1919 年則成長至三六七萬美元。見 "American Manufacturers Do No Fear Japanese Competition," *The Shanghai Gazette*, 13 February 1920.

組織的有效運作，不難想見美商早已蓄勢待發，準備放開拳腳，在戰爭結束後，積極投入中國市場。而與美國情況類似，日商在華商務活動同樣也利用歐戰期間大幅成長。美、日在華商務上的競爭態勢，隨著戰爭結束，勢必會更加激烈。

尤其在山東青島，美商企業強烈感受到來自日本的巨大壓力。這些壓力不僅僅是商務上的競爭，更多的，是日本自歐戰期間接收德國在山東租借地與鐵路附屬地後，逐漸強化對於山東的控制，並透過許多限制與干擾的手段，藉此排除美商在當地既有的據點與商務活動，甚至取而代之。而這些意圖「使人不得安寧的骯髒小手段」，讓許多美商企業認清到日本偽善背後的真實嘴臉：無論日本過去簽署過多少尊重中國門戶開放政策的條約，或是承諾將促成各國人民在華的自由貿易，這些都不過只是麻痺人心的虛假謊言。因為在日本控制青島後，其所作所為，無一不是想要打壓外商，以便讓日商獲取獨佔與壟斷的優勢地位。特別令人厭惡的是，日本往往採取某些「不誠實」以及「祕密」的手段，來排除其他外國的競爭對手，從而一步步完成對山東地區的宰制。例如日本在青島當局一方面採取有利於日本商社的補貼計畫，以提高競爭力，但另外一方面，卻提高對於其他外國公司的掣肘與限制，包括調高膠濟鐵路的運費，以及巧立名目設計出許多不便於日常商業交易的額外要求與收費規定，變相造成外國公司的困擾，與提高其成本開支。而上述這些手段，明顯就是要打擊在山東地區的華商以及美國企業，不少公司即因此最後被迫選擇撤離，而讓日本商社得以成功取代並瓜分留下的市場。

對於日本在青島施行的骯髒手段，亦即藉由層出不窮的騷擾與阻礙，迫使外人撤出，以便日人接收產業的操作模式，美國人不但深惡痛絕，同時還感到似曾相識。回顧過去，當初日本在牟取併吞朝鮮之時，亦曾採取類似手段，透過各種騷擾，使得當地美商企業不勝其擾而選擇退出，以便讓日本人能夠輕易接收他們所覬覦的各種產業。[25] 鑒往知來，從過去的朝鮮到今日的山東，美國等外商公司對於日本的企圖了然於心，自然躊躇再三，不敢擴大在山東進行投資，擔心風險極大。簡言之，在日本當局有意的惡劣經濟手段干涉下，大部分中外公司，除了日商以及其他少數具有特殊背景者外，恐怕只能逐漸淡出青島市場。[26]

三、競爭與對立：美、日矛盾

中國問題爭議，乃是歐戰後美、日矛盾論述的關鍵構成要素。日本利用歐戰之機，透過「西原借款」，扶植親日派，助長中國內戰混亂局面，並大肆強化對中國

25　以上日本在青島排擠美商的手段，均參見 A Member of the American Presbyterian Mission, "Sinister Japanese Methods in Shantung," 1919, RIAC 893.00/3271. 文中所稱少數具有特殊背景者，乃是指與英國駐青島領事等有密切關係的商行。這可能與英日同盟有關，以致於日本當局特意禮遇當地與英國領事有關的公司。

26　"The So-called Concession in the City of Tsingtao," in A Member of the American Presbyterian Mission, "Sinister Japanese Methods in Shantung," 1919, RIAC 893.00/3271.

事務的控制能力，早已令美國感到不滿，認為有違中國門戶開放原則。無論是歐戰期間的二十一條要求，抑或戰後巴黎和會上的山東問題，美國的立場均與日本格格不入，顯見雙方歧見日深。再加上受到歐洲戰事影響，英、法等列強暫時無暇東顧中國市場，自然引起美、日兩國商民的搶食，競相追逐其所遺留下來的貿易與商業空間。因此，歐戰以來兩國在華的貿易競爭，同樣亦轉趨激烈。

（一）美國的不滿

　　早自歐戰期間，美國駐華使館就十分關注日本在華的相關活動。尤其戰時日本在華軍事當局利用戰事需要，以防止敵國人民活動等為藉口，開始在控制地區的南滿與山東等中國領土境內，實行對外人往來交通的護照檢查。日本政府此舉不但侵犯到中國主權，同時也影響到其他條約列強在華的權利。美國駐華使領館對此早已頗有怨言。[27] 尤其歐戰結束後，日本在華駐軍仍然繼續執行此項措施，對於所有外人在東北、山東境內乘坐鐵路交通時檢查護照。在 1921 年初，美國國務院決定訓令駐華公使館，通知日本使館以及中國境內各地美國領事館，指責日本有關當局從未獲得在中國境內對外人實行檢查的條約特權，故決定不再漠視日本軍方對在

27　其實，除了檢查護照爭議外，還曾發生過日本派駐在青島車站的職員騷擾美國女性公民之事，美國公使館即要求日本公使館針對此案正式道歉，最後歷經多次交涉後，日本方面才心不甘情不願地道歉。

華美國公民進行檢查護照。美國的嚴正聲明，也迫使日本政府不再堅持執行此項沒有條約規定的權宜性措施，只得向北京外交團團長聲明，往後將停止對外人乘坐鐵路交通往來時的護照檢查措施。[28]

究其實際，自日本參戰後，即經常假借戰時同盟與作戰需要為理由，擴大對中國東北地區等地的控制與影響。特別是在歐戰結束後，日本仍然以防堵布爾什維克勢力入侵為藉口，持續在東北地區違法駐兵。中國雖然多次要求日本自東北撤兵，但日本卻以要維持海參威與南滿之間的軍事聯繫為由，繼續在哈爾濱以東及以南地區駐屯軍隊。與此同時，日本也持續強化對於中東鐵路的財政滲透，以便確保日本在該鐵路的利益。此外，令美國駐華使領感到震驚的，是日本駐朝鮮半島的軍事當局，竟然以當地韓國獨立團體活動、擬發動恐怖攻擊等情事為由，而派兵進入中國東北的琿春地區。為此，1920 年時，美國駐華公使館即曾派遣助理軍事武官前往琿春，專門調查日軍入侵中國東北之事。所幸當時韓國獨立團體已化整為零，撤退至山林地區，日軍也只得撤回朝鮮半島，情況也為之和緩。[29] 無論如何，日本

28　關於日本藉口戰事需要在滿洲等地檢查外人護照爭議，見 "American Legation's Quarterly Political Report for the quarter ended March 31st, 1921," Albert B. Ruddock, Charge d'Affaires ad interim, Peking to the Secretary of State, Washington, 9 September 1921, RIAC 893.00/4111.

29　此為 1920 年 9 月至 10 月間發生在中朝邊界延春（琿春，又稱間島）地區的中日重大衝突事件。貌似馬賊的武裝集團先後兩次入侵琿春，導致該地日本領事館遭到攻擊，以及部分日人死傷。日本政府因認定有「不逞鮮人」涉入此案，乃以自衛為由，派出軍隊從朝鮮侵入邊界，佔領琿春及周邊地區，並以武力鎮壓當地的

在東北等地的軍事與擴張行動，均已引起美國駐華使領
的高度警戒。

在山東地區，自歐戰期間日本對德宣戰佔領青島以
來，也開始對於美系教會在山東的傳教與教育事業，進
行干擾與壓制。這也嚴重侵害到美國依據條約在中國享
有的傳教權利。歐戰後，美國長老會差會送回國內的
機密報告中，指控日本對於覬覦的中國土地或省分，往
往都帶有強烈的獨佔與排他的傾向，尤其厭惡美國教會
在該地經營的學校，與各種宣教讀經活動。某位駐紮青
島的日本軍官即曾當面向一位美籍傳教士抱怨：「山東
地區的美國傳教士太多了！」長老會差會分析，日本的
敵意，來自於他們對於山東的野心，而美國傳教事業在
山東的存在，自然也就構成日本意圖控制山東的最大阻
礙。例如為了拔除美國在山東青島的傳教據點，日本精
心設計了各種騷擾手段。首先，日本當局故意煽動或是
放縱當地日本僑民對於美國傳教士及其家眷的霸凌行

朝鮮獨立勢力，不少朝鮮人以及華人遭到日軍殺害。直至 1921
初，在北京政府屢次抗議以及反日運動的影響下，日本始將部隊
撤離，但仍在琿春設置有警察分署，並留守部分警察部隊，以監
管當地朝鮮人。關於琿春事件以及日軍入侵琿春始末，可以參見
朝鮮軍參謀部，〈琿春事件に就て〉，1920 年 10 月 23 日，日
本防衛省防衛研究所藏，《陸軍省大日記》，陸軍省 - 朝鮮事件
-T9-2-62，JACAR: C06031229300。不過，當時也有部分中文報
刊指稱，此事件可能是日本自導自演，見袁燦興，〈1920 年琿春
事件析論〉，《瀋陽大學學報》（自然科學版），第 23 卷 3 期
（2011 年 6 月），頁 36-39。美國駐華公使館則並未提及所謂日
本自導自演琿春事件的說法，但是卻指出日本以延春地區有許多
朝鮮人居住為藉口，在中國境內派駐警察，已侵害中國主權，而
東三省軍閥張作霖的任務，則在於能否避免國家主權的淪喪。見
"The Present Political Situation in China," Jacob Gould Schurman,
American Minister, Peking to the Secretary of State, Washington, 16
September 1921, RIAC 893.00/4114.

動。傳教士小孩每當在教會附近走動時，經常會遭到日本小男生的欺負，故意從他們背後偷踹一腳，或是投擲石塊。日本士兵也常常在街頭上，肆意騷擾美籍婦女。日本密探則經常在美國教堂附近鬼鬼祟祟出沒，監視著美國人的一舉一動，同時還威脅那些在教堂工作的中國人。加上美國教堂及其附屬產業並未建有圍牆阻隔，日本人往往隨意出入，造成教會極大的不便。日本官員亦經常性造訪教會，重複質詢類似的問題，不啻將其視為是罪犯。特別是當教堂主事的美籍男性教士出外進行宣教活動而不在教會時，日本官方的騷擾行動也會變本加厲，甚至不避嫌地侵門踏戶，任意進入教堂產業，直接騷擾居住其內的婦女。

1919 年 5 月以來，可能受到北京五四運動的影響，山東學生也開始響應，積極投入反日與抵制日貨運動，不少濟南、青島等地的教會學校學生涉入其中，因此日本當局對於教會的監控也就更為嚴密。日本當局懷疑美國教會以及學校當局涉嫌在幕後策動學生發起反日運動，部分傳教士家眷及教會學校教師曾被日本軍警傳訊，有時亦被拘留，而遭到限制行動自由。而主事的美籍教士即使趕回青島，也往往被禁止進入教區，或是被切斷與當地華籍教士的聯繫。在日本的高壓統治下，青島等地的教會學校紛紛被查禁，學校管理階層、教師以及華籍牧師等，則一再被監控傳訊，部分甚至還被驅逐離境。除了針對教會學校外，日本當局也持續打壓當地的宣教活動，他們封鎖了婦女讀經班，逮捕了宣傳福音的中國人，還對其施暴，嚇阻繼續參與基督教活動。再者，青島教會附近，由美國慈善家捐贈、旨在促進當地百姓生計的磚瓦廠，也被日本當局查封。尤有要者，部分遠在青島以及膠濟鐵路附屬地數哩之外的教會學校，理論上不屬於日本管轄範圍之內，但是日本卻悍然違法派出攜帶步槍刺刀的士兵，一再地騷擾與恫嚇這些學校，使得學生家長心生畏懼不敢讓孩子回學校讀書。簡言之，美國長老會差會痛批日本在山東的所作所為，無疑就是想要以各種惡劣手段，直接或間接逼使該差會最後無以為繼，不得不選擇變賣教產，或是放棄學校事業，從青島以及山東完全撤出。事實上，日本在山東的惡劣行徑，幾乎跟日本併吞朝鮮前後的情況如出一轍，藉由指控美國教會透過經營的學校，故意煽動反日情緒，故採取一系列措施，開始迫害與鎮壓教會與學校。[30]

美國基督教差會的報告中，還有其他嚴屬的指控，強調日本正無所不用其極地，強化在山東地區的影響力。具體手法之一，就是提高日本駐在山東省會濟南的領事層級。自 1919 年 7 月起，日本駐濟南領事館，升格為總領事館。由於其他國家仍維持原先的領事館層次，故日本總領事因位階最高，自然成為所有外國領事的領袖，主掌濟南領事團。如此日本總領事大權在握，得以介入山東內部事務。日本的另外一個手段，則是想方設法驅逐山東省政府既有的重要官員，以親日派人士取而

30　A Member of the American Presbyterian Mission, "Sinister Japanese Methods in Shantung," 1919, RIAC 893.00/3271.

代之，例如山東省長一職，即因此為親日的安福系一派
所控制。同樣重要的濟南警備司令一職，則亦由唯日本
馬首是瞻的馬良將軍擔任。據美國基督教差會的情資，
日本為了籠絡馬良，不但送給他一名日本妻子，還提供
大量由朝鮮走私來的鴉片，並派出日本藝妓討好馬良及
其屬下。而馬良回報日本禮遇的作為，就是採取強硬措
施，鎮壓濟南的反日與抵制日貨運動。他利用軍事戒嚴
令，剝奪人民和平集會的權利與自由，嚴格打壓學生推
動的抵制日貨運動，任意拘禁學生，大肆箝制新聞媒
體，甚至殺害支持反日運動的商人領袖。據傳已有高達
五十名學生，在宣傳反日運動時，失蹤下落不明，日本
總領事館可能亦涉入其中，授意祕密逮捕學生。更為厲
害的滲透伎倆，乃是透過教育途徑，改造中國學生。美
國基督教差會指出，日本當局採取各種手段誘惑中國留
日學生（包括物質上援助，或是情色上的奴役）而認同
日本，志願為其驅使，並回到中國，暗中支持親日運
動。現今山東各縣的愛國官員，則被排擠離職，並陸
續由這些已被日本收買的歸國學子所取代，掌控地方
行政。[31]

31　"The Contemptible Arrogance of Japan in Her Practical Political
　　Domination of the Province," in A Member of the American
　　Presbyterian Mission, "Sinister Japanese Methods in Shantung,"
　　1919, RIAC 893.00/3271. 關於日本如何在山東與皖系、安福系
　　等親日派勢力勾結，以及馬良鎮壓抵制日貨與反日運動的嚴
　　酷手段，亦可以詳見美國駐濟南領事館以及北京公使館的報
　　告，或是筆者先前另外一篇論文，見："Summary of Political
　　Conditions in Shantung for the Month of July," American Consular
　　Service, Tsinanfu, China to the Secretary of State, Washington, D. C.,
　　1 August 1919, RIAC 893.00/3209; "Execution of Three Chinese

　　除了前述日本志在必得的滿洲、山東地區外，在中國內陸地區其他省分，也有類似情況，日本的影響力均較歐戰前大幅提高。長江流域本是英國的利益範圍，但日本已利用歐戰空檔，提高在長江中游兩湖地區的經濟利益。再加上兩湖地區部分高層軍官曾留學日本，日本亦把握住此層關係，強化與地方實力派之間的聯繫與滲透。[32]

（二）日本的嫉視

　　歐戰以來，受惠於歐洲戰局的影響，日本對外出口大增，呈現出一片榮景，在對外貿易上也從戰前的入超，一躍為鉅額出超。[33] 然而自戰爭結束後，日本對外出口的貿易盛況不再，出現大幅下滑的情況。[34] 其次，在對美貿易上，日本亦逐漸陷入鉅額逆差的窘況，

Citizens," Norwood F. Allman, American Vice Consul in Charge, Tsinanfu to Paul S. Reinsch, American Minister, Peking, 8 August 1919, RIAC 893.00/3227; "Paul S. Reinsch, American Minister, Peking to the Secretary of State, Washington, D.C.," 5 August 1919, RIAC 893.00/3221; 應俊豪，〈一戰後美國駐華使領對日本在山東活動滲透的觀察評估〉，中國社會科學院近代史研究所，《中華民國史青年論壇》（北京：社會科學文獻出版社，2020），第 2 輯，頁 141-162。

32　"The Present Political Situation in China," Jacob Gould Schurman, American Minister, Peking to the Secretary of State, Washington, 16 September 1921, RIAC 893.00/4114.

33　例如 1913 年日本整體對外輸出約 6.32 億、輸入 7.29 億，逆差約 0.97 億日圓。1916 年輸出 11.27 億、輸入 7.56 億，順差約 3.71 億。歐戰期間日本順差迅速提升的主要關鍵，主要在於對於亞洲出口的旺盛，比之於戰前，提高了約四倍。見〈歐洲大戰開始後の本邦貿易発展実況〉，《時事新報》，1917 年 4 月 30 日。

34　〈日本の貿易は逆戻りの兆：五年目に輸出超過から一変し輸入超過を示す〉，《時事新報》，1919 年 12 月 14 日。

從美國進口商品的貿易額，遠遠大於出口。[35] 這也使得日本在對美貿易上，呈現出相對弱勢。[36] 日本在對美貿易上的赤字，必須寄託於從其他地方獲得彌補，尤其是日本較居地緣政治優勢與經濟臍帶關係的中國。換言之，只要能夠在華貿易上呈現順差，即可以在整體貿易上，獲得一定程度的補償。然而，歐戰以來，美國積極致力開發中國市場與資源，對於早已將中國視為禁臠的日本，顯然猶如芒刺在背。

　　日本駐美大使出淵勝次在 1919 年 9 月即曾透過媒體向日本國內發言，呼籲國民應該要正視並多加注意美國擴充在華投資與貿易的情況。出淵乃引述美國商務部國際貿易局遠東課的調查書，指出美國計畫大舉增加在華的投資項目，包括鐵路、運河、河道整治、港灣設備、礦產、製造業、金融銀行等，同時也戮力擴大對華出口商品。至於日本在華利益集中在南滿與華北地區，美國同樣也已磨刀霍霍，準備在中國北方地區與日本商品競爭到底。[37] 出淵勝次的示警，已流露出歐戰後日本政府對於美國擴大在華投資的不安與戒慎心理。

35　例如 1918 上半年，日本對美貿易，輸出約 2.54 億、輸入 3.44 億，逆差約 0.9 億，1919 年上半年，逆差進一步惡化，日本對美輸出變化不大，仍維持 2.54 億，但輸入擴大至 4.08 億，逆差約 1.54 億。見〈対米貿易逆勢〉，《大阪每日新聞》，1919 年 8 月 3 日。

36　1919 年 1 月至 10 月，日本整體對外貿易逆差約 1.6 億。但僅是 1919 年上半年，日本對美貿易逆差就高達 1.54 億，顯見對美貿易弱勢，恐是日本整體對外貿易逆差的重要原因之一。見〈日本の貿易は逆戻りの兆：五年目に輸出超過から一変し輸入超過を示す〉，《時事新報》，1919 年 12 月 14 日；〈対米貿易逆勢〉，《大阪每日新聞》，1919 年 8 月 3 日。

37　〈「対支貿易指針」邦人の注意すべき諸点（在米出淵代理大使発）〉，《大阪每日新聞》，1919 年 9 月 5 日。

　　美國對於中國市場的期盼與企圖，加深了日本人的危機感，甚至開始懷疑美國準備在日本的虎口中奪食。1919 年 3 月，立場偏向日本利益的英文《上海泰晤士報》（The Shanghai Times），[38] 在一篇據稱可以體現「日本觀點」（A Japanese View）的報導中，即引述日本《大和新聞》的說法，[39] 明確指出當時「日本決策圈」人士（influential circles in Japan）對於美國在華活動的擔憂與疑懼。日本領導階層的政要們普遍相信，美國官員與商人已擬定一套宏偉的計畫，準備大舉開發中國的資源。美國還將與英國攜手，在中國推動國際共管中國鐵路計畫，美其名要協助中國完善既有的鐵路營運，最後再歸還給中國，但隱而不顯的真正動機，則是想要排除日本在中國鐵路事業的影響力。如果美國此類計畫得逞，不難想見的是，美國、英國及其盟友將會宰制中國的經濟事業，勢必對於日本未來的發展，構成嚴重威脅。因此該觀點呼籲日本民族應該及早覺醒，正視美國的圖謀與

38　英文《上海泰晤士報》創辦於 1901 年，起初由美國人 J. H. Bush 所有，後歸英國人 E. A. Nottingham 經營，辦報立場偏向維護英國在華利益，但後來可能因為接受日本津貼的影響，因此在立場上逐漸有偏向日本的傾向。見張國良，〈1890-1939 年日本人在上海出版的報紙〉，《新聞大學》，第 18 期（1988），頁 55-58。此外，關於《上海泰晤士報》對日本的態度，亦可參見上海總領事山崎馨一ヨリ外務大臣子爵內田康哉宛，〈新聞及通信二關スル報告書提出ノ件〉，1920 年 8 月 17 日，「2・在上海總領事館／1 新聞及通信二關スル報告書提出ノ件 2」，JACAR: B03040880900，頁 447。

39　《大和新聞》為日本奈良縣改進黨的機關報，前身為《養德新聞》，創辦於 1888 年，隔年改名為《大和新聞》，1926 年廢刊。見福島隆三，〈奈良縣新聞史〉，日本新聞協會編，《地方別日本新聞史》（東京：日本新聞協會，1956），頁 323-330。

中國現況發展，以維護日本在華利益。[40]

　　《大阪朝日新聞》也有類似的擔憂，甚至宣稱「美國的經濟帝國主義」（America's Economic Imperialism）正在中國急速發展，且已擬定具體計畫，致力於在華建立龐大的事業。此計畫又洋洋灑灑細分為十個子項，包括：

（1）投入鉅額資金，以便確保中國的出口貨物將全由　　美商壟斷；

（2）在長江以及太平洋建立輪船航運路線，以超越日　　本輪船航運；

（3）組建擁有巨額資金的銀行；

（4）降低美商在中國的進口關稅；

（5）重新調整中國的交通運輸系統；

（6）在北京建立學校；

（7）在美國高中開設華語課程；

（8）讓美國駐華人員學習中國事務，以便在任期結束　　後，可以繼續留在中國，涉入商務活動；

（9）在中國各大港埠設立商業博物館與俱樂部；

（10）國際共管中國鐵路。

　　《大阪朝日新聞》指控，這些計畫充分表明了美國人在自打嘴巴，因為他們標榜要推動中國門戶開放政策，但卻自己率先破壞了門戶開放與投資機會均等。美國商人與政客顯然已經把威爾遜總統所揭櫫的高尚理

40　"Economic Undertakings Forecasted," *The Yamato News*, cited from "Anglo-American Control of China: A Japanese View," *The Shanghai Times*, 26 March 1919.

想，摒棄為「狗吠空話」（empty barking of a dog），當世界大戰讓原先的俄、德、奧等強國陷入混亂與破產狀態後，而美國人卻趁機大發利市，企圖藉此在全世界建立「經濟霸權」（economic hegemony）。美國人說一套做一套的惡劣行徑，早已在美洲遭遇反彈，在亞洲更應該受到譴責。最後，日本報紙大加感嘆日本有關當局的無所作為，因為相較於歐戰後美國人積極擴張在華的商業與投資利益，日本方面卻顯得消極被動、毫無建樹，平白浪費日本於歐戰期間在中國所擁有的優勢。[41]

　　上述由《大和新聞》、《大阪朝日新聞》、英文《上海泰晤士報》等所體現的「日本觀點」，誠然有些捕風捉影，而且不無刻意誇大美國在華商務活動之嫌。不過，此類觀點，卻適足以體現出歐戰後日本政府與民間對於美國在華商務擴張與競爭的不安情緒，憂慮日本好不容易利用歐戰天賜良機，所辛苦獲得的戰爭果實與經濟優勢，將會被美國人坐收漁利，以逸待勞地從中攔截竊取。這種負面情緒，如果在報紙媒體的進一步炒作下，一方面持續揭露美國偽善的形象，醜化其企圖宰制中國市場與資源的野心，二方面則凸顯美國故意歧視且意欲排除日本利權的圖謀，不可避免地會逐漸引起日本大眾對於美國的仇恨與不滿。

41　"U. S. Activity in China," *The Osaka Asahi News*, cited from "Anglo-American Control of China: A Japanese View," *The Shanghai Times*, 26 March 1919.

四、出兵西伯利亞問題

　　出兵西伯利亞問題及連帶引起的後續爭議，並非單純僅是歐戰的延續，同時還涉及到協約國陣營對於蘇俄布爾什維克勢力崛起的態度歧見，以及西伯利亞這片廣大且富含各類資源地區開發權的競逐。美、日兩國在西伯利亞出兵問題上的重大爭執與對立，自然也構成歐戰後美、日矛盾論述的重要元素之一。

　　部分美國人自始即對出兵西伯利亞抱予厚望，認為這體現美國遠東政策的巨大轉變，反映出美國準備大張旗鼓主導遠東事務發展的強烈企圖心。然而，美國的強勢介入，難以避免地將會對日本一再聲稱自許的「特殊利益」，造成相當程度的衝擊。因此，美、日兩國在出兵西伯利亞問題上的互動，不但將會影響到彼此之間的外交關係，也會對歐戰後東亞秩序的重新形塑，有著極其關鍵的作用。美國《芝加哥論壇報》特派員艾克曼（Carl W. Ackerman）在 1918 年底，即強調出兵西伯利亞問題的重要性：

　　　　海參崴是國際聯軍總部，也是遠東地區的政治中心……，美、日兩國在此協商遠東問題與政治……，以及「西伯利亞問題」的政治、經濟與外交問題……。而此次的軍事行動與戰爭，已經使得美國在遠東地區扮演更為重要的角色，遠超過過去，也影響著未來。海參崴或許就是形塑美國在華與在俄對日政策的開始。[42]

　　美、日在西伯利亞問題上的往來過招，同時也牽扯
中國與俄國事務，誠然關係到未來遠東國際政治的走
向。危機與轉機往往本是一體之兩面。美、日共同出兵
西伯利亞，究竟能否摸索出一條適當的協調之道，藉由
兩國之間的相互理解與善意，彼此攜手合作，共造遠東
地區的和平共榮？抑或是受到現實環境與國家利益的驅
策，無法克制對於西伯利亞的廣大的土地面積與豐富
天然資源的覬覦之心，間接導致美、日兩國終究漸行
漸遠？

（一）美國的猜忌與敵意

　　歐戰後期以來的出兵西伯利亞問題，使得日本與美
國之間的對立形勢，愈形白熱化。事實上，早自俄國革
命發生，以及日本準備出兵西伯利亞之初，美國即在籌
思相關對策。因為日本政府藉口在海參崴有大量日本僑
民居住，顧慮俄國紅軍一旦控制西伯利亞地區，恐將危
及海參崴日本僑民的安危，故亟思以「護僑」為名，籌
組大軍出征。然而美國卻質疑日本的出兵行動，很有可
能會適得其反，恐將引起當地俄國人民的反彈情緒，從
而助長該地蘇維埃布爾什維克的勢力，從而不利於事態
發展。[43] 之後，美國政府雖然改變態度，同意參與出

42　"Sees Solution of Jap Problem in Vladivostok: More Friendly Relations with the Far East to Result," *The Chicago Tribune*, 15 December 1918.

43　因為西伯利亞毗鄰中國東北地區，該地局勢變化也與中國密切相

兵西伯利亞行動，但還是難掩對於日本的猜忌之情。畢竟出兵問題牽涉層面極廣，不但關乎到美、日兩國之間的協商，同時也須顧及其他周邊國家的態度。美國國務卿蘭辛即非常擔心出兵問題如果處理不善，很有可能影響到美國與西伯利亞周邊國家（包括中國）的關係。此乃因美國正式出兵前，基於對於日本的尊重，勢必在公開消息前，先與日本就出兵細節問題進行協商，但日本卻可能利用此時機，逕自告知周邊其他國家，美、日已決定共同出兵之事。如此，或許將會給予外界一種錯誤印象，那就是美、日在進行祕密外交，從而提高周邊國家對於美國的不信任之感。加上這些國家乃是從日本口中，而非美國本身，獲悉美國亦準備出兵之事，很有可能將會構成美國與這些國家之間的齟齬，甚至認為遭到美國有意的蔑視與排斥。職是之故，蘭辛還特地提醒美國總統威爾遜，出兵西伯利亞如果採取保密態度，必然會造成與其他盟國之間的嫌隙。[44]

簡言之，歐戰期間出兵西伯利亞問題，美國自始即對日本抱持有顧忌，不但質疑日本輕率的軍事行動可能導致該地布爾什維克勢力的失控，甚至還擔心日本可能另有居心，利用美國出兵，間接影響美國與其他盟邦之間的關係。因此，出兵西伯利亞問題，確實或多或少能

關，故美國亦考量中國政府對此的態度。美國國務卿蘭辛即曾會見中國駐美公使顧維鈞，並諮詢關於西伯利亞問題的態度。見 "Sir Cecil Arthur Spring Rice to the Foreign Office," 20 December 1917, FO 115/2318, *PWW*, Vol. 45, p. 336.

44 "From Robert Lansing to Woodrow Wilson," 8 July 1918, *PWW*, Vol. 48, pp. 560-561.

夠反映出美、日之間的心結。

　　出兵之後，美、日兩國士兵在西伯利亞共同進行的
軍事行動過程中，又發生了許多的摩擦與衝突，甚至造
成彼此猜忌與敵視的情況。美軍方面對日軍的不滿之
情，確實溢於言表。部分曾參與西伯利亞戰事的美軍士
兵，在退役返美後，即開始在報紙媒體上揭露日軍在戰
爭中諸多的暴行與劣跡，連帶也引起了美國當地的反日
輿論。日本駐舊金山總領事太田為吉在 1919 年 7 月給
日本外務大臣內田康哉的報告中，即注意到從西伯利亞
戰場返回美國的軍人，已經開始散播不利於日本的言
論，影響所及，可能造成日本在美國人心目中印象的低
落。[45] 例如曾在海參威服勤，擔任軍醫院主管的上尉
軍醫摩理森，在其返美後就公開宣稱美、日五年內必有
一戰。摩理森甚至指控日本已在太平洋島嶼上祕密準備
戰略物資，以為未來的美、日戰爭作準備。[46] 類似反
日言論幾乎不勝枚舉，在那些從西伯利亞返美的美國軍
人間，也早已屢見不鮮。這些返國的美國軍人，還經常
以個人經驗，向親朋好友宣傳反日言論，而這些看似言
之鑿鑿的經驗談，如果經由新聞報紙的大加報導，勢必
將會影響到更多美國人對於日本的觀感。從西伯利亞返
美的美軍士兵，他們的反日言論，不但逐漸改變一般美
國人對於日本的觀感，甚至也開始影響到美、日兩國的

45　〈西伯利亞歸還米兵等ノ有害ナル談話報告ノ件〉，「2 大正
　　7 年 11 月 9 日から大正 8 年 11 月 1 日 」，JACAR: B0303030
　　8000，頁 82-84。

46　"Army Surgeon Says Japs Prepare for War," *San Francisco Examiner*, 24
　　July 1919.

關係。[47] 1919 年 11 月，在給日本外務省的另外一份報告中，太田為吉又再度提及美國出現的反日言論，重申那些從西伯利亞返美，特別是從舊金山登岸的美軍士兵中，大都對於日軍行為抱持批判態度。[48]

上述美國人「排日」傾向的出現，雖然初始主要侷限在美國加州地區，但如果持續擴散，尤其是透過新聞報紙輿論的渲染，未來可能也會構成較為棘手的國交問題。這也是太田為吉持續關注，並屢向日本外務省示警的重要原因。也由於此類反日言論的來源，幾乎都是出自從西伯利亞歸來的美國軍人，為了釜底抽薪之計，太田為吉嘗建議外務省，或許可以由日本軍方出面，暗中疏通並改善西伯利亞地區美、日兩國軍隊的關係，此外也應調查日軍在西伯利亞的軍紀問題，避免引起美軍士兵的惡感，從而防止此問題影響到往後的日美關係與兩國提攜。[49]

美、日兩國對於西伯利亞地區資源的爭奪，或許也是造成雙方關係惡化的另外一個重要因素。早自 1918 年底左右，美國與日本可能即已在西伯利亞鐵路問題

47　在報告中，太田為吉也強調部分對日本抱持善意的美國政要們，
　　已開始對於美國出現的反日言論與傾向感到憂心。見〈西伯利
　　亞帰還米兵等ノ有害ナル談話報告ノ件〉，JACAR: B0303030
　　8000，頁 82-84。

48　〈太田總領事代理ヨリ內田大臣宛〉，1919 年 11 月 1 日，「2 大
　　正 7 年 11 月 9 日から大正 8 年 11 月 1 日」，JACAR: B0303030
　　8000，頁 97。

49　〈西伯利亞帰還米兵等ノ有害ナル談話報告ノ件〉、〈太田總
　　領事代理ヨリ內田大臣宛〉，1919 年 7 月 24 日、11 月 1 日，
　　「2 大正 7 年 11 月 9 日から大正 8 年 11 月 1 日」，JACAR:
　　B03030308000，頁 82-84、97。

上，有所齟齬。根據美聯社 1918 年 11 月的報導，協約國列強為了解決俄國西伯利亞問題，已商議組成一個經營管理局，來統籌管理西伯利亞大鐵路以及中東鐵路，並委派美籍知名工程師司蒂芬（John Frank Stevens）為主要負責人。[50] 此計畫曾獲得美國、英國、法國以及俄國臨時政府的同意，唯獨日本持保留態度，導致交涉陷於僵局。美國波特蘭地區的英文報紙即分析，此乃因日本相信透過司蒂芬及麾下的兩百名美籍工程人員，美國將在西伯利亞事務上獲得優勢地位。而日本過去早已試圖藉由鐵路警備問題，強化對於該區鐵路的控制權，故對於美國企圖凌駕日本在鐵路上的優勢地位，而感到嫉妒。[51] 此外，在華有重要商業利益的美商五金公司（American Metal Company），在給美國國務院的報告中，也提醒美國政府應注意歐戰後日本利用出兵西伯利亞之機，已遂行擴大對於滿、蒙地區的實際控制，從而使得該地區逐漸獨立於中國政府的管轄之外。[52]

---

50 司蒂芬為美籍知名工程師，曾主持美國大北方鐵路（the Great Northern Railway）以及巴拿馬運河（Panama Canal）等重大工程。關於司蒂芬的生平及成就，可以參見 Clifford Foust, *John Frank Stevens: Civil Engineer* (Bloomington: Indiana University Press, 2013)。

51 以上關於美聯社以及西伯利亞大鐵路等相關報導評論，均見於 "Japan Blocks Aid Plan: Consent Not Given to Programme For Aid to Russia," November 1918. 此英文報紙原名不詳，但見於日本駐波特蘭領事館所附之英文報紙簡報資料，故應為波特蘭地區發行之英文報紙，見〈米國對日感情一論〉，1918 年 11 月，「2 大正 7 年 11 月 9 日から大正 8 年 11 月 1 日」，JACAR: B03030308000，頁 63。

52 "Canton Mint Notes," Harold H. Hochschild, Peking to the Executive Department, The American Metal Company, Ltd., New York," 20 March 1921 & "Frank L. Polk, Stetson Jennings & Russell to John V. MacMurray, Department of State," 12 May 1921, RIAC 893.00 P81/2.

　　事實上，早在 1919 年 7 月，美國加州大學曾舉辦
一場有關西伯利亞問題的夏季講習會，部分與會學者即
清楚指出日本人不但敵視美國在西伯利亞的活動，且屢
屢想要在該地獲得特殊地位，甚至還煽動中國，離間中
美關係，故建議美國政府應該採取類似措施，以反制與
抗衡日本。例如前陸軍中校巴羅斯（David P. Barrows）
即聲稱日本表面上雖然挽救了俄國危機，與美軍協力在
西伯利亞作戰，實則心懷不軌，另有所圖，藉此攘奪當
地的利權。[53] 巴羅斯認為西伯利亞是美國人民可以開
發探險的處女地，但卻必須面對日本的潛在威脅，因為
日本素來反對美國參與該地區的開發。西伯利亞幅員極
其遼闊，礦產資源豐富，特別是黃金與鉑金藏量遠超於
世界其他地方，而鄰近的蒙古大草原，以及農業快速發
展的北滿洲地區，也可以提供非常豐厚的農牧資源。不
過，西伯利亞地區開發的關鍵之處，還是在於如何維持
鐵路順暢運作。過去由於俄國革命的爆發，一度使得鐵
路無法暢通，所幸在國際鐵路組織以及美國政府的支持
下，部署軍隊保護鐵路，又派出兩百多位美籍鐵路工程
師協助，方能恢復營運。毋庸諱言，美國的援助，是促
成西伯利亞地區經濟復甦的主要因素，如同歐戰後的歐
洲一樣。西伯利亞雖曾因布爾什維克革命與活動的影
響，而陷入停頓，可是未來如果能夠成立一個公正進步
的政權，致力於建設發展，則美國理應當仁不讓，絕對

---

53 〈西伯利亞帰還米兵等ノ有害ナル談話報告ノ件〉，1919 年 7 月
　　24 日，JACAR: B03030308000，頁 82。

可以提供合適的援助合作與未來前景，美國也必將會是
最受俄國人歡迎的外國友邦。但是巴羅斯強調，西伯利
亞發展最大的隱憂與阻礙之一，始終來自於日本的掣肘
態度。日本向來嫉視美國，反對美國參與該區的開發。
甚至還將染指中國內政事務的手段與伎倆，照搬到西伯
利亞地區，故意製造該地區的混亂，藉此破壞美國在
遠東地區的尊嚴與自信。面對日本的咄咄進逼，巴羅
斯抨擊美國過去的外交作為實在太過軟弱，才給予日
本可趁之機，得寸進尺，因此美國應該重新檢視並改變
對日本的政策。無論如何，美國都應該贏得西伯利亞人
民的友誼，推動該區的建設與發展，也才能促進世界的
和平。[54]

（二）日本的憤恨

　　日本對美國的仇視之深，同樣也不遑多讓。早自俄
國發生革命，英、法兩國即有意介入俄國革命，並希望
日本能夠出兵協助。但美國卻從中作梗，始終表態反
對。之後局勢進一步惡化，新成立的蘇維埃政權與德國
自行媾和，使得協約國東部戰線瓦解後，美國在英、法
兩國的一再壓力下，最終才不得不接受提議，同意與日
本一同出兵西伯利亞。日本方面痛批美國之所以反對日
本出兵，主要理由就是疑忌日本意圖藉由出兵行動，來
獲取西伯利亞豐富的天然資源。但是，日本人感到矛盾

---

54 "Japs Against U.S. in Siberia Says Barrows," *San Francisco Examiner*, 17
　　July 1919.

與更為憤恨的，就是美國向來嚴以律人、寬以待己的雙重標準。美國高舉著門羅宣言的大旗，不准許其他國家干涉美洲事務，但自己卻肆意在美洲地區進行出兵干涉。例如，美國僅曾以確保國家安全為由，就採取軍事與政治手段，介入鄰國墨西哥內政。歐戰爆發後，美國又以要排除德國勢力、確保美國僑民及其財產安全為由，派遣海軍進入鄰近的海地與多明尼加等地。諷刺的是，美國自己在美洲為所欲為，但是當日本基於相同邏輯與考量，試圖透過軍事、政治等手段，介入日本周邊地區局勢，以確保國家安全之時，卻經常遭到美國的阻擾與排擠。[55] 也因此，在西伯利亞出兵問題上，又加深了日本人對於美國的惡感與憤慨。

其次，在西伯利亞共同出兵行動後，因美、日軍隊互動頻繁，彼此之間的疑忌，又進一步惡化。日本報紙即一度盛傳美軍在西伯利亞地區處處與日軍為敵，但私底下卻與俄國共黨分子勾結，甚至還提供金錢與美式武器的援助。日本《大阪每日新聞》曾引述俄國方面傳來的消息，洋洋灑灑列舉美軍在西伯利亞地區的十一大項罪狀，聲稱其與共黨分子暗通款曲，諸如前往農村地區煽動人民起義、在兵營中收容共黨軍人、與共黨分子往來甚密，且提供金錢援助、私下販售兵器給共黨、同情共黨分子，甚至辯解其只是勤儉農民等。[56] 日本報

---

55 渡辺惣樹，《日米衝突の萌芽：1898-1918》（東京：草思社，2018），頁 670-677。

56 〈我軍を敵とする米軍：過激派援助の実例（哈爾賓特電四日発）〉，《大阪每日新聞》，1919 年 5 月 6 日。

紙指控，在西伯利亞問題上，美國之所以事事與英、
法、日等其他國家有不同的主張，恐是懷抱私心。當國
際聯盟與其他盟邦都主張採取強硬措施，限制共黨勢力
的擴張之際，只有美國大唱反調，主張解除對俄國的封
鎖，其居心頗為可議，可能想要透過向俄共示好，單獨
博取好感，以便換取美國經濟勢力得以深入歐亞大陸。
換言之，美國極其自私自利，不顧其他盟邦的利益，圖
謀將西伯利亞變成美國專屬的經濟地區，如同中南美洲
一樣。尤有要者，根據日本報紙的分析，他們似乎也早
已認定美軍之所以與共黨勢力合作，可能還有另外一個
重要的目的，那就是為了防堵日本。美軍與共黨間的合
作，其實體現了「美國排日思想的實際政策」。[57]

　　相較於美國知識分子鼓吹政府應儘快挺身而出，制
止日本在西伯利亞的擴張，日本輿論方面也有類似的感
觸，只是角色與立場互換。日本不但質疑美國出兵西伯
利亞行動的正當性，早已盡失俄國民心，又痛批美國
徒然以救世主之姿，兵臨西伯利亞地區，聲稱會挽救百
姓於水火，實則口惠而實不至，一再辜負當地百姓期
望，甚至還懷抱狼子野心，意圖藉此出兵，獨佔西伯利
亞龐大的資源與利益。例如《大阪每日新聞》即曾指控
美國出兵西伯利亞之舉，非但未能改善當地困境，反而
造成更大的麻煩，貨物因戰事出口受阻而嚴重滯銷，價
格連帶滑落，到處呈現不景氣的情況，俄國人民怨聲載

57　〈対露策と米国：連合国及び日本の対策〉，《大阪每日新聞》，
　　1919 年 8 月 1 日。

道。尤有要者，以美國為首的盟軍，當初舉著拯救俄國
人民的大旗，出兵西伯利亞，但卻一直僅逗留在海參威
附近，對於內陸地區人民的一再懇請援助，往往選擇視
而不見，甚至還藉口不能干涉他國內政為由，拒絕派遣
軍隊深入比較危險的內陸地區，去提供人民更為實質援
助。諸如此類，劣跡斑斑，影響所及，俄國人民對於美
國的態度，也從原先的信賴，逐漸轉為厭惡。[58] 此外，
《大阪每日新聞》亦指控美國之所以執意出兵與美國關
係不大的西伯利亞，本身即帶有擴張勢力範圍的野心。
因為美國雖然表面上宣稱採取不干涉主義，出兵單純只
是要保護當地鐵路、維持交通順暢與確保安全秩序等，
但在完成援救捷克兵團[59]等相關任務後，卻遲遲不願撤
兵。美國甚至還有計畫地在西伯利亞維持長期駐兵，同
時採取排他性的控制措施，目的毋庸置疑，就是為了獨
自佔有該地區，防止他人染指。[60]

　　為了反制美國在西伯利亞地區的擴張，日本報紙主
張應該重新規劃大陸政策，建立兩道防線來維護日本的

---

58 〈西伯利の対米反感：財界不況に予国無援助〉，《大阪每日新聞》，1919 年 3 月 27 日。

59 協約國出兵西伯利亞的重要原因之一，即是要援助捷克兵團。捷克兵團乃是於歐戰期間協助協約國作戰的一支志願軍，主要由捷克與斯洛伐克民族組成，在俄國境內，參與對德國、奧匈等同盟國的作戰。但是受到俄國革命以及俄國與德國議和的影響，捷克兵團陷入尷尬且危險的處境。協約國乃決定出兵西伯利亞，接應捷克兵團從海參威撤退。關於捷克兵團，可以參見 Joan McGuire Mohr, *The Czech and Slovak Legion in Siberia, 1917-1922* (North Carolina: McFarland & Company, 2012)。

60 〈軍国的米国：米国の軍備拡張＝官僚的軍国主義は猶破るべし、民生的軍国主義は終に破るべからず〉，《大阪每日新聞》，1919 年 9 月 23 日。

利益。首先，日本應該儘快與俄國穩健派，亦即白俄當局，建立合作關係，不但應該承認合法性，還應該在財政、兵事、工商、教育等其他各個方面提供援助，阻止赤俄軍隊進入西伯利亞地區，同時也藉此避免美國透過與共黨勢力的合作來箝制日本，此為第一道防線。其次，日本政府應該進一步強化中日親善，樹立北京政府的權威性，提供資金協助籌建軍隊強化邊疆防務，並與之建立長期的軍事同盟關係，以防止共黨勢力經過中國往東方滲透，此為第二道防線。日本報紙認為既有的國際環境對日本並不友善，充斥著敵意、猜忌與不公平，國際聯盟亦不足以依靠。因此，日本應該無須理會美國倡議的西伯利亞撤兵論，避免因美國自私自利的政策而遭受損失，反而應該自行籌思適當的大陸對策，與英、法等其他列強協調，減低美國的影響，方能抗衡美國的步步進逼。[61]

上述日本報紙的言論，顯然並非無的放矢。事實上，在日本駐哈爾濱總領事館 1919 年 10 月給日本外務省的報告中，亦出現類似的觀點。日本總領事指出因為美軍士兵在西伯利亞地區的不禮貌與橫暴行為，已引起當地百姓的不滿，故在立場上比較同情日本。不過由於美、日兩國均覬覦西伯利亞的豐富資源，當地人民仍暫時保持中立的態度，端看未來哪一國能夠協助復興，並成為其盟邦。其次，值得注意的是，日本總領事還強調

---

61 〈対露策と米国：連合国及び日本の対策〉，《大阪毎日新聞》，1919 年 8 月 1 日。

中國長春地區報紙，已普遍盛傳「日美開戰說」，並將
之歸因於俄國革命後，列強出兵西伯利亞，而美、日兩
國素來對之懷有野心，為了競爭開發當地的富源，恐將
爆發衝突。[62] 從日本總領事的報告，不難理解日本可能
有意利用西伯利亞的現況發展，盡量爭取俄國人民的支
持，從而強化西伯利亞地區的控制權。

　　簡言之，日本既不滿於美國在西伯利亞地區的所作
所為，也認定美國對於該地資源鐵路等抱有覬覦獨佔之
心，甚至不惜與共黨合謀，刻意排擠日本，並散播諸多
反日言論。因此日本絕不能束手以觀消極看待，而必須
採取相對應的措施，以有效反制美國。無論如何，在西
伯利亞問題上，日本對於美國的嫉視態度，自然也助長
並強化了歐戰後美、日矛盾的格局。

五、前德屬北太平洋群島歸屬問題

　　歐戰期間戰事正酣，日本則以英日同盟為由，向德
國宣戰，除佔領德國在中國山東的膠州灣租借地外，同
時也進兵攻佔北太平洋的德屬島嶼，包括北馬里亞納群
島（Northern Mariana Islands）、馬紹爾群島（Marshall
Islands）、加羅林群島（Caroline Islands）等（德屬北
太平島嶼分布情況，參見圖 1）。這些被日本人稱為
「南洋諸島」的島嶼，分布範圍約在赤道以北、北緯

62　〈佐々木總領事代理ヨリ內田大臣宛〉，1919 年 10 月 22 日，
　　「2 大正 7 年 11 月 9 日から大正 8 年 11 月 1 日」，JACAR:
　　B03030308000，頁 96。

23 度以南，東經 130 度到 175 度之間，最寬處東西橫
跨約二千浬，距離日本本土亦約二千浬。由於這些德屬
島嶼具有相當重要的戰略、交通地位，以及富含熱帶地
區的資源與經濟價值，日本為了確保戰後能繼續保有，
甚至永久佔領前德屬領地，乃採取一連串的行動，顯得
志在必得。

圖 1　德屬北太平洋群島分布圖

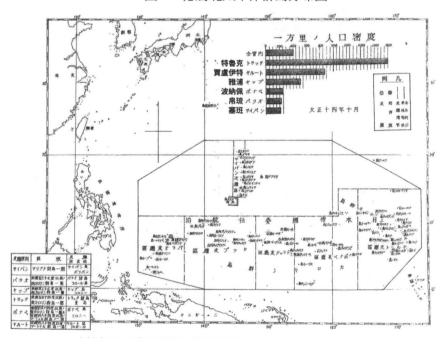

資料來源：〈南洋群島島勢調查報告〉，JACAR: A06031520200。

但是對於美國來說，一旦日本領有這些島嶼，卻
可能成為美國國家安全的棘手問題。此乃因德屬島嶼
適巧位於美國重要領地菲律賓、關島，以及威克島

（Wake）、中途島（Midway）與夏威夷群島之間，德
屬群島再往北即可與日本群島連成一片，非但可以阻礙
美國西進東亞地區的通道，必要時還可切斷美國在西太
平洋的整體戰略部署，甚至以此為前進基地，橫跨太平
洋水域，直接攻擊美國加州沿岸。再加上此批群島又是
太平洋地區海底電纜的樞軸要點，故日本控有德屬島
嶼，將對美國在太平洋地區的國防戰略與交通聯繫均構
成嚴重威脅。因此，如何阻止日本領有此類島嶼，或是
減緩日本領有之後所造成的衝擊與影響，則是美國的首
要考量。

　　島嶼連接著海洋，控制島嶼則意謂控制海洋。本節
試圖藉由歐戰後德屬太平洋島嶼的歸屬權爭議，來探究
美、日兩國如何在外交舞台上爭奪這些島嶼控制權，以
及在外交交涉背後，所隱藏的海權競逐。

（一）德屬島嶼的歸屬

　　從戰略的角度思考，日本若以美國為假想敵，佔領
這些德屬島嶼與否，則關係到太平洋制海權的掌握，[63]
因為佔領島嶼之後，日本勢力範圍將深入北太平洋西半
部，一方面將可以應付美國在此區域內的海軍基地，
二方面更可以此為跳板，進一步往西太平洋發展。[64] 不
過，德屬島嶼牽涉到相當複雜的問題，日本內部初始對
於該如何處理，也是意見分歧、莫衷一是。根據日本報

63　〈南洋佔領地問題〉，《萬朝報》，1917 年 10 月 25 日。
64　《伍德羅・威爾遜與遠東政策（1913-1921）》，頁 100-101。

紙輿論的分析，其態度基本上可以區分為「放棄論」與「領有論」兩個面向。

首先，持「放棄論」者，在日本政府內部，尤其外交官員間不算少數。主要立論點，乃著眼於外交考量，希望迎合美、英等國立場，避免無謂猜忌，影響到國交邦誼。美國既已表態反對日本佔領德屬島嶼，而英國則又早視西太平洋地區為禁臠，是以日本如領有德屬島嶼，勢必引起美、英的猜忌，有損英日同盟。其次，德屬島嶼普遍面積不大、礦產不豐，加上當地氣候不佳，並不適合日人永久居住。糧食及一般生活物資，亦需仰賴由日本本土輸送，維持殊為不易。德國當初經營這些島嶼，即所費不貲，收支難以打平，故日本如欲經營這些島嶼，恐將由依靠國庫補助。[65]

第二是「領有論」，則從政治、軍事、經濟等觀點分析日本必須領有德屬島嶼的論點。就政治上而論，日本人口年增六十萬人，生活困苦的國民日益增加，自然必須往周遭地區移民，而北太平洋德屬島嶼被公認為世界的寶庫，本可為日人移民的出口。但荷屬印尼、英屬澳洲、紐西蘭等卻不歡迎日本移民，甚至制定排日法規。因此，日本利用歐戰之機佔有的德屬諸島，斷無放棄的理由。尤有要者，領有德屬島嶼，將可使日本的國土範圍一舉延伸到赤道附近，對於國民精神的鼓舞，將有巨大作用。就軍事上而論，德屬島嶼面積雖小，但分

---

65 〈南洋處分論：放棄論（上）〉，《東京日日新聞》，1915 年 7 月 27 日；〈南洋佔領地問題〉，《萬朝報》，1917 年 10 月 25 日。

布範圍南北長二千浬、東西寬一千五百浬，位於太平洋
航路的中心地帶，軍事戰略地位重要。太平洋島嶼久為
英、美、德、法、荷等西方列強所分佔，此時日本幸而
能取代德國，與各國在太平洋上公開競爭，乃天賜良
機。因此，日本耗費龐大海軍預算、派遣海軍艦隊出征
所獲得的北太平洋德屬諸島，當然不可以放棄。最後，
從經濟上而論，德屬島嶼除了享有航運及商業上的利益
之外，更是熱帶研究的實驗場，又富含各種礦產，如妥
善經營，以德國為鑑，勢能收支平衡、糧食自給，無須
日本國內的支援與國庫的補助。[66]

　　由上述觀點可知，日本政府外交官員比較傾向放棄
佔領北太平洋德屬島嶼，理由並非此類島嶼不重要，而
是擔心會引起美、英等國與日本之間的敵對與糾紛。[67]
但是，不論從政治、軍事還是經濟角度上來看，此類島
嶼均對日本未來發展，有非常重大的作用，領有這些島
嶼，意謂日本的勢力範圍將可大幅向南深入赤道地區，
與歐美等國競逐太平洋的海權與經濟利益。尤其日本海
軍部門對於繼續領有德屬島嶼態度極為堅決，甚至不惜
為此與美國衝突。海軍大臣加藤友三郎在 1917 年時即
曾表示，美國若是反對日本領有則可能導致美、日之間

66　〈南洋處分論：領有論（上）（下）〉，《東京日日新聞》，
　　1915 年 7 月 29 日、30 日；石橋五郎（神戶高等商業學校教授），
　　〈我経済上より見たる南洋〉，《神戶又新日報》，1917 年 1 月 5 日。

67　許多日本人，特別是政府內部的文官、政治家與商人，比較傾向
　　日本與美國保持經濟與政治上的緊密關係，避免美、日矛盾情況
　　的出現；他們也認為美、日海軍在太平洋的擴張，並非是不可調
　　和的。見 Akira Iriye, *Across the Pacific: An Inner History of American-East
　　Asian Relations* (Chicago: Imprint Publications, Inc., 1992), pp. 132-133.

的戰爭。[68]

　　對美國來說，日本佔領赤道以北的前德屬島嶼，勢必對美國在西太平洋地區的發展，構成嚴重威脅。美國在西太平洋的戰略地位，主要是由夏威夷群島、關島、菲律賓群島等重要島嶼所構成。但上述前德屬島嶼，卻分布在美屬島嶼之間，因此日本如果在島嶼上構築軍事要塞與海軍基地，將足以切斷美國本土與西太平洋上的聯繫。德屬島嶼之中，又以關島西南方向的雅浦島最具重要性，因為美國通往中國、東南亞與澳洲的海底通訊纜線，均經過該島，日本佔領該島將得以控制太平洋的通訊往來。[69] 其次，美國海軍內部也曾評估，日本佔領德屬島嶼之後，有可能在該區建立海軍基地、部署潛艦，一旦美、日戰爭爆發，日本海軍將可以藉此進攻菲律賓與關島。因此，為了擔心日本領有這些島嶼可能對美國太平洋戰略地位的構成威脅，海軍部認為德屬太平洋島嶼最好由國際共管，以免日本佔領後危及到美國的利益與安全。再者，美國國務院遠東司也曾進行研究，規劃美國領有太平洋上部分德屬島嶼的可能性。[70]

68　加藤認為未來美、日戰爭的五大可能原因為：1. 美國門羅主義，2. 美國排日的移民法案，3. 美國堅持在中國的門戶開放政策，4. 美國反對日本領有德屬諸島，5. 美國持續進行海軍擴充。見 Akira Iriye, *Across the Pacific: An Inner History of American-East Asian Relations*, pp. 132-133.

69　貴族院議員男爵東鄉安述，〈南洋諸島の經濟的價值（一）〉，《臺灣日日新報》，1916 年 9 月 7 日；〈ヤップ島〉，《滿州日日新聞》，1921 年 11 月 20 日；Charles Noble Gregory, "The Mandate Over Yap," *American Journal of International Law*, 15:3 (July 1921), pp. 419-427.

70　《伍德羅‧威爾遜與遠東政策（1913-1921）》，頁 249-250；Sadao Asada, *From Mahan to Pearl Harbor: The Imperial Japanese Navy and the United States*, p. 51.

　　基於戰略與美國利益的考量，美國海軍部、國務院均反對日本領有德屬島嶼，而比較傾向國際共管或是美國領有這些島嶼。

（二）巴黎和會上的決議

　　歐戰結束後，戰勝國在巴黎召開和會，商討戰後國際秩序與戰敗國處置問題。其中，德國在海外殖民地的歸屬權議題，即是相當重要的焦點。英、法、義、日各自選定了想要領有的德國殖民地，例如英國、日本分別企圖佔有太平洋赤道以南與以北的前德屬島嶼。

　　為了避免強國瓜分德國海外殖民地，陷入戰後分贓的窘態，美國總統威爾遜早在「十四點和平原則」中即提出要「公正處理殖民地爭議」，[71] 之後又提出了委任託管（Mandates）的制度，由國際聯盟委任大國進行管理。[72] 在美國政府草擬的官方說帖中，強調要依照「公正」與「當地人民利益」兩大原則來處理德國殖民地，因此列強並非是「殖民地的擁有者」，而是「代為管理者」。[73]

71　季辛吉（Kissinger, Henry），林添貴、顧淑馨譯，《大外交》（臺北：智庫文化，1998），上冊，頁 299。

72　入江昭（Iriye, Akira），〈美國的全球化進程〉，孔華潤（Warren I. Cohen）主編，王琛等譯，《劍橋美國對外關係史》（The Cambridge History of American Foreign Relations）（北京：新華出版社，2004），下冊，第 3 卷，頁 60-61。另外，關於國際聯盟的委任託管制度，可以參見 Nele Matz, "Civilization and the Mandate System under the League of Nations as Origin of Trusteeship," A. von Bogdandy and R. Wolfrum, eds., *Max Planck Yearbook of United Nations Law*, Vol. 9 (Leiden: Martinus Nijhoff Publishers 2005), pp. 47-95.

73　"Official American Commentary of the Fourteen Points," October, 1918, Edward Mandell House, Charles Seymour ed., *The Intimate*

但是，日本對於繼承德國在北太平洋的島嶼卻顯得當仁不讓。早在 1917 年，日本即先後與英、法、俄、義等國達成了戰時密約，後者同意支持日本繼承德國在北太平洋的權利。[74] 在巴黎和會前日本政府給代表團的訓令中，強調日本對於領有德屬島嶼一事毫無妥協的餘地。開議中，日本外相內田康哉又多次致電駐法大使，轉知日本國會、政界人士對於德屬島嶼的看法，主張日本務須「永久領有南洋佔領地」。[75] 由此可以略窺日本內部在和會前後對於領有德屬島嶼的基本態度。

在 1919 年 4 月 15 日巴黎和會的「五人會」上，美國代表國務卿蘭辛提案「德國宣佈放棄其歐洲本土以外的所有權利、特權、土地等」，而由英、美、日、法、義五大國以及其他協約國共同暫時管理。[76] 不過，歷經多次會議討論與妥協的結果，最後德屬各海外殖民地並未由國際共管，而是在國際聯盟的監督下分別委託給某一強國管理。美國海軍部、國務院內部不乏有質疑日本託管太平洋上德屬島嶼的意見，甚至有主張美國領有論者。威爾遜總統本人則堅決反對美國去獲取這些島

Papers of Colonel House (Boston and New York: Houghton Mifflin Company, 1926-1928), Vol. 4, pp. 198-209.

74 戰時密約內容，見 "From Robert Lansing to Frank Lyon Polk," 26 February 26, *PWW*, Vol. 55, pp. 293-294.

75 「內田大臣ヨリ在佛松井大使宛」，1919 年 2 月 5 日、3 月 26 日，「列国ノ態度及政況 帝国一」，JACAR: B06150105800，頁 253、301-303。

76 "Secretary's Notes of a Conversation Held in M. Pichon's Room at the Quai d'Orsay, Paris," 15 April 1919, U.S. Department of State, *Foreign Relations of United States: Paris Peace Conference, 1919* (Washington D.C.: Government Printing Office, 1958), Vol. 4, pp. 549-565.

嶼，因為如此將會使美國也陷入戰後分贓的泥淖。威爾遜雖然並不信任日本人，也對日本領有太平洋島嶼一事感到疑慮，但最後還是決定相信由國際聯盟來監督日本。[77] 除了因雅浦島牽涉到海底電纜問題，而持保留態度外，威爾遜很快即同意由國際聯盟委託日本管理赤道以北的其他德屬島嶼。[78]

《凡爾賽和約》第 118 條規定，「德國放棄所有歐洲本土以外的領地」，第 22 條則規定這些領地將由國際聯盟委託「各先進國」管理，其中又規定：

> 南太平洋之數島，或因居民稀少，或因居民幅員不廣，或因距文明中心遼遠，或因地理上接近受託國之領土，或因其他情形最宜受治於受託國法律之下作為其領土之一部分。[79]

換言之，巴黎和會同意將德屬太平洋島嶼委託先進國管理，並默認「受治於受託國法律之下作為其領土之一部分」。1920 年 12 月 17 日，國際聯盟又正式通過將太平洋中赤道以北的德國殖民地委託日本代為管理。[80]

77　威爾遜最後決定接受美國情報部的看法，即國際聯盟的監督，以及日後推動的各國潛水艇限制方案，將會大幅消減德屬島嶼的戰略地位。見《伍德羅・威爾遜與遠東政策（1913-1921）》，頁 251-252。

78　Edward Mandell House, Charles Seymour ed., *The Intimate Papers of Colonel House*, Vol. 4, p. 453.

79　〈國際聯合會盟約〉，中央研究院近代史研究所檔案館藏，《北洋政府外交部檔案》，03-23-111-01。

80　Keiichi Yamasaki, "The Japanese Mandate in the South Pacific," *Pacific Affairs*, 4:2 (February 1931), pp. 95-112; Mark Peattie, "The

德屬海外殖民地仍脫離不了各強國瓜分的命運，不過在形式上避免了佔領或領有的字眼，而代以委任託管。[81] 至於赤道以北的太平洋德屬島嶼，也因此由國際聯盟委託給日本進行管理，使日本成功取得實際控制之權。

（三）華盛頓會議的會外協議

由於美國最終並未批准《凡爾賽和約》，也未加入國際聯盟，因此日本託管德屬太平洋島嶼之事，雖先後由巴黎和會與國際聯盟正式認可，但美國始終未予以追認。[82] 為了解決此議題，美、日雙方又利用美國召開華盛頓會議之機，在會外進一步磋商解決之道。

其實，當初巴黎和會在威爾遜總統的主導下，美、日兩國對於日本取得德屬島嶼即已無多大歧見，主要爭執點僅在於有海底纜線通過的雅浦島歸屬問題。在華盛頓會議上，美國對日的最高方針，在於使日本同意放棄英日同盟，以及接受美國所提的五國海軍主力艦噸位數比例，[83] 自然不希望橫生枝節，更不可能去推翻巴

Nan'yo: Japan in the South Pacific, 1885-1945," in Peattie and Ramon H. Myers, eds., *The Japanese Colonial Empire, 1895-1945* (Princeton: Princeton University Press, 1984), pp. 172-176.

81　季辛吉（Kissinger, Henry），林添貴、顧淑馨譯，《大外交》，上冊，頁 319。

82　1921 年 4 月美國政府即宣稱國聯將雅浦島委託日本管理的決定無權約束美國，美國堅持雅浦島必須國際化。見 Hosea B. Morse and Harley F. MacNair, *Far Eastern International Relations* (Boston & New York: Houghton Mifflin Company, 1931), pp. 705-706.

83　關於美、日兩國在華盛頓會議上的角力與爭執焦點，可以參見應俊豪，〈談判桌上的海權劃分：五國海軍會議（1921-1922）與

黎和會、國際聯盟的成議，更動日本對德屬島嶼的託管權。因此，美國此時對日交涉的重點，不在於翻案，而在於如何確保美國在雅浦島的權益，以及避免日本利用此類島嶼作為海軍用途。

歷經多次交涉，美、日雙方對於赤道以北的德屬島嶼歸屬問題，終於達成共識。日本同意美國能夠自由進出雅浦島，且在舖設與經營雅浦－關島纜線以及未來其他纜線上，美國與日本將立基於相同的地位，享受相同的特權與權利；美國人毋須同意即可在雅浦島上自由居住、取得產業；纜線、資訊等營運往來將不得受到檢查或監視。美國同意日本在赤道以北的德屬島嶼以及雅浦島的託管行政權，但「不得在這些領地上興建軍事或海軍基地、要塞」，且除非是為了內部警察或地方防衛，亦「不得軍事組訓當地百姓」。有關託管事務如有任何的變更，必須取得美國的同意，且日本應給予美國相同的託管行政報告。[84]

由上述美、日協議可以得知，為了換取美國同意日本取得赤道以北的德屬島嶼，日本所做的讓步不可謂不大：一方面讓美國取得在雅浦島與日人相同的特權與地位，亦即由美、日共享雅浦島重要的海底電纜資源；二方面則是日本同意不在德屬太平洋島嶼興建海軍要塞與基地，如此將大幅削弱此類島嶼的戰略地位。其實，

戰間期的海權思維〉，頁 119-168。

84 "Mandated Islands and General Summary," 9 February 1922, U. S. Naval War College, *International Law Documents: Conference on the Limitation of Armament with Notes and Index, 1921* (Washington: Government Printing Office, 1923), pp. 285-290.

日本之所以做出大幅讓步，也與華盛頓會議中的五國海軍會議議程息息相關。在五國海軍會議中，為了議定美、英、日海軍主力艦噸位數，三國決定將太平洋地區的海軍基地與要塞一併納入考量，即三方同意在西太平洋地區維持現況，美國不在毗鄰日本的關島、菲律賓增建海軍要塞，日本則不在琉球群島、德屬島嶼增建海軍基地，英國則放棄在中國的威海海軍基地，將之歸還中國。[85] 藉此，美、英、日三國在西太平洋維持現狀與彼此制衡。也是因為如此，日本才同意犧牲部分在德屬太平洋島嶼的特殊權利，來換取美國的同意。

美、日兩國對於德屬太平洋島嶼歸屬權問題的處置，必須放在美、英、日三國在西太平洋地區的海軍角力與制衡的大格局下思考，方能獲得比較客觀的結論。

（四）海權之爭

赤道以北的德屬太平洋島嶼歸屬權問題，爭執關鍵之處，並不在於這些島嶼本身所擁有的土地或資源，而是在於島嶼的位置，恰好處在西太平洋中的重要戰略與

---

85 關於五國海軍會議上有關太平洋海軍要塞與基地的討論，以及美、英、日三國的考量點可以參見 "Minutes of Committee on Limitation of Armament," Fourth Meeting, 22 December 1921, 11 A.M. & "Report of the American Delegation Submitted to the President," 9 February 1922, U. S. Naval War College, Documents: Conference on the Limitation of Armament, pp. 32-33, 265；Sadao Asada, *From Mahan to Pearl Harbor: The Imperial Japanese Navy and the United States*, p. 83；Tadashi Kuramatsu, "Britain, Japan and Inter-War Naval Limitation, 1921-1936," Ian Gow, Yoichi Hirama and Joan Chapman, ed., *The History of Anglo-Japanese Relations, 1600-2000* (New York: Palgrave, 2003), p. 128；〈軍備制限會議總括報告〉，「軍備制限会議総括報告」，JACAR: B06151007600，頁 321。

交通地位。日本控制這些島嶼，一旦發生戰爭，將可以
藉此切斷美國與西太平洋的聯繫。其次，這些德屬島嶼
散布在赤道以北，東西南北橫跨長達一、二千浬，領有
這些島嶼，意謂同時將擁有這片廣大海域的控制權，日
本將可以將海權觸角大幅向南延伸數千浬，畢竟資源豐
富的印尼群島距離這些島嶼不過一線之遙。無怪乎日本
報紙稱領有德屬島嶼，將對日本國民精神有著重大的鼓
舞作用。然而，日本寄託夢想的「南洋」之地，卻是令
美國擔心害怕的危險島嶼。

　　就美國海軍在西太平洋的戰略著眼，最理想的方
式，莫過於由美國佔有，如此將可使得美國將西太平洋
與東太平洋橫貫起來，構築堅強的島鏈據點。但是此類
軍方觀點自然不可能為高揭「民族自決」理想主義的威
爾遜總統所接受，而且在現實條件上，美國也不可能強
逼日本吐出已到手的獵物，放棄佔有德屬島嶼。因此最
後折衷的解決方案，乃在於接受日本領有德屬島嶼的既
成事實，但是透過國際聯盟的力量來監督與制衡日本。
但是僅靠國際聯盟的制約恐尚不足以約束日本，安美國
之心。所以，美國又推動召開華盛頓會議，藉由五國海
軍會議，將太平洋安全問題作一根本解決。美國最終還
是同意接受了日本領有德屬島嶼的事實，但換取了日本
不在此類島嶼構築海軍要塞與基地的承諾，而日本也失
之東隅、收之桑榆，在五國海軍條約中獲取了美國不在
關島、菲律賓構築海軍要塞與基地的承諾。簡言之，環
繞在德屬太平洋島嶼歸屬權之爭，並非單純的戰後外交
和局問題，而是牽涉到複雜的強國海權競逐。

六、小結

　　華盛頓會議結束後不久，1921 年 5 月，紐約大學商學院遠東問題專家霍舉斯（Charles Hodges），在對紐約城市學院學生的一場演講中，分析「什麼是美國在太平洋地區的責任？」（What Are America's Responsibilities on the Pacific?）他認為美國在太平洋地區，有四個不容推卸的責任，否則勢將對世界和平造成災難性的影響。這四個責任，分別是菲律賓問題、中國問題、西伯利亞問題及日本問題。而這四大責任中，除了菲律賓問題外，其他三個均與日本有著密切且直接的關係。

　　以中國問題來說，美國國務卿海約翰在 1899 年提出了中國門戶開放政策，揭櫫維持中國領土主權完整以及各國在華投資利益均等兩大原則，某種程度上，成功舒緩了西方列強意圖瓜分中國的態勢。但歐戰以來，中國門戶開放政策的挑戰者，除了原先的西方列強外，日本則扮演更為關鍵的角色。日本在歐戰期間提出的二十一條要求，以及種種舉措，無疑是要壟斷中國市場，排除美國以及其他列強的利益，將中國納入日本的實質控制之下。

　　以西伯利亞問題來說，美國向來主張維持俄羅斯民族在遠東地區的領土完整，而美國當初同意與協約國共同出兵西伯利亞，只不過是為了解決捷克兵團的遣返問題，故戰後即與協約國等主張盡快從西伯利亞撤兵。然而日本卻另圖插手俄國事務，利用該地的動盪局勢，控制西伯利亞地區，並將其從俄國切割開來。

　　最後，日本本身的問題。歐戰以來，在軍部勢力的
控制之下，日本所推動的世界政策，從西伯利亞、中國
到前德屬北太平洋群島（尤其雅浦島問題）等，在在均
隱含著日本對於整個亞洲、太平洋地區的戰略企圖。面
對日本的咄咄進逼，美國是沒有退路的。因為對於日本
在太平洋的為所欲為，美國如果束手以觀，無論是公開
或是私底下的退讓，均不啻於助紂為虐，變相縱容與助
長軍部勢力，並削弱日本國內民主派的抵抗力量，進而
讓軍部勢力影響下的日本得寸進尺，後果將不堪設想，
日本帝國也將進而宰制整個遠東地區。相反地，美國如
果採取積極行動，制衡日本的擴張，不但可以力挽狂
瀾，也能夠協助日本國內正在成長的民主派，因為他們
正試圖改變日本現況，進而逐漸擺脫天皇、軍部等舊體
制勢力。[86]

　　霍舉斯上述的演講內容，清楚體現歐戰以來美、日
兩國在太平洋、東亞地區呈現矛盾態勢的內部理路，牽
涉到中國市場的商務競爭、西伯利亞的領土爭議，以及
太平洋戰略問題等。

　　歐戰後美國對於參與和介入中國與遠東事務發展，
確實顯得躊躇滿志。然而另外一方面，難以避免地，與
同樣將歐戰當作天賜良機，而積極擴大「特殊利益」的
日本，發生本質上的矛盾與衝突。因為自歐戰期間始，
日商即像美商一般，積極競逐中國的市場與資源。再加

86　"What Are America's Responsibilities on the Pacific?" *The Weekly
　　Review of the Far East*, 18 June 1921.

上日本利用歐戰期間提出的二十一條要求，不但明白揭露企圖囊括中國的野心，牴觸美國視為圭臬的中國門戶開放政策，也嚴重侵犯美國在華既有的條約權利。故不論從實質的商業投資利益，還是對中國門戶開放政策上的遵守來說，美國都不可能對於日本有好的觀感。美國駐華公使舒爾曼在給國務卿休斯的報告中，甚至直指日本在華的陰謀，就是阻礙中國政治進步的主要原因。[87]職是之故，對於日本在華的活動與野心，美國駐華使領自然也不會掉以輕心，而傾向以較為謹慎的態度，持續給予關注。

然而，另一方面，正當部分美國人自以為是、當仁不讓地承擔起遏制日本在東亞擴張的責任之際，對於許多日本人來說，他們卻極度憤恨美國的雙重標準與所施加的不公平待遇。日本抱怨美國人故意限縮日本的生存空間，甚至構織出一張龐大的包圍網，一來推動帶有種族歧視成分的移民政策，甚至以防堵「黃禍」擴張的思維，阻止日本人移民美國加州，連帶影響到澳洲、紐西蘭也採取類似作為限縮日本移民，二來則以強大的國力為後盾，從中作梗阻止日本取得德國、俄國在歐戰後所遺留下的土地，例如前德屬太平洋群島以及俄屬庫頁島等。部分英國政治評論家即曾嘲諷歐戰後的美國，在某種程度上，猶如過去的羅馬共和國，極盡所能地針對迦太基，不准其在伊比利半島上越雷池一步。然而，美

---

87 "Telegram from Jacob Gould Schurman, American Minister, Peking to the Secretary of State, Washington," 3 December 1921, RIAC 893.00/4148.

國終究不是羅馬，日本當然也不是迦太基！當美國竭力限制日本往太平洋地區發展之際，日本是否真的甘心坐困愁城，還是早已胸有成竹，另謀出路？或許歷史上英國與歐洲的關係，正足以說明現在的日本與太平洋。當歐洲對英國關閉大門後，英國轉而往西發展，反而在新大陸綻放出更為炫麗的光彩，獲得的新地盤，甚至還遠大於歐洲！[88] 因此，不難理解的，無論美國如何殫心竭慮地封鎖日本，素來有著堅定意志與決心的大和民族，不可能默默坐視美國對於日本的歧視與限制，而無所作為。反之，或許當美國還在為成功阻止日本在太平洋水域擴張，而沾沾自喜之際，日本卻早已將目光轉向了西邊，充分利用地理上毗鄰的優勢，近水樓臺先得月，將觸手伸進亞洲大陸。

　　總結來說，一邊是打著正義旗幟，以維護東亞和平秩序為職志的美國，一邊則是孜孜矻矻建構國家民族未來與生存擴張發展的日本，同時還夾雜著盤根錯節的商貿利益、種族偏見、海權爭霸、國家命運等，兩國之間在東亞的競爭與矛盾自然也就難以避免了。

88　以上有關英國政治評論家的嘲諷觀點，可以參見 "The Anglo-Japanese Alliance," *The Millard's Review of the Far East*, 14 May 1921.

第三章　美、日在華矛盾論述中的英國因素

一、前言

　　歐戰之後，東亞國際格局重新洗牌，大部分歐洲國家因戰爭損耗，國力衰退，無力東顧，逐漸退出舞台。而俄國在歷經革命後，暫時偃旗息鼓，還需要好幾年的時間，才能慢慢緩過氣來。美、日兩國則是趁機迅速崛起，躍躍欲試，意圖挑戰歐洲國家在中國的利益與地盤。英國雖同樣遭到歐洲戰爭的拖累，過去在遠東的強勢地位多少受到削弱，但畢竟作為老牌帝國主義國家，在中國根基深厚，憑藉著香港、上海與長江流域的據點和傳統勢力範圍，依然對中國事務保有相當的發言權。歐戰之後在遠東事務的安排上，在俄國調整以無產階級世界革命的另類方式，重新加入戰局之前，老而彌堅的英國，以及新興崛起的美國與日本，三強之間的互動，及其對中國問題的話語權之爭，幾乎影響了未來的路線發展。

　　歐戰後美、日在華矛盾論述的形塑，很難不與英國扯上關係，核心癥結點乃是既有英日同盟的存在。只要英、日結盟不脫鉤，美、日矛盾論述始終繞不開英國的因素，畢竟美國所必須抗衡的，就是英、日兩國的總

合。日本自然傾向繼續拉攏英國，以便能夠有效制衡美國，但是美國絕對不樂見此種狀態持續下去。況且英日同盟作為戰前舊時代權力均勢遊戲的遺緒，體現著大國間彼此結盟對抗，已不太適合戰後的新秩序。美國總統威爾遜推動的十四項和平建議，致力於擺脫均勢原則的恐怖平衡，希望代之以國際聯盟與互保安全機制，從而打造戰後新的國際秩序，亦不樂見舊時代的產物持續存在，妨礙到新秩序的成立。職是之故，隨著美、日矛盾格局的進一步開展，不可避免地，英國終究得公開表明立場選邊站。也因此，歐戰後的美、日矛盾論述，與英日同盟續約問題爭議之間，有著密切的關係。

歐戰後英、美在中國市場上，也有不小的矛盾。特別是當英、美競爭，以及美、日矛盾，兩者相互匯流後，則形成更為複雜的局勢。自歐戰以來，美國加大對華投資，對於中國豐富的資源、龐大的市場與商機，早已磨刀霍霍、躍躍欲試。[1] 這對作為既得利益者的英國，絕非好事，必須未雨綢繆，時刻因應美商的競爭與挑戰。

除了日趨激烈的貿易與商業活動競爭外，英、美之間，也開始競逐對中國事務話語權的掌控。其中格外具指標意義的，乃是 20 世紀以降美國人一再試圖在中國擴展英文報紙業務，以挑戰英國的新聞話語權。兩者

1　歐戰以來美國逐步加大對華投資，諸如開礦、鐵路、電信、河運等重大實業建設，一旦獲致成功，勢必大幅強化美國在華的實質影響力，也可能挑戰到英國既有的優勢地位。關於美國在華投資事業及影響，可以參見吳翎君，《美國大企業與近代中國的國際化》。

比較之下，美系報紙自然遠比英系報紙，更加迎合以中國新知識分子為主的華人讀者市場。對其他旅華外僑來說，美系報紙即使無法取代英系報紙，但至少也起著平衡新聞輿論觀點的作用，而不是一昧地依循英國立場。

簡言之，在歐戰後的美、日矛盾論述中，英國人很有可能從來都不是局外的旁觀者。無論如何，美、日兩國在遠東地區的迅速崛起，就英國來說，非但攸關著國際秩序的重整與中國事務發言權的掌握，更牽扯到龐大的商業市場與利益，故面對美、日的強力挑戰與威脅，不太可能置身事外，而是必須提早布局，並籌思可能的因應對策，方能將傷害降到最低，從而確保英國既有的優勢地位。

歐戰後英國與美、日等強權在中國事務處置上的角力，已有許多議題被深入研究，諸如戰後列強對華投資、債務整理、鐵路共管、軍火禁運、中國內戰與南北之爭、中國地位與列強在華條約特權問題等諸多問題。[2] 不過，本章的重點，並非在探究歐戰後英國與

2　此類既有研究甚多，舉其要者，如 Clarence B. Davis, "Financing Imperialism: British and American Bankers as Vectors of Imperial Expansion in China, 1908-1920," *The Business History Review*, Vol. 56, No. 2 (Summer, 1982), pp. 236-264；Edmund S. K. Fung, *The Diplomacy of Imperial Retreat: Britain's South China Policy, 1924-1931* (Hong Kong: Oxford University Press, 1991)；Roberta Allbert Dayer, "Anglo-American Monetary Policy and Rivalry in Europe and the Far East, 1919–1931," in B. J. C. McKercher ed., *Anglo-American Relations in the 1920s* (London: Palgrave Macmillan, 1991)；蔣一道，〈英帝國主義對華鋼鐵業和機器業〉，《新聲月刊》，第 20 期（1929），頁 27-29；陳存恭，《列強對中國的軍火禁運，民國八年～十八年》（臺北：中央研究院近代史研究所，1983）；張北根，《1919 年至 1922 年間英國與北京政府的關係》（北京：北京出版社、文津出版社，2005）等。此外，中國許多期刊論文，亦有針對此類

美、日之間的激烈的商業競爭，或是現實政治上的縱橫
捭闔與國際角力，而是試圖從新聞輿論的角度，透過外
文報紙的諸多評論，深入分析當時英國商人、報人與歐
戰後甚囂塵上的美、日矛盾論述之間複雜的關係。

二、英日同盟續約爭議：養虎為患

英國與歐戰後的美、日矛盾論述之間，最直接的關
聯性，莫過於英日同盟續約爭議。英國作為既有的老牌
世界強權，雖然歷經歐戰的消耗，但地位與實力在短時
間依然不易動搖，任何鼓吹或欲探究美、日矛盾論述
者，均必須先釐清英國究竟應該要擺放在什麼樣的位
置：是英、日同盟對抗美國，還是英、美共同打壓日
本，抑或只想置身事外，待鷸蚌相爭，漁翁得利？本節
試圖將歐戰後英日同盟存廢問題，放在當時美、日在華
矛盾論述的架構內，去反思英國在歐戰後美、日矛盾論
述中所扮演的角色。尤其是在華盛頓會議前，在當時英
文相關新聞報紙言論中，英、美專家學者以及民間意見
領袖等，他們究竟如何分析、界定與評估英日同盟與
美、日矛盾兩者之間的關聯性與矛盾。

議題進行簡要探討，但大致上並不深入。見薛志成，〈從英日同
盟看列強在遠東的爭霸〉，《安徽史學》，第 1 期（1995 年 3 月），
頁 44、92-93；紀立新，〈20 世紀 20 年代美日在中國的角逐〉，
《寧波大學學報（人文科學版）》，第 2 期（2003 年 6 月），
頁 109-112；徐煜，〈論 20 世紀 20 年代的英美海上爭霸〉，《湖
北師範大學學報（哲學社會科學版）》，第 6 期（2005 年 12 月），
頁 92-95；徐煜，〈論 20 世紀 20 年代英美爭奪世界原料市場的鬥
爭〉，《歷史教學問題》，第 4 期（2006 年 8 月），頁 26、53-54。

（一）試圖終結英日同盟的動機與輿論

不難理解的是，英日同盟並非只是牽涉到英、日兩國之間的關係，更關乎到美國的態度。歐戰以來，美國對於日本的最大忌憚，即是來自於英日同盟。日本在中國與亞洲勢力的迅速擴張，基本上與英日同盟脫離不了關係。

回顧歷史，自 1902 年英日同盟成立以降，日本先是對俄國開戰，由於英日同盟的存在，使得俄國的盟友法國不敢介入戰爭，日本得以無後顧之憂地全力對付俄國。日俄戰爭取勝後，日本也確立在朝鮮、中國南滿的優勢地位，影響力遂延伸到東北亞大陸。歐戰爆發後，日本又再次利用英日同盟，對德宣戰，佔領山東，也控制了德屬的北太平洋群島，日本的勢力範圍再次擴大至華北以及北太平洋水域。[3] 英日同盟的存在，確實使得日本比較能夠有恃無恐地持續對外擴張。職是之故，歐戰後美國如要站在日本的對立面，甚至意圖遏制其進一步的擴張行動，首要之務，就是必須籌思如何才能終結英日同盟。畢竟，唯有先剪除日本的外部奧援，使其有所顧忌，也才能夠間接消弭日本對外擴張的野心。

歐戰結束後美國參謀首長在參議院關於軍事制度變革的報告中，即對英日同盟一事抱持十分警覺的態度。此乃因當時美國的兵力戰備考量，主要是以「一等國」

3　關於英、日三次同盟的研究成果，見 Ian Nish, "The First Anglo-Japanese Alliance Treaty," David Steeds, "The Second Anglo-Japanese Alliance and the Russo-Japanese War," Ayako Hotta-Lister, "The Anglo-Japanese Alliance of 1911," https://ssrn.com/abstract=1162038（擷取時間：2018 年 8 月 8 日）。

為假想敵標準，亦即須在九十日內能動員五十萬兵力投入戰場。但是受到歐戰的影響，歐洲列強紛紛擴大軍隊陣容，幾乎已達到戰前兵員的三倍之多。美國現有的備戰兵力早已嚴重不符戰後需求。再加上，英國又在緊鄰美國北方邊界的加拿大地區大舉擴增兵力。最為關鍵的，英國與日本處於同盟的關係，一旦美國與之開戰，不但將在東、西雙方同時面對英、日兩國，北方還須因應來自加拿大的威脅，屆時美國恐將難以維持制海權的優勢。因此，參謀首長建議，美國急需改革現有的兵制，淘汰過時的國民兵制，改施以強制性的長期軍事訓練制度，大幅儲訓可供及時上戰場的預備兵力，亦即藉由增加民間的即戰力，來彌補正規軍的不足。[4]

　　在上述軍事備戰思維影響下，不難理解為何歐戰以後的美國，致力於解除日本與英國之間的同盟關係。然而英日同盟是日本對外擴張的主要憑藉，日本自然不可能主動輕易言棄，故美國較易下手之處，即在於籌思發揮對英國的影響力，從英國方面來破除英日同盟。

　　例如在巴黎和會山東問題決議案引起軒然大波之後，由美國人克拉克（G. Clark）創辦的英文《北京導報》（*The Peking Leader*），即呼籲英國應該要在美國與日本之間，做出明智的決斷。該社論一方面抨擊英國的太

4　美國的國民兵制度僅要求對受訓人員實施約九十二小時的軍事訓練，但歐洲各國多主張對於國民實施至少兩年年期的軍事訓練。長期以還，這也將導致美國後備戰力素質遠低於歐洲標準。關於歐戰後美國參謀首長對於軍事訓練制度的檢討，見〈強制軍事制度の主張：前米國參謀總長の意見〉，《大阪每日新聞》，1919年2月3日。

平洋政策過於溫和，以至於養虎為患，甚至助紂為虐，
另外一方面則質疑，在太平洋地區以及英屬加拿大、澳
大利亞有著共同利益，以及相同民主理念的國家，並非
日本，而是美國。更何況在歐洲事務上，英國也拉攏美
國，齊一陣線，但是為何在亞洲事務上，英國卻選擇與
「日本帝國主義」（Japanese Imperialism）合作？社論
中，並諷刺英國過去在歐洲的姑息政策，使得德國肆無
忌憚，從而導致歐戰的爆發，造成龐大的損失，但英國
如果又在亞洲繼續類似的政策，勢必又會再養出另外一
次戰爭。該報強調，有越來越多的輿論意見，均認為應
該要除惡務盡，及早制衡日本的擴張，否則日本一旦坐
大，氣勢已成，屆時再要去制止日本，則絕非易事。[5]

　　將英日同盟拉進歐戰後美、日矛盾的格局中，等於
變相強迫英國必須在美、日之間做出選擇。而要達成此
目標所進行的輿論宣傳手法，無外乎兩點：其一乃是凸
顯日本致力於對外擴張的醜陋現實，並提醒可能造成的
嚴重負面影響，其二則是對英國訴之以情，強調英、美
在語言、種族與歷史上等的特殊關係與共同利益，以及
歐戰期間彼此犧牲與共的同盟情感。

　　換言之，美國方面的新聞輿論為了讓英日同盟的終
結能夠順理成章，很大程度上，往往必須先凸顯或刻意
強調日本殖民擴張野心的負面形象。然而，美國方面這
樣看似理所當然的訴求，一旦放在日本人的眼中，卻是

5　"America and Shantung: The Fear of Japanese Imperialism," *The Peking Leader*, 20 September 1919.

異常刺眼,且會感到憤恨不已,痛批美國為了切斷日本
與英國之間的同盟關係,無所不用其極,甚至惡意汙名
化日本的所作所為。因此,美國有關英日同盟爭議的討
論,很自然會進一步深化美、日矛盾論述。

(二)「美日戰爭論」的糾葛

歐戰後所謂的「美日戰爭論」傳聞,經常甚囂塵
上,如果英日同盟繼續存在,一旦美、日真的發生戰爭
時,屆時英國又將如何自處?美國又該如何自保?例
如,當 1920 年中,英、日兩國正在討論是否要續約之
際,或許是為了暫時安撫美國的猜疑,英國倫敦《泰晤
士報》駐華盛頓特派員在發回國的通訊中,即似有意帶
動輿論風向,特別強調「英國與日本政府已經決定,即
使美國與日本爆發戰爭,英國也不會參與戰爭,藉此保
護免於美國處於上述危險之中」。究其實際,英日同盟
續約問題,在美國官場及新聞輿論界所引起的關注,遠
高於日本國內,顯見美國的強烈不安。[6]

1921 年 7 月上海英文《密勒氏評論報》一篇由前
美國西伯利亞遠征軍軍官所撰寫的評論,亦隱隱約約點
出英日同盟在美日戰爭論中的重要地位。該篇評論認
為,日本過去一直宣傳所謂的英日同盟,強調一旦日本
陷入戰爭,英國將成為日本的奧援,故日本往往以此為
助力,毫無禁忌擴張在亞洲的勢力範圍。但是英國或許

6　Dsepatch from the Washington Correspondent of the London *Times*,
11 May 1920, cited from "Anglo-Japanese Alliance: Americans
Interested in It," *The Canton Times*, 3 July 1920.

已慢慢認清到，英日同盟對於英國來說，恐怕是阻礙而非幫助。因為日本只是利用英日同盟來擴張實力，最終將會成為英國在亞洲最大的競爭對手。因此，一旦美、日戰爭爆發，毫無疑問的，英國將廢棄與日本的同盟，轉而支持美國。該評論並特別引述英國倫敦《旁觀者》（The Spectator）週報的一篇報導，強調如果美、日發生戰爭，英國一定會站在美國的一方，從澳洲、紐西蘭、南非到加拿大同樣也會持相同態度。如果英國政府因為英日同盟的關係，選擇站在日本的一方，屆時「百分之九十九的英國人都會站出來向英國政府投擲石頭，因為支持日本對付血濃於水的美國同胞，根本是愚蠢的犯罪行為」。[7]

　　根據知名美國經濟學者雷麥（C. F. Remer）[8] 分析，早自日俄戰爭以來，美國公眾輿論對於日本在亞洲崛起的論調，即已開始逐漸轉為質疑日本侵略擴張的意圖，也因此對於英日同盟之事感到十分忌憚。美國公眾輿論

7　"Japan's Place in the Sun (Viewed from the Orient by Cody Marsh)," *The Weekly Review of the Far East*, 16 July 1921.

8　雷麥為美國知名經濟學者，曾任教於上海聖約翰大學與美國密西根大學，專精於遠東，尤其是中國事務，著有《中國的國外貿易》、《外人在華投資論》等書，並被翻譯為中文、日文等，後來又擔任財政金融司官員。胡佛研究所也收藏有雷麥有關遠東與中國政治經濟情況的相關檔案文件。見 C. F. Remer, *The Foreign Trade of China* (Shanghai: Commercial Press, 1926); C. F. Remer, *Foreign Investments In China* (New York: The Macmillan company, 1933)；著者シー・エフ・リーマー，木村增太郎校閱，小林幾次郎譯，《近代支那通商史論》（東京：朝日書房，1930）；雷麥著，蔣學楷、趙康節譯，《外人在華投資論》（上海：商務印書館，1937）；The Hoover Institution Library & Archives, "Register of the C. F. Remer Papers," Collection Number: 72016（https://oac.cdlib.org/findaid/ark:/13030/tf5779n7gh/）

原先相當認同英日同盟，因為該盟約的存在，成功制衡
了俄國在亞洲地區的擴張，甚至讚美日本是維護遠東自
由現狀，免於俄國侵略的重要功臣。但是日俄戰爭以
後，日本的所作所為，卻讓美國人感到失望。美國對於
日本的猜忌與敵意，也就轉趨濃厚。首先是日本逐步將
朝鮮納為禁臠，並血腥鎮壓朝鮮民族的反抗，加深了美
國對於日本的惡感。其次，中國歷經革命，辛苦建立民
主共和政體，但日本竟然利用歐戰之機，向中國提出兇
狠的二十一條要求，也引起美國的憤慨，甚至提出抗
議。之後，日本雖與美國一同出兵西伯利亞，卻藉故不
願撤兵，繼續延長駐兵的原因，可能即是為了強化對於
西伯利亞的控制，這又讓美國更加認清到日本擴張的野
心。換言之，日本在遠東地區的所作所為，已經完全牴
觸美國維護該地區自由現況的政策。在美國人心目中，
日本也由原先對抗俄國入侵的遠東秩序守護者，轉變為
破壞者。或許即是肇因於美、日之間日漸嚴重的猜忌與
心結，英日同盟在 1911 年續約時，乃特意加上了一條
但書，亦即如果日本與美國開戰，則英國將無義務參與
戰爭。[9]

　　歐戰之後，美國對於英國的期許，自然是希望英國
能夠協助美國，在遠東繼續維持自由現況。然而日本過
往的作為，很明顯抵觸此項政策，那麼英日同盟是否還
應該持續下去，就必須慎重考慮。況且，美國公眾輿論

9　"Practical Politics and the Anglo-Japanese Alliance," *The Millard's
Review of the Far East*, 14 May 1921.

也認為英國在華商業利益與投資貿易比重，均為各國之
冠，也因此英國遠東政策的核心目的，即在於確保並維
護英國在華利益的優勢。但自英日同盟成立以來，英國
在華利益究竟因此擴大，抑或減損，答案顯然是相當清
楚的。日俄戰爭後，日本逐步確立在滿洲的特殊利益，
歐戰期間則擴充至山東，歐戰後又欲將福建納入旗下。
在這些地區，日本均採行排他性的經濟壟斷措施，英國
商業活動同樣亦受到極大的限制。特別是日本所提出的
二十一條要求中，其中第五號還包括在長江流域取得鐵
路租借地，由此不難看出日本不以將南滿、山東、福建
地區據為己有而滿足，還試圖進一步將觸手伸到英國在
華的核心地區。英國當初為了抵禦俄國勢力的入侵，選
擇與日本結盟，以確保在遠東地區的利益，但事實上，
俄國尚且還未真正構成英國利益的危害，而日本卻已經
確實開始損害英國利益。職是之故，雷麥指出，對於是
否要繼續英日同盟，美國公眾輿論自然希望英國能夠做
出明智的判斷。[10]

　　總結來說，如果日本繼續遂行侵略擴張政策，遠東
的情勢恐將會是世界上最危險的，從而可能危及到整個
世界的和平。雷麥進一步分析，一旦未來遠東真的發生
戰爭，許多國家或許均有不容推卸的責任，例如中國
的消極作為、俄國的混亂、日本的貪得無厭、美國的置
身事外等，但是罪魁禍首絕對是英國，因為她未能善盡

---

10 "Practical Politics and the Anglo-Japanese Alliance," *The Millard's Review of the Far East*, 14 May 1921.

把守門戶的責任。因此，雷麥勸諫英國政府不應短視近
利，只顧眼前的現實利益，而應該要有長遠的規劃，尤
其是必須堅守自由開明的政策，唯有如此方能有效制衡
日本的擴張政策，維護遠東以至於全世界的和平。所
以，雷麥堅稱英國應該要放棄與日本的同盟關係，藉
此表明擁護自由開明的政策，並反對日本的軍國主義
路線。[11]

（三）英國的辯解

　　部分在華的英國人亦對歐戰以來日本的迅速崛起及
其對英國的威脅，感到極度憂心，但他們並不認同美國
人一再宣稱是英日同盟導致日本的坐大，相反地，美國
一再強調的中國門戶開放政策，或許才是罪魁禍首，間
接削弱了英商實力，從而助長了日商在華勢力。

　　英國知名的中國問題專家與評論家伯爾格（Demetrius
C. Boulger）[12] 指出，美國強勢介入中國事務，自以為是
地喊出中國門戶開放政策，迫使英國以及其他列強接
受，而結果之一，就是日本大幅擴張了在華的商業利
益。誠然，歐戰以來，日本利用大戰良機，趁歐洲列強
無暇東顧之際，在華取得令人艷羨的龐大通商貿易利

11　以上關於英日同盟續約，可能對美國遠東政策以及英國在華利
　　益造成的牴觸與危害，可以參見 1921 年雷麥投書《密勒氏評論
　　報》所做的詳細分析。見 "Practical Politics and the Anglo-Japanese
　　Alliance," *The Millard's Review of the Far East*, 14 May 1921.

12　伯爾格為英國知名作家，素來關注遠東問題，曾著有《中國史》
　　（*History of China*）三卷，並創辦《亞洲每季評論》（*Asiatic Quarterly
　　Review*）等刊物。關於其人生平，見 "Mr. Demetrius Boulger," *The
　　Times*, 17 December 1928.

益。然而,追本溯源、深究其因,日本獲致的龐大成就
與利益,並非單純得之於英日同盟的護持,相反的,更
多乃是受惠於美國大力宣揚的中國門戶開放政策,得以
藉機大肆擴大在華利益。職是之故,英國在華商人團
體,如果對於歐戰期間日本在華擴張的商業利益,感到
挑戰與威脅,又或者帶有怨懟以及嫉妒心態者,不應該
全然歸咎於英日同盟,反之,應該要去正視美國推動中
國門戶開放政策所造成的危害,畢竟它或許才是開門揖
盜,促成日本在華利益擴張的罪魁禍首與始作俑者。特
別是此原則在某種程度上,抵銷了英國在華費盡千辛萬
苦打造出來的優勢地位。[13]

　　伯爾格認為英國始終對日本帶有防範與戒備之心,
從未由於英日同盟的存在,而蓄意縱容日本的坐大。相
反地,過去受惠於英日同盟以及英商在華強大實力的有
效制約,使得日本受到控制,無法過於擴張。然而,
真正造成日本在華坐大等嚴峻挑戰的,乃是門戶開放政
策過於好高騖遠,非但沒有起到節制日本的作用,卻大
幅削減了英商既有的優勢,同時也讓日商得以藉口門戶
開放大肆進入中國市場。歐戰後日本的壯大以及英國在
華商業勢力的衰退,很大程度上,均應歸咎於門戶開放
政策。因此,在華英商對於美國自然抱有憤恨不平的心
態,痛斥其損人又不利己,玩火自焚。

13　Demetrius C. Boulger, "The Anglo-Japanese Alliance," *The Contemporary Review*, September 1920, cited from "The Anglo-Japanese Alliance," *The Millard's Review of the Far East*, 14 May 1921.

三、英日同盟續約爭議：「馬基維利式」思考

　　歐戰後，英國處於美國與日本之間的取捨，一邊是同文同種的血親關係，一邊則是長年合作的遠東盟友，英國似乎也陷於兩難的困境，公眾與新聞輿論也呈現出分裂的情況，聯美、聯日論各有支持者。無論何者，立論基礎均聲稱以英國的最大利益為依歸，但歸納得到的結論，卻詭異地大相徑庭。另外一方面，英國所謂的務實考量與權衡妥協，在美國人眼中，亦顯得太過精於算計，而可能引火燒身。

（一）服膺強者美國的好處

　　部分論者認為英國無須迷惘猶疑，權衡利益得失後，應該可輕易做出合乎理智的判斷，那就是放棄日本，轉而倒向美國。畢竟國力強大且同文同種的美國，無論如何，都比日本更具有盟友的價值。此類論述，除了表態傾向美國，另外一方面亦苦心造詣，籌思如何能夠合理地終止與日本同盟續約的問題。為了避免片面終止同盟，甚至引來背信忘義的指責，英國自然需要尋求較為正當溫和的解套之法。

　　例如 1920 年中，英國《曼徹斯特衛報》（*The Manchester Guardian*）的一篇新聞評論，即隱約透露出英日同盟可能不再續約的訊息，但提出的理由，當然並非是基於美國的反對，或是英國國家利益的考量，而是以英日同盟可能有牴觸國際聯盟盟約之嫌。根據該評論的

說詞，英日同盟的性質，乃是屬於攻守同盟，亦即當一
國陷入戰爭狀態時，另外一國必須給予支持，或是加入
戰爭。然而國際聯盟盟約的核心精神，則是反對各種形
式的侵略或戰爭。職是之故，在歐戰後國際聯盟盟約的
架構下，英日同盟原先基於戰爭考量的存在，似乎就稍
顯不合時宜了。[14]

　　英國必須在美國與日本之間選邊站的態勢，在華
盛頓會議召開前夕，更為明顯。對英國以至於整個英
語世界新聞輿論均有極大影響力的英國報界鉅子北岩
子爵，[15] 於 1921 年 11 月，在北京英美協會（Anglo-
American Association, Peking）上的一次演說中，即明確
表態鼓吹「英美一體」（Anglo-American Unity），反對
英日同盟續約。北岩強調，英國與美國不但有著相同的
歷史發展脈絡、鄰近的血緣關係（均源於盎格魯薩克遜
民族），以及一樣的法律規定、共同的理想，與愛家的

14　*The Manchester Guardian*, 15 July 1920, cited from "Anglo-Japanese
　　Alliance," *The Canton Times*, 20 July 1920. 國際聯盟盟約第 16 條規
　　定，成員國有權以軍事行動制止違反盟約、發動戰爭的國家。關
　　於國際聯盟盟約，亦可參見唐啟華，《北京政府與國際聯盟》（臺
　　北：東大圖書公司，1998），附錄。

15　北岩子爵是英國報界鉅擘，掌控了全英國近四成多發行量的日
　　報與晚報，且透過旗下的《泰晤士報》與《每日郵報》（*The
　　China Mail*），對於英國菁英階層以及一般普羅大眾的新聞公眾
　　輿論，均有極其龐大的影響力。在歐戰期間，北岩爵士甚至負責
　　主導英國對德國，甚至也包括對美國的新聞輿論宣傳。換言之，
　　北岩可謂是歐戰前後能夠影響英國報界新聞輿論的第一人。關
　　於北岩子爵的生平及其成就，見 J. Lee Thompson, "Fleet Street
　　Colossus: The Rise and Fall of Northcliffe, 1896-1922," *Parliamentary
　　History*, Vol. 25:1 (February 2006), pp. 115-138; J. Lee Thompson, "'To
　　Tell the People of America the Truth': Lord Northcliffe in the USA,
　　Unofficial British Propaganda, June-November 1917," *The Journal of
　　Contemporary History*, Vol. 34:2 (April 1999), pp. 243-262.

家庭觀念,兩國在遠東地區也有著一致的利益:英、美
均主張維持中國市場的開放與投資機會均等,反對單一
勢力的壟斷與商業霸權,也致力於推動中國地位的提
高,維持中國的穩定。然而,日本卻有著與英、美明顯
不同的作法,特別是在軍方勢力影響下,對內壓制開明
路線、封鎖言論,對外則積極尋求擴張。而英日同盟的
續約,恐怕更會助長日本軍方的威望與力量,並利用英
日同盟,繼續對內部的輿論箝制,以及大肆追求海外擴
張的野望。日本的所作所為,無疑已經引起美國,以及
英國的海外自治領加、澳、紐等極大的疑慮,故對於英
日同盟續約問題,抱持質疑與反對的態度。因此,北岩
認為,歐戰期間日本雖然忠實恪遵英日同盟的義務,但
獲得的利益更為巨大,而如今英日同盟的存在,顯然已
不再切合當前局勢的需要,況且也已經阻礙到美國對於
中國以及遠東事務的安排,自然應該要劃上句點,功成
身退。[16]

(二)不棄故友與維護利益

也有部分論者認為英國不應該為了美國而放棄故
友。例如前述英國知名的中國問題專家伯爾格,1920
年在倫敦《當代評論》(*The Contemporary Review*)上分析
英日同盟是否應續約問題時,則指出英國太過於謹小慎

---

16 "We Must Hang Together: Important Speech by Lord Northcliffe in
   Peking on the Anglo-Japanese Alliance and the Need for Anglo-American
   Unity: Reasons Why the Alliance Should be Dropped," *The North China
   Herald and Supreme Court* & *Consular Gazette*, 26 November 1921.

微，只為顧慮美國的觀感，甚至不惜自我閹割英日同盟的有效性。英國如果揚棄盟約，終將進退失據，非但會讓作為盟邦的日本感到心寒，同時也無法達到討好美國的作用。此乃因早在 1911 年續約時，英國為了安撫美國，添加了但書，亦即當日本與其他國交戰時，英國保有是否參與戰爭的彈性與權力。究其實際，日本最大同時也是唯一的假想敵就是美國，故上述但書，等於間接排除了英國與日本共同對付美國的可能性。所以對於日本來說，英日同盟的功用自然大打折扣，而續約的價值也就不是太大，從而使得日本輿論對於英日同盟是否續約，本身也存有不少質疑。當時英國選擇不惜犧牲日本的情誼，也要加入上述但書，只為討好美國，但卻依然沒有達到應有的成效。英國顯然太過一廂情願，誤以為如此就可以大幅舒緩美國的疑慮。事實上，美國還是持續百般挑剔，一再批判，並表達出憤恨不滿的態度。因而根據前次的經驗，英國如在英日同盟續約問題上一再自我設限，恐怕只會適得其反，最終搞得裡外不是人，從而大幅損害大英帝國的尊嚴。況且無可否認地，英國在亞洲的重大利益，透過英日同盟來確保，實屬即天經地義，美國又有何立場說三道四？無論如何，英國作為主權國家，對外締結盟約本來即無須事先取得其他國家的同意，所以倒不如維持原議，延續原先的英日同盟。[17]

---

17 "The Anglo-Japanese Alliance," *The Millard's Review of the Far East*, 14 May 1921.

　　根據伯爾格的進一步分析，日本對於英國的重要性，反映在許多面向。其一，歐戰爆發後，日本極其忠實地履行與英國之間的同盟關係，甚至遠遠超乎條約規定其應盡的義務。依照英日同盟的規定，雙方防守同盟的關係僅侷限在亞洲地區，故對於發生在歐洲地區的英、德戰爭，如依照條約，日本僅需嚴守中立，無庸參與戰爭。但歐戰爆發後不久，日本即義無反顧地向德國宣戰，使得德國在亞洲地區的勢力付之一炬。英國政府雖然避談日本主動參戰的貢獻與作用，但不可否認地，日本主動出面對抗德國，對於英國而言，不論在鼓舞民心士氣，還是在戰略的牽制上，都有極大的助益。但是反觀英國自身，在戰後非但沒有大力協助日本順利取得戰爭果實（例如德國在山東的殖民利權），甚至還因為顧慮美國的態度，而有意背棄盟約，顯然是缺乏信義、以怨報德之舉。其二，正由於有英日同盟的存在，在大戰期間的關鍵時刻，日本始終忠實地替英國看守亞洲的門戶，不但直接維護了和平與秩序，避免其受到戰火波及，也間接確保了英國的領土利益與條約特權，不受到絲毫損害。可是，另一方面，反觀美國，雖然一直被英國視為有著血濃於水的親密關係，但卻沒有在第一時間出面相助英國，而是遠在日本對德宣戰後三年，方始姍姍來遲，參與了戰爭。

　　此外，伯爾格還提出了一種更為有力的觀點，聲稱在維持中國的主權獨立與領土完整上，英日同盟的作用，遠遠大於美國的門戶開放政策。他認為英日同盟最主要的目的之一，即在於保全中國，由於此盟約的存在，確定「列強在華商業與貿易機會均等原則」（the principle of equal opportunities for commerce and industry of all nations in China），也讓中國免於被瓜分或分崩離析，使得中國的獨立地位與主權完整獲得維持。[18] 然而，美國自以為是的門戶開放政策，卻反其道而行，表面上口口聲聲要開放，實則攪亂市場池水，使得競爭更為激烈，益加讓中國的情況更趨複雜棘手。

因此，伯爾格呼籲英國人不應該因為過於擔心觸怒美國而進退失據。英國僅需從自身的角度出發，去思考英日同盟是否應續約，完全無須越俎代庖，從美國的視角，去自我設限英日同盟的存廢問題。既然英日同盟對於英國有利，可以帶來忠實且強大的盟友，能夠協助守住在東亞的「領土權利」與「特殊利益」，那麼為何要放棄盟約？如果英國只是因為顧慮美國的態度，卻自行放棄於己有利的盟約，恐怕美國人反而會嘲笑英國的愚蠢。更何況在本質上，只是個防守同盟，不帶有侵略性，故不致引起過大的反彈聲浪。縱使美國確實對英日同盟懷有疑慮，那也應該是美國的問題，美國人自然會去思考是否要採取種種措施，或是直接與日本進行交涉磋商，尋求較為可行的解套方案或反制策略，而不用英國自己杞人憂天，過於顧慮美國的立場與利益。[19]

18　此項原則出自於第二次英日同盟條約。見 David Steeds, "The Second Anglo-Japanese Alliance and the Russo-Japanese War," cited from Ayako Hotta-Lister, Ian Nish, and David Steeds, "Anglo-Japanese Alliance," LSE STICERD Research Paper, No. IS432.

19　"The Anglo-Japanese Alliance," *The Millard's Review of the Far East*, 14 May 1921.

（三）「馬基維利式」思考的利弊得失

　　根據前述美國經濟學者雷麥的分析，如果從英國本身的角度，來思考英日同盟續約的利弊得失，有可能基於三個務實性的考量，而傾向繼續維持與日本之間的同盟關係，甚至不惜犧牲在華的重大利益。其一，印度是大英帝國的核心利益地區，所以為了確保英國在印度的利益，故英國有可能選擇與日本妥協，維持盟約。英國可能希望放棄在華的利益，滿足日本的需求，以換取日本承諾不去染指印度。其二，澳洲也是英國海外最重要的地盤，而為了維護「白澳」（white Australia）政策，所以可能繼續與日本維持同盟關係，藉此交換防止日本移民進入澳洲。其著眼點，同樣也是打算以犧牲遠東利益，來交換日本勢力不進入澳洲。其三，英國也可能只圖自保，而選擇與日本續約，完全不顧日本在遠東擴張侵略政策的危害。英國打的如意算盤，顯然乃是企圖將維持遠東和平的工作，全然地丟到美國身上，讓美國去維護亞洲的門戶開放，並承擔制止日本侵略擴張的責任。[20]

　　然而，前述英國看似務實的考量，極有可能是與虎謀皮。首先，英國如選擇以妥協讓步與政治交易，來綏靖日本帶有侵略性的帝國主義，只會造成示敵以弱，然後陷入一再退讓的惡性循環與窘境之中。雷麥即質疑在日本的步步進逼壓力下，英國為了確保印度與澳洲，

20　"Practical Politics and the Anglo-Japanese Alliance," *The Millard's Review of the Far East*, 14 May 1921.

一再放棄掉在亞洲地區的利益，早先已經失去在朝鮮與滿洲的利益，現在又準備棄守在華北以及西伯利亞的利益，難道之後還有其他地區可以繼續讓給日本嗎？況且作為大英帝國海外自治領的澳洲，恐怕也不見得願意接受英國以放棄在遠東的利益，來交換維持白澳政策。尤有要者，英國一再對日本退讓，當最終退無可退、讓無可讓之際，英國可能還是只能被迫出面與日本對抗。因此，如果就長時段來看，英國基於權宜性務實考量的「戰略性退讓的外交政策」（strategic diplomatic retreat），其實最終還是會引導走向與日本之間的戰爭。既然如此，何不及早表明態度，停止與日本之間的同盟，藉此制衡日本軍事侵略擴張的意圖，同時也讓日本國內反對侵略擴張政策的開明派人士，能夠獲得外援，嘗試改變軍國主義路線。此外，英國如果算計美國，甚至不顧美國的態度，繼續與日本續約同盟關係，惡劣地將維持遠東和平的責任全然丟給美國，同樣也是不切實際的。無論如何，美國有可能默默容忍這種情況出現嗎？職是之故，雷麥即嘲諷英國太過「馬基維利式」（too Machiavellian）的厚黑考量，可能終將機關算盡，顯然有些自以為聰明了。[21]

（四）詭譎多變的英國

在日本新聞輿論眼中，英國立場似乎詭譎多變，唯

---

21 "Practical Politics and the Anglo-Japanese Alliance," *The Millard's Review of the Far East*, 14 May 1921.

利是圖。或許可以從歐戰以來外國軍火輸入中國的爭議中，看出部分端倪。歐戰期間，日本推動西原外交，大肆提供軍事裝備與貸款給北京政府執政的皖系當局，但歐戰結束後，以美國為首的西方列強則指責日本違反中立、介入中國內戰，是中國現況惡化、南北持續分裂的主要元兇之一。然而，日本報紙感到不滿的是，英國竟不顧英日同盟的往日情誼，選擇與美國站在同一陣線，共同指責日本的不是，間接導致歐戰後的日本成為眾矢之的，陷入外交孤立無援的困境之中。但與此先後，英國本身卻又縱容英商與北京政府陸軍部簽訂無線電信借款，但又沒有明文限制借款用途，不難理解的，北京政府軍事當局很有可能事後將此筆借款挪作軍事用途，作為征伐南方各省的軍費。換言之，日本報紙認為英國選擇與美國齊一陣線，在指責日本對華軍事貸款之際，卻又自行給予中國不設限用途的借款。更令日本報紙感到納悶與不滿的，乃是中國南方素來以嚴辭批判日本戰時對北京政府的軍事借款著稱，但卻對英國的無線電借款之事，似乎故意選擇視而不見。[22]

由此觀之，在日本輿論視野下，英國的所作所為，明顯帶有投機與風向性，試圖多邊取好，以便在複雜的中外局勢中，牟取最大的利益。

22　〈無権威の外交：不明迂闊亦之を助く＝之を支那に見よ欧米に見よ〉，《大阪每日新聞》，1919 年 4 月 14 日。

四、隔山觀虎鬥：英國的微妙地位

　　除了英日同盟續約爭議外，歐戰後美、日在華矛盾論述的形成，或許還有其他跟英國因素在醞釀著。尤其是歐戰爆發前曾長期主宰世界與遠東事務的英國人，究竟在歐戰後的美、日矛盾中，扮演何種角色？從當時報紙的言論中，可以察覺出不少英國人對於美國勢力在遠東地區的迅速崛起，抱持著相當不安的態度。而在外人眼中（特別是美國人），英國這種類似酸葡萄心理的嫉視，會進而推導出某些厚黑思維，亦即利用美、日矛盾的現實，伺機煽風點火、推波助瀾，使彼此惡鬥，以便讓英國能夠好整以暇地兩邊取巧，大搞平衡遊戲。

（一）英國的忌憚心理

　　就軍事考量來說，歐戰以來美國大幅增加海軍實力，戰後仍持續強化在夏威夷珍珠港、關島、菲律賓等地的海軍艦隊與軍港設施，以擴大對太平洋地區制海權的掌控。美國海軍勢力的逐步西進，自然對原在遠東居優勢地位的英國海軍，構成挑戰與威脅。[23] 日本海軍的擴張，同樣亦不遑多讓，1920 年擬推動的八八艦隊計畫，意圖打造出強大的海軍艦隊，以備未來決戰之用。[24] 為了因應其他海權國家的擴張，歐戰後英國亦開

23　〈米国海軍と布哇：一大海軍根拠地設置論：華盛頓十日発〉，
　　《大阪毎日新聞》，1919 年 12 月 16 日。

24　八八艦隊方案，乃是日本計畫在 1927 年前建造出八艘主力艦與
　　八艘裝甲巡洋艦。不過此案後來因為華盛頓五國海軍會議後簽訂
　　的海軍限武條約，而告中止。關於此海軍建軍計畫，可以參見

始致力於海軍艦隊的建設，包括強化既有的「中國艦隊」（China Station）與澳洲獨立艦隊的陣容，同時也規劃在加拿大與紐西蘭籌建獨立艦隊。[25] 歐戰以來美、日等在太平洋地區海權力量的高漲，已對英國構成強烈刺激，而必須籌思可能的因應對策。然而，以戰後英國本身的財政窘況、戰時損耗與民間厭戰情緒等情況而言，要與美、日等進行海軍軍備競賽的難度甚高，自然還是得反思其他較為可行的制衡之道。

　　同樣重要的是經濟層面。歐戰以來，美、日兩國均相當覬覦英國在中國商貿霸主的地位。這也關係到往後遠東商業利益的重新洗牌與爭奪。中國市場與東亞商貿活動潛藏的龐大商機，早已吸引不少美商、日商企業競相投入，而原先作為最主要既得利益者與執牛耳者的英國，當面對美、日兩國的強勢挑戰，無論如何，都必須採取有效作為，以避免或延緩既有優勢經濟地位的弱化。英、美、日在經濟層面上的競爭相當廣泛，涉及到借款、電台、鐵路、開礦、石油、造船等各種產業與投資，但其中與美、日在華矛盾論述有著更為直接利害關係的，可能是英、美在中國外文報業上的競爭。晚清時期，英國人創辦的英文報紙，如上海地區的《字林西報》、華北地區的《京津泰晤士報》（*The Peking &*

Sadao Asada, *From Mahan to Pearl Harbor: The Imperial Japanese Navy and the United States*, pp. 47-96；田村尚也，〈大日本帝國海軍、榮光の 50 年史 八八艦隊への道〉，《歷史群像》，2007 年 10 月號，頁 33-49。

25　〈太平洋英國海軍：對米國海軍策〉，《大阪每日新聞》，1919 年 8 月 24 日。

Tientsin Times）等，向來在中國的外文報界居關鍵地位，深深影響著報紙的發展與論調。但民國以來，在美國報人的持續努力下，美系報紙逐步在中國市場嶄露頭角，諸如《大陸報》（*The China Press*）、《密勒氏評論報》、《華北明星報》（*The North China Star*）等，已在中國長江下游與華北等精華地區站穩腳步，有了穩定的客源與讀者閱覽圈。之後，美國在華報業又進一步發展，隨著市佔率與影響力的與日俱增，逐漸打破過去由英國獨大的外文報紙，使得英國倍感到威脅。以外文在華報業最重要的上海地區為例，兩家英文大報，英系的《字林西報》與美系《大陸報》之間的競爭，就極其激烈。基本上，《字林西報》及附屬的《北華捷報》（*The North China Herald*）乃一脈相承，為上海地區老牌的英文報，影響力極大，向來由英商所控制，為英國在華利益喉舌。美系《大陸報》則成立較晚，1911 年才由中美合資成立，但主要由美商與美籍報人主導，體現美國與中國的共同利益。《大陸報》在中、美合作下，一度取得相當不錯的業績，發行量甚至有凌駕《字林西報》之勢。為了打壓《大陸報》，《字林西報》及其背後的英商團體，遂透過種種商業手段，包括運作抽廣告等策略，成功讓《大陸報》陷入經營危機。[26] 顯見民國以來，隨著美商在華勢力的崛起，或多或少已構成對英商的挑戰與威脅，而這種情況在歐戰之後自然也更為明

26　Peter O'Connor, *The English-language Press Networks of East Asia, 1918-1945* (Folkestone: Global Oriental, 2010), pp. 130-133.

顯。部分在華英國人對於美國的敵意，可能就是來自於同業競爭。

更為關鍵的，英、美在華報業的競爭，不僅著重於擴大市佔率與發行量，甚至還涉及到雙方對中國事務話語權的掌握。固然英國報紙仍舊掌握著在華外文報紙的主流論述，但美國報人持續努力嘗試建立美國人自己的新聞論述，避免以英國立場為依歸的英文新聞，持續宰制了整個外人在華的輿論。雖然英、美在華報紙大都有類似的特徵，亦即均為英、美兩國在華利益而服務，忠實扮演著「非正式外交官」的角色，利用報紙輿論工具，支持政府當局的外交政策，但是終究還是有不少的矛盾與差異性。除了報紙本業的市場競爭外，英、美兩國在華新聞輿論的政治立場，同樣也有很大的差別。兩者主要的差異性之一，即在於英國報紙向來擁護大英帝國在華利益，且對中國現況發展持批判立場，經常攻訐各個方面的落後性與劣行劣狀；但美國報紙則大相逕庭，不但對中國未來發展抱持較為正面樂觀的態度，肯定中國的現代化，還流露出某種程度的反英情緒，甚至不時帶有反殖民主義的眼光與視角，去質疑過去英國等歐洲列強在華的種種舉措。[27]

因此，在上述種種商業利益與話語權的競爭下，英國人要反制美國，或許較直接且有效的途徑之一，可能

---

27 1920 至 1930 年代，美系在華報紙約有六家，而英系的報紙則有八家。關於美系在華報紙與英系報紙之間的競爭，可以參見張詠、李金銓，〈半殖民主義與新聞勢力範圍：二十世紀早期在華的英美報業競爭〉，《傳播與社會學刊》，總第 17 期（2011），頁 165-190。

即是利用新聞輿論紙上談兵，替美國塑造出一個同樣具
有強大威脅性的敵人：日本。藉由美、日兩國在現實政
治上本來就有的矛盾衝突與立場差異，透過新聞輿論途
徑，予以渲染與散播，營造出美、日即將走向戰爭的刻
板印象，確實可能強化兩國之間的敵對意識。只要美、
日彼此矛盾，英國在面對歐戰後美、日挑戰的壓力，則
應可獲得一定程度的舒緩。

　　無論軍事、經濟，還是報紙等層面，歐戰後英國均
面臨美、日的挑戰，而在忌憚心理的驅使下，在華的英
國人應該相當樂見美、日矛盾論述的醞釀與形成。畢竟
美、日關係的惡化，對於英國在華利益而言，確實是利
大於弊。

（二）美、日戰爭論的推波助瀾

　　既然美、日矛盾格局的加劇，有助於緩解英國所感
受到的挑戰與威脅，且對於維護英國在華利益，亦具有
正面作用，再加上英國本身既有對外人在華報紙輿論的
強大控制與影響力，那麼從邏輯上來說，英國確實已
經具備了介入或操控美、日矛盾論述所需的動機與條
件。事實上，部分美國記者即高度懷疑，歐戰後美、日
戰爭謠言的不時出現，背後可能就有影武者在暗中推動
與散播。

　　例如與美國駐華使領機構有著密切關係的美籍記者
克勞斯（Upton Close），[28] 在 1921 年 2 月即曾撰文暗

28　克勞斯為筆名，真名為賀爾（Josef Washington Hall），美國人，

指歐戰後美、日戰爭論的喧囂，絕非意謂著美、日之間已出現不可化解、劍拔弩張的緊張態勢，而是有兩國之外的「第三方勢力」在幕後故意傳播與煽動。畢竟美、日關係相較於歐戰之前，顯然並沒有太大的變化，也沒有爆發戰爭的可能性。雖然自 20 世紀以來，斷斷續續、多多少少常有關於美、日開戰的謠言出現，但是究其實際，幾乎不過只是老生常談，並沒有多大的新義。然而，克勞斯分析，歐戰後美日戰爭論卻忽然之間又再度成為新聞輿論熱議的焦點，不但大幅激起了中國的公眾輿論的熱情，希望藉此在與日本的對抗中爭取活動空間，甚至同時也讓當事國的美、日兩國均無法置身事外捲入其中，擾亂了遠東的國際局勢。追本溯源，無風不起浪，空穴來風，其必有因！美、日兩國內部固然均有鷹派勢力，向來主張以強硬作為處理彼此關係，但歐戰後出現的美日戰爭論，顯然不是這些鷹派勢力運作的結果。因此，克勞斯認為，美國與日本政府有關當局對於「第三方勢力」的興風作浪，早已了然於胸，故對其散播的戰爭謠言，表現出嗤之以鼻的態度。[29]

但常以 Up Close 或 Upton Close 為名發表評論報導。賀爾早先自美國前往中國從事傳教工作，後來則成為新聞特派員，同時蒐集有關遠東事務的情報。歐戰期間，曾替美國政府駐華外交使領機構工作，負責蒐集德國與日本在華利益的情報。歐戰後則繼續撰文評論中國事務，並擔任英文《北京日報》的編輯。關於賀爾與中國的關係，見其於 1924 年出版，類似自傳的專書。在此專書中，賀爾自稱職業為新聞特派員、探險家以及華盛頓大學亞洲太平洋講師，見 Upton Close (Josef Washington Hall), *In the Land of the Laughing Buddha: The Adventures of an American Barbarian in China* (New York & London: G. P. Putnam's Sons, 1924).

29 "Would China Profit by A Japanese-American War?" *The Millard's Review of the Far East*, 12 February 1921.

為了進一步釐清「第三方勢力」與美日戰爭論之間
的關係，克勞斯引述一份由日本外務省在 1921 年 1 月
7 日發出的聲明，痛斥上海報界捏造與傳播此類假新聞
的惡質行徑：

> 根據媒體報導，上海一份中國報紙的特訊中，宣稱
> 日本政府已經通知小幡酉吉：鑑於美、日之間即
> 將發生戰爭，因此日本決定採取親華政策，與中國
> 在廣泛的政治層面進行合作。上述報導乃是毫無根
> 據的謠傳！這些新聞報導，特別是在上海，為了讓
> 大眾相信美、日關係已陷於緊張惡化，乃持續散播
> 類似謬論。此類捏造的新聞，並不值得官方進行駁
> 斥，但是無根據的謠傳，卻會助長負面的誤解。[30]

製造假新聞的，固然是上海的一份中國報紙，但發
人省思的是，對於任何熟悉美、日關係與中國事務的專
業人士來說，均會不屑一顧的假消息，後來卻由於路透
社不加篩選與查證的轉載，而傳播到全世界，並迫使日
本外務省必須出面闢謠。克勞斯分析，上海是散播美日
戰爭論假消息的主要地區，美、日兩國利用歐洲列強無
暇東顧之際，大舉將商業勢力「入侵」上海，導致既有
的商業團體蒙受巨大的損失。這些長期以來控制上海市
場的商業團體，早已將上海視為專屬的利益地盤，不容

---

30 "Would China Profit by A Japanese-American War?" *The Millard's Review of the Far East*, 12 February 1921.

他人染指。因此，由「第三方勢力」在幕後煽動、傳播的美日戰爭論，目的即在於削弱美、日兩國在華的商業競爭力，從而讓原先的既得利益者，能夠繼續掌握上海的市場。克勞斯甚至還語帶嘲諷地戲稱，藉由美日戰爭論的散播，可以攪亂美、日兩國與中國的互動，以便在商業競爭中取得優勢，如此對某國商業團體來說，自然就是好的競爭策略，而對於隱身在幕後大力支持商業擴張的某國政府來說，當然也就是極佳的外交成就。[31]

　　換言之，歐戰後所謂美日戰爭論的假消息一再層出不窮，背後可能乃是一些外國勢力故意促成的結果。在某種程度上，這應該是一些作為既得利益者的國家謀劃策動的新聞輿論宣傳手法，煽風點火、見縫插針，讓中國人誤以為美、日即將開戰，以便從中獲取利益。而中國方面帶有反日傾向的知識分子，自然也樂見美、日矛盾態勢持續加溫，方能趁機推動歐戰以來中國「聯美制日」的外交策略。是故無論美日矛盾消息的真偽與否，中國的有識之士必然也心甘情願隨之起舞。雖然克勞斯始終沒有明確指名所謂的「第三方勢力」究竟為何，但是不難推測的是：近代以來即控制上海市場的商業團體，以及長期視上海為特權與利益地盤的國家，答案幾乎已呼之欲出，應該與英籍商人、報人，甚至與英國政府脫離不了關係。況且，美、日戰爭論的假消息在傳播過程中，縱然中國報紙發布的特訊是事件始作俑者，但

31　"Would China Profit by A Japanese-American War?" *The Millard's Review of the Far East*, 12 February 1921.

是如果沒有路透社後來的推波助瀾，將其在全世界進行宣傳，恐怕也難成氣候。

如果進一步分析，還可以嗅出英、美、日三國間相當不尋常的矛盾關係。姑且先不論英國是否真的有意要挑撥美、日關係，但是從一位美國報人的評論中，引據日本公使館的說法，指控英國陰謀挑起美、日戰爭論。這樣的報導本身，是否也有虛偽弄假、故弄玄虛之嫌？至於事實真相的疑問與追尋，恐怕也已不只英國是否有陰謀破壞美、日關係，可能還包括到底是美國人想要破壞英日同盟，抑或是日本人想要分化美英關係？箇中緣由，恐怕殊堪玩味。無論真相如何，可以確定的是，歐戰後美、日在華矛盾論述中，英國的角色，不論主動或被動，顯然都是不會缺席的。

值得注意的是，克勞斯並非唯一出面揭露英國陰謀論的美籍報人，另外一位美國記者甘露德亦曾撰文指控美日戰爭論背後有幕後黑手。有趣的是，他的消息來源，也跟克勞斯類似，來自某些所謂的「中國政要」；至於引述的例證，同樣也是日本駐華公使館對於美日戰爭論的觀感與反應。甘露德聲稱，根據日本駐華公使館某位外交官透露給中國官員的「機密消息」，他們認定「一如往常背信棄義」（Perfidious Albion as Usual）的英格蘭，顯然就是「美日戰爭論」幕後的影武者，故意製造出美、日準備開戰的假新聞。這位不具名的日本外交官坦言，面對歐戰後挾帶龐大資源來襲的美國，以及早已獨立發展的日本，身為既得利益者的英商公司，顯然感到畏懼，擔心受到國內嚴峻財政情況的牽制，未能及時從戰時蕭條中復甦，從而無法因應美、日兩國在遠東的挑戰。只能退而求其次，藉機鼓動美、日兩國在華的矛盾情勢，盡量使彼此消耗，以便讓英國有充分的時間，得以復甦至原先地位，從容的因應美、日的挑戰。[32]

（三）英、中、美合作抗日再起波瀾

　　如果深入探究上述克勞斯引述的消息來源，似乎又有更多可議之處。克勞斯在文中曾坦承，其文中所述日本駐華公使館出面駁斥美日戰爭謠言等情節，消息來源，竟然並非直接來自於日本外交官的親自面述，而是從所謂「中國政要」口中輾轉聽來的。[33] 這似乎又讓人不禁懷疑，這些不具名的中國政要，在上述報導評論中，是否也扮演著關鍵角色？

　　從克勞斯口的「第三方勢力」，到甘露德筆下「背信棄義」的英國人，均認定英國確實在美日戰爭論的傳播中發揮了作用。然而問題是，兩位美國記者的消息來源，均是不具名的中國政要，而所講述的例證，亦都是日本駐華公使館對於美日戰爭論謠言的反應與觀感。簡單來說，日本駐華公使館（未曾出面的當事人，被引述者）、中國政要（匿名的消息來源者與轉述者），加上美國記者（具名的撰文者，但未向當事人求證），三

32　"Japanese-American War Rumours," *The North China Herald*, 29 January 1921.

33　"Would China Profit by A Japanese-American War?" *The Millard's Review of the Far East*, 12 February 1921.

者共同編織出英國是幕後煽動美日戰爭論罪魁禍首的印象。不難發現，中國政要恐怕就是整個故事的靈魂人物。美國記者想要找尋美日戰爭論的散播元兇，而「中國政要」提供了元兇故事，況且還是來自戰爭論的當事者、代表官方的日本駐華公使館，講述出具有權威性的認定。因此，英國是美日戰爭論元兇的故事版本，也就相當圓滿了。事實的真相（亦即英國是否真的有策動美日戰爭論），其實並不重要，關鍵的是，美國人想要找兇手，而在中國人的幫助下，他們也找到了想要的兇手！

在甘露德的評論中，業已清楚點出了事情的核心所在。他後續又再度引述「中國政要」對此問題的解釋，美日戰爭論謠言的出現，背後應該有兩股勢力。其一是在華的英國商人，他們擔心優勢地位遭到美、日的挑戰，故刻意縱容美日戰爭謠言的散播。其二則是北京的中國報人，他們希望引進美國的力量來協助中國抗衡日本，故意製造出美日戰爭的假新聞。[34] 英國人與中國人，就是歐戰後美日戰爭論甚囂塵上背後的共同兇手。

由此可知，起碼透過美籍報人筆下文字，歐戰後美、日矛盾論述的形塑與散播，除了美、日自身的因素外，無論是在華既得利益者的英國人，抑或身為東道主的中國人，恐怕均涉入其中。果真如此，除了表面上的英國人之外，中國人在歐戰後美日矛盾論述的形成中，

---

34 "Japanese-American War Rumours," *The North China Herald*, 29 January 1921.

似乎也起到推波助瀾的作用。然而，這種現象與歐戰後同樣驟然興起的「ABC」理論，亦即美（America）、英（Britain）、中（China）合作抗日，是否也有所關聯？[35]

　　回顧歷史，歐戰後不久，早在 1919 年時即已出現所謂的「ABC 同盟」一詞。此詞彙的出現，與巴黎和會山東問題爭議後的五四政治與反日運動，有著極其密切關係。根據日本《大阪每日新聞》的分析，五四學生運動背後，很明顯有一股勢力在暗中指導策略，他們透過各地學生聯合會的組織，運動學生進行政治活動，不但要求釋放北京遭到逮捕的學生，還要求去除親日的政治人物，包括曹汝霖、陸宗輿、章宗祥等三大賣國賊，以及以段祺瑞為首的皖系軍人。《大阪每日新聞》認為這股勢力的組成，可能分為內外兩個部分，除了中國內部反對皖系的政治派系，包括北方在野政治家以及南方的政治勢力在幕後策動運作外，還涉及到外部勢力的介入，可能基於商業競爭的考量，希望藉由反日與抵制日貨行動，大幅消減日本在華貿易活動，來獲取更大的商業利益。[36] 五四政治運動，恐非僅是中國本身單純的政治鬥爭，更牽涉到英、美、日在華勢力之間複雜的商業競爭與合作對抗。

35　"The Foreigner in China," June 8 ,1921, *Correspondence of the Military Intelligence Division Relating to General, Political, Economic, and Military Conditions in China, 1918-1941* (MID), 2657-I-176.

36　〈ABC 同盟：（上海特電八日発）：妄動学生団の傀儡師〉，《大阪每日新聞》，1919 年 6 月 10 日。

五、小結

英日同盟究竟應否續約，以維持既有遠東格局，抑或改弦易轍，琵琶別抱，推動美、英合作，共同制衡日本的擴張挑戰，這其實是英國在歐戰後所面臨的兩難局面，亦不可避免地將英國拉入至美、日矛盾的格局中。

關於續約爭議，英、美之間言詞交鋒始終不斷。英國自身也在反覆斟酌，多方算計、權衡得失，並在利益掛帥的前提下，希望找尋一個對英國最有利的方向。但無論如何，百足之蟲、死而不僵，更何況英國在東亞既有的實力，縱使整體而言在逐漸減弱中，依然維持著不容輕忽的重要影響力，且短時間內尤在美、日兩國之上。因此，在歐戰後的美、日矛盾中，英國應該亦是局中人，而非單純的旁觀者。

歐戰後的英、美關係，表面看似和諧，實則齟齬不斷。在英日同盟續約爭議上，美國往往批判英國助紂為虐、養虎為患，但英國人則聲稱他們早已對近代以來日本在華勢力的崛起懷抱著戒慎之心，也否認英日同盟縱容日本坐大。英國人並反過來指控美國，其推動的門戶開放政策，為了削弱英國在華既有的優勢地位，無所不用其極，間接促成日本趁機成長與茁壯。而在中國事務的討論上，以美國立場為主要依歸的新聞輿論思維，亦開始逐漸浮上公眾檯面。過去在華的外文報紙，往往圍繞在英國人如何想，充斥著以英國利益為優先的新聞輿論思維，如今卻轉而參雜著美國人如何想以及美國立場的新色彩。美國觀點的湧現，促使關於中國與遠東議題的各種討論，百花齊放、多元角力。更重要的是，外文報紙在市場上的商業競爭，以及政治立場的矛盾，均導致英、美在華報紙論調的不一致。當此種歧異性，與美、日在華矛盾格局逐步交錯，形成某種邊際效應。掌握報紙輿論工作的英國人，自然樂於撿拾美、日矛盾的可能素材，從中推波助瀾。無論如何，美、日兩個新興霸權，越是在中國事務上顯得格格不入，則作為原有霸主的英國，越易從中牟取最大的利益，鷸蚌相爭，漁翁得利。這或許也是美日矛盾論述、戰爭論為何常是當時報紙熱議焦點的原因之一。

歐戰以來，受到長期戰事的拖累，歐洲列強無暇東顧，在中國與遠東勢力逐漸衰退，而美國與日本則趁機搶佔市場與奪取資源。但對於自 19 世紀以來，久居在華商貿霸主地位的英國人來說，恐怕不是滋味。面對美、日的挑戰，英國多少存在著危機意識，亦必須籌思對策、審慎應對。雖然歐戰後美、日的迅速崛起，已成既定事實，可是在某種程度上，如果英國能將美、日對英國的威脅，部分轉化成美、日之間的敵對，使其彼此制衡角力，對英國來說，或許並非壞事。英國亦可以利用旁觀者的地位，適度推波助瀾，隔山觀虎鬥，從中攫取利益。職是之故，除了表面上美、日之間的矛盾外，歐戰後的詭譎多變的局勢背後，還牽涉到中、美、英、日四方在檯面下的暗中較勁。在當時新聞輿論的熱議焦點與評論中，或許亦早已意識到英國人似乎有意藉由操縱美、日矛盾論述，促成兩虎相爭，以便維持英國既有的優勢。

　　而當時正亟思推動「聯美制日」的中國知識分子，同樣亦趁機見縫插針，隨之起舞，鼓吹美日戰爭論。美日戰爭論之所以一再被炒作，原因相當複雜，背後有著中國聯美制日的政治需求，亦與當時列強在華激烈的商業競爭有著密切關係。無論如何，英國作為近代以來列強在華最大的商業既得利益者，面對美、日來勢洶洶的挑戰，當然得有所取捨，採取一些相對應的措施，來維持優勢地位，無論是聯合美國共同打擊日本，抑或是推動美、日之間的惡鬥，看來都是合理的反制手段。

　　總結來說，軍事與經濟的矛盾、報紙的競爭與立場歧異等，均可能促使英國主動介入美、日在華矛盾論述。基於英國本身利益考量，商人與報紙亦可能藉由炒作或誇大美、日的矛盾性，一來幫美國製造新聞輿論上的敵人，二來也可以讓兩個新興強權彼此對立消耗，從而減輕英國的壓力。因此，美、日在華矛盾格局內，英國可能同時身兼局內人與旁觀者的微妙角色。理論上，由於英日同盟條約的存在，英國本不可能置身於美、日矛盾之外，勢必有所取捨；而在實際上，英國還可能故意藉口置身事外，待價而沽，在美、日矛盾的混沌局勢中，表面維持局外旁觀的角色，其實從中趁機興風作浪，謀取利益。

第二部
從中、日之爭到美、日對抗

第四章 美國的 「中國情結」

一、前言

　　歐戰爆發後，日本隨即以英日同盟為名，對德宣戰。但日、德戰場並不在歐洲，而是中國的山東。有鑑晚清時期日俄戰爭在東北地區發生的教訓，北京政府早先為了避免歐戰戰事波及中國，即藉由公布《局外中立協定》，防止參戰的各列強在中國領土上進行戰爭行動。之後當獲悉日本有對德動武意圖時，又趕緊透過外交交涉管道，試圖與德國駐華公使交涉，儘快解決山東德屬租借地歸屬問題，從而免除日本出兵藉口。[1] 但是終究緩不濟急，日本早有蓄謀，迅速出兵擊敗德軍，佔領山東膠州灣等地。然而，更令世人震驚的，是當中國向日本交涉日軍自山東撤兵問題時，日本卻提出了兇狠的二十一條要求，並威脅中國不得對外公布，否則將兵戎相見。以當時情況而論，如果中國屈服、日本得遂其要求，在二十一條影響下，中國終將淪為日本的保護國。值此危急時刻，以袁世凱為首的北京政府，一方面與日本代表虛與委蛇、周旋交涉，以拖待變，另外一方面，在

1　石源華，《中華民國外交史》（上海：上海人民出版社，1994），頁 87-89。

顧維鈞等英美派外交官的協助下，開始推動聯美制日策略，利用新聞洩密手段，將二十一條要求公諸於世。[2]

　　當時歐洲諸列強多半已受到大戰牽制，無暇東顧。在華擁有最大商務利益的英國，如二十一條要求成真，所受影響也最深。但是當時歐戰方酣，英國亟需仰賴作為盟國的日本，替其在亞洲牽制德國，以及看顧亞洲與中國的市場，故不可能也不願與日本交惡。而美國則尚未參戰，擁有較大的活動空間，可以制衡日本的侵略意圖，再加上日本此舉牴觸美國向來主張的門戶開放政策，二十一條要求確實也有損於美國在華利益，故美國自然也就成為中國對外尋求援助、抗衡日本的主要對象。雖然，不久之後，發生德軍擊沉美國商輪之事，美國準備對德強硬，在亞洲事務上的介入能力減弱，但是美國還是不準備接受日本在華的擴張行動，而以「不承認」為手段，否認日本的要求。在給中、日兩國的照會中，美國以「如中、日成立有損美國及人民的在華條約權利、中國政治或領土完整，以及門戶開放政策的協定，美國斷不承認」。[3]換言之，美國雖未能以實際力量介入中日二十一條交涉，但卻不承認任何交涉結果。

2　關於中日二十一條交涉過程，可以參見以下資料：《顧維鈞回憶錄》，第一分冊，頁 120-126；芮恩施（Paul S. Reinsch），李抱宏、盛震溯譯，《一個美國外交官使華記：1913-1919 年美國駐華公使回憶錄》（北京：商務印書館，1982），頁 108-112；金光耀，〈顧維鈞與第一次大戰初期的中美外交〉，陶文釗、梁碧瑩主編，《美國與近現代中國》（北京：中國社會科學出版社，1996），頁 75-91；李毓澍，《中日二十一條交涉（上）》，頁 216-274。

3　王綱領，《歐戰時期的美國對華政策》，頁 55-56；郭廷以，《近代中國史綱》，頁 431。

這也為戰後在巴黎和會山東爭議的處置問題上，埋下伏筆，使得美國未來仍保有足夠空間，可以為中國喉舌，爭取由中國直接收回前德屬山東權利與租借地。由此，美國對於中國的重要性，又再次獲得印證。

　　1917 年美國參與世界大戰後，對中國局勢又產生新的變化，除了連帶引起中國參戰問題與日本對華軍事借款等爭議外，其他特別值得注意的，是美國在對華事務上也有了新的作為。美國參戰後，為了主導並影響國內與世界輿論，使之有利於美國，總統威爾遜下令成立公共新聞委員會，職司戰時美國對內與對外輿論宣傳與新聞管制策略，主要目的在於強化美國與盟國間的堅定邦誼、維持與中立國間的友善關係並爭取支持、動員對敵國的仇恨、伺機打擊敵國的士氣等。而具體策略，即是同時並重「檢查」（censorship）與「公開」（publicity）兩大手段，一來透過檢查手段，以阻止有利於敵國或是有損己方的新聞流傳，二來則藉由公開手段，致力於揭露並宣揚有利於己方或不利於敵國的新聞。[4] 而中國，同樣也是當時美國公共新聞委員會對外宣傳的對象之一，在其駐華分支機構的主要任務，即是在美國駐華公使館的領導下，盡可能地宣傳美國總統威爾遜的正面形象，翻譯並流布言論與主張，同時也將歐洲與美國發生之事，傳達給中國人知曉，對於美國以至

4　關於美國參戰後公共新聞委員會的運作情況，見 James R. Mock and Cederic Larson, *Words That Won the War: The Story of the Committee on Public Information, 1917-1919* (New York: Russell & Russell, c1939), pp. ix & 4.

於世界局勢能有更為深入的瞭解。[5] 特別是威爾遜針對戰後秩序安排提出的十四項和平建議，經由公共新聞委員會在華的刻意宣傳，已逐漸成為中國知識分子耳熟能詳的觀點。[6] 其中反對祕密外交、公正處理殖民地、民族自決等三項建議，因與中國事務相關，故引起相當大的迴響，尤其是尊重民族自決的主張，更是切合中國當時的企盼，希望能夠在歐戰後，逐步擺脫不平等條約束縛，決定自己的未來。

不過，美國公共新聞委員會駐華機構，同時還執行另外一項較不為外界所知的工作。由於日本除了提出二十一條要求外，還大肆透過軍事與經濟手段，擴大滲透對中國政治事務的影響力，確實讓美國駐華公使館對於日本在華擴張的圖謀深具戒心。特別是美國駐華公使芮恩施（Paul S. Reinsch）以及公共新聞委員會在華主事者克羅等人，非常厭惡日本在華的所作所為，也因此，他們經常透過新聞輿論的手段，將消息透露給美系英文報紙，再讓中國報紙轉述，藉此引起輿論關注與撻伐，從而揭露日本的野心與行動。[7]

歐戰期間美國在華的活動，事實上造成了中國兩種非常重要的輿論趨勢：其一是企望進一步與美國強化友

5　Carl Crow, *China Takes Her Place* (New York: Harper & Brothers, 1944), p. 113; Carl Crow, *I Speak for the Chinese* (New York: Harper & Brothers, 1937), pp. 15-16.

6　Carl Crow, *China Takes Her Place*, pp. 113-114；楊玉聖，《中國人的美國觀：一個歷史的考察》，頁 76。

7　J. B. Powell, *My Twenty-five Years in China* (New York: The Macmillan Company, 1942), pp. 43-45.

誼關係，並由美國協助中國對抗外侮的親美言論，其二
是懷疑日本在華擴張與侵略的野心，主張應採取進一步
的策略，以抵制與抗衡日本的反日言論。換言之，歐戰
期間日本漸已顯露的侵略意圖，以及美國有意的新聞輿
論運作，逐漸使得「親美」與「反日」，成為後期中國
公眾輿論對中外關係發展的兩條重要觀感。[8]

此外，歐戰期間有大批華工前往歐洲，這些華工分
別隸屬於英、法、美等不同國家軍隊麾下，但卻遭到不
同的待遇。歐戰結束後，大部分華工返回中國，也帶回
對於這些國家不同的觀感。美國海軍情報處即注意到
參與歐戰的華工們，對於英軍的印象最差，因負責管理
華工的英國軍官不但經常虐待華工，也不給予充分的食
物，甚至不時毆打。華工對於法軍的印象，則略次於英
軍。唯獨對於美軍，華工比較持正面印象，因為不僅提
供充分的食物，且不會任意毆打華工。換言之，歷經歐
戰後，隨著華工歸國，再度強化了中國社會對於西方列
強的差異性觀感，亦即美國對華最友善、法國次之、英
國最惡。[9]

本章主旨擬反思，隨著歐戰前後中美關係的演變脈
絡，美國特殊的中國情結，如何對中、日爭執造成實質
影響？如何改變了中國的國際地位？最終又是如何公親
變事主，間接促成了美、日在華矛盾論述的出現？

8　應俊豪，《公眾輿論與北洋外交—以巴黎和會山東問題為中心的
　　研究》，頁 38-52。

9　"Conditions in Shantung Province," Office of Naval Intelligence,
　　Navy Department to the Department of State, 3 December 1919,
　　RIAC 893.00/3271.

二、公眾輿論的發聲

　　受到二十一條與山東問題爭議的刺激與影響，中、日關係陷入緊張與對立態勢，而美國處於中、日僵局的風口下，實不易置身事外。畢竟，不論是歐戰後對於介入遠東事務安排的強烈企圖心，抑或是近代以來對於中國特殊情感，在在均使得美國在中、日爭執之間，扮演著關鍵性角色。然而美國勢力一旦介入，無論是政府層次的外交斡旋，或是民間屬性的聲援鼓吹，勢必間接激化歐戰後美、日矛盾。在美國介入處理歐戰後中、日糾葛的諸多面向中，尤其值得關注的，乃是美國國內的新聞輿論，以及在華各民間團體的活動與發聲。

　　歐戰後，美國勢力的崛起已是必然，美國知識分子也清楚認知到在主導未來世界事務與秩序重建的權力與責任。除了歐洲事務外，他們也同樣關心亞洲事務的發展，特別是最為複雜的遠東問題。從現實情況著眼，中國廣大的市場資源，早已燃起美國企業的熊熊欲望，希望加大對於中國的投資，而歐戰期間日本在華的軍事與經濟擴張行動，則引起美國有識之士的戒慎之心，擔心日本進一步獨佔中國，破壞美國素來主張的門戶開放政策，影響到美商在華的龐大利益。而從民族情感來說，近代以來美國對於中國的特殊情結，例如救危扶弱以對抗外來侵略者的心態，同樣也深植在人心中。許多學者紛紛在報紙媒體上發表看法，試圖歸納出歐戰後美國處理中國事務的可能方針與路線。

　　自近代中國開港通商以來，上海一直是外人在華活

動的大本營，歐美人士所辦的各類英文報刊充斥，呈現
出外人新聞輿論的強大活動力。這些新聞與公眾輿論，
雖然僅止於論述觀點，並不涉及政府實際政策，但往
往還是可能對現實情況造成影響，言者既然有意，聽者
也未必無心。例如部分新聞意見領袖，甚至還會將其觀
點論調，直接送交美國國務院，試圖影響或改變政府政
策。[10] 日本駐華使領館也均會將英文報刊剪報資料送交
東京外務省作政策參考。[11] 簡言之，透過上述言論的分
析，我們可以初步歸納出當時關注中國事務發展與日本
擴張行動的美國人，他們究竟如何看待中、日爭執，又
是基於何種考量與關懷，選擇積極表態，甚至藉此營造
輿論壓力，試圖影響美國對於遠東事務的決策。

（一）涉華事務官員的呼籲

　　從美國涉華事務官員的言論中，可以清楚觀察到美
國人對於中國的特殊使命感。1919 年 10 月，美國駐華
公使芮恩施在辭職離任返美途中，曾在夏威夷發表演
說，特別強調中國的改變，尤其是民族意識的覺醒。他
認為在文學、教育與商業界等人士的共同推動下，中國

10　"Japan's Ambitions," Mr. Webb, Business Editor, *The China Press*,
　　Shanghai to the Department of State, Washington, 3 August 1919,
　　RIAC 893.00/3201.

11　日本駐華各使領館，均會按期將中國各地重要英文報刊中有關日
　　本的報導予以剪報後，送交外務省參考。此外，日本在華設置的
　　情報機構，例如末次研究所，也有計畫地收集各地重要英文報刊
　　的資料，以作為政治決策的參考依據。見季嘯風、沈友益主編，
　　《中華民國史史料外編：前日本末次研究所情報資料（英文史料）》
　　（桂林：廣西師範大學出版社，1996）。

的民智已逐漸被喚醒。憑藉著人民的勤儉美德與豐富的
天然資源，在中國全民的努力下，必定可在十年內崛
起，躋身世界列強之列，成為遠東的強國。芮恩施呼籲
美國人應該正視中國的未來，真誠地與中國保持親善友
好的關係。中國、美國與俄國是世界上最主要的大陸國
家，故在遠東問題上，只要美國、中國與俄國三國人民
相互提攜，一切的難題應該就可以迎刃而解，至於其他
蕞爾小國則無足輕重。[12] 從芮恩施的演說中，可以看
到他對中國的極度重視，堅信中國將來必成為大國，與
美、俄共同決定遠東的未來。

又例如曾擔任美國駐華公使館隨員的林肯（Chester
C. Lincoln），亦認為中、美關係不同於其他國家，因
為美國在華享極高的國家威望，遠甚於歐洲國家。這種
情況的出現，主要肇因於幾項重要歷史因素。其一，近
代以來當西方列強與日本對華發動戰爭，要求割讓土
地，汲汲於擴大在華勢力範圍時，只有美國沒有參與其
事。反之，美國還提出門戶開放政策，反對列強瓜分中
國，呼籲應維持中國的主權獨立與領土完整，並給予永
久的和平與安全。其二，美國率先表態要歸還多餘的庚
子賠款，並利用此筆鉅額款項成立清華留美學校，將許
多優秀的學生送到美國留學。而這些學成歸國的中國留
學生，則將在美國所學到的知識以及生活價值，以及對

12　出席芮恩施在夏威夷演說的日本記者，即對芮恩施在談未來遠東
　　問題的安排時，只論中國，而絲毫未提及日本感到納悶。〈太
　　平洋と米支露：ラインシュ博士の演說〉，《大阪每日新聞》，
　　1919 年 10 月 21 日。

美國的尊崇，一起帶回中國。隨著這些留學生在中國各行各業逐漸位居要職，在社會上發揮重要影響力，他們也將對美國的歌頌，傳播至其他角落，中國留學生成為美國在華德政的最佳宣傳者。其三，則是美國在華的慈善事業，不惜耗費鉅資，推動各種人道救援活動，並培養了許多醫療專業人才，大幅改善中國社會底層的生活環境。例如洛克斐勒基金會資助成立的中華醫學基金會（China Medical Board, CMB, Rockefeller Foundation），即是其中的重要代表。[13] 其四，美國在華的傳教團體亦居功甚偉，他們多年來致力於改善中國的衛生與環境。最後，美國歷任駐華使領人員，亦持續扮演著中國最忠實友人的角色，深獲中國人信賴，並提供重要建議。中國大總統也隨時有著親密關係的美國顧問，來協助施政。總而言之，除了上述因素，美國慣常以公正態度對待中國人，更是贏得中國人極大的尊崇與感謝。所以，林肯主張在因應日本對華的步步進逼時，美國不該態度搖擺，理應清楚表明立場，堅定主張門戶開放政策，支持中國制衡日本的侵略行動，如此才繼續維護得來不易的中、美情誼。[14]

13　美國洛克斐勒基金會為了協助中國和其他亞洲國家的醫學教育和衛生事業，乃特別成立中華醫學基金會。在此基金會的資助下，除了成立了當時首屈一指的北京協和醫學院外，同時也對中國的各地醫學院和教會醫院提供了資助。簡言之，中華醫學基金會對於中國現代醫學和衛生事業發展，有著極為重要的影響。關於中華醫學基金會與洛克斐勒基金會對現代中國醫學的貢獻，可以參見蔣育紅，〈美國中華醫學基金會的成立及對中國的早期資助〉，《中華醫史雜誌》，第 2 期（2011 年 7 月），頁 90-94。

14　"American Prestige in China," *The Millard's Review of the Far East*, 27 December 1919.

　　直言之，前述美國涉華事務官員所秉持的特殊信念，雖然是個人意見的陳述，不一定能代表美國政府的立場，但透過報紙輿論的傳遞與散播，或多或少還是會影響到美、日兩國在華僑民間的彼此觀感。因為美國人欲保護中國，日本人則試圖擴大在華的利益，兩者之間的矛盾，就會引發某種程度的對立甚至衝突，自然也會連帶衝擊到美國政府在處理中國與日本事務時的態度。畢竟此類涉華事務官員，本質上屬於美國人眼中所謂的「中國通」（old China hand），他們長期居住在遠東，熟悉中國事務，他們所提供的專門意見，仍然是美國政府制定對華政策時的重要參考之一。

（二）「在華美國大學俱樂部」的運作

　　「在華美國大學俱樂部」（American University Club in China），是美國人在華成立的一個非常重要的公民團體。[15] 俱樂部成員廣及許多在美國完成大學教育的中、美菁英人士，極易透過內部活動與意見交流，將中美共同利益給推向檯前，鼓吹美國有責任挺身而出，協助改造中國，以抗衡日本。俱樂部成員中亦不乏新聞記者從業人員，他們自然會傾向將此觀點透過英文報章，宣諸於世，藉此影響外人在華公眾的輿論觀瞻。

　　歐戰以來，俱樂部積極活動，試圖影響美國對華政

---

15 在華美國大學俱樂部約由四百名曾在美國大學受教育的中、美人士所組成。關於美國大學俱樂部的組成背景，及對於中國現況的主流看，見 "The Minister in China (Reinsch) to the Acting Secretary of State" Peking, 25 May 1919, *FRUS 1919*, Vol. I, p. 694.

策，亦在形塑戰後美國對於中國的強烈使命感中，發揮一定程度的作用。這群由約數百位畢業於美國大學的中、美人士共同組成，以上海為主要活動重心的民間團體，不但經常涉入中國政務，也與美國駐華使領及其他政要關係密切。換言之，這個名義上雖為民間同學會組織的團體，實際上在當時中美關係有著強大的影響力。其中的華籍成員，作為留美歸國的高級知識分子，多半已位居要津，或是擔任中央地方官職，或是作為軍政要員的幕僚、或是掌握報紙輿論公器，多少都能夠在中國政局中產生實際作用。而美籍成員部分，則多為美國在華商貿事業人員，也有不少參與美系在華英文報紙的經營，故與美國駐華使領機構關係極其密切。部分美國駐華使領官員，甚至本身也是該俱樂部會員。由此不難想見，美國大學俱樂部在華的政商關係，絕對非比尋常，不但可能挑動中國政局，也能夠間接影響到美國對華政策與實務。而這群俱樂部成員對於中國現況的主流看法，就是中國人本身可能無力改變目前深陷內憂外患的窘境，而素來對華友善、無領土野心且深獲中國人信任的美國，應該在中國事務上扮演更為主動積極的角色，協助中國擺脫目前困境，走向進步開化。他們也對於歐戰以來日本在華勢力的擴張，感到憂心與戒慎，故鼓吹美國應該挺身而出，強力介入遠東地區事務，並作為中國的奧援，以抗衡日本。[16]

16　"Paul S. Reinsch, American Minister, Peking to the Acting Secretary of State," 25 May 1919, *FRUS 1919*, Vol. I, p. 694; "Memorandum by Division of Far Eastern Affairs to the Third Assistant Secretary,

　　俱樂部的活動情況及潛在影響力，還可以從一個實例中看出。1919 年美國前參議員巴頓（Theodore E. Burton）來華訪問，俱樂部特別在上海設宴款待，並邀請巴頓發表演說。在此次午餐會上，由中國政界重要人士唐紹儀擔任餐會主席，孫中山及外交部特派上海交涉員楊晟等均應邀出席。此外，美國駐上海總領事克寧漢（E. S. Cunningham）、俱樂部上海分會長費區（G. A. Fitch，且擔任 YMCA 代理祕書長）、[17] 美國報業巨擘赫茲傳媒代表提蒙斯（Mr. Timmons）等人與會。在獲邀發言致詞時，克寧漢即戲稱無論他派駐何處，俱樂部總是保持聯繫，他也很高興能夠作為一個普通成員，而與上海分會的成員們會面討論以及分享經驗。從上述克寧漢的談話，即可略窺俱樂部與美國駐華使領官員之間的密切互動關係。[18]

　　事實上，午餐會的主角美國前參議員巴頓，演說內容，同樣也可以體現美國對於中國甚至世界的使命感。巴頓強調，過去倚強凌弱、肆意剝削弱者等德國帝國主義模式，已經隨著戰爭結束而宣告終結，世界局勢的演變，也會逐漸走向改善之路，強國與其他弱小國家的關

Department of State," 11 August 1919, RIAC 893.00/3201.

17 關於費區與 YMCA，可以參見 "Annual Report Letter of G. A. Fitch, Acting Association General Secretary, Young Men's Christian Association, Shanghai, China, for the Year Ending Sept. 30, 1919," University of Minnesota Libraries, Kautz Family YMCA Archives, ymca- forsec-00727（http://www.lib.umn.edu/ymca），資料擷取時間：2019 年 1 月 22 日。

18 "American University Club: Luncheon to Senator Burton," *The North China Herald and Supreme Court & Consular Gazette*, 15 November 1919.

係也應該界定清楚；美國將會持續照看中國，在世界維護他的利益，協助其透過交通條件的改善，推動啟蒙與愛國主義教育，從而擺脫過去的腐敗，邁向民主正確的偉大未來。[19]

（三）宗教團體的倡議

美國在華宗教團體中，最致力於為中國發聲的，莫過於基督教長老會差會。當巴黎和會山東問題爭議發酵，引起中國五四學運後，長老會差會在山東的部分傳教士，即致力蒐集日本在山東擴張勢力的不法證據，甚至不惜投書美國國內報紙以及朝野政要，試圖提醒美國人注意日本陰險的一面，並呼喚對於中國的支持。他們認為由日本繼承德國在山東的利權，乃是不公不義之事，日本雖然口口聲聲說未來會將山東歸還中國，但實則埋藏巨大的野心，待與中國直接交涉歸還之事時，必定多索要求，中國縱然付出足以動搖國本的龐大代價，收回的可能也只是一個空殼的山東，日本必定會無所不用其極地，繼續控有山東重要的各類資源、產業以及交通要道與港口。[20]

因此，長老會差會在其一份祕密報告中，呼籲美國國會應該要聽取美國在華傳教以及商業團體的共同心聲，採取有效作為，來反制日本在華的擴張。長老會差

---

19 "American University Club: Luncheon to Senator Burton," *The North China Herald and Supreme Court* & *Consular Gazette*, 15 November 1919.

20 "The So-called Concession in the City of Tsingtao," in A Member of the American Presbyterian Mission, "Sinister Japanese Methods in Shantung," 1919, RIAC 893.00/3271.

會強調他們非常瞭解日本「看似公正但華而不實承諾」
（fair seeming but specious promises）的「虛偽性」。對於美
國來說，中國或許只是一個「弱小盟邦」（a week ally），
但是領土廣袤，僅山東一省土地面積就近乎法國的領
土，人口則高達美國總人數的三分之一。如果僅是為了
避免日本離開國際聯盟，而選擇犧牲中國、放棄山東，
根本得不償失。況且，縱容一個軍事國家去掠奪弱小國
家，本來就是錯誤的行為。因此，長老會差會主張美國
國會應該做出決定，反對讓日本繼承德國山東的利益：

> 毫無異議地，美國應該堅持讓中國保有她所有的領
> 土，不受到那個強大但沒有良心的鄰居所阻礙，
> 讓中國能夠得到她在大戰中，為民主百姓奮鬥犧牲
> 的獎勵。目前所面臨的詭異困境是：對於那些形塑
> 黃金時代的現代政治家來說，一個由衷支持正義、
> 致力於協助聯盟，對抗德國侵略的弱小盟邦，其代
> 價，卻是不被聯盟允許保有土地與人民（幾千年
> 來，毫無疑問，那些土地與人民都是屬於中國內部
> 的一部分）。中國不想要從其他盟邦手中獲得戰利
> 品，她只是想要取回她本來固有的山東！[21]

　　從上述長老會差會的報告中，可以清楚看到他們對
中國與山東，所流露出的濃厚同情與不捨。

21　"The So-called Concession in the City of Tsingtao," in A Member
　　of the American Presbyterian Mission, "Sinister Japanese Methods in
　　Shantung," 1919, RIAC 893.00/3271.

（四）報刊的言論

　　歐戰後美、日在華矛盾論述的升溫，跟中、美特殊關係，以及美國的中國情結均有著密切關係。因此當看到其他國家對華採取較具侵略性的作為時，部分在華的美國人往往會表達憤恨，希望能夠一如往例的支持中國，繼續維繫中、美之間的難能可貴的真摯情誼。又特別是在歐戰期間，日本於出兵山東、二十一條交涉、中國參戰等諸多問題上，清楚流露對中國的侵略野心，已足夠讓美國感到警戒與關注。而近代以來中國長期貧弱、備受欺凌的形象，亦深植在部分美國人心中，加以中國人益發表現出對於美國獨有的信賴與依持態度，更激發了美國對華的白人使命感，以及扶弱濟貧的英雄主義。在美國涉華事務人士圈內，包括駐華使領、軍事官員、傳教士、商人與報人等，不少人均抱有中國無力抵抗日本侵略的既定印象，堅信唯有以美國為首的西方國家改變中立旁觀態度，介入處理中國事務，積極協助中國推動改革事業，自立自強，方能夠制衡日本。

　　也因此，部分美國公眾輿論即對於美國總統威爾遜在巴黎和會山東問題爭議上，選擇向日本妥協、出賣中國，而感到羞恥與憤怒。例如在美國《紐約國》（New York Nation）1919 年 7 月一篇社論中，即嚴詞抨擊威爾遜自打嘴巴，牴觸了他先前所提出的民族自決原則，違背了山東人民的自主意願，強制將山東歸屬於日本。而威爾遜此舉，不啻是犯了嚴重的道德瑕疵，等於變相與日本妥協，為了達遂成立國際聯盟的理想，卻犧牲了他曾向全世界允諾的要建立新秩序，尊重世界各民族的自主意願，不會將其移交給另外一個國家。

> 街頭上任何一個人，都可以清楚暸解到，過去經常
> 被掠奪的中國，如今又再次被掠奪，而且竟然是在
> 美國的同意下，那個過去曾堅持門戶開放政策，歸
> 還庚子賠款，而且盡其所能保護中國免於基督教國
> 家的掠奪與壓榨的國家……。普通的美國人都會為
> 此感到恥辱與噁心，畢竟一個美國總統卻涉入到做
> 出這些事情來。[22]

　　如舉例說明，山東問題之於美國人，就好像當眾目
睹一樁竊盜行為的發生，卻什麼都不做，只是想要等待
法庭來出理，再尋回贓物。這樣的處理作法，並不是美
國人應該有的行為模式。該社論強調，在山東問題上，
美國表現出如此不堪的作為，已經在美國教會與傳教士
圈內，引起了相當大的道德檢討聲浪。甚至有教士呼籲
美國人必須看清楚遠東與中國現況，以免捲入到極其不
道德之事。畢竟，任何稍有良知之人，就會知道美國同
意將山東利權由日本繼承，根本是不公不義。至於宣稱
要將山東問題再移交給國際聯盟來處理，也不過只是一
種拖延呼弄之詞。[23]
　　又例如歐戰後，當國際銀行團正在為對華新借款

22　"An Appeal to Japan: New York Nation's Strong Concerning Shantung," *The Peking Leader*, 10 September 1919.

23　"An Appeal to Japan: New York Nation's Strong Concerning Shantung," *The Peking Leader*, 10 September 1919.

的內容與但書而爭執不休之際，美系英文報紙《密勒氏評論報》在 1920 年 4 月，刊出一篇報導名為〈美國錢與中國的未來〉（American Money and The Future of China）。文中強調，在美國的主導與幹旋下，由美、英、日、法四國銀行所組成的國際銀行團，正在與北京政府商討借款事宜，而美國所提出的借款但書，除了必須以中國的鹽稅作為借款擔保外，還附帶了政治要求，亦即中國南、北雙方必須在外國債權國的監督下，進行裁減軍隊。不難理解的是，美國試圖以大借款作為利誘手段，推動中國現況的改善，抑制地方軍事主義高漲，裁撤過多無謂的軍隊。然而，正當美、英、日、法四國政府內部正在如火如荼地協調共識，北京政府也正在忙於跟國際銀行團討價還價之際，日本卻繞過其他各國，私下與北京政府達成協議，由日本方面提供大部分借款。《密勒氏評論報》並指控日本在對外政策上的兩面手法，一套用來應付西方，另外一套則用來處理東方。[24] 當美國正意圖利用借款之機，致力於改善中國軍閥內戰的亂象，日本方面顯然不樂見此種情況出現，故從中攔截。姑且先不論日本是否真有私下借款的事實，《密勒氏評論報》此篇報導的言外之意，很明顯就

24　《密勒氏評論報》分析，國際銀行團與北京政府商討借款的時間點，恰好是中國農曆新年、需款孔急的重要關頭，所以美國意圖藉此以要挾北京政府裁減軍隊。然而，美國最後卻未能達遂所圖，被日本趁隙而入，主要原因之一，就是美國銀行團在中國欠缺正式的代理人，以致於無法因地制宜，及時處理。《密勒氏評論報》此篇報導，也被南方廣州當局的英文機關報《廣州時報》轉載，見 "American Money and the Future of China," *The Millard's Review of the Far East*, cited from *The Canton Times*, 6 April 1920.

是想將美、日兩國在中國事務上的態度，放到彼此對立的格局：一邊是基於善意，想要拯救中國的美國，嘗試藉由借款附加條件，間接制止中國的軍閥亂象，另外一邊則是明顯帶有惡意的日本，不但暗中破壞美國的良善計畫，甚至還透過借款與北京政府私下勾結，助長中國的軍事主義現象。畢竟北京政府一旦取得日本借款之後，不但可以不用理會美國的裁軍要求，也將會有足夠的經費，維持優勢軍力，遂行武力統一政策，對南方各省開戰，導致兵禍連結。

　　而為了改變在華的劣境，並抗衡日本的奸計，美國銀行團已決定派遣拉蒙（Thomas Lamont）作為代表，前往中國實地調查。拉蒙是美國最大財金公司摩根企業（J. P. Morgan & Company）的代表，曾經著手歐戰期間英國在美國的貸款業務，可謂是國家財政問題的老手，因此由他代表美國銀行團來中國，應該很快就可以瞭解中國的實際困境。[25] 不過，拉蒙最終能否成功，還必須看是否能獲得美國政府的全力支持與合作。《密勒氏評論報》分析，美國政府對華政策的基本原則，就是協助中國人自立自強，期許中國能成為一個民主的強大國家，帶動太平洋地區的商業成長，從而讓世界上其他國家能夠一同分享和參與。但是《密勒氏評論報》建

25　摩根公司是當時美國首屈一指的大公司，曾多次協助美國政府發行債券，解決財政問題。摩根公司向來力主美國應推動較為積極的亞洲政策。歐戰期間，摩根公司又與英格蘭銀行協議，代理發行英國的戰爭債券。關於摩根公司推動的亞洲政策，以及歐戰期間與美國外交政策之間的關係，可以參見 Murray N. Rothbard, *Wall Street, Banks, and American Foreign Policy* (Auburn: Ludwig von Mises Institute, 2011), pp. 9-12, 17-23.

議，以美國為首的西方國家，應該大幅改變過去的作
法，不要只想著如何以各種手段控制或是奴役中國，而
是要給出一個光明的前景，否則只會讓中國轉而投向日
本的懷抱。因此，外國對華的財政監督固然必要，中國
人也不見得會反對，但前提是，必須是帶有教育意義的
監督，目的是協助改革進步，擺脫目前的困境，邁向更
好的未來。在國際聯盟的授權下，由美國政府、美籍財
政專家以及其他列強提供經費上的協助與善意的引導，
必定可以在幾年內創造出奇蹟。同時，美國也不應該繼
續放任日本控制中國，否則將會導致混亂局勢的出現，
因為畢竟以日本目前在華推動的政策來說，中國人最終
在忍無可忍的情況下，還是會起而反抗，屆時中日戰爭
也勢必無法避免。職是之故，美國應該挺身而出，帶頭
在中國建立和平新秩序，並阻止日本妄想恢復舊帝國主
義侵華的企圖。[26]

三、使命感

　　近代以來美國對於亞洲以及中國抱持的強烈使命
感，同樣也是歐戰後美國越來越關注並積極介入遠東事
務的重要原因之一。美國人不但試圖重建亞洲新秩序，
更渴望在遠東事務上，調節中國與西方列強的矛盾，壓
制日本的擴張，維護國際正義，打造出一種「新商業外

26　"American Money and the Future of China," *The Millard's Review of the Far East,* cited from *The Canton Times,* 6 April 1920.

交」（new business diplomacy）、「新型態的傳教模式」，
將美國固有的價值觀念與理想道德，引進到中國。換言
之，美國人想要改變與抗衡的，不只是過去歐洲列強所
建立的遊戲規則，還有新興日本的野心，進而才能引領
中國走向一條康莊大道。

（一）專家觀點

　　美國紐約大學商學院遠東問題專家霍舉斯即認為自
19 世紀末期，美西戰爭後美國取得菲律賓地區以來，
到了 1920 年代，歷經了四分之一個世紀，美國正逐漸
「重新發現遠東」（the rediscovery of the Far East）。而
在這樣的過程中，美國逐漸認知到太平洋盆地已不是過
去的邊緣地區，而是以後世界商務貿易的重心。就像世
界中心自地理大發現後逐漸從地中海轉向大西洋，如今
則又將轉向太平洋地區。但是歐洲列強過去在太平洋地
區所樹立的外交行為模式與遊戲規則，早已不合時宜，
也沒有清楚認知到未來太平洋地區的重要性。美國自威
爾遜總統、哈定總統（Warren G. Harding）以來推行的
遠東政策，就在於挑戰過去舊有的國際外交往來模式，
協助在太平洋地區建立新秩序。而在新東方崛起，以及
其風起雲湧追尋自我的民族主義運動中，難免與西方發
生碰撞，也可能引發世界的動盪不安。而美國向來反對
帝國主義的立場，早已深獲東方的信賴，將可以作為
朋友的身分，調解東、西雙方的衝突，維持穩定的力
量，從而形塑出「新東方」。在美國的屬地菲律賓，美
國即以身作則，進行了一場「公平的交易」（a square

deal），推行「委託管理制度」（trusteeship）：目的並非像過去帝國主義國家，只是為了圖利自己，相反地，是站在利他的角度，在美國的保護下，協助菲律賓人民，能夠穩定、有力地重新站起來。因此，美國希望能夠將「新商業外交」，亦即前述的菲律賓模式或委託管理制度，推廣至亞洲其他地區，在西方的保護與協助下，讓東方國家重新恢復秩序與力量。[27]

　　美國對於亞洲地區的新理念與「新商業外交」，完全迥異於傳統西方帝國主義外交，不但衝擊到自 19 世紀以來西方列強在亞洲地區所建立的條約特權體制，也會與歐戰以來積極介入亞洲事務、致力於擴張的日本，發生劇烈牴觸。畢竟，日本從近代以來維新圖強的行為模式，即是在仿效西方，故當略有所成之際，自然也想要依循西方模式，進行帝國主義擴張。

　　有類似見解的，強調美國肩負有維持亞洲秩序、反制帝國主義擴張責任的，還有美國知名的中國事務專家威羅貝。他主張只有美國才能夠從日本的貪婪覬覦中，拯救中國。這並非只是因為美國在華有特殊利益，更重要的，乃是美國素來堅持國際正義，有立場出面敦促日本改弦易轍。至於美國究竟出於何種具體考量，而必須挺身協助中國對抗日本，威羅貝認為基本上有四大理由。其一，是為了人類社會的公理與正義。中國人理應如同其他民族一樣，在國際上享有相同的權利。威爾遜

27　"What Are America's Responsibilities on the Pacific?" *The Weekly Review of the Far East*, 18 June 1921.

屢次重申的重要和平原則，也應該適用到遠東，使得中國能夠獲得應有的公平對待。其二，根據歐洲過去歷史發展的經驗，如果不給予適當的援助，中國未來恐怕將陷入軍閥主義、獨裁以及政治動盪的惡劣局面，從而導致無數人命的犧牲與財富的浪費，而這也正是美國及其盟國當初彼此合作，共同誓言要終結的亂局。其三，中國為廣土眾民之國，富有各種資源，但本身卻無力保護以及開發這些資源，如同「匹夫無罪，懷璧其罪」，自然吸引無數國際力量湧進中國，競相爭奪各種資源。而列強在華競逐資源與利益，極可能導致對立、衝突，甚至引發新一輪的戰爭。故以公正的方式來處理中國問題，也是為了避免未來列強競逐資源，甚至引起戰爭的情事發生。其四，以商業利益著眼，一個強而有力且獨立的中國，是最能夠符合各國利益的情況。因為中國一旦能夠穩定統治，則無論是出口或是進口，均將有助於世界經濟景氣的成長，收益之大更是難以評估的。[28]

　　然而，歐戰以來日本對中國的野心，卻隱含著危險的不穩定力量。如果縱容日本繼續在華肆行擴張侵略之舉，不但美國過去致力於推動的門戶開放政策，將全部化為烏有，而日本也將順勢獨佔整個中國的市場與利益，屆時世界各國必然無法共同分享中國成長後的經濟榮景。因此威羅貝主張，美國理應當仁不讓，挺身而出，維護國際正義，大力支持中國的獨立改革與邁向富

28　"Observations with Reference to Political Conditions in Japan and China," Second Report of W. W. Willoughby, 30 January 1919, RIAC 893.00/3305 1/2.

強，以抗衡日本。[29]

（二）輿論論調

美國在山東問題以及其他事務上力挺中國對抗日本的立場，可能也跟美國人對於中國人的一種內咎情緒與責任感有關。特別是當巴黎和會有關山東問題的決議傳至美國後，一度在參議院引起極大的爭議，因為此案不但牽涉到美國的利益，也嚴重影響到美國的國際威信。根據英國《曼徹斯特衛報》駐紐約特派員的分析，部分美國參議員認為中國之所以參與歐戰，最大的原因是美國的邀請與支持，然而也就在這段期間（約 1917 年 2 月至 4 月），英、法、義、俄等國竟然與日本進行了祕密外交，私下協議承認並支持戰後由日本繼承德國在山東的利益。這樣的結果讓美國人覺得極其難堪，因為美國出面邀請中國參戰，自然負有道義上的責任，必須護衛中國的利益，但是協約國的其他成員卻私下出賣中國的利益，這無論如何都會有損美國的國際威信，也傷害到中國人對於美國的信任。[30]

再者，五四運動後，美國人的這種信念又更加強烈。因為他們從蓬勃發展、慷慨激昂的學生運動中，看到了中國新生的力量，公眾輿論的覺醒，與未來成長改變的希望。也因此，美國人更加堅信必須出面幫中國

---

29 "Observations with Reference to Political Conditions in Japan and China," Second Report of W. W. Willoughby, 30 January 1919, RIAC 893.00/3305 1/2.

30 "America and Shantung: The Fear of Japanese Imperialism," *The Peking Leader*, 20 September 1919.

一把，讓中國有足夠力量對抗日本。例如一直關注遠東事務、美國《芝加哥論壇報》的新聞特派員杭特，在 1921 年時曾待在中國觀察，他即清楚指出中國年輕知識分子的覺醒，以及呼籲美國必須及時伸出援手，以抗衡日本的侵略。杭特分析，美國親近中國，中國也迫切需要美國，一般中國人民普遍抱有美國夢，甚至以下一代受美國式教育為榮，也期望能夠前往美國留學。有趣的是，類似的質變情況也出現在美國傳教活動上，亦即所謂「新型態的美國在華傳教模式」（new type of American missionary in China）。因為歐戰後美國在華傳教士所關注的，不再只是如何向中國人傳達基督教教義，而更重要的，是如何將美國式的新生活價值，包括維持乾淨的衛生習慣，以及培養獨立、愛國主義的思維模式，灌輸到年輕一代的中國人身上。杭特認為現在的中國是一個全新的中國，不再是以往那個守舊顢頇的中國，年輕學生也不惜犧牲一切想要為國家奮鬥付出，公眾輿論開始發揮影響力，公民意識以及政府都有顯著的改善，婦女開始解放不再裹著小腳。杭特相信中國如果持續改變下去，終將不用畏懼日本，並在全世界中有著重要地位。

　　因此，杭特提醒西方國家，應該調整心態，正視歐戰後中國的劇烈改變。回顧歷史，自鴉片戰爭以降，西方國家競相掠奪在中國的利益，也強佔與劃分了許多勢力範圍，深受中國的忌恨與仇視，不難想像中國人一直在累積著未來排外的動能。而同為黃種人的日本，可能利用這種因素，故意煽動中國對於整個西方的仇恨。

特別是杭特在與上海某些中國菁英知識分子的私人談話中，他發現部分中國人從未忘記過去西方對於中國的侵略與掠奪，有時甚至不惜與日本人站在一起，擱置山東問題爭議，與日本一同推動人種平等法案，以對付西方國家。杭特認為，西方必須持續關注中國的反西方力量，且應採取積極作為，避免死灰復燃。然而，所幸自歐戰以來，中國人對日本的仇恨程度，似乎暫時超過西方國家，故對於西方來說，何嘗不是一個支持中國、雪中送炭的好機會。而在這個過程中，美國所扮演的角色，更是關鍵。因為在近代中西互動的過程中，大部分的西方國家均或多或少地剝削與侵略中國，唯獨美國，總是以公正的態度看待中國，也率先宣布要主動歸還庚子賠款。杭特總結認為，如今中國又再度處於危機關頭的十字路口，而過去身為深受中國喜愛、信賴，且一貫堅持公正對待中國的美國，理應出面指引中國一條康莊大道，並嘗試提供援助，讓其有能力往前發展，並具備保護自己的能力，從而讓「這個愛好和平、溫和有禮的偉大國家，能夠繼續保持笑容」。[31]

（三）具體例證

　　美國人對中國的特殊使命感，亦可以從歐戰後美國大力倡導的軍火禁運中國政策中略窺一二。1919 年 5 月，在美國駐華公使的推動下，美、英、日、法、義、

31　關於杭特對中國事務的評論，見 "Smiling John Chinaman," *The Weekly Review of the Far East*, 2 July 1921.

西、葡、俄、巴、荷、丹、比等國同意共同執行軍火禁
運中國計畫。為了在中國落實軍火禁運計畫，美國政府
甚至還又依據美國戰爭貿易委員會（War Trade Board）
自 1917 年 6 月 15 日即已實行的間諜法案（Espionage
Act），偵蒐外國對中國的軍火輸入情資。而根據美國
國務卿休斯的看法，美國推動此計畫的參考，乃是援
以過去在 1912 年 3 月 14 日的美國第二十二號公共決議
（Public Resolution No. 22），對於陷入內戰情況的拉丁
美洲國家，施以軍火禁運。換言之，也就是美國試圖
將已對拉丁美洲實行的軍火禁運政策，進一步適用到
中國。[32] 事實上，自 1823 年美國門羅總統提出門羅宣
言，強調對於美洲大陸的控制權以來，美國逐漸將拉丁
美洲視為禁臠，不容歐洲干涉。[33] 而美國將原先實行於
美洲的軍火禁運推廣至中國，似乎也帶有將門羅主義適
用到中國的意味。

　　1921 年 11 月，華盛頓會議召開前，在美國參議員
洛奇的推動下，美國參眾兩院又通過了一個聯合法案，
制定更為明確的軍火禁運法令，規定美國軍火製造商不
得將軍火輸出給那些「內部有動亂情況」（conditions
of domestic violence exists）的國家，而且對於違反禁令
的美國軍火製造商，也制定清楚罰責，將被科以一萬美

32　"Letter from Charles H. Hughes, Secretary of State to Henry Cabot
　　Lodge, U.S. Senate," 14 March 1921, *The Weekly Review of the Far East*,
　　26 November 1921.

33　關於門羅宣言與主義所體現的反殖民與帝國概念，可以參見 Jay
　　Sexton, *The Monroe Doctrine: Empire and Nation in 19th-Century America*
　　(New York: Hill & Wang, 2011)。

元以下的罰鍰，或是以及兩年以下的有期徒刑。雖然此份法令，並未在條文中明確指明中國，但事實上大家都心知肚明，這些規定也將套用到中國，目的在於更為嚴格地執行軍火禁運中國計畫，進一步懲處那些違法者。此乃因參議員洛奇原先推動的法案條文中，軍火禁運的國家只侷限於美洲國家，但是在美國國務卿休斯的介入關切與影響下，最後將軍火禁運國家的範圍，從本來的美洲國家，進一步擴及到「任何美國享有領事裁判權的國家」（in any country in which the United States exercises extraterritorial jurisdiction），如此中國即可含括在內。[34] 顯而易見，美國國務卿休斯致力於將對於美洲事務的處理模式，延伸至中國事務上。

　　歐戰後美國將美洲模式套用到中國，推動軍火禁運計畫，主要防範對象是誰？當初美國宣布門羅主義乃是為了防範歐洲國家對於美洲的干涉與殖民，而歐戰後美國推動軍火禁運中國的對象，又是何者？依據美國在華知名記者鮑威爾（J. B. Powell）的理解，日本就是頭號戰犯。原因之一就是在 1915 年日本提出的二十一條要求中，就有軍火輸入中國的條款，[35] 而 1918 年的中日

---

34 美國國務卿休斯為此特地寫信給洛奇，強調如不調整原先只限於「美洲國家」的軍火禁運對象，勢必將牴觸到 1919 年 5 月美國所推動的軍火禁運中國，甚至將剝奪美國國務院先前與其他國家合作軍火禁運中國的權利。因此休斯建議洛奇，將「美洲」字眼拿掉，或是用其他方式，讓美國政府可以繼續推動軍火禁運中國計畫。見 "Letter from Charles H. Hughes, Secretary of State to Henry Cabot Lodge, U.S. Senate," 14 March 1921, *The Weekly Review of the Far East*, 26 November 1921.

35 此處指得是二十一條要求第五號第四款：「中國向日本採辦一定數量之軍械（譬如在中國政府所需軍械之半數以上），或在中國

祕密軍事協定中也有，日本將與中國軍方通力合作，互
相供應軍火。[36] 然而，自 1919 年 5 月美國的列強軍火
禁運中國政策實行以來，日本卻給予外人屢次違背禁令
的感覺。雖然日本自始至終否認，但關於日本軍火輸入
中國的傳聞與指控，卻長年持續出現，包括提供叛亂軍
閥武器，甚至連長江流域及山東、滿洲的土匪也經常獲
得日本的軍火供應，大幅助長了中國內戰與混亂的情
況。鮑威爾也呼籲，美國應該將上述對華政策，進一步
落實在即將召開的華盛頓會議上，從而針對日本以及其
他國家可能涉及的祕密軍火輸華等問題，擬定更為有效
的對策。[37]

　　歐戰以來美國推動的軍火禁運中國計畫，明顯乃
是依循過去門羅宣言所體現的美洲模式（防範歐洲國
家），並將之套用到中國（主要針對日本，但兼及其他
歐洲國家）。這也反映出美國對於中國事務的使命感，
可能延伸自過去在 19 世紀對於美洲國家的保護模式，
故應可視為是美國意圖將門羅主義擴大運用至中國與亞
洲地區的具體例證。

　　　設立中日合辦之軍械廠聘用日本技師，並採買日本材料」。
36　這應是指 1918 年《中日共同防敵軍事協定》第七條第四項：「關
　　於共同防敵所需之兵器及軍需品並其原料，兩國應互相供給，數
　　量以不害各自本國所需要之範圍為限」。
37　以上有關歐戰後美國推動軍火禁運中國政策的討論，可以參見
　　"America's Attitude Toward China," *The Weekly Review of the Far East*,
　　26 November 1921.

四、挺身而出介入山東問題

（一）巴黎和會山東議題上的角色

　　早在威爾遜發表十四項和平建議時，北京政府外交部即在部長陸徵祥的領導下，開始規劃戰後和會上中國的因應之道。[38] 而當中國代表團在巴黎和會十人會上提出應將前德屬山東租借地直接歸還中國的要求後，也正式宣告在戰後山東問題處置上，中國準備走自己的道路，不再默默忍受戰時日本所施加的壓力，也拒絕遵循與日本間的協議。[39] 究其實際，日本為了收割參戰得利，以便順利繼承德國在山東的各種權利，早已採取一系列的文攻武嚇手段來預做安排。其一是透過武力脅迫，提出二十一條要求，逼使袁世凱政府同意接受由日本取得山東利益。其二是運用經濟利誘，藉由給予軍事貸款，交好控制北京政府的皖系勢力，換取中日軍事協定的簽署，並以換文取得中國方面欣然同意由日本繼承德國利益的背書。其三則是在戰時事先與英、法、義等國達成協議，取得其同意由日本繼承德國利益的默契。這三個手段，於外於內，均可封住中國，使其不致也無法在戰後再提出翻案的要求。

　　然而，日本看似天衣無縫的安排，卻有一個重大的

38　《顧維鈞回憶錄》，第一分冊，頁 164；唐啟華，《巴黎和會與中國外交》，頁 89。

39　中國代表顧維鈞在巴黎和會十人會上的發言內容，見 "Hankey's Notes of Two Meeting of Council of Ten," Quai d'Orasy, 28 January 1919, *PWW*, Vol. 54, pp. 316-317；「收法京陸總長電」，1919 年 1 月 30 日，中央研究院近代史研究所檔案館藏，《北洋政府外交部檔案》，03-33-150-01-010。

變數，即是美國的態度。早在日本提出二十一條要求時，美國當時雖未實質介入干涉，但透過不承認政策，保留未來對此問題置喙的空間。歐戰後，美國又躍居列強之首，對於東亞事務的發言權，也絕非戰前所能比擬。當時中國駐美公使顧維鈞即是看準此一形勢，早已規劃出在戰後和會上針對山東問題重新翻案的計畫。而說穿了，顧維鈞的圖謀已久外交策略，其實不過即是聯美制日；事先疏通美國政府高層，如威爾遜總統、蘭辛國務卿等人，使其了解中、日山東問題爭議的本質，爭取同情，以便在巴黎和會上與日本抗衡。[40] 部分歸功於前述戰時美國對華輿論宣傳的成效，中國日益高漲的民族主義輿情，尤其是親美與反日兩大輿論趨向，也對威爾遜總統等美國政府高層有相當大的影響。再加上歐戰後期俄國爆發無產階級革命，出現蘇維埃政權，並試圖向全世界輸出革命經驗，利用戰後各國內部動盪不安形勢，以反帝國主義宣傳感動人心的利器，來推動階級革命。中國毗鄰蘇俄，也成為布爾什維克反帝宣傳的重要對象。中國高漲的民族輿情，又極度企盼美國的援手，一旦遭遇重大挫折，後果難料，屆時失望憤怒的民族主義情緒可能爆發出來，並將怒火轉向美國等西方國家，認為其與日本勾結分贓，而犧牲掉中國的主權。這種情況自然會成為布爾什維克反帝宣傳運作的極佳環境，一旦中國局勢驟變，跟隨蘇聯步伐，恐將出現無產

---

40 關於陸徵祥、顧維鈞等人確立聯美策略的內情，可以參見唐啟華，《巴黎和會與中國外交》，頁 104-111。

階級革命，並投身反西方陣營。威爾遜總統在巴黎和會上力挺中國立場，部分也是著眼於此。威爾遜本人的多次發言，即證實他對中國現況的憂心，深怕中國民族主義輿情會受到山東問題的刺激，星火燎原，轉而演變成為革命之勢。[41]

　　不過，另外一方面，日本也非易與之輩，除了以戰前協議限制英、法、義等國動向，並以中日軍事協定換文反駁中國外，對於美國偏袒中國的立場，日本則以其他外交策略作為牽制之道。其一乃是在和會上提出人種平等問題，揭露美國種族歧視政策，直戳美國政府的痛處。美國自然不樂見日本在和會上提出人種平等方案，希望日本撤案，屆時日本即可與美國商討妥協讓步之道，並以中日山東問題爭議併做思考。其次，更為有效的反制之法，乃是利用威爾遜對於推動建構戰後國際安全機制的執念。在戰時提出的十四項和平建議中，威爾遜最重視的，莫過於規劃戰後國際安全機制，其計畫乃是籌組國際聯盟，以集體安全機制，來取代之前的國際均勢或結盟策略。然而，義大利為了戰後領土劃分問題與美國決裂，並正式宣言退出巴黎和會，國際聯盟計畫恐將破局，因為國際聯盟集體安全機制的核心，即是各主要強國均須加入其中，共同維持世界和平與秩序，否則列強拒絕加入其中，所謂集體安全自然名存實亡。日本即利用此一有利局勢，威脅如果無法繼承德國在山東

41　"Mantoux's Notes of A Meeting of Council of Four," 18 April 1919, *PWW*, Vol. 57, p. 454; "Hankey's and Mantoux's Notes of A Meeting of Council of Four," 22 April 1919, *PWW*, Vol. 57, p. 606.

的權益，將必須退出和會。究其實際，若日本也跟隨義
大利的腳步，退出和會，屆時歐洲少了義大利、亞洲少
了日本，難以想見國際聯盟計畫會有成功的可能。這當
然打到威爾遜的心頭要害，在權衡輕重後，威爾遜終於
放棄對中國的支持態度，轉而支持日本，並出面勸說中
國代表團接受日本所提的折衷方案。也因此，日本的方
案，最終寫入了對德和約之中。[42]

　　美國的讓步與日本在巴黎和會山東問題爭議上獲得
勝利的訊息傳回中國後，果不其然引起了軒然大波。誠
如威爾遜先前所預期的，中國民族主義輿情瀕臨爆發的
邊緣，五四政治運動油然而生，「內除國賊」、「外爭
國權」的口號響徹雲霄，特別是學生運動與組織遍及國
內各大城市。從此學生團體關注國事發展成為常態，對
於中國未來政治發展，自然有極大的影響，中國國民黨
的改組，尤其是中國共產黨的成立，也都是在此脈絡下
醞釀而生。[43]

　　不過另一方面，巴黎和會山東問題的失敗，雖然造
成中國人極大的挫敗感，卻並未嚴重傷害到中美情誼。
尤其，中國人在面對日本的步步進逼，似乎更加地仰賴
美國的援助。部分中國人甚至相信，在不久的將來美
國與日本的衝突必然會發生。中國一直視美國為真正的

42　應俊豪，《公眾輿論與北洋外交—以巴黎和會山東問題為中心的
　　研究》，頁 218-229。

43　關於五四政治運動的本質及影響，可以參見以下兩書：周策縱著，
　　周子平等譯，《五四運動：現代中國的思想革命》（南京：江蘇
　　人民出版社，1996）；呂芳上，《從學生運動到運動學生：民國
　　八年至十八年》。

友人與希望，故此時如果美國願意對中國施加援手抗衡日本，避免中國淪為日本的禁臠，當美、日衝突爆發之時，中國將可以成為美國最忠實地盟邦。反觀日本，為了避免中美緊密合作抗日，必將無所不用其極地試圖先控制中國，甚至迫使中國一同對美作戰，屆時中國所有的港灣口岸將不再對美國開放，而美國在華的所有產業，也將淪為敵產，而遭到沒收。如此日本也將得以利用中國豐富的天然資源，作為對抗美國的後盾。換言之，部分中國人始終相信，中美終將並肩合作以對抗日本。[44]

（二）華盛頓會議九國公約的影響

巴黎和會山東問題決議案在中國引起了五四政治運動，民怨沸騰、群眾奮起，形成了強大的輿論壓力。中國代表團雖然嘗多方設法想要針對山東問題決議案提出保留或聲明，以凸顯中國對和會決議的不認同，但均未獲同意。中國代表團最後在不得已的情況下，決定拒簽對德和約。中國的拒簽和約，也變相造成山東問題形成懸案。是以日本雖然實際佔領了前德國在山東的租借地，且獲得列強與戰後和約的背書，得以順利繼承德國相關權益，但也由於中國的拒簽和約，終究使得山東問題擱置化。

另外一方面，威爾遜念茲在茲的國際聯盟方案，雖

---

44 "Conditions in Shantung Province," Office of Naval Intelligence, Navy Department to the Department of State, 3 December 1919, RIAC 893.00/3271.

以對日讓步，在山東問題決議上妥協，換取日本的續留
和會與簽署和約，但後來結果仍然未能如威爾遜所預想
的圓滿解決。主要由於美國國內對於和約以及國際聯
盟方案仍有相當疑慮，不願為了成就國際集體安全制
度，而犧牲美國的主權，故美國國會最終拒絕批准對德
和約，美國反倒沒有加入這個威爾遜期盼甚深的國際組
織。與此同時，美國國內輿情也對日本自歐戰來在中國
的侵略行動有所警覺，牴觸美國向來堅持的中國門戶開
放政策，也侵害到美商在華的投資貿易均等。再者，日
本挾英日同盟為護符，擴張在西太平洋地區的影響力，
也引起美國的忌憚，希望能夠取消此同盟，而代之以新
的國際秩序架構。特別是歐戰之前，各強國大肆擴張海
軍艦船，競逐海權的結果，不但間接促成歐戰的爆發，
也為戰後未來的世界和平帶來隱憂。即是之故，在巴黎
和會結束後，美國在英國的支持下，決定召開一次新的
國際會議，來解決巴黎和會未竟的重要議題。此即為
1921 年至 1922 年間在美國首府華盛頓召開的會議。此
次國際會議的主題為三：其一是英、美、日、法、義五
國海軍會議，藉以劃分五國海權實力比例；其二，是遠
東與太平洋會議，由在遠東地區有關鍵利益的九國（前
述五國外，另外還有中國、荷蘭、比利時、葡萄牙）參
加，商討戰後東亞與太平洋地區的秩序，同時也希望確
立以後諸列強在華的行事方針與原則；其三，則是在美
國的安排下，中、日兩國以會外協商的方式，解決山東

懸案。[45]

　　對於中國來說，華盛頓會議的召開，帶有非常重要的意義。除了五國海軍條約，限制未來海權國的海軍軍備與基地要塞外，英、美、日、法等四國也簽署了〈四國公約〉，以四國聯合協調處理太平洋地區的爭議，從而取代了原先的英日同盟，間接強化了對日本的制衡。當然，最為關鍵的，是華盛頓會議參酌了中國方面的意願與提案，確立了往後列強在華作為的四項基本原則，並透過「九國公約」的簽署，形成彼此約束與遵從的重大規範。由於這四項原則乃是由美國代表羅脫（Elihu Root）歸納總結，故又稱「羅脫四原則」（Root Resolutions）。[46] 在此原則下，與會各列強確認尊重中國主權獨立與領土完整，不利用中國現狀的演變，趁機擴大在華利益，同時也同意各國在華投資貿易機會均等，反對壟斷與勢力範圍。本質上即是門戶開放政策的延伸與擴大化。這些原則對於中國未來的意義，自然不言可喻，除了列強同意在華以彼此協調取代商業競逐外，更為重要的是，列強共同以國際公約的形式，正式

45　關於美國召開華盛頓會議動機，可以參見以下分析：Westel W. Willoughby, *China at the Conference: A Report* (Baltimore: John Hopkins Press, 1922), pp. 277-332；幣原喜重郎，外務省調查部第一課編，〈ワシントン會議の裏面觀其ノ他〉，広賴順浩監修、編集、解題，《近代外交回顧錄》，第3卷，頁127-179；Warren I Cohen, *America's Response to China: A History of Sino-American Relations* (New York: Columbia University Press, 1990), pp. 86-87.

46　"A Treaty between All Nine Powers Relating to Principles and Policies to Be Followed in Matters Concerning China," U. S. Naval War College, *International Law Documents: Conference on the Limitation of Armament with Notes and Index, 1921*(Washington: Government Printing Office, 1923), pp. 342-351.

確立中國領土完整與主權獨立，這對於日本以及其他列強未來在華的擴張行動，形成了箝制作用。

　　至於當初由於中國拒簽對德和約，而懸而未決的山東問題爭議，也由於美國的斡旋，獲得解決之道。巴黎和會後，日本曾多次希望與中國直接交涉山東問題，但中國方面一來公眾輿情沸騰，堅決不與日妥協，二來也擔心無法承擔來自日本的壓力，故一直不願意與日本直接交涉。華盛頓會議的召開，則為中、日山東問題爭議，取得解套的機會。利用國際會議為平臺，援引美國等西方列強的力量，以抗衡日本壓力，本是歐戰後中國對日外交的重要憑藉。而日本在歷經山東問題爭議，以及與美國之間的爭執後，也不願中日僵局，影響到日本的對外關係。再加上，歐戰後日本原敬內閣，也試圖調整原先的外交作為，從歐戰期間的武斷外交，逐步轉為與英、美磋商折衝的協調外交，故也不願意過於展露對華的侵略意圖，以免影響美、日關係，所以也傾向儘早與中國商討山東問題的解決之道。雖然華盛頓會議並未將山東問題爭議列入正式討論項目，而是安排中、日兩國在會外協商，但運作模式，實質上等於是以美國為首的西方列強從旁觀察中、日交涉過程。日本自然也難以抗衡國際壓力，某種程度上，不再堅持巴黎和會所做成的決議。中國則額外付出一些金錢與代價，順利取回了山東租借地與相關利權。[47]

47　關於中日會外解決山東問題談判過程，見項立嶺，《中美關係史上的一次曲折—從巴黎和會到華盛頓會議》（上海：復旦大學，1997），頁 160-180。

　　從華盛頓會議的召開，以至會後所簽署的諸公約，逐漸建立起一種新的國際格局，即所謂的華盛頓會議體制。[48] 這個由美國推動、英國襄助的國際體系，在歐戰後的中國事務上，開啟了與以往迥然不同的行為模式。自此，尊重中國主權獨立與領土完整，已成為列強對華的基本共識；不干涉中國內政，也成為戰後 1920 年代，列強普遍遵守的重要原則。或許實際上列強依然不時暗自透過各種手段的運用，彼此競爭，以擴大在華利益，但至少在形式上，列強已無法再將瓜分中國、佔領勢力範圍視為理所當然之舉。

五、小結

　　美國素來對華並無領土野心，自晚清時期即主張列強間應合作協調，避免因競逐在華利益，而導致中國的崩解，並主張中國市場對外開放，由列強共享利益。歐戰後當美國躍居為世界首強，對於東亞與中國事務的發言權也日益強大，也開始著手規劃新秩序。歐戰後美國的遠東政策，在某種程度上，也幾乎深深影響了東亞國

48　Akira Iriye, *After Imperialism: The Search for a New Order in Far East, 1921-1931* (Cambridge: Harvard University Press, 1965), pp. 13-22; 白井勝美，〈凡爾賽‧華盛頓會議體制與日本〉，《中國をめぐる近代日本の外交》，陳鵬仁譯，《近代日本外交與中國》（臺北：水牛出版社，1989），頁 19-53；王立新，〈華盛頓體系與中國國民革命：二十年代中美關係新探〉，《歷史研究》，第 2 期（2001），頁 56-68；唐啟華，〈北洋外交與「凡爾賽－華盛頓體系」〉、川島真，〈再論華盛頓會議體制〉，金光耀、王建朗主編，《北洋時期的中國外交》（上海：復旦大學出版社，2006），頁 47-80、81-90。

際局勢。[49] 至於原先執世界牛耳的英國，最早在華致
力於經濟擴張，商貿利益居各國之冠，但作為既得利益
者，並不樂見中國由於列強的競逐而遭瓜分瓦解，從而
稀釋與影響到其已得之利益。所以當美國在歐戰後大力
推動門戶開放政策，呼籲尊重中國主權獨立，並維護領
土完整時，英國自然也願意表態支持美國。況且，美國
的參戰，非但打破歐戰的僵持局面，對於大戰的勝負，
更扮演著極其關鍵的作用。戰後，參戰的歐洲列強國內
經濟多半遭到沈重打擊，短期內不易復甦，美國則成為
世界最主要的債權國。在這樣的消長局勢下，以英國的
角度思考，如與美國持不同立場，也非明智之舉。所以
歐戰後，在美國的主導，以及英國的默認與支持下，晚
清以來列強與中國的互動模式，終於逐漸有所調整。以
往列強任意出兵干涉，動輒威逼簽訂條約，趁機擴大利

---

49 關於歐戰後美國政府遠東政策的主軸思維，美國學界有非常深入
的討論，一般來說，早期研究多認為乃是體現一種遏制政策，
以防止帝國主義繼續在東亞擴張；後來則偏向認為是「合作政
策」的展現，換言之，換湯不換藥，亦即延續之前的 19 世紀帝
國主義思維，目的在於維持現狀，防止遠東地區發生變化；但
近來則主張美國已揚棄傳統帝國主義，而試圖建立一種新的國
際秩序。美國相關研究，可以參見：Arthur Stanley Link, *Wilson
the Diplomatist: A Look at His Major Foreign Policies* (Baltimore: Johns
Hopkins Press, 1957); Alfred Whitney Griswold, *The Far Eastern Policy
of the United States* (New Haven: Yale University Press, 1962); Roy
Walson Curry, *Woodrow Wilson and Far Eastern Policy, 1913-1921* (New
York: Octagon Books Inc., 1968); William Appleman Williams, *The
Tragedy of American Diplomacy* (New York: Dell Pub. Co., 1972); Warren
I. Cohen, *America's Response to China: A History of Sino-American
Relations* (New York: Columbia University Press, 1990); Akira
Iriye, *Across the Pacific: An Inner History of American-East Asian Relations*
(Chicago: Imprint Publications, Inc., 1992). 歐戰後美國遠東政策的
相關分析，參見吳翎君，《美國與中國政治（1917-1928）：以
南北分裂政局為中心的探討》，頁 1-2，註腳 1。

權的行為模式，遂漸趨式微；相反的，尊重中國主權獨立、領土完整，不干涉中國內政的行為模式，則慢慢成為列強對華政策的新圭臬。

　　美國向來主張門戶開放政策，也在華盛頓會議〈九國公約〉的背書下，成為列強共同認可的基本原則。如此，中國的國際地位，也與晚清時期相比，逐漸有了顯著的改變。固然不平等條約特權體制仍舊枷鎖著中國，但無論如何，至少在對外關係上，中國已儼然以主權對等國的地位，勇敢面對諸列強。

　　晚清以來，在西方國家的累次侵擾與內部動亂下，中國有識之士一直思考如何能夠挽救危局，並致力於追求富國強兵之道，從自強洋務到維新變法，均是此類思維的具體呈現，但可惜成效終究相當有限。到了民國時期，雖然已仿效西方，推翻專制，成立共和，但中國情況依然未有起色，反而仍然延續了晚清以來的政治紛擾，再加上各省軍閥亂政與割據獨立，實際現況乃每況愈下。部分中國知識分子，雖然不忘推動富國強兵的理念，但能夠著力之處，極其有限。意圖單憑中國本身的革新與增強國力，來抗衡外侮，調整中外關係，提高中國在國際上的地位，乃成為可望而不可及的夢想。自晚清甲午戰爭以來，日本對於中國的野心更加熾熱。之後的日俄戰爭，日本擊敗俄國，躋身世界列強之林，再獲得南滿的優勢地位，對於貧弱的中國，更是難以克制侵略吞併之心。歐戰期間，日本又利用對德宣戰、佔領山東為由，提出二十一條要求，意欲藉此將中國變成日本的保護國，對華野心自是表露無遺。而處於嚴重內憂外

患困局的中國，根本無力自保，遑論要追求富強，改變
現況。

　　然而，威爾遜在歐戰後期喊出的民族自決主張，在
報紙媒體的刻意渲染之下，成為中國公眾與知識分子相
當耳熟能詳的語彙。所謂的民族自決主張，當時之於中
國，卻猶如久旱後的甘霖。特別是在美國公共新聞委
員會的輿論宣傳下，中國人相信有權自己決定國家民族
的未來，無庸他人干涉。民族自決主張在威爾遜的堅持
下，可望成為戰後重新調整世界秩序的重要原則，自然
也就成為中國公眾認為得以抗衡日本、力求自保的重要
依持。中國駐美公使顧維鈞也是敏銳覺察到此一態勢，
故加緊確定聯美制日策略，疏通美國領導當局，使其瞭
解日本對華野心，以便在戰後和會上，能夠仰仗美國之
力，對抗日本的侵略要求。歐戰後，美國及威爾遜在華
的聲望之高，幾乎成為中國人心所向。

　　在巴黎和會上，中國的聯美制日，確實發揮一定程
度的作用。美國總統威爾遜、國務卿蘭辛多次為中國喉
舌，反對由日本繼承德國在山東的租借地與權利。因
此，中國人心相當振奮，均認為在美國的支持下，必將
可以順利收回山東。然而，事與願違的，日本乃有備而
來，透過一連串外交策略的運用，節節反制美國，最終
更以退出和會為要脅，成功逼使威爾遜在山東問題上讓
步，以便成就其建立國際集體安全機制的計畫。山東問
題失敗的消息傳回中國後，引起極大的民族主義運動，
在學生的推動下，商人、工人與群眾也先後奮起，舉國
震撼。「內除國賊」、「外爭國權」也絕非只是一時示

威抗議活動的口號而已，更成為往後中國在對外關係上最為重要的民族主張與原則。美國在華社群也強烈感受中國民族意識的覺醒，在駐華使領館的報告與傳達下，美國政府也逐漸正視此股強大的公眾輿論力量。也因此，美國在籌劃召開華盛頓會議時，即將中國與列強的關係，以及中日山東問題爭議，列入會議考量，以便為未來的東亞與中國的秩序，規劃出一個能行之久遠的行為準則。華盛頓會議的中國問題決議案，亦即後來〈九國公約〉的前四條，即明確規範往後列強在華活動的基本原則：以尊重中國主權獨立與領土完整，與確立中國門戶開放政策為核心價值。所謂的「華盛頓會議體制」，也逐漸成形。中日山東問題爭議，也在美國安排下，透過會外協商方式，獲得了解決，中國在付出部分代價下，終於順利收回了山東租借地與鐵路等權利。從中國主權領土獲得列強確認，以至於收回山東權利，均意謂著中國依賴美國來抗衡日本策略，有其關鍵作用。

　　因此，從歐戰前後的中美關係來看，美國的中國情結及特有的使命感，確實與當時中國的國際地位關係密切。如無美國在戰時的強力宣導，戰後的中國公眾應不致會對巴黎和會抱持過度樂觀的信心，也不會在遭遇失敗後，產生如此巨大的民族主義情緒反彈，間接催生出公眾意識的覺醒，也促成中共的成立以及國民黨改組，從而影響未來中國歷史的發展。此外，就當時中國的實際情況來說，以中國內政秩序紊亂與持續惡化的情況下，自立自強與推動革新明顯無望，若無美國從外的鼎力支持，中國並無實力能夠爭取到國際地位的提高，獲

得列強對於中國主權與領土完整的確認，也不可能有辦
法，能夠讓日本放棄已到手的山東利權。

　　如果深究美國對華親善友好態度的成因，在看似既
「特殊」又「例外」的中美關係背後，又隱藏著什麼？
美國人遠渡重洋來到中國，懷抱著何種「中國夢」，又
帶有什麼理想與目的？[50] 他們的所作所為，最終又對
中國造成了什麼影響？ 歐戰以來，美國對於中國的關
注漸趨濃厚，不但加大了對華貿易與投資力道，也積極
參與了各項改革與開發建設。固然此種現象在本質上仍
不脫追求利益的主要脈絡，但不見得總是利己的。無論
是美國政府的對華政策，抑或是美國民間人士的中國
觀，往往帶有一定程度的理想主義色彩，從使得其言論
觀點與實際作為，不時隱含有利他的元素在內。換言
之，美國確實有意利用中國豐富的資源與龐大的市場，
以藉此大發利市，但同時卻也希望中國能夠擺脫當下的
困境，逐漸邁向更好的未來。當這種特殊情結發酵醞
釀，並與歐戰以來日本對華的侵略擴張意圖，發生矛盾
與碰撞之時，就會產生相當大的邊際效應。這也正是陷
於內外交困現狀的中國人，可以籌思進一步利用與揮灑
的空間。中國人對於美國，早自晚清時期即抱持極大的
好感，習慣傾向依賴美國的幫助，但也有本身的盤算。
中國人往往以其特有的方式，包括利用美國對於弱者同
情，或是凸顯白人負擔論，來惡化美國人對於日本的觀

50　「中國夢」的典故，乃參考自吳翎君的專書，見吳翎君，《美國
　　人未竟的中國夢：企業、技術與關係網》。

感，甚至影響遠東政策，進而使之成為對抗其他列強的利器。

美國人特有的中國情結，以及持續的友華態度，確實對中國事務有著舉足輕重的影響力。在不少中國人心目中，美國向來都是一個極其重要的存在，且與其他西方列強不同，乃抱持著特殊情感。中國知識分子不但往往帶有「親美」的心理傾向，也更主張應該積極採取「聯美」的外交策略，來鞏固中國自身的國際地位。

第五章　美國對日本在華野心的觀察

一、前言

　　歐戰後美、日關係的演變，牽涉到許多複雜面向，但無庸置疑地，中國現況問題也是影響到美、日關係發展的重要變數之一。尤其是巴黎和會山東主權歸屬問題發生後，更清楚呈現出中、美、日三國之間的恩怨糾葛。中國意圖挾美國之助以抗衡日本，日本則憤恨美國介入中、日事務，攘奪了日本辛苦得來的戰爭果實，而美國似乎也在中、日互動中，進一步擴大了對中國的實質影響力。不過，歐戰後環繞山東問題之爭的中、美、日三國關係極其複雜，不易以幾句話定論。但可以確定的是，山東問題成為歐戰後美、日兩大國在亞洲博弈與抗衡的重要舞台，有時甚至也成為國際政治交易的籌碼。例如眾所皆知，美國總統威爾遜之所以在最後關頭，放棄支持中國收回山東利權的重要因素，即是為了換取日本留在國際聯盟，以建構歐戰後的世界新秩序。日本原先念茲在茲、準備在和會上提出的人種平等方案，或許也是讓美國選擇在山東問題上妥協的重要原因之一。[1] 事實上，在巴黎和會後，日本報紙甚至宣稱部

1　關於中、美、日在巴黎和會山東問題上的互動與角力，可以參見

分美國政要之所以支持由日本繼承山東利權，背後的原
因，乃在於讓日本移民往山東發展，從而減緩加州的壓
力，因為加州當時正積極推動限制日本移民購地的法
案。[2] 換言之，犧牲中國山東，以換取避免日本移民過
度滲透美國加州。不過，這或許也有可能是日本故意為
之的輿論宣傳手法，藉此分化中美關係，以強化中國人
對於被美國背叛的憤恨不滿，從而間接抒解中國反日運
動。無論如何，美、日在中國事務上的矛盾、過招、妥
協與利益交換，是歐戰後美日關係極其重要的面向，值
得深入探究，以釐清事實真相。

　　歐戰前後，素來關心遠東事務發展的中國問題專家
們，也開始對於歐戰以來日本利用歐洲列強無暇東顧之
機，積極擴張勢力範圍與到處攫取利權的事態發展，感
到極度不安。其中，有兩位較具代表性的美國學者，
與中國問題有著密切關係，他們特別關注日本帝國主義
的發展態勢，及其對中國的野心。其一是美國知名國際
政治經濟學者，且曾擔任北京政府顧問的威羅貝。威羅
貝曾致書美國國務院，針對遠東事務的規劃，提出具體
建議。特別是關於如何制衡日本在華擴張的方案，其中
部分核心要素，後來即成為美國推動華盛頓會議體制的
重要參考藍圖。其二是美國知名哲學家、實用主義大師

Roy Watson Curry, *Woodrow Wilson and Far Eastern Policy, 1913-1921*；
應俊豪，《公眾輿論與北洋外交—以巴黎和會山東問題為中心的
研究》；唐啟華，《巴黎和會與中國外交》。

2　〈日米関係の緊張：総て米国の排日的態度に因す＝米人の反省
以外緩和の道なからんとす〉，《大阪每日新聞》，1919年11
月12日。

杜威（John Dewey），他曾應胡適之邀，於 1919 年至
1921 年間在中國各地講學，影響了中國民主與科學思
維的發展。杜威在華期間，適巧親身見證了中國五四運
動，故對於歐戰後的中國現狀發展與日本的對外擴張，
有著較為深刻的體悟，並曾投書媒體，希望督促美國人
正視日本的帝國主義傾向。

　　從威羅貝給國務院的觀察報告，到杜威透過報紙媒
體反映的觀點，或許不過只是一些小小的引子，充其量
僅能反映當時美國知識界對於東亞事務實際情況的部分
觀察與見解。但是如果在威羅貝與杜威的觀點基礎上，
繼續探究美國政府內部其他涉華事務部門，對於日本擴
張行動的反應，並深入分析駐華第一線外交使領與海軍
官員的現況報告，[3] 再參酌實際旅居中國各地的民間
人士態度，與當時外人在華報紙輿論的主要論調，應該
有助於進一步瞭解當時美國在處理中日關係時，整體的
主客觀環境，以及政策形成過程中的內部邏輯理路。

3　例如美國海軍亞洲艦隊總司令亦曾針對中國現況以及歐戰結束
　　後遠東地區政治軍事情勢發展，提出相當深入的觀察與分析。
　　見 "Observations on the Situation in the Far East," Commander-
　　in-Chief, Asiatic Fleet, Vladivostok, to the Secretary of the Navy, 1
　　February 1920, RIAC 893.00/3314. 至於美國駐華使領提出的中
　　國政情報告中，也有不少關於日本擴大在華控制力量的評估
　　觀察。例如參見 "Political Conditions," American Consular Service,
　　Tsinanfu, to Paul S. Reinsch, American Minister, Peking, 31 July 1919,
　　RIAC 893.00/3221; "Summary of Political Conditions in Shantung
　　for the Month of July," American Consular Service, Tsinanfu, China
　　to the Secretary of State, Washington, D. C., 1 August 1919, RIAC
　　893.00/3209; "American Legation's Quarterly Political Report for
　　the quarter ended March 31st, 1921," Albert B. Ruddock, Charge
　　d'Affaires ad interim, Peking to the Secretary of State, Washington, 9
　　September 1921, RIAC 893.00/4111.

　　究其實際，歐戰前後美國主管遠東事務的第三助理
國務卿朗恩（Breckinridge Long），亦坦承早在 1917 年
時，美國政府內部就已經開始懷疑日本對華的野心。[4]
而朗恩與前述威羅貝與杜威等人的看法，其實清楚反映
出當時美國政界與學界對於中日關係與遠東局勢發展一
個相當重要的觀察面向，但同時也點出了另外一個更為
棘手的問題，亦即當日本對華野心似乎已再明顯不過之
際，美國政府究竟應該如何因應？是消極地什麼都不
做，任憑事態發展，還是應該不要再自欺欺人，勇敢地
正視問題，及早籌思因應對策？

二、專家視角

　　部分關心中國問題的美國專家學者，在歐戰後不
久，即已敏銳地察覺到日本帝國主義向外擴張的性質，
故紛紛向美國政府與人民提出建言，呼籲應提早採取作
為，以制衡日本對華的侵略行動。

　　首先，最具代表性之一，為約翰霍普金斯大學教授
威羅貝。威羅貝是當時世界知名的政治經濟學者，歐戰
期間獲邀訪華，擔任中國政府的政治顧問，歐戰後又協
助中國處理國際事務，對中國現況問題以及東亞國際局
勢相當熟悉。威羅貝與美國政府決策高層關係密切，曾
提供國務院有關遠東事務的建言，並著有兩本有關中國

4　Roy Watson Curry, *Woodrow Wilson and Far Eastern Policy*, p. 155；瑪格
　　蕾特・麥克米蘭著，鄧峰譯，《巴黎・和會：締造和平還是重啟
　　戰爭？重塑世界新秩序的關鍵 180 天》，頁 406。

事務的重要論著：《和會中的中國：一份報告》與《外
人在華特權與利益》。在給國務院的遠東政情分析報告
中，威羅貝即認為日本對華野心已是無庸置疑的。日本
挾帶著優勢的軍事政治力量與金融資源，一來協助日商
競逐在華商業利益與貿易市場，以擴大對華的經濟控
制，二來則介入中國政府內部的派系爭鬥，同時製造社
會問題，擾亂金融秩序，擴大財政危機，從而導致中國
各地政局的動盪不安，再趁機扶持親日政權，強化日本
對中國事務的干涉能力。這其實意謂著日本正在一步步
削弱中國政府統治基礎的穩定性，以便達遂日本在華擴
張的最終目的。[5]

　　其次，則是 20 世紀初期美國知名哲學家杜威。他
對於日本在華勢力的擴張，抱持極大的戒心，也對於中
國人的掙扎抵抗，有著相當深的感觸。[6] 為了讓美國國
內人民進一步瞭解到日本帝國主義行徑的本質，避免被
日本美化的輿論宣傳所誤導，杜威在 1920 年曾投書體
現美國自由與進步主義觀點的重要雜誌《新共和》（*The
New Republic*），分析近一、二十年以來，日本如何承
繼過去俄國侵華的遺志，致力於割裂並控制中國。[7] 之

5　"Observations with Reference to Political Conditions in Japan and
　　China," Second Report of W. W. Willoughby, 30 January 1919, RIAC
　　893.00/3305 1/2.

6　關於杜威在中國講學的始末，以及對中日山東問題之爭與五四學
　　運的感觸，可以參見胡適，夏道平譯，〈杜威在中國〉，《自由
　　中國》，第 21 卷第 4 期（1959 年 8 月）；約翰‧杜威、愛麗絲‧C‧
　　杜威，林紋沛、黃逸涵譯，《一九一九，日本與中國：杜威夫婦
　　的遠東家書》（臺北：網路與書出版，2019）等。

7　John Dewey, "China's Nightmare," *The New Republic*, cited from
　　Millard's Review of the Far East, 21 August 1920.

後，杜威又將其對於歐戰以來遠東現況發展與華盛頓
會議的理解，進一步撰寫成專書《中國、日本與美國》
（*China, Japan and U.S.A.: Present-day Conditions in the Far East and Their
Bearing on the Washington Conference*），也由《新共和》雜誌出
版。[8] 杜威投書媒體、著書立說為中國發聲，其實也在
變相提醒著美國人，應該要採取更為積極的作為，正視
歐戰以來日本在華擴張宰制的現況。

（一）威羅貝的觀察與建議 [9]

　　1919 年 1 月，在給國務院的機密報告中，威羅貝詳
細分析日本對華擴張政策的威脅性，提醒如果西方列強束
手以觀，可能帶來的嚴重後果。他直言，在越來越自以為
是的「大和民族優越感」（相形之下，就是對於中國民族
存在價值的蔑視與否定），以及效法普魯士軍國主義思維
的影響下，日本繼續遂行在華擴張政策，恐怕已是未來必
然的發展。因此，西方國家，尤其是美國，如果仍遲遲
不願正視此問題的嚴重性，繼續姑息縱容日本在東亞地
區為所欲為，勢將演變成為未來戰爭的導火線。

1. 西方列強可能的因應模式

　　對於日本日益顯露的擴張行動，西方列強究竟該如

8　John Dewey, *China, Japan and U.S.A.: Present-day Conditions in the Far
East and Their Bearing on the Washington Conference* (New York: Republic
Publishing Co. Inc., 1921).

9　本小節論述，除特別引註說明者外，均是參考自 1919 年 1 月威
羅貝給美國國務院的中日政情評估報告。見 "Observations With
Reference to Political Conditions in Japan and China," Second Report
of W. W. Willoughby, 30 January 1919, RIAC 893.00/3305 1/2.

何因應？部分主張只需保持中立並靜觀其變即可，不宜
過分反應。例如一些公眾輿論即認為，在中國數千年的
歷史中，多次被外族入侵，但歷經時光的洗禮，總是
有辦法將入侵的外族吸納進中國，成為其一部分，並維
持自身主權獨立的地位；所以，對於日本步步入侵中國
的行動，西方列強應保持靜觀中立，不該干涉太多。反
正從中國歷史發展脈絡來看，中國本身自是有抗拒與吸
納外族入侵勢力的能力，故西方國家不用太過操心。不
過，威羅貝在報告中，則頗不以為然，嚴詞批判當時盛
行的靜觀中立說，痛斥此說太過理想化、想當然爾，況
且如果將近代以來的西力或是日本入侵，比附中國歷史
上外族侵華的故事，恐怕會有嚴重的謬誤。首先，以西
力入侵來看，中國近乎毫無抵抗能力，失去了大量的領
土，藩屬也先後被剝奪，並受到各種條約特權的限制：
不但失去了海關、鹽關的行政權，國內重要礦產、鐵路
交通線、電報通訊等也都被外國勢力實質控制，各大城
市中則被強迫劃分部分區域作為外國人的特別居住地，
成為國中之國，中國並喪失了對於租界這塊土地的管轄
權。其次，從近來日本對華的擴張來看，情況更是嚴
峻。日本表面上似乎裝出無意於殖民中國，但實則試圖
控制中國，利用豐富的煤鐵等自然資源與廣大的市場，
作為日本進一步向外擴張的資本。所以日本極盡所能地
削弱中國，以防止其有力量抵抗日本的入侵，同時也加
速染指與控制中國，以避免其他列強利用中國作為基
地，抗衡日本在亞洲大陸的軍事擴張行動。職是之故，
威羅貝主張從近代以來外力入侵的歷史來看，對於中國

未來發展態勢，恐怕不宜有過於樂觀的期待，反而必須去正視與籌思如何因應日本在中國的軍事擴張。[10]

威羅貝直言，對於美國與歐洲國家來說，未來只有兩條路線可選。其一是維持現況，依然採取旁觀態度，不介入中、日事務，也不出面制止日本的野心，默許其殖民擴張的行動，則不出意外地，未來整個中國最終必將淪為日本的控制之下。其二，則是挺身而出，積極支持與維護中國的主權與行政獨立，使其在產業、商業以及教育上能有所發展且自立自強，方得以抗衡日本。威羅貝特別指出，中國目前內部的情況極度不理想，深陷南北對立與軍閥割據分裂的動盪不安格局中，如果沒有來自外部的援助，勢必無法自行擺脫困局，甚至每況愈下。故以中國現況而言，面對日本的積極擴張與侵略行動，幾乎完全無力自保。在此背景下，美國與歐洲列強一旦選擇束手旁觀，可以預期的，就是中國終將淪為日本的禁臠。而要避免此種情況出現，威羅貝認為美國與歐洲列強應該作為中國的後盾，一來使其免於外國控制，二來協助其發展成為一個統一且強而有力的國家。當然，日本必定會表達反對態度，甚至出面作梗，阻止

---

10 此套外人靜觀中立論調，除了威羅貝所引述的中國有能力吸納外族入侵，故列強不應介入過多的理由外，後來到 1920 年代中期，靜觀中立論又有了更進一步的發展。特別是受到中國現況惡化、內戰頻頻、盜匪肆虐，再加上受到反帝宣傳的推波助瀾，五卅後中國反外傾向日趨明顯，外人在華日常商貿活動受到相當大的損害與影響，也因此外人在華公眾輿論更傾向束手以觀，不再插手中國事務的發展，讓中國人自己去理出一條未來的道路。關於歐戰後公眾輿論中的靜觀中立論，可以參見筆者先前另一篇論文：應俊豪，〈一戰後外人對華砲艦外交論述的鼓吹及其反思〉，《海洋文化學刊》，第 30 期（2021 年 6 月），頁 1-34。

任何能夠讓中國統一強大的政策，但只要美國與歐洲列強能夠齊一陣線，並表明嚴正立場，應該就能夠對日本造成影響。[11]

2. 該如何具體反制日本在華的擴張？

為了進一步表明支持中國的立場，使其能夠發展出統一強大的政府，以防堵日本未來可能的侵略擴張，威羅貝建議在戰後的和會上，應該提出幾個重要的原則，只要能夠獲得西方列強的共同支持與落實，就能夠協助中國自立自強，並有效阻止日本進一步在華擴張的藉口與行動。

第一項原則，是所有列強應該表明放棄在華的特殊利益與勢力範圍。因為這些特殊利益與勢力範圍，已經嚴重侵害到中國的主權，同樣也違背了門戶開放政策。

第二項原則，是列強應該將租借地歸還給中國，尤其是英國佔領的威海衛以及日本的膠州灣。

第三項原則，是反對祕密契約，各國應公開與中國的所有契約，無論這些契約屬於正式的條約形式，或是比較非正式的照會或諒解。中外之間任何未經公開的契約，將不被其他列強所承認，而中國也沒有遵守的義務。至於已經公開的中外契約，則將受到進一步的審視，如果沒有法律基礎或是不對等的，將被視為無效。即使是被視為有效的契約，也必須不牴觸到中國的主權

11　"Observations with Reference to Political Conditions in Japan and China," Second Report of W. W. Willoughby, 30 January 1919, RIAC 893.00/3305 1/2.

以及門戶開放政策，否則應秉持公正原則，予以調整處理。威羅貝建議應在巴黎和會之外，另行召開一個遠東事務特別會議來處理中外契約，再將審視結果提交至和會。至於中國在歐戰期間所簽署的國際協議或契約，考量到當時中國無力抵抗外部壓力（例如在二十一條要求中，日本曾公然以武力脅迫方式強逼中國接受），以及其他列強由於參戰或其他緣故而無法確保其利益，或是基於部分中國官員涉及到的貪汙或賣國行徑，所以這些國際協議不應直接視為有效，而必須由相關列強再度細部審視。

第四項原則，戰後和會應該針對中國鐵路問題，作出普遍性的管理原則，以防止因列強彼此競相爭奪鐵路的建造與經營權，而導致中國鐵路事業的惡性循環，特別是部分關係到中國百姓民生經濟的鐵路，更應該慎重處理。最好能夠將中國各地方鐵路國有化並統一管理，並在符合中國利益的前提下，視情況需要，予以延伸鐵路支線。而未來所有鐵路的建築與經營管理，也應該公開與公平競爭，讓世界各國參與其間。

第五項原則，是戰後和會應該要通過給予中國財政上的援助。中國目前的情況百廢待舉，在國際財政援助下，首先應該要解散過多無用的軍隊，並組織一支隸屬於文人政府、全國性的警察部隊，同時改革金融幣制，建立一套有效率的公共金融行政體系。而為了確保國際財政援助與貸款不被濫用與挪用，中國政府應同意由主其事的列強委派專門顧問或監督人員，監管資金流向。雖然此舉可能稍有侵害中國主權、國際共管中國財政的疑慮，但是威羅貝相信，由外國援助與推動指導下的財政改革，對於一般平民百姓的感受來說，只要不致於增加其實際上的經濟負擔，就不會引起太大的反彈。至於受過教育的少數智識階級，自然也早已認知到外國的財政援助及其伴隨的監管制度，就中國目前的亂象而言，實乃不可避免的必要之惡。況且中國知識分子普遍信任美國對華的真心善意，所以只要外國的財政監管制度乃是由美國人主導，則應該不會有過多反對之意。再加上，前述外籍顧問與監督人員的權限，僅止於管控貸款流向，不得介入中國政府行政事務，如此也不會有列強介入中國內政、損害中國主權獨立的疑慮。簡言之，由外國監管的財政改革，一旦有所成效，能夠確實改善財政現況，屆時中國百姓自然會對其歌功頌德，而不會引起不必要的質疑與反制。

第六項原則，是戰後和會應主動釋出善意，籌思調整條約列強在華享有的各種特權。例如只要中國政府能夠保證建立一套公正的司法體系，條約列強將同意逐步調整在華享有的領事裁判權，以便讓中國政府在境內行使完整的司法管轄權。所以外國應共同協助中國，致力於改善司法環境，建立能夠讓外國人信服的法庭制度，這樣各條約列強即可安心地放棄領事裁判權。此外，也應進一步檢討現行外國在華租界與租借地的行政管轄制度，因為只要中國能夠確實改善各省情況，並開放讓所有條約國商民移居並自由貿易經商，列強也就可以考慮著手將租界與租借地的管轄權歸還中國。最後，當中國司法、居住、貿易、經商等整體環境均獲致顯著改善後，列強應該放手讓中國經濟自主，特別是海關業務應改由中國人自己掌控。[12]

（二）杜威的理解

杜威是美國極具知名度的學者與意見領袖，《新共和》雜誌則是歐戰以來體現著美國進步主義觀點的重要新聞媒體，因此杜威在《新共和》上撰文，發言檢討並反思歐戰以來中國、日本與美國之間的互動關係，自然對美國國內公眾輿論及政壇朝野，有著一定程度的影響力。況且由於適值在華講學之故，杜威親身見證並關注了從巴黎和會中日山東問題爭議，到五四反日學生運動的完整歷程，故他對於上述問題的理解與分析，也有其重要性。

1. 仿效俄國侵華模式

在〈中國的夢魘〉（China's Nightmare）一文中，杜威將近代以來俄國侵略中國的模式，與後來日本在華擴張的情況，做了簡單的比較，卻發現兩者之間有著極其驚人的相似性。其一，俄國往往透過以鐵路與銀行為主幹的征服策略，將所謂的「勢力範圍」進一步發揚光大。其二，俄國表面上雖只欲保有在華的經濟利益，但卻同時擴大警察職能，利用半軍事、半民事的模糊空間，將對地方的控制，深化至極致。其三，俄國藉口保

---

12 "Observations with Reference to Political Conditions in Japan and China," Second Report of W. W. Willoughby, 30 January 1919, RIAC 893.00/3305 1/2.

護僑民，卻肆意擴大軍事佔領的範疇。其四，俄國在中國，偏好於追求帶有排他性質的壟斷獨佔權利。上述俄國過去曾在華施行的種種手段，幾乎均可以在日本提出的二十一條要求中，找到類似的蛛絲馬跡。換言之，日本人將外交職場上的黑暗手法，特別是俄國巧取豪奪的詐騙伎倆與手段，發揮的淋漓盡致。杜威直言日本人非常善於學習，他們受到過去俄國侵華模式的啟發，找到可供依循的發展路線，用於控制中國。日本主導外交事務的軍事與官僚當局，儘管熟悉西方外交行為的正規模式，但同時卻更著迷於「俄國東方外交」（Oriental diplomacy of Russia）的慣常模式，諸如行賄官員、祕密外交、武力威脅與編造騙局等，所帶來的龐大利益。[13]

　　杜威以略帶嘲諷的口吻戲稱，「如果去閱讀二十年以前有關中國的書籍，就會發現，只要將俄國代換成日本，就能夠非常完美地描繪出當今的情況」。雖從地緣政治來說，俄國在華擴張的模式與日本大相迥異，但是「剝削的目標與整體伎倆卻是一樣」。[14] 如果過去中國的大敵是俄國，那麼近年來日本早已取代俄國，成為中國最危險的敵人！杜威並引用二十年前英國海軍上將暨政治家伯瑞斯福（Lord Charles Beresford）的一個故事，來類比當前的美、日情況。伯瑞斯福在 1898 年曾應英國聯合商會（Associated Chambers of Commerce）

13　John Dewey, "China's Nightmare," *The New Republic*, cited from *Millard's Review of the Far East*, 21 August 1920.

14　John Dewey, "China's Nightmare," *The New Republic*, cited from *Millard's Review of the Far East*, 21 August 1920.

之邀訪問中國，他根據在華的所見所聞，驚覺到俄國在華的威望竟然遠遠高過英國，許多人甚至認定英國畏懼俄國。因此縱使英國在華的貿易實力居各國之冠，但在華的真正影響力，卻低微到幾乎不成比例。[15] 伯瑞斯福當初感受到對英國的莫大嘲諷，事實上可能跟美國後來的情況一樣。美國素來提倡的門戶開放政策，其他列強雖然表面上支持，紛紛否認有割裂中國的野心，但實則陽奉陰違，從過去的俄國對東北、德國在山東，到歐戰時日本提出的二十一條要求，幾乎如出一轍，在在嘲諷著美國的自以為是。日本的帝國主義，其實就像是德國皇帝、俄國沙皇時代對外擴張的翻版。蓄謀侵佔領土野心的侵略者，在中國的聲音與影響力，往往大於那些只想乖乖做貿易與商業的和平者。因此，過去普遍認為英國畏懼俄國，猶如今日大家都相信美國忌憚日本。[16]

尤有要者，日本有時為了自我合理化，將美、英等國反對日本在華擴張的指責，視為是西方外交遊戲的一環，無須太過在乎，甚至還反擊聲稱此乃是美、英故作姿態的偽善表現。日本辯稱在華的所作所為，不過是俄國以往對華政策的仿效或延續，本質上亦不脫近代以來西方帝國主義外交的範疇。西方國家如欲出面指責日本，則必須先反省自身過往的行徑，是否站得住腳？畢

15　伯瑞斯福在返英後，撰寫出版了《中國的分裂》。文中所提到的故事，見 Charles Beresford, *The Break-Up of China with An Account of Its Present Commerce, Currency, Waterways, Armies, Railways, Politics and Future Prospects* (New York and London: Harper & Brothers Publishers, 1899), pp.12-13.

16　John Dewey, "China's Nightmare," *The New Republic*, cited from *Millard's Review of the Far East*, 21 August 1920.

竟追本溯源，推動帝國主義侵華政策的始作俑者，正是
那些西方國家。況且，日本自詡之所以強化對中國的控
制，也不完全是為了自己，同時亦是為了協助中國對抗
西方列強的侵略。[17]

2. 美國應有的覺悟與認知

　　杜威認為，一般美國人普遍未能充分認知到俄國過
去在亞洲鯨吞蠶食的外交伎倆，以及俄國模式對於日本
的重大影響與啟發性。不難理解，相對單純的美國人，
很容易就被日本的政治宣傳所誤導，認為日本的所作
所為，並非是為了侵略，而是基於自衛，甚至是為了協
助中國，以對抗其他西方列強的侵華政策。杜威舉例，
昧於客觀事實、被日本宣傳誤導，最顯著的惡果之一，
就是日俄戰爭以及後來所簽訂的《樸茨茅斯條約》。[18]
日俄戰爭發生當下，許多美國人都認為俄國是秩序的破
壞者與侵略者，反觀日本，則是美國中國門戶開放政策
的忠實信徒，不過只是基於確保在朝鮮的利益，以及為
了維護中國的領土完整與主權獨立，乃不得不挺身而
出，對抗俄國。也因此，當戰爭邁入尾聲，美國介入調

17　John Dewey, "China's Nightmare," *The New Republic*, cited from *Millard's Review of the Far East*, 21 August 1920.

18　1905 年，在美國總統老羅斯福的介入斡旋下，日、俄兩國代表在美國緬因州樸茨茅斯海軍基地，簽署和約，結束戰爭狀態。《樸茨茅斯條約》的主要內容，就是日、俄重新劃分了在朝鮮與中國東北的地盤與勢力範圍。之後日本又強迫清廷簽訂《中日會議東三省事宜條約》，以追認日俄瓜分東北的結果。關於日俄戰爭始末，可以參見 Geoffrey Jukes, *The Russo-Japanese War 1904-1905* (Oxford: Osprey Publishing, 2002)。

停，日、俄則開始商議善後條件，當時美國政府領導者
並沒有意識到兩國竟然會彼此勾搭、狼狽為奸，共同瓜
分中國的利益。所以美國未曾想到要為中國喉舌，堅持
作為戰場東道主的中國，因利益攸關，理應亦有權出席
戰後議和會議的討論。影響所及，日、俄兩國乃完全
不顧中國的領土與主權，逕自瓜分了東北地區。如果
不是還顧慮到英國的態度，日、俄非常可能得寸進尺，
彼此協議，將中國華北地區，亦進一步納入分贓的口
袋中。[19]

　　杜威抨擊日本當局的輿論宣傳相當成功，既「欺
外」亦「瞞內」，不只美國人受騙上當，連日本國民亦
普遍被政府誤導，始終認為西方列強是帝國主義侵略
者，自詡日本是正義的化身，協助中國，對抗西方惡
霸。事實上，當美、英等西方國家開始逐漸意識到日本
在華侵略擴張的野心時，大部分的日本人民，在「歷史
惰性」（historic inertia）的深刻影響下，似乎仍舊活在
過去編織出的輿論假象中，仍然堅持認為日本體現著大
義，濟弱扶貧，故支持政府在中國採取更為積極的政
策，然而卻絲毫沒有察覺到，世界局勢已經有很大的變
化，日本亦搖身一變，從原先體現著正義的自衛者與保
護者，淪為他們口中那令人厭惡的侵略者與加害者。[20]

　　簡單來說，從「俄規日隨」現象，以及日俄戰爭惡

19　John Dewey, "China's Nightmare," *The New Republic*, cited from *Millard's Review of the Far East*, 21 August 1920.

20　John Dewey, "China's Nightmare," *The New Republic*, cited from *Millard's Review of the Far East*, 21 August 1920.

果帶來的最大經驗教訓，就是美國應該要重新省視日本的真實面目。受到過去宣傳的影響，美國人一度誤判形勢，未能及時阻止悲劇的發生，也間接促成了當今「中國的夢魘」。如果美國總統老羅斯福當初能夠提早覺察到日本的野心與意圖，在樸茨茅斯會議上，表明嚴正立場，強勢介入斡旋，則不但可以穩定住中國的現況，提高國際地位，也能夠阻止日、俄兩國的瓜分意圖。換言之，美國當初失去了一次能夠有效制止俄、日帝國主義侵華的絕佳機會。職是之故，不論是基於後見之明，抑或是鑑往知來，美國如要貫徹門戶開放政策，防止列強瓜分中國，均應慎重看待歐戰後日本在亞洲的發展，避免重蹈覆轍。

三、官方視角

美國實際駐紮在遠東地區的軍事與外交使領等官員，他們身處事發「現場」，親身見證歐戰以來中國事務的演變以及日本的擴張，從他們的報告與觀察中，可以進一步分析當時美國官員是如何理解與因應日本對華野心。

（一）海軍觀點：亞洲艦隊總司令的觀察

巴黎和會結束後，山東問題爭議仍持續發酵，中國反日運動日趨激烈，中日關係陷入緊張狀態，美國海軍亞洲艦隊總司令葛利維斯在給海軍部的報告中，針對日本政治體制與內部情況，以及歐戰以來遠東地區的政治軍事情勢發展，提出了他的觀察與分析。

1. 日本國內現況

　　葛利維斯認為，日本是一個標準的君主軍事國家，但軍部的權力極大。無論由文人代表的外交部如何對外展現善意，軍部顯然還是自行其事，不太理會政府其他部門的態度。而隱藏在天皇權威背後的元老，則掌握大權，實際擬定日本政府的大政方針。至於日本國內的情況，亦不太理想，物價過高，使得一般百姓無力承受，生活困苦，罷工時有所聞。貧富差距過大的現象，更是讓社會不安的問題雪上加霜。所幸日本國內傳播通訊管道不甚暢通，不利於布爾什維克的宣傳活動，是以日本軍部暫時不用顧慮無產階級革命。在經費開支部分，日本政府除了每年將大筆的預算用以促進產業發展外，也致力於內外宣傳，營造有利於日本的輿論形象與環境，此外也提供中國鉅額借款，藉此強化對中國的控制。在軍事開支部分，由於日本長期對外進行軍事征戰，例如進軍西伯利亞，導致在經費上陷入捉襟見肘的窘況，國內對此似乎頗有不滿。所以，除非日軍在西伯利亞的軍事行動能夠儘快取得成功，並獲得人民的支持，否則未來軍部在國內的威信，恐將受到波及，軍事預算可能也會遭到刪減。再者，由於歐戰期間日本在中國的擴張行動，顯露對華的野心，一方面破壞了美國素來支持的門戶開放政策，引起美國對日本的不滿，二方面中國因自身內部紛擾而無力抗衡日本，故對外只能更加依持美國，推動聯美制日。[21]

---

21 "Observations on the Situation in the Far East," Commander-in-

2. 日本的軍事擴張

　　根據亞洲艦隊的統計，日本維持了一支相當龐大軍力，總數高達約二十七萬八千人，部署情況為：日本國內部隊人數約有十七萬六千人，海外部隊人數則高達十萬二千人（西伯利亞五萬七千人、滿洲一萬一千人、中國其餘各地一萬人、朝鮮半島二萬四千人）。換言之，日本有高達近三、四成的部隊，乃是部署於海外地區，用以作為日本向外擴張的重要依仗。葛利維斯評估日本軍方之所以急於染指中國、西伯利亞以及前德屬太平洋群島等地，可能與日本極度缺乏重要的戰略物資與糧食供應，有著密切的關係。中國與西伯利亞的煤與鐵，太平洋島嶼的磷酸鹽與石油，都是日本極其缺乏的重要戰略物資。至於糧食供應問題，則是日本戰略發展中，最大的致命傷。因為就算是在平時，日本也經常處於糧食短缺的危機中，而必須仰賴海外進口，遑論一旦爆發戰爭，糧食供給中斷，情況勢必更顯嚴峻。所以，為了因應未來戰爭需求，日本軍部的首要考量，也就在於確保戰略物資的取得，以及海外糧食供應路線的安全無虞。[22]

　　日本國內山多田少，人口壓力極大，為了尋求移民出口，日本軍方致力於擴展海外殖民地。過去由於美國加州的廣大市場以及提供的高薪資條件，一度吸引許多日本人移民其間，但是後來美國政府開始限制日本人

Chief, Asiatic Fleet, Vladivostok, to the Secretary of the Navy, 1 February 1920, RIAC 893.00/3314.

22　"Observations on the Situation in the Far East," Commander-in-Chief, Asiatic Fleet, Vladivostok, to the Secretary of the Navy, 1 February 1920, RIAC 893.00/3314.

民移民加州之後，日本只能另外尋求新的移民出口。廣大的中國，人煙稀少的西伯利亞以及德屬太平洋群島等地，自然就成為日本的首要考量。除了朝鮮、臺灣、滿洲外，日本近來也將海外移民對象放在西太平洋上的島嶼，包括土瓦魯群島、馬紹爾群島，以及美國屬有的菲律賓群島（民達那娥島）、夏威夷群島等。[23] 再者，日本為了控制太平洋水域的商業航運，極盡所能地給予本國船商補助，以便與其他外國船商競爭。[24] 葛利維斯亦直言，在其途經日本瀨戶內海時，即發現日本正在大量建造小型近海汽船，其目的應該是為了用以確保日本往來太平洋、滿洲以及西伯利亞間航運路線的控制。[25]

23　歐戰期間，日本對德宣戰，除了取得山東膠州灣租界地外，同時也攻佔了德國在太平洋的群島，包括北馬里亞納群島、馬紹爾群島、加羅林群島等島嶼，日本統稱為南洋諸島。日本朝野亦曾反覆籌思移民至這些島嶼的可行性。見〈南洋處分論：領有論（上）（下）〉，《東京日日新聞》，1915 年 7 月 29-30 日；石橋五郎（神戶高等商業學校教授），〈我經濟上より見たる南洋〉，《神戶又新日報》，1917 年 1 月 5 日。

24　早自 1907 年起，日本即開始推動的國策會社計畫，將許多小型的商船會社，合併成為較大型的輪船公司，作為國策會社，並由政府直接指導主要經營方針，每年編列預算給予常態經費補助，以提高競爭力。例如為了強化對長江流域航線的控制，日本政府即將日本郵船、大阪商船、大東汽船、湖南汽船等日商會社，合併成為日清汽船株式會社。關於日本國策會社以及日本政府對於商船航線補助，可以參見朱蔭貴，〈甲午戰後至第一次時間大戰前日本輪船勢力在長江流域的擴張〉，《中國社會科學院經濟研究所集刊》，第 10 期（1988），頁 162-187；〈清國航路補助命令ノ件（日清汽船株式会社）〉，1907 年 5 月，日本國立公文書館藏，《公文雜纂》，明治四十年，第二十一卷，通信省一，JACAR: A04010143700。

25　"Observations on the Situation in the Far East," Commander-in-Chief, Asiatic Fleet, Vladivostok, to the Secretary of the Navy, 1 February 1920, RIAC 893.00/3314. 歐戰以來，日本對於商船航線的補貼計畫，則更為廣泛，幾乎遍及整個東亞水域。見〈南洋航路爪哇線補助、支那航路補助、上海線航路補助、北支那線

　　葛利維斯分析，雖然在對外擴張上，日本一直努力維持低調，遮掩光芒，避免外界聯想到德國的軍國主義。但毋庸置疑，日本還是有著想成為世界強權的野心。在每一次國際衝突或是戰爭中，日本都抱持著投機主義的心態，積極尋求機會，主動參與戰爭，以求擴大利益與影響力。然而這種混水摸魚的態度，自然會引起其他民族的不滿，例如歐戰期間日本在山東與西伯利亞的軍事行動，早已引起中國人與西伯利亞諸民族的極度仇恨。這種心態與政策同樣亦不可能為西方列強所喜，特別是在中國的擴張行動，早已引起嚴厲的批判。歐戰期間，日本透過給予中國各種貸款，以換取實際利益，並擴大對中國的控制，但是這些貸款後來並未被用於正途，提高民生經濟，反而被挪做私人用途，甚至助長內戰，導致中國陷入更為動盪不安的情況。[26]

　　航路補助、日本海航路樺太線補助、日本海航路、浦塩斯德直航線及廻航線補助、大連線航路補助、鹿児島那霸連絡線航海補助、本州北海道連絡線航海補助並「ニコラエウスク」線航海補助、南洋郵船株式会社外四株式会社ヘ命令書下付ノ件），日本國立公文書館藏，《公文雜纂》，大正十年，第十九ノ一卷，司法省～府県，JACAR: A04018191600。此外，關於歐戰以降日本對華航運業的滲透與控制，亦可參見蕭明禮，《「海運興國」與「航運救國」：日本對華之航運競爭（1914-1945）》（臺北：國立臺灣大學出版中心，2017）。

26　"Observations on the Situation in the Far East," Commander-in-Chief, Asiatic Fleet, Vladivostok, to the Secretary of the Navy, 1 February 1920, RIAC 893.00/3314. 此為歐戰期間大藏大臣勝田主計推動的「菊分根」計畫，目的在於解決歐戰期間日本國內熱錢過剩的問題，而將之轉貸於中國，鼓吹中日親善、經濟提攜，並用以換取更多實際的軍事政治或經濟利益，一箭雙雕。因主要負責執行對華貸款者為西原龜三，故此批貸款又稱「西原借款」。見郭廷以，《近代中國史綱》（香港：香港中文大學出版社，1986），第2卷，頁450、457。關於「西原借款」細節，可以參見日本國立公文書館藏，《勝田家文書》，第112號，JACAR:

3. 中國問題

　　葛利維斯評估，近代以來，中國由於內部動盪不安，現代化進展顯著落後。各地交通運輸的管道並不暢通，再加上絕大多數的百姓都是文盲，無法透過報紙，充分了解國家大政與對外關係的演變。這也導致百姓平常所關注的，並非國家大事，而是僅止於日常生活環境周遭的小事。此種情況使得在對外事務上，特別是因應來自外部的侵略勢力時，中國地方社會與百姓往往幾乎仍舊處於渾渾噩噩的狀態，既不瞭解到事態嚴峻，亦從來不關心國家大事，間接導致中國不易凝聚民心士氣，共同對外。葛利維斯認為日本毗鄰中國，十分熟悉中國內情，因此利用中國絕大多數百姓對於國家大事無感的弱點，積極擴張在華的影響力。中國知識分子雖然相當清楚日本對華的野心與謀略，但卻苦於沒有確實有效的因應對策。而日本則加速運用各種手段，諸如強化國際輿論宣傳策略，擴大在華產業發展等，並致力於擴大中國內部的對立與動盪不安的現況，讓中國自亂陣腳，無法團結一致應付日本的進攻。而處於此種危局中，中國統治階層似乎將對抗日本的希望，都寄託在美國身上。事實上，在巴黎和會山東問題爭議發生，造成五四政治運動後，葛利維斯曾親自前往北京訪問，並與中國朝野

A18110190400。舉其要者，包括支那借款、礦山借款（湖南省礦業借款）、製鐵借款、實業借款（一般、電信電話借款、水災借款、興亞公司借款、陝西省興業借款、交通銀行借款、廣東大沙頭土地借款）、支那團匪賠償金等。亦可參見〈日支經濟連絡一件（西原龜三關係諸問題）（極祕）松本記錄〉，JACAR：B04010857400。

諸多政要進行晤談。北京國會議員幾乎毫無例外地，均向葛利維斯表達向美國求援的意圖，他們希望能夠在美國的保護下，追求中國的獨立地位。北京政府高層，如外交總長、海軍總長等，甚至連國務總理段祺瑞本人，也曾親自向葛利維斯表達類似的請求，並訴之以情，強調美國是中國能夠真正信賴的國家，因為所有外國中，美國是唯一沒有野心，無意擴大在華利益的國家。也只有美國，在面對中國時，能保持清清白白、問心無愧的態度。當其他國家，例如日本、法國等都在無所不用其極地擴張各種在華利益時，只有美國無所求地拒絕各種擴張行動與好處。[27] 換言之，在大部分中國人心目中，美國是唯一能夠協助中國抗衡日本的重要憑藉。

（二）其他官員的看法

部分美國駐華使領官員以及西伯利亞遠征軍軍官等，因其在遠東地區任職期間，與日本人有實際互動的親身經驗與體悟，深感美國國內過去一直受到日本新聞輿論宣傳的誤導，對於日本有過於美化的印象。故在離職或退役後，這些官員乃選擇投書媒體，揭露事實真相，藉此希望美國人民能夠進一步認清日本擴張侵略的野心，從而給予中國更多的支持與援助。

---

27 以上有關亞洲艦隊的看法，見 "Observations on the Situation in the Far East," Commander-in-Chief, Asiatic Fleet, Vladivostok, to the Secretary of the Navy, 1 February 1920, RIAC 893.00/3314.

1. 恢復美國在華威望

　　曾任駐華公使館隨員的林肯，在 1919 年底於《密勒氏評論報》上撰文，發表關於歐戰後美國對華作為的檢討與看法。他認為歸功於過去美國對華的諸多德政與善行，中國人一直對於美國抱持的很高的評價，也非常信賴美國。尤其是美國在華享有的「國家威望」（national prestige）之高，遠遠超過其他國家。而受惠於美國在華享有的高度威望，林肯相當自信地表示，任何在華旅行的美國人，只要能夠以中國話說出「我是美國人」（Wo shih mei kuo jen, or I am an American man）這樣簡單的一句話，幾乎就可以在中國任何地方通行無阻，而且不會遭遇任何的危險與困難。[28]

　　然而，令林肯相當感嘆的是，在過去幾年間，尤其是歐戰以降美國對華的諸多外交決策，已經開始逐漸削弱美國在華享有的「國家威望」。首先，是 1917 年美、日之間簽署的《蘭辛－石井協定》，等於變相承認日本在中國部分地區擁有特殊利益，這會讓中國人誤以為美

28　"American Prestige in China," *The Millard's Review of the Far East*, 27 December 1919. 民國時期中國南北對立、各省軍閥割據混戰，社會秩序極其紊亂，外人在華通商往來的人身安全，也備受威脅。而此種以點明自身美國身分，喚起中國人對於美國的特殊情感，來確保人身安全的作法，並非特例，同樣也出現在長江上游地區。民國以來，因四川地區內戰不斷，社會動盪不安，兵匪橫行，長江上游沿岸駐軍多以勒索與槍擊往來船隻為樂，中外輪船泰半無法倖免。而美籍船隻為了避免遭到攻擊，經美國海軍、領事與川軍將領的斡旋，訴諸中美情誼，且保證美船會嚴守中立，不介入川省內戰後，決議凡是船上掛有中文「美國商船」四字大型橫幅的輪船，能夠清楚點明美國身分者，當航行長江上游四川地區時，將不會遭到軍隊的干擾。見 "The Vice Consul in Charge at Chungking (Bucknell) to the Secretary of State," 12 November 1921, *FRUS,1921*, Vol. I, p. 532.

國已經不再堅持門戶開放政策。至於美國總統威爾遜在巴黎和會山東問題爭議上的最終決策，同意由日本繼承德國在山東的利權，更是嚴重傷害了中國的主權獨立與領土完整。無庸置疑，這些情況不可避免地會傷害到美國過去在華享有的高度「國家威望」，影響所及，在未來或多或少也會影響到美國在華商務活動的進行。

　　林肯並特別舉出一個實例，來說明此種情況。在山東問題爭議發生後，中國天津商會即曾致函給美國商會，要求美國政府改變對華政策。在信函中，中國天津商會提醒，考量到中國的對外貿易、過去中、美兩國商會與個人之間極其親密的關係，以及兩國榮辱與共的情況，如果美國不改變對山東爭議處置的態度，其在華商人所享有的威望，將會遭到嚴重傷害；而同時，日本對中國市場與領土的邪惡貪念，則將會因為西方列強錯誤的政策，而益發的受到鼓舞與不受節制，最終成就日本在遠東地區的宰制地位。也因此，美國在巴黎和會上的態度，對於美國在華威望與商務的影響與造成的損失，恐將也是難以估量的。

　　林肯認為美國過去花了整整一個世代，好不容易在華建立極高的「國家威望」，不應該如此輕易就失去了。因此，他建議美國政府應該採取更為積極的作為，訓令駐華使領代表，盡早主動向中國澄清解釋，避免中國人誤會美國的真心。畢竟，在過去極度親美觀念的影響下，中國人素來對於美國懷抱著特殊的情誼，所以只要美國政府願意放下身段，疏通與中國的關係，應該不難重新建立美國過去在華享有的「國家威望」。[29]

2. 鼓吹對日強硬政策

　　歐戰期間曾擔任美國西伯利亞遠征軍軍官的心理學者馬許（Cody Marsh），[30] 在歐戰結束後，曾投書《密勒氏評論報》，發表他在西伯利亞服勤期間，親身與日本軍隊與日本人接觸後的感想。馬許揭露過去美國人被日本蓄意欺瞞的真相，那就是誤以為日本是一個正直的國家，而忽略了隱藏在虛偽形象背後，日本極度隱忍的一面。馬許分析，美國國內深深受到日本新聞輿論形塑的影響，對於日本有先入為主的好印象，認為日本高度文明開化、行事光明磊落，而沒有開眼去認真看待與思考日本在東方亞洲真正的所作所為。馬許指控真實的日本人極其攻於心計，一方面透過駐美機構進行官方宣傳活動，二方面則刻意對於來自東方的新聞報導進行控管，使得一般人在不瞭解東方的情況下，普遍對於日本有著不切實際的想像，甚至打從心理上認同日本，有時還為其辯護，駁斥那些質難與譴責日本的言論。馬許強調，美國人民對於東方最大的偏見，莫過於只注意到

29　以上林肯的看法，均見於 "American Prestige in China," *The Millard's Review of the Far East*, 27 December 1919.

30　關於馬許參與美國西伯利亞遠征軍的經歷背景，及在心理學以及教育上的影響，見 S. L. Bloom, "By the Crowd They Have Been Broken, By the Crowd They Shall Be Healed: The Social Transformation of Trauma," in R. G. Tedeschi, C. L. Park, & L. G. Calhoun, Eds., *Post-traumatic Growth: Theory and Research on Change in the Aftermath of Crises* (Mahwah, NJ: Lawrence Erlbaum Associates, Inc., 1998), pp. 179-213.

五千萬已經覺醒與現代化的日本人，卻忽略了還有四億尚未覺醒的中國人。[31]

馬許並語重心長地提醒與告誡其他人，過去曾在朝鮮發生的慘痛教訓，未來很有可能在中國重演。美國本來與朝鮮簽有條約，承認朝鮮主權獨立。[32] 但是在日本的迷惑與影響下，當朝鮮向美國求助時，美國卻沒能伸出援手，選擇默認日本的所作所為，導致朝鮮最終遭到日本的併吞。而在這個過程中，為了讓朝鮮儘快融入日本，許多反對合併的異議者遭到日本當局無情的迫害與殺戮，或是被下獄施予酷刑，甚至連朝鮮王后都未能倖免於難。[33] 日本習慣性的偽善虛假與口是心非，每次對外動武，表面上的理由，看似冠冕堂皇，不求回報，也沒有絲毫擴大領土的野心，但實際上卻完全不是如此。例如日俄戰爭時，日本對俄國宣戰的理由之一，聲稱是

31　"Japan's Place in the Sun (Viewed from the Orient by Cody Marsh)," *The Weekly Review of the Far East*, 16 July 1921.

32　此處指的乃是 1882 年簽署的《朝美修好通商條約》，其中第一款稱「若他國有何不公輕藐之事，一經照知，必須相助，從中善為調處，以示友誼關切。」(If other powers deal unjustly or oppressively with either Government, the other will exert their good offices on being informed of the case, to bring about an amicable arrangement, thus showing their friendly feelings.) 關於早期美朝關係以及《朝美修好通商條約》的簽署過程與代表的意義，可以參見伊原澤周，《近代朝鮮的開港：以中美日三國關係為中心》（北京：社會科學文獻出版社，2008）。

33　中日甲午戰爭後，清廷失去對於朝鮮事務的介入能力，朝鮮閔妃一派乃試圖引進俄國勢力，推動親俄反日政策，日本駐日公使館為了及早反制起見，乃於 1895 年 10 月與朝鮮親日派人員合謀，發動政變，派遣武裝人員闖進朝鮮王宮，殺害閔妃，史稱乙未事變。關於日本策動乙未事變過程，可以參見日本外務省，《日本外交文書》（東京：日本國際聯合協會，1953），第 28 卷第 1 冊，「王城事變」，頁 491-619。

為了維護朝鮮與滿洲的主權獨立，但戰後朝鮮與滿洲卻均成為日本的禁臠。歐戰期間，日本出兵西伯利亞，同樣也曾聲稱會尊重俄國在西伯利亞的主權，但實則陰謀將其征服佔領。馬許大膽預測，類似的情況，未來恐亦將會在中國發生。日本對德宣戰，出兵中國山東，當初也是聲稱會歸還中國，但是後來卻透過各種手段，意圖攘奪山東利權，只是形式上將山東歸還中國。[34] 至為惡劣的是，日本為了防止中國的崛起，多番阻擾中國參與歐戰。後來日本雖然勉強同意中國參戰，但卻利用影響力，限制中國參戰的範疇，只能提供華工人力支援戰事後勤，而不能直接出兵參戰，從而大幅降低中國在戰爭中可能扮演的重要作用。尤有要者，日本竟利用歐戰期間歐洲列強無暇東顧之際，向中國提出凶狠的二十一條要求，但當消息走漏，西方列強開始關注此事時，日本則又公然撒謊，先是否認真有其事，之後無法掩飾後，才承認其中較為不重要的十一條要求，而故意隱去最為惡劣、意圖控制中國，使其變為日本附庸與保護國等諸多要求。[35]

34　出席巴黎和會的美國五全權代表之一的布理斯將軍（Tasker Howard Bliss），在給威爾遜的信件中，對於日本表面上聲稱要將山東歸還中國，但實際上卻攫取山東鐵路、礦產與港口租借地斗利權的作法，有一個相當有趣的比喻，那就是「一個警察發現你的皮夾，他留下皮夾內的東西，只歸還空的皮夾，但卻宣稱已履行責任。假如這樣的行為是正當的，日本的要求將被寬容。」見 "From Tasker Howard Bliss" 29 April 1919, Arthur Stanley Link, ed., *PWW*, Vol. 58, pp. 232-234.

35　"Japan's Place in the Sun (Viewed from the Orient by Cody Marsh)," *The Weekly Review of the Far East*, 16 July 1921. 關於二十一條交涉期間，北京政府袁世凱、顧維鈞等人計劃的新聞洩密策略，以及日本如何以十一條要求呼弄英、美等國的過程，可以參見應俊豪，

綜合上述分析，馬許鼓勵美國人應該對於東方事務有更深入的理解，並對日本採取更為強硬的立場。如若不然，現在的亞洲，可能就是未來爆發大戰的溫床。朝鮮、中國、西伯利亞、日本，就像是歐戰前的比利時、法國、俄國與德國，稍有不慎或擦槍走火，就可能發生戰爭。但是馬許相信美國無須過度畏懼與日本發生衝突，特別是日本人往往採取新聞輿論宣傳的策略，充分利用美國民眾避戰、厭戰的心理因素，導致美國政府膽怯，而不敢公然與日本撕破臉。[36]

四、民間觀感

整體來說，受到歐戰期間提出二十一條要求，以及日本積極擴大在華利益等帶有侵略性質行動的影響，戰後美國在華社群普遍對日本抱持著不信任感，認為日本積極在海外擴張領土，謀求中國的野心極大，未來美、日之間的矛盾與衝突，可能也難以避免，美國政府必須及早因應。其次，美國在華社群多少也對於歐戰以來美國對華過於消極的政策頗有微詞，認為應該改弦易轍，尤其是在山東問題等處置上，更應盡早調整策略，爭取中國人心向背，重新恢復過去在華享有的信賴與威望。再者，在華社群也極其關注歐戰以來美、日在華商務競

〈從《顧維鈞回憶錄》看袁世凱政府的對日交涉—以中日山東問題為例〉，頁 93-104。

36　以上馬許的個人觀感與分析，見 "Japan's Place in the Sun (Viewed from the Orient by Cody Marsh)," *The Weekly Review of the Far East*, 16 July 1921.

爭的問題,為了維持與拓展美商在華利益,建議政府必須採取更為積極的作為,協助美商抗衡日本宰制中國市場的企圖。

(一)在華美商的看法

美國在華商務人士,自然較為關注日本在商務與金融貿易等方面的擴張情況,尤其是日本藉由掣肘歐戰後新成立的國際銀行團,來阻止其他列強對華的投資借款。例如在華擁有重大投資利益的廣益公司(American International Corporation, AIC),[37] 即認為可能由於受到皖系、安福系等親日派控制政權的影響,北京政府一直對於新銀行團多所質疑。事實上,廣益公司駐北京代表在給紐約總公司的報告中,亦指出在北京政府內部,很明顯有潛在勢力從中作梗,反對國際銀行團所提的新借款計畫。由於此項計畫乃是由美國所大力推動的,至於那些反對勢力,則或多或少都與日本關係密切。換言之,在北京政府內部反對新銀行團背後,可能間接隱含有日本或親日派勢力運作抵制美國的圖謀。而日本之所以致力於反對新借款計畫,廣益公司認為或許即是想以

---

37 美商廣益公司成立於 1915 年 11 月,資本額為五千萬美金,股東成員包括摩根企業(J. P. Morgan & Company)、美孚石油(Standard Oil Company of New York)、杜邦公司(F. I. DuPont)、美國電話電報公司(American Telephone and Telegraph)等美國知名企業。該公司成立之初,即帶有強烈企圖,曾被譽為「有史以來最具企圖心,要將美國帶往全球商業和金融大國」。該公司也坦承,有意利用歐戰之機,投資於開發中國家,為美國牟取更大的利益。廣益公司在華透過裕中公司經理,曾參與 1500 英里鐵路、導淮治河等工程。關於廣益公司的背景,見吳翎君,《美國大企業與近代中國的國際化》,頁 151-152。

此作為籌碼條件，來換取更大的利益。日本在華的言論
機關報，也隨之起舞，大力呼應日本政府立場，甚至明
目張膽地表示，如果日本無法從國際銀行團新借款計畫
中獲得好處，日本將不可能支持此計畫，充滿著要脅意
味。而根據廣益公司的觀察，日本希望獲得的條件，包
括以下幾項：其一，南滿、東蒙以及山東必須排除在新
借款計畫內；其二，在國際銀行團提出新借款計畫以
前，日本已經進行的借款計畫，必須不受其影響，且須
尊重日本銀行的意願，看是否要繼續執行或是要併入新
計畫之中；其三，新銀行團不得介入中、日之間的財政
合作關係，不論是既有的，還是新的；其四，總額低於
五百萬元的小型借款，將由各外國銀行自行與中國洽
商，不受新銀行團的限制。不難看出，日本的圖謀，乃
是為新國際銀行團設下重重但書，而最主要的前提，乃
是不得推翻日本既有的借款協議，尤其是南滿、東蒙以
及山東等日本擁有特殊利益的地方，更是不容國際銀行
團介入。[38] 日本上述作法，很明顯帶有確保勢力範圍與
維持獨佔壟斷地位的意圖，也與美國歷來主張的中國門
戶開放政策大相徑庭且背道而馳。

　　其次，歐戰後積極想將投資觸角伸入遠東地區的美
商五金公司，在其於 1921 年給國務院的中國政情分析

38　不過，根據廣益公司駐北京代表的觀察，安福系與皖系也並非
　　全是親日派，內部也不乏有遠見者，傾向支持國際銀行團的新
　　借款計畫，但是受到派系力量的掣肘，不敢明確表態，以免遭
　　到排擠。"D. J. Torrance, Representative of American International
　　Corporation, Peking to F. M. Dearing, New York," 31 July 1919,
　　RIAC 893.00/3223.

報告中，則認為外蒙的獨立，背後可能也與日本關係密切。俄國革命後，日本一直支持屬於白俄的謝米諾夫（Grigory Mikhaylovich Semionov），在西伯利亞擴張勢力。謝米諾夫派遣的數千哥薩克騎兵，之所以能夠成功佔領外蒙首府烏蘭巴托，固然與北京政府背後直系與奉系軍閥的內鬥，無暇派遣援軍支援守護烏蘭巴托有關，但事實上外蒙的獨立可能是日本、奉系張作霖與謝米諾夫等三方私下達成默契的結果，目的乃是在滿洲與內外蒙之間建立一個緩衝國，讓謝米諾夫可以利用其作為反抗赤俄的根據地，而張作霖則控制滿洲，或是另外準備扶植溥儀稱帝作為傀儡，並由日本在背後掌握實際權力。此外，五金公司在報告中，也強調日本在國際銀行團中提出要確保日本在南滿、東蒙地區的特殊利益，某種程度上，已引起中國商界不小的反感，視為將會有損中國的主權，連帶影響到對整個國際銀行團，都抱持著懷疑猜忌與不信任的態度。[39]

簡言之，在部分美商的眼中，日本極其自私自利，只知圖謀確保在滿、蒙、山東等地的勢力範圍與優勢地

---

39 "Canton Mint Notes," Harold Hochschild, Peking to the Executive Department, The American Metal Company, Ltd., New York," 20 March 1921 & "Frank L. Polk, Stetson Jennings & Russell to John V. MacMurray, Department of State," 12 May 1921, RIAC 893.00 P81/2. 美國五金公司為美國知名非鐵金屬公司，成立於 1887 年，而撰寫此份政情報告的 Harold Hochschild，為該公司創辦人 Berthold Hochschild 之子，當時正在亞洲進行投資調查。後來該公司輾轉將此份報告送交美國國務院遠東司參考。關於 Harold Hochschild 生平，見 "Conservationist Harold K. Hochschild, the Former Head of A Large Metals Company and An Active Adirondacks Historian and Conservationist, Died Friday," *The New York Times*, 25 January 1981.

位，不惜教唆親日派系阻擾美國在華投資項目，違背了門戶開放政策，甚至還拖累其他西方列強，導致中國人對於所有外人的反彈情緒。

（二）基督教團體的觀察

歐戰後，基督教長老會差會曾投書美國國內報紙，嚴辭指控日本在山東擴張的野心。山東當地的美國傳教士認為，日本外交官們一直對外美化遮掩日本對山東的企圖，口口聲聲誓言只是想要保留「經濟權利」，而無意於傷害到中國的獨立地位。然而，事實上，任何曾經造訪山東的外人，只要乘坐過膠濟鐵路，沿途親歷親聞，就會得到一個結論，那就是日本遲早會將山東據為己有。因為日本正在山東各地大舉建設，包括足以容納數百兵員的永久性磚石軍營、在濟南的巨大要塞（駐紮著數量不明的軍隊）、強力的無線電基地台，以及廣布許多城鎮的日本人移民區等。這些舉措，毫無疑問，均意謂著日本正在積極強化對山東的控制。[40]

事實上，長老會差會就觀察到，自從日本佔領山東以來，數以千計的日本人民，無視條約規定，公然湧入山東與中國其他地方，隨意從事各種活動。依照晚清以來的中外條約規定，所有外國人如要進入中國內地，不

---

40 "Japan's Big Permanent Military Works through Shantung," in A Member of the American Presbyterian Mission, "Sinister Japanese Methods in Shantung," 1919, RIAC 893.00/3271. 基督教長老會差會投書的報紙，為《紐約世界報》。見 "Memo by the Division of Far Eastern Affairs, Department of State," 6 December 1919, RIAC 893/00/3271.

但須事先取得其本國政府的護照，同時也必須獲得中國政府的簽證許可，並註明詳細的旅行計畫，然後才能進入。然而日本人卻自認為在山東不受約束，也無須遵從相關規定。因此，數量相當驚人的日本人民，開始進入山東，隨意往來從事各種間諜活動或是骯髒的買賣。長老會差會認為長期下來，山東終將失去獨立性，而被日本人逐漸滲透瓦解，注定成為日本的禁臠。[41]

其次，長老會差會還痛聲譴責，日本一再強調只要「經濟權利」，但在本質上根本是對山東全面性的「政治控制」。日本為了掩飾野心，正在遂行世界宣傳，特別是對美國的宣傳攻勢，使其相信日本無心於侵略中國。究其實際，日本在山東進行的政治控制，幾乎無遠弗屆、包山包海。舉其要者，日本開始在山東腹地對中國農村百姓徵稅，設置民政長官管理鐵路沿線區域，並透過各種手段折辱山東軍民，迫使其不得不順從日本統治等。日本在山東統治權力極度擴張的重要證據之一，還表現在對當地反日學運與抵制日貨運動的強力鎮壓。日本在濟南的總領事館，透過日本駐膠澳軍政當局的協助下，可以輕易從青島或膠濟鐵路沿線鐵道守備隊調動

---

41 在報告中，基督教長老會差會還特別強調，自晚清以來，外人進入中國內地都會由地方政府派兵保護，但美其名之保護，實則也帶有監視的意涵在內，以防止外人在華從事間諜活動。縱然是西方列強，其國民進入中國內地，也是必須遵照辦理。但是自日本佔領山東以來，上述規定即被日本打破，日本人民在山東成為獨立於西方列強之外的特權分子，可以任意在山東各地從事各種活動，無須申請護照許可。換言之，山東似乎已猶如是日本的海外領地。見 "Fragrant Breaking of Treaty Rights by Japanese," in A Member of the American Presbyterian Mission, "Sinister Japanese Methods in Shantung," 1919, RIAC 893.00/3271.

大軍，進入各地城市或鄉間，直接鎮壓各種形式的反日
運動，逮捕學生，甚至處死那些支持抵制日貨的中國仕
紳或領導人士。反之，日本商人在日本當局的刻意庇護
下，卻得以從事各種類型的非法勾當，例如走私出口大
量山東百姓必需的民生物資至日本，導致當地物資缺
乏、百物騰貴，但中國政府卻無力進行約束與管轄。[42]

　　尤有要者，1919年當日本獲得巴黎和會《凡爾賽
和約》的背書，順利繼承德國在山東的利益後，日本人
在山東當地所表現出來的態度，就更加顯得不可一世。
日本也就順勢脫掉偽善的面具，不再遮掩意圖宰制整個
山東的計畫。根據長老會差會的觀察，在山東各地的日
本僑民，開始大肆慶祝山東自此正式成為「他們的殖民
地」。例如在山東省會濟南，日本僑民就高懸一整排的
慶祝旗幟，歌頌山東已實際成為「他們的山東」。當地
的日本當局也因此再無禁忌，放開手腳，聲稱要落實所
謂「條約權利」，開始擴大在山東的各種權力。例如在
膠濟鐵路沿線各車站設置「日本衙門」，審理周邊地區
中國人的各類糾紛與法律訴訟，甚至還自行發布公告，
要求老百姓遵守規定，繳納稅款，完全無視地方政府的
管轄權力。尤有要者，更令人厭惡的，是駐紮在山東地
區的日本軍事當局，幾乎無法無天，隨意行事。例如日
本軍事當局曾在遠離膠濟鐵路附屬地、不歸日本控制的
地方，自行劃出所謂的軍事管制區域，不准中國人民通

42　"The Crux of the Whole Situation," in A Member of the American
　　Presbyterian Mission, "Sinister Japanese Methods in Shantung," 1919,
　　RIAC 893.00/3271.

行。日軍還曾在濰縣，隨意將一條重要交通幹道，劃為步槍射擊演習的管制區域，禁止中國人穿越，否則將被槍擊。這也迫使中國老百姓只能推著兩輪貨車繞很遠的路，去進行日常運輸。基層的日本軍人，也儼然擺出一副征服者的上位心態，在鄉間的市集，往往出現以低價強買，又或是購物不付錢的惡劣行徑。如果中國攤商不願屈服或表示抗議時，日本軍人隨即採取暴力手段，將中國人打倒在地，肆意汙辱踐踏。有時，為了摧毀中國人的抵抗意志，日本軍隊亦曾故意全副武裝，攜帶機關槍，到遠離鐵路的鄉間行軍，目的在於透過強大武力的展現，讓中國人感到畏懼，而不敢輕易反抗。

長老會差會教士即曾親眼目睹部分日軍軍官的囂張行徑。例如一名日軍軍官曾全副武裝騎馬肆意闖進一個不屬於日本管轄範圍的城市，當中國城防士兵意圖制止時，日本軍官竟立刻拔出手槍威嚇，迫使中國士兵只得妥協讓步，不敢再阻止。[43] 日軍在山東的所作所為，很明顯就是想要透過此類高壓手段，最終營造出一種結果，那就日本是高高在上的統治者，中國人理應習慣於順從命令。

另一方面，長老會差會也指控日本故意在山東縱容販毒與色情行業，目的就是希望利用毒與色，使中國人向下沈淪與墮落，從而無心也無力抵抗日本的所作所

---

43 "The Contemptible Arrogance of Japan in Her Practical Political Domination of the Province," in A Member of the American Presbyterian Mission, "Sinister Japanese Methods in Shantung," 1919, RIAC 893.00/3271.

為。除了廣設妓院淫亂中國人外，日本駐山東當局還利
用控制下的青島港與海關，從事非法貿易勾當，放行了
大量從朝鮮進口的毒品，使之得以流入中國。在日本的
支持與授意下，這些毒品商又再以郵局包裹作為掩護，
利用膠濟鐵路的貨運管道，輸往山東內地。為了強調此
類指控並非空穴來風，長老會差會並特地引述英國知名
報人與中國通莫理循醫生（Dr. George E. Morrison）[44]
的說法，指稱日本確實已從毒品走私過程中，賺取了數
額可觀的骯髒錢。根據莫理循掌握的祕密情資，僅是
1918 年 1 月至 9 月，日本有關當局從毒品走私商手中
收受的賄賂與佣金數額，可能就高達約八百萬墨西哥銀
元。如果僅是佣金就如此龐大，不難推估的是，上述被
日本刻意放行，從朝鮮經青島、膠濟鐵路流入中國各地
的毒品，數量與市值，恐怕將極為驚人。[45]

---

44 莫理循，愛丁堡大學醫科畢業，曾任英國倫敦泰晤士報駐華記者，
　　後又長期擔任中華民國政府的外國政治顧問，並出席巴黎和會，著
　　有《中國風情》（*An Australian in China, Being the Narrative of A Quiet Journey*
　　Across China to British Burma）。他在華期間曾廣為收集各類西文書籍
　　與報刊，後來被日人岩崎男爵蒐購，成為日本東京東洋文庫的基
　　礎。關於莫理循的個人經歷，及其眼下的中國，可參見 George
　　Ernest Morrison, *An Austrian in China, Being the Narrative of A Quiet Journey*
　　Across China to British Burma (London: Horace Cox, 1895)；Lo Hui-min,
　　The Correspondence of G.E. Morrison (Cambridge: Cambridge University
　　Press, 1976)；中國社會科學院近代史研究所翻譯室編，《近代來
　　華外國人名辭典》（北京：中國社會科學出版社，1981），莫理
　　循條，頁 339-340；沈嘉蔚編撰，《莫理循眼里的近代中國》（福
　　州：福建教育出版社，2005）。

45 1918 年 10 月，在美國駐青島領事樊克（Willys R. Peck）的做東
　　下，宴請了莫理循以及一些美籍教士。在此次晚宴上，莫理循揭
　　露了關於日本縱容大量毒品經青島進口山東的情況，及從中獲取
　　的高額佣金。美國基督教差會對於莫理循掌握情資的能力相當
　　恭唯備至，稱其「對於日本在華所作所為如數家珍」（a man of
　　encyclopedic information on Japanese doings in China），以一種不

　　長老會差會也指出，基於轉移外界焦點的目的，日本甚至還蓄意在山東散播白人與黃種人之間的種族仇恨。事實上，在當地日本報紙有計畫的引導與渲染宣傳下，少部分不明究竟的中國人，即因為受到日本反美宣傳的影響，誤以為美國歧視華人，而未能覺察到日本才是破壞中國獨立地位的元兇。[46]

　　簡言之，長老會差會投書的目的，可能不僅為了揭露日本在山東進行的種種惡行，更重要的，乃是試圖提醒美國政府與公眾，日本有將山東「殖民地化」的企圖。這也意謂著，如果美國依舊墨守成規，不採取積極作為，強勢介入處理中國事務，則山東乃至於整個中國，恐將步入朝鮮與南滿的後塵，淪為日本的殖民地或專屬勢力範圍，屆時美國素來主張的中國門戶開放政策，亦將成為笑話一場。[47]

（三）在華報人的思維

　　歐戰甫結束，長期擔任上海英文《大陸報》商務編輯的美國記者瑋柏（C. Herbert Webb），[48] 即寫了一封

　　可思議的手段在全中國收集日本的惡行。見 "Japanese Economic Rights in Shantung Mean Only Political Domination," in A Member of the American Presbyterian Mission, "Sinister Japanese Methods in Shantung," 1919, RIAC 893.00/3271.

46　"Anti-American Propaganda," in A Member of the American Presbyterian Mission, "Sinister Japanese Methods in Shantung," 1919, RIAC 893.00/3271.

47　關於基督教長老會差會，在鼓動反日輿論宣傳上扮演的重要角色，請參見本書第十一章。

48　《大陸報》創辦於 1911 年，為中美共同合辦，並由 B.W. Fleisher、Thomas Millard、Carl Crow、C. Herbert Webb 等美籍報人主導，立

長信給國務院，針對日本在華所作所為提供了詳細的觀察紀錄。瑋柏認為日本試圖宰制中國的野心實已相當清楚了，無論是產業、商業還是軍事上，日本都在謀求對中國的全面控制。像是致力於取得中國各條約口岸的濱海地區，以政府經費補貼航運業，讓日本商船公司更具競爭力，以及收購經營不善或有財政危機的中國冶鐵、礦產等各類公司，以便擷取重要戰略物資的來源。[49] 日本還同時尋求控制中國軍事發展的路線，抑制其進步成長，並使其在軍火供應上更加仰賴日本等。這些都是日本尋求宰制中國的具體手段。尤有要者，由於日本自身也面臨一些日益嚴峻的內部問題，特別是由於稻米等糧食供應不足所造成的「米騷動」。因為日本無法從美洲或是歐洲取得替代性的糧食供給，所以只能將目光放在東方，而作為亞洲最重要的糧食生產地的中國，自然也就成為日本首要鎖定的對象。雖然中國受到戰亂與社會動盪不安的影響，糧食生產尚不足以自給，但是日本的

場上偏向維護中國與美國利益。關於瑋柏與《大陸報》的關係及言論立場，參見 Peter O'Connor, *The English-Language Press Networks of East Asia, 1918-1945* (Folkestone: Global Oriental, 2010), pp. 130-133.

49 例如 1917 年間由於歐戰的長期拖累，英商德記洋行（Tait Company）、和記洋行（Boyd & Company）等乃擬出售其持股的廈門船塢公司（The Amoy Dock Company）。而日本方面一獲知該消息，隨即進行評估，希望由日商出面購入。日本海軍當局也認為福建對於「帝國利益」來說，具有「特殊地位」，故主張應由日商持有最為得宜，將來並可將該船塢用於維修日本海軍小型艦艇之用。尤其是一度傳出美商也有意購入廈門船塢的消息，更加引起日本方面的緊張，主張日商必須盡快收購廈門船塢，以防止美商勢力藉此進入福建。見〈外務省本野大臣ヨリ在廈門矢田部領事宛〉，1917 年 5 月 25 日、〈在廈門領事矢田部保吉ヨリ外務大臣法學博士子爵本野一郎宛〉，1917 年 5 月 28 日、海軍省〈覺書〉（日期不詳），「7. 廈門船渠会社ニ関スル件」，JACAR: B07090348100，頁 17-19、39。

圖謀，應該是將中國定位為農業國，並由日本控制糧食生產，負責供應日本所需的糧食。[50]

　　然而，根據國務院遠東司的分析，《大陸報》記者瑋柏前述對中國事務的理解，並非僅是個人的一己之見，而是幾乎完整體現了當時美國人從上海看中國的典型思維模式。這其實也是美國在上海重要社群美國俱樂部對於中國現況的基本看法，亦即如果外人束手不理，中國終將無法自行發展成為一個現代國家，更何況日本還從旁虎視眈眈。[51] 也因此，上述觀點的重要訴求，即是主張美國以及歐洲國家應該採取更積極的作為來介入中國事務，以便引領中國走向現代化，並抗衡日本在華的擴張行動。職是之故，從認清日本對華的野心，避免日本獨佔中國市場與資源，到美國為首的歐美國家必須介入出面對抗日本，之後很自然地逐漸衍生出歐戰後所謂的美、日在華矛盾論述。

　　美國旅華記者與社群對於日本強烈的戒心，甚至不惜鼓吹美、日衝突，可能有歷史上的脈絡。歐戰後期，美國參與了歐戰，中國也在美國的推動與號召下，一起跟著參與了戰爭。美國人的出發點，乃是基於善意，亦即希望中國能透過參戰，對世界和平付出一己之貢獻，從而提高中國的國際地位。但是美國人始料未及的，中

---

50 "Japan's Ambitions," Mr. Webb, Business Editor, *The China Press*, Shanghai to the Department of State, Washington, 3 August 1919, RIAC 893.00/3201.

51 "Memorandum by Division of Far Eastern Affairs to the Third Assistant Secretary, Department of State," 11 August 1919, RIAC 893.00/3201.

國的參戰非旦未能改善處境，卻導致了更嚴重的軍閥亂
象，使得中國的軍事主義氣焰更趨高漲。破壞美國規
劃，造成此種最壞結果的重要原因之一，就是日本的介
入。歐戰期間，日本藉由給予中國軍事借款的名目，一
方面拉攏北京政府背後的皖系軍閥，扶植親日派系，二
方面也因此強化了中國的內戰態勢，因為獲得日本大筆
金援的皖系軍閥，更有實力與底氣，撕毀與南方之間的
和平狀態，執行武力統一政策，征討獨立的西南各省。
職是之故，中國雖然在美國的引導下，美其名參加了大
戰，但卻未在歐洲戰場建立尺寸戰功，反而在日本的祕
密謀劃下，假參戰之名，擴充軍備，磨刀霍霍地進行內
戰、鎮壓異己。例如歐戰後，1921 年曾到中國實地調
查訪問的美國《芝加哥論壇報》知名新聞特派員杭特，
在撰寫的中國現況評論中，即依然對此事懷抱著憤恨不
平的態度；

> 美國引領中國加入戰爭……，但是在參戰前，日本
> 卻早已控制了北洋軍閥……。當美國拒絕借錢給北
> 洋軍閥發展軍備之際，他們轉而擁抱日本……。絕
> 大部分的軍事借款被用作於打造強大的北洋軍力，
> 而這些軍隊或多或少早已在日本軍官的影響之下。
> 透過這些腐敗的軍隊，以及北京政府的差勁官僚
> 們，日本得以緊緊束縛住中國的脖子。高達四億的
> 中國人民成為北洋以及各省軍閥的禁臠，而這些軍

閥則是唯日本之命是從。[52]

換言之，美國對華的善意，辛辛苦苦扶持中國自立自強的良好規劃，顯然被日本人的野心給惡意踐踏了！

在華社群與報紙對於日本惡感，還可以從對手日本方面的觀察獲得印證。事實上，日本《大阪每日新聞》即注意到，以上海為中心的美、英系在華外文報紙，明顯帶有反日傾向。當進一步探究分析此一現象時，《大阪每日新聞》認為這些報紙採取的反日宣傳，或許不能代表美國或英國政府的態度，但更多的，乃是反映出當地美、英在華人士的態度。[53] 畢竟他們本身居住生活在中國，日本在華勢力的擴張，直接會影響到他們實際的商業利益，因此如何防堵日本擴張，以維護自身利益，自然是美、英在華人士的主要關注重點。

例如策動在華反日宣傳的重要推手之一，乃是由美國於戰時成立的對華宣傳機構「東方新聞社」所承擔。「東方新聞社」在戰後改名為「中美新聞社」（Chinese-American News Agency），重要幹部基本上以居住在上海的美國人士為主，其中不乏來自於各美商公司的菁英，包括大來輪船公司（Robert Dollar Company）經理、英美煙草公司（British-American Tobacco Company）經理、美

---

52 杭特還特別指出日本對華軍事等貸款的龐大金額，僅是 1918 年，就有二十九筆（1.23 億），而在歐戰結束前的兩年間（1916 年至 1918 年），總共有四十一筆（3 億）。這些全部都是秘密借款，協助北洋軍閥擴充軍備，進行內戰。見 "Smiling John Chinaman," *The Weekly Review of the Far East*, 2 July 1921.

53 〈上海を中心と英米するのプロパガンダ〉，《大阪每日新聞》，1919 年 2 月 17 日。

豐銀行（American Oriental Bank Corporation）經理、《密勒氏評論報》主筆，以及其他美商公司（如 Anderson Meyer Company、Foster Mclean Company、Gaston, William & Wigmore Steamship Corporation 等公司）經理等。該社與美系英文報紙《密勒氏評論報》關係密切，以極其低廉的價格，提供上海以至於全中國的各類消息，充作反日政治宣傳的素材，藉以煽動公眾輿論。[54] 上海的美國社群與報人群體，在形塑近代以來有關中國事務的整體印象上，確實一直扮演相當重要的角色。[55]

直言之，美國記者手中掌握著新聞輿論工具，使其對於美國在華社群，有著不容小覷的影響。不過，反之亦然，美國在華社群也可能與記者密切合作，透過記者筆下的評論報導或投書，向外界傳達出其真實觀感，除了能夠影響外人在華輿論論調外，甚至還可能藉此試圖遊說政府決策，或是改變國內輿論。[56]

五、小結

事實上，民國以來，不少外國觀察家均認為中國所

---

54 〈上海を中心と英米するのプロパガンダ〉，《大阪每日新聞》，1919 年 2 月 17 日。

55 上海外文報界自然也會影響到中國的報紙與報人，他們共同構織出的公眾輿論，透過報紙的一再轉載，形塑出當時中國在國內與國外的整體印象。關於民國時期上海報人群體的形成與發展，可以參見 Xiaoqun Xu, *Chinese Professionals and the Republican State The Rise of Professional Associations in Shanghai, 1912-1937* (Cambridge: Cambridge University Press, 2001), pp.161-189.

56 關於美國在華報人與中國反日輿論之間的關係，可以參見本書第八章與第十二章。

面臨的內憂外患等問題，理應由中國人自己找尋出路，並非外人所能干涉，故美國等西方列強實無須越俎代庖、庸人自擾。[57] 況且，日本畢竟是美國在亞洲地區最重要的貿易夥伴，也是維持遠東局勢穩定的支柱，美國似乎不太可能無視日本的態度，就逕自介入並推動中國現況的改變，遑論要為了中國問題而與日本交惡。[58] 可是此類的顧忌與考量，能否因此就合理化日本在華的擴張行動，並以犧牲中國為代價，換取日本的合作與東亞秩序的穩定，從而坐視中國局勢惡化，將中國廣大的市場拱手讓給日本？又或者，反過來說，美國是否應該重新慎重思考，在中國情況真正失控、日本羽翼未豐之前，繼續堅持並擴大落實中國門戶開放政策，以便及時介入中國局勢，一方面阻止軍閥內戰惡化，二方面制止日本的侵略意圖，同時協調其他列強之力，共同扶持中國，助其穩定發展、鞏固政權，以便將來蓄養力量來抗衡日本？

不論是專家觀點、海軍視角，抑或是民間感受等，其實均流露出當時美國人對於日本在華野心的戒慎態度，以及對中國未來現況發展的擔憂。尤其是對於正積

---

57 "The Position of Foreigner," *The China Press*, 29 August 1924; "Rival Factions in China," *The Times*, 11 September 1924.

58 甚至部分論者，以為美國要推動中國的現代化，改善美商在華的投資機會，改變日本對華的帝國主義行動，均免不了要與日本合作。要改變中國遭受帝國主義侵害的現況，必須要與帝國主義者坐下來談。況且美商對華出口貿易雖然在歐戰以後有所提升，但是佔美國總體出口的比重，依然是難與跟日本相比。見 Warren I. Cohen, *America's Response to China: A History of Sino-American Relations*, pp. 68-69.

極利用歐戰契機，謀求進入中國市場，擴大在華投資與
開發，推動中美經濟與工業提攜的美國企業來說，恐怕
更是不願接受日本宰制中國的局面出現。這似乎也間接
證實了當時大部分在華的美國人，對於歐戰以來日本在
遠東地區勢力的迅速擴張，懷有高度不安與焦慮。這些
美籍人士多數曾實際或長期在華居住生活，相當熟悉中
國事務，也曾親身見證到歐戰期間日本在華的所作所
為，所以他們直覺的觀察與感受，在某種程度上，應該
還是體現著實際情況。因此，此類在地觀點，無論是透
過報紙媒體的投書，形成公眾輿論，或是直接遊說反映
給有關當局，理論上或多或少會對於美國政府未來的遠
東政策，產生一定的影響。

　　像是學者威羅貝有關因應中國問題，以及制止日本
在華擴張的諸多建議與處理原則，或許稍嫌太過理想主
義，且因其曾擔任北京政府顧問，故在立場上難免過於
偏袒中國，但是無論如何，威羅貝提出的諸多觀點，
在許多面向，幾乎與美國政府在巴黎和會、華盛頓會議
推動的政策大致暗合，顯見其主張，與後來的《九國公
約》與「華盛頓會議體制」間，還是有著密切的正面相
關。哲學大師杜威對於日本的觀察言論，以當時情況來
說，或許亦有些危言聳聽，但同樣地也指出部分真知灼
見，且以後見之明來看，日本確實延續著俄國模式，在
南滿、山東地區，透過鐵路及其附屬地以強化勢力範
圍等「非正式帝國」路線，積極擴大對華的控制與滲

透。[59] 至於軍官馬許的評估，雖然大幅低估了日本發動戰爭的決心與實力，但不少觀點亦確實不幸言中，也可以看出其卓越見識。

究其實際，當時正值歐戰甫結束後不久，世界上普遍充斥著厭戰的氛圍，且感於大戰期間的慘烈傷亡與血腥屠戮，許多有識之士紛紛致力於檢討反思大戰發生的原因，以避免未來歷史重演，再蹈世界大戰的覆轍。然而到底基於何種思維，當世界一片歡樂喜悅，歌頌得之不易的和平，並慶賀大戰的結束，卻有那麼一群人持續唱著反調，頻頻奏出「黑天鵝」的曲聲，警示眾人必須提早因應日本的擴張與野心，否則未來美、日衝突可能終不可免？[60] 必須強調的，這些鼓吹美國應該對日本採取強硬態度，甚至預示著美、日矛盾即將到來的言論，並非是好戰分子的激進偏見。相反的，言者諄諄，須居安思危，防微杜漸而禁於未然，亦即如何在真正危機發生之前，預先採取積極作為以防堵危機的成真，或許才是這些戰爭預言論者的由衷期盼與核心關懷。否則世人一旦持續沈迷在歐戰後幸福快樂的和平曲調中，猶如溫水煮青蛙，不知危機將至。

---

59 關於近代以來列強在華建立的「非正式帝國」路線，可以參見 Jürgen Osterhammel（賀遠剛），"Semi-colonialism and Informal Empire in Twentieth-Century China: Towards a Framework of Analysis," in Wolfgang J. Mommsen & Jürgen Osterhammel, eds., *Imperialism and After: Continuities and Discontinuities* (London: Allen & Unwin for the German Historical Institute, 1986), pp. 290-314.

60 「黑天鵝理論」（Black Swan Theory），一般指的是似乎不可能發生，但實際上卻又發生的事件。參見 Nassim Nicholas Taleb, *The Black Swan: The Impact of the Highly Improbable* (London: Penguin, 2007).

　　總而言之，歐戰後遠東國際秩序重新洗牌，美、日勢力崛起，受到地緣政治的影響，兩國之間在遠東地區的相互競爭與抗衡，自歐戰以來即已屢露跡象，恐怕難以避免，也將會是往後的發展趨勢。而前述美國涉華人士對於日本野心的高度忌憚，確實反映著一部分的客觀事實，同時也體現出美國人對於已逐漸陷入危殆處境的中國現況，感受到的焦慮與擔心。不過，隱藏在這些看似不安的躁動背後，究竟是無知庸人的危言聳聽，還是超越時代的先見之明，則有待歷史驗證了。

第六章　美國海軍對日本在山東活動的情蒐報告

一、前言

　　自 1919 年 1 月巴黎和會山東問題發生爭議以來，日本即展現出對膠州灣租借地與山東利權勢在必得的態度，除了在巴黎和會上利用戰爭期間早已與英、法、義等國達成的祕密外交協議，聯合歐洲列強，強力壓制中國代表團的訴求外，同時也透過駐華公使館，直接對北京政府進行恫嚇威脅，藉此約束代表團的行動。面對日本數月以來咄咄進逼、仗勢脅迫的行為，中國國內反彈聲浪亦有逐漸升溫之勢。因此，1919 年 5 月，當中國代表團最終試圖收回山東膠澳利權失敗的消息傳回國內後，大規模的學生運動隨即爆發，並串連商人、工人，在外爭國權、內除國賊的口號引領下，中國整體的民族輿情幾乎達到沸騰的邊緣，全國各大城市均陸續出現反日遊行示威活動。美國駐華使領館即觀察到在山東問題的刺激下，中國反日的民族輿情確實已極度高漲。[1] 而美國駐華使領以及不少美籍僑民，均同情中國的處境，

1　關於美國對於山東問題後續爭議的評估觀察，可參見筆者先前另外一篇研究：應俊豪，〈一戰後美國對「中日山東問題爭議」後續效應的觀察與評估〉，頁 145-169。

不支持由日本繼承德國在山東的利權，甚至主張美國政
府應該出面支持中國抗衡日本，推翻巴黎和會決議，讓
中國收回山東。在這樣的時代大環境下，駐華使領館與
海軍情報處，對於日本積極擴張在山東勢力之事，自然
更加投予密切關注。因為藉由觀察日本與親日派系在山
東的滲透與活動情況，不但可以觀察日本對華覬覦與野
心的程度，也能夠查證日本在巴黎和會上一度宣稱要將
山東歸還中國，是否只是口號與徒具虛名。

　　究其實際，中國藉以因應日本在華侵略擴張行動的
主要手段之一，即是爭取其他西方列強的同情與支持，
抗衡日本的鯨吞蠶食。素來對華友善且又無領土野心的
美國，自然是中國爭取外援的首選。再加上歐戰後，
美國國力逐漸凌駕歐洲列強，除積極介入世界事務，亦
醉心於海外投資貿易活動，大力推動門戶開放政策，與
向來視東亞為禁臠的日本，彼此矛盾在所難免。另外一
方面，受到巴黎和會中日山東問題爭議的衝擊與影響，
中國出現了大規模學生與群眾運動，以抗議在和會同意
由日本繼承德國在山東的利益。中國民族主義運動的風
起雲湧，自然也引起美國在華使領與海軍官員的重視。
除了由駐華使領館經由正規外交管道，探查並彙整中國
各地輿情活動外，海軍情報處官員則是透過駐華海軍武
官，以其他種模式，包括線民系統，來蒐集山東現場的
第一手情資，特別是關於日本駐山東軍政當局所採取各
類舉措。

　　中國激昂的公眾輿情，確實促使美國駐華各部門對
於山東問題極大的關注，然而值得進一步探究與反思

的，是日本在山東的舉措與意圖，是否真如大部分中國
人所相信與宣稱的，隱藏著殖民擴張的野心。根據美國
國務院遠東司的內部備忘錄，海軍在華情報系統，在
1919 年已透過線民情資管道，有計畫地祕密收集日本
在膠澳等地區的實際統治與滲透，對於販毒與色情行業
的縱容、雇人下毒，以及輸運軍火與土匪勾結等諸多情
資，尤其也關注日本在山東地區對於基督教組織與傳教
活動的壓制及騷擾。這些第一線的評估分析報告，分別
透過駐華使領與海軍部，最終送交國務院，作為未來制
訂遠東政策的重要參考。[2]

　　本章以海軍在華的情蒐視角為主軸，切入日本在山
東活動的各個面向。首先，至為重要的乃是美國海軍駐
華的情報部門，他們相當注意日本在山東的活動，並透
過線人等祕密管道，直接與山東百姓接觸，獲取許多重
要情資。美國在山東的教會體系，也在其中扮演重要的
角色，替海軍情報部門蒐集有關日本在山東活動情況的
情資。其次，是美國駐山東地區的領事館，因長期關注
日本及親日派系的擴張情況，故經常提出十分深入且極
具研究價值的報告。在領事館跟駐北京公使館的往來電
文報告中，可以相當清楚美國對於山東局勢演變的掌握
情況。簡言之，本章主要根據前述第一手的駐華海軍情

2　關於山東線民提供有關該地日本各類措施的情資，經美國海軍官
　　員評估認為，整體而言是「正確且可信的事實陳述」。不過，為
　　了確保線民安全，海軍情報處的報告中，並未揭露線民們的姓
　　名，只記載了線民接受訪問的時間。見 "Conditions in Shantung
　　Province," Office of Naval Intelligence, Navy Department to the
　　Department of State, 3 December 1919, RIAC 893.00/3271.

資報告，輔以使領報告，以深入探究五四運動後美國人
對於日本在山東的活動情況的理解程度，以及他們如何
看待與因應日本與親日勢力在山東的進一步發展。

作為美國方面的對照組，日本對於經營山東的計
畫，尤其是日本派駐在山東的軍政當局，他們對於歐戰
以來長期處在日軍實質佔領下的山東，有何籌思與規
劃？是否誠如日本在巴黎和會以及後來多次演講聲明中
一再公開宣稱的：日本對山東毫無野心，除保留少部分
經濟利益，並與世界各國共享外，假以時日，即會將山
東歸還中國？[3] 日本方面第一手的軍方在地報告，適
巧可以跟美國海軍角度的情蒐與觀察做詳細參照，從而
進一步比較美國海軍情資報告與日本軍方態度的歧異之
處，藉此分析海軍情蒐視角的鑑察性。

二、〈山東現況〉報告

1919 年底，由美國海軍情報處送交國務院的〈山東
現況〉情資報告（Conditions in Shantung Province），乃
是由美國駐北京公使館海軍武官辦公室收集線民情資報
告編輯而成。[4] 在這份報告中，詳列了 1919 年 9 月總計
十二次對山東在地線民的訪談記錄。這些接受訪談的線

3　"Baron Goto's Address, at Japanese Consul, Mr. Matsunaga's Dinner,
at the Hotel Washington, Tuesday Evening," 14 October 1919.
「2 大正 7 年 11 月 9 日から大正 8 年 11 月 1 日」，JACAR:
B03030308000，頁 47-50

4　"Memo by the Division of Far Eastern Affairs, Department of State,"
8 December 1919, RIAC 893.00/3271.

民，據信應該都是屬於受過教育的山東在地知識分子。
駐華公使館海軍武官辦公室即透過這些訪談記錄，瞭解
日本在山東治理與活動的相關實情。不過，海軍武官辦
公室雖然盡量如實陳述線民訪談記錄內容，但顯然並未
照單全收，而是針對線民報告中的可信度，進行驗證、
分析與辯誣，進而對日本在山東活動實況，做出較為翔
實的整體評估。

表2　1919年9月美國海軍情報處〈山東現況報告〉訪
　　　談記錄

次數	訪談日期（月／日）	訪談者
第一次	9/18 (a)	匿名
第二次	9/18 (b)	匿名
第三次	9/19 (a)	匿名
第四次	9/19 (b)	匿名
第五次	9/22	匿名
第六次	9/23	匿名
第七次	9/25 (a)	匿名
第八次	9/25 (b)	匿名
第九次	9/25 (c) & 9/27	匿名
第十次	9/25 (d)	匿名
第十一次	9/28	匿名
第十二次	9/29	山東省長屈映光

備註：　報告中，並未特別註明接受訪談的線民的總人數，以及是否
　　　　有重複受訪的情況。其次，有些訪談時間，雖然註明在同一
　　　　日，但卻被紀錄在不同次數內，研判可能是不同線民，故筆
　　　　者在日期後加註英文序號，以示區別。

　　而美國公使館海軍武官辦公室編輯此份報告的主要
目的，乃是因為基督教長老會差會先前已編纂了一份
名為〈日本在山東的邪惡行徑〉報告（Sinister Japanese
Methods in Shantung）（詳見本書第十一章），並透過
各種輿論手段在美國散布，藉此希望影響美國國內公眾

對於山東問題的觀感。[5] 駐北京公使館海軍武官辦公室經由祕密管道，取得了長老會差會此份報告的副本，並且為了驗證與分析評估該份教會報告內容的真實性，做了一系列的調查，部分乃是透過駐山東地區的領事館代為協助進行訪談，特別是詢問了許多山東在地祕密線民的意見，希望能夠提供給海軍情報處做進一步的分析參考。[6] 此份海軍情蒐報告，後來經海軍部送交給國務院，而經國務院遠東司官員的評估，認為這確實是一份「傑出的」報告，目的應該是藉由詳細的調查，以試圖「推翻」（run down）前述長老會差會的報告。[7]

詳細審閱此份海軍情資報告，可以發現海軍情報單位關注的重點，包括：日本駐軍對於膠濟鐵路沿線的控制情況，是否有增派兵力？日本政府是否開始計畫性大規模向膠澳地區進行移民活動？日本僑民在當地外僑人數的比例，是否有顯著的提高？日本在華僑民多半組織有居留民團，這些民團雖然名義上為純民間組織，但是組織力極強，必要時即可進行武裝，成為日本軍隊的後備兵力。所以日本僑民人數在膠澳地區的成長，不啻意謂著日本在該區後備兵力的提高，等於變相強化日本對於該區的軍事與監視控制能力。因此，海軍情報單位所

5　A Member of the American Presbyterian Mission, "Sinister Japanese Methods in Shantung," 1919, RIAC 893.00/3271.

6　美國海軍武官辦公室特別指出，前美國駐青島領事培克（Willys Peck），以及駐濟南領事館辦事員米爾斯（R. S. Mills）協助了部分訪談。

7　"Memo by the Division of Far Eastern Affairs, Department of State," 6 December 1919, RIAC 893.00/3271.

關注的，不僅僅是表面上正規軍隊的人數，同時也調查隱藏在一般僑民背後的潛在軍事力量，因為這也是日本強化控制的重要參考指標。[8]

日本駐軍當局對於山東學運的態度與因應對策，則是海軍另外一個關注的重點。五四運動後，中國各地學運活動均有顯著成長趨勢，遑論山東當地的學運，尤其是山東省會濟南的情況。學生聯合會等組織，往往不僅到處宣揚反日理念、主張收回山東，還會採取實際行動，擴大抵制日貨，以及打擊所謂的漢奸。學生聯合會組織成員經常在濟南街道上遊行宣講，檢查一般商店是否有陳設販賣日貨，以及是否有華人替日本商社工作或是購買日貨等。此類明目張膽的反日行徑，在日本人眼中，自然極其刺眼。而日本駐軍當局在鎮壓反日學運上的具體作為，則大致可以區分為明面上與暗中兩個層面。其一是日本在膠澳地區、膠濟鐵路沿線本來即駐有大批軍警（含鐵道守備隊），必要時即可直接動用這些軍警力量取締學運，此即為明面上的嚇阻力量。但是日本軍警的直接介入，可能會引起不必要的風險，諸如刺激出更大的反日風潮，也容易造成其他外人的側目，指控日本以武力介入中國內政。因此，其二，日本還需要暗中部署的力量，即日本自身不出面處理，而是扶植親日勢力，委由山東軍政當局，包括山東省政府、濟南市政府等地方當局或是駐軍，代為派出中國軍警力量鎮壓

8　"Interview of 29 September 1919," of "Conditions in Shantung Province," Office of Naval Intelligence, Navy Department to the Department of State, 3 December 1919, RIAC 893.00/3271.

學運。換句話說，亦即透過代理人機制來處理學運問題，促使地方政府親自出面，從而減緩日本駐軍當局可能面對的指責與壓力。[9]

再者，則是日本方面對於美國基督教傳教團體的態度。美國政府雖然早已三申五令禁止在華教會與僑民涉入到政治活動，但實際有時難以避免。[10] 例如許多熱衷學運的狂熱分子與北美基督教青年會協會在中國主導成立的基督教青年會關係密切。美國傳教團體對於其華籍教民學生涉入到反日運動，亦不易清楚切割。甚至不諱言地說，濟南部分學運組織即是利用基督教青年會場所，作為策動反日行動的重要據點。加上許多美籍傳教士本身即對日本侵略中國的現況感到極度不滿，同情中國學生的訴求，也認為美國政府不應該支持日本繼承德國在山東的利益。上述情況的反覆出現，勢必引起日本駐軍當局的警戒態度，甚至懷疑美國是否透過傳教團體在山東遂行反日行動。因此，日本駐軍當局有時即會派出密探，監視基督教青年會的活動情況，必要時還會動手逮捕涉入反日行動的華籍傳教人員。為了一勞永逸解決美國傳教團體在反日學運中可能扮演的重要角色，日

9　"Summary of Political Conditions in Shantung for the Month of July," American Consular Service, Tsinanfu, China to the Secretary of State, Washington, D. C., 1 August 1919, RIAC 893.00/3209; "Interview of 28 September 1919" & "Interview of 18 September 1919,"of "Conditions in Shantung Province," Office of Naval Intelligence, Navy Department to the Department of State, 3 December 1919, RIAC 893.00/3271.

10　"The Secretary of State to the Chargé in China (Tenny)" Washington, 26 December 1919, *FRUS 1919*, Vol. I, p. 723.

本駐軍當局甚至採取一些更為激烈的手段，嘗試將美國傳教勢力驅逐出濟南。也因此，海軍情報單位異常關注與積極蒐集日本駐軍當局對於美國傳教團體及基督教青年會的諸多作為。[11]

海軍在山東的情蒐管道，還有一個過去歷史研究較少提及，但卻爭議性非常大的部分。此即少數美、英傳教士，與海軍情報單位或是領事館關係極為密切。這些傳教士由於與中國教民密切相處，可以獲得許多珍貴的第一手情報，特別是對於日本如何利用各種陰險手段，意圖併吞山東。這些透過教會管道，蒐集到的情資，大都是非常實際的案例，有些對於日本的指控，甚至極其驚人聳動，令人不禁懷疑其可信度。[12] 然而，當海軍情報單位均將這些報告送交海軍部與國務院參考時，有時亦給予相當高的信賴權重，強調「非常有可信度」（very reliable）。無論事實真相如何，這些報告勢必會對美國決策高層對於日本在山東活動的理解與想像，有非常重要的影響。

最後，至為重要的，乃是如果將海軍對山東地區的

---

11 "Conditions in Shantung Province," Office of Naval Intelligence, Navy Department to the Department of State, 3 December 1919, RIAC 893.00/3271.

12 A Member of the American Presbyterian Mission Compiled, "Sinister Japanese Methods in Shantung," Office of Naval Intelligence, 7 October 1919, RIAC 893.00/3271; "Mr. E. C. Nickalls, British Missionary, Ch'ingchowfu, Shantung to the British Consul General, Tsinanfu," cited from "Summary of Political Conditions in Shantung for the Month of July," American Consular Service, Tsinanfu, China to the Secretary of State, Washington, D. C., 1 August 1919, RIAC 893.00/3209.

情蒐報告，與日本軍方或外務省的原始檔案記載相互比對，將可以進一步印證海軍視角與情蒐報告的真實程度。如果美國與日本兩方資料大致吻合，意謂著海軍對於山東問題的情蒐手段確實卓越超群，故能精準掌握到日本在山東的謀劃。然而，如果兩方資料並不吻合甚至大相逕庭的話，則隱含著兩個更為棘手的歷史問題：其一、可能是海軍情蒐管道出錯；其二，抑或是海軍情報官員可能知道線民情資與真實情況有偏差，但最後仍然選擇向海軍部與國務院呈報此類情資，並給予其相當高的可信度評估。如果是第一點，亦即海軍情蒐出錯，則可能與中國線民或是華籍教民有意誤導有關，目的在於透過誇大日本在山東的侵略與滲透行動，來引起美國政府高層的關注，從而擬定更為積極的對日遏制政策。歐戰以來，中國在對日作為上，由於敵強我弱的現實環境，大致多傾向聯合強大的外國友邦來抗衡日本。其中，又以聯美制日為重要路線。故如何深化美國對日本的猜忌之心，同時強化對中國的同情觀感，則是中國聯美制日策略中，最核心的元素。五四運動以來，在反日民族主義日趨高漲之際，中國人利用美國對於山東問題的同情立場，誇大其詞、訴諸以情，以便有利於推動聯美制日策略，也是相當合理的歷史推測。不過，如果事實情況是上述的第二點，亦即不只涉及到中國線民的虛假弄偽，甚至駐華海軍情報官員可能也參與其中，故意上呈這些有問題的報告，讓海軍部與國務院高層更加忌憚日本在東亞的勢力擴張，目的與動機則似乎更有進一步深入探究的歷史價值。

　　歐戰以後，美國在華第一線的軍事官員中，普遍帶
有對日本的敵視態度，美、日終將一戰的觀念更是深入
人心。[13] 早在 1919 年 3 月，美國陸軍駐天津第十五步
兵團即與日本天津軍警與居留民團爆發大規模的武力
衝突。[14] 1921 年 5 月，海軍亞洲艦隊旗艦黑龍號（USS
Huron, Flagship of Asiatic Fleet）上的官兵，則再次在上
海虹口租界與日本海軍水兵以及居留民團大打出手，彼
此相互挑釁與鬥毆。[15] 依此脈絡，如果美國駐華軍事人
員普遍帶有對日本的敵視心態，則也就能夠理解海軍情
報官員為何要將那些對於日本極其不利的情資報告送交
美國政府高層，並強調其可信度了。如此，也將可以為
美日在華矛盾論述的根源，找到更多的歷史佐證。

三、在地的情資

　　歐戰以來，不論是中國人，還是其他在華外人，均
關注到日本利用歐戰之機，擴大對山東的控制。對於日
本蓄謀殖民擴張的各類指控，自然也層出不窮。中外人
士的重要論點，乃是強調日本有計畫地透過各種機巧
手段，一方面排除其他列強勢力，二方面則壓制當地華
人，從而達遂其宰制山東的目的。然而，在眾口鑠金、

13　Glenn F. Howell, Dennis L. Nobel, ed., *Gunboats on the Yangtze: The
　　Diary of Captain Glenn F. Howell of the USS Palos, 1920-1921*, p. 127.

14　應俊豪，〈遠東的塞拉耶佛？1919 年天津租界美日衝突事件始末〉，
　　《東吳歷史學報》，第 38 期（2018 年 6 月），頁 175-226。

15　應俊豪，〈1921 年上海虹口美日衝突事件研究〉，《臺灣師大歷
　　史學報》，第 59 期（2018 年 6 月），頁 101-140。

似有其事的指控背後，真實性又是如何？

（一）謠言滿天：線民間談紀錄的指控

　　經由美國海軍部門的調查與驗證，認為中外對於日本在山東非法活動的指控，雖然不少均是實情，但仍有一些卻屬於不明究理，甚至有誇大其詞的成分，絕非事實。因此，在給美國海軍情報處的〈山東現況〉報告中，美國駐華海軍官員即澄清了不少外界對於日本的不實指控。

　　例如駐華公使館海軍武官辦公室，根據線民訪談人員所獲得的民間祕密情資，整理出在當地盛傳有關日軍進行諸多惡毒計畫與暴行的各類風聞消息。舉其要者，包括學生離校至各地進行反日宣傳活動，最後卻人間蒸發的傳聞，暗指即是被日軍誘捕或殺害。[16] 以及日本人曾在濟南大批採購西瓜，目的乃是要將病毒注射進瓜內，再將西瓜流通出去，以傳播疾病。事實上，歐戰後霍亂一度在山東部分地區流行，因此不少傳聞即指是日本人故意散播。海軍的情資報告，即反映類似情況，山東當地中國人普遍深信，日本人計畫在井水中下毒，投入霍亂媒介物，使中國人飲水後染病。而且據稱已有受雇於日本的中國人，在投毒失敗被抓後，坦承是受到日本的指使。更令人中國人憤怒與髮指的，乃是當山東

16　第十一次線民訪談記錄，"Interview of 28 September 1919" of "Conditions in Shantung Province," Office of Naval Intelligence, Navy Department to the Department of State, 3 December 1919, RIAC 893.00/3271.

霍亂大流行之後，日本與親日派甚至還故意散播謠言，
聲稱學生的抵制日貨運動已遭致天怒人怨，霍亂等疫病
的大流行，即是上天給人民的警訊。[17] 此外，也有情資
認為，日本似乎有意藉由在山東放縱「毒」（鴉片）與
「色」（妓女）等來麻痺中國人，使其身心墮落，既無
力也無心繼續反日。[18]

　　不過，根據海軍武官辦公室的調查，很多對於日本
的指控，可能不過是空穴來風。美國教會學校外出從事
反日宣傳的學生，並沒有人失蹤。況且根據當時反日輿
情高漲研判，如果真有學生因日軍誘捕而失蹤，勢必
引起軒然大波。故海軍情報處研判這些謠傳可能不太確
實。不過為了避免真有其事發生，美國教會學校還是決
定禁止學生外出從事示威遊行等反日活動。其次，海軍
武官辦公室分析日本當局確實有意在山東鼓勵鴉片販賣
與經營紅燈區等特種行業，但動機或許不見得是有意誘
惑中國人使其墮落，也有可能只是基於商業經營、擴大
利益的考量。

　　究其實際，海軍武官辦公室認為這些線民報告中許
多過於誇張的情資，特別是美國教會蒐集到有關日本在
山東故意散播霍亂或是縱容盜匪肆虐的謠言，似乎將山

17　第一次線民訪談記錄，"Interview of 18 September 1919" of
　　"Conditions in Shantung Province," Office of Naval Intelligence,
　　Navy Department to the Department of State, 3 December 1919,
　　RIAC 893.00/3271.

18　第一至第二次線民訪談紀錄、第七至第十次線民訪談計畫，
　　"Interviews of 18 & 25 September 1919," of "Conditions in Shantung
　　Province," Office of Naval Intelligence, Navy Department to the
　　Department of State, 3 December 1919, RIAC 893.00/3271.

東當前所有麻煩事都歸咎於日本當局的作法，顯然會適得其反，也經不起驗證。縱使這些線民並未刻意造假，只是將其所聽聞的消息如實陳述，但這些未經查證、明顯渲染不實的言論，一旦公諸於世，反而會產生極其負面的效果。日本當局可能藉此大做文章，反守為攻，強調所有對於日本在山東圖謀的指控，都是充滿著惡意的偏見，甚至還能夠以被害者自居，辯稱他們才是這些不當造謠中傷惡行的苦主。[19]

（二）日本強化對山東的控制

1917 年 9 月 29 日，日本政府公布《青島守備軍民政部條例》，自同年 10 月起正式結束日本在山東青島的軍管時期。此後雖然仍維持青島守備軍的軍事編制，但除軍政事務外，其餘司法與行政事務，均改由民政部負責。[20] 民政部首任民政長官，為秋山雅之介。[21] 根據美國海軍情報處的情資，指出秋山帶有「非常濃厚的軍國主義傾向」（very militaristic），且積極與山東守備軍密切合作，致力於維持日本在山東的特權。雖然日

---

19 "Conditions in Shantung Province," Office of Naval Intelligence, Navy Department to the Department of State, 3 December 1919, RIAC 893.00/3271.

20 「御署名原本・大正六年・勅令第百七十五号・青島守備軍民政部条例」，1917 年 9 月 29 日，JACAR: A03021110600。

21 秋山雅之介畢業於東京帝國大學法科，進入外務省任職，外派英國與俄國，後歷任陸軍省參事官、法制局參事官、朝鮮總督府參事官等職務，1917 年擔任首任青島守備軍民政部長官。關於秋山簡介，見日本國會圖書館，《近代日本人的肖像》，「秋山雅之介」（https://www.ndl.go.jp/portrait/datas/461.html）（擷取時間：2019 年 5 月 7 日）。

本方面一再對外宣稱，無意於「政治控制」，只想保有在山東的「經濟權利」，直到中國能夠建立一個穩定的政府為止，再將山東歸還中國，但美國海軍情報處評估以目前情況來說，實在不太可能將兩者嚴格區分。畢竟中國長期持續動盪不安，在軍閥內戰層出不窮的現況下，要建立穩定的中央政權勢必遙遙無期，而日本自然可以在保有「經濟權利」的名義下，繼續遂行對於山東的「政治控制」。因此，美國海軍情報處認為，不管日本如何宣稱只想要謀求經濟利權，但充其量可能乃是一種「虛偽的聲明」（disingenuous protestation）。[22]

　　美國海軍情報處的評估，點出了一項重要的訊息，日本不只要抓「經濟權利」，也想要「政治控制」。事實上，依據《青島守備軍民政部条例》，民政部本身即非獨立於軍事體制之外的行政機構，而是設置在青島守備軍司令部之下（第一條），且民政長官乃秉承守備軍司令官之命，總理民政事務（第五條）。因此，就制度上，身為民政長官的秋山，不可能獨立行事，仍須遵從青島守備軍司令官之命，進行地方治理。[23]尤有要者，早在1915年5月，時任青島守備軍司令官的神尾光臣，在其給陸軍省與內閣的機密報告中，即已不諱言地指出，青島作為日本帝國向中國大陸進一步擴張的主要根據地，透過膠濟鐵路以及相關株式會社，不但將在政治

22　"Conditions in Shantung Province," Office of Naval Intelligence, Navy Department to the Department of State, 3 December 1919, RIAC 893.00/3271.

23　「御署名原本・大正六年・勅令第百七十五号・青島守備軍民政部条例」，1917年9月29日，JACAR: A03021110600，頁2、4。

上深入中原寶地，也將在經濟上大展手腳。[24]

　　因此，海軍情報處的〈山東現況〉報告中，也認為關於日本侵害中國的中立地位，損害到當地百姓權益等諸多指控，都是「毫無疑問的正確」（undoubtedly correct）。這也是山東地區其他外國人的普遍看法，他們相信日本試圖利用武力的展現，來恫嚇中國人，藉此宣稱擁有在山東自由調兵與動武的權力。[25] 也因此中國人非常痛恨日本人，認為中國已陷入前所未有的危險境地，他們害怕自辛亥革命後好不容易擺脫異族的統治，如今又會因為日本的侵略而失去獨立性。[26]

（三）日本掌握鐵路與經濟資源

　　海軍的線民訪談報告，指出歐戰期間日本對德宣戰後，日軍之所以選擇在山東龍口登陸，應該也是別有所圖的。因為龍口往東便是煙台以及威海，日本日後可以順勢往東發展，甚至將膠濟鐵路進一步向東邊延伸。也因此，日本之所以反對中國方面從濰縣興建往煙台的鐵路，應該是為了確保未來由日本主導開發建設的權力。[27] 日本主要的訴求，乃是基於兩項條約規定：

24　〈山東経営卑見・青島守備軍司令官神尾光臣提出〉，1915 年 5 月，JACAR: A03023079300。

25　"Conditions in Shantung Province," Office of Naval Intelligence, Navy Department to the Department of State, 3 December 1919, RIAC 893.00/3271.

26　第六次線民訪談記錄，"Interview of 23 September 1919" of "Conditions in Shantung Province," Office of Naval Intelligence, Navy Department to the Department of State, 3 December 1919, RIAC 893.00/3271.

27　第二次線民訪談記錄，"Interview of 18 September 1919" of

1898 年的《中德膠澳租借條約》，以及 1915 年的《中日民四條約》。《中德膠澳租借條約》第三端「山東全省辦事之法」規定，山東各項建設，應優先借用德國資本，由德商開辦。[28]《中日民四條約》「關於山東之條約」第一條，明文確定由日本繼承德國在山東權利，第二條則規定未來修建煙濰鐵路時，「可向日本國資本家商議借款」。[29] 所以，依據前述兩項條約之規定，往後山東開辦各項建設，均應優先用日本資本、由日商開辦，除非日本自願放棄此項權利。煙濰鐵路的修建，自然也適用上述原則，應優先用日本資本興建。至於日本之所以在現階段反對興建濰縣往煙台的鐵路，其實乃帶有另外一層的私心，畢竟煙台一旦興修鐵路，勢必急遽發展，連帶產生排擠作用，影響到目前日本佔有的青島

"Conditions in Shantung Province," Office of Naval Intelligence, Navy Department to the Department of State, 3 December 1919, RIAC 893.00/3271.

28　《中德膠澳租借條約》第三端「山東全省辦事之法」規定：「在山東省內如有開辦各項事務，商定向外國招集幫助為理，或用外國人，或用外國資本，或用外國料物，中國應許先問該德國商人等願否承辦工程，售賣料物。如德商不願承辦此項工程及售賣料物，中國可任憑自便另辦，以昭公允」。關於該條約內容及其相關討論，可以參見，陳維新，〈國立故宮博物院所藏《中德膠澳條約》及相關輿圖說明：兼論膠州灣租借交涉〉，《國立政治大學歷史學報》，第 43 期（2015 年 5 月），頁 83-134。

29　《中日民四條約》「關於山東之條約」：第一條「中國政府允諾，日後日本國政府向德國政府協定之所有德國關於山東省依據條約或其他關系對於中國享有一切權利、利益讓與等項處分，概行承認。」第二條「中國政府允諾，自行建造由煙臺或龍口接連於膠濟路線之鐵路。如德國拋棄煙濰鐵路借款權之時，可向日本國資本家商議借款」。關於《中日民四條約》內容，以及中日雙方後來對於該約的爭執，可參見吳翎君，〈1923 年北京政府廢除《中日民四條約》之法理訴求〉，頁 157-186。

發展。[30] 此外,日本業已替換膠濟鐵路守備隊原先的華籍人員,改代以日本士兵,藉此強化對於鐵路的控制與保護。[31] 日本對於主導山東各項建設發展,尤其是鐵路,早顯得志在必得,且已有完整規劃:現階段集中於優先開發青島,防止煙台的競爭,同時保留下階段主導修築濰縣至煙台線鐵路的投資控制權,可謂一舉數得。

在商業經營部分,日本在山東濟南等地的勢力,包括有日籍商家約九十家。但這些日籍商家,有超過三分之二其實都在從事非法的毒品販售業務(包括鴉片與嗎啡)。這些日籍商家乃是從俄籍猶太人商人手中批發毒品,再進行零售業務。基本上,依據線民訪談資料,日本政府當局應該並未實際介入或主導山東毒品交易,然而顯然也沒有積極採取防堵措施,以制止毒品的氾濫。也就是說,日本當局似乎有意縱容毒品買賣業務。至於在娼妓業部分,日本當局同樣也有類似故意默許縱容的情況。此外,值得注意的是,有鑑於山東毒品販售有日益猖獗的現象,雖然日本當局本身並未涉入經營鴉片業務,但美國方面還是試圖介入以阻止毒品氾濫,曾嘗試透過其他管道,私下將掌握到的日商販售鴉片等證據提供給日本當局,希望其採取有力措施,取締鴉片

---

30 第三次線民訪談記錄,"Interview of 19 September 1919" of "Conditions in Shantung Province," Office of Naval Intelligence, Navy Department to the Department of State, 3 December 1919, RIAC 893.00/3271.

31 第二次線民訪談記錄,"Interview of 18 September 1919" of "Conditions in Shantung Province," Office of Naval Intelligence, Navy Department to the Department of State, 3 December 1919, RIAC 893.00/3271.

業務。[32]

（四）同化政策

尤有要者，由美國海軍情報處掌握的情資，在山東地區居住與生活的日本僑民，經常公開討論如何在山東進行「同化」政策（assimilation），就像過去曾在朝鮮所做的一樣，將山東同化成日本的一部分。當地日本僑民亦曾公開承認，有意將山東三、四千萬人口「同化」，從而使得「同化」一詞，甚至成為一種標語和口號。縱使日本官方尚未正式批准與推動「同化」政策，但美國海軍情報處評估，從上述日本僑民的言論來看，可以推論「同化」山東，的確已成為日本在華公眾輿論的主流看法。[33]

然而，日本未來如要在山東進行「同化」，首要之務，就是必須排除其他外國勢力，尤其是美國。事實上，海軍情報處獲得的情資，亦清楚顯示部分日本在山東的所作所為，可能帶有相當明確的針對性，目的即在影響中美關係，甚至是阻礙美國在山東的各種活動。例如日本在山東的輿論宣傳攻勢就異常活躍，主要對象乃是鎖定那些盲目、未受過教育的群眾，希望藉由巴黎和會山東主權爭議，來挑撥中美情誼。具體策略是反覆強

32　第二次以及第四次線民訪談記錄，"Interview of 18 September 1919" & "Interview of 19 September 1919 of "Conditions in Shantung Province," Office of Naval Intelligence, Navy Department to the Department of State, 3 December 1919, RIAC 893.00/3271.

33　"Conditions in Shantung Province," Office of Naval Intelligence, Navy Department to the Department of State, 3 December 1919, RIAC 893.00/3271.

調由於美國未能堅定的支持中國，才會導致中國無法收回山東，所以是美國主動拋棄了中國。換言之，日本的目的，顯然是要想利用中國人在山東問題上感受到的背叛感，來盡可能的疏離中美情誼，並強化中日關係。面對日本在山東發動的輿論宣傳攻勢，海軍報告建議政府當局，應該要及時採取有效的反制措施。[34]

四、日本如何影響美國利益

美國在山東的利益，大致可以分為商貿與傳教兩大部分。海軍情報官員相當關注日本在佔領山東後，是否有侵害到美國人既有的權利。尤其是日本在青島大張旗鼓地進行都市重劃，對於美商與傳教團體的產業，均造成不小的影響。此外，山東地區反日學運、抵制日貨等活動均極其熱烈，不少美系基督教會的華籍教士亦涉入其中，引起日本的極度不滿，故對於美國傳教團體的敵意，也愈益強烈。

（一）對美商利益的侵害

在商務部分，自歐戰期間擊敗駐華德軍，並透過中日二十一條交涉與濟順高徐鐵路換文，以及巴黎和會山東問題決議案，順利繼承德國在山東的權利後，日本對

34　第六次線民訪談記錄，"Interview of 23 September 1919," of "Conditions in Shantung Province," Office of Naval Intelligence, Navy Department to the Department of State, 3 December 1919, RIAC 893.00/3271.

於獨佔山東利權，早已志在必得。雖然表面上，日本
宣稱會與世界各國分享山東利益，實則著手排除其他國
家的競爭者。美商等在山東經營事業的外商公司，或多
或少均遭到日本當局的打壓與阻礙。例如美孚石油公司
即被日本當局要求進行遷廠，以便讓出目前在青島的廠
址，理由則是為了配合城市規劃發展之需。日本為了避
免落入外人口實，雖然不會明目張膽地完全禁止美孚石
油在該地區的事業，但是卻經常使用行政掣肘等各種騷
擾手段，影響公司的正常營運，藉此逼退，諸如在碼頭
上拖延航運設施的使用、阻礙輪船與車輛的裝貨與卸貨
等。然而當美商為此向日本當局抱怨反映時，日本則
以碼頭相關職員等未能忠實履行職務等說詞，任意敷衍
搪塞。[35]

　　根據海軍情報部門以及駐青島領事館掌握的情資，
日本相當覬覦美孚在青島精華區的產業，意圖強迫其搬
離現址，以便建築車站與公園。特別是在幕後負責籌劃
青島治理政策的日本軍官，對外國投資均懷抱敵對態
度，並採取諸多行動，來阻礙外商在青島的投資與發
展。例如為了逼迫美孚遷廠，日本當局原先提出換地的
方式，但遭到美孚拒絕後，則又藉口美孚在當地的儲油
槽有高度危險性，一旦不慎引爆，可能對公共安全產生
重大危害為由，要求該公司必須在兩年內將油槽遷離。

35　第六次與第十二次線民訪談記錄，"Interviews of 23 & 29 September
　　1919," of "Conditions in Shantung Province," Office of Naval
　　Intelligence, Navy Department to the Department of State, 3
　　December 1919, RIAC 893.00/3271.

為此，美孚最終被迫讓步，只能另覓地點，興建新的儲
油槽。不過，情資研判，因為美孚在山東的事業，尚
未與日商有任何直接的競爭關係，故日本當局應該還不
至於採取過於激烈的手段，來逼使美孚停止在當地的營
運。[36] 但是不容否認的，未來美、日在山東商務競爭的
情況，恐將會有日趨嚴峻的態勢。

（二）對美國傳教團體的打壓

在傳教部分，根據線民訪談資料，日本當局在山
東濰縣進行高壓統治，尤其是針對美國福音派的宣教活
動，採取取締態度。日本在濰縣地區積極致力於對傳教
活動的打壓，強度還遠甚於對該地的政治與經濟控制。[37]

日本駐山東軍警部隊，為了有效鎮壓反日運動，經
常介入西方在山東地區的傳教活動。關於日本在山東對
傳教活動的打壓，也可以從美國駐山東地區各領事館
的報告中略窺一二。根據美國駐濟南領事館副領事歐
曼（Norwood F. Allman）的報告，在山東濰縣，曾有三
名基督教華籍布道員在長老會差會夏季讀經班活動後，
於返家途中遭到日本軍方的逮捕，理由竟是其中一名布
道員隨身攜有愛國歌曲小冊。日本駐軍即以此三人涉入

---

36 第十二次線民訪談記錄，"Interview of 29 September 1919," of "Conditions in Shantung Province," Office of Naval Intelligence, Navy Department to the Department of State, 3 December 1919, RIAC 893.00/3271.

37 第五次線民訪談記錄，"Interview of 22 September 1919" of "Conditions in Shantung Province," Office of Naval Intelligence, Navy Department to the Department of State, 3 December 1919, RIAC 893.00/3271.

反日運動為由，強制拘禁於暗無天日的密室內達三日之
久。根據美籍教士費區後來向美國領事轉述的證詞，此
三人在被拘禁期間曾兩度被日本警官提訊，在訊問過程
中，日本警官屢次出言不遜，汙衊基督教，痛斥布道員
甘受美國教士的欺騙。日本警官並表示日本人才是中國
人真正的朋友，建議他們應放棄基督教信仰，改信日本
宗教。[38]

　　此外，美國在山東青島等地的傳教活動與教堂產
業，也可能受到日本當局的直接威脅。例如日本當局即
有意在青島外國教堂集中的區域，設立妓女戶等色情特
種行業密集的紅燈區。此舉恐怕帶有貶抑基督教的意
圖，也容易讓外國傳教士有深受汙辱的感覺，痛訴日本
當局有意藉由紅燈區的設置，來間接排除或抵制基督教
的活動。不過海軍情報處評估，日本當局之所以在青島
教堂區附近設置特種行業專區，不一定是專門為了反對
基督教傳教事業，也有可能只是為了想要更廣泛地促進
城市發展，所做的規劃。唯一較令人詬病的是，日本當
局在進行城市規劃時，顯然沒有顧及到教堂與傳教士的
感受與情況。[39]

　　如果進一步深入探究日本當局與西方傳教團體在山
東的互動關係，就會發現日本對於傳教團體，不太可能

38　"Summary of Political Conditions in Shantung for the Month of July,"
　　American Consular Service, Tsinanfu, China to the Secretary of State,
　　Washington, D. C., 1 August 1919, RIAC 893.00/3209.

39　"Conditions in Shantung Province," Office of Naval Intelligence,
　　Navy Department to the Department of State, 3 December 1919,
　　RIAC 893.00/3271.

帶有善意。駐青島領事培克即研判，雖然日本準備在教堂區設置紅燈區的計畫，本身或許並未帶有針對性，而是出於城市發展規劃的考量，但是日本當局對於西方傳教團體的敵意，依然是不爭的事實。主要的原因，還是在於傳教團體的存在，以及對華籍教徒的影響，很容易構成對日本統治威信的威脅。特別是伴隨著宣教活動的進行，中國人愈發著重於國籍的認同，以及愛國觀念的強化。所以縱使傳教團體並未採取反日宣傳活動，但他們在青島的存在與影響，畢竟還是會對日本在山東的控制，形成負面的不確定因素。[40]

（三）海軍與日本軍事當局的交涉

為了釐清與梳理日本駐山東當局對於美國的態度與方針，海軍武官辦公室甚至曾直接派員與日本在山東的最高軍政長官──青島守備軍司令由比光衛中將接觸，希望確切了解日本對於山東佔領區的計畫。關於外界對日本陰謀言之鑿鑿的控訴，由比光衛全然予以駁斥，他強調日本並無意禁止外國在青島的貿易活動，相反地，日本非常歡迎各國來青島投資，因為外商與外資的到來，可以使這個港口更為繁榮興盛。日本也沒有計畫要強化青島的軍事構築與要塞，遑論要將之改造成為海軍基地。至於日軍侵壓當地中國人的指責，由比光衛則

---

40 第八次與第九次線民訪談記錄，"Interviews of 25 & 27 September 1919," of "Conditions in Shantung Province," Office of Naval Intelligence, Navy Department to the Department of State, 3 December 1919, RIAC 893.00/3271.

澄清這些不過都是一些不滿分子故意散播的謠言罷了。事實上，日軍對於中國人均抱持友善的態度，而最好的例證，就是自日軍擊敗德軍佔領膠澳地區起的五年間（1914年至1919年），在青島內居住的中國人數量，已經成長為德國佔領時期十六年（1898年至1914年）的五倍之多。因此，由比強調，如果日軍虐待中國人，他們又怎麼會爭相移居至青島內。[41]

不過，針對由比光衛的辯解與說詞，海軍情報官員還是心存質疑，因為根據他們後來的調查，日軍佔領青島期間中國人口之所以大幅增加，主要的原因並非由於日本的德政，而是過去在德國佔領期間曾實行嚴格的移民措施，以便有效控制青島內的中國人口比例，而日本所做的，只不過是去取消這些限制措施。青島近郊周圍區域近二十年來累積的人口壓力，一旦限制措施解除，自然會出現移民湧往青島的浪潮，這與日本是否在青島實行德政並無直接關係。[42]

五、日本如何處理與壓制山東反日活動

巴黎和會山東問題爭議發酵以及五四政治運動發生

41　第八次線民訪談記錄，"Interview of 25 September 1919," of "Conditions in Shantung Province," Office of Naval Intelligence, Navy Department to the Department of State, 3 December 1919, RIAC 893.00/3271.

42　"Conditions in Shantung Province," Office of Naval Intelligence, Navy Department to the Department of State, 3 December 1919, RIAC 893.00/3271.

後，山東地區各類型反日活動即異常高漲。山東反日運動基本上是由學生團體發起，訴諸於民族主義與愛國主義力量，迅速獲得社會上其他各階層的響應，仕紳以及商人團體先後加入支持學生運動，即使因此蒙受經濟損失或遭到人身安全的威脅，也在所不惜。為了繼續深化推動反日運動，濟南學生聯合會一度希望利用美國基督教青年會濟南會所，作為抵制日貨運動的總部。學生聯合會此舉，顯然帶有政治目的。此乃因山東地方當局受到親日派控制，積極查緝與打壓反日學運，但美系教會組織在華受到領事裁判權的保護，無論是山東軍警抑或是日本軍事當局均無法直接派員搜查青年會會所，故對於學生聯合會而言，能夠在基督教青年會會所籌劃反日活動，是最為安全的作法，不會再遭到外部威脅。不過基督教青年會認為此事過於敏感，極可能引來日本對於美國介入中國反日學運的指責，所以拒絕學生聯合會的請求。然而，由於學生聯合會部分成員即是隸屬於基督教青年會，故還是利用地利之便，曾在青年會當局不知情的情況下，私自於會所內召開學生聯合會會議，並有高達近八十人出席商討反日與抵制日貨行動策略。此次反日聚會後來被山東當局密探偵知，山東督軍張樹元因此曾出面控訴基督教青年會介入反日運動。無論如何，雖然基督教青年會外籍教士本身並未實際涉入反日活動，只有少部分學生成員違反規定，私自利用會所進行議事，但還是不可避免地造成日本的猜忌，懷疑美國基督教青年會並非單純地從事宗教事業，背後可能有美國政府運作的影子，甚至乃是作為美國在華宣傳與諜報活

動的掩護。也因此，日本密探即一直對濟南基督教青年
會保持嚴密的監視。[43]

　　其次，雖然依照相關條約規定，日本在山東省會濟
南與其他各地並無管轄權，但實際上早自德國佔領山東
時期，即以膠濟鐵路附屬地為根據地，進一步延伸影響
力，而日本人來了之後亦蕭規曹隨，同樣致力於強化對
山東各地的控制。1919 年 6 月左右，日本軍警即開始在
鐵路沿線附近，逮捕參與反日運動的學生。與美國長老
會差會、英國浸禮會（English Baptist Missionary Society）
等十餘個基督教差會關係密切的齊魯大學（Shantung
Christian University，又稱山東基督教大學），該校學生
在推動山東地區的抵制日貨運動中，扮演關鍵角色。[44]
當時齊魯大學一位學生，即因擔任抵制日貨行動的糾察
隊，在濟南街頭對於往來運輸的貨物執行檢查工作，而
遭到日本軍警拘捕。雖然學生糾察隊活動地點，並不位
於鐵路附屬地內，依規定當然不歸日本管轄，但卻依然
遭到附近日本軍警的攻擊。即使北京政府外交部駐山東
交涉員介入，被拘捕的學生仍然遭到日本軍警長時間的
監禁，直至該學生坦承罪行，才獲得釋放。尤有要者，
濟南地區的日本軍警，甚至還前往距離鐵路沿線兩哩遠
的地區，去拘捕兩名高中生，並押回坊子車站監禁近兩

43　第一次線民訪談記錄，"Interview of 18 September 1919" of
　　"Conditions in Shantung Province," Office of Naval Intelligence,
　　Navy Department to the Department of State, 3 December 1919,
　　RIAC 893.00/3271.

44　李德征，〈從口述資料看齊魯大學與山東近代化的關係〉，吳梓
　　明編，《中國教會大學歷史文獻研討會論文集》（香港：香港中
　　文大學出版社，1995），頁 73-84。

週。根據海軍掌握的線民情資，日本軍警原先擬拘捕在濟南市區策動抵制日貨運動共約三十名學生，但大部分學生因提前接獲示警而順利逃離，故除了前述兩名學生因未能及時逃離遭到拘捕外，其餘學生均倖免於難。日本軍警則宣稱，由於中國當局未能有效鎮壓山東地區的抵制日貨運動，故他們有權採取自衛行動，拘捕學生團體。[45]

日本軍警還在山東青島、濟南等膠濟鐵路沿線城市間，進行祕密通信檢查。故往來書信，可能均處於日本的嚴密監視下，私人信件都會被拆閱檢查。一個有名的例子，即是一名曾支援歐戰的華工在從青島返回濟南後，因將一件行李寄放在青島，乃寫信至濰縣的美國基督教青年會，請其友人代為取回行李。但是在青年會成員前往青島取回行李前，竟然已有一名日本情報軍官出現在青島介入此事，並對該寄放行李進行搜查。顯見日本軍警在青島、濟南兩地的實質控制力。而且除了有正規軍警可以調動介入干擾與鎮壓反日運動外，在濟南還有許多日籍浪人，可以隨時協助日本當局處理骯髒事。[46]

此外，因為學生團體不時與膠濟鐵路沿線日本駐軍發生衝突，故一度盛傳日本正擬強化部署於膠濟鐵路沿

---

45 第一次線民訪談記錄，"Interview of 18 September 1919" of "Conditions in Shantung Province," Office of Naval Intelligence, Navy Department to the Department of State, 3 December 1919, RIAC 893.00/3271.

46 第一次線民訪談記錄，"Interview of 18 September 1919" of "Conditions in Shantung Province," Office of Naval Intelligence, Navy Department to the Department of State, 3 December 1919, RIAC 893.00/3271.

線的駐軍，以應不時之需。日軍在鐵路上下行的調動，
也異常頻繁，似乎大有以武力干涉反日運動的趨勢。[47]
不過，根據美國海軍武官辦公室的觀察，調查日軍在膠
濟鐵路沿線的活動情況，研判日軍只是進行例行性的部
隊調度，並未大幅強化駐軍。然而縱使日本並未增兵強
化駐軍人數，但是日本對山東的軍事控制力道，確實與
日俱增。美國海軍官員分析，自日軍佔領膠澳地區近五
年多（1914 年至 1919 年）以來，日本僑民移居山東人
數與日俱增。在這些僑民間，不少都是自軍方退伍之
人。這些作為後備役軍人的僑民，隨時可以應日本駐軍
要求，緊急動員，支援軍隊作戰。也因此，即使日本並
未強化在山東的駐軍，但是還是有充分的後備兵力，可
以隨時因應山東局勢變化，滿足作戰需求。況且，從山
東青島至日本門司港的輪船航程時間，僅不過一日多，
故縱使山東局勢有所變化，日軍也可以在短時間內，從
日本本國緊急增援軍隊至山東。[48]

　　尤有要者，根據線民情資，美國海軍官員分析山東
軍政當局在處理抵制日貨與反日運動上的態度，很有可
能逐漸受到日本方面的主導與影響。特別是自山東問題
爭議發生之初，日本即對於反日群眾運動採取高壓態
度，不時動用武力鎮壓，但是後來日本的態度卻逐漸有

47　第十二次線民訪談記錄，"Interview of 29 September 1919" of
　　"Conditions in Shantung Province," Office of Naval Intelligence,
　　Navy Department to the Department of State, 3 December 1919,
　　RIAC 893.00/3271.

48　"Conditions in Shantung Province," Office of Naval Intelligence,
　　Navy Department to the Department of State, 3 December 1919,
　　RIAC 893.00/3271.

著極大的轉變，避免直接涉入處理反日運動，甚至連日
本的機關報《濟南日報》，也開始調整輿論風向，不再
嚴詞抨擊抵制日貨，而是改以拉攏策略，試圖撫平山東
群眾的怒火。造成如此巨大轉變的箇中原由，可能是因
為日本已經透過賄賂手段，順利買通山東督軍與省長，
並以其為代理人，出面扮黑臉，鎮壓反日與抵制日貨運
動，至於日本自身則樂得輕鬆，改扮白臉，並以溫和態
度，爭取山東群眾的支持。職是之故，山東軍政當局已
開始針對發起抵制日貨運動的學生聯合會，採取強硬措
施進行掃蕩，禁止聚會議事，迫使聯合會成員只能轉入
地下，以通信聯繫。事實上，山東軍政當局也已順利排
除異己，主要官員都逐漸替換為親日的安福系成員，因
此在處理反日運動上，日本方面也就無需再多費心。[49]

　　不過，正當日本無所不用其極地利用本身駐軍（含
警察）以及透過代理人機制（山東親日派軍政官員）來
鎮壓與防制山東反日運動，卻不見得每次都有正面效
果。根據海軍情報官員的情資，日本對山東學運採取的
高壓措施，有時卻可能適得其反。例如在日本壓力下，

---

[49] 第一次線民訪談記錄，"Interview of 18 September 1919" of
"Conditions in Shantung Province," Office of Naval Intelligence,
Navy Department to the Department of State, 3 December 1919,
RIAC 893.00/3271. 根據海軍武官辦公室的線民報告，山東督軍
張樹元不但遭到日本買通，代為出面處理反日與抵制日貨問題，
更誇張的是，他還無視山東本身糧食短缺的窘境，私下將糧食運
往日本。當時日本出現米荒，故亟欲從中國進口糧食，但山東糧
食的收成情況也不理想，就百姓而言，並不願意糧食出口。但張
樹元則與日本勾結，已祕密出口約四十卡車的小麥，並準備再出
口約一百卡車。直到後來百姓覺察並抗議後，才由山東省長屈映
光出面，禁止在荒年時出口糧食至日本。由此不難看出，山東督
軍張樹元與日本間的親密關係。

山東當局一度被迫下令將學校關閉，並強制學生離校，以防止聚眾滋事。此舉表面上看似能夠有效緩解濟南等大城市內的學運活動，但實際上卻有可能使得反日學運活動從原先的城市，逐漸擴散至鄉間。畢竟當學生遭強制離校、離開城市返鄉後，仍可能積極致力於到處宣揚反日理念，甚至造成群眾運動四起，如此更是防不勝防。[50]

六、美、日報告的參照

綜合上述各節，可知海軍情報處所做的〈山東現況〉報告，藉由第一手的線民訪談，與事後的情資調查與研析，針對歐戰以來日本在山東的圖謀，及其影響到美國利益，與涉入到的鎮壓反日手段等，均有詳細的觀察與評估。不過，從海軍情蒐視角來看日本在山東的活動，還是可以跟其他關鍵報告進行比對參照，包括駐山東地區的領事報告，以及日本在山東軍事當局對於山東的經營籌劃報告等，都是非常重要的資料。藉由這些報告的參照比對，或許可以從中發掘出一些具有意義的訊息，並對美、日在華矛盾論述，提供更多的理解。

（一）參照美國駐山東領事評估報告

本章雖然以美國海軍情蒐的視角，來分析五四運動

50　"Conditions in Shantung Province," Office of Naval Intelligence, Navy Department to the Department of State, 3 December 1919, RIAC 893.00/3271.

後美國對於日本勢力在山東擴張的觀察與因應對策，但如果將其與美國駐華使領的觀察報告做一參照，應該還能夠看到其他有趣的面向。

　　部分受到駐華公使芮恩施極度關心五四運動與山東問題的影響，美國在山東的領事館也非常關注日本軍警勢力的擴充。而與海軍視角稍有不同的，領事館是密切觀察山東政府內部親日派勢力的滲透情況，亦即皖系與安福系人員如何逐步控制山東政府。尤其是當時山東省長更迭一案中，所涉及到的皖系、安福系以及日本駐軍之間的暗中合作關係。1919 年，原來的山東省長沈銘昌立場較為中立，但面對日本駐軍的強大壓力，以及學生漸趨激烈的反日運動，深感無力折衝斡旋，故萌生去意。山東省長一職的出缺，自然受到日本駐軍與北京政府內部親日派系的關注。對於日本駐軍來說，如果親日派系能夠掌握此一職務，即可作為代理人，出面大力鎮壓山東境內反日力量的主要匯聚地：濟南的學生聯合會組織。如此不但可以舒緩日本駐軍必須直接面對反日學運的壓力，也可省去列強對於日本介入干涉中國內政事務的質疑。反之，如果山東省長由非親日派系所控制，則會加深日本駐軍對於鎮壓反日力量的難度。因此，山東省長一職極其關鍵，也是當時日本駐軍與親日派系必須加以掌握的重要原因。值此敏感之際，原任北京政府外交部特派山東交涉員唐柯三竟也被藉故免職。從山東省長沈銘昌的請辭、交涉員唐柯三的免職，很明顯背後應該帶有派系運作的痕跡，目的在於清出一條道路，讓親日勢力能夠完全掌握山東省政與外政事務。職是之

故，美國駐濟南領事館很快即從山東省政府要員人事更
迭案中，嗅到不尋常的跡象，因此極為關注其後續態勢
發展，尤其是省政府新領導團隊與學生運動之間的互動
情況，評估是否真的成為日本駐軍的打手。[51]

　　除了山東省政府外，駐山東地區領事館另外一個關
注的焦點乃是山東軍方的動向。這主要分成兩個部分，
其一是山東督軍張樹元及其頒布的軍事戒嚴令，其二則
是駐防山東的邊防軍第二師師長、濟南鎮守使馬良的軍
事作為。張樹元雖非皖系嫡系，但顯然與段祺瑞等皖系
勢力關係密切，透過軍事戒嚴令的頒布，項莊舞劍，意
在沛公，目的即在於鎮壓境內的反日學生運動。[52] 至於
駐紮山東的邊防軍第二師，乃是皖系利用戰時日本西原
借款所組成的參戰軍，當時已改番號為邊防軍第二師。
師長兼濟南鎮守使馬良隸屬皖系，雖然與督軍張樹元關
係不甚和睦，呈現競爭態勢，然而卻極其親日與反美，
且十分厭惡山東境內的學生運動與基督教活動。[53] 駐濟
南領事館認為張樹元與馬良等人恐將是山東反日學運最
大的威脅，因他們動輒即會動用軍事力量鎮壓學生活
動，甚至不惜殺人立威。領事館十分擔心他們與日本駐

51　"Change of Civil Governors in Shantung," American Consular
　　Service, Tsinanfu, to Paul S. Reinsch, American Minister, Peking, 8
　　August 1919, RIAC 893.00/3221.

52　"Martial Law Proclaimed by the Military Governor Chang Shu Yuan
　　Who Holds the Rank of Field Marshal," Enclosure of "Proclamation
　　of Martial Law in Tsinanfu," Norwood F. Allman, American Vice
　　Consul in Charge, Tsinanfu to Paul S. Reinsch, American Minister,
　　Peking, 2 August 1919, RIAC 893.00/3218.

53　"Paul S. Reinsch, American Minister, Peking to the Secretary of State,
　　Washington, D.C.," 4 August 1919, RIAC 893.00/3218.

軍之間的暗合關係，可能會導致親日勢力在山東進一步的擴張。[54]

　　簡單來說，海軍情蒐報告與外交使領報告的主要差別之處，在於前者乃是透過線民、教會等特殊管道，深入社會基層，掌握日本駐軍與親日勢力在鎮壓反日與策動反美的實際細部活動情況，而後者則是藉由與地方政府層級的正規外交往來互動，瞭解山東軍界與政界在處理反日問題上的態度，及與日本之間的暗合關係。海軍報告著重社會底層（細節），外交使領則著重政府高層（廣度），兩者交互參照，應該可以建構出美國對於五四運動後日本在山東活動的基本理解與認知。由此，再與美國政府在山東問題處置上的最後決策進行分析，除了可以釐清美國對於歐戰後日本在中國積極滲透與擴張勢力的態度，或許也能夠從美國的角度，來瞭解當時甚囂塵上的美日在華矛盾論述，它的歷史發展脈絡及根源。

（二）參照日本青島守備軍司令長官〈山東經營卑見〉

　　美國海軍情報處的〈山東現況〉報告，已明確指出基督教長老會差會關於日本在山東邪惡行徑的諸多指控，不乏誇大其詞，沒有確切證實，甚至只是風聞與謠

54　關於美國駐山東地區領事館對於山東現況的觀察，尤其是日本如何透過代理人機制，與親日派系合作，鼓動輿論，並以軍事戒嚴令鎮壓反日運動的作為，可以參見：應俊豪，〈一戰後美國駐華使領對日本在山東活動滲透的觀察評估〉，頁 141-162。

言；然而另外一方面，駐華公使館海軍武官辦公室在查
證過程中，以及自行所做的山東線民訪談記錄，卻還是
或多或少間接證實了日本對於山東，確實是有所圖謀與
野心。如果將海軍情報處的報告，與之前日本青島守備
軍司令長官神尾光臣給日本內閣的一份重要意見書進行
參照，或許更可以分析海軍情報處對於日本在山東圖謀
評估報告的有效性。

　　早在 1915 年 5 月，日軍甫擊敗德軍，完成對青島
的佔領後不久，神尾光臣即具名撰寫了一份「極密」等
級、名為〈山東經營卑見〉的意見書，針對青島與山東
未來的規劃藍圖，呈請陸軍省送交日本內閣參考。除了
總理大臣大隈重信外，其他包括陸軍大臣、海軍大臣、
遞信大臣、農商務大臣等也都瀏覽了此份意見書。因
此，此份意見書，或許可以體現日本軍方對於經營山東
的基本思路。在意見書中，神尾分別就「青島專管居留
地」（即膠州灣租借地）、「山東鐵道經營」與「製鐵
所設立」等三大面向，擬定詳細的經營策略。[55]

　　第一，就青島來說，神尾認為該地乃是日軍歷經重
大犧牲傷亡，辛苦佔領的土地，自然不應容許其他外國
人的染指。神尾相信，只要假以時日妥善規劃與發展，
應該可以將其他外國勢力排除之外，打造成日本專屬的
租借地。其次，青島在德國多年的經營下，土地管理甚
易，日本只要再控制青島以外的水源地，即可以確保該

55　〈山東經營卑見‧青島守備軍司令官神尾光臣提出〉，1915 年 5
　　月，JACAR: A03023079300，頁 4。

地的永續經營。再者，由於近年來中國內政混亂、騷亂四起，勢必有不少中國人選擇進入青島避難，日本則可以順勢利用這些人力，投入山東沿線的開發。況且，青島作為日本發展大陸政策的重要根據地，應充分利用該地德軍既有的兵房與軍用地，駐屯日軍，以便與北京、天津、漢口等地連成一線，作為未來對華發展政略與戰略攻勢的據點。

第二，就山東鐵路的經營來說，神尾認為重要性與未來的發展性完全不亞於南滿鐵路，故不應將其附屬於南滿之下，而應該另外成立獨立的公司，專管鐵路，同時兼營礦產與港口，並應該吸取中國資金投資，打著中日合營的招牌。青島作為日本未來向中國大陸發展的根據地，透過鐵路延伸，將可以與京漢、津浦鐵路作連接，在政治與經濟上進一步滲透進中原地區。藉此，青島可望把中國內陸的廣大地區吸收為腹地，向內可以開發豐富的自然礦產資源，向外則可以作為中國往來太平洋地區的貨物進出口港口。此外，日本也應積極吸收中國官商資金，投入山東鐵路的經營，此將有助於打著中日合營的名目，便於深入中國內陸地區的擴張。

第三，就製鐵來說，山東金嶺鎮有著豐富的鐵礦，日本應納入山東鐵路的附屬產業下，設置冶鐵所，就近利用中國廉價的勞動力與煤礦，積極開發，將來不但在經濟上可與外國鐵製品競爭，更為重要的，乃是未來可以獨立供應日本海陸軍打造兵器之用，無須仰賴外商進口。其次，山東製鐵產業的發展過程中，也可以鼓勵日本人民投身其中，藉此可以順勢推動日本人口進一步移民進山東，一舉數得。[56]

由上述日本青島守備軍司令長官神尾光臣的意見書，可以歸納幾個重點，其一青島將作為日本大陸政策重要的一環。其二，日本將致力於排除其他外國勢力，將青島打造成日本專屬居留地。其三，日本將利用山東鐵路，串連其他中國鐵路幹道，開發各地礦產資源，並將中國內陸吸納為腹地。其四，日本將以中日親善合作為名，藉此打破兩國隔閡，方便日本勢力滲透進內陸，同時也低調進行日本移民與殖民山東的計畫。如將神尾光臣意見書與海軍情報處〈山東現況〉報告比較，兩者之間雖有部分歧異，但實際上亦不遠矣。

七、小結

美國知名學者，同時也是北京政府顧問的威羅貝，早在 1919 年 1 月給國務院關於中、日政情的機密觀察報告中，即有與海軍〈山東現況〉情蒐報告相類似的陳述與指控。威羅貝認為日本持續有意在中國各地製造混亂局面。例如日本在勢力範圍內，如山東、滿洲一帶，致力於採取各種手段，抵制中國地方軍事當局強化對社會的控制，阻礙對盜匪活動壓制等。所以，威羅貝懷疑部分盜匪勢力可能背後都與日本有著千絲萬縷的複雜關係，日本可能利用這些非法勢力作為代理人機制，以擴

56　〈山東経営卑見・青島守備軍司令官神尾光臣提出〉，1915 年 5 月，
　　JACAR: A03023079300，頁 8。

大日本在這些地方的實質控制，同時破壞中國政府在地
方上的治理與威信。日本駐華的各地領事館以及其他官
員，即是在幕後操弄非法勢力的主要推手，並公開縱容
日本僑民參與其事。其次，在毒品走私貿易上，日本商
人即將嗎啡，透過皮下注射器的形式作為掩護，大量引
進至滿洲與山東；鴉片則以軍需品作為名目，同樣也大
量挾帶進青島。據估算，僅是 1918 年間的幾個月裡，
日本即從毒品貿易中獲利高達五百多萬銀元。除了毒品
貿易外，在推動其他商品走私部分，日本同樣也沒有缺
席。再者，日本也將在青島生產的鹽大量走私進滿洲，
從而規避了原應繳納的鹽稅。

　　究其實際，自巴黎和會山東問題爭議以來，中國學
生反日運動即如火如荼在中國各大都市展開，並引起美
國駐華機構的極度關注，將日益高漲的中國民族輿論回
報給美國國務院。特別是自歐戰期間日本侵入與佔據
山東以來，當地的政經情況發展，是否逐漸走向日本控
制？換言之，即是日本在佔領山東膠澳期間，是否開始
有計畫地將該地區殖民地化，正是美國海軍情報單位關
注的重點。為了確切掌握山東當地情況，海軍情報單位
開始透過線民管道，對於山東當地居民祕密進行訪談，
以求對於實際情況，有更確切的掌握。簡單來說，經濟
上，日本有計畫地將山東納入日本的特殊利益範圍區之
內，致力於控制鐵路、碼頭、通訊、礦產等主要交通管
道與天然資源，名義上打著中日合營，實則藉此排斥美
國等其他列強勢力的介入，使其成為日本未來進軍大陸
的主要跳板。尤有要者，日本還在膠州灣租借地以及鐵

路附屬區內大量移植僑民，等於是變相實行殖民政策，強化日本在山東的滲透。

海軍情報處對於日本在山東活動的諸多指控，絕非僅是風聞言事。如果將海軍情蒐報告與駐華外交使領報告相互參照，基本上，外交使領報告較傾向於靜態地觀察與分析山東政治局勢（尤其是日本如何介入到中國親日派與反日勢力間的較勁），而海軍則是積極地展開實際的祕密情蒐行動，針對日本在山東的諸多行為，一一進行訪談、調查與核實。而海軍視角下，對於日本在山東活動的情蒐分析，雖然相較於外交使領報告來說，比較偏向就日本細部非法活動事證的蒐集，但亦非只是狹隘單純的軍事報告。因為海軍情報官員透過有效運作的線民系統，深入山東社會內部，廣泛蒐集日本在山東非法活動的「罪證」。這些證詞經由海軍部送交國務院，某種程度上也會對美國遠東政策構成相當程度的影響。尤有要者，如果將海軍情蒐報告，與在山東地區的外交使領報告、教會報告，以及當時美國國內對於日本在山東活動的觀感輿情相互參照，可以發現上述報告固然不乏矛盾與炒作渲染之處，但在彼此之間似乎仍有著一絲內部聯繫，均反映出美國對於日本的疑忌，以及逐漸升高的美、日矛盾態勢。透過探究歐戰後的美、日在華矛盾模式的脈絡與興起，或許可以藉此反思現今的中美對抗的深層因素。

如果進一步參照日本青島守備軍司令長官〈山東經營卑見〉，則可以為海軍情報處〈山東現況〉報告，提供更多的支持證據，也能夠解釋日本為何對於山東勢在

必得，又為何要致力於排除其他外國勢力。畢竟日本在
佔領山東之初，並非單純著眼於當地的商業利益，而是
懷抱著遠大的目標，將其作為後續進入中國內地的重要
根據地。換言之，經營山東的重要性，恐與跟控制滿、
蒙一樣，均是日本軍方大陸政策的核心環節。這或許也
意謂著，日本未來將與美國向來主張的中國門戶開放政
策發生牴觸與矛盾，而山東問題就是美、日角力最好的
試金石。日本如能持續獨佔山東，則體現門戶開放政策
的破產，反之，美國如能迫使日本放棄山東，則不啻宣
示堅持的門戶開放政策依然有效。後來美國出面召開華
盛頓會議，促使日本在列強關注下透過會外協商方式
與中國解決山東問題爭議，或許即是上述角力的初步
結果。

　　然而，日本一直處心積慮，試圖深化對於山東的有
效控制，成效究竟如何？1921 年初曾親自前往山東實
地訪問調查的美國《芝加哥論壇報》新聞特派員杭特，
在之後出版的報導評論中，則認為日本在山東的所作所
為，結果可能卻適得其反。表面上，日本以強勢手段接
收了德國在山東的地盤，包括膠濟鐵路、經濟利權等，
中國似乎無力對抗，然而事實上，山東人民選擇以其他
手段，反制日本的行動。他們生活一切照舊，幾乎無視
日本對於山東鐵路的攘奪，但檯面下抵制日本的行動正
如火如荼的展開，許多中國人拒絕使用日本人控制的鐵
路，他們選擇傳統的田埂路，繼續通商運貨與往來。中
國苦力工人們寧願行走在泥濘的道路上，而不願意付幾
毛錢給日本人。山東省有著高達三千萬的中國人，而在

該地的日本人數不過數千，猶如滄海一粟。中國人正以
自己的方式，給日本人一個教訓。職是之故，杭特認
為，日本在山東的高壓統治，絲毫未能削弱中國的抵抗
意志，反而卻喚醒了中國人的愛國心，也讓中國百姓深
知國家統一以及現代化的重要性。「抵制日貨行動，已
經讓中國人從先前的渾渾噩噩中，覺醒了起來」。[57]

---

57 "Smiling John Chinaman," *The Weekly Review of the Far East*, 2 July
1921.

第七章　中國知識分子「聯美制日」輿論宣傳策略及其影響

一、前言

　　歐戰以降，美國因素往往在中、日爭執上，扮演相當關鍵性的作用。日本在華北地區的重要報紙《京津日日新聞》即曾觀察到一個詭異的現象。那就是關於中、日爭議等問題，只要美國政府或人士稍有表態與關注，一旦經由美系報紙的刊載，再由中文報紙的後續翻譯轉載，即能起著振奮人心作用。換言之，某種程度上，美國的態度，始終牽動著中國的人心，尤其對於中國反日運動，往往有著極其正面的鼓舞效應。[1] 歐戰後中國人

---

[1]　例如 1923 年時，因中國各地均出現抵制日貨等排日運動，故華北地區的美系英文報紙《華北明星報》乃專題報導了美國政府自歐戰以來對中日爭議的態度，從 1915 年的二十一條要求交涉，以至 1922 年華盛頓會議會外處理山東問題爭議等。不久之後，部分中文報紙乃又翻譯轉載了《華北明星報》的相關報導。而隨著美國表態等報導的出爐，中國排日運動的氣勢，因此為之一度高漲。但是，《京津日日新聞》主筆橘樸曾詳閱前述所謂的美國態度之後，卻發現並非所有美國政府的政策性表態，都是支持或偏向中國的，有些甚至不利於中國的訴求。但是中國人似乎並不關心美國對於中日爭議的真實態度為何，而只要美國願意表態關注，似乎就足以振奮中國人心。見朴庵，〈排貨免れ難し〉，《京津日日新聞》，1923 年 3 月 25 日。

對於美國著迷的程度，似乎已超乎過往現況。

因此，美國之所以捲入到中日糾葛之中，除了美國自身利益的考量外，往往可能也與當時中國人推動的「聯美制日」策略有著不小的關係。早自二十一條交涉時，袁世凱與顧維鈞即曾嘗試利用此法來應付日本的威脅與恫嚇。[2] 到了巴黎和會山東問題之爭，中國代表團更是將此策略發揮到淋漓盡致，透過對美國總統威爾遜以及美國代表團的輿論宣傳與運作，中國方始具備與日本一搏的底氣。但是中國拉攏美國對付日本的作為，看在日本人眼中，則又是另外一番滋味。日本人從中可能體會到更多的陰謀論，亦不認為中國的「聯美制日」，單純只是中國方面一廂情願的作法，畢竟一個銅板不會響。事實上，日本人往往想的很深也很遠，甚至認定是美國人在背後下指導棋，協助並煽動中國的反日運動。如此，歐戰後的美國，儘管表面上雖然一再強調維持中立立場，也不介入中國內政事務，但在複雜的中日互動上，很難置身事外。特別是中、美、日之間，除了表面官方外交往來上的三角制衡外，以報紙為媒介、利用輿論宣傳工作為手段的檯面下過招，更是暗潮洶湧。

此外，外人在華英文報紙，也與中國知識分子推動的輿論宣傳策略密切相關。中國的新知識分子，特別是涉入經營報紙業務的中國報人，不少曾留學美國，深受

2　《顧維鈞回憶錄》，第一分冊，頁120-126；《一個美國外交官使華記：1913-1919年美國駐華公使回憶錄》，頁108-112。

西方新聞輿論學與文化傳播的影響，熟知報紙的重要性。他們與美國在華報人，往來甚密，彼此之間相互刊載新聞評論，試圖藉此影響中國民間輿論的風向。[3] 而其他一般的中國知識分子，或許雖然未曾留學西方，但依然對以美國為代表的西方文明抱持極大興趣，尤其是部分學生，當時相當風靡美國報紙，表面上透過報紙學習英文，但實際上也透過閱讀這些報紙，瞭解並揣摩以美國為首的西方國家，他們對於中國事務的態度與立場。[4]

　　本章以中國新知識分子的「聯美制日」輿論宣傳策略為重心，剖析他們的運作模式，並評估其影響反饋。一來分析中國報人如何利用與美國在華報人與報紙的關係，發動「聯美制日」策略。二來則從中國反日學運的操作手段中，觀察其如何借力使力，引進美國因素，變相營造出中美親善合作的形象，藉此落實「聯美制日」的初衷。三來，則分別從美、日的角度，反思他們究竟如何看待中國知識分子的「聯美制日」策略。

二、中國知識分子的新聞宣傳策略

　　1919 年 5 月，五四學生運動後，國內反彈輿情沸騰，間接促成中國代表團在巴黎拒簽對德和約，這也意謂著中國擺明立場，拒絕接受日本與巴黎和會上其他列

3　關於美國報業、學界在中國影響力，可以參見高瑩瑩，〈一戰前後美日在華輿論戰〉，《史學月刊》，第 4 期（2017），頁 27-36。

4　李金銓，《報人報國：中國新聞史的另一種讀法》，頁 287。

強對於山東問題爭議的最後安排。但是處於國際孤立的
形勢下，唯一曾對中國爭取山東利權，流露出支持態度
的美國及總統威爾遜，自然也就成為當時中國尋求外部
援助的重要對象，因此，如何能夠繼續拉攏美國制衡日
本，則是中國朝野有識之士的首要考量。事實上，歐戰
後中國人似乎正逐漸形成一種「聯美制日」的基本共
識。然而，這種共識究竟是如何形成的？除了傳統上中
國人既有對於美國的特殊依賴情感之外，是否還有其他
因素？是否在人為有意的輿論宣傳影響與推波助瀾下，
「聯美制日」才成為人們關注的焦點？本節將挑選三位
具有代表性，且與美國關係密切的中國知識分子為例，
分析其如何利用輿論宣傳工具，執行與操作「聯美制
日」策略。

（一）黃憲昭、董顯光與「密蘇里新聞幫」

　　部分支持南方廣州政府的中國留美知識分子，可能
在鼓動美、日在華矛盾論述中，扮演重要角色，並透
過廣州政府所屬的英文機關報《廣州時報》作為主要
的新聞輿論媒介平台。[5] 此報與《密勒氏評論報》關係
相當密切，經常轉載該報上有關美、日在華互動與矛盾

5　根據孫科回憶，1917 年孫中山在廣州成立大元帥府後，他即從美
　　返國擔任大元帥府祕書，之後 1919 年，則與曾留學美國密蘇里
　　大學新聞學院的黃憲昭一同創辦了英文《廣州時報》，並由孫科
　　負責編寫國內政治新聞。見孫科，〈八十述略（上）〉，《傳記
　　文學》，第 23 卷第 4 期（1973 年 10 月），頁 6-13。不過，根
　　據李思潔的考證，《廣州時報》的創刊時間並非 1919 年，應該
　　是 1918 年 9 月。見李思潔，〈黃憲昭與《廣州時報》：對三段
　　歷史定論的重新考證〉，《新聞春秋》，第 4 期（2015 年 12 月），
　　頁 16 -20。

的報導。[6]《廣州時報》主筆黃憲昭、孫科等人均留學美國，黃憲昭本人並曾就讀於美國密蘇里大學新聞學院，而美國報界中有所謂的「密蘇里新聞幫」（Missouri Mafia），對於美國在遠東事務上有相當大的輿論影響力與發言權。[7]

在黃憲昭等人的主導下，憑藉與美系報人「密蘇里新聞幫」之間的淵源與關係，《廣州時報》熱衷於轉載其他美系英文報紙的報導，特別是新聞內容有涉及到美、日矛盾等現況。[8] 例如該報即相當關注歐戰後的美日戰爭論，以及美國對於日本的猜忌，尤其是英日同盟續約問題，畢竟在當時美、日幾年內必有一戰的新聞輿論謠傳影響下，美國人相當關切如果與日本發生衝

6　例如《密勒氏評論報》曾報導有關美、日在華銀行團激烈競爭的消息，英文《廣州時報》也隨即全文轉載。見 "American Money and the Future of China," *The Millard's Review of the Far East*, cited from *The Canton Times*, 6 April 1920.

7　「密蘇里新聞幫」中的知名記者，包括《密勒氏評論報》的密勒（Thomas F. F. Millard）、鮑威爾、克勞等人。關於「密蘇里新聞幫」及其對中國與美國的影響，參見 John Maxwell Hamilton, "The Missouri News Monopoly and America Altruism in China: Thomas F. F. Millard, J. B. Powell, and Edgar Snow," *The Pacific Historical Review*, 55:1(Feb., 1986), pp. 27-48; Qiliang He, *Newspapers and the Journalistic Public in Republican China 1917 As A Significant Year of Journalism* (London & New York: Routledge, 2019)；張威，〈密蘇里新聞幫與中國〉，《國際新聞界》，第 10 期（2008），頁 76-80。

8　例如日本《大阪每日新聞》曾刊載一篇抨擊美國軍國主義的報導，在東京的一份美系英文報紙《日本廣知報》（*The Japan Advertizer*）稍後即摘要並翻譯此文重點，並進行刊載。而英文《廣州時報》則在之後再轉刊載《日本廣知報》的此篇英文報導。見〈軍國的米國：米國の軍備擴張＝官僚的軍國主義は猶破るべし、民生的軍國主義は終に破るべからず〉，《大阪每日新聞》，1919 年 9 月 23 日；"American Militarism (Osaka Mainigi)," *The Japan Advertizer*, cited from "American Militarism (Osaka Mainichi)," *The Canton Times*, 10 October 1919.

突，英國處於美國與日本的對立之間，自身又該何去何
從。[9] 不難想見的是，英文《廣州時報》立場自然一
貫為美系報紙聲援，同時也致力於宣傳美、日在遠東地
區矛盾的現況，背後其實隱約帶有著鼓動「聯美制日」
的企圖。

　　除了前面已經提及的《廣州時報》主筆黃憲昭外，
另外一位更為知名的，則是曾任英文《北京日報》（*The Peking Daily News*）[10] 主筆的董顯光。他先後就讀於密蘇
里大學新聞學院、哥倫比亞大學新聞研究所，回國後即
長期擔任英文報紙的新聞編輯工作。[11] 歐戰以來，董顯
光利用擔任英文新聞記者的工作之便，極力宣揚日本在
華擴張的野心，希望引起美國的關注，協助中國制衡日
本。跟黃憲昭的手法類似，董顯光與同樣曾就讀於密蘇
里新聞學院的美籍記者，包括美系英文報紙《密勒氏評
論報》、《大陸報》的密勒、鮑威爾等人往來密切。誠
如前述所言，這些所謂的「密蘇里新聞幫」，在美國對

9　"Anglo-Japanese Alliance: Americans Interested in It," *The Canton Times*, 3 July 1920.

10　英文《北京日報》成立於1909年，肇因周自齊的建議，清廷乃
決定籌設新聞處，專門負責宣傳中國的對外政策，並處理相關新
聞事務。周自齊並推薦由顏惠慶擔任處長，並招聘一群留學歐美
的知識分子協助。在這群人的推動之下，後來發行英文《北京日
報》，作為清政府的英文機關報，並鼓吹愛國思想。見顏惠慶，
《顏惠慶自傳》（北京：商務印書館，2003），頁71。關於晚
清以來中國政府對於新聞事務與國際宣傳的認識與策略，可以參
見馬建標、林曦，〈近代外交的"通信變革"——清末民初國際
宣傳政策形成之考察〉，《復旦學報（社會科學版）》，第5期
（2013），頁30-38。

11　關於董顯光生平，可以參見董顯光，曾虛白譯，《董顯光自傳：
一個中國農夫的自述》（臺北：臺灣新生報社，1973）。

中國事務的理解，以及外人在華的新聞公眾輿論上，無疑地均擁有相當大的影響力。

　　歐戰結束後不久，巴黎和會甫開始處理中日山東問題爭議之際，1919年1月下旬，董顯光即以〈破壞中國統一的外部勢力〉（Alien Forces Working against China's Unification）一文，揭露日本對華的野心與企圖。該文撰寫完數日後，隨即由《密勒氏評論報》全文刊載，不難想見董顯光與密勒等人的關係，以及他們試圖運作及影響美國在華公眾的觀感，以協助中國抗衡日本的企圖。[12] 在此篇報導中，董顯光強調，基於國家整體利益，任何一個愛國的中國人，都應該勇敢「無畏地揭露那些運作分化中國南北，製造彼此惡感，以便未來將國家分裂為二的新聞」。特別是在大戰結束前後的一年內，日本積極進行對華的宣傳與滲透，已獲致了極高的成效。令人憤恨的是，正當國外的巴黎和會以及國內的上海南北會議都在籌備以推動世界和平之際，日本卻陰謀破壞中國的和平與統一，目的乃在於利用分裂現況，「征服中國，並奴役其四億人口」。董顯光揭露日本干涉中國內政、阻擾南北議和的手段，乃是由日本部

12　董顯光在1919年1月25日署名完稿，而《密勒氏評論報》刊載的時間，為1919年2月1日。同樣出身「密蘇里幫」，也是董顯光校友的黃憲昭，由其擔任主筆的英文《廣州日報》，則是在約一週後的2月7日，全文轉載了此篇評論。不難看出董顯光、黃憲昭與美系英文報《密勒氏評論報》之間的合作關係。見 Hollington K. Tong, "Alien Forces Working against China's Unification," *The Millard's Review of the Far East*, 1 February 1919; *The Canton Times*, 7 February 1919.

分政黨（立憲國民黨）[13] 出面，派出許多代表，以商人
或學者的身分作為掩護，前往密會廣州與西南各省軍政
領導人，除了以言語煽動蠱惑外，並挾帶金援貸款為
餌，推動南方的獨立運動，以破壞上海正擬進行的南北
議和。以廣州當局為例，日本立憲國民黨甚至派出十名
領袖作為代表，以研究中國政治現況以及表達對西南各
省擁護共和體制的支持為由，親自造訪廣州。他們一方
面大力恭維中國的憲政體制，對廣州當局在維護憲法原
則上的努力，表達由衷的欽佩，並期許廣州當局不該受
到北京政府的威脅利誘，而妥協讓步。這些日本代表還
暗中允諾更為實質性的援助，其一是透露日本政府已準
備承認廣州當局為交戰團體，以表達對其的支持，其二
是日本將給予其約一百萬日圓的金援。董顯光並引述一
份來自廣州的電報，清楚陳述日本代表對於廣州當局軍
政要員的承諾與期許：

> 我們非常欽佩諸君守護偉大原則的勇氣。有必
> 要的話，請繼續目前的戰鬥再一年，必將迎來
> 勝利。然而，最不智的，是在即將到來的和
> 平會議中，做出過多讓步。為了避免和會無法
> 達成共識，以致戰爭重啟，諸君可以依靠我
> 們所提供的財政援助。我們再次表達由衷的

13　立憲國民黨黨首為犬養毅，與孫中山以及中國革命事業有很密切
　　的關係。犬養毅與孫中山的關係，見張家鳳，《中山先生與國際
　　人士》（臺北：秀威資訊，2018），頁 110-116。

敬意，因為諸君為了憲政主義與民主而戰。[14]

　　有了日本外交政治以及財政上的支持，廣州當局將更有底氣，繼續與北京政府抗衡，自然也就不會輕易在上海南北議和會議中有所讓步妥協。職是之故，日本對於廣州當局的支持，勢必會助長中國的南北分裂，而毫無疑問地，上述金援必會被挪做軍事開支，用以擴充軍備，甚至北伐。不過，日本並非無償給予財政金援，而是由廣州當局提供實質產業作為擔保（廣州電話實業借款），才能取得貸款。換言之，日本仍採取類似歐戰期間「西原借款」與皖系合作的模式，透過給予廣州的財政援助，一方面可以延長中國南北分裂與內戰的局勢，從而削弱中國，以便遂行日本侵華的企圖，二方面則藉此取得廣州當局所提供的實質擔保，進一步強化對於廣東地區的控制與滲透。北京政府某位內閣官員即曾諷刺日本此舉，實乃「一箭雙雕」。

　　除了遊說與收買南方各省軍政要員外，董顯光指出，日本同時還雙管齊下，派出另外一批代表與北京政府進行溝通。其策略乃是蠱惑有實權的軍事派系首腦，慫恿其不要輕易接受南方所提的諸多要求，最好能夠讓南方代表主動憤而退出上海和平會議，如此當各界事後檢討南北和議失敗的主因時，就可以將責任歸咎於南方，從而使其失去民心向背與國內外輿論的支持，屆時

14　"A Telegram from the Capital of Kwangtung," cited from Hollington K. Tong, "Alien Forces Working against China's Unification," *The Millard's Review of the Far East*, 1 February 1919.

北京政府就可以堂而皇之地重啟武力統一政策，派兵征討叛亂獨立的南方省。對於北洋軍閥，日本代表除了透過言語蠱惑，同樣還有實際的金援手段作為配合，亦即打著中日軍事合作協議的幌子，持續給予其軍事貸款。表面上這些軍事貸款的用途，乃是為了組織訓練一支軍隊，以便於出兵西伯利亞，與日軍合作對抗布爾什維克等俄共紅軍勢力，但事實上，這支軍隊不會用於對外作戰，而是準備當議和失敗時，用以聲討國內的叛亂勢力，亦即南方獨立各省。董顯光還掌握到不具名的機密消息，指稱近日有一艘日本輪船剛駛抵秦皇島，船上載有一千噸軍火彈藥等軍事物資，用以支援北京政府的軍事部署。[15]

　　董顯光分析，歐戰期間，日本利用歐洲列強缺乏實力東顧，以及中國內部南北對立、無暇團結對外的時機，提出二十一條要求，就是日本對華野心的明證，顯露其意欲染指宰制中國的政治、財政與軍事事務的企圖。日本在中國各地也潛伏了許多祕密的政治代表，透過這些代表的積極活動，日本得以將隱藏的黑手深入中國內政事務，到處呼風喚雨。而日本同時遊說與金援中國南、北雙方，其目的昭然若揭，那就是為了破壞中國的和平統一進程，延長並惡化南北對立與內戰局勢，如此當巴黎和會開始處理中國事務問題時，日本就可以藉口中國內部動盪不安，合理化其過去介入干涉中國內政

15　Hollington K. Tong, "Alien Forces Working against China's Unification," *The Millard's Review of the Far East*, 1 February 1919.

事務的作法，聲稱乃是為了改革與援助中國。歸根究底，和平統一的中國，恐將讓日本無機可趁，甚至還可能會被迫吐出過去已獲得的利益，而長期且深陷分裂內鬥的中國，最能夠符合日本的國家利益，中國也將無法採取一致立場來對抗日本。因此，中國越亂，日本越能夠「混水摸魚」（fish in the muddy water），藉機擴大在華利權，同時可以利用中國內亂與南北不和為口實，以日本在華有特殊利益為由，說服美國以及其他協約國，由日本出面協助中國重建秩序。[16]

　　面對日本惡意破壞中國和平的手法，董顯光認為，慶幸還有內、外幾股正面的力量能夠與之抗衡。在內部方面，中國有不屬於南北雙方的第三方勢力，在熊希齡、張謇等人的領導下，集結了商會、教育會、省議會以及國內知名人士，致力於推動南北統一。不過，光是靠中國人本身的力量，尚不足以對抗日本的邪惡勢力，仍須仰賴外部的幫助，那就是以美國為首的西方盟邦，除了在道義上相挺外，且利用外交手段，透過駐華使領機構，制衡日本，排除外部干擾，促成中國的和平統一。而其中最為重要的，董顯光認為要應付日本的邪惡宣傳策略，還需要公眾媒體的協助，無分中、外報紙，共同致力於「揭露」日本在中國與軍閥所進行的「祕密勾當」（secret transactions）。[17] 換言之，董顯光的言

16　董顯光指控日本給予北洋軍閥的軍事貸款，高達每個月二百萬元。Hollington K. Tong, "Alien Forces Working against China's Unification," *The Millard's Review of the Far East*, 1 February 1919.

17　Hollington K. Tong, "Alien Forces Working against China's Unification," *The Millard's Review of the Far East*, 1 February 1919.

外之意，乃是希望透過中外報紙媒體，以新聞輿論的手
段，監督日本在華所作所為，並透過洩密策略，使其劣
跡見諸報紙曝光，引起公眾關注，然後再拉攏以美國為
首等立場較為親華的西方列強，讓其出面介入干涉，以
制衡日本。此種手法，事實上與前述二十一條交涉時，
顧維鈞等人所運用的洩密策略如出一轍。

（二）南方代表王正廷

作為巴黎和會中國代表團全權暨南方政府代表的王
正廷，也在歐戰後中國的聯美制日宣傳中，扮演重要角
色。中國爭取收回山東利權失敗後，王正廷曾在巴黎接
受美國《展望》記者的訪問。透過其訪談內容，則可以
略窺中國知識分子推動「聯美制日」策略的部分內涵。

在訪談中，王正廷分別就「日本對華野心」、「日
本軍國主義」、「山東鐵路問題」、「二十一條問題」、
「對美國人民的期望」等諸多議題，抒發看法。基本
上，王正廷試圖將日本佔領山東問題與破壞世界和平秩
序兩者掛上關連性。王正廷認為山東之於中國，就像歐
洲的阿爾薩斯洛林、美國的加州，均是利害要地。因
此，如果縱容日本佔領山東，非但中國深受其害，連帶
也將導致遠東陷入不安的局面。尤其是山東膠濟鐵路，
位居中國鐵路的核心地帶，串連著華北京畿要地與長江
等華南精華地區，因此日本如果繼承膠濟鐵路，就可以
再與日本已經控制的南滿、東蒙等地鐵路串連，進而支
配中國的鐵路幹道命脈。況且日本一旦食髓知味，決不
會滿足於原先佔有的山東一省，勢必得寸進尺，試圖想

要控制中國，藉以掌握中國龐大的四億人口以及豐富的礦產資源。當初日本提出二十一條要求，意圖控制中國的商業、物資、鐵路、財政、軍事與政治等，其實就是最好的明證。屆時，日本恐將有實力對整個世界都構成嚴重威脅。

換言之，日本強佔膠州租借地、控制膠濟鐵路，充其量不過是日本對華野心的初步展現，然而見微知著，以美國為首的西方國家，如果短視近利，為了討好日本，而選擇漠視不理，終將造成遠東地區秩序的破壞。加上日本確實帶有軍國思維，同時是德國軍國主義以及西方帝國主義的繼承者，故一旦日本得嘗所願，必將逐步擴張，不只禍害遠東，最後恐會危及到整個世界的和平秩序。

最後，王正廷則是訴之以情，歷述近代以來中國面臨的挑戰與困境，以及美國人民對於中國的堅定支持。從晚清瓜分風潮、列強劃分勢力範圍與強佔沿海港灣，以及駐兵、協定關稅、領事裁判權等種種不平等條約特權的束縛下，中國飽受欺凌，幾乎淪為半殖民地狀態，然而即使在如此困境下，美國人民卻一直對中國抱持著同情態度，美國亦依然作為中國永遠的友邦。美國堅定的支持，方使得中國免於被列強瓜分。因此，中國人由衷期盼歐戰後美國能夠繼續秉持過去的立場，支持中國，阻止日本等外部勢力干涉中國事務，讓中國人民有充分的機會逐漸覺醒、自立自強，以解決當前內外交困的窘況。[18]

18　以上有關王正廷接受美國《展望》雜誌的訪談記錄，參見〈支那

　　簡單說來，王正廷的訪談內容，大致可以區分為兩
大部分，其一是強調日本威脅論，聲稱日本目前對華的
侵略野心，非但會破壞遠東秩序，未來更可能會對世界
和平，構成嚴重危害；其二則是訴諸中美情誼，除了感
念近代以來美國對於維持中國獨立地位的重大貢獻外，
同時也凸顯美國在制衡日本擴張的重要性，未來只有仰
賴美國的挺身而出與仗義執言，才能夠有效制衡日本，
拯救中國。究其實際，王正廷的觀點，與前述黃憲昭、
董顯光等人透過新聞輿論宣傳策略想要表達的意念，縱
使論述的主題與切入角度稍有不同，但其推動「聯美制
日」的核心關懷，幾乎如出一轍，在本質上並沒有太大
的差異。

三、中國知識分子的學運操作模式：
　　美國獨立紀念日

　　受到山東問題失敗的刺激，面對西方列強的冷漠與
日本的強橫，中國只能愈加仰賴唯一對中國釋出善意的
美國。五四運動兩個月後，適逢美國國慶日，正是中國
人表達中美親善的最佳時機。北京政府大總統徐世昌即
曾去電恭賀美國國慶與獨立紀念日，除了感謝美國歷來
對於中國的友善與援助外，同時也不忘歌頌威爾遜總統
推動成立國際聯盟的貢獻。[19] 至於民間汲汲於進行反日

　　委員と米国記者（上・下）〉，《大阪毎日新聞》，1919 年 8 月
　　4 日、5 日。

19　〈支那の対米期待：徐総統よりウ大統領への国祭日祝電〉，《大

運動的學生團體，更是不忘利用此一良機，以祝賀美國國慶為名目，大做文章，其目的不外乎在於強調中美親善友誼，營造出美國力挺中國的形象，藉此作為與日本抗衡的依仗。

（一）武漢遊行活動風波

在 1919 年 7 月美國獨立紀念日前，武漢學生聯合會即派員拜會美國駐漢口總領事館，除了送交學生會製作的文宣外，也建議在武漢舉辦盛大的美國獨立紀念日活動，準備透過召集千人規模的遊行活動，以表達對美國的敬意。依據武漢學生會規劃的遊行活動，乃預計從武漢基督教青年會會址集結群眾，遊行經過俄國租界，最後前往美國駐漢口總領事館，再由總領事本人出面接待學生代表。總領事克寧漢雖然十分感謝學生會安排的國慶遊行活動，但還是對於此活動所帶有的高度政治性，感到戒慎擔憂。此乃因為武漢地區學生運動的反政府立場，早已不為湖北督軍與省長所喜，近來也已派出軍警嚴密監視學生活動。因此為了避免美國涉入中國內政事務，防止因學生會慶祝美國獨立紀念日遊行活動而觸怒武漢當局，總領事館要求學生會在舉辦遊行活動前，除了必須事先取得俄國租界工部局的同意外，[20] 也

阪每日新聞》，1919 年 7 月 7 日。

20 美國在中國並未設置租界，美國駐漢口總領事館則位於俄租界內，並緊鄰俄國駐漢口總領事館。因此武漢學生會如欲舉辦遊行活動並至美國總領事館致意，照理應先獲得俄租界工部局的同意。漢口俄租界於 1924 年中俄簽署《中俄解決懸案大綱協定及聲明書》後，因第十條規定「蘇俄政府放棄帝俄根據各種條約、協定在中國取得之一切租界、租借地等之特權及特許」，方始由

希望學生會能夠獲得湖北外交特派交涉員的介紹信，如此總領事館也能正式接待遊行來館的學生代表。

學生會確實也依照美國總領事館的要求，採取申請行動，並聲稱已經取得武漢俄租界工部局的遊行許可（遊行人數為二百人），同時也獲得外交部駐湖北特派交涉員的介紹信，信中表明希望美國總領事館能夠同意在 7 月 4 日下午接待十五名學生代表。但是在稍後與俄租界工部局以及湖北外交特派交涉員使署進一步聯繫後，美國駐漢口總領事館卻發現內情相當不單純。首先是俄國租界工部局原先雖同意學生會遊行活動，後來卻又撤銷了遊行許可，並私下告知美國總領事館。換言之，慶祝美國獨立紀念日的遊行活動，因如無法獲准通過俄租界，屆時勢必無法如期舉辦。其次，湖北交涉員吳仲賢稍後亦表達了不同的意見。他向總領事館坦承，先前之所以發出介紹信，乃是誤以為是從美國留學歸國的學生有意拜會總領事館，但是後來卻發現整起活動是由武漢學生會規劃後，則有所疑慮，故建議總領事考慮是否以該日另有行程為由，婉拒學生的拜會要求。因此，克寧漢乃採納湖北交涉員吳仲賢的建議，以 7 月 4 日美國國慶日有約為藉口，意圖推辭學生會的拜訪要求。但是學生會並未因此死心，又提出將拜會活動日期延後一日，錯開美國國慶日，改至 7 月 5 日下午 3 時

中國政府收回。關於漢口各國租界概況，亦可參見費成康，《中國租界史》（上海：上海社會科學院出版社，1991），頁 287-292。至於漢口俄租界收回問題，則可以參見唐啟華，〈1924 年《中俄協定》與中俄舊約廢止問題—以《密件議定書》為中心的探討〉，《近代史研究》，第 3 期（2006 年 5 月），頁 1-22。

半。克寧漢因不好一再推託，最後也只能勉強接受學生請求。

　　然而，到了約定的 7 月 5 日，卻又出現一波三折的詭異情況。首先，該日上午，武漢學生會先是臨時來電通知總領事館，告知預計拜會領事館的學生代表人數將由十五人大幅縮減為四人。其次，到了原先約定的時間（下午3 時半），因學生代表未準時出現，故克寧漢以為學生會可能又因其他事故而取消拜會，故稍候即自行外出進行其他行程。一直要到約定時間後一個小時（約下午 4 時半左右），學生代表方姍姍來遲，當時克寧漢已外出，故學生代表終究未與其正式會面。事後更令克寧漢感到驚訝的是，實際來訪的學生代表人數，也並非其電話通知的四人，而是六人，且從其所留下的文件來看，此六人所代表的，恐非單純的學生會，而是「武漢各市各階層人民」，顯而易見內情恐怕並不單純。[21]

　　事實上，從此次武漢學生會拜會美國駐漢口總領事風波，可以看出許多有趣的面向。首先，中國學生會藉故刻意拉近與美國關係的行動，可能已有模式可循，先前即曾出現在五四政治運動死難學生的紀念活動中。在 1919 年學生政治運動期間，共有五位學生不幸死於抗議活動之中。[22] 而這些死難學生，即曾被上海學生聯

21　"Wuhan Cities' Association- Memorial Services," Edwin S. Cunning, Consul General, Hankow to Paul S. Reinsch, American Minister, Peking, 7 July 1919, RIAC 893.00/3205.

22　不過，根據美國駐漢口總領事館的報告，五四政治運動期間死亡的學生，部分是在遊行示威抗議的過程中，因軍警的鎮壓行動而傷重不治，但也有是因憂憤國事，自行投江自殺的，例如武漢即有一名學生投漢水而死。

合會刻意形塑，並抬高為愛國殉難者的模範。美國駐漢口總領事館就注意到，在學生會製作的宣傳文件中，往往將死難學生類比為美國獨立革命戰爭期間的開國元勛，如喬治華盛頓（George Washington）與派屈克亨利（Patrick Henry），[23] 以及南北戰爭時的亞伯拉罕林肯（Abraham Lincoln）等人，藉此強調為自由理念、愛國熱誠殉難的高度節操。尤有要者，上海學生聯合會原訂在 1919 年 7 月 3 日於寧波舉行死難學生全國紀念大會，但該活動似乎刻意拉長活動時間，延續到隔日的 7 月 4 日，以便同時慶祝「中國最好的朋友，美國」的獨立紀念日，明顯帶有向美國致敬之意。而負責規劃整起活動的上海學生聯合會，還特地將相關文件，透過電報形式，送給美國駐華的領事館。而且從在寧波舉辦的死難學生紀念大會活動來看，整個活動期間並未遭到軍警的干擾行動，故美國漢口總領事館研判活動背後，應該並未受到有關當局的反對。[24] 不過，從該活動刻意結束在 7 月 4 日，則很明顯有將死難學生與美國人為自由獨立奮鬥的壯舉掛上關係的意圖。學生團體顯然有意利用美國獨立紀念日，來為中國的學生運動加溫，並希

23　派屈克亨利為美國開國元勛之一，力倡共和主義，曾在一次演講中，講出「不自由，毋寧死」（Give me liberty, or give me death）的名言。美國獨立成功後，屈克亨利曾任維吉尼亞州州長。關於派屈克亨利及其建國主張，可以參見 Harlow Unger, *Lion of Liberty: Patrick Henry and the Call To a New Nation* (Cambridge, MA: Da Capo Press, 2010)。

24　"Wuhan Cities' Association- Memorial Services," Edwin S. Cunning, Consul General, Hankow to Paul S. Reinsch, American Minister, Peking, 7 July 1919, RIAC 893.00/3205.

望藉此向美國示好，並爭取支持。克寧漢即懷疑上海、
寧波、武漢等地美國獨立紀念日等一系列遊行與拜會行
動，背後或許可能都是由上海學生聯合會在幕後策劃。
因為由美國駐漢口總領事館所收到的武漢學生會文宣文
件中，即表明收到上海方面的電報，強調 7 月 4 日是美
國獨立紀念日，而美國作為中國的友人，在過去愛國運
動中，一直受到美國的認可與支持，故對美國以及其百
姓，中國應該利用此時機充分展現善意。職是之故，上
海學生聯合會要求武漢學生會，應在 7 月 4 日當天，動
員各行各業懸掛國旗，並派出代表前往美國總領事館以
及商會，表達恭賀之意。武漢學生會也因此要求各相關
團體以及公司在該日懸掛國旗，同時如果可能的話，也
應該盡可能弄到美國國旗，將中、美兩國國旗交叉懸
掛，以體現中美之間的共同慶賀之意。[25]

　　然而，學生會策劃的美國獨立紀念日活動，由於過
度政治化，使得克寧漢在感到欣喜之餘，卻又得面臨相
當複雜且矛盾的情緒，而必須對此保持謹慎態度。一方
面，武漢學生會有意前往總領事館表達祝賀之意的行
動，無論如何，就美國的立場來說，必須給予正面的回
應，因為這體現出中國學生對於美國的善意。根據總領
事館事後的調查，來訪的六名學生會代表中，即不乏武
漢地區知名且親美的重要知識分子。

25　"Circular Issued by the Wuhan Students Association," RIAC
　　893.00/3205.

表 3　學生會拜會美國駐漢口總領事館六名代表背景
　　　（1919 年 7 月 5 日）[26]

姓　名	背　景
王惟周	從美國留學歸國，任職於輔德學堂。
劉子敬	俄亞銀行（Russo-Asiatic Bank）買辦，致力於推動青年人的教育事業，對美國事務懷有高度興趣，活躍於 1918 年的美國紅十字會運動（America Red Cross Drive），也曾在歐戰期間參與在華的自由公債（Liberty Loans）勸募行動等活動。
羅　傑	武昌外語學校學生。
李性晟	武漢基督教青年會中國籍祕書。
宋如海	學生，負責與美國總領事館聯繫。
蕭　纊	湖北公立法政專門學校學生。

　　尤有要者，根據總領事館的觀察，在學生會的積極
組織與運作下，1919 年 7 月 4 日確實出現了比以往更
為盛大的美國獨立紀念日慶祝活動，各商家在學生督促
下紛紛懸掛國旗，也出現小型遊行活動，遊行者交叉拿
著中國與美國國旗。影響所及，在該日活動期間，整個
武漢幾乎都呈現出旗海飄揚的盛況。克寧漢也坦承，這
是以往漢口從未出現過的情形。但另一方面，對於學生
規劃的遊行活動，其背後隱含的政治聯想與動機，則還
是必須給予嚴密關注，克寧漢甚至一度認為此時舉辦遊
行活動，不啻是一次嚴重的錯誤。因為中國遊行活動，
往往帶有許多不確定因素，再加上遊行隊伍預計行經俄
租界，如果俄國當局有意藉此活動生事，勢必有許多機
會，這也是為何美國必須謹慎看待的原因之一。甚至是
否該同意接待來訪的學生會代表一事，克寧漢也認為實

26　"Wuhan Cities' Association- Memorial Services," Edwin S. Cunning,
　　Consul General, Hankow to Paul S. Reinsch, American Minister,
　　Peking, 7 July 1919, RIAC 893.00/3205.

在難以判斷是非對錯。此乃因為在推動學生運動上，學
生會一直致力於尋求各界的支持，但是顯然他們未能獲
得武漢軍政當局的認可，也因此他們更加需要外部力量
的聲援，尤其是外國列強的支持。學生會極可能意圖藉
此次美國獨立紀念日活動做文章，將之操作為美國與中
國學生組織間緊密聯繫的象徵，並在報紙上進行過於誇
大的輿論宣傳，營造出美國對學運活動支持的形象。單
純的美國獨立紀念日活動，如果被施予過度政治化色
彩，這絕非美國方面所樂見的。[27]

（二）上海華人的尊美與聯美主張

如前所述，武漢學生會意圖利用美國獨立紀念日來
向美國示好，構織出中美極度親善的意象，但此類活
動，除了涉及到學生聯合會的串連操作外，背後或許還
有更深層的政治宣傳因素在運作。無獨有偶的，在國民
黨上海機關報《民國日報》1919 年 7 月 4 日刊出的一
篇社論中，亦十分努力向美國祝賀獨立紀念日，然其表
達言外之意，卻溢於言表。在這份名為祝賀美國獨立紀
念日的社論中，強調中國人總是將美國視為是國際博愛
主義者，而威爾遜總統則像是帶領乘客從軍事主義國度
航向人道主義海岸的偉大渡者。作為國際博愛主義者的
美國，儘管受了許多痛苦，但擺在他眼前的，依然是許
多苦難者的折磨，聽在他耳中的，則是苦難的吶喊。根

27　"Wuhan Cities' Association- Memorial Services," Edwin S. Cunning,
　　Consul General, Hankow to Paul S. Reinsch, American Minister,
　　Peking, 7 July 1919, RIAC 893.00/3205.

據美國過去的所作所為，不應該受到旁觀者態度的影響，就中途駐足不前。美國作為國際博愛主義者，應該堅持原有的目標，思考如何能夠解決目前的難題，並激勵其他跟隨者。另一方面，作為渡者的威爾遜，在航行途中曾被逆流所阻而無法前進。他雖然停下來，一度放下了舵與槳，但卻依舊準備再度揚帆，乘風破浪而行。而前進的方向，正是威爾遜先前所宣布周知，並被其他同盟國一起認同的方向。戰爭的結果雖然不盡如人意，對之抱持期待的其他國家，也未能獲得滿意的結果。然而儘管如此，該社論依然認為未來在美國的領導下，終將邁向更好的前景。在社論的最後，該報強調要向中國的友人：山姆大叔（Uncle Sam），祝賀三聲恭喜，一祝美國萬歲，二祝威爾遜原則萬歲，三祝中美友誼萬歲。[28]

而在該報同日另外刊登出的一張圖片中，則以漫畫風格畫出一名中國小男孩與山姆大叔一同攜手，邁步向前，並打出讓我們一同跟隨著正義與人道之路前進的標題。而漫畫的旁邊，則印出了美國總統威爾遜的照片。甚至連美國駐上海總領事薩門司（Thomas Sammons）的照片，也同樣刊載。整個圖文構圖設計，所隱含的中美親善提攜之意，實已不言可喻。由於《民國日報》這份社論與圖片相當具有代表意義，具體呈現出中國對於美國殷殷期盼之情，故美國駐上海總領事館乃將其送交

28　《民國日報》，1919 年 7 月 4 日，引自美國駐上海總領事館的翻譯剪報，見 "Congratulations on the American Independence Day," Enclosure of Thomas Sammons, American Consulate-General, Shanghai to Paul S. Reinsch, American Minister, Peking, 7 July 1919, RIAC 893.00/3189.

北京公使館及國務院參考。[29]

　　除了《民國日報》外，立場偏向南方且同情學生運動的英文報刊《滬報》（The Shanghai Gazette），[30] 亦報導在上海廣東會館所舉辦的美國獨立紀念日慶祝活動。該報導強調，當美國駐上海總領事薩門司抵達廣東會館並發表短暫談話時，現場不但早已有數百名會館成員在館外等待，甚至還燃放起炮竹，恭賀美國國慶。該報導並描繪在 7 月 4 日這一天，整個上海市都出現一股慶賀熱潮，建築物的窗戶上也到處懸掛著旗幟，並以中、英文書寫著對美國的祝賀獨立紀念日。[31] 美國駐上海領事館在給北京公使館的報告中，即認為此種現象已體現出「中國對於美國的特殊情感有加溫的趨勢」，並評估這並非只是出於個人情感的表現，更可能的，是中國人整體對於美國政策或是美國理想的認同與感激之情。[32]

　　然而，中國人致力於營造親美輿論，卻可能造成美國方面的困擾與尷尬。1919 年五四運動以來，因上海

29　"Political Relations- Chinese Newspapers at Shanghai Extols President Wilson's Ideas," Thomas Sammons, American Consul-General, Shanghai to Paul S. Reinsch, American Minister, Peking & the Secretary of State, Washington, 7 July 1919, RIAC 893.00/3189.

30　英文《滬報》乃是由陳友仁於 1918 年在上海成立，不難看出該報與孫中山及廣東政府之間的密切關係。關於英文《滬報》，可以參見 Yi Wang, *Journalism under Fire in China: The Shanghai Evening Post and Mercury 1929-1949* (Dissertation of Asian Studies, School of Humanities, University of Tasmania, 2016), p. 75.

31　"At the Cantonese Guild," *The Shanghai Gazette*, 5 July 1919.

32　"Political Relations- Tendency of Chinese ay Shanghai to Express Appreciation of Americans and American Ideas- the Student Question," Thomas Sammons, American Consul-General, Shanghai to Paul S. Reinsch, American Minister, Peking & the Secretary of State, Washington, 7 July 1919, RIAC 893.00/3189.

學運活動過於激昂，上海公共租界工部局一度提議要進行報紙輿論管制。但上述極度強調尊美、親美的言論，卻間接形成一種反差，亦即一方面固然是對美國自由理念的讚揚，但另外一方面，很有可能被外界過度理解為是對上海租界工部局管制輿論之舉的反諷。也就是說，此類帶有藉拉高美國、鼓吹言論自由理念的言論，有意無意間，恐將形成鮮明對比，等於變相打臉上海租界工部局的箝制輿論之舉。職是之故，美國駐上海總領事薩門司即相當擔心，中國人毫不加掩飾的祝賀美國獨立紀念日以及歌頌美國自由理念，很有可能會引起其他國家側目，甚至產生對於美國的負面觀感。畢竟無論是基於羨慕或是嫉妒，其他國家可能指責美國對於學運的同情立場，其實不過是在拍中國人的馬屁。這或許也會影響到上海租界工部局後續對於鎮壓學運的強硬態度，以及試圖管制報紙輿論的作為。[33]

四、美國的回應

對於中國知識分子的親美傾向，以及其運用新聞輿論宣傳手法，推動「聯美制日」的情況，美國方面是如何看待的？在駐華第一線的美國官員眼中，中國人極度仰賴美國，而為了進一步深化美、日在華的矛盾態勢，

33　"Political Relations- Tendency of Chinese ay Shanghai to Express Appreciation of Americans and American Ideas- the Student Question," Thomas Sammons, American Consul-General, Shanghai to Paul S. Reinsch, American Minister, Peking & the Secretary of State, Washington, 7 July 1919, RIAC 893.00/3189.

甚至不惜炒作美日戰爭論，以便讓美國捲入中、日糾葛，從而為中國張勢，希望藉以挾美反日。在刻意的輿論宣傳的影響下，一般中國群眾，包括許多外國在華人士，可能都開始感受到美、日在華的敵對情況，似乎有日漸加溫的趨勢。另外一方面，美國民間輿論又是如何觀察與因應中國知識分子的「聯美制日」宣傳策略？受到過去中美特殊關係的影響，對弱者的同情立場，以及看不慣日本的迅速擴張，不少在華美國人均傾向支持中國。況且在近乎鋪天蓋地的反日輿論宣傳下，這些實際生活在中國的美國人，往往也難以置身事外，因此雖然瞭解中國有意操弄「聯美制日」的政治動機，卻依然不能免俗地選擇支持中國。不過，美國民間輿論還是有部分觀點，對中國的「聯美制日」輿論宣傳，較持質疑與反對立場。

（一）駐華海軍官員

五四政治運動後，曾前往北京訪問的亞洲艦隊總司令葛利維斯，在與北京政府朝野政要多次晤談後，即強烈感受到中國人對於美國極大的好感與信任，以及流露出希望美國能夠挺身而出保護中國，抗衡日本的衷心企盼。[34] 在 1919 年 12 月海軍情報處給國務院的〈山東現況〉報告中，亦清楚描述出中國知識分子普遍相信美國會協助中國對抗日本的信念。

---

34 "Observations on the Situation in the Far East," Commander-in-Chief, Asiatic Fleet, Vladivostok, to the Secretary of the Navy, 1 February 1920, RIAC 893.00/3314.

　　幾乎每一個與我談話的中國人都一再地表示：美、
日必然會為了中國發生戰爭。問題在於美國參戰的
時間，是否來得及拯救中國？又或者日本是否已經
能夠充分控制中國，並迫使其在日本對美宣戰時，
成為日本盟友。[35]

　　換言之，根據在華海軍部門所獲得的情資，多少
均已反映出中國人極度依賴美國，藉以對抗日本的心理
傾向。

　　在 1919 年下半年，駐華海軍情報官員與華籍山東
線民的密集訪談中，他們也強烈感覺到這些中國人幾乎
眾口鑠金，一致地認為「美、日的武裝衝突乃是不可避
免的」，甚至堅信兩國在「五年內必有一戰」。尤有要
者，從這些線民口中，美國海軍情報官員還獲知一種謠
言，宣稱日本軍部正暗中策動對美國的重大陰謀：由於
日本國內民眾對於日益惡化的社會經濟現況，以及對於
軍部高壓政策的不滿，極有可能爆發反對軍方的暴動，
而日本軍方有關當局為了轉移民眾的不滿情緒，故意渲
染與炒作對美國的仇恨。謠傳日本的具體宣傳手法，就
是強調美國霸道的強橫干涉，將導致日本政府改善國內
百姓生活的努力化為烏有。特別是日本費盡千辛萬苦，
不惜犧牲士兵與龐大軍事開支，好不容易在中國獲得所
欠缺的物資以及市場商業利益，但卻在美國的暗中煽動

35　"Conditions in Shantung Province," Office of Naval Intelligence,
　　Navy Department to the Department of State, 3 December 1919,
　　RIAC 893.00/3271.

與操作下，引起中國人民極大的反抗，屢屢出現反日與
抵制日貨運動。無論如何，沒有美國在道義上的支持與
援助，中國人談何有力量可以反對日本對於中國市場與
地盤的掌握與滲入。[36]

　　從上述美國海軍情報官員收集到的中國線民言論，
也可以隱約得知，歐戰後在中國（並不只山東），似
乎有一張無可名狀的新聞輿論宣傳之網，在有心人士的
操盤下，持續有意助長美、日仇恨，不但言之鑿鑿地聲
稱日本軍部對於美國所進行的陰謀策略，並且刻意塑造
出美國的介入與存在，乃是日本擴張在華利益的主要絆
腳石的形象，藉此驅動並落實美、日在華的矛盾。事實
上，這些輿論宣傳策略試圖想要表達的言外之意，莫不
是勸告美國能夠及早認清現實，挺身而出協助中國，否
則一旦中國無力抵抗並被迫臣服日本時，屆時中國龐大
的各種資源，恐將成為日本據以抗衡美國的憑藉。

　　此外，美國駐華公使館海軍武官辦公室在分析山東
智識階層對於歐戰後中、美、日三角關係的態度時，認
為中國知識分子在籌思該如何對抗日本的普遍心態，很
大程度上都是寄託於兩項重要前提：其一是美國對於中
國懷抱著特殊情感與道義責任，因此當面對中國人擺出
慣於依仗、親近美國的民族傾向時，往往不易抗拒，只
好相助；其二則是基於現實上的考量，歐戰以來，美國
如同日本，相當覬覦於開發中國自然資源與市場的龐大

36　"Conditions in Shantung Province," Office of Naval Intelligence,
　　Navy Department to the Department of State, 3 December 1919,
　　RIAC 893.00/3271.

利益，故為了確保美商在華利益，最終可能選擇挺身而出，以制衡日本對華的野心與企圖。究其實際，中國知識分子確實非常期盼美日戰爭論能夠成為事實，但是他們也十分清楚戰爭發生的可能性極低，畢竟日本內部雖然不乏主戰派觀點，但是要去主動發起對美國的戰爭，卻是不切實際的；而所謂的美日戰爭論，對於日本軍部來說，或許充其量只是一種權宜之計，亦即在因應日本國內群眾對於政府高壓統治不滿的情緒時，可以用來轉移焦點的工具，故有意藉由散播與鼓動對美的仇恨，來轉移內部矛盾。所以，除非是到了最後關頭，別無他法可以緩解美、日矛盾時，否則日本軍部應該不會輕易與美國開戰。[37] 也就是說，中國知識分子試圖煽動的美日戰爭論，在當時的時空環境下或許不切實際，但依然是中國得以拉攏美國、抗衡日本的重要訴求手段。

無論如何，只要持續訴之以情，就能夠形成美國親華派人士在未來處理中國問題時，難以擺脫的情感包袱，進而在遠東與對日政策上，採取比較強硬的立場。況且中國亟待開發的廣大市場與天然資源，的確也是美國大企業與在華商民難以割捨的利益大餅。因此如何透過新聞輿論或其他各種可行手段，伺機運作美日戰爭論，散播兩國仇恨，對於中國而言，絕對是利大於弊之事。簡單來說，由前述美國海軍情報處給海軍部與國務院的機密報告，可以得知，美國駐華使領與海軍部門應

---

37 "Conditions in Shantung Province," Office of Naval Intelligence, Navy Department to the Department of State, 3 December 1919, RIAC 893.00/3271.

該已經深切感受到中國公眾輿論在運作「聯美制日」策略，特別是如何強化美、日在華矛盾的熱度上，所扮演的關鍵角色。

（二）民間輿論

除了官方的海軍政情分析與觀察報告外，美國民間報紙輿論也有部分類似且帶有深意的見解。他們認為中國人善於宣傳，以營造對己有力的輿論局勢。此外，在面對強敵日本時，中國人也並非總是可悲的受害者，僅能默默地承受一切，相反地，中國人不時展現出堅韌的生命力，以其獨有的方式，抗衡日本。

1921 年初曾訪問中國的美國《芝加哥論壇報》知名新聞特派員杭特，根據其實際在中國生活數月的親身經驗，撰文描述他眼下所看到的中國現況。他大力恭維「中國是世界上最偉大的宣傳家」（China is the greatest propagandist in the world）。杭特訪華期間，曾與一位留學美國後，歸國任職的中國鐵路高階官員，密集地相處與對話。此位中國官員在留學美國期間，取得兩個美國大學學位，生活模式也甚至幾乎已經「完全美國化」（thoroughly Americanized）。[38] 關於日本對華的野心，杭特曾語重心長地向該位官員示警，強調面對日本的威脅，中國人應該要提早因應，畢竟除了中國自立自強外，外人實在很難提供幫助。然而，出乎杭特意料之外，這位留美的鐵路高階官員，卻表現出老神在在的

38　杭特認為中國知識分子「美國化」的比率，約有十分之一。

態度，坦承雖然當前中國所面臨的情況至為惡劣，但是
卻無須太過憂心，因為中國廣大的一般群眾，在民族主
義與愛國主義的灌輸影響下，正在逐漸覺醒中，而且中
國知識分子也正在積極向群眾階層，傳播對於日本的仇
恨；縱使在短期間內，仍無力抵抗日本，但相信在持續
匯聚群眾力量下，短則數十年，長則數百年，中國終將
戰勝日本！[39]

　　這樣的態度，也讓杭特印象極為深刻。杭特坦承在
其造訪中國以前，一直認為中國對於日本的步步進逼，
幾乎毫無招架之力。也就是說，日本發動戰爭侵略中國
恐怕不過只是時間問題，幾年或是幾十年間，日本即
會將歐洲在華勢力範圍以外的中國，盡數併吞。但是當
他實際生活在中國一段時間後，卻有了驚人的發現：廣
土眾民的中國，並非想像中的弱不禁風、絲毫無助、死
生由人，而是一個偉大且自我堅定的國家。事實上，中
國進行的反日宣傳幾乎無所不在，甚至連上海租界上演
的戲劇，也充斥著反日的思維。日本對中國的威脅，早
已深深刺痛了中國人的內心，他們日思夜想的，都是如
何才能夠透過反日運動，將「小日本」趕回日本去。所
以，杭特認為，無論日本如何憚心竭慮想要剝削以至控
制中國，中國人都顯得毫無畏懼。縱使北京政府內部腐
敗的親日派官員與日本勾結，出賣國家利益，但大部分
的中國人依然相信，日本對華的控制，充其量不過只是

---

39 "Smiling John Chinaman," *The Weekly Review of the Far East*, 2 July
　　1921.

短期現象，一旦中國真正覺醒，「就會像一個剛睡醒的人一樣，將那隻惱人的蚊蠅趕走」（China ... will brush off as an awakening sleeper does a bothersome fly）。[40]

　　根據杭特的觀察，中國的輿論宣傳的影響極大，不僅是中國人本身，連生活在中國的外國人，同樣也深受輿論宣傳的包圍與影響。杭特甚至以語帶嘲諷的口吻表示，在中國的四、五萬外國人中，每一個似乎都受到中國輿論宣傳的感召，準備犧牲自己，協助中國對抗日本的野心。反之，任何一個甫造訪中國的外國人，如果表露出對於日本的同情，則不但會被中國人視為是公然汙辱，而且還會直接痛批觸怒神明，甚至遭到天譴。因此，對於一個新來的外國人來說，如果不入境問俗，選擇加入支持中國對抗日本的行列，還有可能會被其他外國人貼上不好的標籤。[41]

　　無論如何，中國知識分子（尤其是留美派）的輿論宣傳作法，某種程度上，確實吸引部分美國在華人士的目光，並對日本陰謀破壞南北議和、分裂中國的侵華意圖深感痛惡。美系英文報紙即經常轉載這些留美知

40　"Smiling John Chinaman," *The Weekly Review of the Far East,* 2 July 1921.

41　文中所稱的上海戲劇，指的乃是中國版的《黑奴籲天錄》（*Uncle Tom's Cabin*）。在戲劇中，刻意將日本人的形象，塑造成萬惡的奴隸主，並寄託於奴隸解放運動，以澈底打倒日本人的惡勢力。杭特認為中國反日的輿論宣傳策略，並沒有錯，只是中國人對於日本的侵略，顯得有些反應過度了，畢竟情況並沒有中國人所設想的惡劣。相反地，中國只要能夠撐得比日本久，或是利用以夷制夷之法，即可有效因應日本的侵略行動。杭特相信對於日本的侵略態勢，中國人僅需微笑以對就可以了。見 "Smiling John Chinaman," *The Weekly Review of the Far East,* 2 July 1921.

識分子所撰寫的新聞評論，從而於對外人在華公眾輿論，也形成某種程度的影響。甚至也有美籍人士將這些明顯帶有為中國喉舌的新聞輿論觀點，予以整理成書出版。例如 1919 年，由麥克米倫出版公司（Macmillan Company）[42] 與中美圖書公司（Chinese-American Publishing Company）[43] 在紐約出版的英文專書《一個美國人論中國：中國與世界大戰》（*An American on China: China and the World War*）。作者美國人惠勒（W. Reginald Wheeler）將其在華實際居住三年的觀感，以及對中國事務的理解，予以整理分析，撰寫成專書出版。該書題旨表明在於：追尋中國現況發展，探究其目前所面臨的問題，尤其是與世界大戰之間的關係，並反思這些問題如果未能獲致解決，可能造成的最終結果。在書中，惠勒對於歐戰以來的中國歷史，以及遠東地區的政治均勢，有非常詳細的描述，他預測未來中國局勢可能會有兩種情況，其一是列強為了爭奪中國資源，而在華發生摩擦衝突，其二則是中國與日本爆發戰爭，但其他列強亦將捲入其間。[44] 不管是哪種情況出現，最終均會破壞遠東的和平，並引起戰爭，美國也會被波及，而難以獨善其身。而根據

42　麥克米倫出版公司是英國一家超大型的書籍出版公司，1843 年於倫敦成立。關於該公司歷史，可以參見 James, Elizabeth, ed., *Macmillan: A Publishing Tradition, 1843-1970* (London: Palgrave Macmillan, 2002).

43　民國時期，中美圖書公司是上海三大西文圖書公司之一，由美國人 Mortimer 負責經營，主要出版西文書籍。見張翔、吳萍莉，〈魯迅與中美圖書公司〉，《上海魯迅研究》，第 2 期（2013 年 7 月），頁 178-182。

44　W. Reginald Wheeler, *China and the World War* (New York, The Macmillan company, 1919).

《北華捷報》以及其他的書評，惠勒在此書中，已充分體現出中國留學生對於中國現況以及中日未來關係發展演變的觀察。在書末附錄中，惠勒還詳細整理了自歐戰以來中外所有相關重要的條約文獻，包括 1915 年的二十一條要求、1917 年的《蘭辛－石井協定》，以及有關門戶開放政策的所有條文，甚至還包括朝鮮地位的條約等，使讀者可一目了然關於歐戰以來中國情況發展的大致梗概。[45] 由此不難猜測惠勒的真實意圖，就是將中日爭議以及美國對華政策兩者結合在一起思考，而如此用意，無非是想要援引美國的力量，來介入處理既有的中日關係。惠勒本人可能即與中國留美學生互動關係密切，他也對於在美國留學的外國學生及其活動組織與歷史，有著濃厚的興趣。[46]

究其實際，正由於惠勒此書深受中國留美學生觀點的影響，英系的英文報紙《北華捷報》在書評中，甚至以帶諷刺的口吻指出，該書實質內容，與書名《一個美

---

45 "An American on China," *The North China Herald and Supreme Court* & *Consular Gazette*, 22 March 1919.

46 1925 年惠勒又編輯出版了另外一本有關外國在美留學生的書籍，分析了當時在美留學共六九八八位外國學生，其中有一四六七名中國學生、七〇八名日本學生。見 W. Reginald Wheeler, Henry H. King & Alexander B. Davidson, ed., *The Foreign Student in America* (New York: Association Press, Publication Department, National Council, YMCA, 1925). 惠勒本人後來也持續關注中國現況發展，根據美國康乃爾大學圖書館珍稀手稿部門（Division of Rare and Manuscript Collections, Cornell University Library）所收藏的「惠勒文件」（William Reginald Wheeler Papers,1927-1957），包含了中國農業問題、婦女問題、外國在華傳教、外國在華大學、中國內戰，以及中日之間的滿州事變、日本在華戰爭暴行等。見康乃爾大學圖書館網頁資料（http://rmc.library.cornell.edu/EAD/htmldocs/RMM04284.html）。

國人論中國》之間，似乎有些不符；雖然惠勒確實對於中國現況做了一番研究，但書中內容顯然並非只是惠勒本身的感觸，而是將那些「期刊論文剪報整理出版」（reprinting of cuttings from periodicals），畢竟書中所體現的觀點，絕大部分乃是參考自「中國留學生階層的言論」（utterances of the returned students class），因為「他只在中國待了三年，但他所寫出來的東西，卻像是已在此居住了二十三年」。[47] 然而，無論如何，隨著惠勒此書在美國紐約的出版，對於不太熟悉遠東與中國事務的美國人來說，很容易即可以透過此書，對於日本在華擴張行動及其與美國門戶開放政策之間的矛盾，有基本的瞭解。尤有要者，中國留美知識分子的觀點與言論，也就能夠藉由惠勒以及此書的出版，間接在美國發揮些許輿論影響力。

（三）質疑的聲浪

中國知識分子策動的「聯美制日」新聞輿論宣傳策略，不見得都是正面成效，也可能收到反效果。部分外國記者，即覺察到箇中玄機，為文揭露中國方面的圖謀，痛斥其製造假新聞。例如 1921 年初，早在華盛頓會議召開前，北京各報即莫名開始出現所謂的「美日戰爭論」。儘管顯係聳人聽聞的謠言，但還是在很大程度上，吸引了北京各大報紙的關注。一堆關於美、日開戰

47　"An American on China," *The North China Herald and Supreme Court* & *Consular Gazette*, 22 March 1919.

的電報到處流傳，中外各報即使明知其虛假性，卻還是難以克制地紛紛轉載與大加報導評論。影響所及，三人成虎，似乎隱然有些弄假成真的態勢。美日開戰的消息最終傳至各國駐華公使館，成為熱議的重點，並開始追查這些捏造的開戰消息，究竟從何而來，又所為何求？

　　當時在華的知名美國報人、《字林西報》中國特派員甘露德，即在英文《北華捷報》上，撰寫專文分析討論這些虛偽弄假的美日戰爭論，甚至直指這是「北京中國報紙宣傳出來，既荒謬又惡質的故事」（absurd and malicious stories propagated by Chinese press of Peking）。[48] 甘露德認為這些假新聞應該不是日本人製造出來的，雖然美日戰爭論同樣也在日本新聞輿論界流傳甚廣。日本軍方從來也不吝於鼓吹所謂的未來戰爭論，因為他們需要靠這些戰爭論，來提醒日本國內公眾，不可輕忽戰爭威脅，應該大力支持日本軍方素來致力於強化軍備的主張。究其實際，日本軍方應該不樂見日本與其他國家保持和平友善關係，因為如此的話，打造日本大陸軍與大海軍的計畫，可能會遭致極大的非議與反對。不過，雖然美日戰爭論有助於強化日本軍方的主張，但表面上的故作姿態，或許乃是獲取經費的一種手段，並非反映內部情況。根據甘露德的分析，日本政府內部，不論是文官或是軍方人員，對於此次由北京中國報紙製造出來，且傳遍日本以及歐洲、美國等地的美日戰爭論，多少會

48　甘露德特地詢問了身處南方的中國友人，其表示除了北京以外，上海、漢口、廣州等地的中文報紙均沒有出現美日戰爭論的報導。因此，顯而易見的，此謠言乃是從北京傳出來的。

感到無奈，甚至哀嘆替中國人背了黑鍋。因為甚囂塵上的美日戰爭論，會拉高對日本的仇恨值，終究不可避免地將引起歐美人民對於日本猜忌與惡感。

尤有要者，以歐戰後日本當時的情況，尚不具備與美國開戰的條件：有限的海軍艦隊，欠缺實力與美軍全面開戰，再加上無法自給自足的戰略物資與糧食供給，一旦遭到美國的封鎖，以及中國的抵制，將面臨物資短缺的嚴重困境，恐不戰而敗。從美國角度來說，美國是一個自由民主社會，非少數人可以宰制國家對外重要決策，如要進行戰爭等如此重大的國家事務，更是必須先在公眾輿論形成共識，方能推動後續軍事行動，但目前美國百姓顯然普遍不瞭解遠東情況的發展，不可能支持對日發動戰爭。

所以，歸根究底，甘露德分析，無論日本，抑或美國，現階段都應該沒有將對方視為戰爭對手的需要，也不符合國家利益。如此，究竟又是誰在期望與鼓吹著美、日進行戰爭？美、日敵對程度的強化，最符合中國的利益，因此不難想見的是，在有志之士的中國知識分子眼中，如何能夠編排出美、日戰爭的藉口，營造適合的輿論環境，也就成為歐戰後中國人相當重要的戰略目標之一了。而北京的中國報紙之所以炒作美日戰爭論，其背後或許可能即清楚體現出上述中國「聯美制日」的戰略思維。[49]

49　甘露德坦承北京中國報人意圖炒作美日戰爭論的小心機，應該是很難成功的，畢竟一來日本毫無與美作戰的心理準備，二來美國公眾輿論也沒有在對日作戰上形成共識。見 "Japanese-American

　　《密勒氏評論報》一篇由克勞斯撰寫的評論，則進一步分析中國人之所以苦心造詣地鼓搗美日戰爭論，對於中國，究竟好處何在？1921 年初在中文報界，莫名其妙地開始大量出現有關美日戰爭的言論。影響所及，中國各大城市，諸如北京、上海、天津、漢口等地的部分英文報紙也先後加入報導評論此事。日本的報紙，亦隨之起舞，大肆報導。美、英等歐美國家報紙，雖然熱衷的情況不如中、日兩國，但也不乏討論美日戰爭者。然而究其實際，此類美日戰爭言論的出現，卻非奠基於新的事態發展，畢竟當時美、日移民爭議並未有新的麻煩產生，日本軍部也沒有採取任何戰爭準備。因此毫無任何理由，可以預期或是合理化美、日戰爭即將爆發。特別是美國人雖然常把「要殺殺日本人的威風」（Japan ought to be taken down a peg）等俚語掛在嘴邊，但從來也只是口頭上說說想想罷了，並非真的會去落實。況且，過去的歷史發展也證明，美國人或許是世界上最不願打仗的民族，除非國家尊嚴真的遭到危害、國家安全遭到威脅、家園遭到侵害，他們才會開始認真考慮是否要訴諸武力。所以此時此刻，以 1921 年的情況來說，如要遊說美國人相信日本即將侵略美國，故必須採取戰爭手段來反制日本，無疑是天方夜譚。

　　從過去歐戰的經驗來看，自德軍開始擊沉美國商船、殺害美國人，甚至破壞美國國內的建物之後，仍然要長達三年的醞釀時間，美國人才終於意識到問題的嚴

And Rumours," *The North China Herald*, 29 January 1921.

重，並籌思抵制之道。然而就日本來說，日本並沒有準
備與美國一戰的可能，而其在遠東的所作所為，看似囂
張跋扈，只不過是為了維持一等強國的務實考量。因
此，與其說日本想要挑戰西方列強在亞洲的霸權，倒
不如說日本致力於強化國力，乃是為了爭取西方國家的
認同。

　　克勞斯進一步分析，中國人對於日本侵略政策的憂
懼，恐怕遠大於實際情況，且故有意利用散播美日戰爭
論來為自己助勢，以對付日本。理論上，企圖透過宣傳
手段鼓動戰爭者，大致可以區分為兩大類型，其一是帶
有侵略主義性質者（Jingoists），其二則是帶有愛國功
利主義性質者（patriotic motive of a rather Machiavellian
sort），設法驅虎吞狼，使其他兩國相爭相鬥，以便隔
山觀火，坐收其利。不論前述何種性質，均是唯恐天下
不亂，且無助於世界和平。克勞斯雖然並未明言中國的
情況屬於何種，但事實上，讀者可以輕易判斷，中國製
造出美日戰爭論，其性質無疑乃是屬於後者的「愛國功
利主義」類型，甚至還帶有些許傳統「以夷制夷」等制
夷之道的意味。

　　不過，更為棘手的是，克勞斯質疑中國知識分子在
煽動美、日矛盾，以及製造美、日戰爭的假新聞時，有
無認真評估過一旦美日戰爭真的弄假成真，對於中國目
前的現況來說，究竟是好處，或是壞處？表面上來說，
美國是中國忠實的友人，日本則是一直以來的侵略者，
對於中國知識分子與愛國志士來說，「聯美制日」自然
天經地義。中國人普遍認為日本一旦陷入與美國的矛盾

與糾葛中，備多力分，也就再無餘力繼續侵略中國，因此致力於煽動美、日對立，甚至鼓吹戰爭言論，看似確實有其合理的動機。然而克勞斯評估如此的思維模式，只會讓中國人過於習慣將自身國家的安全，全部寄託於外部因素，特別是列強間的彼此對抗。這不啻是一種思想上的倒退，妄想恢復過去不合時宜的「以夷制夷」之計，對於歐戰後中國正逐漸萌芽的民族意識，與追求的自立自強精神，顯然也是背道而馳。況且就現實層面來說，美、日如果交戰，恐怕對中國而言，同樣也未必是好事。尤其是美、日一旦交惡，漁翁得利的，恐怕不見得是中國，而是那些歐洲國家。

回顧 19 世紀中期以降的歷史，在中國發動戰爭、瓜分地盤、搶奪利益的始作俑者，就是那些歐洲國家，他們也才是真正的帝國主義國家。然而近年以來，美、日勢力在中國的迅速崛起，雖然也帶有其各自的私心與考量，但畢竟構成了對歐洲國家的強力掣肘，迫使其收斂作風，不敢繼續肆意在華擴張利益，也因此形成了所謂的權力均勢。美、日關係一旦繼續惡化，甚至演變成交戰狀態，或許將會破壞上述維持不易的平衡局勢。美、日兩國為了尋求作戰勝利，以及維護生存空間，或多或少可能傾向跟歐洲國家妥協，以拉攏盟友，擴大自身陣營。屆時抑制帝國主義的力量將會大幅削弱，歐洲慣有的帝國主義的行徑與思維，則又將捲土重來。而中國本身處於美、日交鋒的夾縫中，不一定有條件能夠繼續維持中立、首鼠兩端。中國又或是決定孤注一擲全力一搏，完全倒向美國，但也同樣不一定會有好的結果。

畢竟美國主要軍力遠在太平洋彼岸，短時間內無法投射
至中國，而日本近在咫尺，將會謀求迅速控制中國戰略
要地與沿海地區。為了尋求未來與美國較量的空間與時
間，日本也勢必會與那些歐洲國家達成分贓協議，私下
瓜分中國，以便盡快攫取中國廣大的物資。是以，等到
美國馳援軍力趕到之際，日本或許早已完成對於中國沿
海戰略地區的控制。美國為了擊敗日本，防止日本利用
中國物資據隅以抗，又將會對整個中國採取封鎖策略。
長期下來，勢必會對中國本身經濟發展，造成毀滅性的
傷害。[50]

　　簡言之，克勞斯認為中國知識分子往往處心積慮地
運用輿論宣傳策略，煽動美、日矛盾，意圖利用過去早
已不合時宜的「以夷制夷」計謀，來緩解中國目前無力
制衡日本的窘況。然而縱使僥倖圖謀成功，美日戰爭
成為事實，到時首先會遭到毀滅性打擊的，可能將會是
中國自己。因此，中國致力於操縱美、日矛盾論述的結
果，很可能未得其利，先受其害，如此不啻是飲鴆止
渴，甚至玩火自焚。

50　克勞斯甚至大膽預言，如果美日開戰，日本確實可能會因為美國
的封鎖，而蒙受重大損失，但不容否認的，中國也將因為日本的
軍事行動，而被切斷與美國之間的貿易聯繫，導致經濟大幅衰
退。而素來在遠東地區有著重大商業利益的歐洲國家，則會藉機
坐收漁翁之利，不但會解散國際銀行團，屆時中國原先失勢的舊
官僚與賣國賊們也會重新掌權，並與歐洲國家狼狽為奸，不惜喪
權辱國，竭力榨取中國市場的資源，重蹈過去列強經濟壟斷與
壓制的覆轍，最終導致中國的沉淪不起。見 "Would China Profit
by A Japanese-American War?" *The Millard's Review of the Far East*, 12
February 1921.

五、日本的指控與分析

　　歐戰以後，由於美國本土新聞媒體陸續出現反日言論，故引起日本駐美使領館的關注。為了澄清上述反日言論對於日本的誤解與偏見，日本使領館即曾去信部分新聞媒體，指出可能有美、日以外的其他有心人士，有意挑起兩國之間的仇恨與分裂。例如在 1919 年 8 月，由日本駐紐約總領事館給《紐約美國人報》（*The New York American*）[51] 的一封澄清信中，即強調有一群「撥弄是非之人」（mischief-makers），懷著惡意，到處無中生有地製造各種麻煩，企圖使美、日兩國發生衝突：

> 持續、有技巧地，計畫性造偽弄假的情況，應該予以密切關注。其目的，乃是透過一而再、再而三的誤解，使美、日關係惡化，以便達遂其邪惡的目的：在美國人眼中，醜化日本形象，也在日本人心中，製造出不信任感。我們都清楚，有祕密的代理人經常製造出糾紛與不和⋯⋯。這些來自國外故意惹事生非的有心人，非常地活躍，也

51　《紐約美國人報》為當時美國報業巨擘赫斯特（William Hearst）經營的一份日報，該報後來在赫斯特的主導下，於 1937 年與麾下另外一份報紙《紐約晚報》（*The New York Evening Journal*）合併成《紐約新聞報》（*The New York Journal-American*），為美國發行量與影響力都極大的報紙。關於赫斯特與《紐約美國人報》，參見 "William Randolph Hearst: American Newspaper Publisher," *Encyclopaedia Britannica*（https://www.britannica.com/biography/William-Randolph-Hearst，擷取日期：2019 年 3 月 26 日）

非常地狡猾……。[52]

　　因此，日本總領事館呼籲作為上述陰謀受害者的美、日兩國，應該勇敢站出來，共同合作對抗這些惹事生非之人，提早讓社會大眾知曉其邪惡的企圖；尤其在外交事務上，兩國更應該睜亮眼睛，仔細審視任何一個謠言，避免為人所利用。[53] 雖然日本駐紐約總領事館在給美國報社的澄清信中，始終未曾直接言明這些所謂來自國外的「惹事生非之人」究竟是哪一國人，但是不難猜測的，歐戰後正與日本處於極端對立關係的中國，很有可能就是其口中那些惹事生非者之一。

　　早在 1919 年初，巴黎和會山東問題爭議肇始，日本《大阪每日新聞》駐上海新聞特派員平川清風在觀察上海英美系的外文報紙輿論對於中日之爭的風向後，覺察到這些外報偏向中國，明顯對於日本採取敵視態度。平川認為在觀察分析英美系外文報紙論調時，必須特別注意，並應釐清其複雜的內部關係，如果單純地將之視為是英美等國利用外文報紙進行的對華宣傳，可能將是

52　日本總領事館強調日本企望能夠與世界上所有國家，特別是美國，和平共處。況且，日本與美國，同樣都是文明進步的國家，兩國之間如果生出矛盾衝突，對於雙方來說均非益事。見 "Letter from Japanese Consulate General, New York,"〈紐育總領事代理ヨリ內田外務大臣宛〉，1919 年 8 月 8 日，「2 大正 7 年 11 月 9 日から大正 8 年 11 月 1 日」，JACAR: B03030308000，頁 81。

53　日本總領事館文中，甚至還引用了英國知名作家湯瑪斯・卡萊爾（Thomas Carlyle）筆下《約翰斯特林的一生》（*Life of John Sterling*, 1851）中的「黑色藝術家」，指出他們善於利用人們心中的恐懼，在外交事務上，扭曲判斷，並加深對立，以便滿足其自私的目的。

極大的錯誤。因為一旦深入探究，就會發現此類外報藉
以攻訐日本的機密情資，多半來自北京政界，可能就是
在野的中國政要人士透過各外報駐北京特派員之手，將
中日密聞洩漏出去，然後刊載在上海各外文大報，操控
新聞輿論風向，進行反日的政治宣傳。又例如研究系在
上海的機關報，甚至放出列強共管中國的論調，藉以反
制日本的壟斷。[54] 換言之，英美系外文報紙上呈現出
的反日宣傳，或許不見得是英國與美國真正的態度，而
可能是中國政治人物在利用外文報紙，所進行的反日政
治宣傳。這或許也反映出中國政治家慣常「以夷制夷」
策略的展現。[55]

其次，如前所述，1919 年 7 月 4 日適逢美國國慶，
北京政府大總統徐世昌曾以電文恭賀美國獨立紀念日，
同時也大加歌頌威爾遜總統，在推動籌組國際聯盟等事
務上的偉大貢獻。日本《大阪每日新聞》卻為此發出評
論，強烈質疑徐世昌祝電行動背後，隱含有其他的政治
目的。該報指控徐世昌表面上推動中美親善，實則更意

54　平川所稱的北京政要，極可能指的是以梁啟超、張君勱、張東蓀
　　等人為首的研究系成員，他們均熱衷國事，積極參與報業，希望
　　透過辦報以啟民智，並改革中國現況。而研究系在上海的機關報，
　　則是《時事新報》。該報與北京的《晨報》、《國民公報》等三報，
　　均與梁啟超及其「研究系」關係密切，在反袁、護國、新文化運動、
　　國際聯盟、巴黎和會山東爭議等議題上，扮演引領中國輿論風向
　　的關鍵性角色。關於梁啟超、研究系及其機關報在五四運動上的
　　角色，可以參見周月峰，〈另一場新文化運動─梁啟超諸人的文
　　化努力與五四思想界〉，《中央研究院近代史研究所集刊》，第
　　105 期（2019 年 9 月），頁 49-89。至於研究系在山東問題等爭議
　　上如何操作反日輿論，亦可參見應俊豪，《公眾輿論與北洋外交
　　─以巴黎和會山東問題為中心的研究》，第二章。

55　〈上海を中心と英米するのプロパガンダ〉，《大阪每日新聞》，
　　1919 年 2 月 17 日。

欲藉此尋求美國支持對抗日本；因為徐世昌雖然歌頌國際聯盟的成立，但卻縱容中國代表團拒簽和約，等於是不信任國際聯盟，而將希望全然寄託美國身上，意欲獲得美國的支持，來進行反日運動。[56]

也有部分日本報人對於中國知識分子的反日輿論宣傳策略，有較為不同的分析，認為中國推動「聯美制日」背後，可能帶有非常強烈的內部消費性，亦即意圖藉由外部事務的刺激，來蓄積民氣，以處理內部問題，也就是挾外以制內。例如《京津日日新聞》主筆橘樸，在分析 1920 年代中國學運領袖慣常使用的宣傳策略時，認為其應該帶有相當程度的內部消費性。反日學生運動的攻訐對象，有時可能並非單純地只針對外部的日本，更重要的，或許乃是指向國內的軍閥。[57] 換言之，反日與反北洋軍閥，或許乃是一體之兩面。學運領袖們想建立的邏輯論證與宣傳術語，乃是軍閥不倒，則反日難成！[58] 其次，橘樸還認為，如果中國人意圖透過

56　《大阪每日新聞》的質疑焦點是：中國既然拒簽和約，既意謂著不準備加入國際聯盟，也不奢望透過國際聯盟的管道來解決中日山東問題之爭，但另一方面卻又大加讚頌美國支持的國際聯盟必能發揚光大，並一昧地鼓吹中美親善，希望美國對華友善的政策能夠永久不渝，如此似乎有些自相矛盾。換言之，該評論質疑中國根本不在乎是否加入國際聯盟，而只是關心美國是否願意介入山東問題之爭支持中國。因此，中國對於國際聯盟的歌頌之詞，或許不過是為了討好威爾遜，隱含的目的乃在於聯美制日。見〈支那の対米期待：徐総統よりウ大統領への国祭日祝電〉，《大阪每日新聞》，1919 年 7 月 7 日。

57　朴庵，〈日貨不買決議〉，《京津日日新聞》，1923 年 3 月 27 日。

58　橘樸的分析，並沒有太多謬誤。例如在 1920 年代中國的五四運動紀念活動中，即可以看到「與軍閥強敵宣戰，以力爭外交而整頓內政」等主張，顯見此時學運活動除了反日外，更重要的是反軍閥。關於民國時期五四紀念活動的情況，可以參見楊濤，〈民

聯美等手段，引入國際交涉，利用外國壓力，來推翻既有的中日條約規定，解決二十一條要求等爭議，對於日本來說，幾乎並不會構成太大的問題。畢竟中日之間的問題，終究不是國際力量所能置喙的，故日本本身亦無需為此太過庸人自擾。但是，日本不該輕忽而必須持續注意關心的，乃在於中國反日群眾運動，是否會因此被煽動、撩撥而起。橘樸分析歐戰後反日群眾運動背後的影武者，主要有三：學生組織、英美系外交官以及各種政客。一旦他們成功策動反日群眾運動，反映在現實情況，就是各地可能頻頻發生的抵制日貨行動。[59]

最後，值得一提的，在部分日本軍部或軍國主義者眼中，中國知識分子策動的諸多反日宣傳策略，不論如何唯恐天下不亂，到處造謠生事、興風作浪，終究無濟於事，故日本方面根本無須給予過多的重視。例如曾任日本陸軍中將的佐藤鋼次郎，在退役後出版的專書中，即聲稱縱使中國內部有反對日本的勢力，拒絕與日本攜手合作，但這些反日宣傳活動不過只是跳樑小丑，充其量在平和時期小打小鬧，造成一些麻煩，但此類無關輕重的疥癬之疾，並不會影響大局發展，也不會構成日本在規劃戰略上的絲毫阻礙。畢竟在未來美、日矛盾的大背景下，屆時日本只要稍加動用武力，即可以輕而易舉地壓制住中國反日活動家的所有圖謀。[60]

國時期的「五四」紀念活動〉，《二十一世紀》雙月刊，總第 119 期（2010 年 6 月），頁 49-56。

59　朴庵，〈二十一條廢棄〉，《京津日日新聞》，1923 年 3 月 12 日。

60　佐藤對於中國反日問題的看法，參見 Kojiro Sato, *If Japan and*

六、小結

　　美、日在華矛盾論述的形成，背後最不容忽視的重要因素之一，即是中國官員以及知識分子所扮演的角色，他們在其間利用新聞輿論等宣傳工具，推波助瀾，利用美國對中國的同情態度，離間美、日關係，拉大雙方仇恨值。無論是二十一條要求交涉期間袁世凱、顧維鈞制定的聯英美制日策略，抑或是巴黎和會期間中國代表團操弄群眾輿論、實行「聯美制日」的手段，基本上均清楚反映出北京政府對日外交施為中，透過鼓動民氣，挾美之助，以為抗衡日本之法的重要特徵。換言之，如何深化美、日嫌隙，助長雙方矛盾形勢，其實就是歐戰後中國能否成功在夾縫中求生存、發展對外關係的要素。特別是自山東問題爭議與五四運動發生伊始，不只第一線的北洋外交官，部分稍有遠見的知識分子與有志之士，應該多少都體會到弱國外交的尷尬處境。威爾遜總統揭櫫的「民族自決」原則，理想偉大陳義高遠，但要落實卻不容易，依然擺脫不了大國間的縱橫捭闔與實力展現。因此，他們逐漸意識到一個無從逃避的國際現實，那就是中國能否收回山東利權，還是要取決於國際上的支持。最為關鍵之處，則在於中國能夠爭取到美國多少的支持，以及美國願意支持中國抗衡日本到何種程度。在上述國際背景以及弱國外交的現實條件下，歐戰後中國知識分子有志於分化美、日關係，自然

America Fight。

也就不足為奇了。

　　主張「聯美制日」路線的中國知識分子，其採取的具體手段之一，自然是使用其擅長的筆墨文字，透過報紙輿論，鼓動風潮，引導時代走向。尤其是一些涉入到英文報紙業務的中國知識分子，不少均曾留學美國、主修新聞學，其中又以就讀美國密蘇里大學新聞學院的中國學生為代表，他們在推動歐戰後中國的「聯美制日」以及「美日矛盾論述」等新聞輿論觀點上，扮演著最為關鍵的角色。事實上，從黃憲昭、董顯光及《廣州時報》的輿論宣傳手法，不難理解民國初年中國民間「聯美制日」策略的主要推動者，可能多少均與曾留學美國的中國留學生，有著密切關係。這些熟悉美國事務的中國知識分子，除了本身經營英文報紙，透過轉載美系英文報紙報導，與美方立場相互聲援外，也頻繁在報紙上撰寫評論，一方面控訴受到日本對華侵略行動影響下的中國悲慘現況，藉此博取美國輿論的同情，二方面則繼續配合美國遠東政策，蓄意迎合主流風向，鼓吹中國門戶開放政策，強調歐戰以來日本在遠東的擴張，已對中國主權獨立、領土完整以及外人在華投資與貿易利益等，構成重大危害，藉以強化美國對於日本的猜忌。

　　歐戰後中國知識分子透過輿論宣傳手段，推動「聯美制日」，並離間美、日關係，自然也引起美、日兩國的關注。對於實際生活在中國的美國人或日本人，更是感觸良多，深刻體認到中國「親美」與「反日」輿論的強大。尤有要者，中國報人甚至還藉由炒作「美日戰爭論」，進一步強化美、日在華的矛盾態勢。從美、日雙方對於中國輿論宣傳手段的評估與觀感，即不難看出其效力確實不容小覷。他們雖然明確察覺到其中人為操弄的痕跡，但卻又無法擺脫其造成的現實影響。例如美國人在中國，如不表態支持中國反日，似乎就對不起中國，猶如於情感層面上的綁架。而日本人在中國，除了處於中國反日與抵制日貨運動的直接壓力外，不時還需因應中、美報人聯手操作的反日輿論宣傳，感受到滿滿的敵意環境。

　　回顧歷史，自晚清推動洋務運動以來，中國知識分子在看待與處理涉外關係，無外乎是要尋求救亡與圖存之道。[61] 依此邏輯，他們對外部事務的關注重點，可能亦是基於亟欲解決本身危機的一種權宜之計或延伸補充。到了民國時期，受到新文化與五四運動的影響，風向為之一變，部分知識分子轉而一面倒的追求西方模式，試圖將西方模式移植至中國，少數極端者甚至把中國本位文化的重要價值棄如敝屣。但無論如何，在這樣的過程中，無論是內省還是外求，當面對歐戰以來日本的咄咄進逼，以及中國本身的內部動盪與孤立無助，強烈的弱國恥辱甚至亡國感油然而生，只能積極尋求新的出路。不少知識分子與學生，則將解決當前危機與嚮往西方兩者合一，都投射到美國身上，視其為救世主，乃是中國得以擺脫日本侵略、收回國權的重要憑藉。因此，想要「制日」以解決當前

61　李澤厚，〈啟蒙與救亡的雙重變奏〉，《中國現代思想史論》（臺北：三民書局，1996），頁 3-39。

危機，「聯美」則是必要的手段。[62]

---

62 不過，除了「聯美」之路外，亦有部分知識分子轉向俄國，試圖
　　尋求馬列主義與俄國的無產階級革命路線，以為救亡圖存之道，
　　五四運動後中國共產黨的成立，即是例證。關於五四運動與中共
　　革命之間的關係與思想脈絡，可以參見張灝，〈五四與中共革命：
　　中國現代思想史上的激化〉，《中央研究院近代史研究所集刊》，
　　第 77 期（2012 年 9 月），頁 1-16。

第八章　北洋外交官的「聯美制日」外交策略

一、前言

　　自歐戰期間中日二十一條交涉起，作為大總統袁世凱英文祕書的顧維鈞，即曾透過與英文新聞記者聯繫等洩密手段，參與執行聯英美制日的外交策略。[1]之後，顧維鈞出任駐美公使，直接見證了美國的參戰以及其主導戰局走勢的龐大國力展現。美國總統威爾遜在戰時發表的十四項和平建議，毋庸諱言，清楚揭露美國興致勃勃、準備介入戰後世界事務安排的強烈企圖心。另一方面，歷經每十年一戰，從中日甲午戰爭、日俄戰爭到歐戰期間的日德青島戰役，逐漸成長茁壯的日本，同樣也是磨刀霍霍，持續開展其大陸政策，而德屬山東地盤的取得，乃是進出中國華北腹地的關鍵所在，自然更視為囊中物，志在必得。戰時 1917 年《蘭辛－石井協定》的簽署，也近乎變相向世人宣告，日本對於在中國的「特殊利益」（special interests），有著當仁不讓的氣勢。

1　應俊豪，〈從《顧維鈞回憶錄》看袁世凱政府的對日交涉－以中日山東問題為例〉，頁 93-104。關於顧維鈞生平與中國外交的研究，亦可以參看金光耀，《以公理爭強權：顧維鈞傳》（北京：社會科學文獻出版社，2022）。

換言之，以歐戰後的國際局勢來說，一方是大張旗鼓積極介入世界事務，想要以新秩序、新標準與理想重新改造世界事務的美國，另外一方則是野心勃勃，試圖延續過去西方帝國主義擴張路線，甚至想要建立「大亞細亞主義」（或稱「亞洲門羅主義」）的日本。[2] 而遠東與太平洋地區，注定是未來美、日兩大強權必將發生碰撞與過招的主要場域。同樣不可避免的，中國事務更將是其中美、日雙方角力的關鍵所在。

適逢其會的顧維鈞，當處於歐戰後美、日可能在東亞矛盾的大格局下，如何籌劃對日外交策略？特別是與二十一條要求密切相關的山東主權歸屬問題上，顧維鈞又如何尋思延續之前二十一條交涉期間的老方法，推動聯美制日策略，在弱國外交的現實環境限制下，盡可能利用駐美公使而與威爾遜總統嫻熟的職務之便，在巴黎和會上打造出較為有利的外交空間？

歐戰以降，已有不少中國知識分子逐漸認清到中國能否因應日本外交壓力的重要關鍵之一，在於是否獲得足夠的外部奧援。顧維鈞乃是歐戰前後北洋外交官中最具代表性的佼佼者，也是致力於推動「聯美制日」策略的早期指標人物，成就斐然。他雖然年紀甚輕、資歷較淺，但其才智與名聲卻早就赫赫有名，縱使日本方面亦相當肯定其才能。[3] 顧維鈞在巴黎和會上操作「聯美

2　大亞細亞主義強調亞洲是亞洲人的亞洲，反對歐美對亞洲事務的干涉。而日本則在亞洲事務上，扮演著指導者的角色。關於日本「大亞細亞主義」的底蘊及其質疑，可以參見中島岳志，《アジア主義：その先の近代へ》（東京：潮出版社，2014）。

3　關於顧維鈞的能力，《京津日日新聞》主筆橘樸，即曾如此形容

制日」上的細部手法與邏輯思維，亦值得進一步探究。

　　關於顧維鈞的和會外交，過去的研究，大多使用
《顧維鈞回憶錄》、《北京政府外交檔案》以及《美國
對外關係文件》等個人與外交檔案資料來分析其策略與
手段。[4] 但是本章由另一個面向切入，改從顧維鈞主要
施力的對象──總統威爾遜、國務卿藍辛等美國政要的
視角，來分析顧維鈞的外交舉措。特別是在威爾遜及其
周邊的重要人士眼中，顧維鈞在巴黎和會前後到底做了
什麼？他究竟如何運作美國來出面對抗日本？而這些作
為，究竟是否真的在和會舞台上，對以威爾遜為首的美
國代表團造成實質影響？本章從美方的視角，來建構顧
維鈞的和會外交與形象。

　　最後，必須強調的，因為本章主要研究取徑乃是利
用美國檔案與日記等，從美國視角而非中國視角，來分
析中國外交官如何推動聯美制日，所以中國政府或代
表團內部雖然有其他意見者（例如主張與日本適度妥
協），但對於當時美國代表團而言，中國內部路線之爭
並非重點。此外，本章並非預設立場以顧維鈞為特例，
而是因為從美國來看，當時真正對美國總統以及美國代
表團構成影響，確實以顧維鈞為主，份量也最重。雖然
代表團內其他成員如王正廷等人也主張「聯美制日」，

　　顧維鈞：相較於王寵惠、施兆基等中國外交先進而言，他或許不
　　過只是個晚輩，但是在「名聲與才智」方面，卻尤在王、施等人
　　之上。見朴庵，〈直隸派の排日計畫〉，《京津日日新聞》，
　　1923 年 4 月 2 日。

4　張春蘭，〈顧維鈞的和會外交─以收回山東主權問題為中心〉，
　　頁 29-52。

但他們對於威爾遜乃至美國代表團的實質影響力都相當小，重要性遠不及顧維鈞。[5]

二、山東問題爭議

在準備參與巴黎和會之際，顧維鈞很早即開始籌思「中國切身利益的問題」，山東膠澳歸屬則是其中至為重要的議題之一。他堅信中國應該「理直氣壯」地在戰後和會上提出收回膠澳地區的要求。但是，毋庸置疑，上述訴求很明顯將與日本向來的立場背道而馳。顧維鈞分析日本規劃的如意算盤，乃是先將中國排除於巴黎和會有關山東問題的討論之外，事後再依據中日條約，直接與中國商討山東歸屬問題，如此日本就可以避開列強介入，輕而易舉地拿到其所欲之物。[6]反之，中國的因應對策，自然就是思考如何才能夠防止日本的圖謀得逞。不難理解的，美國政府，特別是威爾遜、蘭辛等政要，對於中國的態度，恐將會是中國能否抵禦日本壓力的重要憑仗。

為此，顧維鈞刻意延緩了赴法的行程，繼續待在美

5　究其實際，巴黎和會期間，由於顧維鈞的刻意運作與拉攏，對美國而言，顧維鈞幾乎已等同為中國主要代言人。當然，顧維鈞一面倒的親向美國，某種程度上，對於美國來說，也是符合美國利益的。尤有要者，正因為美國將顧維鈞的主張視為中國聲音，因此對於日本介入及北京政府打壓中國代表團，反倒表現出不滿的態度。特別在日本駐華公使小幡酉吉恫嚇事件中，美國的反應可以清楚看出端倪。參見應俊豪，《公眾輿論與北洋外交》（臺北：國立政治大學歷史學系，2001）。

6　《顧維鈞回憶錄》，第一分冊，頁 164。

國首府華盛頓，多次走訪國務院，即意欲疏通並探聽美國的態度，並終於獲得「美國是中國的朋友，美國將盡最大努力促進中國的事業，務必要使中國參加和會」的回應。[7] 難而，口惠並不代表實至，顧維鈞如欲在巴黎和會山東問題上有所建樹，最關鍵要務，即在於能否盡可能地將美國對華的友善態度，化為真正實際的援助力。因此，有效開展對威爾遜以及美國代表團的工作，也將是顧維鈞未來巴黎和會上的重要任務。

（一）十人會上的發言

顧維鈞在 1 月 28 日「十人會」上針對山東問題所做的發言，顯然是經過精心設計與安排，意有所指。他聲言山東是中國的孔孟聖地、人口眾多，如果讓外國佔領殖民，將形成對該地人民的剝削不平，也會構成中國首都安全的重大危害；尤有要者，此舉不但違背了民族自決原則，更會由此埋下未來紛爭的種子，影響到整個世界。[8] 如果細讀顧維鈞的英文發言稿，不難發現：聖地、殖民與剝削、民族自決、未來紛爭等，就是顧維鈞整段發言稿中最為重要的關鍵字。而這些概念，對於熟悉威爾遜十四項和平建議者，相信都不會感到陌生。因為威爾遜提出和平建議的宗旨，就是想要改變歐戰前的諸多窠臼，反對延續帝國主義擴張與殖民剝削，嘗試建立新的國際秩序，以事先弭平未來可能發生的紛爭與

7　《顧維鈞回憶錄》，第一分冊，頁 166。

8　"Hankey's Notes of Two Meeting of Council of Ten," Quai d'Orasy, 28 January 1919, *PWW*, Vol. 54, pp. 316-317.

戰爭。顧維鈞發言主要的訴求對象,可能不僅作為其對手方的日本,更是要說給威爾遜,以及所有支持十四項和平建議者聽的。

可而想見,顧維鈞的和會外交策略,明顯就是衝著美國代表團去。顧維鈞雖然劍指日本,但舞劍的主要觀眾,卻是在場熱衷觀戲的美國人。畢竟,早就習慣於大國政治、祕密外交與權力均勢等遊戲規則的其他歐洲列強,對於理想陳義甚高的十四項和平建議,縱使檯面上給予相當的尊重,實則不乏輕蔑與嗤之以鼻的心態。顧維鈞可能很早就認定,中國在巴黎和會上的成與敗,能否抗衡日本,收回山東,就取決於美國的態度。是以,唯有揣摩其意、投其所好,方能爭其認同與支持。顧維鈞的發言,在某種程度上,也確實能夠打動美國代表團。例如蘭辛對於顧維鈞的發言,有著「極佳的印象」(excellent impression)。[9]

(二)日本恫嚇手段的事先反制

如同博奕一般,在成功爭取美國人初步的同情後,第二步乃是預測對手日本未來可能的棋路,事先預作防範。由於中國本身並無充分得以抗衡日本的手段與憑藉,故防範的策略,一言以蔽之,還是在於借力使力。關鍵在於,唯有先獲得美國的同情,後面也才能順勢

9　"From Robert Lansing to Frank Lyon Polk," 30 January 1919, *PWW*, Vol. 54, p. 476. 蘭辛在日後的回憶中,更是直言「顧維鈞的辯論輕易地擊敗了日本」。見 Robert Lansing, *The Peace Negotiations: A Personal Narratives* (Boston, New York: Houghton Mifflin Company, 1921), p. 253.

借得美國之力，一來鞏固己身，二來方有氣力能與日本周旋。

　　早在巴黎和會前，顧維鈞即已關注到，日本自中國參戰以來就「不遺餘力地對北京施加壓力」，以確認日本繼承德國在山東的利權。[10] 因此，一旦在巴黎受到挫折，日本很有可能就會改從北京方面下手。基於上述的擔憂，顧維鈞在山東問題發言的隔日（1 月 29 日），隨即又利用與蘭辛晤談的機會，向其表達對於日本不可能善罷甘休的擔憂，後續很可能採取惡意的掣肘行動，以阻擾中國代表團繼續在山東問題上與日本周旋。[11] 顧維鈞此舉，確實有先見之明，帶有打鐵趁熱的考量，想借美國之力，阻止日本的釜底抽薪之計。當時北京政府的幕後派系，乃是與日本較為親善的皖系與安福系，因此對於日本代表團來說，如果能夠運作北京政府出面壓制中國代表團，甚至調整相關人事，不但能夠大幅消弭顧維鈞在十人會上發言的負面影響，甚至有機會徹底扼殺顧維鈞的聯美制日策略。所以可以理解的是，當日本代表團在巴黎和會上受挫後，很有可能會選擇直接向北京政府施壓。顧維鈞或許即是揣測到日本可能的反撲之策，故事先向蘭辛尋求援助，以採取防範措施。

　　顧維鈞的訴求，顯然成功說服了蘭辛。蘭辛在隔日

10　《顧維鈞回憶錄》，第一分冊，頁 164。

11　雖然蘭辛在給威爾遜的報告中，僅稱中國代表團告知其日本有可能在北京恫嚇之事，並未直接指名是顧維鈞所言。但是考諸中國代表團對美聯繫的窗口均是由顧維鈞負責，加上其駐美公使的經歷及與美國代表團成員熟識的情況，應該即是由顧維鈞主導此事，在中日言詞交鋒的隔日，就選擇先向美國告狀。見 "From Robert Lansing " 4 February 1919, *PWW*, Vol. 54, p. 474.

（1月30日）給留守美國華府的國務次卿波克（Frank
Lyon Polk）電報中，即強調此事，並要求美國駐華公
使館密切關注日本的後續動作，並隨時向國務院以及在
巴黎的美國代表團回報。蘭辛在電報中，引述中國代表
團的說法，「他們害怕日本在北京的一些陰謀，會構
成壓力」，迫使他們屈服。[12] 波克也隨即將蘭辛的電
報，完整轉達給駐華公使芮恩施知曉，同時也建議芮恩
施向北京政府外交部表達美國對於此事的態度，提醒中
國「當前的處境，需要至為精細的外交處理，才能避免
激怒日本人」，但同時也希望中國不要屈服於日本的壓
力之下，並「放手」（a free hand）讓在巴黎的中國代
表團自由去處理。[13] 芮恩施在收到蘭辛與波克的訓令
後，即著手安排準備會晤當時代理北京政府外交部部務
的外交次長陳籙。

　　另一方面，誠如顧維鈞所預料的，在中、日代表言
辭交鋒的當日（1月28日），日本代表團確實迫不急
待地在給東京外務省的電報中，指責顧維鈞的不當言
行，並希望日本駐華公使館出面，向北京政府展開交
涉，從而約束中國代表團在巴黎的後續作為。[14] 稍後，

---

12 "From Robert Lansing to Frank Lyon Polk," 30 January 1919, *PWW*,
　　Vol. 54, p. 476, note 1.

13 "From Frank Lyon Polk to P. S. Reinsch," cited from "Frank Lyon Polk
　　to Robert Lansing," 31 January 1919, *PWW*, Vol. 54, p. 476, note 1.

14 日本代表團在給東京外務省電報中，除了詳述顧維鈞在巴黎和會
　　上的發言外，尤其希望在中日密約問題等議題上，北京政府能夠
　　約束中國代表的言行，在未獲日本同意前，中國代表團不得自行
　　公開相關細節。上述電報內容，亦同時發送到日本駐華公使館。
　　見「〈在法國松井大使ヨリ內田外務大臣宛（電報）〉，1919年
　　1月28日，《日本外交文書》，第3冊，上卷，頁114；〈在仏

日本外務省即正式訓令駐華公使小幡酉吉，依照日本代表團的請求，處理後續事宜。[15] 因此，小幡酉吉也積極聯繫北京政府外交部，希望能夠在 1 月 31 日即面晤外交次長陳籙，商討重要事宜。[16]

有趣的是，正當日、美兩國駐華公使都急於求見北京政府外交部次長陳籙，以商討巴黎和會山東問題之際，卻都吃了閉門羹。因為當時正值中國農曆新年（1 月 31 日為農曆除夕、2 月 1 日為大年初一）前後，政府機關已放春節，但因兩國公使均表達想要盡快安排見面的意願，故只好將會晤時間，勉強延至 2 月 2 日的大年初二。陳籙在該日先是接見了日本公使小幡酉吉，隨後又接見美國公使芮恩施，當前者威脅要中國節制巴黎和會的中國代表團，不得任意而為時，而後者卻鼓勵中國應堅定立場，不該屈服在日本壓力之下，而應放手讓中國代表團自由處理。[17] 也由於陳籙先會晤小幡後，才又與芮恩施面談，陳籙應該也有著自己的外交盤算。故當面對日本咄咄逼人的文攻武嚇，早已在過去北京政府外交部在處理二十一條交涉期間，即已經嫻熟運用過的聯美制日與洩密策略等，而陳籙此時選擇仿效前者、重演類

国松井大使ヨリ內田外務大臣宛（電報）〉，1919 年 1 月 28 日，《日本外交文書》，大正八年，第 3 冊，上卷，頁 113。

15 〈內田外務大臣ヨリ在中國小幡公使宛（電報）〉，1919 年 1 月 31 日，《日本外交文書》，大正八年，第 3 冊，上卷，頁 119-120。

16 〈在中國小幡公使ヨリ內田外務大臣宛（電報）〉，1919 年 2 月 3 日，《日本外交文書》，大正八年，第 3 冊，上卷，頁 123-124。

17 〈在中國小幡公使ヨリ內田外務大臣宛（電報）〉，1919 年 2 月 3 日，頁 123-124；"Form P. S. Reinsch to Frank Lyon Polk', 3 February 1919, cited from "Frank Lyon Polk to Robert Lansing," 4 February 1919, *PWW*, Vol. 54, pp. 474-476.

似手法，自然也就不足為奇。況且芮恩施與小幡所關心
的，本來就是同一件事。因此小幡前腳剛走，陳籙即順
勢將其極盡威脅的恐嚇之詞，完整地傳遞給後腳剛至的
美國公使芮恩施。[18] 而同樣親身歷經過二十一條要求，
且對中國抱持同情態度的芮恩施，亦相當清楚日本慣有
的武嚇動作。加以前述蘭辛與波克的叮囑電報，更是認
知到小幡恫嚇一事的嚴重性，故除了循正規模式以電報
告知遠在華府的國務次卿波克外，同時也授意美國公使
館助理武官羅賓森上校，透過軍事管道，緊急將電報直
接發往遠在巴黎的邱吉爾將軍，以便盡早讓美國代表團
獲悉。[19] 羅賓森在電報中，即以相當直白的字眼，轉述
日本在北京的恐嚇動作：諸如要求北京政府必須駁斥中
國代表團在巴黎和會上的聲明，並遵從日本代表團的指
示，否則日本不但將動用武力以持續佔領膠州，同時也
將撤回給中國的財政援助。[20]

（三）日本恫嚇行動的影響

收到駐華公使館示警的緊急電，蘭辛也意識到日

18　關於陳籙在小幡酉吉恫嚇事件中扮演的角色，請參見筆者先前的研
　　究，此處不再累述。見應俊豪，《公眾輿論與北洋外交》，第四章。

19　芮恩施於 2 月 3 日以電報向華府的波克報告此事，波克則於 2 月
　　4 日以電報向在巴黎的蘭辛回報。而北京公使館助理羅賓森則
　　是於 2 月 3 日緊急以兩份電報向在巴黎的邱吉爾將軍報告。由
　　於後者的緣故，蘭辛提早獲知了日本恫嚇之舉，故在 2 月 4 日
　　就向美國總統威爾遜報告此事。見 "Frank Lyon Polk" 4 February
　　1919, *PWW*, Vol. 54, pp. 474-476; "Capt. Hallet R. Robbins to M.
　　Churchill," 3 February 1919, *PWW*, Vol. 54, p. 474, note 2; "From
　　Robert Lansing" 4 February 1919, *PWW*, Vol. 54, p. 474.

20　"Capt. Hallet R. Robbins to M. Churchill," 3 February 1919, *PWW*,
　　Vol. 54, p. 474, note 2.

本在北京恫嚇問題的嚴肅性，故在收到電報隔日，就向威爾遜匯報此事。威爾遜則在 2 月 7 日決定介入，要求蘭辛多管齊下，採取三項措施以制衡並減緩日本恫嚇行動的作用。其一，透過駐華公使芮恩施告知北京政府，建議其「堅定立場」（stand firm）。其二，透過駐日大使莫里斯（Roland S. Morris），以友善的方式，委婉告知日本外務大臣，美國已知悉日本在北京行恫嚇之事，並對日本竟然寧願採取此類作為，卻不願意信任巴黎和會將會公正處理中日爭議的態度，表達「困惱」（distress）之意。其三，向顧維鈞表達美國態度，建議其繼續「依照其認為理所當為之事而行」（follow the course that he (Koo) thinks right）。[21]

看似陰錯陽差的歷史偶然性，但同時卻有其必然性。顧維鈞向蘭辛的事先預警，促成了後續一連串的偶然。若非蘭辛的關注，芮恩施也不會急於在春節期間就會晤陳籙，也才會剛好撞上小幡對陳籙的恫嚇。如果不是在見完小幡後隨即接著見芮恩施，陳籙是否仍會另循管道或尋找機會向美國洩密，則尚猶未可知，但絕對不可能這麼快就見諸外界。美國也就無法及時介入干涉，阻止日本透過北京政府來壓制中國代表團。恰恰是顧維鈞的示警，也讓威爾遜、蘭辛等美國代表團高層親眼目睹了日本私下不甚光彩的武嚇行徑，一方面既可以塑造出日本人素喜耍手段、搞陰謀的陰狠形象，以強化美國代表團對於日本的負面觀感，從而提高對中國的同情，

21　"To Robert Lansing," 7 February 1919, *PWW*, Vol. 54, p. 548.

二方面也落實了顧維鈞話語的可信度,說明其對日本的指控與擔憂並非危言聳聽,自然更有利於中國後續推動的聯美制日策略。而威爾遜在獲悉日本恫嚇情事後,選擇主動介入,同時在北京與東京採取外交交涉,並鼓勵顧維鈞不要受到影響,繼續義所當為,毅然為之。由此觀之,顧維鈞採取的聯美制日策略,在和會外交上,確實已獲致初步的成功。

三、國際聯盟:話語權的掌握

在巴黎和會上,美國既然是中國得以抗衡日本的關鍵,那麼要爭取美國的好感,必須投其所好,攻心為上。事實上,早在和會召開之前,顧維鈞即已想方設法來博取美方的好感。例如他藉由展現對於戰後成立世界和平組織的濃厚興趣,來贏得威爾遜總統密友,且是美國代表團五全權之一豪斯上校(Edward Mandell House)的友善態度。豪斯為人「謹慎寡言」,要從他身上打聽相關情報並非易事,但是顧維鈞卻透過商討世界和平組織等共同話題,就其「心愛的計畫」,讓豪斯放鬆戒心,不但因此獲得好感,同時也透過豪斯,去瞭解威爾遜本人對於重建世界秩序的理想與藍圖。[22] 掌握上述訊息,也才能夠更加針對威爾遜,開展後續對美工作。

---

22 美國對於世界和平組織的規劃,主要乃是由威爾遜與豪斯負責與推動,特別是豪斯還肩負著美國與其他盟國溝通組織計畫草案的重任,多次赴英、法交流看法,疏通歧見。顯而易見,關於戰後和平組織的擘建,豪斯不但是重要角色,且是得以深入威爾遜視野的關鍵人物。見《顧維鈞回憶錄》,第一分冊,頁 162-163。

（一）參與國際聯盟委員會

而從巴黎和會召開後，關於重建戰後世界秩序、成立和平組織等相關事務來看，顧維鈞事先對美的宣傳工作，確實已獲致相當成效。尤其在威爾遜至為關注的國際聯盟議題上，顧維鈞已成功吸引到他的重視。1919年2月初召開的國際聯盟盟約起草委員會，除了美、英、日、法、義等五大強國各有兩名代表與會外，威爾遜還特別邀請了另外五個代表，其中就包括顧維鈞。[23]顧維鈞能夠獲邀，部分原因跟他在擔任駐美公使期間，即下足功夫，早早對國際聯盟表達出很大的熱情與支持，並透過豪斯，讓威爾遜印象深刻，故才邀請其參與國際聯盟盟約起草委員會，以共襄盛舉。固然，顧維鈞本身可能就對國際聯盟抱持厚望，認為中國能夠盡早參與，絕對有助於提升中國的國際地位。但毋庸置疑的是，作為十四項和平建議中，威爾遜最為重視的國際聯盟，向來都是他誓言要在戰後實現的理想與政治抱負，故外國友人如果不吝於支持國際聯盟，並對其表達由衷的興趣，很容易能夠獲取威爾遜的關注，甚至引為知己與同路人。因此，從顧維鈞獲邀出席起草委員會一事，可以看出他在駐美期間，對於國際聯盟流露的參與熱

23　威爾遜邀請的另外五個代表，分別是比利時的 Paul Hymans、巴西的 Epitacio Pessoa（參議員）、中國的顧維鈞、葡萄牙的 Jayme Batahal Reis（葡萄牙駐俄國公使），以及塞爾維亞的 Milenko R. Vesnitch。相較於美、英、日、法、義等五強國（Great Powers），上述五人乃是作為「小國」（Smaller Powers）代表與會。見 "To Lord Robert Cecil," 1 February 1919, *PWW*, Vol. 54, p. 426, note 1; "Minutes of a Meeting of the Commission on the League of Nations," First Meeting, 3 February 1919, *PWW*, Vol. 54, pp. 463-464.

情，以及對於此議題所做的努力與規劃，應該已或多或少即博得威爾遜的相當程度的好感。而擁有威爾遜的善意，則是未來推動聯美制日外交策略的重要前提要素。因此，顧維鈞後續積極參與巴黎和會國際聯盟委員會的各類討論，除維護中國利益外，也能夠引起美國的注意。

（二）國際聯盟行政院代表權問題

關於盟約草案第三條的國際聯盟行政院（Executive Council）代表權問題，原先草案只有五強國作為常任國代表，其他小國則無出席討論的權利，除非議題涉及到該國權益。但與會的小國代表巴西帶頭質疑，如果依此規定，則此行政院恐將成為五強國的御用行政院，而非能夠代表所有國家的國際聯盟行政院。顧維鈞亦表態支持巴西代表的質疑，主張行政院中，除了五強國擔任常任國外，理應還要設有其他小國代表。

巴西代表主張在國際聯盟行政院中加入其他小國代表的提案，獲得與會葡萄牙、比利時、塞爾維亞等其餘小國代表的支持。同樣作為小國代表的顧維鈞，亦採取同一立場，發言贊同。大國代表的法國與義大利，也倒戈表態支持此提案。美、日兩國代表並未做明確表態，唯獨英國代表質疑加入小國代表的正面作用。由於只有英國代表質疑的情況下，行政院中加入其他小國代表，乃成為委員會的多數共識。[24]

---

24 關於國際聯盟行政院代表權的討論，見 "Minutes of a Meeting

　　由於行政院納入小國為非常任代表的爭議，恐將會對未來行政院在決策時的重大影響，因此，在上述開會討論後隔日，1919 年 2 月 5 日，美國代表豪斯特別聯繫了英、法、義等三國代表，共同商討盟約第三條的調整事宜。很明顯的，這應該是五強國擬針對國際聯盟行政院代表權調整事宜的內部協調會。然而，格外具有意義的是，在此次協調會議中，並未邀請五強國之一的日本，而在小國代表中，也僅是顧維鈞獲得邀請，卻非當初提案表達修正之意的巴西代表。[25] 這或許也反映出在國際聯盟盟約的討論上，美國代表團內部，特別是豪斯對於顧維鈞的重視。

（三）宗教與種族平等原則

　　盟約草案第二十一條的討論，關係到宗教事務，強調要尊重人類良知與宗教活動的不可侵犯性，並致力於消弭因宗教問題所產生的國際紛爭。宗教平等，也是威爾遜自始即非常重視的議題。然而，日本代表牧野伸顯卻針對此條草案，另外提出了附加修正案，認為種族歧視與宗教問題一樣重要，都可能對於未來世界和平造成重大威脅。因此牧野主張草案第二十一條除了原先的宗

---

of the Commission on the League of Nations," Second Meeting, 4 February 1919, *PWW*, Vol. 54, pp. 481-483.

25　出席討論盟約第三條會議者，有美國代表豪斯、英國兩位代表前外交次官西賽爾（Robert Cecil）與南非總理史末資將軍（J. C. Smuts）、義大利代表首相奧蘭多（Vittorio E. Orlando），以及顧維鈞。原先豪斯也有邀請法國代表前總理布儒瓦（Léon Bourgeois），但因聯繫不上布儒瓦，故他並未與會。見 "From Edward Mandell House," 5 February 1919, *PWW*, Vol. 54, pp. 494-495.

教問題外，還應該加入此段：

> 由於國家平等作為國際聯盟的基本原則，簽約國同
> 意，盡快對於其國內所有聯盟成員國的外國公民，
> 在各個方面，給予公正的對待，以及在法律或實務
> 層面，不因其種族或國籍，而有所歧視。[26]

　　牧野並長篇大論地倡言種族平等，從過去大戰中同
盟國並肩作戰的袍澤之情，到戰後為了維護國際秩序，
聯盟成員國間將承擔國際責任，甚至不惜犧牲生命，出
兵保護其他成員國的安全對抗外來侵略者等各種角度，
反覆申明種族平等對於維護國際和平以及聯盟未來發展
的重要性。這就是知名的種族平等方案，也是除了山東
問題之外，日本代表團在巴黎和會極為關注的另外一個
重要議題。此提案的訴求，看似冠冕堂皇，聲言普世價
值，然而眾所皆知，實則意有所指，明顯即在針對美國
加州、夏威夷等地區對於日本移民所施加的種種限制與
歧視政策而來。[27]

　　日本提出種族平等方案在針對美國，但此案所揭櫫
的普遍原則，對於由眾多民族組成的大英帝國，同樣也
將帶來極大的衝擊。因此，當美國代表團尚未為此提案
表示態度，作為該次會議主席的英國代表、前外交次
官西賽爾立刻就迫不及待表達質疑的立場，認為茲事體

26　"Tenth Meeting" 13 February 1919, *PWW*, vol. 55, pp. 137-140.

27　關於美國對於日本移民的歧視，可以參見示村陽一，《異文化社
　　会アメリカ》（東京：研究社，2006），頁 10-11。

大，將對大英帝國造成重大問題為由，主張擱置日本提
案，待之後再議。

值得探究的是，顧維鈞究竟如何回應日本的修正
案。畢竟，對於近代以來受到不平等條約特權體制桎
梏，飽受歧視的中國來說，理應支持日本種族平等方
案，因為此原則如獲國際聯盟確認，載入盟約，對於中
國未來爭取調整與改正既有特權體制，自然有很大的助
益。但是矛盾的是，種族平等方案無疑是日本針對美國
的利器，中國如支持日本，勢必得罪美國，也有違聯美
制日策略，不利於未來山東利權的爭取。中國如發言支
持種族平等，恐將成為日本反制美國的馬前卒，也會造
成中美嫌隙。況且，不久之前，當日本在北京就山東問
題進行威脅恫嚇之際，正是美國率先挺身而出，表達關
切之意並制衡日本。

面對此兩難局面，作為中國代表的顧維鈞，發言尤
為關鍵。無論是發言支持或反對，似乎都有所利弊。但
如靜默不言，亦不甚恰當，畢竟此原則亦關係中國權
益，刻意不發言，反而可能讓人有軟弱不敢表態之嫌
疑。根據會議紀錄，顧維鈞顯然並未因立場尷尬而選擇
逃避此問題，而是在會議主席西賽爾表達擱置此案的意
見後，隨即主動表示，中國政府與人民對於牧野男爵的
提案，有著非常濃厚的興趣（deeply interested），他自
然也完全同情此修正案的精神，但是由於仍須等待中國
政府的指示，因此他保留在未來討論此議題的權利，並

聲明要註記在會議紀錄中。[28]

換言之，顧維鈞相當有技巧性地，一方面既表達興趣與同情，申明中國對於種族平等原則的認同，但另外一方面卻又藉口常規外交授權程序，須待政府進一步的指示為由，來迴避是否支持日本提議的修正案。[29]

四、國際聯盟：聯美與制日的反思

早自美國參戰後，顧維鈞即於駐美公使館內，成立一個特別小組，針對戰後世界秩序安排以及籌組和平組織等各類議題，廣泛進行情報蒐集，彙整美、英各國出版有關的計畫草案，從而事先規劃中國在上述計畫草案中，應該採取的態度與對策。顧維鈞認為關於戰後建立世界組織一事，關係到中國的利益，且對於中國的未來，「極為重要」。除了蒐集情報外，此一特別小組也致力於研究分析，針對晚清以來列強在華建立的條約特權體制，以及日本近來的對華侵略（二十一條要求以及中日條約等），中國該如何在巴黎和會上採取因應對策。[30]

28　"Tenth Meeting" 13 February 1919, *PWW*, Vol. 55, pp.137-140.

29　關於宗教與種族平等原則，後來因與會諸多代表均認為爭議過大，似不宜納入盟約之中，而應待國際聯盟成立後再來審慎處理。因此，在眾意決議之下，決定將盟約草案第二十一條完全撤銷。此外，因威爾遜並未出席此次盟約起草委員會，而是由豪斯出席。故針對委員會做出撤銷盟約草案第二十一條的決定，豪斯發言表示他將通知威爾遜此事，但強調要保留威爾遜在巴黎和會上再提此案的權利。

30　小組成員有容揆、伍璜以及魏文彬等人。見《顧維鈞回憶錄》，第一分冊，頁 162-163。

在巴黎和會有關國際聯盟盟約草案的討論上，確有部分條款，乃是從大國立場著眼，而忽略甚至可能影響到小國（包括中國）的權益。特別是在一些可能涉及到中國的議題時，顧維鈞在國際聯盟委員會所面臨的挑戰，是究竟該如何權衡利弊得失，從而妥適發言，一來在維護中國權利的同時，盡量避免與美國立場發生嚴重對立，二來則是防止日本順勢利用國際聯盟盟約所定義的大國地位，變相強化在華的特權與影響。由此觀之，上述特別小組所做的事前準備工作，就顯得相當重要，可供顧維鈞制定合宜的對策參考。

（一）門羅宣言的適用性

巴黎和會國際聯盟委員會在討論到盟約草案第十條時，曾經因門羅宣言的適用原則問題，一度引起與會代表相當熱絡的討論。法國代表甚至與美國總統威爾遜多次言詞交鋒，互不相讓。該條規定，國際聯盟誓言維護個別成員國主權的獨立與領土完整，不因盟約的簽署，而受到絲毫的減損，且聯盟將竭力保證上述原則的實現，當成員國主權與領土受到侵害時，聯盟將不惜動用武力維護之。不過，此項原則有可能抵觸到門羅宣言，故威爾遜乃提出修正案，希望在第十條條文中，加上下述文句：

> 盟約條款將不會影響到國際約定，例如仲裁條約，或是像門羅宣言等為了確保和平而達成的區域諒解

等的有效性。[31]

威爾遜提出修正案的目的，就是希望盟約對於成員國主權獨立與領土完整的確定，不致於影響到門羅宣言的有效性。畢竟在門羅宣言的原則下，對外美其名美洲是美洲人的美洲，但實則隱含著美國對於美洲事務及諸國的霸權，不容歐洲國家染指。

然而，如果依據 1823 年美國總統門羅的原話：「我們不允許你們介入我們的事務，但作為交換，我們將不會介入你們的事務」，前半句固然聲明阻止歐洲介入美洲事務，但後半句卻表明美洲也不願介入歐洲事務的態度。如果將門羅宣言納入盟約之中，門羅的後半句，則變相免除了美國承擔維護美洲以外世界秩序的責任。因此，將門羅宣言納入盟約條款中，可能造成的疑慮有兩個：其一，如果未來在美洲地區發生國際爭端，以歐洲國家成員為主的國際聯盟，如果派兵介入處理，是否有可能牴觸到門羅宣言？其二，如果在美洲以外的其他地區發生國際爭端，國際聯盟決議介入處理，但美國能否以門羅宣言為由，拒絕承擔出兵與重建秩序的共同責任？[32]

---

31 "Minutes of a Meeting of the League of Nations Commission," Fourteenth Meeting, 10 April 1919, *PWW*, Vol. 57, pp. 218-232.

32 在國際聯盟委員會上，法國代表即異常關注美國對於承擔歐洲事務應負的「責任」，特別是戰後美國對於重建法國提供的援助。此種疑慮，可能也跟歐戰初期美國流露出置身事外的態度有關。換言之，法國代表擔心未來美國可能藉口「門羅宣言」，來為其孤立主義傾向做辯護。不過，英國代表則力挺美國，並質疑法國代表誤解了門羅宣言的真實意涵。因為當提及門羅宣言時，往往著重的是阻止歐洲介入美洲事務，而較少強調美國不會介入歐洲事務。英國代表並指出，事實上當美國擺出拒絕介入歐洲事務的依照威爾遜上述修正案的文句，等於為門羅宣言以及其他類似的區域諒解進行背書，強調不會因盟約的簽署，而影響其效力。日本未來有可能將二十一條要求等中日協議，理解為上述所謂的區域諒解，聲稱符合國際聯盟盟約的規範，則中國未來想要翻案或是收回山東利權，恐將更為困難。更棘手的是，如果日本擴大解釋上述修正案，甚至要求比照辦理，高喊所謂的亞洲門羅主義，對外聲稱亞洲是亞洲人的亞洲，不容外人干涉，對內則大搞霸權、壓制其他國家，勢必將嚴重危害到中國的利益。[33] 關於此點，當然並非危言聳聽，因為早在1917年的《蘭辛－石井協定》中，已強調日本由於地緣因素的關係，在中國擁有特殊利益一事，多少就已蘊含了亞洲門羅主義的某種精神。

事實上，從顧維鈞在國際聯盟委員會上的發言，可知他確已清楚意識到此修正案對於中國可能的風險，特別是在威爾遜修正案中所提「區域諒解」（regional understandings）的延伸意涵。基於討好威爾遜、聯合美國的立場，顧維鈞當然贊成將門羅宣言納入盟約條款中，但是對於「區域諒解」一詞則始終抱持高度戒心，

態度時，往往引據的並非門羅宣言，而是華盛頓的獨立告別演說。威爾遜也解釋，在歷史上，門羅宣言的出爐，部分原因乃是應英國等歐洲國家之請，阻止專制主義入侵美洲，以維護民主制度。由關於美、英、法等國代表針對門羅宣言的辯論，見 "Minutes of a Meeting of the League of Nations Commission," Fourteenth Meeting, 10 April 1919, *PWW*, Vol. 57, pp. 218-232.

33 關於威爾遜觀點與日本亞洲門羅主義之間的關連性，以及其所引起的爭議，亦可參見章永樂，〈威爾遜主義的退潮與門羅主義的再解釋——區域霸權與全球霸權的空間觀念之爭〉，《探索與爭鳴》，第 3 期（2019），頁 97-109。

況且還是英文複數，可以泛指世界上其他的「區域諒解」，自然也包括亞洲地區。因此，顧維鈞在會上即發言質疑「區域諒解」的意涵過於廣泛，建議只單列門羅宣言即可，排除掉其他「區域諒解」等字句。不過，顧維鈞的建議案，隨即遭到英、法兩國代表的反對，畢竟如果僅單列門羅宣言，實在太過刻意，似乎帶有因人設事、專為美國量身打造的含意，凸顯出美國的特權地位。或許是感受到顧維鈞的擔憂，威爾遜總統在稍後的發言中，再次解釋凡是侵犯其他國家領土完整與政治獨立的區域諒解，均被視為是牴觸盟約規定。但凡簽署盟約的成員國，其原先簽署的區域諒解，如果有違盟約，自然也將立即失去效力。威爾遜並重申，之所以在盟約中提及門羅宣言，並非另有所圖，只是要確認門羅宣言並沒有抵觸到國際聯盟盟約的事實。[34]

在後續的討論上，雖然顧維鈞再次提出「區域諒解」一詞定義過於籠統，為避免發生誤解，建議僅單列門羅宣言即可，但依然未能取得威爾遜總統的認可，也不被國際聯盟委員會接受。[35]

（二）仲裁爭端期間的軍事備戰

在討論盟約草案第十二條有關處理國際爭端仲裁事務等相關規定時，日本代表牧野伸顯要求加入修正案，

---

34 "Minutes of a Meeting of the League of Nations Commission," Fourteenth Meeting, 10 April 1919, *PWW*, Vol. 57, pp. 218-232.

35 "Minutes of a Meeting of the League of Nations Commission," Fifteenth Meeting, 11 April 1919, *PWW*, Vol. 57, pp. 248-266.

主張在仲裁期間，爭端當事國仍有權在其軍事上限的程度內，進行軍事備戰。[36] 牧野強調盟約草案第八條，已確立承平時期各成員國應裁減軍備上限的原則，而在此原則規範下，各國的軍備上限均已大幅裁減，因此就算爭端當事國進行軍事備戰，在前述上限的限制下，也不會太過擴張。況且，另一爭端當事國也可以採取類似的軍事備戰，故並不會影響仲裁期間兩爭端當事國之間的軍事平衡。[37]

日本代表團關於國際爭端仲裁期間的軍事備戰修正案，引起了國際聯盟委員會各國代表的激烈討論。英國代表西賽爾即率先抨擊，指控此案將不利於弱小國家，因為高度發展的大國本來就容易維持較高的軍備上限，但弱小國家卻不可能在短時間內進行軍事備戰，故將在仲裁期間內面臨較為不利的困境。委員會主席威爾遜也坦承盟約草案第八條規定的軍備限武，不可能有效約束仲裁期間的軍事備戰。事實上，所謂盟約第八條的軍備限武，充其量只是制定一個軍備上限，而有心的國家，只要不超過上限，或是變相制定較高的上限標準，還是

36　關於國際聯盟盟約草案第十二條有關國際爭端的仲裁規定，以及日本所提的修正案，實際上並非創議，早在 1899 年、1907 年兩次海牙和平會議中，即已致力於建立和平解決國際爭端的機制。歐戰爆發前，美國國務卿布萊恩（William Jennings Bryan）亦曾推動所謂的「冷卻條約」（cooling off treaties），主張成立永久的仲裁與調查機制，協助處理外交手段無法解決的國際爭端，以避免戰爭的發生。關於透過仲裁機制以和平解決國際爭端，見 Charles Howard Ellis, *The Origin, Structure & Working of the League of Nations* (Boston: Houghton Mifflin, 1928), pp. 290-294.

37　"Minutes of a Meeting of the League of Nations Commission," Fifteenth Meeting, 11 April 1919, *PWW*, Vol. 57, pp. 248-266.

可以在不違反第八條的前提下，輕易進行軍事動員、擴充與備戰。因此，西賽爾強調日本的修正案將會為那些「肆無忌憚的國家」（unscrupulous states）大開方便之門，至於弱小的國家也將更無與之抗衡的本錢。與會其他國家代表，也都紛紛表達質疑的態度，擔心日本修正案，恐怕將會導致國際聯盟其他成員國的不安，不利於推動戰後軍備裁減，甚至導致戰爭。

待與會諸國代表均表達質疑立場後，顧維鈞才發言附和，順勢痛批日本的建議案勢必會催生出一個很不好的結果，那就是部分成員國可能會傾向在承平時期維持一個較高的軍事上限，如此一旦面臨國際爭端與仲裁時，將可以迅速動員軍隊進行備戰。顧維鈞並嘲諷此修正案如果落實，不啻將會重演歐戰前的情況。因為當一個國家維持較高的軍事上限，其他國家也將效法，以免落居人後，畢竟「軍事備戰是會傳染的」（Military preparations were contagious）。更為嚴重的是，如果仲裁期間的軍事備戰是被容許的，勢必連帶影響到歐戰後的軍事限武，那些原先贊成裁減軍備上限的國家，恐怕也會改變態度，競相維持一個較高的軍備上限，以便不時之需。如此原先的軍備限武也將形同虛設，屆時整個世界，亦將成為「名副其正的軍營」（a veritable armed camp）。故顧維鈞主張應該撤銷日本修正案，避免以戰止戰，營造真正和平的氛圍。

雖然顧維鈞的言論，與之前發言的其他國家代表立場大致類似，均表露對日本修正案的質疑之意，但是似乎有意落井下石、追打落水狗，並試圖將日本修正案，

引導理解成世界和平的破壞者。軍國主義以及軍備競賽
早已公認是導致歐戰的最主要元兇，而國際聯盟的成立
以及推動軍備限武，均是為了避免重蹈覆轍，避免戰爭
再次發生。不難理解，顧維鈞所言可謂字字誅心，極為
露骨，其意圖自然刻意在提醒日本建議案與國際聯盟原
則的背道而馳，並強化威爾遜以及其他國家對於日本的
負面觀感。

　　事實上，威爾遜後來亦坦承確實有所不察，因為他
之前在審視日本修正案時，並未顧慮到此案可能導致的
諸多後果，故同意列入討論議程。他認為日本修正案引
起了許多迴響，但如果委員會絕大部分的成員均對此案
抱持疑慮，當然應該予以重視。在威爾遜表態以及與會
代表的多數壓力下，日本代表牧野最終只能表示不再堅
持原議，故此修正案遭到委員會正式撤銷。[38]

（三）介入仲裁國際爭端的處理原則

　　關於國際聯盟盟約草案第十五條，該條主要規範對
於未依盟約提交仲裁或司法解決的成員國爭端案時，國
際聯盟行政院的處理程序。威爾遜建議，國際聯盟在主
動處理上述國際爭端案時，如果發現該類爭端，依照
國際法，完全屬於其中某成員國的國內管轄權時，則負
責處理的行政院，應該如實回報，且不應該繼續介入處
理，影響該爭端的解決模式。然而，顧維鈞則提案在威

38　以上有關日本對於盟約草案第十二條的討論，詳見 "Minutes of a Meeting of the League of Nations Commission," Fifteenth Meeting, 11 April 1919, *PWW*, Vol. 57, pp. 248-266.

爾遜的字句後，應附加上例外情況：若擁有該爭端國內管轄權的成員國主動要求國際聯盟介入，則行政院仍應著手處理。[39]

威爾遜的建議，可謂清楚反映出國際聯盟雖然應該致力於解決國際紛爭，但是有其限度，尤其不應介入單一成員國的內政事務，避免干涉他國內政。此議的著眼點之一，乃是在於避免某成員國假國際爭端之名，援引國際聯盟的力量，介入另外一成員國之國內事務。而顧維鈞建議增加的例外情況，則可能是顧慮到某些國際爭端，固然在本質上屬於某國之內政事務，但是如果該國在事實上無力抗衡與發生爭端的另外一國，且可能因受到威脅或基於其他顧慮，而未能提出國際仲裁時，則國際聯盟的主動介入，協助瞭解並公開是非曲直，就顯得很必要了。

上述假設的情境，如果從歐戰以來的中日關係觀察，就可以清楚理解顧維鈞之所以要提出修正，彌補威爾遜建議不足之處的原因。例如日本利用歐戰之機提出的二十一條要求中，許多均屬於中國內政事務，諸如南滿、東蒙，或是軍事、警察、礦場、港灣等事務。形式上，中國固然有自由處分的權力，但是當面對日本時，則事實上並非如此。因此，如果日本以中日糾紛，純屬於中國內政事務，而排除國際聯盟介入處理的可能性，對於困於弱國外交現實的中國來說，將造成更大的不利

---

39 "Minutes of a Meeting of the League of Nations Commission, Twelfth Meeting, March 24, 1919, *PWW*, Vol. 56, pp. 223-233.

情況。而日本也將更有恃無恐，利用盟約條款的漏洞，甚至藉由扶植代理人政權，透過中國親日派的協力合作，將中日爭端界定為中國內政事務。

此外，根據會議紀錄，關於盟約草案第十五條，在國際聯盟委員會上的討論相當熱絡，不少與會代表均先後表示調整與修改建議。但是顧維鈞完全未就其他代表的建議而有所意見，反而僅針對威爾遜的建議提出發言補充。其動機，固然有上述的顧慮，但可能多少亦帶有吸引威爾遜目光的考量在內。畢竟盡可能地引起威爾遜的關注與重視，方能在必要時發揮一定程度的作用。事實上，對於顧維鈞就其例外情況所做的修正補充，作為委員會主席的威爾遜並未發言反對，而是將兩人所提建議一併送交起草委員會討論，顯見其也接受顧維鈞的論點。[40]

五、顧維鈞與聯美制日

早在歐戰期間，1917 年 4 月，在華盛頓泛美聯盟大樓（Pan American Union Building）的一次歡迎晚宴上，除

40　"Minutes of a Meeting of the League of Nations Commission, Twelfth Meeting, 24 March 1919, *PWW*, Vol. 56, pp. 223-233. 威爾遜總統及顧維鈞提出的例外情況，雖然一度被國際聯盟委員會接受，並送交起草委員會做一進步討論。不過很可惜的，後來盟約第十五條的確定版本，依然還是將顧維鈞所建議的例外情況刪除。關於盟約第十五條的詳細內容討論，可以參見 Walter Dorn, "The League Covenant and The UN Charter: A Side-by-Side Comparison," 12 May 2008.（網路資料 https://walterdorn.net/pdf/UNCharter-LeagueCovenant-Comparison_Dorn.pdf ，擷取時間：2023 年 7 月 28 日）

了作為主賓的英國外相巴爾福（Arthur James Balfour）、
主持人國務卿蘭辛，以及參、眾兩院議員外，各國駐華
盛頓的外交使節均受邀出席此次宴會。美國總統威爾遜
依然是晚宴上的焦點，但僅作了約不到二十分鐘的短暫
停留後，即迅速離席，故顧維鈞並沒有與威爾遜有深
入談話的機會。不過，顧維鈞還是與威爾遜的祕書布
拉哈尼（Thomas W. Brahany）進行了對談。根據布拉
哈尼該日的日記，他與顧維鈞在晚宴上進行了一次「有
趣的談話」。此乃因布拉哈尼的一位朋友布理斯（Sam
Blythe），[41] 當時正在幫《星期六晚郵報》（*The Saturday
Evening Post*），[42] 撰寫有關中國政治發展的評論文章，故
兩人之間有了共同的話題。布拉哈尼還特別詢問顧維鈞
對於布理斯文章的觀感。顧維鈞的回應，則讓布拉哈尼
相當印象深刻，在其日記中記載著：「他帶著狡猾的笑
容，以真正東方式的外交（real oriental diplomacy），說道
『是的，他（布理斯）是一個非常機智的作家』」。[43] 布
拉哈尼並未定義何謂「真正東方式的外交」，但顯然帶
有一絲攻於心計、異常狡黠聰慧之意。

41　布理斯是《星期六晚郵報》重量級的政治評論家，素以觀察與針
　　砭美國政治為擅長。見 Jan Cohn, *Creating America: George Horace Lorimer
　　and The Saturday Evening Post* (Pittsburgh: University of Pittsburgh Press,
　　1989), p. 58.

42　《星期六晚郵報》是 1920 年代至 1960 年代美國重要的週刊，
　　對於中產階級有相當大的影響力。關於該郵報的營運模式及其興
　　衰，可以參見 Roger I. Hall, "A System Pathology of An Organization:
　　The Rise and Fall of the Old *Saturday Evening Post*," *Administrative Science
　　Quarterly* (1976), pp. 185-211.

43　該晚宴是為了歡迎以英國外相巴爾福為首的英國訪問團而舉辦
　　的，由美國國務卿蘭辛主持。見 "From the Diary of Thomas W.
　　Brahany," 24 April 1917, *PWW*, Vol. 42, pp. 125-126.

　　從《威爾遜文件》中看到的顧維鈞及後來在巴黎和
會上的種種作為，固然反映出精於算計的三個面向：其
一，似乎刻意討好威爾遜，投其所好，竭力爭取好感與
關注；其二，對於日本，則步步為營、料敵從寬，預
判可能作為，盡可能提早採取反制之道；其三，利用公
開發言或與美國互動的機會，刻意將日本的所作所為，
盡量推到美國的對立面，營造出美、日矛盾格局。外交
本來就是講求彼此算計的藝術，籌算自己的本錢，但也
估算別人的籌碼，多方博奕。尤其對於弱國外交而言，
更是如此。因為本錢不夠，如果仍拘泥於常規行事，視
計謀於不顧，不多加盤算，不啻是棄子投降。以當時日
本志在必得的德屬山東權益來說，中、日間已有密約束
縛，美國以外的英、法、義三強也與日本達成私下諒
解，中國代表團要在此議題上翻盤，本來就是不可能的
任務。姑且不論顧維鈞是否事先知曉前述祕密協議，僅
就中、日兩國當時相差懸殊的國際地位與實力，如欲在
山東問題上與日本爭鬥，依然只能夠盡量增加己方的助
力，並削減對手的優勢。歐戰期間，顧維鈞在擔任袁世
凱祕書參與中日二十一條要求交涉的過程中，即已充分
運用了挾外自重、以西洋對東洋的策略，透過英美報紙
外洩關鍵情資，藉此煽動西方國家對於日本的疑忌，提
高外部干涉壓力，以掣肘日本的武嚇威脅。而隨著顧維
鈞出任駐美公使，如果對於與二十一條密切相關的山東
問題仍然念茲在茲，自然不排除故計重施，利用駐節美
國能夠與威爾遜及美國政要經常往來的機會，精心佈
局。特別是當世界大戰逐漸走到尾聲，威爾遜又磨刀霍

霍，喊出要調整國際秩序，重新規劃戰後世界格局的偉
大構想。顧維鈞在美國直接感受到威爾遜改造世界的熱
情與企圖之際，但同時卻又苦心焦慮，籌思如何方能以
弱對強，從日本手中收回山東利權。

以當時的國際現實，對於中國來說最有利的盤算，
莫不過在於如何才能夠將中國想收回山東的圖謀，置放
到美國想改造世界的大架構之內，利用美國的理想與規
劃，來抗衡日本。簡單來說，就是必須將中國與日本的
爭議，拉進美國的世界博奕之局中。順此邏輯，去理解
並分析顧維鈞在巴黎和會前後的所作所為，就會有更為
清晰的思路。

1919 年 1 月顧維鈞在十人會上關於山東問題的報
告，不就是意圖將山東歸屬問題劃入民族自決原則？山
東主權如不能歸還中國，恐將埋下紛爭與戰爭的種子，
而這不正也是威爾遜致力於重建世界新秩序，想要改變
的國際現實嗎？顧維鈞事先向美國國務卿蘭辛預警日本
可能在北京行威脅之事，不就是要提醒美國人，日本可
能又要重演歐戰期間與二十一條交涉時的舊伎倆，透過
祕密外交與武力威脅來控制中國？換言之，顧維鈞的企
圖，應該就是一再提醒美國人，日本行徑與十四項和平
原則的牴觸之處，提高威爾遜以及美國代表團對於日本
的猜忌與敵意。如此，在某種程度上，方能夠將中日之
爭，拉高到美、日矛盾的格局。而顧維鈞對國際聯盟事
務的積極參與，誠然反映出本身對於國際集體安全機制
的高度期望，但不容否認的是，國際聯盟的籌組及組織
章程與行事原則的確立，始終是威爾遜在巴黎和會中最

為關注的議題之一。而對國際聯盟議題表現出強烈的興趣與參與熱誠，可以吸引威爾遜目光，進而換取親善之意。而威爾遜以及美國代表團的善意，正是當時中國亟需，並得以抗衡日本、爭取山東的最大憑藉。再者，在國際聯盟盟約的制定上，顧維鈞也積極參與討論，一來避免日本有可趁之機，利用盟約條款，擴大在華的控制權，二來則試圖營造出未來有利於中國活動的國際舞台。

六、小結

在美國代表團眼中，顧維鈞或許是一個聰明又善於投機取巧之人，而所謂「真正東方式的外交」，亦隱含有些許嘲諷蔑視之意。然而，即使是泱泱大國，有時仍免不了彼此算計、縱橫捭闔，對於當時身處小國困境的中國，面對「弱國外交」，更是應該要精打細算、籌劃再三，假如本身無力，那就借力使力，以最大化爭取自己的利益。毋庸置疑，顧維鈞的精於算計，以及致力推動的聯美制日策略，試圖將弱國外交的彈性，發揮到相當淋漓盡致：將局做大，拉美、日入套，俾將中日矛盾，納入歐戰後的美、日矛盾。[44] 雖然從一時的結果論而言，顧維鈞的算計並未獲致成功。在關鍵時刻，由

---

44 關北洋外交官對於「弱國外交」的運用，顧維鈞並非特例，其他外交官同樣也有類似的情況。關於近代以來中國「弱國外交」的具體展現，亦可以參見任天豪以另外一位中國知名外交官胡惟德為例的研究。見任天豪，〈胡惟德與清末民初的「弱國外交」〉（臺中：國立中興大學碩士論文，2004）。

於義大利代表團為阜姆（Fiume）問題爭議退出巴黎和
會，日本遂利用此一良機威脅要退出和會，連帶地牽動
到國際聯盟的籌組，迫使威爾遜選擇犧牲中國，而與日
本妥協。然而，中國在山東問題上聯美制日策略的格局
雛形已然成形，後續中國的對日方策，基本上仍是大致
依此格局而行。中國知識分子與學生團體誠然對於巴黎
和會山東問題的失敗感到極其失望，從而刺激出五四學
生運動，但卻未因此出現排外仇美的情緒，反倒是選擇
繼續拉攏美國，以對抗日本。

巴黎和會只是顧維鈞遂行聯美制日策略的其中一個
舞台。事實上，從二十一條要求交涉起，歷經了巴黎和
會、華盛頓會議後，顧維鈞仍持續在中國反日問題上發
揮影響力。尤其在 1920 年較親英美的直系軍閥，取代
歐戰期間與日本勾結的皖系，控制北京政府後，顧維鈞
可供發揮與著力與揮灑的空間也就愈大。日本方面亦相
當關注顧維鈞在介入處理中日關係上的動向。《京津日
日新聞》即曾分析直系所推動的反日計畫，背後可能有
顧維鈞等人運籌帷幄的影子。以曹錕、吳佩孚為首的直
系當局，向麾下各省督軍，下達有關處理中日爭議的指
導棋：為了謀求二十一條要求的解決，訴諸國際仲裁，
國內如火如荼的抵制日貨運動，適足以作為民間輿論的
充分展現與背書，或許有益於中國在外交上繼續爭取權
益。《京津日日新聞》懷疑上述政策背後，很有可能乃
是直系當權派曹錕、吳佩孚兩人與所謂英美系外交官汪
大燮、王寵惠、顏惠慶、施兆基、顧維鈞等人密集會商
的結果。因為與此同時，王寵惠即將出任海牙國際法院

法官,而顧維鈞則將擔任駐英公使,他們可能想利用地利之便,選擇在歐洲,繼續爭取美英同情,並透過國際仲裁,推翻二十一條要求。換言之,《京津日日新聞》研判,直系與英美外交系私下達成的默契乃是,曹、吳等當權派在國內主導並塑造足夠的反日民族輿論,藉此提供王、顧兩人繼續在國外的宣傳造勢活動與推動仲裁。[45]

簡言之,自歐戰期間的二十一條要求交涉、戰後的巴黎和會山東問題交涉,再到 1921 年至 1922 年華盛頓會議上運作美國以會外協調形式幫助中國以價償手段取回山東等,均可以清楚看見北洋外交官一脈相承的聯美制日外交方針。而此套策略背後,均可能與顧維鈞的出謀劃策與運籌帷幄脫離不了關係。

---

45 朴庵,〈直隸派の排日計畫〉,《京津日日新聞》,1923 年 4 月
　2 日。

第三部
輿論宣傳與歐戰後美、日
在華對抗論

第九章　日本的反美輿論宣傳與美日互動

一、前言

　　歐戰以來，美、日在不少問題上均有矛盾與衝突，尤其是日本利用歐戰期間所擴張的地盤與利益，卻往往感受到美國的橫加阻攔。早自日本向袁世凱政府提出二十一條要求始，美國就曾表態質疑日本的企圖，亦不承認日本片面變動列強在華特權現況。歐戰結束後，日本參戰的兩大戰爭成果：德屬山東膠州灣租借地以及北太平洋群島，也每每遭受到美國的阻礙，甚至希望以五大國的委任託管，來取代日本的獨佔。在出兵西伯利亞問題上，美國也與日本衝突不斷，無論對於出兵數量、佔領區域抑或是否要介入俄國內政等問題上，美國均與日本有很大的歧見。不難理解的，對日本來說，美國似乎就是故意掣肘與反對，意圖竊取與攘奪日本歷經血淚戰爭與犧牲辛苦所得的成果，妄想不勞而獲。在歐戰後中國各地的反日運動上，也不時有美國教士與僑民支持的影子。再加上過去美國採取的排日措施，在加州、夏威夷、馬尼拉等地，歧視日本移民、限制日人購置土地產業等。諸如此類新仇舊恨的疊加，也使得歐戰後日本的新聞輿論論調，對於美國多少帶有敵意，既憤恨美國的貪得無厭與種族歧視，更認定美國蓄意日本，限縮日本的發展空間。

　　另一方面，美國對於歐戰後日本報紙輿論上高唱的反美論調，也頗有不滿。美國駐日的使領官員並不認為日本報紙上的反美報導，單純出自於民間報社的自發性言論。透過一些機密情資的掌握，美國外交官員認定反美報導背後，幾乎都有日本外務省的身影。換言之，這可能是日本外交部門在歐戰後發起的對美輿論宣傳戰，主要手段與目的，莫過於透過造謠生事、抹黑美國，藉由煽動日本公眾的不滿，逐漸蓄積民族輿論，以作為外交上的聲援。

　　職是之故，美國外交官員傾向認為日本國內的反美輿論宣傳問題，並非只是日本的內政事務，而是牽涉到兩國國交的問題。所以美國駐日官員將其提升到外交層次，正式向日本外務省提出交涉，要求採取具體措施，制止不實反美報導的持續出現。日本方面也不甘示弱，反過來指責美國縱容美國公民介入中國的反日運動。美、日兩國也就日本的反美以及美國的反日問題，進行過招與角力。

　　近來也有不少學者嘗試從輿論宣傳的角度，探究歐戰期間以及戰間期美日互動。[1] 順此思維，本章進一步

1　Kazuyuki Matsuo（松尾弌之），"American Propaganda in China: The U.S. Committee on Public Information, 1918-1919," *The Journal of American and Canadian Studies*, No.14 (1996.3), pp. 19-42；松村正義，〈ワシントン会議と日本の広報外交〉，《外務省調査月報》，2002 NO.1，頁 47-76；Barak Kushner, *The Thought War - Japanese Imperial Propaganda* (Honolulu: University of Hawaii Press, 2006)；高瑩瑩，〈一戰前後美日在華輿論戰〉，頁 27-36；藤田俊，《戰間期日本陸軍の宣伝政策—民間・大衆にどう対峙したか—》等。

從報紙輿論的面向，來細部觀察歐戰後美、日兩國在中國與遠東事務上的互動關係。特別是美國如何評估分析日本藉由操控報紙輿論為手段，來達到外交之助的作為。而在這樣的外交輿論宣傳戰過程中，一方面，在兩國人民（尤其是兩國在華僑民、軍隊）間，恐不可避免受到報紙輿論的煽動與刺激，加深彼此的惡感，甚至引起實際的流血暴力衝突事件，進而反饋到外交事務上。[2] 二方面，美國政府也可能透過報紙輿論的論戰與互動，逐漸認識到日本對華的侵略本質，來重新調整，從而決定採取較為堅定的立場。

　　簡言之，本章探究歐戰後在中國與遠東事務上，美國如何看待與因應日本以報紙為戰場，所展開的輿論外交攻防；同時也將嘗試深入探究並剖析美、日雙方報紙輿論宣傳背後，可能涉及到複雜的政治盤算，與糾葛的利益關係。不過，必須強調的是，本章乃是集中處理美國政府對於日本反美輿論的認識與對策，並非要去論斷日本各報輿論在反美與親美之間的抉擇。前者基本上屬於外交史研究（外交考量為主，新聞為素材），而後者則偏向新聞輿論研究（新聞考量為主體，外交主題僅為素材），關注的焦點也有所不同。就前者來說，由於美

2　例如 1919 年 3 月的天津美日衝突事件、1921 年 5 月的上海虹口美日水兵衝突事件，均體現出歐戰以來受到輿論宣傳的挑撥與影響，美、日兩國在華人民對於彼此的敵意日益濃厚，以致極易擦槍走火，使得一些偶發的小意外，就可能引起大規模流血衝突。見：應俊豪，〈遠東的塞拉耶佛？ 1919 年天津租界美日衝突事件始末〉，頁 175-226；應俊豪，〈1921 年上海虹口美日衝突事件研究〉，頁 101-140；應俊豪，〈1919 年天津衝突事件與一戰後美日在華的對抗及妥協〉，李宇平主編，《戰爭與東亞國際秩序的變動》（新北：稻鄉出版社，2021），頁 255-296。

國政府對於此議題的瞭解，基本上來自於美國駐日大使館所做的新聞剪報資料與輿情分析，該剪報資料又幾乎含括《朝日新聞》、《萬朝報》、《報知新聞》、《國民新聞》、《やまと新聞等》等關東各大報，並非僅限少數報紙，故理論上還是有一定的代表性。究其實際，遠在華盛頓的美國政府，對於日本反美輿論的認識，基本上就是來自這些剪報與輿情分析。畢竟美國駐日本大使館本來就是作為國務院在日本最重要的耳目，他們所做成的輿情分析報告，對後續政府決策，必然扮演著最為重要的角色。況且，在現實層面，美國國務院也不太可能去質疑大使館的輿情報告，並自行再去另外查閱、蒐集與驗證關東地區各大報的言論是否如同美國大使館所做的輿情分析報告一樣。而就後者來說，關於戰間期關東各大報在美日關係上的態度，此主題確實是大哉問。關東地區為日本政府首都所在，各報紙種類繁多、數量也極為龐大，因此要深入探究與釐清關東各報當時對於美日關係的立場，恐非易事，可能需要長時間、大規模地參閱關東各大報，並逐一進行比對分析，方能有所結論。

　　國務院《美國對外關係文件》中，駐日大使館所蒐集彙整的日本各地報紙剪報情資，多半集中在關東地區，較少觸及關西地區的報紙，故本章也利用《大阪每日新聞》上的反美輿論宣傳報導，以作為補充的分析樣本，藉此平衡並呈現當時日本關東與關西兩地重要報紙推動反美宣傳的輿論。

二、美國負面形象的強化與形塑

　　1919 年初，當巴黎和會上各國已針對山東問題進行激烈討論，前德屬租借地及山東權利歸屬尚未定案之際，日本報紙即已開始出現反美的言論，指責以美國為首的西方勢力刻意發動反日宣傳。根據美國駐日大使館的觀察，首先發難的是《東京日日新聞》，早在 1 月初即開始關注此類問題，之後各報陸續跟進。[3]

　　4 月間，日本報紙又大加報導，聲稱已掌握到美國介入中國內戰、對華軍售的確切證據，嚴詞譴責美國表裏不一的惡劣行徑，指控美國過去一方面屢次抗議日本對華軍售，但同時本身卻又默視與放縱美商一再將軍事物資賣給中國。特別是歐戰後中國南北對峙情況依舊嚴重，位處南北交界的湖南內戰尤為頻仍與激烈，但美商卻依然私自出口武器與彈藥至湖南，助長中國內戰情勢惡化。這也充分反映出美國故做姿態、沒有信用的誇張作為。[4]

　　4 月底，日本報紙又刊載了前首相大隈重信對於山東問題爭議的看法。大隈在歐戰期間曾主導對華提出二十一條要求，乃是日本武斷外交的重要決策者。在訪談中，大隈聲稱山東利權歸屬問題已關係到日本帝國

3　"The Chargé in Japan (MacMurray) to the Acting Secretary of State" 5 March 1919, *FRUS 1919*, Vol. I, pp. 686-687.

4　日報指控美商與中國於 1918 年中簽署一份機關槍三十門、彈藥五百萬發的軍售契約，並於該年底自舊金山港起運，1919 年 1 月分別運抵秦皇島與上海，再經陸路於 3 月時運至湖南。見〈米国の裏と表：武器供給の確証：（奉天特電六日発）〉，《大阪每日新聞》，1919 年 4 月 8 日。

「興亡」的關鍵時刻，故日本上下必須振奮而起，勇於
對抗美國為首的西方列強。大隈嚴詞痛斥中國代表團主
張由中國直接收回山東利權乃是「荒謬絕倫」的主張，
更譴責那些同情中國立場的「某國」（暗指美國），更
是有欠缺常識之虞。大隈強調，當歐戰爆發，英國等歐
洲列強無力東顧之際，只有日本挺身而出，基於英日同
盟的情誼，出面壓制德國在遠東地區的軍事勢力，方能
維持遠東的秩序與和平；況且如果沒有日本在東方戰場
牽制並擊敗德國，美、英等國後來又豈能安心專注在西
方戰場。然而，在戰後安排上，美國的態度卻極度厚顏
無恥，任意強制干涉，既違背國際聯盟的精神，在盟約
中插入不合時宜的門羅主義原則，但卻又自相矛盾地干
涉歐洲與遠東事務。大隈聲言，在南洋問題與人種平等
方案上，以美國為首等西方列強的態度，已讓日本感到
深深的挫折，如果在山東問題上依然如此，則日本國民
絕對不會再忍氣吞聲、默視不理。是以，美國如依然堅
持莫名的理想主義，不顧及日本的要求，則屆時日本必
將繼義大利之後，斷然地退出巴黎和會。最後，大隈仍
不忘要呼籲日本國民，應該超越黨派之見，認真籌思因
應之道，畢竟日本自參戰以來，歷經重大犧牲，做出了
維護世界和平的貢獻，但美國等西方列強卻無視日本的
損失與要求，甚至還曲解日本的立場，因此日本國民值
此帝國危機興亡之際，如果再不思奮鬥而起、支持政府
對抗美國的話，則日本的危急存亡之秋，也恐將來臨。[5]

5　大隈重信流露出對於中國與美國的強烈不滿情緒，尤其不齒中國

藉由上述訴求，大隈重信顯然有意喚起日本國民對於美國的不滿情緒。

　　5、6月間，巴黎和會山東利權爭取失敗的消息傳回中國，造成五四政治運動，並引起大規模學生遊行示威，以及罷工、罷市與罷課等社會抗爭行動。由於中國反日運動漸趨高漲，日本報紙則繼續散播以美國為首的美、英在華勢力故意煽動中國反日運動的觀點，並且指控美國此舉除了帶有政治上的目的外，同時也參雜著經濟上的盤算，亦即藉由煽動抵制日貨與反日運動，驅逐日本在華商業活動，從而讓美商等得以趁虛而入，擴大商業利益。《大阪每日新聞》一篇〈美國對華活躍〉的財界短訊報導，即從貿易戰的角度，申明美國與英國乃故意利用並挑起中國的反日與抵制日貨運動，實際上乃是為了打擊日商在華勢力，以便美、英等商品能夠藉此獨佔中國市場。該報導詳述早自歐戰期間開始，美國與英國在華人士，即有計畫地挑撥中國人對於日本的反感，目的乃是透過美、英、中三國間的實業合作，共同排除日本在華的商業活動。由於中國本身缺乏資金，必須仰賴外國資本的挹注，藉此，美國與英國公司將可望取代日本，大幅增加在華的投資與商貿市佔比例。此陰謀一旦成功，對美、英來說自然是好事，但是對於中國

代表團在巴黎和會上，竟然無視日本的犧牲與流血，膽敢以勝利者的姿態，提出要求德國應將膠州與山東利權直接歸還中國，認為極其荒謬。也非常憤恨美國介入干涉山東問題爭議之舉，諷刺美國表裡不一，堅持門羅主義，不准外人介入美洲事務，但卻不受約束地任意介入歐洲與亞洲事務。見〈帝国興亡の十字路〉，《大阪每日新聞》，1919 年 4 月 30 日。

人來說,或許並非如此。歐戰期間由於日本在華商業活動的擴張與活躍,引起中國商業團體的憂懼與反彈,故對日本資本抱持敵視態度。可是中國如果只是因為如此,即受到挑撥而與美、英等國合作,共同驅逐日本資本,恐怕未得其利,反到先蒙其害。畢竟一旦美、英資本驅逐與取代日本,進而順勢壟斷中國市場,屆時恐將造成商品價格的上漲。因此,該報導提醒中國人,不應該再繼續甘受美、英兩國人士的陰謀煽動,而排斥與抵制日貨,否則最後必將後悔不已。至於日本方面,對於美、英勢力的步步進逼,如果仍採取唯唯諾諾的消極態度,勢必導致在華商務活動停滯。職是之故,日本應該改變作為及早覺悟,並採取有效因應對策,以抗衡歐戰後由美國所發動的「經濟戰」。[6]

此外,日本報社又刊載一篇來自上海的特電,再次強調中國反日運動背後受到美國勢力的煽動。尤其是中國各地的反日學生運動,乃是由當地學生聯合會組織進行運作,而這些學生組織,又大都受到在華的美國教育人士或是曾留學美國的中國人所組成的學會(應是指美國大學俱樂部)影響及指導,也與上海英文《滬報》關係密切。而支持這些學生反日運動的資金,主要來自發起抵制日貨運動後,從販賣日貨的中國商店強制要求而來的捐助金,以及來自英美煙草公司等英美系公司的支助。顯而易見,日本報紙想要刻意營造出中國反日運

---

6 〈米国人の対支活躍:財界短信〉,《大阪毎日新聞》,1919 年 5 月 11 日。

動乃是受到美國在華人士幕後的煽動、指導與提供金錢支持的印象，甚至稱為「妄動學生團の傀儡師」。[7] 簡單來說，五四運動後，日本報紙上即不乏對於美國煽動與資助中國反日運動的傳言，有指稱美商慎昌洋行（Anderson, Meyers & Company）等煽動學生對日本不利，也有說美商借予天津學生三百萬元，用以從事顛覆政府的行動。[8]

7月間，《大阪每日新聞》則揭露歐戰後美國意圖支配全世界資本的龐大計畫。該報導宣稱在歐戰停戰後不久，美國政府即籌組一個特別委員會，廣納各部會以及民間企業界的意見，將世界劃分為十三區，擬定詳細擴張計畫，以推動戰後美國資本進軍全世界。其中，包括中國、日本以及西伯利亞在內的遠東為第十一區。早在 1918 年時，美國商務部即新設遠東課，針對於中國主要的礦山，以及未來工業發展所需的機械設備，還有內地的交通設施，委派專員前往中國進行實地調查，之後再根據調查結果，並參酌專家意見，擬定美國對華詳細的投資與商務計畫，致力於擴大美國商品在華的市佔率，儘早掌握中國的天然資源。而依據該計畫，美國將於 1920 年起開始對遠東展開行動。[9] 此篇報導的目的，還是在於強調美國對華素有壟斷市場、搶佔資源的野心

7　〈ABC 同盟：（上海特電八日発）：妄動学生団の傀儡師〉，《大阪每日新聞》，1919 年 6 月 10 日。

8　〈米国の対支活躍：連山借款成立説：退嬰主義を改めよ〉，《大阪每日新聞》，1919 年 7 月 19 日。

9　〈資本的に世界を司配せんとする米国の計画〉，《大阪每日新聞》，1919 年 7 月 6 日。

與企圖。

9月時，《大阪每日新聞》又以〈軍國的米國〉報導，分析自歐戰以來，美國除了原先致力於海軍軍備擴張外，同時也有預謀地進行陸軍軍事擴張計畫，充分顯露推動軍國主義路線、表裡不一的醜陋真相。該報導特別援引美國陸軍參謀長馬區（Peyton Conway March）給眾議院軍事委員會的一份軍事部署規劃報告。首先，美國自對德宣戰時，陸軍部即曾向國會提案立法，徵召十八至四十五歲男人入伍；其次，在廢除志願兵制度後，仍應維持國民軍；再者，希望能夠透過修憲，實施年輕人的平時軍事訓練計畫，而無須將其徵召入伍。《大阪每日新聞》即以上述美國戰時的徵兵制、平時的青年軍訓以及軍隊編成計畫等為證據，指控美國意圖推動軍國主義路線，但又想掩人耳目的手法。畢竟美國本來可以不用參與戰爭，但後來卻藉故參戰，而目的無非是想要宰制世界。表面上，美國以「救世主」之姿現身於世，鼓吹人道主義原則，主張限制軍備，唾棄軍國主義，但其實際所作所為卻是另外一套，矇騙整個世界。

《大阪每日新聞》抨擊美國人總說參戰是為了摧毀德國的軍國主義，但比對實際作為，卻早在戰爭初期就開始仿效德國軍國主義路線，意欲實行徵兵制，甚至還致力於擴張軍備，戰後雖然進行復員，但依然維持了一支約五十萬人的龐大常備軍，遠高出戰前的四到五倍；美國又出兵與其領土不相接的西伯利亞，藉口要維持鐵路安全，但卻充分證明了美國遂行軍國主義、對外侵略，以及攫奪霸權的企圖。最後，《大阪每日新聞》強調如果其他國家仿效美國的行徑，則勢必重演戰前的軍備競賽，形成恐怖的武裝平衡狀態，所以該報沉痛呼籲日本人必須及早醒悟，認真思考隱藏在美國榮光背後的黑暗面。[10]

　　11 月，《大阪每日新聞》刊出一篇名為〈日米関係の緊張：総て米国の排日的態度に因す＝米人の反省以外緩和の道なからんとす〉的報導，回顧近代以來美國在與日本的互動過程中，一貫帶有「侵略的、汙辱的、壓倒的」特性，意圖藉此挑起日本人民對於美國的強烈不信任感。該報導認為，美國慣常的「排日」傾向，可以在過去歷史中，充分獲得印證，故洋洋灑灑列舉分析美國以往排日的諸多重大惡行。其一，從黑船事件來看，日本人過去多將美國東印度艦隊司令培理（Matthew Calbraith Perry）的意圖，善意的解讀為是要讓日本開港，帶領日本人見識整個世界。但事實上，培理意圖不軌，所作所為不過只是想要佔領日本的沖繩群島，甚至不惜動用武力迫使日本遵從號令。其二，同樣的惡意與居心不良，也可以在夏威夷的例子中展現。美國當初之所以支持夏威夷獨立，其目的在於併吞夏威

10　此外，根據 1919 年 1 月美國陸軍提交眾議院的陸軍軍隊編成計畫，還包括：(1) 擴編參謀團以及擴大參謀長權限、(2) 擴編技術部門，並新增運輸部、自動車運輸部、航空部、坦克部等、(3) 軍官晉級法、(4) 改正預備軍官制度、(5) 擴編下級士官兵、(6) 延長服役年限等，見〈軍國的米國：米国の軍備擴張＝官僚的軍國主義は猶破るべし、民生的軍國主義は終に破るべからず〉，《大阪每日新聞》，1919 年 9 月 23 日。此篇報導刊出後，很快就引起在日美國人的關注，因為東京地區重要的美系英文報紙《廣知報》在不久之後，就轉載摘要了此文重點，見 "American Militarism (Osaka Mainichi)," *The Canton Times*, 10 October 1919.

夷，正如同美國陰謀奪取沖繩一樣。其三，在美西戰爭
後，美國取得菲律賓與關島，除了將勢力擴展至西太平
地區外，也取得在中國發展的基礎，藉此美國可以阻礙
日本的南向發展，同時破壞日本與中國的關係。換言
之，美國意圖從東（夏威夷）、南（菲律賓）、西（中
國）三個方向包圍並封鎖日本的向外發展。事實上，美
國極度敵對的態度，若非日本的一再忍耐克制，美日關
係或許早就陷入緊張狀態。其四，早自加州地區日本移
民小孩就學爭議以降，美國即開始公然推動反日計畫。
其五，美國無視日本對於美國的友善情誼，在加州推動
限制日本人購置土地的法案，既違背了美國憲法精神，
破壞了條約責任，也踐踏了人道原則。雖然該法案遭到
擱置，但日本人卻對此早就憤恨不已。簡言之，從過去
的歷史經驗教訓，日本自近代開港通商以來，即飽嘗美
國的霸凌與欺壓，尤其是美國慣常以種族歧視的眼光來
看待日本，將日本人比諸於南歐人、黑人等劣等人種，
且無視於日本人多年在美國的辛苦經營，妄圖一筆抹
殺。美國的諸多不法惡行，已「牴觸了日美通商條約，
違背了國際聯盟精神，蹂躪了正義公道，也破壞了修好
親善」。該報導在最後，還不忘語帶威脅地告誡美國
人，應該知所進退、儘早反省，否則如若一再相逼，日
本勢必狗急跳牆，或將採取反擊措施，就像貓一再追咬
老鼠，「窮鼠被逼急了也會反咬貓」，更何況美日兩國
國力對比，或許不必然是貓鼠關係，反而有可能是兩虎

相爭，傷亡難料。[11]

　　除了日本本土報紙外，在中國境內辦的報紙，同樣亦致力於宣傳美國的負面形象。整體來說，由於旅華美國僑民在山東問題等中日爭議上，大都同情中國立場，尤以實際在山東當地居住生活的美籍人士感觸最為強烈，他們理解學生與群眾運動的訴求，也相當不齒日本在山東的所作所為。但在華美國人的同情態度，自然引起日本方面的反感，也採取反美輿論宣傳攻勢。根據美國海軍情報處的情資，日本曾透過在山東濟南的親日報紙《濟南日報》（*The Tsinan Jih Pao*），意圖發動反美、反英的輿論宣傳攻勢。在 1919 年 8 月初發生在濟南的一次學生運動中，該報即發文指責學生運動背後有美、英人士的支持，他們蓄意煽動學生的非法行動，造成社會的混亂。而當濟南軍事當局採取軍事手段處理學生運動時，美、英等國領事館則又違背國際法原則，試圖干涉中國內政，援救被捕學生。故該報強調無辜學生遭到煽動，而美英人士介入中國學生運動的行為，是「令人

11　《大阪每日新聞》此篇報導反覆強調近代以來美國持續採取各項舉措，一再欺壓日本，並整理了大大小小十六項重大惡行。除了上述本章已提及的五大項外，美國的不法行徑還包括：(6) 在中國參戰問題上故意離間中日關係、(7) 在對華投資上壓倒日資，意圖支配中國、(8) 在巴黎和會上阻止日本繼承前德屬南洋群島與山東利權、破壞英日與法日關係等、(9) 在西伯利亞出兵問題上，牽制日本、破壞日俄關係、(10) 擴增太平洋艦隊，以威壓日本、(11) 支持朝鮮獨立運動、(12) 支持中國抵制日貨運動，圖謀不利於日本、(13) 在對德議和問題上，中傷與毀謗日本、(14) 在勞工問題上，故意挑撥日本、(15) 陰謀制定排日的移民法案、(16) 在加州限制日人與日商權利，包括土地持有、土地租用、結婚依親等。見〈日米関係の緊張：總て米国の排日的態度に因す＝米人の反省以外緩和の道なからんとす〉，《大阪每日新聞》，1919 年 11 月 12 日。

痛恨的」。[12] 另外一方面，更令美國駐濟南領事館震驚
的，是該報後來竟然還捏造「假新聞」，強調美國也認
同濟南軍事當局採取的鎮壓學運行動，指稱美國領事還
前往日本軍營拜訪，觀看軍隊演習，甚至還準備「三千
顆西瓜慰勞士兵」。[13]

根據 1919 年美國基督教長老會差會關於日本在山東
擴張活動的祕密報告，即強調日本透過經營在華報紙，刻
意進行「反美宣傳」（Anti-American Propaganda）。在中國
境內，幾乎每一個大城市，都有日本資本介入經營的華
文報紙，在北京甚至還有一份英文日報發行。[14] 而日本
資本介入經營的，無論華文，還是英文報紙，每日反覆
報導所申明的主題，均謀求形塑出「美國主義的危險性」
（the peril of Americanism），強調美國對華別有所求，

---

12 "The British and American Attitude towards the Riot of the Chinese
Students," *Tsinan Jih Pao*, 8 August 1919. 美國海軍情報處的情資
也顯示，在歐戰結束前後的近兩年內，在山東的日本人對於美
國觀感已有很大的轉變，開始出現較為明顯的敵意與猜忌。
見 "Interviews of 18 September 1919," of "Conditions in Shantung
Province," Office of Naval Intelligence, Navy Department to the
Department of State, 3 December 1919, RIAC 893.00/3271.

13 "The American Consul Gave A Reward to the Troops of 2nd Division
of National Defense Army," *Tsinan Jih Pao*, 14 August 1919. 美國駐濟
南領事館在給北京公使館的報告中，即強調該報導「純屬虛構」，
且表示「不太理解捏造此則報導的用意」。"Political Conditions,"
American Consular Service, Tsinanfu to Paul S. Reinsch, American
Minister, Peking, 15 August 1919, RIAC 893.00/3228.

14 此份日本資助的英文報紙，即是英文《文匯西報》（*The Shanghai
Mercury*）。美國基督教長老會差會揭露日本為了推銷此份英文報
紙，甚至還想重資聘請英國或美國人來擔任主編。但是英美在華
報人可能大都相當清楚日本的蓄謀，故日本報方苦等數月，卻始
終無人應徵，故最後仍決定由一名會英文的日本人出任主編。見
"Especial Vindictiveness toward Chinese Christians," in A Member
of the American Presbyterian Mission, "Sinister Japanese Methods in
Shantung," 1919, RIAC 893.00/3271.

居心不良，尤其是美國傳教團體。這些報紙宣傳美國傳教團體在其產業內囤積鴉片，並私下販售毒品。日本報紙也譴責美國傳教團體意圖鼓吹美日戰爭論，甚至還影響並誘導中國人去謀殺日本官員，並由美國教會提供所需的武器彈藥、資金，以及事後的安全庇護。簡言之，日本在華報紙可能試圖營造出一個虛偽的印象，亦即美國傳教團體圖謀不軌，極力慫恿中國人在美國「雄鷹厚翼下」（under the broad wings of eagle）進行反日運動。[15]

三、美國政府的評估分析

根據美國駐日大使館的評估，1919 年起日本各地陸續出現的反美新聞輿論，背後可能帶有日本政府私下運作的痕跡。換句話說，這或許乃是歐戰後日本發動的對美輿論宣傳戰。至於動機，除了鼓動輿論以為外交之助，替巴黎和會日本代表團的訴求助長聲勢外，後續可能也帶有與中國反日運動互別苗頭之意。因為日本始終認定，中國反日運動固然帶有內部鬥爭的性質，但在很大程度上，依然受到外部的啟迪，特別是美國的煽動與支持。

（一）駐日大使館的彙報

1919 年初，日本報紙紛紛刊出報導，嚴辭指控美

---

15 "Especial Vindictiveness toward Chinese Christians," in A Member of the American Presbyterian Mission, "Sinister Japanese Methods in Shantung," 1919, RIAC 893.00/3271.

國故意挑起中、日兩國矛盾，並譴責部分在華的美國人
居心不良，刻意煽動中國人的反日情緒。尤其是在天津
活動的美國傳教士團體，即可能受到美國當局的指示，
充當政府間諜，致力於破壞日本的名聲，公然推動中國
的反日運動。日本報紙也抨擊美國在華駐軍曾違法搜查
唐山附近的日人住宅，並惡意指控日人涉及毒品買賣。
這些反美報導中，甚至還指出美國居心叵測、陰謀已昭
然若揭，因為其在華的所作所為，正如同戰前的德國一
樣，蓄意滲透整個中國。美國除了想要接受德國在天津
的租界外，也早已與中國達成祕密協議，將在中國沿海
任何口岸，設置造船廠組裝軍艦，以租售給中國。更令
人不齒的是，美國還與部分中國南方的政要密謀，推動
所謂的中東鐵路中立化計畫，說穿了可能也只是為了遂
行美國意欲控制中國的野心。此外，先前美國銀行團曾
派遣代表使華，表面是為了考察國際銀行團對華借款計
畫，但同樣可能也是基於相同目的，由美國祕密提供鉅
額借款，供中國軍事開支之用，藉此掌控中國政局。是
以，這些日本報紙呼籲日本政府應該注意此一態勢的發
展，並調整日本對華與對美政策。[16]

　　根據美國駐日大使館分析，上述反美報導中，所引
述的消息來源，不少均是來自匿名的日本政府官員。換
言之，日本政府可能有意洩漏特定言論，利用報紙傳播
加以渲染，引起一般日人對美國的不滿。這些報導似乎

16　"The Chargé in Japan (MacMurray) to the Acting Secretary of State"
　　Tokyo, 5 March 1919, *FRUS 1919*, Vol. I, pp. 686-687.

還有意在日本百姓心中，形成一種錯誤的印象，亦即美國意欲取代日本，接收德國在華利益。美國駐日大使館經過調查後，在給國務院的報告中，也證實日本報紙宣稱引述自陸軍省與外務省不具名官員的消息，其實大都是由外務省政治局刻意交給半官方的國際新聞社，再由各報社轉載引用。因此推測，日本政府顯然縱容或刻意散播美國在華活動，乃是造成中國反日情緒主要原凶的印象。[17]

在收到駐日大使館有關反美輿論宣傳的報告後，美國國務院即異常慎重，雙管齊下，分別要求駐日與駐華使館採取應對措施。其一，國務院要求美國駐日大使館應具體駁斥這些錯誤報導，並澄清美國政府在華相關作為的目的。[18] 其二，國務院同時通知美國駐華公使館，針對前述日本半官方報紙指控的：美國傳教士涉嫌煽動中國反日、中美祕密造艦協議、中東鐵路中立化計畫、國際銀行團計畫、美國意圖繼承德國在天津租界等五大指控，同樣做出否認與澄清。美國代理國務卿波克尤其要求駐華公使芮恩施，必須澄清美國銀行團先前之所以派遣代表使華，[19] 目的僅在於調查中國的財政情

17　上述有關日本反美輿論報導的分析，參考自美國駐日大使館的報告，見 "The Chargé in Japan (MacMurray) to the Acting Secretary of State" Tokyo, 5 March 1919, *FRUS 1919*, Vol. I, pp. 686-687.

18　"Frank Lyon Polk, he Acting Secretary of State to the Charge in Japan (MacMurray)" Tokyo, 11 March 1919, *FRUS 1919*, Vol. I, p. 688.

19　1918 年 12 月至 1919 年 1 月間，美國國務院與美國銀行團商討派遣一名代表前往中國，調查中國財政情況，並做出報告以供美國政府作決策參考。後來美國銀行團決定選擇派遣芝加哥大陸商務信託與儲備銀行的阿伯特（John Jay Abbot）為代表使華。見 "J. P. Morgan & Co. for *The American Group to the Acting Secretary of State*" 3

況，絕未涉及到任何有關國防開支的借款。事實上，因
為日本策動反美宣傳的時間點相當敏感，正值巴黎和會
開議期間，故美國國務院意識到日本此舉帶有政治目
的，意圖影響美國在巴黎和會上的立場，例如此時宣揚
中東鐵路中立化計畫等消息，目的可能就是有意將讓美
國代表團陷入尷尬的處境。[20]

　　無論如何，為了聲援外交以為政府之助，日本本土
的報社仍然持續推動對美國的輿論宣傳攻勢，這也確實
讓美國政府感受到相當壓力，擔心這些報導背後可能隱
藏著更大的風暴。根據美國駐日大使館的整理，日本東
京地區各新聞媒體依然有計畫地繼續登載諸多不利於美
國的報導。

　　例如《萬朝報》指責美國報紙刻意抹黑日本，呼籲
日本政府應該將此一事實公諸於世，以討回公道。該報
並引據一份傳聞，聲稱蘇聯已同意將前德國在西伯利亞
利益轉讓給美國，不難想見美國對西伯利亞的野心。
《報知新聞》宣稱美國已成為布爾什維克的同路人，致
力於造成遠東地區的混亂局勢，呼籲日本應出面制止美
國的行動。該報還引據另外一份未經證實的報導，強調
美國在中美洲地區採取的侵略行動，已經引起諸多不
滿，屆時這些國家的代表將會採取同一陣線，勢必會在
巴黎和會上造成新的問題。《國民新聞》則比較美軍與
日軍在西伯利亞的情況，認為美軍散漫導致了許多失序

January 1919, *FRUS 1919*, Vol. I, p. 421.

20　"The Acting Secretary of State to the Minister in China (Reinsch)"
　　Peking, 11 March 1919, *FRUS 1919*, Vol. I, p. 688.

的情況，反之，唯獨嚴謹的日軍才有能力恢復西伯利亞的秩序。《やまと新聞》揭露美、英兩國過去在中國的發展，為了提高影響力，已經造成遠東的苦難。該新聞並詆毀美國總統威爾遜漠視不同國家間的文明差異，卻想要強行宣揚美國的觀念。[21]

此外，除了注意到日本報紙上頻頻出現反美言論外，美國駐日大使館也觀察到日本政府內部的複雜局面，充斥不安與緊張氣氛。駐日大使莫里斯即根據許多可靠消息，認為日本政府對於西伯利亞問題，可能採取更為強硬的態度，不但會中止目前的撤兵行動，還有可能會派遣更多的軍隊至該地，以促成貝加爾湖東部地區的獨立運動。莫里斯研判日本報紙輿論此時煽動反美宣傳，部分可能的原因，乃是為了日本未來在西伯利亞的軍事行動作張勢的動作。因為美國雖然與日本共同出兵西伯利亞，但兩國對西伯利亞問題的立場，卻涇渭分明、南轅北轍。[22] 因此，莫里斯認為從上述謠言的持續性，以及日本政府有關官員對此不做回應的默認作為，均可以推論日本政府內部在對外政策上，可能將會

---

21 此處日本本地各新聞報的反美言論，諸如《萬朝報》、《報知新聞》、《國民新聞》、《やまと新聞等》等摘要內容，均參見美國駐日大使館的整理。見 "The Ambassador in Japan (Morris) to the Acting Secretary of State" Tokyo, 23 March 1919, *FRUS 1919*, Vol. I, pp. 689-690.

22 基本上，美國不欲擴大出兵規模，反對過度介入俄國內戰，也不贊成長期在西伯利亞駐兵。但日本的立場，則與美國相反，主張應擴大出兵，介入俄國內戰，扶持白俄建國，以作為與蘇俄之間的緩衝地帶。參見 Ian C. D. Moffat, *The Allied Intervention in Russia, 1918-1920: The Diplomacy of Chaos* (London: Palgrave Macmillan 2015), pp. 47-67.

有重大變化。事實上，俄國駐日大使館也同樣注意到外務省有風雨欲來之勢，並告知莫里斯，認為外務大臣內田康哉有可能去職。[23]

　　1919 年 6 月，在給國務院的報告中，美國駐日大使莫里斯強調，透過與日本外務省官員的互動過程，他評估中國日益高漲的反日傾向，確實已對日本政府構成一定程度的壓力。雖然日本外務省一再試圖淡化此問題的嚴重性，但還是難掩內部的焦慮。莫里斯分析首相原敬與軍部之間，對於中日山東問題的態度，應該有所分歧。原敬試圖在日本政府內部推動與中國協調的政策，但擔心美、英等團體在華煽動的反日活動，有可能掣肘其政策。至於日本軍部勢力，則明顯意圖增加中國內政混亂的程度，為武力介入提供機會，以便藉此爭回失去的尊嚴。不過，就日本目前的情況來說，莫里斯還是評估應該不致於發生政治上的倒閣危機，因為原敬依然控制著政府，而陸軍大臣田中義一則是支持著他。日本現在的稻米短缺危機，[24] 確實已造成社會混亂與失序，而中國的反日運動與抵制日貨行動，有可能進一步加劇日本的稻米短缺問題，從而造成社會更大動盪。但莫里斯

23　"The Ambassador in Japan (Morris) to the Acting Secretary of State," 23 March 1919, *FRUS 1919*, Vol. I, pp. 689-690.

24　日本的「米騷動」事件，發生於 1918 年下半年，因糧食短缺造成價格上漲，但政府收購價卻低於市價，造成農民的不滿。米價的上漲，也連帶造成物價的波動，出現通貨膨脹的情形。故最後無論農村，還是城市，均受到「米騷動」事件的影響，引起各地大規模的暴動事件，也間接處促成寺內正毅內閣的倒台。參見仲村哲郎，《大正デモクラシーと米騷動》（福島：歷史春秋出版，2002）。

還是相信日本政府已在處理，且已擬定補救措施，不致於引起重大政治危機。至於日本目前面對的內政與外交問題究竟該如何解套，還是要看原敬政府最終是否願意以較開明的態度來因應。[25]

　　簡單來說，根據美國駐日大使館的報告分析，日本外務省此番透過媒體進行的輿論宣傳攻勢，可能帶有內、外兩層作用。就內部宣傳而言，大肆散播似是而非的消息，諸如美國攫奪日本在歐戰所獲得的戰爭利益、煽動中國的反日情緒、意圖控制中國的市場資源、以貸款助長中國內戰等，藉此形塑出美國已嚴重侵害日本及其國民利益的假象，以便讓日本人支持政府，同時對美國心生惡感。就外部宣傳而言，散播反美言論，則可能間接帶有為巴黎和會日本代表團以及西伯利亞出兵行動造勢的目的。因為藉由汙名化美國形象，牽制美國動向，使其備多力分忙於澄清立場，一來從而讓日本代表團在巴黎和會的諸多訴求，能夠減緩部分阻力，二來或許也可以削弱美國對於日軍在西伯利亞行動的質疑力道。

（二）山東問題與反美、反日輿論宣傳背後

　　在巴黎和會上，美國國務卿蘭辛為了斡旋中日山東問題爭議，曾親自遊說日本代表團，希望日本政府能夠公開發表針對山東問題後續處置的聲明（亦即日本政府

25　"The Ambassador in Japan (Morris) to the Acting Secretary of State" Tokyo, 15 June 1919, *FRUS 1919*, Vol. I, p. 701.

主動發表聲明，願意將山東歸還中國），以便讓外界公評，消弭質疑聲浪。但日本代表團卻試圖以日本「民間公眾輿論」反對為由作為擋箭牌，聲稱目前輿論風向不可能容許日本政府作此聲明。[26]

根據美國駐日大使館在東京的觀察，日本政府顯然並不樂見以美國介入處理中日山東問題之爭，也不願公開對於山東問題後續處置作出承諾，而傾向直接向北京政府施壓處理，準備由中日兩國私了此案。因此，日本政府已擬派遣前駐華使館參贊芳澤謙吉前往中國，聲稱將依據過去中日兩國協議，商談山東相關權利歸還問題。[27]

日本代表團在巴黎為了敷衍美國國務卿蘭辛，而宣稱的「民間公眾輿論」，是否真有其事，如果有的話，所指為何？當時日本民間輿論，對於山東問題之爭的態度與論調，究竟又是如何？為了釐清上述問題，美國駐日大使館曾從當時日本報紙關於巴黎和會山東問題之爭的新聞報導，嘗試分析並歸納出日本人對於中、日、美、英等國複雜關係的認知，及其自我合理化的論述模式。基本上，日本人不太理解日本繼承德國在山東的利權，為何會在中國引起巨大的反感。他們普遍堅信其自德國手中獲取的山東利權，乃是合法利益，目標極其正當，故視之為理所當然之事。他們也自認為已致力於增

---

26 "The Acting Secretary of State to the Minister in China (Reinsch)" Washington, 12 July 1919, *FRUS 1919*, Vol. I, p. 714.

27 "The Chargé in Japan (Atherton) to the Acting Secretary of State" Tokyo, 18 July 1919, *FRUS 1919*, Vol. I, p. 714.

進中日親善，維護中國的安全與福祉，故對中國人的
「不知感恩」之舉，感到痛心。特別是日本人還將在中
國建立據點的野心，自我合理化成是為了協助中國人抵
禦西方的入侵。換言之，日本自詡為中國的解救者，所
作所為無非都是為了將中國從西方侵略者中救贖出來。
故基於相同的邏輯，日本之所以汲汲於取得礦產、殖民
地以及戰略物資，也都只是為了維護遠東地區的和平。
所以，日本人實在完全不能理解中國人為何如此愚蠢，
竟然拒絕日本的善意，反倒去追求美、英等危險國家的
支持。[28]

　　例如日本英文報刊《亞洲捷報》（*The Herald of Asia*）[29]
即曾辯稱日本遭到中國誤解，因為當日本試圖抵禦西方
侵略時，卻被看作是為了日本自己的侵略野心。日本的
行為固然帶有維護自己的利益，但其實也保護了中國，
同時並確保日本本身的安全。因為西方在中國攫取越多
的利益，對日本的威脅也就越大。所以日本不可能容忍
中國的愚蠢行為，將祖宗家產敗給西方國家，從而危及
到日本的安全。如果中國有能力收回西方在華所有土地
利權，確保領土完整，不讓西方有機會利用，日本自然
樂觀其成。但由於中國本身無力抵抗西方國家，只有在
日本的幫助下，才有可能達成，故日本希望中國改變對
日本的態度，與日本攜手，否則難道中國寧願作為西方

28　"The Ambassador in Japan (Morris) to the Acting Secretary of State"
　　No.428 Tokyo, 20 June 1919, *FRUS 1919*, Vol. I, pp. 704-708.

29　此刊物全名為 *The Herald of Asia: A Review of Life and Progress in the
　　Orient*，由東京ヘラルド社發行的英文刊物，發行時間為 1916 年
　　至 1938 年。

白人的奴隸，也不願當日本的伙伴嗎？[30]

　　從上述日本報紙有關中日山東問題之爭以及中國反日運動的言論風向，美國駐日大使館評估，日本人似乎總是只從對自己有利的角度思考問題，甚少顧及到中國或是其他國家的情況。也因此，日本自然傾向將中國對於日本的敵視與不滿，理解成是美、英等國的勢力在背後運作。所以在日本報紙輿論上，到處充斥著毫無根據且誇張的論調，指控美、英在華人士故意煽動中國反日情緒，策劃抵制日貨等諸多暴行。特別是美、英在華公眾對於日本惡感，例如北京英美協會、美國在華商會通過支持中國、反對日本繼承德國山東利權的決議，則都被日本報紙媒體視為是美、英意圖反對日本的鐵證，從而更加激化日本對美、英的仇恨。[31] 例如日本《國民新聞》即指控美國在華的駐軍兵營，以及紅十字會、基督教青年會等組織的場所，都被美國人與中國人利用作為反日宣傳的根據地，而美國駐華使館也已撥付約五百萬元充作反日宣傳之用。大阪的立場雖比其他報紙客觀，認為中國反日運動乃是因為中國人誤以為日本在

30　"The Ambassador in Japan (Morris) to the Acting Secretary of State" No.428 Tokyo, 20 June 1919, *FRUS 1919*, Vol. I, pp. 704-708.

31　北京英美協會以及美國在華商會的決議內容，參見 "Resolution Passed by the Anglo-American Association of Peking," 6 June 1919, Enclosure of "The Minister in China (Reinsch) to the Secretary of State" No.2801, Peking, 10 June 1919, *FRUS 1919*, Vol. I, pp. 698-699; "The Minister in China (Reinsch) to the Acting Secretary of State" Peking, 22 May 1919, *FRUS 1919*, Vol. I, p. 694. 日本新聞媒體的懷疑，或許並非無的放矢。畢竟無論是北京英美協會還是美國在華商會，確實均與美國駐華使領館關係極其密切。美國使領館縱使沒有推動上述決議，但至少也是樂觀其成。見應俊豪，〈一戰後美國對「中日山東問題爭議」後續效應的觀察與評估〉，頁 145-169。

幕後支持反動軍閥，阻礙政治進步，故中國商人階層乃支持反日運動，以抗衡日本的經濟侵略。但是《朝日新聞》也指控中國反日運動背後明顯帶有外人直接或間接的支持，也因此日本商界普遍認為美國意圖操縱中國的反日運動，以圖擴大美商在華市場。[32]

此外，美國駐日大使館也相當擔心日本報紙輿論未來也可能出現轉向，反而去質疑日本政府的對華政策。因為中國反日運動開始初期，日本官方一度刻意淡化其嚴重情況，強調日貨在華擁有無可取代的地位，中國人的反日運動不過三分鐘熱度，抵制日貨很快就會結束。但是由於中國反日運動日益嚴重，屆時日本內部的反政府勢力，也有可能利用這種局面，攻擊政府對華的不當施為，同時慫恿日本在華居留民惹出更大的衝突與暴動。[33] 例如日本《時事通訊社》很早即掌握到中國反日運動的激烈程度，認為毫無平息的可能，且已有星火燎原、蔓延全國之勢；再加上政治團體以及布爾什維克宣傳的有心煽動，中國反日運動勢將更為嚴重。[34]

為了有效因應處理中國反日局勢演變，日本報紙也開始督促政府採取有效措施，以保護日本在華利益。《國民新聞》即稱在華日貨遭到焚毀，日人遭到言詞汙

32　"The Ambassador in Japan (Morris) to the Acting Secretary of State" No. 428 Tokyo, 20 June, 1919, *FRUS 1919*, Vol. I, pp.704-708.

33　此處所謂日本居留民引起的衝突與騷動，即是指發生在 1919 年 3 月的天津租界美日衝突事件。見應俊豪，〈遠東的塞拉耶佛？ 1919 年天津租界美日衝突事件始末〉，頁 175-226。

34　"The Ambassador in Japan (Morris) to the Acting Secretary of State" No.428 Tokyo, 20 June, 1919. *FRUS 1919*, Vol. I, pp. 704-708.

辱以及暴力相向,而立場親日的中國政要人士則遭到罷斥。日本在華信譽現已掃地,如果再不採取有力措施,將無法維護日本的尊嚴。《報知新聞》則鼓吹較為激進的措施,指控中國政府無力處理反日運動,日本政府理應挺身而出,自行派遣軍隊登陸鎮壓,同時也應採取積極作為,去對付那些涉嫌煽動中國反日運動的美、英在華官員。至於素來反美的《やまと新聞》,態度則更為慷慨激昂,堅信美國必須為中國反日運動負責,甚至主張要解決目前的問題,唯有採取武力行動直接對付美國。《東京日日新聞》則主張以經濟手段,並透過代理人機制來處理中國反日運動,亦即利用既有的中日軍事借款協定,繼續提供北京政府(親日的皖系)更多的武器與資金,以壓制受到俄國祕密支持與指使的布爾什維克勢力。該報以為日本在華享有特殊地位,理應有責任率先採取必要措施支持北京政府,實質推動中日親善,使其免於布爾什維克的威脅與破壞。[35]

簡言之,從上述美國駐日大使館對於日本報紙言論的輿情分析報告,不難理解美國官員究竟如何看待日本人。日本人普遍認為他們本身並沒有做任何的錯事,而當前在中國所引起的騷亂與麻煩,並不是肇因於日本在華的侵略行動,而是受到中國內部派系的權力鬥爭、布爾什維克的宣傳,以及美、英在華人士的惡意煽動所

---

35 以上日本各報紙對於山東問題的報導評論,均參考自美國駐日大使館給國務院的日本輿情分析報告,見 "The Ambassador in Japan (Morris) to the Acting Secretary of State" No.428 Tokyo, 20 June, 1919, *FRUS 1919*, Vol.I, pp. 704-708.

致。在山東問題爭議上，日本自信行事端正，並無失當之處，真正該負責是中國、美、英以及蘇聯。[36]

（三）日本在華的反美宣傳

尤有要者，日本發動的輿論宣傳攻勢，可能也不只侷限於日本本土的報紙。根據美國駐華公使館的報告，日本在華發行的報紙，同樣也有類似行動，開始「以粗暴下流的詞彙攻擊美國事務」，顯見背後應該有政治勢力的運作。這些輿論攻擊內容含括範圍極廣，除了有政治指涉意涵外，往往還帶有人身攻擊，上至美國總統威爾遜，下至美國駐華官員都無法倖免。日系報紙甚至還扭曲事實，指責美國駐天津領事涉及鴉片走私。此外，日系報紙的另一手法，則是鼓吹「泛亞運動」（pan-Asia movement），希望藉由輿論宣傳激起中國人對於

---

36 美國駐日大使館亦觀察到，在所有日本報紙媒體中，幾乎都口徑一致，痛責中國、美、英以及蘇俄在反日運動上的責任。但是唯一例外的是《中央公論》，該媒體猶如荒野中孤鳥一樣，主張不要鎮壓中國的反日運動，也不要支持那些所謂的親日派官員。因為日本本身經過許多努力，才逐漸擺脫過去的官僚與軍事主義，而中國現在的學生與民族運動，正在做相同的事情。故日本應該樂觀其成，屆時真正的中日友誼也才能實現。先前日本政府推動所謂的中日親善舉動，其實對於中日關係並沒有任何助益。見 "The Ambassador in Japan (Morris) to the Acting Secretary of State" No.428 Tokyo, 20 June, 1919, *FRUS 1919*, Vol. I, pp. 704-708. 此外，一位住在中國、署名 M. Kamei 的日本報紙特派員，即著文公開譴責日本在山東駐兵，認為此舉會遭致他人的仇恨，也質疑日本參與歐戰，是否真心想要與協約國共同作戰，還是想要利用歐洲的混亂局面，牟取最大的利益？而日本現今面對的所有反彈與敵對，很明顯就是當初政策所造成的後果。見 "Japan's Place in the Sun (Viewed from the Orient by Cody Marsh)," *The Weekly Review of the Far East*, 16 July 1921.

在華西方白人的仇恨。[37]

　　不過，根據美國駐華公使館芮恩施的觀察，日系報紙策動的反美輿論宣傳，似乎對中國人的影響不大。因為中國公眾普遍並不相信日系報紙的說詞。中國報紙與其他外國在華報紙，也紛紛指責日系報社的惡質行徑，故意報導那些毫無根據的事情。[38] 儘管如此，芮恩施還是相當擔憂如果日系報紙仍一再炒作這種宣揚民族仇恨的言論，縱然尚不致於影響到華人對美觀感，恐怕還是會有其他負面作用，特別是會激起日本在華居留民的仇美情緒。[39]

　　或許即是受到日系報紙輿論的刺激，日本在華居留民組織曾通過一系列決議，鼓吹日本政府應施展「鐵拳」政策，在山東問題爭議上採取強硬政策，壓制反日勢力。基本上，日本在華報紙，如同日本本土報紙，均傾向將中國的反日運動，理解為外部因素促成，亦即是受到美、英人士的惡意宣傳煽動所致。雖然也確實有部

37　"Report on Political and Economic Conditions for the Quarter Ending March 31, 1919", "The Minister in China (Reinsch) to the Secretary of State" No.2821, Peking, 6 June 1919, *FRUS 1919*, Vol. I, p. 335. 此處所謂的「泛亞運動」，應該即是指日本提倡的「亞洲主義」，有些類似美國的門羅主義，主張亞洲事務由亞洲人自行決定，無須美洲或歐洲人越俎代庖。至於作為亞洲領導者的日本，則應在改造亞洲各國事務上扮演關鍵角色。此思維背後其實多少隱藏有日本意欲宰制亞洲的野心。參見 Sven Saaler & J. Victor Koschmann, eds., P*an-Asianism in Modern Japanese History: Colonialism, Regionalism and Borders* (London & New York: Routledge, 2006)。

38　"Report on Political and Economic Conditions for the Quarter Ending March 31, 1919, "The Minister in China (Reinsch) to the Secretary of State" No.2821 Peking, 6 June 1919, *FRUS 1919*, Vol. I, pp. 335-336.

39　"The Minister in China (Reinsch) to the Secretary of State" Peking, 15 March 1919, *FRUS 1919*, Vol. I, pp. 688-689.

分反日宣傳案例，與外國在華教會有關連。例如，日本
派駐在膠濟鐵路沿線的鐵道守備隊在取締反日活動時，
曾逮捕到處散播反日宣傳資料的中國人員，在經過調查
審訊後發現，這些被捕之人均可能與西方在山東的基督
教教會有關係。換言之，山東的教會團體可能疑似涉入
到反日宣傳活動。不過，美國駐華公使館還是認為日本
人實在太過於抬舉美國等西方人士對於中國公眾輿論上
的影響力。因為基督教教會縱使疑似涉入反日宣傳活
動，但也只是偶發的少數情況，根本不可能激起遍及中
國的民族主義運動。究其實際，五四期間中國各地慷慨
激昂的民族主義運動，絕非西方人有能力策劃出來，這
主要還是受到日本政府在對華政策上過於專橫霸道的直
接影響所致。[40]

四、外交過招：反美與反日輿論之爭

歐戰後，日本為了反制美國，大舉策動反美新聞輿
論宣傳，早已引起美國駐日大使館的側目，勢必引起美
國政府的不滿。另外一方面，受到巴黎和會山東問題爭
議的刺激，中國反日運動正如火如荼地上演，日本人大
都認定中國的反日並不單純，背後明顯有美國人士在運
作煽動，故日本政府不太可能漠視此一態勢的發展，必

---

40 "Report on Political and Economic Conditions for the Quarter Ending
June 30, 1919," The Minister in China (Reinsch) to the Secretary of
State" No. 3001 Peking, 10 September 1919, *FRUS 1919*, Vol. I, pp.
368-369.

定向美國政府提出嚴正抗議。換言之，美、日兩國之間
彼此迂迴的暗中較勁，最終不可避免地將會浮出檯面，
形成美、日兩國之間的外交交涉。事實上，日本的反美
宣傳，以及中國的反日運動，或許本來就不是兩回事，
而可能乃是互為表裡，且因果相關的。

（一）美國發起的交涉：日本反美 vs. 美國反日

　　關於反美輿論問題，美國駐日大使莫里斯曾與日本
外務大臣內田康哉進行交涉，希望能夠制止日本報紙媒
體對於美國的攻擊與猜忌。作為回應，內田後來在日本
報紙上發表一份聲明，針對反美輿論、山東問題以及
當前國際局勢做詳細說明。在聲明中，內田強調，報紙
輿論上沒有事實根據的猜忌與偏見，以及不考慮他國利
益的自私行徑，都是相當可悲的；特別是當前國際關係
結構正在重整之際，恐將有害於未來的世界和平。雖然
他對於報紙攻擊部分友邦（暗指美國，但未點明）的報
導，感到遺憾，但是他也特別指出部分在華的「外國記
者」刻意散播不實報告，指控日本將單獨與德國議和。
他也質疑這些人故意抹黑日本在對華關係上的真實意
圖，聲稱日本不會將膠州灣歸還中國。他再度重申日本
對於山東問題的嚴正態度，如同日本代表牧野伸顯在巴
黎和會上的主張，在於將該地主權完整歸還中國，日本
政府也樂於支持中國得到合法權益，未來日本仍將本諸
中日親善的原則，在公正的基礎上，促進兩國利益。最
後，內田強調，「如果外國忽視日本的合法權利與利

益,唯一的解決之道,就是向外國諸國明白指出具體的
事實」。[41]

從日本外務大臣內田康哉的聲明內容來看,與其說
是幫美國澄清不實指控,倒不如說是發洩對於外國(雖
然並未具體指名是美國)企圖阻止日本獲取其正當利益
的不滿。整篇聲明中,偏重在指責外國媒體對於日本
的抹黑,以及宣傳日本的嚴正立場,同時美化日本在對
華態度上的公正無私,而非替美國澄清。換言之,內田
康哉透過聲明,表達出的言外之意乃是:當美國大使向
其抱怨日本報紙惡意攻擊美國立場時,而以美國為主的
「外國記者」似乎也是在做一樣的事情,故意汙名化
日本。

究其實際,內田康哉在聲明中所指責的外國記者,
可能指的就是以克勞等人為首的美國在華記者。美國在
參與歐戰後曾成立公共新聞委員會,專責戰時輿論宣
傳,克勞即肩負遠東的宣傳業務,立場偏向中國,對於
日本利用戰時擴大在華利益感到不滿,故對日本的指責
也不遺餘力。日本外務省顯然認定當時中國反日輿情的
高漲,背後應該有美國的撐腰,特別是在華輿論宣傳方
面提供的助力。

(二)日本發起的交涉:中國反日問題

另一方面,因巴黎和會山東問題爭議,而引發五四

---

41 "The Ambassador in Japan (Morris) to the Acting Secretary of State"
   Tokyo, 18 May 1919, *FRUS 1919*, Vol. I, pp. 692-694.

政治運動後，學生、商人、工人等先後加入抵制日貨行動，中國各地反日情緒已漸趨熾熱。日本外務省則認為，中國反日運動之所以有恃無恐，背後可能有美國勢力的支持與煽動。為了及早因應，外務省除了前述策動日本的反美宣傳以為抵制之道外，也試圖透過外交管道，同時在華盛頓與東京與美國展開交涉，希望約束美方在華人士的行為。[42]

職是之故，1919 年 6 月 19 日，日本駐美大使館代辦出淵勝次即當面向美國國務院國務次卿波克，遞交一份照會，關切中國反日問題以及美國在華人員疑似亦牽涉其中等問題。在照會中，強調關乎中日兩國關係甚鉅的山東問題，日本方面有自信將會以公正公平的方式來處理，使之圓滿落幕。也因此，對於中國各種反日騷動，日本政府與人民均以坦然的態度處之，並未有激烈的反應作為。但是日本政府還是對中國日益高漲的反日運動感到憂心，因為如果再不加以節制的話，原先單純反日的行動，恐將惡化成為對「中國各地和平與秩序的威脅」。特別是反日行動，除了反映中國人對於山東問題決議的不滿外，很明顯的，背後還帶有複雜的國際勢力在運作著。雖然日本政府不相信「部分在華美國人一再直接或間接散播反日謠言」的說法，也顧慮到這可能只是部分在華美國人的個別行為，非屬國家管轄範圍，故日本政府並不準備為此向美國政府進行交涉。然

42　"The Japanese Embassy to the Department of State," 19 June 1919,
　　FRUS 1919, Vol. I, pp. 703-704.

而，美國在華商會於 1919 年 5 月 12 日、北京英美協會
於 6 月 6 日通過支持中國收回山東利權的決議案，並強
調將向各自母國政府提出相關訴求等情況，已經使得日
本政府無法再繼續坐視不理。因為北京英美協會無異議
通過的決議案，對於中國人來說，可能會引起不必要的
聯想，認為美國在背後撐腰，而且據稱美國駐華公使及
部分使館官員都是北京英美協會成員，同時更將會「在
中國人心中激起反日情緒，並影響到對巴黎和會的不信
任感」。至於美國在華商會通過的決議案，內容惡意中
傷日本，但卻受到在巴黎參與和會的美國總統威爾遜重
視。也因此，日本駐美大使館強調，必須提醒美國國務
院注意上述事態的發展，以免對中國人民造成不當的影
響，以及損害到美、日之間的重要關係。[43]

　　日本外務省除了訓令日本駐美大使館向美國政府提
出上述嚴正交涉外，外務大臣內田康哉本人也早在 6 月
中旬時，即親自召見美國駐日大使莫里斯，關切美國人
在華涉及反日運動之事。不過，如果將前述日本駐美大
使館給美國國務院的照會，與內田與莫里斯的晤談交涉
相比，雖然兩者主題一致，但前者措辭較為委婉含蓄，
而後者顯得相當露骨與不客氣，多次痛責在華美國人的
不當言行。首先，內田即明白表示北京英美協會針對中
日山東問題之爭，竟毫無異議地通過決議支持中國一
事，感到相當不滿。據傳聞該協會開會時，美、英兩國

43　"The Japanese Embassy to the Department of State," 19 June 1919,
　　FRUS 1919, Vol. I, pp. 703-704.

駐華公使都在場，意謂著此次決議帶有官方色彩，等於變相是表態支持中國，而對日本採取不友善態度，勢必對於中國的反日運動有激勵的作用。內田認為山東問題不過只是中國反日情緒的藉口，背後則是有美、英在華人士的運作。內田即十分痛恨美國在上海商會通過的決議，因其竟然指責日本居心不良。內田強調只要外國不介入，山東問題將會依照日本代表團在巴黎和會上所作的宣示，本質與形式上均會歸還給中國，但是如果美、英在華團體繼續表態支持中國，並鼓動反日運動的話，此一運動勢將演變成普遍性的排外情緒，而一發不可收拾。[44]

值得注意的是，為了有效處理中國的反日運動，日本方面除了透過正規外交系統，由日本外務大臣、駐美大使館分別在東京與華盛頓會展開交涉外，軍部勢力竟然也介入其中，甚至直接向美國駐日大使館關切此事。根據報告，在內田康哉出面交涉後不久，陸軍大臣田中義一亦曾親自拜訪美國駐日大使莫里斯，表達與內田類似的態度。田中義一強調他原先並不相信美、英在華官員涉入策動中國反日運動的說法，但是從北京英美協會的決議以及美國駐北京公使館副領事伯爾（Roger A. Burr）的活動來看，他不由得改變態度，認為可能確有其事。[45]

---

44 "Roland S. Morris, American Ambassador, Tokyo to the Acting Secretary of State," 15 June 1919, *FRUS 1919*, Vol. I, pp. 701-702.

45 "The Ambassador in Japan (Morris) to the Acting Secretary of State" Tokyo, 15 June 1919 & The Ambassador in Japan (Morris) to the Acting Secretary of State" Tokyo, June 16, 1919, *FRUS 1919*, Vol. I,

　　雖然美國國務院從未正式授意駐華官員策動反日運動，但從芮恩施的諸多舉措來看，可以知道他極度同情中國在山東問題的立場，也採取特定行動來支持中國。[46] 但對於日本來說，芮恩施與其他使領官員在華的立場與作為，極易動見觀瞻，很大程度上會激勵中國的反日聲浪，遂行聯美制日，從而威脅到日本既有的山東問題處置對策，故必須立即加以遏止。否則中國反日運動一旦擴大，不僅會影響山東問題歸屬之爭，更將影響到日本未來在華的整體利益。職是之故，日本的因應對策之一，或許乃是在日本本土刻意推動反美宣傳，並以此為籌碼，反制並牽制美國政府動向，尤其如此將可以引起美國國務院的關注，從而約束駐華官員往後的行動。換言之，這可謂是美、日兩國（嚴格來說，是美國駐華使館與日本外務省）在山東問題上，爾虞我詐、共同演出的一場輿論宣傳戰。

（三）美國國務院的態度

　　日本外務、陸軍大臣先後向美國駐日大使莫里斯關切駐華使領與山東問題之間的關係，以及日本駐美大使館代辦親自遞交的照會，確實引起美國國務院極大的關注，擔心是否真的有美國駐華使領官員違反中立原則，涉及到中國的反日運動。

---

pp. 701-702.

46　關於美國駐華公使芮恩施本人對於中日山東問題之爭的態度，可以參見回憶錄，見《一個美國外交官使華記：1913-1919 年美國駐華公使回憶錄》，亦可參見應俊豪，〈一戰後美國對「中日山東問題爭議」後續效應的觀察與評估〉，頁 145-169。

　　事實上，在收到上述莫里斯的相關報告後，美國國務院即以極機密的方式（強調加密電報必須交由芮恩施本人親自解碼，顯見關係極重），要求芮恩施迅速報告北京英美協會的決議情況，以及當時美、英兩國公使是否在場等。芮恩施則僅以簡短回覆，澄清其本人以及英國公使均未出席。[47]

　　之後，因為日本駐美大使館代辦正式向國務院遞交關切照會，故國務次卿波克覺得必須釐清相關爭議，乃又於同日下午，緊急以電報詢問芮恩施，要求簡報美國駐華官員與北京英美協會之間的關係。根據芮恩施稍後給國務院的詳細報告，北京英美協會與美、英駐華使館關係，確實相當曖昧。因為「該協會包含了所有美、英人士在北京的代表」。美、英兩國公使以及使館官員雖然不會加入該協會例行會議的討論會，且未在協會內擔任固定職務，但經常會參與該協會的晚餐會。顯見美國使領人員與協會雖沒有明面上的正式關係，但成員間私下互動，應該相當密切。尤有要者，芮恩施甚至還趁此機會，向國務院表達外人在華輿論現況，強調「北京英美協會」的決議，符合所有在華外人的心聲。芮恩施並駁斥日本外務大臣向美國駐日大使莫里斯關切此事時所提出的說法，澄清中國的反日情緒，並不會發展為普遍性排外活動，這其實只是日本人一廂情願的陰謀，妄想

47　"The Acting Secretary of State to the Minister in China (Reinsch)" Washinton, 17 June 1919 & "The Minister in China (Reinsch) to the Acting Secretary of State" Peking 19 June 1919, *FRUS 1919*, Vol. I, pp. 702-703.

要將其他外國人，一同捲入到中國反日運動之中。芮恩
施評估，日本之所以特別關注北京英美協會的決議案，
乃是因為擔心美、英兩國齊一陣線，因此日本無所不用
其極地想在中國人心目中，營造出兩國態度不同，從而
孤立美國。芮恩施並指出日本在華報紙媒體，早已展開
反美宣傳，刻意詆毀美國人，從美國總統以降，傳教
士、士兵等，均淪為日本報紙輿論攻訐的對象。[48] 事實
上，日本在華官員正試圖在中國掀起反美與反英的輿論
宣傳攻勢，其目的，不但可以轉移輿論焦點，同時也能
夠造出中國普遍排外的假象，藉此分化中國與美、英之
間的關係，從而讓日本可以為所欲為：

> 日本擁有的媒體正試圖激起反美情緒，尤其針對傳
> 教士，但並未得逞。一名高級官員告知，日本駐華
> 公使以及親日派正致力於揭露英國擬控制西藏的野
> 心，以藉此轉移焦點。[49]

是以，芮恩施強調，如果放任事態發展不做處理，
中國民族主義運動繼續發酵醞釀，或許有可能在日本運
作下逐漸轉而排外，也將造成嚴重影響，故美國必須對
此持續關注事態的演變。

---

48 "The Acting Secretary of State to the Minister in China (Reinsch)"
　　Washington, 19 June 1919 & "The Minister in China (Reinsch) to the
　　Acting Secretary of State," Peking, 26 June 1919, *FRUS 1919*, Vol. I,
　　pp. 704, 712.

49 "The Minister in China (Reinsch) to the Acting Secretary of State,"
　　Peking, 7 June 1919, *FRUS 1919*, Vol. I, p. 696.

　　收到芮恩施的報告後，美國國務院即據此回應日本
駐美使館先前所提出的照會。在此回覆中，美國國務院
針對日本政府的諸多質疑逐一解釋，強調在華個別美國
公民的活動，並非美國政府所能干涉，故美國政府無權
也沒有責任承擔北京英美協會、美國在華商會所通過的
決議案。至於美國駐華使館人員疑似涉入「北京英美協
會」活動之事，美國國國務院澄清部分使領官員只是參
與私人社交活動，並未直接涉入協會運作，也從未出席
協會例行會議，故不可能去影響或指導決議案的通過。
再者，關於美國在華商會的決議案，以及向總統威爾遜
的陳情舉動，依照美國慣例，總統對海內外美國公民團
體的陳情訴願，多會回覆確認以示尊重，但這僅為例行
禮貌回應，並不能代表美國政府對此事的態度。基本
上，海內外的美國公民均有權向政府陳情，而總統在時
間允許下，也會表達對陳情問題的慎重考慮。最後，國
務院則強調，中國的反日運動並未像日本政府所擔憂的
嚴重，而這些「小事」（minor incidents）也不應該影響
到美、日間誠摯的友誼關係。[50]

　　由上述給日本使館的照覆內容，可以發現美國政府
並不認為在華美國公民表態支持中國，或疑似涉入反日
活動有任何問題，畢竟此乃是個別美國公民在海外的自
由行動。就政府立場，並無權干涉此類事情，除非證明
背後有正式駐華官員涉入其間。而芮恩施在給國務院的

50　"The Department of State to the Japanese Embassy, " date unknown,
　　FRUS 1919, Vol. I, pp. 712-714.

報告中，也以「未擔任協會職務」且「決議案通過時，
官員並未在場」等說詞，巧妙地迴避掉駐華官員與「北
京英美協會」的關係。所以美國國務院也以普通私人社
交活動，來定調美國駐華官員與協會的關係，反駁日本
方面有關美國官員曾涉入協會決議案的指控。嚴格來
說，這套說詞顯係外交辭令，也就是以查無實證為由，
形式上否認兩者關係。但事實上，美國駐華公使館與北
京英美協會之間關係相當密切。日本政府會如此慎重其
事，同時在華盛頓與東京提出正式交涉，顯見應是掌握
到一定事證，且相當清楚上述兩者之間的關係。換言
之，無論美國方面以何種外交辭令推卸責任，日本政府
早已認定美國駐華公使館與北京英美協會決議案之間，
絕對脫離不了關係。

　　究其實際，在山東問題上，芮恩施立場極其鮮明且
態度一致，即力挺中國取回德國在山東的利權，並曾多
次向國務院表達意見，強調中國現狀發展與山東問題
的重要性。1919 年 5 月時，芮恩施即向國務院報告，
希望美國公眾不要受到日本政府輿論宣傳的誤導，因為
日本雖然宣稱之後會將膠州灣歸還中國，但其實只是幌
子與形式罷了，日本仍會積極利用此機會，實質控制
山東，屆時山東終將像滿洲一樣，淪為日本的禁臠。[51]
為了阻止日本圖謀得逞，芮恩施必須讓美國政府清楚情
況的嚴峻。不難想見，北京英美協會通過支持中國在山

51　"The Minister in China (Reinsch) to the Acting Secretary of State,"
　　Peking, 30 May 1919, *FRUS 1919*, Vol. I, pp. 695-696.

東問題上的訴求等決議案，背後若非美國駐華公使館主
導，也應該是樂觀其成的。芮恩施也有充分動機，去促
成此事。在協會決議案公布後，他又曾向國務院強調該
協會決議「符合所有在華外人的心聲」，這當然也包
括他個人的立場。[52] 況且，芮恩施要對北京英美協會
發揮影響力，還有許多其他方式，並非一定要親自出席
協會的正式場合活動，例如透過私底下的社交活動或是
代理人機制等，輾轉傳達意見並影響美國在華公眾輿
論，或許即可達成目標。所以，芮恩施只要不擔任協會
職務，不在討論議案時出席會議，如此即可合理地製造
出「不在場證明」，從而否認美國公使館有涉入山東爭
議之事。再者，而就美國政府內部決策機制的現實條件
考量，當時美國政府主要領導人，總統威爾遜與國務卿
蘭辛均在巴黎出席和會，忙於與各強國代表周旋，商討
戰後議和與世界局勢等重大議題，應暫時無暇顧及到美
國在華人員疑似涉入到中國反日運動等內情。而坐鎮華
盛頓的，乃是國務次卿波克，但此時多半也以居中傳達
意見，並根據美國駐華使館送交的現況報告，提出形式
上的敷衍說詞為主，而不至於對美國駐華使館的諸多活
動，做太過實質性的干涉行動。也因此，當華盛頓沒有
「大人」坐鎮的情況下，芮恩施在華的活動，將有更大
的揮灑空間。

　　最後，必須強調的，美國歷來對華政策，均是約束

52　"The Minister in China (Reinsch) to the Acting Secretary of State,"
　　Peking, 26 June 1919, *FRUS 1919*, Vol. I, p. 712.

在華商民，不得任意介入中國內政問題。因此，上述美
國國務院對日本駐美大使館所稱，因「在華個別美國公
民活動，非美國政府所能干涉」等語，明顯乃係敷衍
日本的說詞，並非真實情況。事實上，當巴黎和會即將
告終，芮恩施亦因不認同美國政府對山東問題決議的態
度而請辭後，國務院即開始再度重申對華政策的重要
原則，在於嚴守中立，嚴禁美國在華商民任意介入中
國內政活動。在 1919 年底，國務院給駐華代辦丁家立
（Charles D. Tenney）的訓令中，即強調對外界指控美
國公民在華涉入中國內政問題一事，感到困窘，這也說
明國務院確已感受到此問題的嚴重性。雖然國務院仍以
相當和緩的措辭，辯稱美國公民多潔身自愛，且審時度
己，不會隨意介入中國內政事務，但還是強調部分美人
在華組織所通過的決議案，確實已涉入到美國公民不應
碰觸到的議題，這些應該由美國政府與中國政府來處
理。為了避免後續爭議，且約束美國在華公民往後的行
為，國務院要求駐華公使館，必須明確表達立場，禁止
美國公民涉入中國內政。具體作法，即是援引 1897 年
由美國駐韓國公使館發給所有在韓美國公民、團體的通
告，強調：

> 任何海外的美國公民，應嚴守其本分，不得涉入外
> 國內政事務，而讓美國政府承擔國際責任。關於外
> 國的內政管理，美國公民也不得陳述意見或提供建
> 議，或是介入斡旋政治問題。假如美國公民如此做
> 的話，將由其自行承擔風險與麻煩。無論是美國駐

> 在該外國的使領代表，還是美國政府本身，都不可
> 能批准類似行動。假如美國公民無視忠告，美國政
> 府將不會提供適當的保護。[53]

　　國務院要求駐華公使館將上述通告內容，轉知各地
美國領事館，並印製副本，除張貼在領事館公布欄，且廣
發給各地區美國公民。[54] 換言之，國務院已開始著手約束
美人在華言論與行動，避免過度捲入中日山東問題之爭。

　　因此，總結來說，無論美國國務院以何種外交辭令
敷衍日本大使館，以便為美國駐華公使館以及海外美國
公民的爭議言行進行辯護，但從國務院後來近乎亡羊補
牢的訓令，等於間接印證了在華美國公民當時確實曾違
反中立原則、介入中國的反日運動。

（四）日本後續的輿論宣傳

　　當巴黎和會上正在熱議山東問題歸屬問題，而美國
態度卻疑似同情中國立場時，日本外務省以兩種方式掣
肘美國，其一策動反美宣傳，作為外交談判籌碼，其二
則透過正規外交交涉，關切並制止在華美國人涉入反
日運動，以切斷中國的聯美制日。但除了前述較為強硬
的舉措外，日本後來則改以軟性的訴求，疏通美國，避
免美、日關係因山東問題爭議惡化。特別是當巴黎和會

53　"The Minister in Korea (Sill) to American Residents in Korea" Seoul,
　　11 May 1897, *FRUS 1919*, Vol. II, p. 459.

54　"The Secretary of State to the Chargé in China (Tenny)" Washington,
　　December 26. 1919, *FRUS 1919*, Vol. I, p. 723.

通過山東問題決議案，決定由日本繼承德國在山東的權
利後，日本駐美大使館即嘗試透過美國報紙輿論，化解
外界及美國政府對於日本意圖佔有山東權利的質疑與猜
忌，以維持並營造日本在美的正面形象。

　　1919 年 7 月，日本駐美大使館代辦出淵勝次出面
接受美國報紙訪問，釋放善意，同時也澄清日本無意壟
斷山東利權。在接受美聯社的訪問時，出淵勝次特別針
對山東問題之爭，提出個人看法。他表示日本堅決主張
將山東主權歸還中國，而且日本不但會將山東相關產業
歸還中國，也會儘快針對此問題與中國進行公開交涉。
具體細節部分：過去由德國單獨控制的膠濟鐵路，日
後將由中國與日本共同經營管理；青島地區，過去也是
由德國完全控制，今後日本將會讓其公開，並且讓世界
各國都能毫無歧視地在青島內進行貿易；此外，日本也
規劃仿效上海模式，在青島內除了規劃一個日本租界
外，也設置一個公共租界，讓各國人士都能在其間居住
通商；最後，關於青島駐軍問題，日本也將摒棄德國作
法，不再繼續派遣駐軍，相反地，日本堅決主張山東主
權必須歸還中國，故之後日本將會盡快地撤出在青島境
內的日軍。出淵勝次強調只要中國簽署巴黎和約，日本
政府即會在上述規劃下，將山東主權與膠州灣租界地歸
還中國。[55]

---

55 "Chargé of Japanese Embassy Discusses Shantung's Future:
　　Expressing His Personal Views, He Says Kiaochow Territory Will Be
　　Returned to China and All Nipponese Troops Withdrawn as Soon as
　　Possible," 29 July 1919, *FRUS 1919*, Vol. I, pp. 715-716.

　　在接受美聯社訪談時，出淵勝次雖然強調日本政府
並未正式授權對山東問題表達意見，故他僅是從個人角
度，提出日本未來對於山東處置的觀察，但事實上從出
淵勝次後續的行動，仍然可以清楚看出出淵上述言論，
其實可能是日本外務省授意而刻意對外散播的。因為在
《紐約捷報》（The New York Herald）登出訪談內容後，
出淵勝次隨即攜帶該份剪報資料，往晤美國國務院主掌
亞洲事務的第三助理國務卿朗恩。當朗恩詢問此剪報內
容是否代表日本政府官方正式聲明時，出淵語帶曖昧
地表示為「半官方」（semi-official），僅是個人意見陳
述，但卻要求將剪報遞交國務院，同時也希望朗恩對此
剪報內容表達看法。[56]

　　顯而易見，無論是出淵接受美聯社訪問、發表意
見，到將報紙剪報送交國務院等一系列舉動，背後應該
可能都是日本外務省「試水溫」的行動。出淵雖強調是
個人意見陳述，然仍坦承是「半官方」的說法，可知背
後帶有官方某種程度的授權。特別是對於山東主權爭議
的後續安排，涵蓋膠濟鐵路、要塞、租界到駐軍等，這
些均是關係極其重要的具體事項，若非日本政府授權，
以出淵勝次代辦的身份與地位，實在難以針對此類問題
提出個別具體建議。換言之，出淵接受美聯社訪談，不
過乃是日本外務省透過外交官個人發言與報紙報導，間

56　不過，朗恩卻婉拒對出淵勝次的言論發表任何看法。顯見美國國
　　務院此時對於日本的動向，偏向保守與觀察，不願輕易表態。見
　　"Memorandum of the Third Assistant Secretary of State (Long)" 29
　　July 1919, *FRUS 1919*, Vol. I, pp. 714-715.

接透露日本政府未來對於山東主權爭議的作法，可藉此試探美國政府的反應，以評估日本對於此問題的後續因應對策，也向美方澄清日本無意獨佔山東利益，希望透過向各國開放租界與貿易，緩和美國的猜忌，並爭取其支持。

五、小結

　　從美國駐日大使館蒐集到的日本新聞輿論情資來看，雖然各報立場有別，但很明顯的，似乎有一隻看不見的黑手，在主導著反美輿論宣傳。關東地區各報幾乎有志一同地歷數美國的惡形惡狀，除了一再重揭過去美國歧視日本民族的舊傷疤外，也散播歐戰以來美國積極限制日本向外發展，壓縮日本生存空間，肆意汙辱日本人的新仇恨。部分較為激進的新聞言論，甚至還主張日本應該直接出兵處理中國的反日運動，並以武力教訓美國，或是恢復歐戰期間的軍事與經濟援華政策，協助中國的親日派系有足夠的力量，以便鎮壓反日運動與布爾什維克宣傳。關西地區的報紙同樣也不遑多讓，例如《大阪每日新聞》一系列的報導中，即指控美國表裡不一的偽善形象，表面上義正辭嚴地維護中國，攻訐日本在華的既有利益，實則懷有狼子野心，透過反日運動的煽動與操作，意圖藉此壟斷整個中國市場。而美國駐華公使館的報告中，亦發現在華的日系報紙，也從事類似的工作，除了一再指責美國煽動反日、抵制日貨運動外，也持續發動輿論宣傳攻擊美國，藉由不實的證據向美國潑髒水，以破壞並汙名化美國在華的正義形象。當時知名的美國新聞學者皮德金在 1921 年出版的英文專書《美國必須對抗日本嗎？》中，即分析自 1920 年起日本政府以及人民對於美國日益增加的惡感，主要原因之一，可能就是過去報紙媒體等所形塑的負面美國形象造成的。

　　由前述日本外務大臣內田康哉以及陸軍大臣田中義一的談話，可以清楚看到日本外交與軍方系統對於中國反日運動的焦慮，也傾向認定運動背後顯然帶有美、英人士的運作痕跡。然而，最令日本感到棘手與不滿的，是美、英兩國駐華官員竟然也毫不避嫌參與其事，這對中國的反日運動來說，勢必有著極其關鍵的鼓舞作用，隱約暗示兩國官方的某種態度，意謂他們在道義上支持中國的立場，反對日本的訴求。因此，也就不難理解為何日本方面為何會氣急敗壞，要美國政府迅速處理此事，制止在華官員的不當言行，甚至連軍部亦出面關切。順此思路，同樣也就可以得知，為何在同一時間前後，美國駐日大使館開始注意到日本各地出現的反美言論，並懷疑背後有外務省官員在下指導棋。換言之，日本發動反美宣傳，與日本懷疑美國在華人員介入到中國反日運動之間，其實是有著脈絡關係的。

　　職是之故，美國方面分析這是歐戰後日本政府故意發起的反美輿論宣傳戰，甚至不惜藉由洩漏所謂的祕密消息與新聞素材，來主導日本的輿論風向，進而鼓吹反美宣傳。如此，日本在中國所遭遇到的困境，則變成是美國的陰謀所致，不但可以挾民氣以為外交之助，作為未來對美外交強硬的憑仗，同時也可以妝點掩飾日本過往對華侵略行為所引起的爭議，一箭雙雕。換句話說，圍繞在反日與反美輿論之爭的風風雨雨，可能就是美、日兩國檯面下的彼此較量與過招。

　　不過，必須強調的，在某種程度上，日本似乎有意透過新聞輿論來進行反美宣傳，然而真實目的，應該並非有意與美國為敵，而是希望透過輿論宣傳匯聚民氣，作為之後對美外交交涉的奧援與手段，從而確保日本自歐戰以來所獲得的重大利益。換言之，如果美國施壓日本必須放棄部分利益時，日本即可宣稱國內民意的強大反彈聲浪，不能輕易退讓，否則可能釀起對於政府的反對與不滿，甚至引起政潮。此外，日本此舉或許也可能帶有一石二鳥的目的，亦即除了應付美國外，還有與中國反日民族主義運動互別苗頭的意涵，那就是透過新聞輿論的操作，宣傳美化過去在華的所作所為，且可以藉此帶起所謂的日本民意，作為後續對華施為的強大後盾。

　　最後，本章的諸多討論，還可能延伸出另外一個研究課題。那就是美國大使館在挑選剪報資料時，是否故意有所取捨？標準是什麼？對於鼓吹美日親善言論者，以及反美言論者，美國大使館新聞官又是如何處置？為何在日本的輿情分析報告中，單純僅彙整反美言論，卻較少提及親美觀點？目前初步的判斷是，1920 年代初期，多年的大戰剛剛結束，世界一片歌舞昇平之際，美、日政府層級的關係終究還沒有太多問題，也沒有無法化解的根本矛盾，所以社會上的主流意見似乎也不需要特別去呼籲美日親善。故對於新聞官來說，自然也就無須刻意去蒐集彙整那些倡言美日親善的言論。但是在諸多歌頌太平的言論中，卻隱約察覺到報紙上開始有一些不尋常的言論出現，部分新聞言論明確帶有挑釁的反美主張，甚至極其危言聳聽。也因此，乃刻意蒐集反美言論的相關剪報，著手進行新聞輿情分析報告，藉此提醒美國政府，日本疑似在策動反美宣傳，目的在掣肘美國對於遠東事務的介入。

第十章　美國對日本輿論宣傳攻勢的認識與對策

一、前言

　　歐戰後的美、日關係，相當的詭譎多變。從戰時攜手對德作戰的盟邦，到巴黎和會上的針鋒相對，以至於美國推動召開華盛頓會議，打破英日同盟，削弱日本的國際地位，並間接迫使日本不得不將視為戰爭利益的山東利權，部分歸還中國。美國針對日本的強勢作為，開啟後世所謂的「凡爾賽－華盛頓會議體系」，同時也凸顯了美國歷來堅持的門戶開放政策，主張列強應彼此協調，以尊重主權與領土完整、不干涉內政事務，作為日後處理中國事務的基本原則。此體系的形成，反映著美國意圖切割過去，一方面唾棄舊外交，拒絕重演強國間相互拉幫結派，進行軍備競賽，大搞權力均勢與恐怖平衡的舊模式，另外一方面則致力於建立新的國際秩序，避免重蹈歐戰的覆轍。[1]影響所及，在美國的帶動下，對於中國事務的處理態度，自然也將大幅修正自鴉片戰爭以降所建立的帝國主義侵華模式，列強間彼此

1　歐戰前後新舊外交的比較及其影響，可以參見《大外交》，頁289-327。

約束，不得再利用中國現況發展，強佔勢力範圍，擴張
在華利益，甚至瓜分中國。此體系套用在遠東事務，很
大程度上即劍指日本，間接制約了日本自歐戰期間提出
二十一條要求、進行「西原外交」起，即積極致力於擴
張在華利益的戰略思維。[2] 美國的圖謀與作為，使日
本感受到不小的挫折，甚至警覺必須慎重調整思考美、
日之間的關係，並且在中國事務以及其他重要議題上，
與美國為首的西方列強，採取更為妥協的外交立場，而
非戰爭期間自行其事的武斷外交。[3]

　　然而，必須值得注意的，在上述國際形勢劇烈轉變
的過程中，究竟什麼原因促成美國選擇採取較具針對
性的強硬立場，來處理與日本的關係？自 1919 年巴黎
和會上的諸多不愉快起，到 1921 年底華盛頓會議召開

2　二十一條要求與西原外交之間最大的差別，在於前者採取正面的
　外交與軍事威嚇，意圖使其變為日本附屬地，而後者則是透過較
　為迂迴的經濟攻勢，在日本大藏大臣勝田主計的「菊分根」策略
　下，欲取先予，藉由西原龜三的居中媒介，以大量的日本貸款換
　取中國實質利益，同時扶持中國的親日派系。無論二十一條還是
　西原外交，手段雖有不同，但目的卻是一致的，亦即利用歐戰之
　機，擴大日本在華利益。關於二十一條要求與西原外交，可參見
　李毓澍，《中日二十一條交涉（上）》；黃自進，〈從「二十一
　條要求」看吉野作造的日本在華權益觀〉，《中央研究院近代史
　研究所集刊》，第 23 期（上）（1994 年 6 月），頁 331-365；
　葉恭綽，〈西原借款內幕〉，中國人民政治協商會議全國委員會
　文史資料研究委員會編，《文史資料選輯》（北京：中國文史出
　版社，1980），第 3 輯，頁 106-110。

3　關於日本對華外交模式，從歐戰期間的武斷外交逐漸轉變為歐戰
　後的協調外交，可以參見臼井勝美，〈凡爾賽‧華盛頓會議體制
　與日本〉，《中國をめぐる近代日本の外交》，陳鵬仁譯，《近
　代日本外交與中國》，頁 19-53；宋開友，〈20 世紀 20 年代日
　本對華外交之逆轉：從幣原到田中〉，《江海學刊》，第 2 期（2005
　年 4 月），頁 166-170。至於歐戰及其後續結果，對於日本造成
　的衝擊與主觀上的挫折感，則可參見加藤陽子，黃美蓉譯，《日
　本人為何選擇了戰爭》，頁 159-212。

前，這段時間內的美、日關係，究竟發生何種變化？過去研究成果，比較偏向從國際政治與現實利益的大歷史的角度切入，例如美、日兩國爭奪中國市場與資源，以及競逐太平洋海權的主導權等，來反思歐戰後的美、日矛盾，以及其如何最終促成二戰時的戰爭對決。不過，還必須特別注意當時美、日兩國政府與人民對於彼此的觀感與印象，是如何形塑的？此類民族觀或國家觀的產生，當在社會中逐漸醞釀發酵並施展影響力後，是否也會加深兩國之間的隔閡與對立，從而促成美國政府採取較為堅定的立場，來處理歐戰後日本在亞洲與中國的擴張。

直言之，本書所探究的美、日矛盾論述，並非是指美、日兩國已經實質準備邁向戰爭，更多的，乃是擬處理兩國政府與民間社群、報紙等在輿論宣傳上的交鋒、欺騙與敵意。自近代維新開化以來，日本致力於學習西方，而為了博取西方的支持，很早即理解新聞輿論宣傳工具的重要性，籌思包裝國家進步性的形象，營造正面觀感，如此不但可以強化國際好感度，同時還可以醜化競爭對手，形成疊加效應。[4] 美國在掌握新聞輿論宣傳工具上，亦不遑多讓。歐戰期間，美國總統威爾遜為了

4　日本外務省開始致力於對外宣傳工作，與曾任日本駐英公使的青木周藏有很大的關係。青木利用駐英之便，建議外務省充分利用《泰晤士報》、路透社等重要媒體，進行輿論宣傳。可以參見青木給日本外務省的報告，見〈在英公使青木周藏ヨリ外務大臣陸奧宗光宛英文電文〉，1894 年 7 月 2 日，「4・英国ノ部」，JACAR：B08090014700，頁 274；〈在英公使青木周藏ヨリ外務大臣陸奧宗光宛英文電文〉，1894 年 7 月 23 日，「4・英国ノ部」，JACAR：B08090014700，頁 276。關於青木周藏的外交成就，亦可參見坂根義久，《明治外交と青木周藏》（東京：刀水書房，1985）。

　　因應作戰之需，下令成立公共新聞委員會，以便發起攻訐敵國、團結盟邦以及拉攏中立國的輿論宣傳戰。美國在華報人很快在政府號召下，積極展開運作，他們一方面帶起中國人的「威爾遜熱」，鼓吹親美風向，一方面則因為日本出兵山東，提出兇狠的二十一條要求，為了反制日本在華擴張，也著手推動反日輿論。

　　歐戰結束後，隨著美、日勢力在遠東的崛起，兩國之間的矛盾與衝突愈益檯面化，新仇舊恨，很容易就加深彼此的猜忌。美國原先即對於日本移民大舉進入境內而抱持排斥態度，歐戰後兩國競相追逐遠東利益，無論是出兵西伯利亞，還是各種商貿競爭，雙方之間實際的接觸也日趨頻繁，對於彼此的實際企圖與野心，自然也就越來越了然於心。一旦認清到新聞媒體上所營造的國家民族形象，與實際面目之間的巨大落差，將會產生更大的反感，以為遭到欺瞞戲弄，因此更加認定對方的虛假與偽善本質，從而導致相互觀感的進一步惡化。

　　輿論宣傳戰，乃是歐戰後美、日在華矛盾論述中，極其重要的一環。相較於本書第七章著重分析歐戰後日本發動的反美新聞宣傳，以及美國對於日本宣傳策略的認知理解，與之後引發的兩國外交過招，本章的重點則嘗試轉換視野，探究美國人如何從被動轉為主動，甚至延續歐戰期間在華實行的輿論政策，對日發起輿論宣傳攻勢。

　　簡單來說，前一章是探究日本的反美輿論宣傳與美國的認知與對策，本章則是攻守互換，反向分析美國的反日輿論宣傳與日本的對策。透過從「日攻美守」到

「美攻日守」的交叉過程與比對分析，應可對美、日之間的輿論宣傳戰，有更深入的瞭解。

　　為了釐清美國的反日輿論宣傳，以及日本方面的澄清與力圖維持正面形象，本章選擇透過三個較具歷史意義的面向來切入，進一步探究美、日兩國在輿論宣傳上的實際交鋒情況。首先，是探究美國人如何透過中日山東問題爭議以及出兵西伯利亞行動，逐漸認清日本侵略擴張的本質以及善於輿論宣傳的手法。其次，乃是從日本與美國的雙重視角，分析在日本記者的眼中，歐戰後的美國報人究竟是如何承繼戰時以來的宣傳攻勢，有計畫地在中國利用新聞媒體，鼓動反日輿論宣傳，以爭取中國民心向背。[5] 最後，則是改從日本的官方立場切入，當日本深切感受到美國的質疑與反撲之際，如何持續利用各種時機以謀扭轉局勢，在美國努力澄清誤解，恢復對於日本的正面形象，從而減少美國人民對於日本的猜忌。

　　輿論部分，當時中國各大城市所發行的英文報紙，正是美、日在華角力的主要輿論載體，透過分析相關的報導評論與讀者投書，可以更加清楚美、日雙方如何藉由英文報紙形塑對方的邪惡形象，同時美化己方立場。此外，日本本地與在華報紙，也可用來分析他們眼中的美國反日輿論。

5　以往研究歐戰以來美國對日輿論宣傳策略的切入角度，大都是偏向從主其事的美國在華報人資料，來分析他們做了什麼，而比較少從對手，亦即日本在華記者的視角，來分析他們眼中的美國報人，究竟是如何遂行反日輿論宣傳攻勢？因此，從日本記者的角度，來探究美國報人發動的反日輿論宣傳，應該別具意義。

二、日本形象的質疑

近代以來，日本致力於脫亞入歐，學習做個西方人，推動文明國化。因此，在不少美國人的眼中，日本雖然是黃種人，但與依然抱殘守缺的中國人等亞洲民族不同，早已摒棄落後的東方封建習慣，積極推動各類仿效西方的改革，邁向現代文明的進步形象，則是相當深入人心。日本的迅速進步與維新開化，引起美國人極大的關注，美國學界對於「日本人論」的專業研究，大約自甲午戰爭、日俄戰爭後亦已陸續開展。[6] 但一般美國人對於日本的理解，不少還是偏向直覺的感官與刻板印象。日本政府本身亦不忘在美國新聞輿論上，營造正面形象。也因此，透過輿論宣傳所形塑出來的形象，還是有很大的實質影響力。但是歐戰以來美國民間對於日本積極對外擴張的行為，卻日益感到不安。尤其是歐戰期間日本出兵山東以及西伯利亞的行動，很大程度上，引起美國人對於日本的質疑，認為過去對於日本的諸多理解，乃是建構在錯誤的認知上。之後，巴黎和會中、日山東問題爭議與五四學生運動發生，藉由在華美系報社的傳播，美國本土報紙的轉載，同樣引起美國新聞輿論一定程度的重視，從而對日本看似進步背後的野心擴

6　甲午戰爭後，加州大學柏克萊分校即首開風氣之先，設立日本研究的專門教職。之後隨著日本在日俄戰爭獲勝以及美、日貿易額的增加，美國西岸的各大學亦陸續開設有關日本的課程，並逐漸延伸到東岸的大學。關於美國各大學對於日本的關注與研究，可以參見林超琦，〈美國日本研究的形成與發展〉，《台灣國際研究季刊》，第 5 卷第 3 期（2009 年秋季號），頁 73-94。

張與虛偽性，亦開始採取抨擊態度。

（一）共同出兵西伯利亞後的影響

　　歐戰後期以降，美軍在西伯利亞出兵行動中，與日軍並肩作戰，因此不少曾參與此行動的美國軍人，開始與日本人有頻繁的接觸，故對於日本的印象，也有了更為直接的觀感。他們逐漸開始意識到日本人在亞洲的所作所為，跟在美國所見所聞的，可能有相當的出入。例如此前提及的美國軍官馬許，在駐防西伯利亞期間，因長期與日本軍隊、日本人接觸的結果，即警覺到日本在美國塑造的國家形象，似乎與現實間有著巨大落差。也因此，馬許開始持續關注日本對於報紙新聞的操縱模式，才赫然發現美國人對於中國等東方事務的瞭解，幾乎來自於被日本控制的新聞媒體。換言之，美國人等於間接被日本輿論宣傳所洗腦。馬許在《密勒氏評論報》上撰寫的一篇報導評論，即嘗試揭露日本控制美國對於東方新聞與理解的恐怖事實。

　　　　日本控制來自東方的新聞，成功地在美國進行宣傳，也有能力迷惑每個造訪日本海岸的優秀訪客。影響所及，在美國的美國人，無不拒絕相信任何對於日本非難的指控。美國有關東方的新聞，主要來自於日本國際通信社、路透社、美聯社及日本官方的新聞局。這些全部都被日本人所控制。路透社早與日本國際通信社合作一段時間。至於美聯社，舉例來說，其在海參威的代表，就是日本軍方日本廣

宣報（*The Japan Advertiser*）的代理人。這也解釋了
為何時至今日，美國人依然不知道日本人在西伯利
亞的強暴案件，也不清楚日本人買通西伯利亞的俄
文報紙，以便進行反美宣傳，同時也不知道的是，
作為美國盟邦的日本，究竟是如何嘗試偷竊美國的
步槍等武器。[7]

　　馬許坦承在他前往西伯利亞任職，且親自目睹日本
軍方的運作機制以前，他自幼對日本即抱持著英雄的崇
拜，甚至認為日本是一個相當神奇的民族。事實上，這
可能並非單一特例，而是大部分美國人對於日本的基
本理解：一個形象陽光正面的民族，高度文明發展，無
論是藝術、生產、商業，還是政治上，都有顯著成就。
日本在陸上以及海上軍事行動中所展現出的英勇無畏精
神，也贏得美國人的稱讚，同時也足以證明日本在現代
化進程中的效率。也因此，每當有報告指出日本民族殘
忍的一面時，大部分美國人選擇一笑置之，並接受日本
政府官方的說法，認為這些報告乃是誇張其詞，而不予
採信。甚至當日本的所作所為確實應該受到譴責時，美
國人依然還是微笑看待，認為日本不過就像是個擁有極
佳魅力的耍壞男孩罷了。

　　歐戰以來，日本在美操控新聞輿論宣傳最有力的證
據之一，即是有關日軍在西伯利亞軍事行動的報導。根

7　"Japan's Place in the Sun (Viewed from the Orient by Cody Marsh),"
　　The Weekly Review of the Far East, 16 July 1921.

據馬許所掌握的情資，在美國終止軍事行動並撤回在西伯利亞的部隊後不久，不再受到美軍監督與牽制的日軍，隨即發動大規模軍事攻擊行動，數以千計的西伯利亞人遭到日軍無情的屠殺，而僥倖在戰場上未死的負傷者，最終也難逃被日軍以刺刀殺死的命運。但是如此血腥殘暴的軍事行動，經過新聞媒體妝點，卻變成為日本勇敢面對紅色威脅，保護全世界免於布爾什維克主義滲透的壯舉。之後，日軍在西伯利亞的軍事行動遭到重大挫敗，部隊死傷慘重，然而這種窘況，再度經過日本新聞輿論控制的改寫，最後由美聯社所報導出來的消息，卻變成是布爾什維克主義者所製造的大屠殺，進而強化了日本為了維護世界和平，而蒙受重大犧牲的正面形象。換言之，日本利用各種輿論宣傳與言語修辭，來美化日本的形象。誠如日本前首相大隈重信當初透過紐約《獨立報》（ *The Independent* ），傳達給美國人的訊息：「日本沒有不可告人的企圖，也沒有想要獲得更多的領土，更沒有想要剝奪中國或是其他民族原來所擁有的東西」。日本之所以對德宣戰、出兵山東，同樣也不過只是為了將山東能夠歸還中國。上述種種，顯然均是日本在美國刻意用於迷惑人心的話術，目的在於營造正面的形象。[8]

　　上述馬許的觀察並非特例或個人偏見，以西伯利亞遠征行動指揮中心所在的海參崴為例，當地美國人即不

8　"Japan's Place in the Sun (Viewed from the Orient by Cody Marsh)," *The Weekly Review of the Far East*, 16 July 1921.

對日本人抱持好感。根據日軍浦塩特務機關給陸軍省的報告，坦承從當地美國人所獲取的情資來看，美國方面普遍抱著不友善的態度，甚至還有「美日戰爭」論的觀點出現。[9]

　　關於歐戰以來日本致力於營造正面輿論形象，曾任北京政府顧問的美國知名學者威羅貝，亦有相當深刻的感慨。早在其 1919 年初給美國國務院的中、日政情觀察報告中，就曾清楚點出，日本往往藉由新聞輿論宣傳手段，來掩飾包裝侵華野心。威羅貝甚至語重心長地提醒美國政府，歐戰後日本在山東的作為，本質上其實就是在複製之前侵佔南滿的故事，隱藏著殖民與侵略擴張的野心。然而，日本卻一再有意地透過新聞輿論的宣傳手法，遮掩與美化帝國主義行為，讓美國以及世界其他人民產生不切實際的幻想，誤以為日本的所作所為，不過只是為了自衛與維護合法利益，而無非份要求。[10]

　　無獨有偶，與威羅貝持類似的看法，是美國海軍亞洲艦隊總司令葛利維斯，他在 1920 年 2 月給海軍部的報告中，提到日本政府投入大筆預算作為國內輿論宣傳之用，而在中國問題等國外爭議上，也積極強化國際輿

9　〈荒木大佐ヨリ陸軍次長宛〉，1919 年 3 月 20 日，「2 大正 7 年 11 月 9 日から大正 8 年 11 月 1 日」，JACAR: B03030030 8000，頁 76-77。

10　威羅貝的報告，見 "Observations With Reference to Political Conditions in Japan and China," Second Report of W. W. Willoughby, 30 January 1919, RIAC 893.00/3305 1/2。關於此點，可參見筆者另外一篇研究的分析，見應俊豪，〈一戰後美國對「中日山東問題爭議」後續效應的觀察與評估〉，頁 145-169。

論宣傳策略。[11]

　　關於日本意圖操控美國新聞輿論之事，在西伯利亞前線的軍官馬許可能還有些後知後覺、大夢初醒，然而對於北京政府政治顧問威羅貝以及美國海軍高層葛利維斯等人來說，則顯然並非如此。從他們給美國政府的報告中，可以窺知在那些涉及遠東事務的美國「中國通」眼中，對於日本善於營造與包裝國家輿論形象的手法，早已知之甚詳。歐戰以前，美國在遠東地區的利益不大，美、日矛盾亦不明顯，但是不難理解，隨著歐洲勢力自中國逐漸退卻與美、日的迅速崛起，美國又日益關注東亞事務之際，日本在亞洲大陸的持續擴張行動，不但牴觸到美國素來主張的門戶開放政策，甚至進一步影響到美國在遠東的實質利益時，就會有越來越多的美國人，跳出來質疑日本過於美化的國家形象。尤有要者，如果美國在華報人也試圖以類似伎倆，利用手中的新聞輿論工作，來反制日本，美、日兩國的輿論宣傳戰便於焉展開，而美、日矛盾的渾水，自然也就更加混濁不清。

（二）山東主權爭議與五四運動的衝擊

　　自巴黎和會中日山東問題爭議以及五四學生運動出現後，除了引起美國在華社群極大的關注外，部分美國本土的新聞媒體，也在山東問題爭議上，立場較為

11　"Observations on the Situation in the Far East," Commander-in-Chief, Asiatic Fleet, Vladivostak, to the Secretary of the Navy, 1 February 1920, RIAC 893.00/3314.

偏向中國，相當同情中國的處境，反對日本竊佔膠州
灣。例如以政治自由主義立場著稱，且自稱素來對日態
度友善的《紐約國》期刊，[12] 早在其 1919 年 7 月 26 日
出刊的社論，就針對山東問題爭議，向日本提出了強
烈的訴求。[13] 社論開頭即引述了英國政治家波林布洛克
（Henry John Viscount Bolingbroke）的名言「尊崇武力
的勝利，或許會為一個國家（議會）帶來恥辱」。[14]

　　當初日本出兵山東，終結德國在膠州的統治，一度
曾贏得世界喝采。日本稍後也曾表明無意佔領山東，並
準備在戰後歸還中國。但是日本後來卻完全未能履行諾
言，巴黎和會最終亦屈服於日本的要求，使得日本得
以繼續宰制山東。和會結束後，日本官員雖然再次表明
無意永久佔領膠州，但卻以種種理由，拒絕直接歸還山
東，例如藉口此時歸還山東，將會對日本與巴黎和會的
威信造成損害，又或是強調日本與中國由於一水之隔、
地理毗鄰的關係，日本理所當然有權力去介入中國事

12　關於《紐約國》的政治立場，可以參見 Alan Pendleton Grimes, *The Political Liberalism of the New York Nation: 1865-1932* (Chapel Hill: The University of North Carolina Press, 1953)。

13　此篇社論的撰寫者為《紐約國》編輯維拉（Garrison Villard），據其自稱過去立場相當認同日本，在 1917 年日本外相石井菊次郎來美訪問，並與美國國務卿蘭辛商議中國事務的處理原則時，維拉即曾到場，參與歡迎石井的到訪。見 "An Appeal to Japan: New York Nation's Strong Concerning Shantung," *The Peking Leader*, 10 September 1919.

14　波林布洛克是 18 世紀英國政治家與哲學家，曾任托利黨領袖以及陸軍部部長等重要職務。關於文中所引的那句話，可以參見 Henry John Viscount Bolingbroke, *The Works of Lord Bolingbroke: With a Life, Prepared Expressly for This Edition, Containing Additional Information Relative to His Personal and Public Character* (Philadelphia: Carey and Hart, 1841), Vol. 2, p. 298.

務，以保護中國免於其他列強所侵略。然而，這些看似堂而皇之的理由，完全無法說服美國人接受日本的不義之舉，反而更加確信日本人是一個沒有榮譽與道德感的民族。況且日本在華的所為，無論弄出多麼美麗的糖衣包裝，究其實際，還是無法掩藏其對華侵略企圖與覬覦之心。因此，《紐約國》強調，美國人不會被日本的言語所迷惑，也不會由於山東問題可能會造成美、日之間的矛盾與摩擦，就自欺欺人或試圖掩蓋。換言之，對於如此不義之舉，美國人不應該選擇視而不見。雖然在社論最後，《紐約國》依然強調它對於日本仍保有善意，並不贊成美、日生隙，也反對兩國彼此敵視，甚至因此發生戰爭。故該報希望以最誠摯的態度，再次呼籲日本政府能夠快刀斬亂麻，澈底改弦易轍，儘快將軍隊撤出山東，並歸還中國，以免親痛仇快，也防止美、日兩國之間，因此再發生更大的誤會或不愉快。《紐約國》並語重心長地提醒日本人，攘奪山東膠州，或許可以獲取到部分利益，但如果卻因此而嚴重損害到美國人對於日本的整體觀感，恐將得不償失！[15]

　　同年9月，《紐約國》又特地發行山東專號，不但全文刊載《巴黎和約》中有關山東事項的全文，同時也刊出上海《密勒氏評論報》社長以及各主筆有關山東問題的社論。文中，明確表達出認同美國在華報人對於山東問題的立場，強調德國在華利權的不可轉讓性。職是

15　"An Appeal to Japan: New York Nation's Strong Concerning Shantung," *The Peking Leader*, 10 September 1919.

之故，《巴黎和約》中有關由日本繼承德國在山東利權
的條約，因為違背上述不可轉讓性的原則，故在法理上
站不住腳，所以一旦德國宣言放棄在華利權，則自然將
由中國收回。[16]

　　由上述《紐約國》社論及其山東專號，不難看出該
刊物對於巴黎和會決議由日本繼承德國在山東利權一事
的極度不滿。然而，同樣發人省思的，是《紐約國》過
去的言論立場，一向自詡為對日友善著稱，也標榜長
期致力於促進推動美、日關係的正面發展，避免對立情
況產生。然而在山東問題爭議上，《紐約國》卻轉變態
度，不惜發表社論表明立場，勸誡日本應懸崖勒馬。該
刊甚至還屢屢轉載《密勒氏評論報》有關中、日山東問
題爭議的相關報導與評論，由此可知兩刊物之間的密切
合作關係，以及在對日立場上的一致性。究其實際，
《密勒氏評論報》本來即是美國在華報紙中，對於日本
在華野心最為關注的媒體之一，也是歐戰以來日本眼中
鼓吹反日輿論的急先鋒。[17] 然而作為美國本土刊物，
較不涉及中國事務，且素來主張美、日親善的《紐約
國》，又為何改弦易轍，開始與素以反日著稱的《密勒
氏評論報》立場靠近？如果說《密勒氏評論報》是向中
國人或是在華外人發聲，而《紐約國》的轉載與表態，
則有意向美國人提出警訊，呼籲要正視山東問題與日本

16　〈米誌の排日的僻論：山東号発行：（紐育特電十八日発）〉，
　　《大阪每日新聞》，1919 年 9 月 21 日。
17　〈上海を中心と英米するのプロパガンダ〉，《大阪每日新聞》，
　　1919 年 2 月 17 日。

人的表裡不一，尤其應注意歐戰以來日本謀求向外擴張
的所作所為。《紐約國》的社論論調，似乎逐漸帶著某
種程度的「排日」傾向，或許也反映著美國公眾輿論風
向的些許變化，部分新聞媒體確實可能因為受到山東問
題爭議的影響，而減少對於日本的好感，甚至不再繼續
擁護日本。

三、報紙的反日輿論宣傳

或許不滿日本歐戰以來的持續擴張，或許基於對中
國弱勢處境的同情，部分實際居住生活在中國的美籍報
人，在前述美國公共新聞委員會的掩護下，很早即開始
戮力於撕毀日本的假面具，積極揭露其對華的野心與企
圖。歐戰後美國報紙出現的反日宣傳，主要戰場仍是在
中國，但同時亦有部分延伸到美國國內。

（一）在華進行的反日宣傳（日本報人的
　　　 觀察）

過去大多是從美籍記者的視角切入此問題，但亦可
以轉換視角，改由對手，亦即當時日本記者的觀察中，
指控美、英等在華報人計畫串連發動反日輿論宣傳戰，
略見端倪。直言之，美、日之間的輿論宣傳戰，確實
相當詭譎多變，在虛虛實實的言論中，不易釐清箇中脈
絡。但是無論如何，作為對手，日本在華記者對於美國
報人發動的反日輿論宣傳戰，自然瞭解最深，反之亦
然。畢竟在歐戰後的美、日輿論宣傳戰中，雙方在筆下

戰場第一線，實際負責對奕過招的記者，應該都對彼此的策略相當了然於心。

1919 年 2 月，日本《大阪每日新聞》刊出由該報駐上海特派員、知名記者平川清風[18] 所撰寫一篇以上海的英美宣傳為題的深入報導，詳細指出在上海的各外文報紙，如何在美、英等勢力的運作下，展開對日本的輿論宣傳攻擊行動。[19]

首先是當時日本新任駐華公使小幡酉吉在上任之初，即遭到路透社的惡意批評。在巴黎和會山東問題爭議發生後，英美側的反日輿論攻擊行動，更是趨於激烈，不但大肆宣傳小幡酉吉恫嚇事件，誇張地揭露日本意圖藉由向北京政府施壓，以約束巴黎和會中國代表團的言行，同時也散播日本對華參戰借款以及獲取東三省礦山利益等不實謠言。[20] 諸如《字林西報》及《大陸報》等，均曾涉及此類反日宣傳。而在這些不利日本的外文報導中，平川認為在幕後操作、推波助瀾的，應該就是美國在華機關通信社的主事者克勞，以及英美煙草公司的買辦等人。除了外文報紙外，他們甚至還涉及煽動中文報紙刊出排日言論，慫恿中國新聞從業工會向大總統徐世昌陳情抗議日本的不法行為。根據平川的分

18　平川清風畢業於東京帝國大學法學部，其父則為日本知名漢學家平川清音。平川加入《大阪每日新聞》工作後，歷任上海特派員、整理與社會部長等職，相當關注中國事務的發展，曾著有《支那共和史》（上海：春申社，1920），是日本報界的中國問題專家。

19　〈上海を中心と英米するのプロパガンダ〉，《大阪每日新聞》，1919 年 2 月 17 日。

20　平川清風此處所稱的「小幡酉吉恫嚇事件」，詳見本書第八章。

析，在上海二十餘家外文報紙與雜誌社中，除了其中三家較為公正中立外，其餘各家可能都帶有明確的政治色彩。其中又尤以美系機關報的反日言論最為激烈，遠遠超過英系報紙。[21]

　　平川特別點名三家新聞媒體最致力於對日政治宣傳，包括《上海英文滬報》、《密勒氏評論報》以及「東方新聞社」。《上海英文滬報》的前身為國民黨人經營的英文《京報》（*The Peking Gazette*），本來即是反日輿論宣傳的急先鋒。而《密勒氏評論報》則是由美國人密勒所創，密勒且擔任中國赴巴黎和會代表團團長陸徵祥的國際問題顧問，因此該報針對日本的輿論宣傳行動，也就不意外了。此外，最為重要的，乃是由美國人克勞所創辦的東方新聞社，當時為美國在華唯一的新聞通訊社，不久後即改名為「中美新聞社」，不難想見該社的主要任務之一，就是在於促進中美關係。平川認為該社雖然創立不久，但卻積極進行輿論宣傳活動，致力於宣傳威爾遜的政治主張，不遺餘力地從事反日宣傳。該社甚至還將之前《密勒氏評論報》刊載的一篇極度反日的報導〈在華英美人對日本的態度〉，編輯成小冊子，附上詳細的中文翻譯，在中國人中廣為散布，可見其對日居心不良。平川指出，這些反日的通信社或報紙，主要是在北京蒐集各類反日資訊，運作模式乃是透過其駐北京的新聞特派員，與當時同樣居住在北京、在野的中國

21　〈上海を中心と英米するのプロパガンダ〉，《大阪每日新聞》，1919 年 2 月 17 日。

政治家們保持密切聯繫，從而獲取關鍵消息，再轉發上
海新聞界。平川並指控美國等外國勢力甚至可能透過金
錢資助的方式，來滲透影響中國的新聞輿論，亦即藉由
廣告資助的方式，來強化對於美國有利的宣傳。如果出
現不利美國的言論，則威脅要撤出廣告贊助。[22]

巴黎和會召開後，山東主權爭議與外交挫敗的消息
陸續傳回國內，學生受到很大的刺激，反日學運如火如
荼。美國在華報紙可能亦乘機煽風點火，在五四反日風
潮中扮演重要的催化作用。根據其他日本記者的觀察，
美國報紙最常見的反日宣傳模式，乃是以聳動性的報
導，撩撥中國學生的反日情緒。例如日文《京津日日新
聞》主筆橘樸，很早亦注意到美國報紙似乎故意在煽動
反日學生運動，特別是在華北地區學生族群有很大影響
的《華北明星報》。因為在學生採取激烈行動縱火燒毀
交通總長曹汝霖住宅前，《華北明星報》即已刊登「不
可思議」的煽動性報導。而後續中國學生組織的反日
運動，基本上也與美系與英系報紙的宣傳脫離不了關
係。[23] 在華美系報紙可能藉由帶有渲染性的報導，在
中國的反日學運中，扮演關鍵角色。

（二）本土報紙的反日宣傳

歐戰後，美國報人致力於在華推動反日宣傳，其主
要影響的對象，大多以中國學生等新知識分子為主。除

22　〈上海を中心と英米するのプロパガンダ〉，《大阪每日新聞》，
　　1919 年 2 月 17 日。
23　〈非基教運動〉，《京津日日新聞》，1922 年 3 月 27 日。

此之外，美國報人亦經常透過各種途徑，將其帶有反日傾向的新聞觀點傳回美國國內，擴大影響層面，試圖讓美國公眾進一步瞭解日本在華潛藏野心、非法擴張的真相。而最常見的報導主題之一，即是刻意宣揚甚至醜化日本在華的所作所為，指控日本有意藉由毒品與色情來迷惑中國人心，以便遂行其侵略中國的野心。

例如 1919 年《紐約世界報》曾刊載了一篇由美國基督教差會在華教會投書的一篇報告。在此篇極盡煽動之能事的報導中，諷刺日本在山東進行所謂的「和平滲透政策」（peaceful penetration policy），陰謀透過毒與色，來敗壞山東風色。日本人的具體作為，乃是在山東大量經營非法的特種商店，販售鴉片、嗎啡、古柯鹼，以及從事色情交易。在日本的推波駐瀾下，山東毒品氾濫，在鄉間不乏見到身上帶有注射針孔痕跡的屍體。[24] 事實上，此類輿論觀點，很早即見於美國在華報紙。例如美系《密勒氏評論報》在 1919 年時亦曾做過一項統計，詳細分析日本人在山東的產業組成，認為僅有約 3% 從事合法事業，有高達 50% 從事毒品買賣、47% 從事性交易。[25] 此類報導分析，毒色產業之所以在華如此囂張，很大的原因，乃是顯然幕後有日本政府的運作在內。美國教會甚至認為經營這些毒色產業者，不少可能都是日本的間諜或線民，領有日本政府給予的補助津

24　A Member of the American Presbyterian Mission, "Sinister Japanese Methods in Shantung," 1919, RIAC 893.00/3271.

25　"The Extent of Japanese 'Dope' Dens," in A Member of the American Presbyterian Mission, "Sinister Japanese Methods in Shantung," 1919, RIAC 893.00/3271.

貼。事實上，美國駐天津第十五步兵團的一位士官長即曾私下跟美國基督教會透露，他曾經率隊祕密調查了一五〇家日本商店，發現他們大都從事骯髒的地下活動。[26]

又例如1921年初，美國知名週刊《星期六晚郵報》的新聞特派員伊根（Mrs. Eleanor Franklin Egan）造訪中國，特別描繪日本佔領下的山東現況，認為在日本治理下，經濟情況上確實有很大的改善，但是隱藏在經濟復甦的背後，可能是更多不堪的事實，山東鴉片與嗎啡的走私情況很明顯劇烈增加，而與毒品氾濫相對應、成正比的，是妓院數目同時也迅速的增加。[27]

姑且不論上述有關中國與山東現況的真實性如何，但隨著報紙刊物的大加報導，勢必對美國人（包括在華的美籍僑民與美國本土讀者）的日本觀，造成一定程度的負面影響。《紐約世界報》、《密勒氏評論報》、《星期六晚郵報》等所呈現出的中國現況，是山東各大城市在日本的默許下，特種行業猖獗，毒品與色慾橫流。美國報人藉此試圖對公眾表達的言外之意，那就是日本顯然利用佔領山東之機，故意縱容當地非法不當活動。也就是說，無論日本對外如何自我歌頌與標榜山東近來的發展與榮景，但不容否認的，那些違反人道、最不堪的毒娼活動，仍在日本操控下持續運作，以麻痺中

---

26 "The Extent of Japanese 'Dope' Dens," in A Member of the American Presbyterian Mission, "Sinister Japanese Methods in Shantung," 1919, RIAC 893.00/3271.

27 "Japanese in Shantung: American Observer's Accusation," *The North China Herald and Supreme Court* & *Consular Gazette*, 21 May 1921.

國人，使其靈魂向下沉淪，以便於日本遂行侵略中國的
野心。[28] 毋庸諱言，此類報導可能帶有引導輿論風向之
嫌，其目的或許就在於藉由美國人最重視的道德問題切
入，來破除日本自近代以來對西方所營造出的文明開化
形象。

四、日本的辯解與正面形象的維持

　　自 19 世紀末期甲午戰爭期間，日本駐英、駐德公
使館等即曾透過支付公關費，利用英文新聞報紙與通訊
社，開展對英宣傳，致力於營造出日本的正面輿論形
象，同時汙名化中國，以爭取國際支持。顯而易見，日
本外交部門很早就知曉營造國家正面形象的重要性，也
相當熟悉要如何才能操控輿論工具，美化自己，同時抹
黑對手，以為外交與戰爭之助。[29]

　　歐戰以降，日本也採取類似手法，積極強化對於美
國的輿論宣傳活動。除了在日本以及美國以外的地區，
透過報紙媒體，大肆醜詆美國的形象，以便增加日本人
以及其他外國人對於美國的惡感外，日本也展開另外一
種反向的輿論宣傳手法，那就是強化日本在美國以及世

28　《京津日日新聞》即曾指出中國反日運動慣常用來喚起民眾憤慨
　　之心，有兩大訴求，即是指控日本販賣毒品鴉片與經營色情行
　　業，以及動用武力攘奪中國領土。見〈新思想運動と宗教〉，《京
　　津日日新聞》，1922 年 3 月 28 日。

29　關於甲午戰爭期間日本的對英輿論宣傳手法，可以參見應俊豪，
　　〈戰時宣傳：甲午戰爭期間日本外務省操控英文新聞輿論的嘗
　　試〉，政大人文中心主辦，「和戰之際的清末外交」研討會，
　　2018 年 2 月 2 日。

界各國的正面形象。透過輿論宣傳手段，一面對外強化
美國的負面形象，讓日本人與世人充分瞭解美國之惡，
一面則為日本的擴張進行辯護的動作，致力於形塑與傳
達日本的正面形象，藉此擴大輿論控制與影響的最大成
效。日本的輿論宣傳策略，確實有一定程度的影響，迷
惑了部分美國人。

　　歐戰後在美國國內曾出現某種弔詭的現象，亦即當
日本在美國以外的世界各地努力進行反美輿論宣傳的同
時，美國國內的一般人民，卻在日本的輿論宣傳的影響
下，依舊對於日本的民族與國家形象，普遍抱持較為正
面的觀感。這種反差現象的形成，自然與日本積極推動
在美國國內的輿論宣傳有著密切的關係。換言之，一般
美國人如果未曾離開美國，且未實際與日本人接觸，或
許即會受到日本美化的輿論宣傳影響，而對日本有著不
切實際的想像。這也是前述美軍軍官馬許在參與了在西
伯利亞的軍事行動，實際與日軍士兵有了更多互動後的
最大感觸。美國國內人民所認知到的日本，與海外所理
解的日本形象，有著極大的差異。

　　值得注意的，隨著美、日在東亞的競爭與矛盾逐漸
浮出檯面，對於日本在華的擴張行動與侵略動機，也有
越來越多的質疑聲浪，但日本依然盡力為其行為辯護，
以便維持正面的國家民族形象。

（一）日本駐美使領機構的宣傳策略

　　日本駐美國使領機構十分關注日本在美的形象問
題，一旦見到報章雜誌上出現攻擊日本的言論，就會澄

清與說明，並向報社表達關切，以便營造良好的形象。

　　例如 1919 年 8 月，美國紐約《紐約美國人報》批判日本民族缺乏道德性，還提及過去曾鼓吹美、日親善論的學者古力克（Sidney Gulick），在其知名的著作《日本人的進化》（*The Evolution of the Japanese*）中，也早已提及到日本人「不道德、不德義」的特性。[30] 日本駐紐約總領事館看到上述反日報導後，除了向東京外務省回報，質疑該報導本身的矛盾外，[31] 也隨即採取行動，特地致函報社，希望該報不要再刊載類似攻擊日本的報導。該信件中，日本總領事館恭維美國「在孚眾望的善意基礎上，開啟了一個新時代的國際關係」（inauguration of a new era of international relations based on the sure foundation of popular goodwill），而日本政治家與一般社會公眾，也都希望能夠跟隨美國，在「真摯與善意」（sincerity and goodwill）的原則下，彼此坦誠相待，強化美、日兩國的關係。因此，由衷期盼美、日兩國新聞媒體能夠共同合作，避免被誤解所引導，也不要輕信謠言，致力於報導彼此社群的健康生活，如此對於兩國來

30　古力克為美國傳教士，1888 年起先後陸續在日本居住長達二十餘年，1913 年後回到美國後，有感於美國歷來推動不友善的排日法案，故致力於推動美日親善，曾撰有多本有關日本的專著，代表作之一，即為《日本人的進化》。關於古力克生平及其影響，可以參見 Sandra C. Taylor, *Advocate of Understanding: Sidney Gulick and the Search for Peace with Japan* (Kent: Kent State University Press, 1984); Sidney Lewi Gulick, *Evolution of the Japanese: Social and Psychic* (New York: F. H. Revell Company, 1903).

31　〈紐育總領事代理ヨリ內田外務大臣宛〉，1919 年 8 月 8 日，「2 大正 7 年 11 月 9 日から大正 8 年 11 月 1 日」，JACAR: B03030308000，頁 79。

說，將會有很大的好處。因為「如果美國人較少聽到我
們所謂的野心，較多聽到我們故鄉的生活、學校與學
院；如果日本較常聽到美國的社交，較少聽到所謂的美
國帝國主義，相信將會更有助益」。[32]

（二）後藤新平訪美

又例如日本前外相後藤新平，亦利用 1919 年訪問
美國之機，營造日本在美國的正面形象，同時試圖釐清
並去除部分美國人對於日本在亞洲擴張的兩大疑慮：西
伯利亞出兵問題及中日山東問題。

在日本駐西雅圖領事館給東京外務省的報告中，坦
承近來由於美國參議院質疑山東問題，排日言論相當盛
行，故在立場親日的美國參議員協助下，安排後藤新平
在西雅圖進行演說，為日本政策進行辯護，並抗衡排日
言論。[33]

10 月 14 日，在美國西雅圖的演說中，後藤新平澄
清美國有人質疑日本的狼子野心，以負面眼光看待日
本，都是捕風捉影，毫無根據。尤其是許多美國人都對
於日本在西伯利亞的軍事行動，懷抱著警戒心態，指責

---

32 日本駐紐約總領事館給外務省的報告中，附帶有一封英文書信，
　信中並未註明發文者與收信者，但細讀內容，研判可能是總領
　事館給報社的澄清信，希望該報社推動美日親善。見 "Letter
　from Japanese Consulate General, New York," 8 August 1919，
　「2 大正 7 年 11 月 9 日から大正 8 年 11 月 1 日」，JACAR:
　B03030308000，頁 81。
33 〈在領事松永直吉ヨリ外務大臣子爵內田康哉宛〉，1919 年 10
　月 15 日，「2 大正 7 年 11 月 9 日から大正 8 年 11 月 1 日」，
　JACAR: B03030308000，頁 103。

日本違背與美國的協議，甚至派出比美國還多的兵力前往西伯利亞。但他表示，日本外務省確曾與美國政府協商，各自派遣約七千人的軍隊出兵西伯利亞，但對日本來說，這卻是不切實際的，因為根據西伯利亞的緊張情況，遠遠需要更多的兵力，方足以因應當地惡劣的局勢。畢竟布爾什維克黨人以及其德國盟友在西伯利亞所部署的力量，是非常強大的，故美、日約定派遣的兵力，似乎顯得有點杯水車薪，無濟於事。也因此，在與美國的協商過程中，日本早已表達要保留視情況需要，派遣更多兵力的自由。而華盛頓當局以及瞭解實際情況之人，也很早就認知到日本出兵西伯利亞所採取的諸多措施，全是「明智且有必要的」。日本堅信，如果當初日本沒有派遣足夠兵力，眼下西伯利亞的局勢一定更加惡化，也必定會為協約國一方造成相當慘痛的損失。

也有美國人質疑日本意圖藉此排除美國，以便攘奪西伯利亞的經濟利益。不過，日本方面卻也有類似的觀感，認為美國在西伯利亞的所作所為，都是為了大力攫取利益，排除日本企業。後藤新平認為上述這些質疑，可能都是美、日雙方好事之徒憑空想像出來的，而不符合真正的情況。他強調美、日雙方在西伯利亞的所作所為，並沒有損害到彼此的利益，相反地，兩國更應該攜手合作，共同推動西伯利亞以及世界上其他地區的發展。

關於中日山東問題，後藤新平在演說中，則是攻防並重，一方面澄清日本對於山東從無野心，另一方面嚴辭抨擊巴黎和會中國代表團的不實指控及誤導公眾輿論。他認為美國大部分的主流媒體十分清楚山東問題的真正事實，也正是威爾遜所強調的，日本已在巴黎和會中提出要將山東歸還中國，只不過要保留些許的經濟利權罷了。況且，日本也不打算要獨佔這些經濟利權，而是準備與中國合作，共同分享利權。日本現已計畫與中國合作經營長達二七〇哩的膠濟鐵路，開發沿線的礦區，且兩國合作的條件是非常豐厚、明顯有利於中國的。而歸還山東的日期，雖然日本暫時還無法確定，但承諾將會在安排完相關事宜後，儘快在兩三年間完成歸還手續。日本未來的規劃是，在完成批准對德和約，從德國手中接收有關山東的所有文件檔案後，將會於幾個月內，再向中國提出關於山東利權安排處置的計畫。後藤新平深信，屆時凡是立場公正的美國人，均將會清楚瞭解到日本對山東的相關安排，乃是「正義且合理公平的」（just and equitable）。至於中國代表團在巴黎和會上對於日本的諸多指控，尤其是聲稱日本故意隱瞞1918年中日軍事協議與借款，完全是子虛烏有之事。後藤諷刺這些言論故意扭曲事實，更是幾近於「幼稚天真」。美國公眾不太可能會受到這些謬論所誤導，因為日本早已於 1918 年就公布過了，更何況中日軍事合作與借款，乃是中國政府主動推動的。因此，中國代表團宣稱此為密約，且在到達巴黎前均對此毫不知情等說詞，明顯站不住腳。

在演說的最後，後藤新平重申美、日兩國不應彼此猜忌懷疑，應該攜手合作，共同致力於遠東商業與經濟上的發展。對日本來說，因位處東方，本該開發遠東，但因為日本能力有限、孤掌難鳴,故必須仰賴美國的幫助。他強調,縱然當前美、日之間或多或少有一些誤解與不友善的歧見,但是他相信兩國之間仍然有著一股強大的善意與友誼。尤其是美、日人民中,那些「開明且有影響力的階層」,仍然堅定推動兩國的相互理解。因此,山東問題不應該成為美日友誼的障礙,而日本處理山東利權的作法,對於「不帶偏見的美國批評家與新聞從業人員」來說,也「很明顯是合理公平的」。

後藤新平呼籲,美國不應該繼續縱容那些刻意扭曲事實、誤導公眾、造成彼此間猜忌以及誤解的惡意言論,而應該以智慧與理性思維,來看待日本等外國,特別是牽涉到有關質疑外國榮譽與誠實性的不實言論。[34]

五、小結

究其實際,歐戰後的美、日外交關係,大致上仍維持著良性的常規互動,兩國政府也並未採取過於激烈的作為,來影響到彼此邦誼。美國政府固然對於日本自歐戰以來的向外擴張,始終抱持著慎重戒備的態度,但是遠遠還未達到必須採取敵對立場的程度。而日本政府在歐戰後,也逐漸修正歐戰期間的武斷外交以及在華的擴張行動,轉趨採取務實的協調外交,以避免與美、英等

---

34 後藤新平在西雅圖的演說詞,見 "Baron Goto's Address, at Japanese Consul, Mr. Matsunaga's Dinner, at the Hotel Washington, Tuesday Evening," 14 October 1919,「2 大正 7 年 11 月 9 日から大正 8 年 11 月 1 日」,JACAR: B03030308000。

西方國家發生不必要的矛盾與衝突。換言之，至少在雙邊外交上，美、日兩國持續保持著平穩且友善互動的關係。

然而，在官方互動層次上看似穩定發展的背後，可能隱藏著暗潮洶湧，檯面下的兩國角力卻始終不斷。特別是從新聞輿論視角切入觀察歐戰後的美、日互動，即可以清楚嗅到一絲不淡的火藥味。早在歐戰期間，美籍報人即在「公共新聞委員會」的掩護下，為了支持中國抗衡日本的二十一條要求，發動過反日輿論宣傳攻勢。歐戰結束後，美國在華報紙顯然並未因此收斂，又加上出兵西伯利亞問題、山東主權歸屬爭議與五四學生運動的刺激，仍持續採取類似的作為，並與部分中國知識分子與報人串連合作，不但攻訐日本的所作所為，更助長中國、朝鮮等遠東反日民族情緒與學生運動。再者，隨著美國在遠東利益的日益擴大，部分美國本土報紙也陸續加入反日新聞輿論陣營，藉由轉載在華美系報紙的批判言論，聲援中國立場，並大肆宣揚日本在過去較不為人知的野心與暴行。職是之故，日本往往認定美國是挑起中國反日、抵制日貨運動的幕後元兇。為了反制美國的輿論戰，日本採取攻守兼具的因應對策，一方面在美國國內竭盡所能地辯解說項，以謀維持過去日本在美國的良好形象，同時在日本國內與中國進行大規模反宣傳行動，致力於揭露美國偽善的面具。

毋庸諱言，新聞輿論在歐戰後的美、日矛盾中，的確扮演著至為關鍵的作用。歐戰以來美、日崛起，競逐遠東與中國利益，在許多議題上立場矛盾，適巧提供了美、日雙方彼此過招、大打輿論戰的重要素材與舞台。
美、日兩國報人誠如身處戰場第一線的戰士，經常利用
報紙報導與新聞輿論作為工具，不惜口誅筆伐，試圖影
響中外人士對於雙方的觀感。當美系報紙致力於宣揚日
本對華的野心之時，日系報紙則試圖維持自身正面的形
象，同時也不忘強調美國對於日本的猜忌與仇視。不難
想見，在報紙輿論持續的推波助瀾與煽風點火下，可能
在美、日人民之間，逐漸造成不易彌補的縫隙，敵對態
度也由之而生。

第十一章　美系基督教會對於日本治理山東的陳述與宣傳

一、前言

　　歐戰以來，美國在華社群對於中國現狀的直覺觀感與表態發言，或多或少也會影響到美國對華政策。尤其是如果透過有計畫、有組織的方式，持續向美國社會與政府朝野發聲，刻意煽動或帶起輿論風向，日積月累下，確實可能逐漸形塑出他們想要的政策走向。[1] 在這些美國社群裡，教會團體是其中特色較為鮮明的。與其他同樣生活在中國的美國公民不同，基於入世宣教的工作需要，傳教士不太可能一直居住在安全的外國租界內，必須深入鄉間，實際貼近中國人民的日常生活，感受中國人的情緒與好惡反應，同時也需時時關注中國現狀發展，嘗試提出可能的改善之道。而在這樣的過程中，許多美國教士親眼目睹中日關係的發展，見證了日

---

[1]　魏良才在探討 1920 年代後期美國在華壓力團體時，即特別點出商人與傳教士兩大群體。他們對於當時美國對華政策，都有一定程度的影響。見魏良才，〈一九二〇年代後期的美國對華政策：國會、輿論及壓力團體（傳教士、商人）的影響〉，《美國研究》，第 10 卷第 2 期（1980），頁 159-186。

本在華擴張行動，及其對中國社會的巨大衝擊：從戰爭初期的二十一條要求，到戰後的五四學生運動，以及中國各大城市陸續出現的抵制日貨風潮。部分美國教士對於中國處境，逐漸流露出同情的立場，也對於日本的侵門踏戶之舉，不禁感到厭惡。特別是當日本的擴張行動，可能直接或間接傷害到美國在華實際利益時，他們的反感與反彈情緒，也將會進一步升級，落實為具體遊說行動。此時，這些社群，自然將蛻變成為某種形式的壓力團體，試圖去影響美國華盛頓當局對中日山東爭議以及日本的態度。

　　雖然美國政府向來對華政策的基本立場，是不介入中國內政事務，也反對在華商民、教會等涉入到反日運動之中。[2] 但是實際上，山東美國教會組織與團體，多少還是與反日運動有所關係。這可以由日本在山東軍事當局對於當地美國教會的敵對態度中，略窺一二。例如日本在山東地區發行的報紙，曾以〈山東教會大學的殘忍和現代基督教會的腐敗〉為文，嚴詞抨擊當地英美系教會。日本駐山東濟南領事館的機關報，諸如《青島日報》、《濟南時報》等，甚至不惜口誅筆伐，痛批西方基督教會在宗教的掩護下，私下煽動或是庇護學生從事反日運動。雖然日本方面的諸多指控，不見得反映真實情況，但空穴來風，未必無因，美國基督教會很有可能直接或間接涉入山東地區的反日學生運動。[3]

2　"The Secretary of State to the Chargé in China (Tenny)", Washington, 26 December 1919, *FRUS 1919*, Vol. I, p. 723.

3　五四運動期間，齊魯大學全體學生曾發表〈為力爭青島敬告全國

　　美國在華基督教長老會差會成員即曾在山東地區祕密收集各種資料，專門編纂〈日本在山東的邪惡行徑〉的報告。該報告篇幅極大，共四十三頁，如同一本小書，內容上則分門別類，按章針對日本在山東暴政的各個面向，列舉實際例子進行說明。顯見此報告的編輯成書，應該是教會內部有計畫的行動，而非倉促之作。尤有要者，為了擴大影響美國公眾輿論對於中日山東問題爭議的觀感，長老會差會特地將該份報告從山東傳教基地祕密攜出，再遠渡重洋，投書至美國本土報紙，交由過去相當擅長處理「腥羶新聞」的《紐約世界報》刊載。雖然美國報紙盛行一時的「黃色新聞浪潮」（Yellow Journalism），在 20 世紀後已逐漸退燒，[4] 但長老會差會此份內容極其聳動的〈山東報告〉，經由發行量極大、擅長炒作議題的《紐約世界報》刊行，依然可能改變美國一般庶民大眾對於日本的印象。

　　除了訴諸新聞媒體，藉此形塑美國國內的反日輿論外，長老會差會甚至也直接將〈山東報告〉送交政府領

各界書〉，積極參與反日運動，而學校教會當局可能亦難免涉入此中。關於山東基督教學校齊魯大學以及美籍傳教士在 1919 年反日運動中扮演的角色，可以參見陶飛亞，〈齊魯大學的歷史資料與歷史研究〉，吳梓明編，《中國教會大學歷史文獻研討會論文集》（香港：香港中文大學出版社，1995），頁 57-72。

4　所謂「黃色新聞」，並非指色情，而是透過聳動性的標題與內容，藉由渲染和誇張的手法，或是偽稱經過科學調查，報導一些未經證實的消息，以迎合大眾獵奇口味。其次，此類新聞也經常透過揭露剝削與壓迫情事，妖魔化特定對象，以鼓動公眾對於被壓迫者的同情，以及對壓迫者的不滿。關於 19 世紀末至 20 世紀初美國報界黃色新聞浪潮的興衰，參見 Frank Luther Mott, *American Journalism: A History of Newspapers in the United States through 250 Years, 1690-1940* (New York: The Macmillan Company, 1942), pp. 518-612.

導階層，包括許多參議員，以及國務卿蘭辛都曾收到並看過此份報告。蘭辛即相當重視〈山東報告〉，曾要求國務院遠東司將內容進行摘要整理。[5] 顯而易見，長老會差會可能意圖透過〈山東報告〉在媒體與政界內的廣為傳播，以影響美國政府的遠東政策。長老會差會的盤算，應該乃是藉由揭露日本在山東的惡形惡狀，鼓動反日輿情，運作美國朝野積極介入處理中日山東問題，從而推翻並修正巴黎和會的決議，迫使日本將山東歸還中國。

長老會差會之所以違背美國國務院不得介入中國內政的規定，支持反日運動，甚至還暗中在美國國內操作山東議題，鼓動公眾輿論，可能跟幾項原因有關。其一，日本在控制山東後，採取的諸多措施，明顯帶有敵視基督教會的意圖，除了打壓一般的傳教活動外，甚至還疑似企圖將青島地區既有的基督教教堂等產業排除出去。[6] 日本當局的惡意行動，引起當地基督教會的不滿與憤慨，亟思可能的反制措施。其二，在山東濟南的反日學運中，由長老會差會等美系基督教會參與創辦的齊魯大學，一直扮演關鍵性角色。由於齊魯大學的學生積極參與山東反日運動，甚至發起抵制日貨等各類激進

5　關於長老會差會如何在美國國內散播〈山東報告〉的內情，見美國國務院遠東司的備忘錄："Memo by the Division of Far Eastern Affairs, Department of State," 6 December 1919, RIAC 893/00/3271.

6　美國海軍情報處第五次、第八次、第九次山東線民訪談記錄，"Interview of 22, 25 & 27 September 1919" of "Conditions in Shantung Province," Office of Naval Intelligence, Navy Department to the Department of State, 3 December 1919, RIAC 893.00/3271.

措施，這可能將迫使長老會差會在處理學運問題時，必須直接或間接面對日本當局，特別是該如何因應日本軍警當局擅權拘捕反日學生的行動。[7] 換言之，由於日本在山東採取排斥基督教行動，以及打壓學生運動的雙重刺激下，長老會差會對於日本的惡感，自然日益加深，也因此醞釀出更為激烈的反制措施。

二、殖民擴張、強取豪奪的「邪惡手段」

根據〈山東報告〉，日軍在山東進兵過程中，惡行不斷，非但屢屢侵害美國教會的權益，甚至還對中國農民施暴。日本軍隊並不顧中國的中立地位，逼迫山東地方官員必須代為籌措各種物資，包括稻米、小麥、大豆等，還強制徵用當地的人力、交通工具以及獸力，用以運送物資，但卻未支付相關的費用與開支。尤有要者，自日本出兵山東之初，即帶有惡意，別有所圖，其目的不僅在於擊敗德軍，而是在於擴大對山東半島的佔領。換言之，對德宣戰出兵僅為藉口，日本實則欲遂行對山東的控制。德軍在山東最重要的據點是青島，位於山東半島南端，但日軍卻不直接從該地附近登陸，反而選擇遠從山東半島北端的龍口登陸，貫穿山東內陸地區長達

7　美國海軍情報處第一次山東線民訪談記錄，"Interview of 18 September 1919" of "Conditions in Shantung Province," Office of Naval Intelligence, Navy Department to the Department of State, 3 December 1919, RIAC 893.00/3271.

一五〇哩。日軍從北端登陸山東半島後，亦並未直接往
南進攻德國在青島的大本營，反而轉而繞向西邊，深入
位居山東省中心地帶的濰縣，再從濰縣繼續西進，直至
省會濟南。濟南距離青島，遠達二八〇哩。日本出兵山
東，不單單只是為了進攻德軍陣地，而是蓄有擴張企
圖，透過劍指山東腹地，盡量擴大日軍佔領區，以完成
對該省的實際控制。[8]

在軍事上擊敗德軍後，日本則開始執行第二步擴張
計畫。在膠州灣租借地的範圍界定上，預藏著很大的野
心。根據長老會差會教士的實地探勘，發現原先德國所
劃定的膠州灣租借地邊界，基本上都是依循著自然界
線，也就是膠州灣附近的一條河川。但是自日本人來了
之後，他們所劃定的邊界，就遠遠超過河川，而是深入
到山東內地。日本官員偷偷摸摸地將租借地的邊界，劃
至中國管轄的範圍內，藉此擴大日本能夠控制的土地面
積。因此美國教士認為，無論日本代表當初在巴黎和會
上如何慷慨陳詞，強調日本並無私心也無意於擴張在中
國的勢力範圍，但實際上的所作所為，卻都是在以各
種狡猾的手段，按部就班地在山東遂行蠶食計畫，逐
漸麻痺中國的警覺之心，然後「無痛地將山東吞併」
（painless absorption of Shantung）。[9]

8　"Japanese Economic Rights in Shantung Mean Only Political
　　Domination," in A Member of the American Presbyterian Mission,
　　"Sinister Japanese Methods in Shantung," 1919, RIAC 893.00/3271.

9　"Illegal Changing of Boundary," in A Member of the American
　　Presbyterian Mission, "Sinister Japanese Methods in Shantung," 1919,
　　RIAC 893.00/3271.

雖然日本一再聲稱只是要繼承德國在山東的「經濟利益」，並不涉及主權、領土或其他面向，但在長老會眼中，日本對山東的侵略意圖，其程度遠遠超過之前的德國。回顧過去，自德國採取「鐵拳政策」擷取了山東的經濟利權後，即得寸進尺，在政治權力上也進一步凌駕於山東政府之上。而日本擊敗德國，佔領山東後，自然也繼承德國的慣常手法，名義上宣稱是經濟利益，實則滲透到政治控制，而且在手段無所不用其極，一再實行其侵略的意圖。在海關行政上，日本利用各種手段，不顧條約規定，攘奪青島海關的權力，使得中國人無法瞭解該港口的進出口情況，從而上下其手。例如，依照當初中德之間的條約規定，青島的郵局、海關與電報等機關的官員，仍是由華人出任，但是自日本控制青島後，表面上宣稱蕭規曹隨，依循德國模式，但卻利用各種手段將青島內的華籍官員驅逐出去。在膠濟鐵路各站，也有類似的情況。原先德國治理時期，鐵路護衛隊大都是由華籍士兵充任，但日本一佔領山東，即立刻將之解散，而代之以日本士兵。更為甚者，不只官員、士兵，其他鐵路相關的機械工廠、車庫、營運、維修、建築等各部門的華籍員工，也都被以各種理由免去職務，改由日本人取代。因此，其結果就是日本將青島及膠濟鐵路，打造成「國中之國」（imperium in imperio），成為凌駕於中國主權之上的最高權力。[10]

---

10 "Japanese Economic Rights in Shantung Mean Only Political Domination," in A Member of the American Presbyterian Mission, "Sinister Japanese Methods in Shantung," 1919, RIAC 893.00/3271.

　　除了有計畫在山東進行殖民擴張，懷抱著侵略野心之外，日本在山東的所作所為，還有其他非常令人詬病的惡行，嚴重違背晚清以來的中外條約規定。長老會即曾整理日本人「惡名昭彰的五大行徑」，包括買賣私鹽、間諜行為、賣淫產業、走私鴉片（與各類毒品），以及偷運貴金屬（銅幣）回日本等。而山東政府根本無力制止日本的種種惡行。[11]

（一）膠州灣租借地

　　〈山東報告〉指控日本在膠州灣租借地的治理，是透過各種巧取豪奪的惡劣手段，剝奪當地中國老百姓的生計。最常採用的一種「殘忍的剝奪手法」（brutal dispossession），就是「證照制」。亦即山東百姓經營各行各業，包括持有土地、開設商店、花店、魚店、鹽行、果園等，均須事先取得日本當局核發的證照。甚至連在山東沿海世代從事捕魚工作的漁夫們，竟然也被要求取得捕魚證照，方能繼續從事原先的沿海捕魚活動。然而，此類證照制的背後，往往涉及到極其高額的稅率，有時高達實際收入的 60% 至 80%。例如捕魚證照，竟高達兩百銀元。中國百姓一旦無法完納稅費，日

　　〈山東報告〉中稱的條約，應該是 1898 年《中德膠澳租借條約》。關於《中德膠澳租借條約》及德國統治青島期間的情況，可以參見陳維新，〈國立故宮博物院所藏《中德膠澳條約》及相關輿圖說明：兼論膠州灣租借交涉〉，頁 83-134；以及中央研究院近代史研究所檔案館藏《膠澳專檔》。

11　"Fragrant Breaking of Treaty Rights by Japanese," in A Member of the American Presbyterian Mission, "Sinister Japanese Methods in Shantung," 1919, RIAC 893.00/3271.

本當局不但收回證照，甚至還會沒收其產業，以充抵欠稅。如此惡劣的手段，使中國百姓無以為繼，只能被迫選擇放棄，日本移民則趁機順勢接收中國百姓退出後所留下來的各種行業，也包括捕魚的漁場。[12]

在同樣屬於繼承自德國的嶗山地區，日本也以類似手法，變相驅逐世居當地的中國百姓。日本當局在嶗山經常隨意公布一系列新的規定，但並未充分告知或給予緩衝期，故中國農民往往因不熟悉規定，輕易觸犯相關規定，而必須繳納鉅額罰款。日本還在嶗山實行繁複的稅制，課捐各類雜稅，老百姓日常生活的行為，幾乎全被含括在內，諸如出生稅、死亡稅、養狗稅、牲畜稅、樹木修剪稅等。農民只要無力繳納罰款或是稅金，即可能遭到嚴厲的懲罰。嶗山部分村莊耆老就因此曾遭到日本官員以酷刑審訊，像是鞭打、夾手指、挨凍（在冬天強迫其赤身裸體，或是跳入冰泉之中）、火刑（赤腳走過滾燙的鐵條）、灌油等。飽受苛政剝削，以及恐怖虐待折磨的嶗山農民們，最終在走投無路之下，許多人只能選擇逃離故鄉，從而被迫將世代傳承的產業，拱手讓給殘暴的日本統治者。[13]

還有其他惡名昭彰的手段，例如利用毒與娼來麻痺中國人。日本故意縱容毒品的走私，包括鴉片、嗎啡、

---

12 "The Animus of Japanese Methods in Shantung," in A Member of the American Presbyterian Mission, "Sinister Japanese Methods in Shantung," 1919, RIAC 893.00/3271.

13 "Villages Worked for Blackmail," in A Member of the American Presbyterian Mission, "Sinister Japanese Methods in Shantung," 1919, RIAC 893.00/3271.

古柯鹼等,大量經由青島作為中繼,再進入山東與中國內地。無論城市還是鄉間,到處可見煙館在銷售日本商人經手的各類毒品。日本毒販甚至還用奸詐的手段,一開始故意讓山東百姓免費施打毒品,待上癮後,再予取予求。日本同時也在山東各地,大規模地開設各類妓院,目的也是想讓中國人沉迷其中無法自拔。[14]

(二)膠濟鐵路沿線及其附屬地

為了進一步擴大日本在山東的勢力範圍,日本當局將膠濟鐵路沿線的附屬地,擴大闢建為日本僑民居留地。因此,西起濟南、東至青島,長達二八〇哩的鐵路沿線各站,大都變相設置有日本的殖民地。在這些鐵路附屬地內,日本當局採取各種惡劣的手段,直接或間接驅逐原先居住其內的中外人士。例如英美煙草公司本來在鐵路附屬地內,有一家很大的工廠,但日本當局卻縱容日商會社的代理人持續騷擾,讓外商及其雇用的華籍員工無以為繼,最終不得不放棄原先的廠房,遷至其他地方。此外,歐戰期間,英國政府曾透過英、美在山東地區的教會招募新華工,以對抗德國教會所採取的戰時宣傳策略。而那些應召募前往歐洲支援英軍作戰的華工,他們的薪資,並非全在歐洲發放,部分乃是由家屬

---

14 〈山東報告〉中,還特別指出日本在山東廣為推展毒品與色情行業,目的在打擊中國人的民心士氣,手法就猶如當初德國利用恐怖政策,來消減比利時與法國的抵抗意志。"Japanese Economic Rights in Shantung Mean Only Political Domination," in A Member of the American Presbyterian Mission, "Sinister Japanese Methods in Shantung," 1919, RIAC 893.00/3271.

在華領取。為此，英國政府選擇在膠濟鐵路沿線各站附屬地內，設置有支付站，將華工在歐戰期間辛苦工作的部分薪資，逕自交付給其家屬。但是日本當局卻故意在附屬地內，廣為開設風化區，縱容日本商人經營娼妓業，其目的，即是專門鎖定那些剛從支付站領到部分薪資的華工家屬，如吸血鬼一般，將可憐華工在歐戰冒著生命危險的辛苦所得搾取一空。最後，為了避免悲劇一再發生，英國政府也被迫只能將支付站，逐漸從鐵路各站附屬地遷出。[15]

　　日本也利用一種非常卑劣的手法，肆意壓搾勒索中國百姓，即是任意指控中國百姓蓄意破壞膠濟鐵路沿線的線路。究其實際，在日本的高壓統治之下，純樸的山東老百姓，無論如何，不太可能有膽量去破壞由日本控制的鐵路。這充其量不過乃是日本當局玩弄的一種剝削手段：他們自行破壞鐵路，然後再迅速修復，但卻指責是山東百姓的故意犯罪，故要求其承擔損失賠償。山東百姓大都清楚箇中真相，但因無力抗拒日本，多半只能認賠了事。美國教士即曾親眼目睹在膠濟鐵路沿線的各村，因為日本的指控，而慘被判處高額罰金。幾乎各村都無法倖免，在日本壓力下，被迫支付數百銀元的罰金。更誇張的是，日本軍隊並未因此放過這些百姓，事實上自其佔領山東起，他們幾乎每年均以此為藉口，持續向沿線各村勒索罰金。稍有不從，日本軍隊即出動拘

15　"The Animus of Japanese Methods in Shantung," in A Member of the American Presbyterian Mission, "Sinister Japanese Methods in Shantung," 1919, RIAC 893.00/3271.

捕村莊的領導者，將其關押在附近的日本鐵道守備隊兵房，並施以種種酷刑。最後，日本軍隊竟然還不善罷甘休，繼續將這些村莊耆老押送至附近的城市，強逼該地首長必須依照中國法律，以對待罪犯的方式，對其進行嚴格懲治與拘禁。如此，日本領事則可以宣稱他們已充分尊重中國政府的管轄權，從而掩飾日本軍隊先前的不法暴行。換言之，山東百姓的一昧屈從，最終只能換來日本的肆意霸凌。美國基督教差會即指控日本邪惡的本質，就是只會「在遠東地區，一再欺壓那些無力抵抗的弱者」。[16]

　　日本人更破壞了自德國在山東建立租借地與鐵路以來，中外之間辛苦建立的互信關係。長老會差會回顧過去的德國統治時代，自膠濟鐵路通車後，山東呈現出一片欣欣向榮的景象。受惠於鐵路無遠弗屆的龐大運輸量，以及努力建立商業口碑的各大貿易公司（包括華商、美商、英商與德商等），山東農民逐漸走出以前自給自足封閉的生產型態，開始大量生產各類物資，並與貿易公司簽訂買賣契約，利用鐵路運送，再經青島港，向國外出口。舉凡麥穗、豆子、花生、豆糕、豆油、番茄、稻穀等山東特產，均在當地農民與中外貿易公司攜手合作下，順利開拓海外市場。豐厚的貿易利潤，富裕民生，連帶地也使得鐵路沿線的村莊繁榮富庶起來，陸續建立起學校、教堂，民智因此大開。然而，日本取代

---

16 "Villages Worked for Blackmail," in A Member of the American Presbyterian Mission, "Sinister Japanese Methods in Shantung," 1919, RIAC 893.00/3271.

德國入主山東後，很快就破壞了過去十幾年來的貿易互信，導致交易停滯、榮景不再。此乃因日本商人進入山東後，利用山東百姓與商人素來守信用、重承諾的天性，在交易完成但尚未支付款項之際（亦即先交貨後付款），隨意撕毀買賣契約，並在日本司法當局的有意護航下，恣意侵害山東人民的權益，從中賺取暴利。類似案件幾乎層出不窮，也導致山東百姓不再相信外商，從而造成山東貿易活動的衰退。[17]

（三）山東省省會濟南

　　日本佔領濟南後，隨即在該地設置要塞陣地，且不斷強化並擴大其營區。美商美孚石油公司原先在山東的產業，非常具有戰略地位，剛好位於兩條交通幹線的交會點，一條是南北向的京滬鐵路（北京－上海－南京線），另外一條則是東西向的膠濟鐵路。但是日軍為了強佔此塊要地，竟然不擇手段，驅逐美孚公司。日軍還建設大型軍用無線電站，作為貫通日本在華軍事聯繫網

---

17 在〈山東報告〉中，長老會差會即特別舉出一個例子，來說明日本商人在交易上的狡詐行徑。某日商與負責中介買賣的山東商人談妥一筆豆子生意，決定以每筐 2.5 元的價格進行收購。該日商收取貨物後，隨即將此批豆子，以每筐 3 元的價格轉售給青島另外一家大型日本公司。但是當交易完成，華商向日本請款時，該日商卻片面毀約，拒絕依原先議定的收購價支付貨款，而只願意支付每筐 0.8 元。在交涉破裂後，華商只能訴諸法律訴訟。但是因為日本在華擁有領事裁判權，要控告日本商人，必須向日本法庭提出訴訟。在日本法庭的刻意維護下，華商自然討不到便宜。因此，整起審判就像一場鬧劇，吃了大虧的華商，最終也只能認賠了事。見 "Trade Victimizing of Chinese Peasants," in A Member of the American Presbyterian Mission, "Sinister Japanese Methods in Shantung," 1919, RIAC 893.00/3271.

絡的重要據點,其作用不啻是刺向中國內地咽喉的一把
利劍。儘管中國政府屢次向日本表示抗議,但日軍卻依
然故我。由此觀之,日軍在省會濟南的所作所為,不僅
僅是要染指山東,甚至還想要以此為根據地,進一步控
制中國南來北往的交通運輸與通訊網絡幹道。在佔領濟
南後,日軍隨即沿著膠濟鐵路,緩緩東進直至青島,佔
領沿線每一個車站,留守日本士兵充當鐵路警衛,以取
代原先的華籍人員,至此日本也就完成對於西起濟南、
東至青島整條膠濟鐵路的宰制。[18]

　　日本駐山東當局還採取一種金融手段,來套收山東
的貴金屬資源。具體作法是日本當局透過發行紙鈔貨
幣,來強制換取中國老百姓手中的銅錢,再將這些貴金
屬運往日本。事實上,中國本身即處於金屬貨幣短缺的
困境中,故山東省政府早已三申五令禁止貴金屬貨幣的
出口。但日本當局卻無視禁令,肆意以紙鈔來替換金屬
貨幣。美國基督教差會即指控,日本政府顯然有計畫
地,欲以日本銀行發行的紙鈔,來替換中國人持有的貴
金屬貨幣,因為除了山東外,日本同樣也在滿洲、蒙古
等地採取類似的措施。如此,不但可以獲得大量的貴金
屬,還能夠讓負責發行紙鈔的日本銀行藉此掌握當地金
融,大賺其錢。[19]

---

18 "The Animus of Japanese Methods in Shantung," in A Member of
the American Presbyterian Mission, "Sinister Japanese Methods in
Shantung," 1919, RIAC 893.00/3271.

19 "The Contemptible Arrogance of Japan in Her Practical Political
Domination of the Province," in A Member of the American
Presbyterian Mission, "Sinister Japanese Methods in Shantung," 1919,
RIAC 893.00/3271.

更令人髮指的，日本還祕密蓄養了一批情治人員，在合法商務身份的掩護下，廣泛蒐集山東境內貿易、礦產與農業資源等各類情資，並伺機「製造事故」（manufactured incidents），藉此讓日本當局可以出面介入，祕密勒贖鉅額的賠償金。例如根據長老會差會的調查，曾有五名日本密探從青島潛入萊陽地區，他們身著華人服裝，偽裝中國人在村莊與鄉民攀談，討論農稼事情，但最後竟假借醉酒，與鄉民發生衝突，並槍殺了一名酒店老闆。這些鄉民基於氣憤，自然將五人綑綁送官。但因日本在華享有領事裁判權，故五人最終被送至鐵路附屬地附近的日本官署。然而，日本當局非但沒有追究此五人槍殺中國人的罪責，無罪釋放後，反過來追究中國人動用私刑綑綁日人的責任。一隊日本騎兵隊隨即趕赴萊陽，將衝突地點的村莊團團圍住，凡是走在路上的村民，無分男女老幼，均被拘捕至日本官署，慘遭酷刑審訊。最終，家屬付出龐大的賠償金，才勉強將上述人員救出。然而，日本當局猶不以此為滿足，還為此照會北京政府外交部駐山東特派交涉員，以萊陽衝突事件「有辱日本的榮譽」為由，要求進行道歉與賠償。山東當局最終也只能妥協，屈辱地付出十萬銀元作為賠償。長老會差會指控，類似的事件一再地在山東各地發生，但外界卻不甚明瞭，此乃因山東官員大都認為有損顏面而不願公開，而日本則是竭盡所能地掩飾在山東的骯髒勾當。無論如何，藉由持續「製造」此類事件，日本在山東境內，成功地形塑出「太上領主」的地位，讓中國人知道要卑躬屈膝。[20]

　　然而，美國基督教差會感到憤恨不平的是，日本一方面在山東肆意狡詐剝削，但同時卻用近乎無害的口吻，疏通西方列強，強調其對華並不帶有任何侵略意圖。不惜利用其輿論宣傳的力量，向全世界形塑日本的正面形象，誓言擁護門戶開放政策。但日本此類說詞與解釋，充其量可能只是為了麻痺美國等其他外人。究其實際，日本自始至終即帶有擴張意圖，以便遂行對當地的宰制。這也意謂著在山東的軍事行動，自始即非只是針對德國，而是牽涉到日本已經確定的華北擴張政策，先佔山東，再以此為據點，往華北侵略滲透。

　　回顧過去，這種兩面手法，早已屢見不鮮，例如併吞臺灣與朝鮮的經過，即曾使用類似手段。在出兵山東上，同樣也是如此，看似協助英國驅逐德國在亞洲的地盤，其實卻隱含著控制整個華北地區的企圖。但在刻意的包裝與美化宣傳下，美、英等西方國家長期被蒙在鼓裡，不清楚日本在山東甚至中國的實際控制能力，已經遠遠超乎他們的想像，早將南滿、東蒙、直隸、山東、福建等地區視為其禁臠，並在政治、軍事、經濟上均擁有宰制地位。[21]

20　"Japanese Manufactured 'Incidents' as a Means of Browbeating the Chinese into Subservience to Japan," in A Member of the American Presbyterian Mission, "Sinister Japanese Methods in Shantung," 1919, RIAC 893.00/3271.

21　"Japanese Economic Rights in Shantung Mean Only Political Domination" & "The Animus of Japanese Methods in Shantung," in A Member of the American Presbyterian Mission, "Sinister Japanese Methods in Shantung," 1919, RIAC 893.00/3271.

三、扶植反動、助長內亂的「邪惡手段」

〈山東報告〉中同樣引人側目的，乃是控訴日本利用膠澳租借地、膠濟鐵路及其附屬地，作為滲透與延伸管道，掩護種種不法手段，蓄養並煽動各類型的反政府活動，藉此削弱地方政府的統治威信，從而破壞山東地方秩序的穩定。具體作為方面，包括利用民眾的抗稅心理，塑造出官逼民反的情況，或是祕密訓練革命團體，顛覆地方政權，以及縱容盜匪集團到處劫掠，破壞山東內部的安定等。日本駐山東軍政當局，在上述各類反政府行動中，扮演著幕後黑手與影武者的角色，一方面暗中資助民間團體軍火物資，使其進行武裝化，得以對抗地方政府，另外一方面也利用鐵路附屬地，提供必要時的庇護，妨礙中國軍隊的進剿。

（一）破壞公賣制度、煽動地方抗稅活動

日本當局自佔領山東以來，即積極策動該省東部地區的民眾叛亂。例如毗鄰日本控制下的青島，包括魯東地區的即墨、萊陽與海陽等地，在 1919 年前後，因為鹽稅問題，曾爆發激烈的群眾暴動。沿襲歷來的公賣壟斷制度，鹽稅向來是山東收入的重要來源之一，但因利潤豐厚，列強亦相當覬覦。日本早有進一步染指的意圖，為了獨佔鹽稅利益，計畫排除中國與其他列強勢力，畢竟臥榻之處，豈容他人酣睡。

首先採取的作為，乃是破壞山東的鹽公賣制度，利

用其控制的青島以及膠濟鐵路作為走私渠道，將大量鹽貨，分別透過海路輸往日本，或是由鐵路運輸送往山東西部，使得山東鹽的公賣制度幾乎形同虛設。在省會濟南的日本商人，亦大肆販售各類私鹽，公然破壞公賣制度，並藉此與中國百姓交換其他物資。第二個步驟，則是利用老百姓不堪鹽稅負擔的反抗心理，趁機見縫插針，鼓動其採取抗稅行動，甚至暗中無償提供軍火，使民眾得以發起武裝暴動，對抗政府。事實上，中國各省鹽稅收入，受到民初善後大借款的影響，已作為借款抵押品，並比照海關稅務司辦法，由外國監督收入，於北京及各產鹽省分，設置鹽務稽核所與分所。[22] 山東亦設有稽核分所，當時該所主要負責官員由美國人擔任。日本故意煽動百姓對鹽稅的不滿，數度激起嚴重暴力衝突，官民間互有死傷，美籍鹽務稽核官員亦受到波及，僥倖逃過一劫。日本為了滿足自己的利益，假借免除鹽稅為幌子，惡意鼓動百姓採取武裝行動抗稅，但最終老百姓卻始終未能逃過稅務負擔，還必須面臨更大的死難威脅。[23]

22　受到善後大借款以鹽稅收入作為擔保的影響，中國在北京與各地設立鹽務稽核所，名義上雖仍由華籍官員擔任最高長官，但實際上為了確保外國債權，各所均設有洋籍會辦協助，並負監督之責。參見劉常山，〈善後大借款對中國鹽務的影響（1913-1917）〉，《逢甲人文社會學報》（2002 年 11 月），第 5 期，頁 127-146；董振平，《抗戰時期國民政府鹽務政策研究》（濟南：齊魯書社，2004），頁 20；葉美珠，〈國民政府鹽務稽核所的興革試析（1928-1936）〉《國史館館刊》，第 49 期（2016 年 9 月），頁 1-32。

23　"Fermenting of the Salt Revolution," in A Member of the American Presbyterian Mission, "Sinister Japanese Methods in Shantung," 1919, RIAC 893.00/3271.

　　簡言之，在〈山東報告〉中，基督教長老會差會痛責日本藉由控制的海陸運輸渠道販售私鹽，破壞公賣制度的運作，再透過煽動與援助地方民眾抗稅活動，削弱由中外共管的鹽務稽核所威信。顯然有意先排除中國與列強對山東鹽務的監管機制，然後再從中趁虛而入。

（二）掩護與資助革命團體

　　早自日本擊敗德國佔領膠澳地區，即開始有計畫地從日本國內以及日軍控制下的南滿，運送一批亡命之徒及職業土匪進入山東。在日本刻意培養下，以上述暴徒作為骨幹，組訓了數支名為「革命愛國軍」（revolutionary patriot armies）的武力部隊，打著維護共和與貫徹革命的口號，聲稱要武裝解放山東。日本人利用青島為掩護，給予完整的裝備以及武器彈藥，並在光天化日下，利用膠濟鐵路將其運往山東其他地區，授意攻擊部分城鎮，以試圖建立「國中之國」的勢力範圍。此批偽裝革命黨人的暴徒，裝備齊全，不但攜有步槍、手槍等制式裝備，他們多次襲擊城鎮，佔領鬧區。許多無辜的農民，在這群暴徒的攻擊中，死於非命。「革命愛國軍」肆虐的地區，明顯集中在膠濟鐵路沿線近郊高密、濰縣、棗莊等城鎮，即為其中受害最嚴重地區。這可能是出於日本精心的安排，亦即讓「革命愛國軍」利用鐵路幹線作為活動管道，方便四出劫掠，必要時還可以隨時撤退至鐵路附屬區，尋求日軍保護。也因此，當地中國軍隊對於這批暴徒幾乎完全束手無策，因為一旦採取進剿行動，「革命愛國軍」隨即就退入膠濟

鐵路附屬區，中國軍隊自然不敢尾隨進入日軍控制地
區。尤有要者，日本鐵道守備隊有時連掩飾都不做，直
接不避嫌地出面提供庇護，列隊於中國軍隊與「革命愛
國軍」之間。如果中國軍隊膽敢採取攻擊行動，就會
進一步誤蹈日本的陰謀。不難想見，只要過程中不幸
造成守備隊人員的絲毫傷亡，日本政府即可以此為口
實，趁機發動事變，或威脅採取軍事報復行動，藉以
索求更大的權利。也因此，「革命愛國軍」氣焰極其囂
張，當地無人敢擋。部分城鎮紳商為免遭其毒手，不惜
付出高達百萬銀元的巨額贖城費，以換取人身安全。在
日本當局的公然庇護下，「革命愛國軍」在膠濟鐵路沿
線地區施行恐怖統治，任意虐殺百姓，一時風聲鶴唳；
影響所及，作為社會穩定力量的仕紳，為求活命，只得
紛紛走避，離開城鎮，間接導致上述地區陷入無人領導
的驚懼混亂局面。「革命愛國軍」在山東地區橫行無
阻，一方面破壞社會秩序，大幅削弱中國政府在當地的
治理，另外一方面也有助於日本將控制的觸手，透過代
理人機制，進一步深入膠濟鐵路沿線各城鎮的權力真空
地區。[24]

　　〈山東報告〉中，雖然並未指明「革命愛國軍」所
偽裝的革命黨人為誰，但從其內容敘述，應可判斷指的
是孫中山一派在護國戰爭時，於山東所組成的「中華
革命軍東北軍」。該部由居正、許崇智、蔣中正等人

24　"Method of Using Bogus Revolutions," in A Member of the American
　　Presbyterian Mission, "Sinister Japanese Methods in Shantung," 1919,
　　RIAC 893.00/3271.

領導，在日本翼助下，於青島進行組織、訓練與裝備
部署，打著反帝制、反袁世凱的旗幟，一度曾攻克濰
縣、周村地區，建立革命軍政府。[25] 換言之，與〈山東
報告〉指控內容有所出入，日本在山東所扶持的武裝集
團，並非是報告中單純的土匪暴徒，而是孫中山領導的
「中華革命軍東北軍」。不過，中華革命黨及其部隊，
縱使不宜歸類為日本豢養的武裝打手，但日本此舉的真
實用意，仍是昭然若揭，即利用中國內部反袁與南北政
爭，助長內戰與分裂局勢，以便從中獲利。況且，〈山
東報告〉中的諸多指控，亦非全屬空穴來風。事實上，
「中華革命軍東北軍」不但與日軍膠濟鐵路守備隊之間
關係匪淺，且部分部隊確實軍紀不佳，並曾有劫掠鄉村
情事。[26] 日本政府亦因顧忌北京政府以及列強質疑日本
介入中國內政，鼓動反袁之事，曾要求孫中山至少在
「表面」上應撇清關係。[27]

25　雲南護國軍起義後，居正於 1916 年 5 月在山東濰縣舉兵，聲稱
　　奉孫中山之命討袁，並準備進攻濟南。關於中華革命軍東北軍在
　　山東起事經過，參見羅家倫主編，《國父年譜》（臺北：中國國
　　民黨中央委員會黨史委員會，1994），下冊，頁 870-871、881。

26　據當時擔任中華革命軍東北軍參謀長的蔣中正回憶，當該軍駐紮
　　山東濰縣時，即曾接獲日軍守備隊關切電話，懷疑該軍部分軍隊
　　在南流車站附近各村有劫掠情事。可見日軍守備隊與中華革命軍
　　東北軍之間往來關係密切。為此，蔣中正還特地出城巡察各部。
　　或許可能考量到中華革命軍東北軍軍紀不佳之故，孫中山在 1916
　　年 8 月 4 日，曾致電居正，要其收束山東軍事。蔣中正日記記載，
　　參考呂芳上主編，《蔣中正先生年譜長編》，第一冊（臺北：國
　　史館，2014），頁 68-69。

27　「中華革命軍東北軍」於山東起事後，居正在給山東將軍靳雲鵬
　　的檄文中，曾提及日本人萱野長知亦參與其事，故靳雲鵬後來遂
　　透過北京政府，向日本駐華公使提出抗議。因此，日本政府乃向
　　孫中山關切此事，孫中山後來乃致電居正，要其「表面宜免與日
　　人有關係」，以防「招各國之忌」。見羅家倫主編，《國父年譜》，

（三）蓄養土匪武裝集團

同樣令人震驚，且比在山東扶植反袁革命團體可能更為嚴重的，乃是〈山東報告〉指控日本在山東刻意放縱甚至蓄養真正的土匪勢力。在日本控制的膠濟鐵路周邊地區，流竄著大量的土匪幫眾，他們明顯有著嚴密的組織、良好的武器裝備，身著軍裝，背後與日本有著不清不楚的關係。〈山東報告〉分析，日本培植土匪勢力的動機，可能與扶植革命黨人的目的類似，亦即在山東內部製造動亂與不安。只要使山東內政現況持續惡化，日本駐青島軍政當局即可以堂而皇之地藉口維護和平與秩序，將觸角深入山東腹地。根據山東農民提供給教會的祕密情資，這些土匪危害地方的手法也有固定模式，主要以綁架、勒贖鄉間的仕紳作為生財工具。他們經常在晚間襲擊村莊，擄走仕紳，然後囚禁在膠濟鐵路沿岸地區。期間土匪會肆意凌虐人質，迫使家人同意付出鉅額贖款。而贖金，往往則要求必須以日本在山東發行的紙鈔，作為支付條件。這些日本紙鈔在日本當局的刻意運作下，早已大量流通於膠濟鐵路沿線各區域。尤有要者，土匪不但勒贖比較富有的仕紳階級，甚至是村間稍有田產的小自耕農，也經常淪為土匪覬覦的對象。稍有不從，或是未能繳納贖金，土匪即會虐殺人質，有時甚至還會衝進村莊，將人質的家人一併屠殺滅族。影響所及，許多山東仕紳不敢再繼續居住在鄉間，只好便宜變賣田產，遷徙至其他地區。土匪之所以如此肆無忌憚，

下冊，頁 865-866。

就是因為日本的包庇。換言之，日本當局可能就是隱身在土匪勢力幕後的黑手。當地農民即戲稱專門綁架勒贖的土匪勢力為「綁票」幫，而其中的「票」字乃一語雙關，除了綁架人質的「肉票」原意外，同時也意指日本「鈔票」。不論是忍痛支付鉅額贖金，或是賤賣田產逃離鄉間，山東仕紳、富農等都是大輸家，而真正獲利者，自然是發行這些紙鈔的日本當局，以及移民山東的日本商民，他們可以用非常便宜的價格，順勢接收那些逃離鄉間的仕紳與自耕農的土地房舍。[28]

　　綜整上述〈山東報告〉對於膠濟鐵路沿線地區內部情況的描述，長老會差會指控日本正以蓄養打手的手段，以鐵路作為基幹與據點，逐步將勢力延伸至周圍鄉間：透過這些武裝集團的四處活動，一來製造出山東混亂局勢的假象，讓日本後續的武力介入行動，得以師出有名，二來則透過土匪的綁票勒贖，加速日本發行鈔票的大規模流通與回收，三來日本商民則可趁機以低價接收田產，進一步落實日本對於山東的移民與拓殖計畫。

四、騷擾教會、打壓教徒的「邪惡手段」

　　日本在山東治理的重要手段之一，即是逐漸排除外國勢力，並代之以日本的勢力。尤其是教會團體，在山

28　"The Use of Robber Bands," in A Member of the American Presbyterian Mission, "Sinister Japanese Methods in Shantung," 1919, RIAC 893.00/3271.

東與青島擁有不少產業，透過多年來經辦學校、醫院等
社會醫療事業，對山東有一定程度的影響力，故尤讓日
本如芒刺在背，亟欲除之而快。不過，為了避免引起外
交糾紛，惹來列強關注，日本並未採取強制驅逐、沒收
等過於激烈的手段。相反地，日本選擇利用溫和與迂迴
的方式，藉由層出不窮的限制與騷擾，讓外人與教會不
堪負荷，自行知難而退，以達到驅逐外國在山東產業的
最終目的。

（一）日本與教會的矛盾與衝突

　　根據教會報告，美北長老會差會早自 1863 年，在
傳教士郭顯德（Hunter Corbett）的努力下，開始在青
島活動。[29] 德國控制青島後，1898 年長老會差會選擇
在該地一塊具有絕佳視野的小山坡上，正式建立傳教據
點與教堂。但是隨著日本佔領青島，長老會差會面臨持
續不斷的騷擾與挑戰，因為日本軍事當局準備將該差會
據點在內的整條街區，全部劃為紅燈區，設置大量的風
化產業。此舉自然引起長老會差會的反彈，他們屢次向
日本在青島的最高軍事當局表達抗議，甚至強調日本在
教堂附近設置娼妓戶，恐將對日本帝國在西方的名聲，
造成重大損害，希望日本能夠另覓其他適合地點規劃為
紅燈區。然而，日本軍事當局雖然態度和善，但卻依然

29　美國基督教在山東傳教事業的開展，是由隸屬於美北長老會的郭
　　顯德奠定基礎，尤其在推廣新式教育上，居功厥偉。關於郭顯德
　　在山東的傳教事蹟，可以參見魁格海（James R. E. Craighead），
　　小光譯，《掘地深耕：郭顯德傳（1835-1920）》（臺北：改革宗
　　出版社，2007）。

堅持原議，婉拒長老會差會的請求。事實上，就地理現況來說，長老會差會在青島的教堂附近，有許多低窪的沼澤地帶，因此要在此處設置紅燈區，還必須先進行填土工程，且設置許多大型固定樁，待地基穩定後，方能建設各類型屋舍。況且，在此街區附近，還有兩家磁磚工廠必須廢棄剷平，才能清出空間，進行土建工程。因此，長老會差會認為在教堂附近設置紅燈區，似乎帶有針對性，畢竟青島市區還有許多更適合開發的新地段，可以用來規劃為紅燈區。然而日本當局卻捨本逐末，不惜大興土木，耗費額外開支，也要堅持在教堂附近設置風化產業。其次，當紅燈區完工，正式開始營業時，日本當局還大張旗鼓，向青島地區所有的外國人廣發邀請函，參與紅燈區的開幕誌喜，但唯獨美國教會與領事被排除在外。在紅燈區開幕期間，幾乎在青島居住的所有日本人，都先後湧入消費，飲酒吵鬧聲日夜不絕，使得原本平靜安寧的美國教堂，竟然被一整片的酒池肉林給包圍著。尤有要者，在部分妓女戶的招牌上，註記英文字句，顯然帶有招徠外國消費者的用意，但是其所取英文店名，卻赫然是「白宮」（The White House）！[30]

　　日本不惜耗費額外建築成本，也要在教堂附近建立風化產業，特意將美國人與其他外國人作區隔，大量日本人疑似有計畫地、爭先恐後湧入風化區消費，製造出猶如不夜城的酒肉喧囂，持續騷擾教堂，還有以美國

---

30 "Methods Used to Oust American Presbyterian Mission," in A Member of the American Presbyterian Mission, "Sinister Japanese Methods in Shantung," 1919, RIAC 893.00/3271.

總統府白宮之名來命名妓女戶。上述種種惡行，在美國
傳教士眼中，不但帶有打壓基督教的企圖，同時恐怕多
少也隱含著羞辱美國的用意。也因此，基督教差會乃向
美國國內公眾痛聲控訴，這是一場「精心造詣的惡毒
盤 算 」（deliberated and calculated maliciousness），同
時也是日本在教堂附近，刻意打造出「地球上的小型地
獄」（a little hell on earth）。[31]

　　山東地區由長老會差會所建立的教會學校，亦未能
倖免於難。日本官員經常性關切這些學校，甚至默許當
地的中國黑幫組織威脅與咒罵教會學校。這些教會學校
往往動輒得咎，常被指控觸犯法令，而被科以罰緩，
有時還遭受到體罰或是暴力威脅。這些學校往往不勝其
擾，但處於日本強勢壓力下，往往敢怒不敢言。尤有要
者，日本當局甚至還刻意散播美國基督教教會的負面消
息，並警告中國教徒，如不願意放棄基督教信仰，則也
不應該繼續服膺美籍教士的領導，而應該改投至日本籍
教士的麾下。[32] 日本密探甚至還偽裝成小販，在鄉間
的美國教會學校，惡意張貼支持德國的海報，宣傳德國
軍國主義的勝利，藉此將美國打為德國的同路人。[33]

---

31 "Methods Used to Oust American Presbyterian Mission," in A
Member of the American Presbyterian Mission, "Sinister Japanese
Methods in Shantung," 1919, RIAC 893.00/3271.

32 "Especial Vindictiveness toward Chinese Christians," in A Member
of the American Presbyterian Mission, "Sinister Japanese Methods in
Shantung," 1919, RIAC 893.00/3271.

33 "Anti-American Propaganda," in A Member of the American
Presbyterian Mission, "Sinister Japanese Methods in Shantung," 1919,
RIAC 893.00/3271.

　　在教會醫院方面，同樣也遭到日本無情的打壓。以
青島福柏醫院（Faberkrankenhaus German Hospital）為
例，該醫院由德僑協會在 20 世紀初成立，並由中外教
會團體與熱心人士共同籌集善款支應，且因為其先進的
醫療設備，一度成為華北地區歐美僑民圈非常著名的醫
院。歐戰期間，日本對德宣戰佔領青島後，雖然福柏醫
院由德僑經營，但由於具有公眾慈善團體性質及在歐美
僑民界享有高知名度，故日本並未強制徵收。[34] 然而，
根據長老會差會的報告，日本採取一連串的惡意手段，
試圖影響該醫院的日常經營。其一，限制該醫院常駐醫
事人員的數量，醫生人數由原先的二人降至一人，護士
則由原先的四人降至一人。其二，片面提高對醫院徵收
的稅額，一年高達六百銀元。其三，設計一系列的干擾
計畫，使得醫院不得安寧。例如在醫院兩側，亦即醫生
宿舍附近的民宅內，故意豢養大批德國獵犬，這些犬隻
日以繼夜的打鬥與咆哮聲，使得醫生、護士，以及求診
與住院的病患，幾乎難以成眠與休養。日本甚至還在醫
院附近僅一街之隔之處，規劃為風化區，而這些娼妓業
在夜晚發出的炫光與噪音，自然也對醫院生計造成非常
負面的影響。再者，日本軍事當局又在醫院後方山坡地
的至高點上，設置軍事監視哨，每到夜晚，都有日本士
兵在該據點活動，而士兵們大聲的軍事訓練口令與噪
音，同樣也使得醫院附近之人夜不能寐。美國駐青島領

34　關於福柏醫院的成立，見王棟，《青島影像 1898-1928：明信片
　　中的城市記憶》（青島：中國海洋大學出版社，2017）。

事館曾為此提出抗議，甚至以美國駐濟南領事本人因病
需在福柏醫院調養為由，希望日本軍方能夠約束降低該
軍事據點的訓練音量，但依然未能奏效。換言之，日本
當局疑似透過調降醫事人力、提高醫療賦稅，以及惡化
醫院周遭居住生活品質等諸多手段，來間接削弱福柏醫
院的經營，使其難以為繼。[35]

（二）日本對中國教徒的打壓

〈山東報告〉中，指出日本是一個講求偶像崇拜，
致力於清算與排除管轄境內基督教徒的國家與民族。因
此，當日本繼承德國在山東的地盤後，即開始處理教徒
問題，甚至將消滅基督教，視為是日本國家成就的重要
表徵之一。因此，日本將曾經在朝鮮執行的宗教迫害行
動，移植至山東，打擊手無寸鐵的中國基督教徒，並由
基層的軍官，進行持續的宗教迫害，其範圍不僅偏限在
青島以及膠濟鐵路附屬區，甚至延伸至山東境內腹地。
根據傳教士的親歷報告，位處在膠濟鐵路等日本勢力區
之外的一個山村，即因居民普遍信奉基督教，而遭到日
本軍方的關注。在過去，這個山村曾經培育出許多優秀
的教徒，日本除了直接動用武力進行迫害外，也曾尋覓

---

35 報告顯示，日本駐青島軍事當局在對噪音的管制上，顯然採取雙
重標準，寬以待己，嚴以律人。異常縱容對於外僑福柏醫院的噪
音騷擾，卻對當地日本軍方所屬的陸軍醫院（該院原為德國總督
府野戰醫院，又稱督署醫院，日軍佔領青島後，沒收並改為陸軍
醫院）附近，採取極其嚴格的靜音要求，甚至禁止附近的基督
教教堂不得在星期日上午鳴放禮拜鐘聲，理由是該鐘聲會干擾
醫院。見 "Harassment in Tsingtao," in A Member of the American
Presbyterian Mission, "Sinister Japanese Methods in Shantung," 1919,
RIAC 893.00/3271.

藉口，間接對其課以高額罰款，盡可能地壓榨該村的資源，使其無以為繼。

〈山東報告〉認為，日本對山東境內中國教徒的打壓行動，可能劍指背後的美國教會。日本在膠濟鐵路沿線，實行嚴格的行李搜查措施，凡是身上帶有聖經或是任何基督教相關物件，就會觸犯規定。這些華籍基督教徒或是福音傳教士，除被帶至車站查驗房嚴辭質問外，還會被強制拘禁留在膠濟鐵路附屬地的日軍兵營內長達數日，且幾乎不提供食物與飲水，極盡折磨之能事。事實上，日本迫害中國基督教徒的目的之一，可能就是想要在中國人心目中，營造出一種印象，那就是應該劃清界線，不可以與跟那些「令人厭惡的美國傳教士」（hatred American missionaries）牽涉過深。[36]

五、美國駐華使領報告中的山東

自巴黎和會山東問題爭議始，加以受到「外爭國權、內除國賊」五四政治運動的刺激與感召，中國各大城市陸續出現大規模的反日學生運動。如何反制日本、爭取國權、收回山東等，也就成為歐戰後中國民間公眾活動輿論的主要焦點。影響所及，美國在華人員，包括外交領事官員以及報紙記者等，均異常關注山東局勢的發展，特別是想要瞭解日本在山東活動的詳細情況。之

36　"Especial Vindictiveness toward Chinese Christians," in A Member of the American Presbyterian Mission, "Sinister Japanese Methods in Shantung," 1919, RIAC 893.00/3271.

後，隨著美國準備召開華盛頓會議，以著手解決巴黎和
會未能妥善處理的遠東及太平洋問題後，山東歸屬問題
自然又再度浮出檯面，成為美國在華公眾關注的重要焦
點之一。換言之，透過與美國駐華外交使領調查報告之
間的比較參照，我們或許可以理解前述美系基督教差會
對山東現況的描述，究竟只是造謠生事，抑或有其真實
性的一面。

　　為了及早因應華盛頓會議的召開，俾便必要時重新
檢視山東主權爭議，1921 年美國國務院下令駐華使領
機構，應針對中國整體現況，以及山東當前局勢，進行
總結評估分析。在這份由美國駐華公使館提交給國務院
的報告中，試圖從極為細緻的計量統計著手，以剖析日
本如何將山東殖民地化。

　　就統計數據來看，1914 年（日軍出兵佔領山東
前），日本人在青島與濟南的人數，至多不過數百人。
1921 年，在青島有超過二萬三千人，在山東鐵路沿線
（包含起迄點）則有約三萬人。[37]

　　從短短幾年間日本人在山東人口數量的急遽增加，
可以看出日本政府有計畫地在山東進行大規模的移民與
殖民事業，藉此不但冀望將山東深耕成為日本在海外的
另一塊殖民地，更重要的是可以作為未來進軍亞洲大陸
的踏腳石。

---

37 "The Present Political Situation in China: Report Called for by the
　　Telegraphic Instruction of the Department of State, NO. 223. of
　　August 10, 1921, 3 p.m., to The American Legation at Peking," Jacob
　　Gould Schurman, American Minister, Peking to the Secretary of
　　State, Washington, 16 September 1921, RIAC 893.00/4114.

在日本佔領後，興建許多學校與建物，新一代的日
本人未來將在山東迅速成長苗壯，實質上將這塊地
方變成為日本的土地。一位日本教授即曾在一本濟
南出版的刊物上，督促日本人不要再自認為是島國
人，而是要成為亞洲大陸人，而青島正是日本邁向
大陸的踏腳石，故我們絕不能放棄。[38]

　　日本在山東的佔領與殖民行動，或許不是事件的結
果，而是未來更大規模的侵略與殖民謀劃的開端。

　　日本在膠州租借地的經營模式，也相當令人玩味。
根據日本駐華公使在 1921 年 9 月給北京政府外交部的
膠州租借地章程，規定承認外人持有房地產的永久有效
性、將青島全區規劃成自開口岸、中日合營膠濟鐵路及
其沿線附屬產業等。然而，膠州灣租借地內之德國人所
擁有的土地，在歐戰初期被日本軍方佔領後，絕大部分
已透過永久租約的形式，轉移給日本人民使用。至於原
先由中國佃戶所耕種的土地，也被日本以宣稱擁有的優
勢地位，強制轉移給日人。尤有要者，膠州灣周邊地區
以及附近島嶼上較有經濟利益的鹽產區，也都被永久移
轉給日人。至於日本宣稱要中日合營的碼頭、鐵路、礦
產以及公共設施等，只是徒具虛名，實則中國人從來沒
有真正能夠介入營運的能力。唯一有可能抗衡日本滲透

38　"The Present Political Situation in China: Report Called for by the
　　Telegraphic Instruction of the Department of State, NO. 223. of
　　August 10, 1921, 3 p.m., to The American Legation at Peking," Jacob
　　Gould Schurman, American Minister, Peking to the Secretary of
　　State, Washington, 16 September 1921, RIAC 893.00/4114.

控制的途徑，那就是將這些產業以中外合作的模式，引進其他外國勢力。然而日本顯然有計畫地排除其他西方國家公司介入，故一度曾引起歐美等國家的質疑與責難。

根據美國駐濟南領事館的調查，日本仰賴高達20%的進口關稅，以及其他公共設施的營利挹注，僅能夠勉強維持青島的自給自足，但如果要追求青島進一步的繁榮與茁壯，勢必需要引進其他國家的力量，讓世界各國人民一同加入開發青島。然而，日本駐膠澳的民政局長秋山雅之介，卻反對將青島建成公共租界，而企圖納為日本的獨佔地，以備最後併入日本的版圖。簡言之，日本在膠澳租借地，實施帶有獨佔壟斷性質的經營模式，事實上已經半永久地掌控該地的各種產業與資源，這不但讓中國人想要收回此地的希望幻滅，同時也可能使得其他國家在華的條約、商業利益受到影響。[39]

美國駐華公使館在報告中，即曾提及日本利用在膠澳的優勢地位，間接抵制中美無線電合同案爭議。由於日本政府強調先前日商三井公司與北京政府海軍部簽署的設置無線電台合同，已使三井公司擁有在中國建造無線電台的「壟斷權利」（monopolistic rights），故美商合眾電信公司（Federal Telegraph Company）後來於1921年1月與中國政府新簽的無線電合同，已侵犯了

39　"The Present Political Situation in China: Report Called for by the Telegraphic Instruction of the Department of State, NO. 223. of August 10, 1921, 3 p.m., to The American Legation at Peking," Jacob Gould Schurman, American Minister, Peking to the Secretary of State, Washington, 16 September 1921, RIAC 893.00/4114.

三井公司的合同權利。而根據美國駐青島領事館的觀察報告，由於日本在膠澳地區的優勢地位，已在青島開始修築無線電台，並建立與日本的無線電聯繫網絡。日本政府並清楚告知美國政府，只有三井公司在青島修築用以聯繫海外的無線電台，才有可能獲利。換言之，縱使美國後來再強勢要依約修築無線電台，可能也將面對排擠作用，導致無利可圖的窘境。[40]

　　為了抗衡日本企圖併吞山東膠澳，各國在華人士曾提出一項計畫，希望能夠將青島暫時規劃為國際共管之地，待中國現況改善且有能力治理時，再將其歸還中國。此計畫意圖藉由透過國際力量的介入與中轉，來防止日本的獨佔青島。不過，美國駐華公使館卻相當擔心日本對中國的影響力太過強大，可能透過各種威脅利誘手段，迫使中國改變政策，轉而直接與日本交涉解決，而不是交由國際斡旋途徑來處理。因此，美國公使館評估，如果即將召開的華盛頓會議，可以將山東問題納入議程討論，或許可以利用日本急於解決山東歸屬爭議的心態，取得解決此問題的突破點。[41]

40　"The Present Political Situation in China: Report Called for by the Telegraphic Instruction of the Department of State, NO. 223. of August 10, 1921, 3 p.m., to the American Legation at Peking," Jacob Gould Schurman, American Minister, Peking to the Secretary of State, Washington, 16 September 1921, RIAC 893.00/4114. 關於歐戰後中美與中日無線電台雙胞胎案的爭議始末，見：吳翎君，《美國大企業與近代中國的國際化》，頁 217-258。

41　"The Present Political Situation in China: Report Called for by the Telegraphic Instruction of the Department of State, NO. 223. of August 10, 1921, 3 p.m., to the American Legation at Peking," Jacob Gould Schurman, American Minister, Peking to the Secretary of State, Washington, 16 September 1921, RIAC 893.00/4114.

六、小結

　　長老會差會有計畫地採取輿論宣傳策略，透過揭露與散播日本在山東諸般「邪惡」的本質，鼓動美國國內輿論，進而遊說美國政府改變遠東政策，強勢介入斡旋中日山東問題之爭。姑且不論〈山東報告〉內容是否符合事實真相，都將會在美國社會，製造出對日本的負面觀感，也能夠引起美國公眾對於山東現況的關注。無庸諱言，〈山東報告〉及這些由在華傳教士傳達出的「在地觀點」，確實在情資可信度上，有一些誇大其詞，而且不可避免帶有個人情緒，以及帶有聞風起浪、見縫插針等煽動性成分在內。但是由於此類觀點來自傳教士親身見聞的第一手直接觀察，還是有一定的影響力。尤其就美國公眾輿論與庶民心理等層面來說，基對於傳教士的普遍信賴，加上八卦報紙媒體藉助聳動標題與文字的推波助瀾下，導致日本在美國形象的進一步劣化。美國政府後來主持召開華盛頓會議，原先目的是為了推動五大強國的海軍限武，以及妥善處置遠東及太平洋問題，但卻決定將山東問題納入討論議題（非正規議程），督促中、日兩國在列強共同見證下，以「會外解決」方式處理山東懸案，多少也與此報告的推波助瀾，有一定程度的關連。

　　從〈山東報告〉來分析日本在山東的治理，亦清楚反映出歐戰以來美、日兩國在山東的矛盾與對立。日本一方面利用在山東非法擷取的關稅為財源，大肆擴建青島港，另外一方面則對華商、美商與其他外商設置層層

限制，課捐雜稅，大幅削弱其競爭力，同時更以城區與
港區重劃或是鐵路附屬地調整為由，強制徵收其原有珍
貴的土地與資產，以便將精華區段保留給日本人之用。
報告中即清楚斷言，由於日本早已無所不用其極地，想
要在政治與經濟上完成對山東的絕對控制，故當初在巴
黎和會以及後續多次關於山東與青島的相關承諾，所謂
將「視情況在未來將山東歸還中國」，或是「在青島建
立開放的國際殖民地」等主張，充其量不過只是一場戲
言，口惠而實不至。[42]

　　尤有要者，如果將〈山東報告〉，與 1921 年 9 月
華盛頓會議召開前，美國駐華公使館所做的山東檢討報
告進行參照，可以發現類似的結論。根據美國公使館的
統計調查與評估分析，歐戰期間與之後日本在山東的經
營脈絡與發展趨勢，可謂已經是相當明確。自佔領山
東以來，日本在該地的影響力就與日俱增，特別是自
1914 年發動戰爭起迄今，日本依然維持對山東地區的
軍事佔領，並在省會濟南、青島，以及膠濟鐵路沿線等
地派駐有軍隊（鐵道警備隊）。軍事控管代表隨時可進
行武力介入與威嚇，使日本更易於有效宰制山東。故美
國公使館亦認為，從山東現況的調查實情來看，很明顯
的，日本如此昭然若揭的侵略行動如果繼續下去，之後
不難想見，類似晚清時期俄國侵奪大片中國東北土地的
情況，勢必再度出現。換言之，如果美國什麼都不做的

42　"The So-called Concession in the City of Tsingtao," in A Member
　　of the American Presbyterian Mission, "Sinister Japanese Methods in
　　Shantung," 1919, RIAC 893.00/3271.

話，在不久的將來，山東恐繼滿洲之後，淪為日本的
禁臠。[43]

　　即使〈山東報告〉看似有些危言聳聽，其中亦確實
不乏帶有渲染、誇張與煽動的言論，但是可能卻扮演
了某種程度的預警作用，振聾發聵。類似「灰犀牛」
（Gray Rhino）理論所揭示的觀點，基於慣性，人們往
往對於一些顯而易見的威脅，選擇視而不見，亦不預作
準備，從而導致後來的重大損失。[44] 而〈山東報告〉就
是嘗試提醒美國人，應及早認清日本對山東的野心。況
且見微知著，當日本在山東青島與膠濟鐵路沿線，已著
手排除外國經濟勢力、打壓教會，並實行獨佔控制政策
時，背後可能早就已隱含著更大的圖謀，亦即進一步往
整個中國擴張殖民的傾向。屆時，猶如大夢初醒般的美
國與西方列強，恐將失去他們在中國曾經享有的龐大利
益與條約特權。

43　"The Present Political Situation in China: Report Called for by the
Telegraphic Instruction of the Department of State, NO. 223. of
August 10, 1921, 3 p.m., to the American Legation at Peking," Jacob
Gould Schurman, American Minister, Peking to the Secretary of
State, Washington, 16 September 1921, RIAC 893.00/4114.

44　「灰犀牛」理論，指的是對於一些顯而易見的既存威脅，人們往
往習慣視而不見。當面對於此類重大威脅時，提醒人們不改正習
慣，預作準備與處理，下場可能是相當悲慘的，故呼籲應該要
建立正確觀念，提前正視危機，並積極因應威脅的到來。參見
Michele Wucker, *The Gray Rhino: How to Recognize and Act on the Obvious
Dangers We Ignore* (New York: St Martin's Press, 2016)。

第十二章 美、日在華武裝衝突事件背後的輿論因素

一、前言

　　歐戰後，美、日在華士兵與僑民間的互動關係，已有漸趨惡化的趨勢。受到近代以來美、日之間既有的恩怨，諸如美國加州限制日籍移民與受教權問題、琉球朝鮮爭議、夏威夷問題等舊恨的負面影響，兩國民間互動本就呈現出相當敏感脆弱的狀態。再加上歐戰以降，兩國之間出現的新仇，包括美、日在太平洋地區海上霸權的爭奪、在華商業利益的競逐、美國反對日本繼承德國在亞洲的地盤與利權等。舊恨疊加新仇，自然驅使日本政府與人民對於美國的敵視態度，遠甚於歐戰之前。[1]歐戰後，日本外務省為了在外交上掣肘美國，又有計畫推動反美新聞輿論宣傳策略，耳濡目染下，更使得不少日本人認為美國故意歧視日本，且限制日本未來的發展。[2]

　　1919 年 4 月，日本《大阪每日新聞》指控美國「排

1　〈ABC 同盟：（上海特電八日發）：妄動学生団の傀儡師〉，《大阪每日新聞》，1919 年 6 月 10 日；〈米国人の対支活躍：財界短信〉，《大阪每日新聞》，1919 年 5 月 11 日。

2　"The Acting Secretary of State to the Ambassador in Japan (Morris)" 4 April 1919, *FRUS 1919*, Vol. II, pp. 424-426.

日」新聞評論，試圖揭露美國偽善的假面具。認為美國
在屬地菲律賓，表面上鼓勵獨立自主，但卻欺騙菲律賓
人民的情感，口惠而實不至，並未有真正付之落實的可
能。美國還在全世界各地處處歧視、排擠日本。在南洋
群島問題上，美國主張由國際聯盟託管，反對日本繼續
持有，藉此阻止日本的南進之路。在墨西哥，美國妨礙
日本租借農漁土地。在夏威夷，則是不顧美國與當地人
種的差異性，強迫該地居住的日本人必須與美國同化。
在朝鮮，美國則是利用朝鮮人智識不足，煽動與日本同
文同種的朝鮮人對於日本的不滿，鼓吹朝鮮獨立，包庇
隱匿那些涉入獨立運動的朝鮮傳教士與人犯，讓朝鮮人
懷抱「日朝分立」等不切實際的理想，以便割裂朝鮮與
日本。在西伯利亞問題上，美國反對日本出兵，但自己
卻懷抱獨佔的野心。除了在世界事務上，屢屢掣肘日本
外，在有關中國事務上，美國更是劣跡斑斑，充分體現
了美國對於日本以及日本人的「排斥」傾向。這包括美
國有意奪取日本在滿洲的鐵路，以便將整個滿洲納入美
國勢力範圍，甚至準備利用國際共管的模式，控制全中
國的鐵路，藉此排除日本利權，扶植美國在華勢力，從
而將整個中國變成「美國政治經濟的奴隸」。尤有要
者，美國還在巴黎和會以及中國內部，煽動立場偏向美
國的中國人，遂行「親美排日」的陰謀。美國一方面高
舉列強應維持中立、不介入中國內政事務的大旗，反對
日本與北京政府的合作，指控日本違反中立，透過借款
與武器支援北京政府，但自己卻行為不正，偷偷將武器
輸入至中國北方，恬不知恥地唯美國利益是圖，故而欺

騙了其他列強，也糊弄了日本以及中國南方的政府。[3]

美、日在看似彼此敵視的輿論宣傳影響下，在華駐軍先後發生兩次重大衝突，分別是 1919 年天津租界衝突事件及 1921 上海租界衝突事件。兩起武裝流血衝突件案都規模甚大，牽涉到數百人的群聚鬥毆，過程中也都出現報復性、無差別的攻擊模式，顯見雙方仇恨程度。美、日在華武裝衝突事件的成因、衝突發生前人員情緒與氣氛的醞釀，以及事件背後隱藏兩國間的後續角力與新聞輿論交鋒，進一步深入分析，可以對甚囂塵上的美日在華矛盾論述及其形塑過程，找尋到更為直接且具體的證據。

外人在華的民間觀點，尤其是當時美國與日本報紙如何報導此事件，如何分析此事件的影響，以及對於善後交涉的評價，將可以藉此觀察歐戰後民間公眾輿論對於美、日關係的看法。特別是如將民間輿論跟兩國官方的舉措做比較，將能夠進一步檢視輿論與外交之間的關係。此外，也可以評估此案對於美國在華社群的影響程度。因為順著中日山東問題爭議的進展，美國在華社群，無論是商務還是傳教團體，多表態支持中國，這與天津美日衝突事件之間，是否有連帶關係？另外一方面，如果從日本角度出發，則可以反思日本居留民對於歐戰期間部分美國在華社群運作反日宣傳的反應，以及戰後是否有受到日本政府反美宣傳的影響。而美、日兩

3　〈内外における米人の排日：原内閣の対米策如何〉，《大阪毎日新聞》，1919 年 4 月 11 日。

國以外的其他國家，對於天津衝突事件的外部觀察，包括中國以及英、法等國的看法，又是如何。中國在歐戰期間及其後的外交策略，在英、美派外交官員的影響下，聯美制日逐漸成為外交上主要的策略之一。所以從中國的角度來說，尤其是在公眾輿論層面，如何利用天津美、日衝突案，來貫徹聯美制日策略，擴大美日嫌隙，以強化美國對中國的支持，或許也是相當重要的部分。此外，由於美、日雙方爆發衝突的地點，除了日租界外，還包括英、法租界，故此案也牽涉到英、法兩國，他們對於美日衝突間的理解，也有助於認識歐戰後的國際局勢。

不過，必須強調，本章的核心關懷，並非全面剖析歐戰後美、日的輿論戰，而是試圖透過重大武裝衝突的個案研究，從第一線在地外交官的視野，分析他們如何從新聞輿論的角度，去解釋武裝衝突事件的來龍去脈。除了嘗試對當時的新聞輿論進行文本分析外，也將透過外交史的研究途徑，理解當時美、日等駐華外交官，他們如何看待美、日兩國的武裝衝突，又如何從新聞輿論與評論角度去了解事件衝突的原因。

美、日在華武裝衝突事件背後，新聞輿論可能扮演推波助瀾的作用，尤其是外交官視角下的輿論分析。因為當時美、日在華輿論互動的關鍵載體，以英、日文報紙為主，故本章分析的報紙輿論文本，將以在華發行的外文報紙評論為重，而以中文報紙為輔。

二、日本反美宣傳的影響

　　1919 年 3 月 11 日至 13 日間，在天津租界內連續發生一連串的美、日流血衝突事件。起因於天津日租界風化區內幾名美軍士兵與日本便衣警察之間一件看似單純的酒後口角爭執鬥毆案件（3 月 11 日），最後演變成日本方面的大規模武裝報復行動。

　　日方指控，在前述鬥毆事件後，美軍士兵為思報復起見，乃召集人手，於隔日（3 月 12 日）晚間，化整為零，由法租界陸續潛入日租界內，並隨機攻擊遇到的日本人。十餘名於晚間行經租界街道的無辜日本僑民、軍人，疑似因巧遇這些美軍士兵，而不幸慘遭暴力對待。日本居留民團獲悉此類消息後，極為氣憤，亦集結高達數百名的群眾，攜帶著棍棒武器，氣勢洶洶地闖入法租界，意圖搜捕那些在日租界逞兇，但可能已撤回相鄰的法租界內，並尋求藏身的犯案美軍士兵。更令人震驚的，在群眾隊伍之後，竟還有為數約百名的日本武裝軍警，在軍官的帶領下，手持已上刺刀的步槍，也隨之進入法租界，封鎖街道，參與搜捕美軍士兵的攻擊行動。這批由日本民眾、居留民團以及軍警混合組成的武裝隊伍，因為無法確切辨認出在日租界內動手兇的美軍士兵身分，故只能採取制服認定的權宜作法，對於在法租界內活動、所有身著軍服的美軍人員，均採取無差別的拘捕與攻擊。甚至連毫不知情、當時在法租界戲院內看戲的一名美軍軍官，亦曾遭到日本軍警以步槍刺刀相向，控制其行動。在上述衝突過程中，從 12 日晚間一直延續到 13 日清晨，美、日雙方不少人員均負傷掛彩送醫，其中一名美軍士兵因為傷勢過重，面臨截肢的悲慘命運。3 月 13 日，當美、日兩國駐天津領事與軍事當局趕緊各自下令約束人員、避免衝突繼續擴大，而整個天津租界各國僑民也因此事件而大感震驚與不解之際，竟然又發生新一波的衝突事件：一名美軍士兵竟又在位於天津英租界的日本總領事官邸內，掌摑另外一名日本人員，此舉不啻是赤裸裸公然挑釁日本帝國的尊嚴，也再次刺激到當地日本軍民早已緊繃不已的敏感神經。

然而，美軍方面對於上述經過，卻有完全不同的說法，他們駁斥日本指控乃是無的放矢，強調在 3 月 11 日日租界第一次衝突事件後，美國軍事當局即於隔日上午派出憲兵隊，在日、法租界沿線處執行巡邏任務，禁止美軍士兵再度進入日租界，以防止新的衝突爆發。職是之故，在 3 月 12 日晚間，絕不可能再有美軍士兵出現在日租界內，也就沒有所謂美軍士兵肆意襲擊日本人員的事件發生。所以，美軍方面反過來指控日本人作賊心虛，只是為了報復 3 月 11 日在日租界風區化所發生的第一次衝突事件，竟然捏造美軍於 12 日晚間在日租界先動手傷人的故事，再以此為藉口，聚集大批群眾與武裝軍警進入法租界，到處搜捕與攻擊身穿軍服的美軍士兵。[4]

4　關於 1919 年 3 月上旬在天津日本租界發生美國士兵、日本居留民、警察以及士兵之間的嚴重鬥毆事件，詳見 "American Officers Make Report on Recent Japanese American Report: Lieut.-Col.

　　以天津事件的案發經過來說，雖然整起事件表面上
看來，是美國士兵與日本僑民間偶發性的衝突事件，日
本駐天津代理總領事龜井貫一郎事後亦曾出面澄清此事
不過乃是一起發生在風化區的鬥毆案件，與種族間的
仇恨與厭惡無關。[5] 但如細究事件關鍵之處，卻有幾
個地方相當發人省思。其一，此番衝突的始作俑者，可
能與日本僑民出言汙辱美國士兵脫離不了關係，而美兵
因受不了言語刺激，才會導致後續一連串的鬥毆事件。
根據龜井貫一郎的調查，3 月 11 日首先出口挑釁美軍
的日本僑民，亦非一般日僑，而是租界內身著便服的日
本警察，他們很明顯是在酒後鬧事。[6] 不只是 3 月 11
日的第一次鬥毆事件起因於日本方面的挑釁，連 3 月
13 日在天津英租界日本代理總領事宅第內掌摑日人的
美國士兵，在事後調查中，也坦承是因為「日本人以鄙
視的眼光看著我，我認為這是一種汙辱」，所以才動手

Smart, Provost Marshal, and Capt. Landreth Make Reports Which
Are Approved by Col. Wilder and Forwarded to American Legation,"
The North China Star, 21 March 1919; "Report of Committee of
Inquiry, Tientsin," 28 March 1919, RIAC 893.00/3057; "Official
Report on Occurrence: Fracas in the French Concession & Military
Movement in the French Concession," Enclosure 2 of "The Japanese
Consul General (Funatsu) at Tientsin to the American Consul General
at Tientsin (Heinzleman)," 4 August 1919,「6・調書第六号　天津事
件」，JACAR: B12080893100，頁 229。亦可參見應俊豪，〈遠東
的塞拉耶佛？ 1919 年天津租界美日衝突事件始末〉，頁 175-226。

5　龜井貫一郎並以開玩笑式的口吻表示，他本來就打算要廢除日租
　　界內的風化區。見 "Mr. K. Kamei's Statement," *The North China Star*,
　　14 March 1919.

6　此乃日本駐天津代理總領事龜井貫一郎口頭告知美軍指揮官。
　　"Lieutenant Colonel Charles T. Smart, 15th Infantry, Provost Marshal
　　to P. S. Heintzleman, American Consul General, Tientsin," 30 March
　　1919, RIAC 893.00/3097.

毆打日人。[7] 啟人疑竇之處，亦即整起衝突事件的關鍵，在於日本警察與僑民為何要惡意汙辱或挑釁美國士兵呢？

天津美、日衝突事件發生後，因遍及整個租界，立刻引起國際關注，並對事件背後的可能成因議論紛紛，咸認為事件並不單純，恐與當時報紙輿論的煽動美、日對立，有著因果關係。在英國駐北京公使館給倫敦外交部的報告中，即明確指出，此事件實乃肇因於日人不滿美國報紙上的反日報導所致。[8] 英國公使朱爾典（J. N. Jordan）甚至認為，此次事件不該歸咎於打架衝突雙方的當事人，因為真正該為事件負責的，應是當時美、日兩國在華人民之間的彼此厭惡感，以及當地雙方地方報紙間的論戰。[9] 根據英國駐華公使館的內部情資報告，顯示早在天津衝突事件前，在上海以及其他大城市的某些報紙媒體，即已試圖營造出一種扭曲錯誤的印象：美國人是挑釁侵略者，而日本則是法律與秩序的代表。這樣的印象極可能誤導日本僑民對美國的觀感，以致於當天津英文報紙《華北明星報》引述一篇討論日本民族的報導後，很快引起當地日本僑民的憤怒與不滿，

7　根據美國憲兵的調查，率先動手打人的是美軍第十五步兵團的士兵 Jack Faey。與 Faey 同行的，還有三名美軍士兵，但真正闖入日本代理總領事宅第打人的則僅有 Faey，其他美軍士兵並未介入。故美軍憲兵認為 3 月 13 日的事件仍應屬私人鬥毆的個案，見 "Lieutenant Colonel Charles T. Smart, 15th Infantry, Provost Marshal to P. S. Heintzleman, American Consul General, Tientsin," 30 March 1919, RIAC 893.00/3097.

8　"Decypher from Sir Jordon, Peking," 13 March 1919, FO371/3698.

9　"Sir J. N. Jordan, British Minister, Peking to Earl Curzon of Kedleston, Foreign Office," 25 March 1919, FO371/3698.

從而激發出日租界內的第一波美、日衝突事件。[10] 然
而，究竟是什麼樣的美、日報紙論戰，造成兩國在華僑
民的彼此惡感，進而刺激日本在天津居留民的敏感神
經，隨之引爆出兩國軍民之間的流血衝突案件？

1919 年 4 月，美國駐日大使館參議與日本外務次
官幣原喜重郎交涉天津事件時，幣原坦承日本人對美國
的「敵意」是導致此次不幸事件的主要原因，也同意採
取必要措施來消弭此類敵意。[11] 究其實際，天津日本
僑民的反美敵意，應非獨立事件，而是前述日本報紙發
動反美輿論的一環。根據美國駐華公使芮恩施的分析，
1919 年初期日本在華報紙即已展開反美宣傳，而日本
在華僑民可能深受輿論宣傳的影響，故對美國帶有敵
意，以致於爆發後續衝突案件。[12] 因此，這一系列衝
突案件，可能不只是單純的士兵與僑民的意外衝突，而
是牽涉到歐戰後美、日兩國在華的輿論宣傳之爭，並可
能與巴黎和會上的中、日山東問題以及美國傾向支持中
國的立場有所關係。

日本認為中國之所以在山東問題爭議上敢否認前
約，堅持要求直接收回山東，以及後續展開反日運動，
可能都是美國在華人士的煽動與撐腰。事實上，為了有

10　"Extract from Tientsin Intelligence Report," Enclosure of "Sir J. N. Jordan, British Minister, Peking to Earl Curzon of Kedleston, Foreign Office," 25 April 1919, FO371/3698.

11　"Roland S. Morris, American Ambassador, Tokyo the Secretary of State, Washington," 10 April 1919, RIAC 893.00/3051.

12　"Paul S. Reinsch, American Minister, Peking to the Acting Secretary of State" 15 March 1919, *FRUS 1919*, Vol. I, pp. 688-689.

效抵制美國，早在 1919 年前後，日本在華報紙即開始展開反美宣傳輿論攻勢，刻意醜化美國的形象。這些報紙輿論宣傳，雖然不太可能改變中國人對美國的仰望，但卻會影響到日本僑民對美國的觀感。如此，日本僑民對於美國士兵的挑釁、汙辱之舉，自然是可以預期。也就是說，散播反美輿論，鼓動日人的反美情緒，可能即是日本企圖在外交上反制美國的手段之一，同樣也是挾輿論以為外交之助。其運作模式，與後來五四政治運動期間，中國公眾透過外爭國權、內除國賊運動，為巴黎和會山東問題爭議張勢，試圖影響政府決策與和約簽字問題等，有異曲同工之妙。況且除了日本在華報紙外，根據前述美國駐日使館的觀察，日本當地的報紙同樣也有類似情況，亦即在外務省的授意下，東京各報也出現反美輿論宣傳。這意謂著利用輿論為外交之助，顯然是政府方面有計畫的行動。[13] 而且日本報紙一再炒作反美輿論，不但已經造成群眾近乎歇斯底里的反美情緒，更嚴重的是，這種情緒又至其他政府部門，不只軍方參謀本部等單位，許多政府機構似乎也出現類似非理性反美情緒，導致美國駐日大使館想透過外交交涉處理天津事件以及其他案件，往往也不得要領。[14]

其次，根據美國陸軍駐天津「中國派遣軍總部」事

---

13 "The Chargé in Japan (MacMurray) to the Acting Secretary of State" Tokyo, 5 March 1919, *FRUS 1919*, Vol. I, pp. 686-687.

14 日本東京出現的反美風潮，已嚴重到讓美國駐日大使莫里斯感到壓力，甚至開始避免出現在日本政府機構，以免又再度刺激到日本反美輿情。"Roland S. Morris, American Ambassador, Tokyo the Secretary of State, Washington," 14 April 1919, RIAC 893.00/3051.

後的調查報告，也認為天津美、日衝突事件的主要原因，可能與當時日本報紙的對美宣傳攻勢有很大的關係。在衝突事發前一日，《華北明星報》，曾轉載在東京發行的美系英文報紙《日本廣知報》上，〈欠缺更好的態度〉（Better Manners Wanted）一文。[15] 該文從西方等外人眼光著眼，比較西方文明國與日本的差異，認為日本尚不夠格稱得上是一個文明國，因為日本人還有許多欠缺與不足之處。日本應該要正視並改善這些缺點，方能跟上西方的腳步，也才能夠獲得別人的尊重。

> 日本人作為（戰後）世界五大強國之一，理應獲得尊重，但是他們仍然欠缺文明國應有的訓練。愛國與忠誠雖然是日本自古以來的美德，但是這並非是日本的專利品，其他國家也有。是西方文明帶來了觀念上的改變，包括愛國與忠誠。日本人並沒有努力工作以增進國家整體的福祉，部分的日本人甚至是不真誠的。相較於西方國家在最近的世界大戰中所展現的愛國主義，日本的愛國主義顯得毫無可取之處。日本人即使在日常生活中，也是極度自私的。舉一個現成的例子來說，日本人說謊成性，即使說謊被發現，依然毫不在意……。日本人應該好好學習如何做人處事，否則不要期望其他文明國會

15　《日本廣知報》為美國人在日本東京經營的英文報紙，故某種程度上，可以代表當地的美國人觀點。該報在 1940 年與英文《日本時郵報》（*The Japan Times & Mail*）合併，改稱為《日本郵報與廣知報》。關於該報簡史，可以參見李瞻，《世界新聞史》（臺北：三民書局，1993），頁 808、867。

　　尊敬他們。[16]

　　然而不知何種緣故，上述文章經《華北明星報》在
1919 年 3 月 11 日上午轉載後，華北地區日本人即認為
這些言論是對日本人的不實指控與汙衊，並且認定與美
國在幕後的煽動教唆有關，故強烈要求美國應該要為歐
戰後日本所遭受的不公平待遇，負起最大的責任。也因
此，日本人開始對美國採取報復行動。上述報導刊出的
同日晚上，在天津日本租界內，即爆發第一波美日衝突
事件。

　　在天津美、日一連串衝突事件發生後，《華北明星
報》在 3 月 14 日刊登的報導中，亦試圖分析事件爆發
的原因，除了日本便衣警察與美軍士兵在日租界風化區
口角爭執肇禍外，也認為該報先前曾轉載《京津日日
新聞》一篇文章，恐怕也是導致日本群眾與美軍衝突
的直接原因。[17] 因為「根據可靠消息來源⋯⋯，日本人
認為此次騷動，乃是由於日本報紙上刊載的一篇有關種
族歧視的文章引起的」。[18] 此外，美國色彩鮮明的英文
《大陸報》，同樣也有類似的懷疑，聲稱「得可靠消息

16　"Better Manners Wanted," *The North China Star*, 11 March 1919.

17　《華北明星報》並未具體指明所轉載的《京津日日新聞》文章
　　名稱，但強調此文章刊出後，可能在美、日之間造成了非常負
　　面的影響。見 "Japanese Courting Trouble," *The North China Star*, 14
　　March 1919. 必須進一步說明的是，《京津日日新聞》雖然常見
　　於當時的官民紀錄，但該報目前在取得與學術使用上，仍然有很
　　大的難度。日本國會圖書館僅收藏有該報 1935 年至 1936 年僅幾
　　個月的報紙微卷。

18　"Japanese Armed Troops Enter French Concession Led by Mounted
　　Officers and Acting Consul General," *The North China Star*, 14 March 1919.

云……，日人深信此次之騷亂，實由於人種之區別，日本報紙已有述及此端矣。」[19]

　　尤有要者，在由中國人主導的英文《北京日報》[20]社論中，指稱美日天津事件的發生，恐怕並非是偶發衝突與意外，反而更顯得是有跡可尋。因為事發之前的幾個月，在日本與中國的日文報紙媒體，即積極致力於以「措辭激烈的文章」來挑撥日本以及其他國家，尤其是美國等西方國家之間的仇恨。該社論即質疑，當日本代表團正在巴黎和會上鼓吹人種平等方案之際，日文報紙媒體卻反其道而行，到處散播帶有惡意且可能造成種族仇恨的內容元素。所幸這些日文文章並未被翻譯成英文，否則影響所及，勢必也將會掀起其他外國人民對日本的懷疑與惡感。英文《北京日報》觀察到，在北京的日文報紙媒體，近來即經常性發出帶有種族仇恨的文章，且數量有急遽增加的趨勢。這些寓含種族仇恨意味的報紙文章與言論，應會對生活在中國的日本居留民，造成極其嚴重的影響。例如某些日文報紙即或多或少地暗指英美傳教士涉入到鴉片走私與買賣，以及指控教會

19　〈天津美日衝突之西訊〉，《申報》（上海），1919 年 3 月 17 日。

20　英文《北京日報》乃是晚清時由中國人自行創辦，標榜是中國人自己的英文報，原為朱祺經營，之後由曾留學美國的汪覺遲負責。民國以後，皖系徐樹錚出面接手該報，不過實際上仍由汪覺遲全權處理，之後才又改由香港人吳來喜任主筆。1920 年直皖戰爭後，隨著皖系下台，該報乃成為舊交通系的機關報，並由英國人 W. Sheldon Ridge 任編輯全權處理。Ridge 離職後，復仍由中國人自行擔任編輯，夏廷獻為總理、陳應榮為主筆。1921 年 7、8 間，該報漸露親蘇反日的色彩。見〈北京ニ於ケル內外新聞ニ関スル調查〉，1922 年 5 月 15 日，「1・在支公使館／2 支那ニ於ケル新聞紙ニ関スル調查ノ件 2」，JACAR: B03040880100。

在朝鮮半島煽動反日暴動。而在《京津日日新聞》近來的報導中，甚至也影射美軍在西伯利亞有故意縱容布爾什維克黨活動等情事。[21] 在這些負面文宣頻繁的洗腦與刻意刺激下，日本人不可避免地會出現情緒性的反應，而這或許也導致了在日本與其他旅華外國人民之間，埋下了仇恨與衝突的伏筆。職是之故，一旦彼此間稍有口角或小摩擦，最後即可能演變成重大種族衝突事件。

三、猜忌與盤算

天津美日衝突事件發生後不久，美國駐華公使館中文助理祕書給芮恩施公使的祕密報告中，即透露在美國駐天津軍事官員心中，已普遍認定日本乃是蓄意策動此次事件，其目的只是想要向中國人證明一件事，那就是日本可以「整」（man-handle）美國人，「而不會受到懲罰，也不用擔心遭到報復」，如同日本可以「處理中國人與韓國人一樣」。而與美國關係良好的董顯光，也向美國公使館祕書表示，即使是在事件之後，他還是曾在 3 月 14 日至 15 日間親眼看到日本人攜帶棍棒在天津法租界出沒，示威意義十足。而董顯光與其他中國人交換意見後，也和上述美方駐天津軍事官員的看法類似，認為日本策動此事件的目的，在於凸顯「即使是當美國政府官兵在執行勤務時，遭到日本人的攻擊，美國亦無

21　"The Tientsin Outburst," *The Peking Daily News*, 15 March 1919.

力或是無意報復，或是要求補償」。[22] 也因此，在芮恩施給國務院的報告中，即無奈地表示不只天津，連北京相關人員也有類似的看法。一名美國駐天津高階軍官也堅信，此案是否會引起未來更大的麻煩，端賴美國在此次事件中所採取的行動。而前往天津實地調查四天的公使館一等祕書史賓賽（Willing Spencer），則認為如果後續證明美軍士兵並未挑釁惹事，那衝突事件的真相，可能就是日本人的陰謀。[23]

　　無論真相究竟如何，從上述報告中，還是不難看出此案對於美國人與中國人來說，日本策動事件的動機，顯然是帶有政治目的，亦即「項莊舞劍，意在沛公」。日本可能透過敲打美國官兵，來刻意強化日本在華的強勢地位，藉此威嚇中國人，不要妄想利用聯美策略來制衡日本。特別是天津美日衝突事件發生的時機非常敏感，1919 年 1 月間，中日兩國代表已在巴黎和會上就山東問題意見交鋒，並在顧維鈞的主導下，中國代表團意圖利用美國的支持，來抗衡日本。隨即在 2 月初，日本駐華公使小幡酉吉則利用中國農曆新年之際，向北京政府進行外交威嚇，暗示日本有強大陸海軍實力，警告中國不要妄圖利用外國協助，影響日本在華利益。而美國總統威爾遜為了支持中國，在 2 月中旬，也要求國務

22　關於美國駐天津軍事官員對於此案的態度，美國公使館助理中文祕書表示乃是由一名美軍第十五步兵團的一名軍官告訴他的，見 "Memorandum from Assistant Chinese Secretary," 17 March 1919, RIAC 893.00/3064.

23　"Paul S. Reinsch, American Minister, Peking to the Secretary of State," 22 March 1919, RIAC 893.00/3064.

卿蘭辛立即透過美國駐日大使館，關切日本在華所進行的威嚇行動。之後在 3 月上旬，就發生了天津美日衝突事件。換言之，對中國人來說，日本可能試圖利用此事件，來清楚告訴中國人「聯美制日」是行不通的，因為日本非但不畏懼美國，甚至也敢直接對美軍士兵動手。

天津衝突事件發生後不久，在美國駐天津總領事韓思敏（P. S. Heintzleman）給芮恩施的報告中，即強調衝突事件本身固然無足輕重，但是其後續影響則不容忽視。特別是在事件過程中，日本當局展現的兩項舉措與態度，值得美方深度關切。其一，是日本當局竟敢公然派遣軍警闖入法租界，而這些全副武裝的士兵，還是由在場的高級軍官指揮統率。這也就意謂著，日本武裝部隊介入美日衝突事件，顯然並非意外之舉，而是日本駐天津當局有計畫的行動。然而，對美國來說，日本如此帶有敵意的善後處置態度，絕對是難以接受的。其二，是日本派遣闖入法租界的軍警，竟然還到處公開搜捕以及攻擊美國士兵，如此將形成一個非常危險的先例：以後如有類似衝突事件發生，即使情況再輕微，也容易產生模仿效應，造成美國人又再次遭到攻擊。由於美國在天津並無專屬租界，美國公民勢必得居住在其他國家的租界內，然而如果美國公民在這些國家租界內的生命安全無法獲得保障與尊重，這對美國政府而言，也將是十分嚴峻的問題。況且此類事件的發生，無論是在日本人還是中國人心目中，均恐將損害美國的尊嚴。因此雖然在事發後，日本代理總領事以及日軍方面，後來曾陸續表達遺憾之意，但是韓思敏認為在此事件處理上，

美國政府還是必須以堅定的立場，提出嚴正抗議，要
求日本政府公開道歉與採取彌補措施。首先，日本政
府應訓令駐天津代理總領事「正式且公開地針對此事
件表達道歉」。其次，日本軍方則應由駐屯軍司令金
谷範三出面，向美國第十五步兵團指揮官懷爾德上校
（W. T. Wilder）表達道歉之意。再者，對於在事件中
遭日本群眾毆傷而可能終身成殘的美軍士兵羅納（Jow
Rohner），其日後的生活費，理應由日本政府負責賠
償與承擔。最後，由於在營救被拘押在日本租界警察署
的美軍士兵過程中，日本警察署長以及日租界相關人員
一度曾對美國總領事撒謊，否認有任何美軍士兵被拘押
其中，故日本政府也應該就此事向外承認錯誤。[24] 換言
之，美國必須透過外交上的嚴正抗議，以及強硬的交涉
立場，迫使日本公開承認錯誤，才能夠糾正天津衝突事
件可能造成的不良影響。

　　如進一步分析日本駐天津當局對於此起衝突的處理
態度，或許也有可疑之處。首先，3 月 11 日晚間在天
津日租界第一次美、日兵警衝突發生後，天津各報原先
即擬報導此事，但由於日本駐天津代理總領事龜井貫一
郎的出面，往晤天津各報館，拜託勿刊登此事，故各
報館在隔日均未報導此事。但出乎各館意外與感到不
解的，是隔日竟然又爆發出更為重大的衝突事件。[25] 其

---

24 "P.S. Heintzleman American Consul General, Tientsin to Paul
　　S. Reinsch, American Minister, Peking," 17 March 1919, RIAC
　　893.00/3064.

25 〈津埠美日衝突之別報〉，《申報》（上海），1919 年 3 月 18 日。

次，美國陸軍部門事後的調查報告也指出，在 3 月 12
日晚上日本僑民闖入天津法租界攻擊美國士兵的行動
中，日本武裝軍警曾共同參與攻擊與拘捕美軍士兵；而
日本代理總領事龜井貫一郎亦曾出現在現場，與武裝軍
警在一起，這可能意謂著日本駐天津領事當局可能也涉
入其中。尤其是有組織的日本群眾與警察隊伍，公然闖
進法租界，並驅逐美國憲兵隊之舉，其行動背後若說無
日本領事當局的默許，實在難以想見。而在 3 月 13 日
晚上，當日本僑民再度聚眾進入法租界追捕美國憲兵
時，日本租界警察則是在事發後一個小時始趕抵現場，
驅逐鬧事的日本群眾。[26] 這種情況，其動作背後可能也
有其他想像的空間：隱約帶有放縱民眾鬧事，給予美國
一個教訓，但又劃有界線，而防止事態失控、影響美日
關係的意涵。

　　再者，當 1919 年 3 月 13 日在天津英租界日本總領
事官邸發生美兵掌摑日本人一事之後，由於該衝突是發
生在日本官邸內，事涉敏感，美國駐軍司令懷爾德上
校、憲兵官司馬特中校（Charles T. Smart）當時即親自
向日本代理總領事龜井貫一郎表達致歉之意。然而龜井
對此重大事件的態度，卻顯得異常低調，似乎刻意淡化
衝突事件，認為不過是個人衝突，並以此事「微不足
道」，不過乃是肇事士兵的「幼稚衝動」所造成的。龜
井甚至還表達日人對於衝突事件甚表悔恨，也很期待能

26　"Lieutenant Colonel Charles T. Smart, 15th Infantry, Provost Marshal
　　to P. S. Heintzleman, American Consul General, Tientsin," 30 March
　　1919, RIAC 893.00/3097.

夠與美國人一起打棒球，故希望舉辦美日之間的棒球比賽，或許能夠藉此化解雙方仇恨。但司馬特中校卻婉拒此要求，認為此時舉辦美日球賽，顯然為時過早。[27] 從起初衝突過後日本有關當局縱容僑民與警察的激動之舉，兩度衝入法租界搜查與毆打美軍士兵，甚至還將部分美軍士兵拘捕並關押在日租界警署，到龜井貫一郎後來的淡化低調態度，非但不再續究美軍士兵在總領事宅第內的暴行，甚至還希望以舉辦美、日棒球賽來撫平雙方仇恨。這樣的轉變，可能同樣也帶有在策動日本群眾報復行動後的踩煞車之舉，以避免未來情勢的失控。

　　事實上，根據天津《大公報》記者的報導，在衝突事件發生過後，日本駐天津當局似乎也開始採取一些積極措施，來節制日本群眾過於激烈的反應。例如，衝突事件後，3 月 14 日下午，在天津日本居留民的大會上，龜井貫一郎發表演說，強調愛國與服從的重要性，言外之意，帶有呼籲日本群眾應遵從日本使領官方的領導與指示。15 日，又發布宵禁外出令，不准日本居留民在下午 4 時以後離開租界。這應是為了避免日人前往法租界，再度與美兵發生衝突的預防性措施。16 日，同樣在天津日本居留民大會上，《京津日日新聞》總編輯發表演說，鼓吹「和平主義」，強調此次衝突乃僅是誤會，希望「顧全美日邦交」，讓兩國百姓重歸於好，不致因小節而被外人恥笑等。在場聽講約兩百餘名日本居

27　"Lieutenant Colonel Charles T. Smart, 15th Infantry, Provost Marshal to P. S. Heintzleman, American Consul General, Tientsin," 30 March 1919, RIAC 893.00/3097.

留民,「全體皆為動容,是以鼓掌之聲,不絕於耳」,
大有認同之意。職是之故,天津《大公報》記者才研
判,「觀此動作,想不至再發現何種激烈風潮云」[28]

四、輿論宣傳面向的分析

綜合前文分析,可知天津美、日衝突事件發生的原
因,顯然與兩國在華報紙輿論有意的渲染與煽動有關。
然而同樣值得關注的,乃是事件發生後,雙方報紙輿論
對於事件過程的報導與解讀。如果延續之前的操控輿論
路線,美、日報紙極可能再度利用事件本身大做文章,
藉此凸顯對方的惡質形象。

(一)日文

以日方報紙輿論來看,對於此事件的操控與渲染,
背後應該帶有相當複雜的動機。例如,在 3 月 12 日深
夜日本軍警闖入天津法租界搜捕美兵引起重大衝突後,
《京津日日新聞》處於當時真相不明、到處謠言風傳、
各方說法分歧不定的情況下,卻隨即在事發後幾個小時
內,就迅速在 3 月 13 日上午,刊出整起事件經過的詳
細版本,並強調 12 日晚間由於美兵的蓄意報復,聚集
在法、日租界,到處破壞日人產業、毆傷日人,故日本
駐津當局才不得不出面派出軍警維護秩序並保護日人。

---

28 〈日美衝突事四誌〉,《大公報》(天津),1919 年 3 月 16 日;
 〈日美衝突事五誌〉,《大公報》(天津),1919 年 3 月 17 日;
 〈日美衝突事六誌〉,《大公報》(天津),1919 年 3 月 18 日。

該份報紙乃是「在北京日人必讀」的刊物，對在華日人的影響不容輕忽。在此故事版本的推波助瀾下，很自然地會進一步引起京津日本人對於美國的敵意與惡感。[29]還有部分報導，甚至將美國士兵在天津日租界與日本居民的衝突事件，渲染成華人也牽涉其中，有數十人遭到美軍殺害。而日本報紙輿論攻擊的目的，應該即是試圖引起中國人的反美情緒。[30]日本報紙輿論似乎有意藉由天津美日衝突事件，來分化中日關係，以鼓動華人與日人一致反美的同仇敵愾之情。此外，日本報紙《中央公論》則認為此次天津日租界美日衝突事件，已充分證明美國人粗暴與好戰的一面，而美國宣揚的正義與人道，也不過只是口號理想罷了，事實上美國之所以參加歐戰，也是別有所圖。[31]

在日文報導中，特別值得注意的，乃是對華北地區日本社群有著極大影響力的《京津日日新聞》。該報主筆為知名日本在華報人橘樸，其個人立場鮮明，向來對於西方文明抱持負面觀感，尤其對於基督教有不小的偏見。橘樸非常反對以西方價值作為放諸四海皆準的普世道理，主張在討論中國事務時，理應以中國自身的標準，而非西方的標準來衡量。從橘樸後來對於各大英文報紙編輯的評論中，也可以清楚看出他對於英、美系報

29　〈天津美日衝突之各消息〉，《申報》（上海），1919年3月16日。

30　"The Minister in China (Reinsch) to the Acting Secretary of State" Peking 15 March 1919, *FRUS 1919*, Vol. I, pp. 688-689.

31　"The Ambassador in Japan (Morris) to the Acting Secretary of State," 23 March 1919, *FRUS 1919*, Vol. I, pp. 689-690.

紙與報人的諸多批評與缺乏認同，甚至指責其人多半昧
於時勢，帶有偏見，且性格保守、學問偏狹，經常只顧
自身國家利益，對於中國的情況不甚瞭解。[32] 觀諸橘
樸對於西方文明素來的批判立場，及對於英、美報紙與
報人的質疑與攻訐，已經可以略窺他對於西方國家的態
度。由此也不難理解，當天津美日武裝衝突事件發生
後，日本報紙與報人一旦獲悉美國士兵竟然強橫侵入日
租界肆意毆打日本百姓的暴行，可能產生的不滿與憤慨
之情。橘樸身為知名日本報人，自然也熟悉如何利用報
紙為工具，鼓動日人輿論，以反制美國的後續作為。

（二）英文

　　從部分英文報導，則也可以看到類似操作輿論的痕
跡，只是視角完全不同。例如與美國駐華使領館關係密
切的英文《華北明星報》，在衝突事發後一週，即以大
篇幅全文刊載了美國陸軍對於此事件的調查報告，目
的應該有意以美方觀點來為整起事件經過，作最後定調
的工作。在報導中，尤其細部描述了 3 月 12 日晚間日
本群眾與武裝軍警在法租界對美軍士兵諸多殘酷冷血的
暴行。[33] 在先前其他幾篇報導中，《華北明星報》亦

32　橘樸對於英文各大報紙，如英系的《字林西報》與《京津泰晤士
　　報》（編輯伍德海，Henry G. W. Woodhead），以及美系的《大
　　陸報》與《華北明星報》等的評論，詳見朴庵，〈外字新聞の無
　　理解（上）〉，《京津日日新聞》，1923 年 6 月 10 日。

33　"American Officers Make Report on Recent Japanese American
　　Report: Lieut.-Col. Smart, Provost Marshal, and Capt. Landreth
　　Make Reports Which Are Approved by Col. Wilder and Forwarded to
　　American Legation," *The North China Star*, 21 March 1919; "American

嚴辭譴責日本武裝軍警在未經法國總領事同意下，即侵
門踏戶地闖入法租界到處搜捕美軍士兵，甚至還封鎖街
道，挨家挨戶進行武裝搜查行動。[34] 在上述過程中，
除了美軍士兵慘受其害外，許多英、法等其他外國僑民
及其產業，同樣也遭到日本武裝軍警的違法攔停與檢
查。《華北明星報》為天津地區首屈一指的英文大報，
閱者眾多，對於外國公眾的影響力甚大，關於日本違反
國際慣例的冷血作為與軍事行動的報導，只要稍加渲
染，自然可以極易引起歐、美等國在華僑民的共鳴，甚
至還可能連帶引起中國知識分子與學生的同仇敵愾，進
而對日本產生普遍性的憤慨情緒。[35]

　　在事件爆發之初，與美國關係密切的英文《華北明
星報》即認為此事恐不易善了，甚至可能惡化，而歸咎
主要原因，乃在於日本民間社群不負責任的煽動挑唆，
以及天津當地日本政府官員消極冷淡的處理方式，以致
於情況失控。該報希望藉由公開事件經過，讓日本在東
京與北京的官員高層能夠正視事實，並採取行動改變現
況。《華北明星報》並逐一列舉日本方面的諸多嚴重過

Official Report on Japanese American Affair,", *The North China Star*, 21 March 1919.

34 "Japanese Armed Troops Enter French Concession Led by Mounted Officers and Acting Consul General," *The North China Star*, 14 March 1919; "Japanese Courting Trouble," *The North China Star*, 14 March 1919; "Japan Should Make Public Apology," *The North China Star*, 19 March 1919.

35 日文報紙《京津日日新聞》主筆橘樸即曾指出，英文《華北明星報》在京津地區相當有人氣，特別是在美國社群與中國青年之間，有很大的影響力。見朴庵，〈外字新聞の無理解（上）〉，《京津日日新聞》，1923年6月1日。

失。其一，日本武裝軍警竟然在軍官指揮下，由代理總領事陪同，「侵入」（invaded）法國租界進行執法。日本如此囂張跋扈的行徑，恰恰類似「普魯士軍事主義模式」（Prussian Militarism），而這正是歐戰期間世界各國共同合作努力打倒的目標。其二，日本軍警在法租界執行搜查時，嚴重違反國際人權，他們採取極度暴力的方式，將兩名美軍官兵從法租界強制拖至日本租界。其中一名受害者竟然還是正在執行憲兵勤務的美軍士官，他即使遵照日本軍警的要求，仍然遭到重擊而失去意識。另外一名受害者則亦在幾乎被毆致死後，被強制押到日租界警察署。日本軍警且無視重傷情況，隨意將其棄置在警察署內一角。其三，當美國駐天津總領事趕至日租界警察署，要求移交被囚的美軍官兵時，日本警察署署長竟然公然撒謊，聲稱該署內並無囚禁任何一名美軍士兵。其四，當美國總領事乘坐汽車，準備護送受傷的美軍官兵從日租界離去時，日本軍警表面上雖然派員隨行提供保護，但實際上卻放縱在場包圍叫囂的日本群眾，對美軍車隊採取進一步的攻擊行動。其五，當日本當局下令日本群眾退出法租界後，仍然有高達近兩百名的日本群眾在法租界內到處違法搜捕美軍官員，並企圖闖入一處戲院內，直到法租界調動所有警察、巡捕，以及後續增援的安南部隊抵達後，方始壓制住日本群眾的暴行。[36]

　　《華北明星報》也諷刺日本官方對於衝突事件的解

36　"Japanese Courting Trouble," *The North China Star*, 14 March 1919.

釋，不過是意圖擺脫困局之舉，似乎無須認真看待。因為日本方面提供的證據與說詞，很明顯在為其群眾暴行，提供一個看似合理的解釋：日本為了應付美軍士兵的侵略行動，才不得不採取的反制之舉。但是所謂的美軍侵略行動，卻並非事實，實際上可能只是日本群眾的預期心理所致。在 3 月 11 日晚間第一波美日衝突事件後，日本群眾認定美軍士兵將會報復，故於 3 月 12 日晚間紛紛上街頭準備反制，並進入法租界內到處搜捕他們眼中的敵人，亦即美軍士兵。而本應約束群眾過激反應的日本軍警，非但無意加以節制，相反地，他們本身就是幫兇，進行著同樣的暴力行動：到處搜捕並攻擊美軍兵士。尤其令人髮指的是，當日本軍警拘捕美軍士兵後，還故意縱容日本群眾後續的暴力行動，讓其得以肆意攻擊被捕的美軍士兵。也因此，該報不得不懷疑，日本有關當局根本沒有阻止美、日衝突事件繼續擴大的打算。日本方面所有的解釋，也無法合理化日本群眾與軍警在天津法租界對於美軍士兵的違法暴行。[37]

　　《華北明星報》有關天津事件報導的主要撰稿人之一，為美國記者索克思（G. E. Sokolsky）。[38] 3 月 13

37　"Official Japanese Statement on the Recent Disturbances," *The North China Star*, 18 March 1919.

38　索克思為美籍俄裔猶太人，曾在哥倫比亞大學新聞學院學習，1918 年來到中國，先後為《華北明星報》、《上海英文滬報》撰稿。五四運動後，索克思更是積極利用山東問題，撰稿影響中國人對於日本的惡感，後來也自誇在學運與抵制日貨運動上，扮演關鍵角色。日本商會情蒐人員甚至視他為在美國政府授意下進行反日新聞輿論的宣傳工作。關於索克思經歷，參見高瑩瑩，〈一戰前後美日在華輿論戰〉，頁 27-36。

日，受美國駐華公使芮恩施之命，緊急從北京趕往天津
調查此案的美國公使館一等祕書史賓賽，該日午夜，即
在美國駐天津總領事館內，與美國在天津地區的重要僑
民會晤；當時在場的，有美國天津商會主席瑪高溫（L.
O. Mcgowan）、[39] 律師出身且作為瑪高溫商業副手的
拉克（H. A. Lucker），[40] 以及索克思等人。[41] 在上述晤
談不久後，隔日 3 月 14 日，《華北明星報》隨即刊出
由索克思負責撰寫有關天津事件的報導。不難理解，
《華北明星報》後續譴責日本暴行等相關報導背後，與
美國使領館、美國商會等，或許也有著某種關係。雖然
這些新聞報導應該並非是由美國使領官員主導，但他們
在此類新聞中也扮演一定程度的作用，至少有將官方掌
握到的第一手事件資訊提供給索克思等記者，讓其撰寫
有利美國的相關文章。尤有要者，美國駐華使領對於
《華北明星報》的相關報導也十分關注，並慎重其事將
其剪報資料，完整地送交美國國務院參考，甚至還間接
為其背書，強調這些報導已非常「如實地反映出當地美

39　瑪高溫為天津美豐公司（China American Trading Company）總
　　裁，且擔任該地美國商會主席，1937 年 2 月因肺炎在中國去世。
　　見 Alex Ramsay, compiled, *The Peking Who's Who* (Peking: The Tientisn
　　Press Limited, 1922), p. 104; "Louis O. Mcgowan; Director of Sino-
　　American Trading Firm Dies in China," *The New York Times*, 2
　　February 1937.

40　拉克原為律師出身，來華後開始擔任美豐公司與美豐機器廠（China
　　American Engineering Corporation）副總裁等職務。見 "Sig Epics,"
　　Sigma Phi Epsilon Journal, Vol. XXII, No. 4 (September 1925), pp. 284-287.

41　關於天津事件中，《華北明星報》與美國使領館之間的關係，
　　可以參見芮恩施給國務院的報告。見 "Paul S. Reinsch, American
　　Minister, Peking to the Secretary of State," 22 March 1919, RIAC
　　893.00/3064.

國僑民對於事件的觀察」。換言之，透過這些新聞報
導，尤其是著重強調其乃是根據事件發生時在場美國僑
民的親身見聞，藉此賦予其可信度，不但可以影響到天
津地區其他外僑對於此事件的觀感，還可以訴諸於美國
國務院，來嘗試左右美國政府高層後續的決策。此外，
除了由索克思介入主導有利於美國（並反擊日本）的新
聞輿論外，律師出身的拉克，稍後則是受美國駐天津總
領事韓思敏之邀，出任天津事件調查委員會的民間委
員。而該委員會後來完成的報告，也幾乎不取信日本方
面的證詞，否認美軍士兵在 3 月 12 日晚間有先在日租
界攻擊日人之舉，故最終做出立場偏向美國軍方的報
告。[42] 由此觀之，包括事件衝突過程與真相的定調、後
續新聞輿論的形塑等，美國駐華使領顯然均有所涉入，
並發揮影響力。

五、外部的觀察與分析

1919 年美日天津衝突事件的發生，因同時牽涉到
美、日、法三國，故也對京津等華北地區中外社群造成
重大的影響。特別是外文報紙上對於衝突事件過程的細
部刻畫，著重描寫美軍士兵受傷的情況，以及日本群眾
與軍警在事件過程中闖入法租界內，肆無忌憚地攻擊與

42　該委員會由美國駐天津總領事韓思敏籌組而成，韓思敏任主席，
　　成員四名，包括三名民間委員（均由美國駐天津僑民出任，拉克
　　即為其中之一）以及一名軍方委員。"P. S. Heintzleman American
　　Consul General, Tientsin to Paul S. Reinsch, American Minister,
　　Peking," 28 March 1919, RIAC 893.00/3057.

搜捕,並且無視混身是血、奄奄一息美軍士兵的哀嚎,執意將其關押在日租界警察署巡捕房內。再加上日租界警察署署長事後竟然對美國總領事欺瞞說謊,一再否認關押美軍士兵等情事,反而更加襯托出日本方面的兇殘、無情與惡質觀感。[43]

路透社在 1919 年 3 月 15 日北京電訊中,即強調天津各報對日本此事作所多有不滿:「天津美日衝突一案……,天津各報痛詆日人拘禁美兵、闖入法租界、擲石以擊美領事之乘車,故美兵乃有報復行動。近數日內,群情激昂,此事含有重大性質。」[44] 英文《字林西報》則稱此次衝突「不能不為日人責失」,且「天津輿情激昂……,法人亦憤憤不平,以法人權利為日兵破壞之故」。[45]

英文《華北京報》(*The North China Daily Mail*)則認為無論美、日衝突的真相為何,但日本人以暴制暴,攜帶攻擊性武器闖入法租界尋釁,本身就是極度錯誤的行為。雖然在過去歷史中,天津也曾發生過外人間的爭執,但從沒有如此嚴重的衝突事件。因此,在天津外人社群間,除了對此事件感到震驚,而議論紛紛之外,大多也對日本武裝士兵闖入法租界惹出重大事端,表露

---

43 "Japanese Armed Troops Enter French Concession Led by Mounted Officers and Acting Consul General," *The North China Star*, 14 March 1919;〈天津美日衝突之西訊〉,《申報》(上海),1919 年 3 月 17 日。

44 〈路透社十五日北京電〉,引自〈天津美日衝突之西訊〉,《申報》(上海),1919 年 3 月 17 日。

45 〈津埠美日衝突之別報〉,《申報》(上海),1919 年 3 月 18 日。

氣憤難平的態度。[46] 而持續關注此案的英文《華北明星報》，也稱在天津美日衝突事件發生後，已在當地外國人社群引起很大的關注，並成為人們談論的主要話題。但大致上來說，外人公眾均對於日本軍警闖入法租界以及後續的搜捕行動感到不滿與譴責。[47] 雖然他們希望美、日雙方能夠儘速化解歧見、避免衝突，但立場均較為偏向美國，認為不應該繼續容許日本官員的非法行動。在一篇社論中，《華北明星報》即分析美、日衝突過程中最沒有爭論的部分，也是日本最應受到譴責的，乃是在日本官員的直接指揮下，竟然派遣武裝士兵進入法租界，逮捕正在執行憲兵勤務的美軍士官德高德華（de Gordova），並以強制手段非法地將其拘禁在日租界警察署。這樣的行為已明顯違反了國際法與禮讓原則，遑論在逮捕過程中，日本群眾還曾對德高德華士官進行暴力攻擊，所以日本政府不但應該就此事件向法國以及美國政府正式道歉，也應該懲處牽涉此案的權責官員。不過由於日本當局在事發後不久即已向法國表達歉意，美、日似乎也不願意再讓法國捲入其中，讓事件過於複雜，故此事件最後勢必演變成美、日兩國之間的角力問題。[48]

《京津泰晤士報》則認為如果日本當局能及時採取

46　*The North China Daily Mail*, 14 March 1919.

47　"No Further Disturbances Between Japanese and Japanese Soldiers," T*he North China Star*, 15 March 1919.

48　"American Report on Japanese American Affair," *The North China Star*, 21 March 1919.

積極措施來管制群眾行動，美日衝突事件或許是能夠避
免的。在讀者投書中，以極盡嘲諷的語調，指出日本說
詞的可笑與荒謬之處：日本方面一再聲稱是受害者，但
事實上卻是日本群眾手持帶有釘子的長棍，氣勢洶洶地
闖入法國租界，隊伍背後還有著配備步槍刺刀的武裝軍
警支援；而日本口中所謂加害者的美軍兵士，則只是少
數配戴警用短棍、任務在維持秩序的憲兵人員。[49] 另外
一份英文晚報《中國評論報》（The China Critic），[50] 亦
稱事件真相雖有待美、日雙方官員進一步的調查，但是
無庸置疑的，是日本在事件過程中確實犯了兩項重大錯
誤。其一，不管是攜帶棍棒的日本群眾抑或武裝日本軍
警，均無權在未獲得他國政府同意前，闖入該國租界；
二是日本無權在別國租界內逮捕其他國家的公民，縱使
日本是在本國租界內逮捕他國公民，也應該盡可能並盡
快移交給其母國政府處理。該報並諷刺道，即使是英國
當局，在沒有獲得他國租界當局同意前，也不可能任意
在他國租界逮捕其本國公民。[51] 不難想見的，日本派出

---

49 *The Peking & Tientsin Times*, 14 & 17 March 1919, cited from "Official
    Japanese Statement on the Recent Disturbances," *The North China Star*,
    18 March 1919.

50 此報並非 1928 年由張歆海、潘光旦等人創辦，且由清華畢業
    生和留美學生擔任編輯與主筆的《中國評論週報》（*The China
    Critic*）。而是更早同樣也命名為 *The China Critic*，由 The North
    China Printing and Publishing Co. 在天津所創辦的英文晚報，並由
    C. L. Norris-Newman 出任經理與主編、R. S. Buck 擔任主席。見
    The Hongkong Daily Press Office, *The Directory & Chronicle for China,
    Japan, Corea, Indo-China, Straits Settlements, Malay States, Sian, Netherlands
    India, Borneo, the Philippines, &c for the Year of 1912* (London: The
    Hongkong Daily Press Office, 1912), p. 769.

51 "The Recent Fracas," *The China Critic* cited from "No Further

武裝軍警闖入法租界，並任意搜捕美軍士兵之事，已觸犯眾怒，並引起天津外人輿論的強烈不滿。

　　簡言之，從上述列舉的日本諸多重大疏失來看，在華英文報紙及其所體現的歐美在華公眾輿論，顯然相當不齒日本軍事與領事當局在天津衝突事件的所作所為。因為日本不但刻意縱容群眾闖至法租界恣意肇事，以致衝突擴大，其自身舉措更是嚴重失當、表裡不一，既牴觸國際慣例，以類似德國軍國主義方式，侵入他國地盤，採取暴力措施攻擊美軍官員，侵害人權，之後又帶頭公然撒謊，企圖掩飾暴行，實在可惡至極。而反觀美國方面，則採取完全不一樣的處理模式，因為相較於日本的惡行與放縱，美國軍事當局則展現出異常冷靜與節制，避免事態擴大。尤其日本前述侵略行動的後果，可能是非常嚴重的，如若美國方面也採取類似行動，同樣派出武裝部隊進入法租界以保護受到攻擊的美國士兵，屆時極可能在美日之間引發大規模的武裝衝突，最終情況難料。究其實際，在歐戰好不容易結束，當各國人民正歡慶和平、協約國首腦亦齊聚巴黎商討戰後秩序的規劃之際，對於日本惡意破壞和平之舉，歐美等西方在華公眾自然深惡痛絕，甚至指稱其行事風格類似「普魯士軍事主義」。

　　另一方面，華人主導的英文《北京日報》，則是以日本租界警察當局在處理衝突事件時的兩項舉措為例，

Disturbances Between Japanese and Japanese Soldiers," *The North China Star*, 15 March 1919.

嚴辭批評日本人「缺乏誠信」（lack of candour）。其
一，是對於違法強制拘捕而來、已經身受重傷的兩名美
軍士兵，日本警察當局並未善盡照顧之責，而是將其任
意棄置在巡捕房庭院，或是關押在環境不好的囚室。其
二，則是當美國駐天津總領事交涉要求移交兩士兵之
際，日本警察當局竟一再謊稱並未拘捕任何美軍士兵。
這樣既違反人道又一再說謊的劣行，不禁讓人懷疑日本
人的誠信。因為如此欲蓋彌彰之舉，似乎又印證了日本
在此次衝突事件中所扮演的曖昧角色。特別是美日衝突
事件發生之前，早已有跡可尋，但日本地方當局卻遲遲
未採取有效的壓制措施，這樣的輕忽態度，以及後續又
未能控制日本群眾的情況，也說明日本政府確實應該受
到譴責。因此在社論中，英文《北京日報》認為日本如
要改變形象、贏得公眾的信任，必須採取具體且實際的
行動來解決問題，以便讓公眾明白日本的決心，否則根
據其過去的處事風格，日本似乎總是厚顏無恥地在做錯
事後，卻依然顯得若無其事。[52]

不過，部分立場較為偏向親日的中國報紙，則試圖
緩解外報輿論上對於日本的抨擊，並藉由事不關己的旁
觀者角色，冷眼看待此事件，且以美、日各打五十大板
的論調，強調兩國均應各自節制。例如天津《大公報》
一篇時評，即以帶有嘲諷的口吻，蔑稱此事不過乃「酗
酒茲鬧，極平常之細事」，本應極易解決，但美、日兩
國卻不志於此，反倒小題大作，「只為一線微波，惹起

---

[52] "The Tientsin Outburst," *The Peking Daily News*, 15 March 1919.

兩國惡感」，甚至調動軍隊介入，以致整個租界人心浮動、局勢不安。故希望在中、法兩國出面斡旋後，美、日之間能大事化小、小事化無。[53]

六、上海虹口事件餘波蕩漾

發生在 1921 年 5 月 22 日晚間的上海虹口美日衝突事件，同樣也是涉及到美、日兩國士兵的集體械鬥案件。由於事發地在上海公共租界，外人雲集，美、日士兵在虹口地區的街頭公然大打出手，引起其他國家僑民的極大關注與震撼。衝突原因則是與美軍水兵對日本水兵的故意挑釁行為有關。當時美國海軍亞洲艦隊旗艦黑龍號停泊上海港內，所屬水兵則登岸休憩，但竟酒醉鬧事，在街道上恣意燃放大型鞭炮，並朝路過的日本水兵投擲，藉此戲弄為樂，從而引爆日本水兵與虹口租界日本居留民的憤慨與不滿。日本方面為報復美軍水兵投擲鞭炮的挑釁之舉，率先聚眾攻擊落單的美軍水兵；之後，美軍士兵不甘示弱，也從俱樂部號召人馬，反過來攻擊日本群眾。是日晚間，美、日雙方均各自聚集大批人力，彼此埋伏追打，採取無差別式的報復模式，隨機

53　無妄，〈時評：美日衝突可望銷釋矣〉，《大公報》（天津），1919 年 3 月 16 日。天津《大公報》為安福系的機關報，在 1920 年日本駐天津總領事館給外務省的報告中，即分析雖然在五四運動後中國報紙輿論一片排日的浪潮中，《大公報》卻仍然維持穩健立場，並未倒向排日。加上安福系本身的政治立場較為偏日，故不難理解該報屬性為親日報紙。見〈新聞及通信二關スル調查報告書提出ノ件〉，1920 年 2 月 26 日，「3．天津總領事館／大正 9 年 2 月 26 日から大正 15 年 6 月 28 日」，JACAR：B03040881900，頁 9-13。

攻擊行經路上的對方士兵。上海公共租界巡捕雖然幾度試圖制止雙方繼續發生衝突，但成效不大，也造成虹口地區主要街道泰半淪為美、日集體鬥毆的場域。[54]

　　1921 年上海虹口美、日衝突中，英國的立場則殊堪玩味。近代以來，上海公共租界雖然名義上為英、美、法、日等列強共同管理，但實際上英國的影響力，無疑還是最大的。無論是工部局的決策，抑或是警務處的高層人事，英國都有很大的干涉與介入權力。而警務處秉承工部局意旨，管理租界治安，其優先考量，自然是以維持上海公共租界秩序的穩定為重。美軍水兵經常性酒醉鬧事與持續燃放鞭炮挑釁日兵，也就被警務處視為是破壞租界秩序的肇事者，必須加以制裁抑止。否則一旦發生連鎖效應，從單純酒後鬥毆，引起族群仇恨，造成更大規模的美、日衝突，必將危及租界的安全，進而影響到英國在華利益。因此，即使歐戰後美國在東亞地區影響力與日俱增，英國在對華事務上也逐漸有以美國馬首是瞻的傾向，而在立場上偏向支持美國；但是就上海虹口美日衝突事件來說，租界工部局與警務處的處置態度，顯然沒有偏袒美國，而是在維護租界秩序的優先考量下，出面制止並譴責美軍水兵的失序作為。[55]至於外人在華英文第一大報《字林西報》，作為英國在

---

54 "Week-End Fracas: American-Japanese Fight," *The Shanghai Mercury*, 23 May 1921. 上海美日衝突事件經過，亦可參見應俊豪，〈1921 年上海虹口美日衝突事件研究〉，頁 101-140。

55 "Report by K. F. McEuen, Commissioner of Police, Shanghai Municipal Council to E. S. Cunningham, American Consul General, Shanghai," 23 May 1921, RIAC 893.00/4213.

華最重要的新聞輿論工具，在此案上的言論立場，也與
工部局與警務處的態度緊密呼應，痛批美軍水兵不當行
為。[56] 由此觀之，歐戰後在中國事務處理上，雖然由
於美國的強勢主導與英國配合，美、英之間看似立場漸
趨一致，但是在可能影響到英國在華利益時，例如危及
到上海租界的穩定與秩序時，英國的立場就會轉趨明顯
堅定，即使可能與美國出現不同調的情況，或是有偏袒
日本之嫌。[57]

再者，中國報紙輿論對於上海虹口租界美日衝突事
件的態度與立場，也相當具有深入探究的意義。如以曾
報導此衝突事件的《上海英文滬報》、上海《申報》、
天津《大公報》等三報為例，也可以看出各自有所盤
算。立場偏向南方國民黨的《上海英文滬報》因反日立
場極為鮮明，似乎意圖藉由渲染日本群眾與水兵報復行
為上的惡質面向，來達到醜化日本形象目的。[58] 至於
《申報》，雖然也引用了與日本有關係的英文《文匯西
報》，但卻對原報導內容有所取捨，偏重於引述批判日
本暴行的部分，但對於不利於美軍水兵的指控與證詞，
則有意略過。故其立場，有可能是較為偏向美國，而不

---

56 "More Trouble in Hongkew," *The North China Daily News*, 24 May 1921.

57 諷刺的是，在日本駐上海總領事館的上海報紙立場分析中，雖將
《字林西報》分類為擁護英國在華利益，但在附註中也補充說明
該報還是帶有部分反日立場，特別「反對日本的軍閥外交」。見
〈新聞及通信二關スル報告書提出ノ件〉，1920年8月17日，「2.
在上海總領事館／1新聞及通信二關スル報告書提出ノ件2」，
JACAR: B03040880900，頁446。

58 "Japanese Rowdies in Battle with American Sailors," *The Shanghai
Gazette*, 24 May 1921.

滿日本。《大公報》則與親日的安福系關係極為密切，立場偏向日本，故在轉載時即引用內容最為誇張渲染的東方通信社報導。與英文《上海泰晤士報》一樣，《大公報》也扮演著日本對美新聞輿論戰的重要工具。[59]

　　從 1919 年的天津事件，到 1921 年的上海虹口事件，美、日一再發生的矛盾與流血衝突，不可避免地將深化兩國士兵與僑民間的仇恨。部分在華美國人也開始關注日本人在看似文明有禮形象背後，隱藏極度陰冷兇殘的另外一個面向。例如在上海衝突事件後不久，1921年 7 月，《密勒氏評論報》美國軍官馬許的投書，即刻意指出日本人的偽善與表裡不一。在這篇報導評論中，累述日本過去的惡形惡狀，在亞洲與美國之間大搞兩面手法，一方面利用亞洲人對於基督教的反感，宣稱當前亞洲困局乃是洋人入侵所造成的，藉而強化對於整體西方的排斥，另外一方面則在美國極力宣傳亞洲動盪混亂局面的棘手程度，利用美國人怕麻煩、不願過度介入世界事務的心態，大肆宣揚應由東方人自行處理東方事務的主張，從而讓日本人有機可乘，達遂宰制東方的野心。除此之外，日本還在日本國內進行反美輿論宣傳，刻意強調由於美國所主張的和平建議與原則，使日本無法獲得應有的戰爭勝果與自然資源，限制日本未來的發展，激化日本人民的仇美情緒。日本甚至利用歐戰後美國國內反戰、厭戰的心理因素，間接促使美國對於東方

---

59 〈日兵民與美兵鬪毆案〉，上海《申報》，1921 年 5 月 24 日；〈上海日美水兵衝突〉，天津《大公報》，1921 年 5 月 25 日。

事務束手以觀，讓日本可以在東方為所欲為，從過去的併吞朝鮮，迫使美國放棄過往在朝鮮所擁有的貿易市場，到近來日軍在西伯利亞地區的任意燒殺劫掠，均可證明日本的野心與兇殘。同時，巴黎和會山東問題的善後處置上，美國最終向日本妥協讓步，恐將使得美國一直主張的門戶開放政策為之破局，屆時美國不但會失去在中國平等的投資貿易機會，也會辜負中國人過去對美國的信賴與友誼。[60]

姑且不論上述對於日本的諸多指控是否真實，然而不難想見的是，在歷經天津、上海兩次激烈的流血衝突事件後，此類帶有鮮明色彩的反日言論，應該對美國在華軍人與僑民間，有著不容輕忽的影響。因為對於在華美國人來說，當看到此類反日言論時，過去或許會嗤之以鼻或是一笑置之，並不會慎重看待，但是在歷經兩次實際的流血衝突後，由於切身相關，加以美系英文報紙的刻意宣傳炒作，勢必會有不一樣的反應，可能會更加坐實日本的偽善與隱忍的形象。

七、小結

近代以來美、日之間由於諸多新仇舊恨的疊加影響，兩國國交有下滑趨勢，人民彼此間反感也與日俱增。[61] 尤其是歐戰以來美國在華新聞記者對於日本的

60　"Japan's Place in the Sun (Viewed from the Orient by Cody Marsh)," *The Weekly Review of the Far East*, 16 July 1921.

61　〈内外における米人の排日：原内閣の対米策如何〉，《大阪毎日

猜忌與敵意，以及歐戰後日本亦開始策動反美宣傳的影響與推波助瀾下，很快即在中國刺激出真正的美、日衝突案件。[62] 天津衝突事件發生後，一度曾引起其他美、日官員的緊張。尤其是當時美、日兩國正共同出兵西伯利亞，此時卻在華發生嚴重的軍事衝突，自然是相當敏感。當時日軍派駐在海參威的特務機關長荒木貞夫大佐，在 1919 年 3 月 20 日給陸軍次長的報告中，即透過從美國方面獲知的情報，提及了此事件。在此報告中，荒木還曾提到美國下層百姓對於日本普遍抱持惡感，甚至不諱言地討論「日美開戰」問題。[63]

從天津事件到上海虹口事件，印證了美、日兩國在華軍警與僑民間互動關係的脆弱，一旦稍有矛盾衝突，只要處理不慎，即有可能引爆大規模的武裝流血衝突。而美、日雙方的新聞輿論，可能在上述衝突事件的醞釀過程中，扮演相當重要的角色，有意無意間激盪著民族情緒，藉由小題大作，煽動著仇恨力量，不但為美、日衝突提供適當的輿論環境，可能還在事件發生後繼續加油添醋，加深雙方既有的偏見與敵對態度，以為未來新

新聞》，1919 年 4 月 11 日。

62　高瑩瑩，〈一戰前後美日在華輿論戰〉，頁 27-36；"Report on Political and Economic Conditions for the Quarter Ending June 30, 1919," "The Minister in China (Reinsch) to the Secretary of State"," 10 September 1919, *FRUS 1919*, Vol. I, pp. 359-375.

63　荒木並稱，美國方面可能已經向同樣與日本關係不睦的中國，提出保護在華美人的方案，似乎有暗指中美聯合制日之意。而陸軍省官員在收到荒木的電報後，則在其上寫下了「日米戰爭不可避免」等字樣。見〈荒木大佐ヨリ陸軍次長宛〉，1919 年 3 月 20 日，「2 大正 7 年 11 月 9 日から大正 8 年 11 月 1 日」，JACAR：B03030308000，頁 19。

一波衝突的出現，蓄積動能與造勢。由此觀之，輿論與
現實之間的界線，似乎也因此更加地模糊不清。

第十三章　中國場景下的
美、日戰爭論述

一、前言

　　歐戰以後，美、日之間的戰爭論，即如幽靈般地不時出現。[1]事實上，追本溯源，早自歐戰前，美、日政府與人民對於兩國之間未來發生戰爭的可能性，已經不乏天馬行空的想像。此種戰爭想像，又或者說是對於戰爭的「恐慌」，至少可以追溯至日俄戰爭。日本作為一個黃種人的亞洲國家，竟然戰勝正統歐洲列強的俄國，對於整個西方世界，都造成不小的衝擊，特別是與日本隔著太平洋相鄰的美國。[2]曾任孫中山顧問，素來關注中國事務發展的美國人荷馬李，亦在其《無知之勇》中，預測美、日終將爆發戰爭，夏威夷不但將成為雙方戰爭的關鍵點，日本也將征服美屬菲律賓群島，進而威脅美國加州本土。荷馬李提出的日本威脅論，很大程度上引起了美國本土的「黃禍論」與反日情緒。事實上，早自日本於對馬海峽海戰中，一舉擊潰俄國素稱強大的

1　"Would China Profit by A Japanese-American War?" *The Millard's Review of the Far East*, 12 February 1921.

2　日俄戰爭後美國出現的黃禍論，以及加州大地震後對於亞裔民族的迫害行動，某種程度上，可能多少即反映出美國對於未來日本威脅論的「恐慌」心態。關於歐戰前後美、日的戰爭恐慌，可以參見加藤陽子著，黃美蓉譯，《日本人為何選擇了戰爭》，頁 166-168。

波羅的海艦隊後，美國海軍當局對此產生了相當的忌
憚，甚至有些未雨綢繆的猜想，一旦日本海軍對美國屬
地菲律賓、關島等地展開軍事行動，甚至遠渡太平洋，
襲擊美國加州沿岸或封鎖巴拿馬運河時，美國究竟該如
何應對。在前述籌思的影響下，美國參謀首長聯席會議
在歐戰後的 1919 年，正式催生出針對美、日單獨開戰
的「橘色作戰計畫」（War Plan Orange）。[3] 此作戰方
案的出爐，以及後續相關訊息的流出，間接引發歐戰後
美、日戰爭論述的無限遐想。至於日本方面，同樣亦不
遑多讓，日本之所以主動參與對德作戰，名義上雖然藉
口英日同盟，但實則是覬覦德國在東亞的兩大財產：中
國山東膠州灣租借地與北太平洋島嶼。而這兩塊地盤，
代表著中國豐富的物產資源，以及太平洋島嶼關鍵的戰
略位置，恰巧位於美國太平洋屬地的菲律賓、關島，與
美國太平洋海軍艦隊所在的夏威夷群島之間。換言之，
唯有繼承德國在東亞的遺產，日本也才具備與美國抗衡
的本錢。而在華盛頓會議五國海軍會議之後，日本海軍
亦於 1923 年正式草擬出類似的對美作戰計畫，確立以
美國為日本的首要假想敵。該計畫的戰爭設想，乃是以
中國等大陸地區作為日本的大後方基地（總體戰時的資
源供應地），而在太平洋水域與島嶼，則大規模部署潛
艦與遠程攻擊機，以便層層截擊並削弱西來的美國海軍
艦隊（拉長戰場縱深），最後則在西太平洋地區與美國

3　關於「橘色作戰計畫」的前因、過程與影響，可以參見 Edward
　　S. Miller, *War Plan Orange: The U. S. Strategy to Defeat Japan, 1897-1945*
　　(Annapolis, MD: United States Naval Institute Press, 2007)。

進行艦隊決戰。[4]

　　姑且不論美、日政府高層關於軍事上專業的戰略作戰構想，平心而言，兩個藉由歐戰迅速崛起的新興強權及其對決，本就極易成為報紙等新聞工作者眼中，值得炒作的新聞議題。究其實際，歐戰結束後，傳統歐洲列強國力大幅消減，德、俄兩大帝國解體，英、法等戰勝國也因為戰爭過程中的龐大損耗，實力遜於戰前，而美、日兩國則趁勢崛起，成為戰後最耀眼的新強權國家。歐洲列強退去後遺留的真空地帶，包括東亞、西太平洋水域的廣大地盤及其豐富的資源，自然是美、日兩國積極爭取、角力競逐的主要所在。當時公認美國整體國力遠遠大於日本，日本意圖挑戰美國，不啻是「胡蜂與熊」之間的對決。[5] 事實上，美國固然強大，但由於得兼顧大西洋與太平洋兩大洋水域，且又積極涉入歐洲事務，容易備多力分，不似日本全力專注於發展亞洲與西太平洋地區。職是之故，美、日兩國在東亞地區的角力，並非全然不切實際，畢竟雙方實力雖然有所差距，但不是天壤之別。也因此，美、日在東亞地區的矛盾，一直是戰後好事的新聞媒體間，經常熱議討論的重要焦

4　關於日本的對美作戰計畫，參見加藤陽子，《戰爭の日本近現代史：東大式レッスン！征韓論から太平洋戰爭まで》（東京：講談社，2002），頁 210-227。

5　15世紀東羅馬帝國滅亡後，威尼斯與土耳其曾一度陷入戰爭狀態，布勞岱爾（Fernand Braudel）稱之為「胡蜂與熊」的戰爭，意指雙方實力差距甚大，但是威尼斯固然小、土耳其雖然大，一旦前者手段盡出的話，依然可能對後者造成一定程度的威脅。此處借來比喻日本與美國之間的矛盾。見 Fernand Braudel, *Civilization and Capitalism, 15th-18th Century* (New York: Harper & Row, Publishers, 1983), Vol. 3, pp. 116-138.

點。尤有要者,在新聞媒體有意無意的炒作煽動,以及疊加報導的加溫影響下,部分美、日民眾,甚至軍人,都相信美、日之間仇恨難解,戰爭終不可免,甚至言之鑿鑿鋪陳出兩國即將開戰前後的詳細時程與故事發展。

巧合的是,歐戰後美、日兩國駐華軍隊,曾兩度爆發大規模武裝流血衝突。1919 年 3 月,美國駐天津的陸軍第十五步兵團,與日本軍警與居留民間,發生激烈的武裝衝突,雙方大打出手,衝突遍及法租界、日租界與英租界。1921 年 5 月,美國海軍亞洲艦隊旗艦黑龍艦上的水兵,又於上海公共租界,與日本水兵以及居留民團,發生武裝械鬥。兩次事件的起因點可能都是些小事,無非是少數士兵間偶發的口角鬥毆或酒後挑釁,但最終竟然一發不可收拾,演變成無差別、大規模的攻擊與流血衝突事件。一時之間,美、日戰爭論又再度甚囂塵上。

此外,在美、日兩國均派駐有遠征軍的西伯利亞地區,美、日戰爭不可避免的說法亦相當流行。當地美軍官兵之間,即盛傳美日即將開戰,甚至論及到美國將如何對日本內部進行騷擾牽制作戰的具體策略。有聲稱美方已擬具完整的作戰計畫,準備在日本內部引起動亂,其方法就是意圖操縱日本的物價,而具體手段則是平時在上海等地區有計畫的大量收進日本貨幣,待戰爭爆發時,再將蓄意囤積的日本貨幣流出,破壞日幣幣值的穩定,藉由哄抬物價,從而使得日本百姓陷入生活與貿易的困頓之中。當地部分美軍高階軍官也聲言擁護與日本開戰,主張美國應該停止目前戰後復員的工作,以防止

大量復員歸鄉的士兵造成國內秩序的惡化，同時也應該
增建工廠，擴大軍事生產，以為未來的戰爭做準備。[6]

　　美、日戰爭論也經常出現在中國的反日輿論宣傳
中。例如中國全國商會聯合會即曾通電指責日本對華野
心，聲稱日本之所以企圖控制中國的滿蒙地區，乃是為
未來的戰爭做準備，並規劃以滿蒙地區為主要戰場。
《京津日日新聞》的主筆橘樸，亦坦承中國商會的指
控，可能並非完全無的放矢，但只是不便在報紙上詳論
實情。部分中國有識之士，早已對日本侵華野心感到憂
心忡忡，非常疑懼日本計畫將中國拖進日本與其他國家
的戰爭之中。[7]當然，中國知識分子之所以刻意鼓吹美
日戰爭論，亦帶有政治企圖，目的顯然是想要將美國拉
進中、日爭執的困局裡，利用美國的力量來抗衡日本。

　　雖然美、日在東亞的競爭是不爭的事實，但並不是
意謂歐戰後兩國間已有不可調和的矛盾與仇恨，並具備
立即開戰的動機與條件。況且，造成大量死傷、犧牲慘
烈的歐戰好不容易才甫經結束，世界各國正在慶賀得
之不易的和平之際，既慟於戰爭所造成的流血衝突，更
是不忘於檢討過往，避免重蹈戰爭的覆轍。所以，歐戰
後的主體思維，均在於如何防止戰爭的再度發生，而非
鼓吹引發新的戰爭。因此，歐戰後的美日戰爭論，雖然

6　以上關於西伯利亞美軍人員對於美日開戰的種種論點，均見於
　　日軍駐海參威情報軍官從當地美國領事以及其他美方人員口中
　　所得，見〈荒木大佐ヨリ陸軍次長宛〉，1919 年 3 月 20 日，
　　「2 大正 7 年 11 月 9 日から大正 8 年 11 月 1 日」，JACAR：
　　B03030308000，頁 19-20。

7　朴庵，〈排日運動の種々相〉，《京津日日新聞》，1923 年 4 月
　　3 日。

新聞輿論經常熱衷報導，不少人也受影響而相信真有其事，但實際上並非當時美、日兩國主政當局或決策階層的主流看法（美、日兩國軍方雖有設定假想敵，擬具戰略規劃，但這不過是一國國防主事者份內應為之事，並不意謂要發動戰爭）。不過，值得注意，也應該進一步詳加探究的，乃是為何在歐戰結束後不久，當世人還沈湎在世界和平的歡樂中，確有一些人扮演著黑天鵝的角色，高唱美日戰爭論，核心關懷為何？又是何種思維使他們不惜違背當時世界的主流價值，聲言戰爭的不可避免？

關於戰間期美、日兩國政府與軍事部門的戰爭設想與相關規劃，學界已有許多傑出的研究，本章不再重複累述既有研究，而嘗試轉換視野，從歐戰後美、日雙方的報紙輿論，還有部分官員、專家與民間意見領袖等人的言論中，去探究當時美、日戰爭論的內部底蘊。本章的重點，不在探究戰間期的美、日雙方政府與軍事當局的戰爭規劃與部署，而是側重於剖析當時民間公眾輿論如何看想像與「論」所謂的美、日戰爭。值得注意的是，此類戰爭論述，或多或少可能都與中國問題，有著錯綜複雜的關係。也就是說，在某種程度上，當時關注歐戰後美、日關係發展等議題之人，似乎傾向認為，中國問題恐是未來美、日之間可能引爆戰爭的重要癥結點之一。美、日兩國駐華軍隊陸續在天津、上海發生流血衝突，即是明證。無論是日本想要獨佔中國資源與市場，以爭取所謂的生存空間，抑或是美國意圖制止日本往大陸擴張的野心，以維護歷來主張的門戶開放政策，似乎均不易避開兩國矛盾對立的處境。依此邏輯與思路，美、日雙方的衝突，似乎在歐戰以來中國與東亞局勢的演變過程中，早已埋下了伏筆。職是之故，選擇透過中國場景，去檢討與反思當時的美、日戰爭論述，應是相當有意義的切入點。

二、美國人的戰爭論述

　　20世紀初期美國知名的遠東與中國事務問題專家威羅貝，在1919年1月給美國國務院的機密情報中，亦曾嘗試分析美、日國力比較、發生戰爭後的結果，與可能的因應對策。在政治立場上，威羅貝因曾任北京政府顧問，較為理解中國現況，故向來力稱日本素有侵華的野心，建議美國政府應及早介入中日紛爭，否則中國在本身無力抗衡日本的情況下，恐怕繼朝鮮之後，淪為日本的禁臠。然而，美國一旦強勢介入，則又會形成美、日之間難以化解的矛盾，最終可能引爆衝突與戰爭。因此，除非美國準備默默接受日本併吞中國的現實，否則就必須及早正視此問題，並事先評估可能的戰爭結果。

　　依據威羅貝的分析，他認為美國實在無須在中國問題上向日本示弱，畢竟縱使未來美、日發生戰爭，美國應該亦能夠輕鬆壓制日本。首先，美、日國力懸殊，無論在軍事還是在內部產業發展上，美國均有壓倒性的優勢。就軍事上來說，相較於美國，日本的軍隊顯然訓練不足，武器裝備也相當欠缺。在糧食供給來說，日本平時即有嚴重的糧食短缺問題，一旦到了戰時，勢必雪上加霜。[8] 在財政收支上，日本政府對百姓搾取甚重，早已屢屢課捐重稅，未來還要進一步提高稅率的可能性不大，若是發生戰爭，需錢孔急時，日本也不見得能及時向外國擴大取得貸款融資。此外，日本的產業建設以及對於原物料的掌控，恐怕也無法因應現代化戰爭的嚴酷需求。再者，日本內部還潛藏著社會失序等問題，民眾對於政府的不滿也日趨高漲。諸如此類等問題，在在都使得日本無力抗衡美國，故毫無疑問地，一旦美、日發生衝突，美國一定可以取得決定性的勝利。[9] 威羅貝評估，在客觀條件上，美國對上日本，無疑地擁有絕對優勢。然而美國在出面壓制日本前，還是必須先關注國內外公眾輿論支持的向背。美、日間的戰場，不只關乎到真實軍事戰場的勝敗，更關鍵的，是在美國內部與世界人心的角力，亦即公眾輿論。

　　簡單來說，以美國強大的實力，完全無須畏懼與日本一戰，但重要的是，必須師出有名，故需要爭取國內民意的支持，方能執行正義之戰。特別是美國政府應竭盡所能，讓國內的人民充分瞭解東亞地區的實際情況，進而接受美國主動介入中日問題，甚至為此對日本作戰。就歐戰後美國國內的輿情分析來看，美國民眾並

8　自 1918 年發生米騷動事件以來，日本持續面臨著嚴重的糧食短缺危機。關於歐戰以來日本的米荒危機，可以參見井上清、渡部徹編，《米騷動の研究》（東京：有斐閣，1997）。

9　"Observations with Reference to Political Conditions in Japan and China," Second Report of W. W. Willoughby, 30 January 1919, RIAC 893.00/3305 1/2.

不一定會支持政府對日本採取過於強硬的態度，遑論要接受兩國可能開戰的結果。所以如果沒有更為光明正大的理由，美國政府卻因中國問題而與日本交惡敵對，恐將在一般美國民眾心中，形成一種錯誤的印象，亦即美國對抗日本，似乎只是在保護一個東方國家，對抗另外一個東方國家，又或者是只是貪圖在遠東獲取更大的利益。職是之故，美國政府的首要之務，還是在於籌思如何才能夠說服人民，合理化美國介入中國問題，並接受與日本對立開戰的理由。

威羅貝強調，如果要真正協助中國，使其發展成為一個強而有力的國家，以便抗衡日本，美國不太可能逕自獨立行事，而需要合理的藉口，以及其他國家更為廣泛的支持與認同。因此，在中國問題上，美國應該爭取其他歐洲國家的支持，尤其是如果在戰後世界秩序的重新安排上，西方各國能夠建立一套明確的原則，來處理中、日問題以及節制日本的擴張行為，將會對未來美國介入中、日事務問題，有很大的助益。屆時，美國縱然仍決定自行介入處理中日問題，也將更能夠師出有名，不管對美國國內百姓，抑或是世界來說，美國的介入，本質上是在執行由西方國家所共同確立的公正原則。威羅貝建議美國政府，應該利用戰後和會的良機，與歐洲列強合作，推動建立一套未來處理中國問題的明確原則，以制衡日本。[10]

---

10 "Observations with Reference to Political Conditions in Japan and China," Second Report of W. W. Willoughby, 30 January 1919, RIAC 893.00/3305 1/2.

　　威羅貝認為憑藉著強大的國力，美國無須顧慮日本，也無庸畏懼戰爭，但為了師出有名，必須尋求國內外的支持，國內要爭取民意認同，國外則應聯合西方諸盟邦，建立新的國際體制，共同壓制日本在中國的擴張，最後如有必要時，再用戰爭制裁日本。

　　除了威羅貝等中國事務專家外，亦有許多關心日本擴張議題的民間人士，亦針對美、日戰爭問題發表意見。例如西伯利亞遠征軍軍官馬許，也有與威羅貝類似的見解。他認為在現實客觀的條件下，美國完全不用害怕與日本一戰，反倒是日本沒有具備戰爭的實力與條件。首先，在財政情況上，日本缺乏經費支持，根本無力發動對美的戰爭。況且，日本過去在亞洲倒行逆施的種種作為，早已引起中國以及其他各民族的反彈，醞釀著強大的排日情緒與能量。一旦美、日戰爭發生，從西伯利亞、朝鮮、滿洲到山東地區，亞洲各地的反日活動勢必加劇，星火燎原，藉機倒打日本一把，迫使日軍必須從上述地區撤兵。最重要的是，馬許呼籲美國政府應該堅持自己的原則，尤其是對於戰後安排的十四點和平建議，必須適用到亞洲，否則美國一旦選擇退讓，未來戰爭或許可能重啟，得之不易的世界和平又將遭到破壞，屆時過去在歐戰期間所辛苦流下的血淚，恐將付諸東流。[11]

　　再者，歐戰結束後不久，美國在華基督教長老會差

11　"Japan's Place in the Sun (Viewed from the Orient by Cody Marsh),"
　　The Weekly Review of the Far East, 16 July 1921.

會，在祕密報告中，即曾認為要阻止歐戰後日本在華勢力的侵略擴張，唯有兩種情況：其一，是日本國內發生民主革命，有效抑制軍國向外擴張的傾向；其二，則是有賴於美國挺身而出，透過「戰爭擊敗日本」（American beating Japan in war）。由於前者情況不易實現，故長老會差會認為，只有後者，亦即美國政府出面，才能夠揭露日本的陰謀，以實力嚇阻在華祕密的蠶食鯨吞行動。畢竟「除非在軍事上遭到擊敗，否則日本無論如何，是不可能吐出她在山東的非法所得」。[12] 換言之，唯有美國出面，以戰制暴，方能澈底解決歐戰後日本侵略擴張問題。

也有部分美國記者在分析歐戰後的美、日關係演變時，認為日本雖然應該尚未做好跟美國發生軍事衝突的準備，但是如若戰爭真的發生，日本可能還是會採取積極作為來反制，而其優先之舉，即是儘速控制中國，然後憑藉東亞大陸豐富的資源，以抗衡美國。因此，美國應就日本加速控制中國的圖謀，提早預作準備，否則中國一旦屈服，恐將成為日本得以對抗美國的重要資本與憑藉。例如上海英文《字林西報》駐北京特派員、知名美國記者甘露德即在 1921 年初「美日戰爭論」傳聞甚囂塵上之際，曾發文預測未來美、日戰爭可能的實際情況。甘露德整理分析日本官員過去的的言談，認為日本目前應該仍是會極力避免與美國發生衝突或戰爭，除

12　"The So-called Concession in the City of Tsingtao," in A Member of the American Presbyterian Mission, "Sinister Japanese Methods in Shantung," 1919, RIAC 893.00/3271.

非出現美國入侵日本等難以忍受的情況。而且，縱使美、日戰爭真的爆發，日本受到本身條件限制，既不會也無力主動攻擊美國，而是會採取守勢作戰，集結海軍艦隊，據險以守，在黃海以及其他重要海峽水域廣布水雷，封鎖美國與中國的往來。畢竟無論從經濟上還是物資上看，日本均非一個能夠自給自足的國家，所以美國只要能夠採取圍困策略，阻止日本從中國獲取糧食以及戰略物資，則即使美軍並未在陸戰或海戰中擊潰日軍，依然可以迫使日本讓步。

如果從日本的角度來說，為了維持國家生存，防止前述情況發生，日本應該會竭盡所能提早採取各種極端措施，例如全面佔領中國要地與港口、鐵路等交通樞紐，以確保戰略物資能夠源源不絕從中國供應日本。然而，由於中國人民與基層士兵情感上普遍具有「親美」（pro-American）與「反日」（anti-Japanese）傾向，所以一旦美、日爆發戰爭，中國人民勢必一面倒地支持美國，阻止日本攫取中國資源，屆時恐怕不只中國，處於類似情況的朝鮮，應該也會出現反日抵制運動，而讓日本陷入進退兩難的困局。中國人親美與反日的態度，使得日本意欲憑藉中國龐大資源以力抗美國的計畫，並不易付諸實現。[13] 換言之，如果可以充分利用此一現象，進而擴大中國人的親美與反日情緒，美國應可輕易化解日本的圖謀，大幅削弱其後續的作戰實力。

---

13 "Japanese-American War Rumours," *The North China Herald*, 29 January 1921.

　　從上述美方人士的戰爭論述，可以歸納出一個重點，那就是美、日戰爭的勝負關鍵，從來都不在軍事或經濟上（因為毋庸置疑，美國有著壓倒性的優勢），而是在人心輿論上。簡單來說，美國只要能夠說服美國人自己，師出有名，進行正義之戰，拉攏歐洲人，從外交上孤立日本，同時鼓勵並支持中國人的反日運動，破壞日本欲挾持中國以反制美國的計畫，則日本必敗、美國必勝。

三、日本人的戰爭論述

　　早自 19 世紀末、20 世紀初，日本知名記者德富蘇峰即曾提倡達爾文主義（Darwinism），鼓吹日本應該在海外積極遂行帝國主義的擴張路線，畢竟在各民族競逐生存的世界舞台中，優勝劣敗，適者生存，日本如不自立自強致力於擴張，爭取生存空間，終將被其他民族所淘汰。換言之，日本必須在世界各國的激烈競爭中，殺出一條民族生存之路。[14] 然而，當面對與以美國為首的歐美國家的矛盾中，日本終究該如何做才能獲取優勢，取得最後的戰爭勝利？

14　德富蘇峰為日本重量級記者，曾創辦言論團體「民友社」，之後又成立《國民新聞》，並出版許多重要書籍，極其關注日本未來的發展路線。某種程度上，德富蘇峰的論點，確實為日本的向外擴張，提供了正當理由，間接助長軍國主義與殖民主義。關於其觀點，可以參見 Marius B. Jensen, "Japanese Imperialism: Late Meiji Perspectives," in Ramon H. Myers & Mark R. Peattie eds., *The Japanese Colonial Empire, 1895-1945* (Princeton: Princeton University Press, 1984), pp. 61-79.

　　對於旅居華北的日本居留民來說，《京津日日新聞》是影響力極大的刊物。該報主編橘樸，曾經為文，深入討論日本未來的戰爭準備之事。橘樸認為，未來可能威脅到日本的敵人，並非中國，而是其他強國。歐戰後，在華的大部分日本人，顯然都太過短視近利，執著於中國的反日與抵制日貨運動，而忽視了將來可能構成日本更大威脅的國家，亦即未能認清日本真正的敵人。固然歐戰後中國日益高漲的反日運動，確實暫時導致日本在華商貿活動的不景氣，構成在華日本人極大的困擾，也因此形成一種現象：凡有日本人聚會議論之事，無不以中國的反日與日本的因應對策為主題，似乎中國人已成為在華日人的公敵。然而，橘樸分析，中國反日運動恐怕仍會起起伏伏，並非短時間內可以解決的。尤其是中國法理上的中央政府，亦即北京當局，令不出門，目前毫無能力統治國家，因此對於反日運動，不論日本政府採取多麼強硬的政策，充其量也只能在條約與國際法等範疇中反覆爭論，形同紙上論兵，夸夸其談，對於實際問題的解決，毫無助益。因此，日本如果只知一昧追求迅速解決中國的反日問題，不啻緣木求魚，徒費口舌。既然短時間內中國反日問題不可能獲得有效解決，日本人似乎不應該再浪費心力在無意義的議題上。[15]

　　橘樸認為歐戰後中國的反日運動雖然看似聲勢浩大，動輒提出要對日採取全面的經濟絕交，但實則後繼

15　朴庵，〈排日對應策〉，《京津日日新聞》，1923 年 6 月 13 日。

無力。回顧過去，1919 年因巴黎和會山東問題爭議所
引發的五四運動，在中國各地學生組織與商會推動下，
確實一度引起很大的迴響，但是到了 1920 年代後，雖
然各地學生組織仍持續推動反日，甚至發起對日經濟絕
交運動，但整體來說，只是空有計畫與理想，早就欠缺
能夠將之落實所必要的熱情了。換言之，中國的反日運
動實際上是外強中乾，可能已逐漸流於形式與口號。故
橘樸呼籲在華的日本人，無須對此過於庸人自擾，也不
建議採取太激烈的反制措施，以免影響到中日關係。因
此，橘樸認為無論是日本本國之人還是在華的僑民等，
反倒應該多加關心歐戰後日本國防方針的調整方向，以
及國會討論的重大議題，慎重看待中國與日本的關係，
以及未來的戰爭問題，而不是一再心心念念執著於中國
的排日運動。[16]

　　職是之故，橘樸重新審視當前局勢，認為在華日本
人真正應該擔憂與關心的，絕非中國反日問題，而是未
來可能與日本發生戰爭的其他國家。事實上，從橘樸的
一些評論中，不難看出他對於中國之外的其他國家，
所抱持的敵對意識與防範戒心，還遠遠大於對中國反日
運動的不滿。橘樸評估，未來可能與日本發生戰爭的國

16　對日經濟絕交運動乃是 1923 年 3 月由北京學生聯合會通電發起，
　　其主要內容有二，其一是禁止將原料賣給日本，其二則是禁止日
　　貨在中國買賣。橘樸曾詳細比較 1919 年五四運動的抵制日貨，
　　以及 1920 年代的對日經濟絕交運動的差異。他認為兩者之間，
　　雖然確實後者的規模更大、牽涉的範圍也更廣，而且一旦落實，
　　勢必對在華日人造成極大的危害。但是實際上，民眾參與的熱
　　情，卻遠遠比不上五四時期，因此可以預期的，1920 年代的經濟
　　絕交運動將以失敗告終。見朴庵，〈排日運動的種種相〉，《京
　　津日日新聞》，1923 年 4 月 3 日。

家有「兩國」，周遭都有廣大的海洋，且國力都遠甚日本。所以，日本要與之有效對抗，必須改變自甲午戰爭以來過於膨脹的陸軍規模，而將主要資源與經費，改為投入到海軍建設中，推動「海主陸從」的國防方針，致力於提升海軍實力。首先，最重要的是打造潛水艇以及海軍要塞，其次則是飛機與驅逐艦，以及盡可能研發科學技術，提高輕巡洋艦的航速。因為前述兩個假想敵國的海軍實力，均非日本能力所及，故日本不應該好高騖遠，不切實際地想要仿效過去英國的成功模式，一味地追求制海權力量的延伸，妄想將海軍實力遠遠投射到敵國的海岸。日本應該做的，乃是以自己的海岸為起點，盡可能掌握周邊水域的制海權，尤其是控制好中國海與日本海，然後以海岸為基礎，蓄積海上實力。也因此，日本所該顧慮與籌思的，反倒是如何才能夠固結東亞大陸的人心，尤其是中國與俄國人，如此方能有穩固的海岸基礎，源源不絕的物資，以逸待勞地對抗來自大海上的敵國，不致腹背受敵。[17]

　　在上述評論中，橘樸始終並未直接言明，日本未來可能發生戰爭的兩個海上強國，究竟為誰？但其實讀者很容易即能猜出其意有所指，應該就是美國與英國。橘樸相關的評論，乃是發在華盛頓會議與五國海軍會議之後，意謂著隨之而來的，是英日同盟的正式終結（日本在外交上，形同陷於孤立），以及美、英、日、法、義五國海軍實力比例數字（5：5：3：1.75：1.75）的

17　朴庵，〈排日對應策〉，《京津日日新聞》，1923 年 6 月 13 日。

確立（日本的海軍實力，實質上受到美、英兩國的壓制）。[18] 平心而論，歐戰後的世界諸國中，真正可能構成日本威脅，且又掌握海洋，並有著比日本更為強大的海軍實力者，別無其他可能，也就只有美、英兩國了。因此，橘樸對於歐戰以後日本未來戰爭準備論的主要重點，乃在於呼籲在華日本人不應短視近利，過於執著處理中國的反日問題，甚至一再謀劃對策，試圖徹底打壓中國人，以維護日本在華利益；但如此只會適得其反，非但無助於解決中國的反日問題，反而將會導致中、日關係進一步的緊張與敵視對立。究其實際，以中國本身貧弱的情況，並不會構成日本的威脅，反倒是美國與英國，才是日本未來真正需要面對的競爭對手。職是之故，橘樸建議，日本應該致力於檢討與籌劃的面向，其一是大幅改變國防方針，放棄過去的大陸軍思維，轉而強化海上武力與要塞，其二則籌思如何才能夠從精神上拉攏中國人，甚至不排除改變對於當前北京政府的承認與支持政策，轉而關注中國新興的民族力量（例如南方政府），使之能夠成為日本在西太平洋海岸上的堅實基礎，如此方能抗衡美、英兩國來自海上的威脅。

簡言之，橘樸認為中國的反日運動，對日本來說，充其量不過只是疥癬之疾，無足輕重，但以美國為首等歐美國家帶來的威脅，才是日本真正的腹心之患。故日本應該要及早認清敵人是誰，而不該顧此失彼，本末

18　關於華盛頓會議與五國海軍會議的內容與體現的時代意義，參見：應俊豪，〈談判桌上的海權劃分：五國海軍會議（1921-1922）與戰間期的海權思維〉，頁 119-168。

倒置。

　　不過，必須強調的，橘樸關於「海主陸從」，主張拉攏中國，並以英、美兩國作為假想敵的國防政策主張，在 1920 年代，確實與前述日本海軍的戰略規劃較為契合。[19] 但所謂的「海主陸從」，恐仍尚不足以代表戰間期日本軍方的主流思想。畢竟日本軍方內部依然有不少歧見，陸軍與海軍路線之爭方興未艾，況且大陸軍思維，還有著重往中國與西伯利亞等亞洲大陸擴張發展的大陸政策，恐怕仍然是當時日本國防政策的關鍵要素。[20] 此外，如果無法有效壓制中國的排日問題，徹底解決後顧之憂，並及早扶植親日政權，一旦美、日戰爭真的來臨時，日本又如何能夠順利役使中國，讓其甘心

19　自維新開化以來，日本軍方內部有著「陸主海從」以及「海主陸從」的路線之爭。甲午戰爭後，「陸主海從」則是較居優勢。而「海主陸從」觀念，之所以逐漸能夠與「陸主海從」等大陸軍思維抗衡，和曾任日本海軍大臣的山本權兵衛，以及海權專家佐藤鐵次郎有著密切關係。在山本權兵衛的推動下，佐藤鐵次郎先後擔任日本駐英國與美國使館武官，因此受到英、美海軍思維的啟迪，尤其是馬漢的海權論，對於佐藤的影響尤深。佐藤歸國後，又陸續擔任海軍大學教官、校長等職務，持續宣揚海權論，並在 1910 年出版影響日本海軍思維甚為深遠的《帝國國防史論》。山本後來則將該書呈遞給天皇，以推動海軍建軍計畫。在該書中，佐藤強調日本應集中國力，向海洋發展，故海軍的重要性應優先於陸軍。因此，佐藤又常被稱呼是日本的馬漢。參見：麻田貞雄，〈解説　歴史に及ぼしたマハンの影響──海上権力論と海外膨張論〉，麻田貞雄編譯，《マハン海上権力論集》（東京：講談社，2010），頁 11-63。

20　橘樸本人曾在旅順與日本軍部某位陸軍中將，討論日本該如何因應中國的排日問題，與調整日本的國防政策。即使這位金澤出身的陸軍中將，已是軍方中較具自由思想的將領，且頭腦清楚、富於獨創性、「較少參謀本部的傻氣」，但是橘樸坦言，如果將其主張的國防政策（亦即「海主陸從」）向之揭露，恐怕也會自討沒趣，必定得不到好的回應，如不是冷笑嗤之以鼻，就是感到激憤。見彌次，〈旅順に来て〉，《京津日日新聞》，1923 年 6 月 27 日。

成為日本的大後方基地，提供戰略物資與人力支援？

　　儘管如此，橘樸所提出的各種觀點，其實或多或少已經帶有亞洲主義的色彩，亦即日本應致力於團結亞洲諸國，並作為領導者，對抗歐美國家。橘樸倡言日本不宜對於歐戰後中國反日運動有太過激烈的反應，以避免影響中日情誼，其實與日本後來侵華時期鼓吹的中日親善口號，也有著異曲同工之妙。橘樸與前述大陸軍思維或大陸政策在中國問題上的歧異之處，乃是在於後者主張先致力於西進，待實際控制中國後，再來據之以對抗美國，而前者則比較傾向在精神上先拉攏中國，以便抗衡美國。而兩者的共通點，則均在於強調中國及龐大的資源，對於日本未來戰略考量的重要地位。[21]

21　亞洲主義，又稱亞細亞主義，或亞洲門羅主義。早自明治時期日本即有「興亞論」的出現，主張日本與亞洲諸國團結合作，推動文明國化，共同打造新秩序。福澤諭吉的「脫亞」入歐論，亦是其中重要代表言論之一。中日甲午戰爭後，又成立東亞同文會，鼓吹中日親善，推動中國的改革與進步，並在日本外務省的經費支持下，在中國進行各種調查，培養熟悉中國事務的日本人才。然而，隨著日俄戰爭的勝利，日本自信心進一步高漲，其亞洲主義的觀點也逐步調整，更為強調由日本強勢主導，帶領並推動亞洲諸國的改革。亞洲主義觀點，與日本在東亞的軍事擴張行動，有著密切的內部邏輯與關連性。日本如欲大幅改造亞洲，其先決條件，可能還是得先將亞洲納入日本的控制之下，方能在日本的帶領與意志下進行改造，這就不可避免牽涉到軍事征戰與殖民擴張了。參見：Sven Saaler & J. Victor Koschmann, eds., *Pan-Asianism in Modern Japanese History: Colonialism, Regionalism and Borders* (London & New York: Routledge, 2006)；黃福慶，〈東亞同文會——日本在華文教活動研究之一〉，《中央研究院近代史研究所集刊》，第 5 期（1976 年 6 月），頁 337-368。

四、戰爭論述的現實考量與輿論想像

　　也有部分學者與前述美方人士持不同的意見，認為就現實條件上來說，固然美國整體國力遠大於日本，但這絕非意謂著美國具有能夠隨時輕鬆擊敗日本的能力。如果美國輕易表態介入遠東事務，甚至率意出面壓制與挑釁日本，一旦觸動日本敏感的民族神經，也可能催化戰爭的爆發，而這樣的結果，對於當時的美國來說，恐怕也並非是可以輕易承受的。所以，美國絕對不可能隨意就獨自發起對日本的戰爭。

　　根據美國新聞學者皮德金的分析，就軍隊戰力來說，如果美國採取主動攻勢，率先越洋進攻日本，可能必須動員極其龐大的軍力，才有擊敗日軍的可能性。參考英國在南非發動的波耳戰爭（Boer War）為例，[22] 英軍面對裝備戰力遠遜於己的波耳人軍隊，動用了高達近八十九萬的軍隊，最後才順利擊敗了人數僅七萬五千人的波耳軍，況且波耳人方面，還是處於缺乏海軍後援的極度劣勢情況下。然而以日本來說，軍隊的平均素質優良，加上強大的現代海軍艦隊實力，日本戰力絕對遠遠高於波耳軍。況且一旦進入戰時體制，日本可以動員的總兵力可能高達五百萬人，如果拒險以守，採取防禦作戰，美軍可能則需要極其龐大的戰力，方能讓日本屈

22　波耳戰爭指的是 19 世紀末、20 世紀初英國殖民者在南非地區，與較早遷徙來此地的荷蘭移民（即波耳人）之間的戰爭，共兩次。參見：Paula M. Krebs, *Gender, Race, and the Writing of Empire: Public Discourse and the Boer War* (Cambridge: Cambridge University Press, 1999).

服。同樣以波耳戰爭作為參照，英軍如果要在戰場擊敗堅守陣地、採取守勢作戰的波耳軍，平均每場戰事，約需要動用到守軍人數的六十六倍，才能夠突破防禦工事，取得戰鬥勝利。如果依此比例，五百萬日軍如果全數據守在防禦工事內，美國可能至少要動員高達數千萬人，才能夠突破日本的防禦。這樣龐大的兵力，絕非美國可以輕易承受的。

美、日之間隔著廣袤的太平洋，這也是美軍難以克服的另外一個困難。美國要從太平洋東岸的加州，運送大批部隊前往西岸的遠東地區，跨洋的運輸能力就是美軍很大的考驗。以 1920 年的船隻數量來看，美國雖然擁有高達三千餘艘、總噸位數一千六百萬餘噸的各類船隻，但平均分佈在大西洋與太平洋兩大洋地區，即使全部動員集中用於太平洋水域的運兵，充其量也難以維持超過一百萬人數的運兵能力。美國西岸極其有限的港口碼頭設施，同樣也欠缺能夠提供上述高強度運兵的能力。而在現實條件上，美國亦不可能犧牲所有的貿易航運，而全數投入在對日作戰的運兵中。縱使美國不惜財力，調動所有可動用的船隻，可能至少也要耗時一年，才能完成作戰準備。但日本卻可能早已利用這段時間，打造出堅強的防禦工事，做好充分準備。而美軍方面，在辛苦歷經幾千哩的海上運輸登岸後，必須面對的，卻是高達三百萬至五百萬訓練有素的日本陸軍，他們正以逸待勞地堅守在完備的碉堡要塞中。

就海軍戰力來說，日本擁有一支實力強大的現代海軍，部署在日本周邊附屬水域備戰。美國海軍的整體戰

力，在擴編的情況下，即使能夠提高到日本的兩倍，但
是美國海軍在實力上的優勢，也會因為三個因素而受到
擠壓。其一，從美國加州到菲律賓馬尼拉的補給線極其
漫長，且非常容易受到日本潛艦的狙擊。如果美、日戰
爭爆發，在現實條件上，美國很難跨越整個太平洋去維
持對菲律賓的補給，而日本潛伏在太平洋水域的潛艦部
隊，則可以輕易地伺機攻擊美國的運補艦隊。在失去美
國本土的支援下，菲律賓勢必陷於封鎖而孤立無援，日
本應該可以伺機征服菲律賓。其二，美國海軍分散在兩
大洋水域，彼此相距五千哩之遙，難以相互支援，但日
本海軍則兵力全數集中在太平洋。其三，美國海軍極其
缺乏訓練有素的海事人才。根據美國《芝加哥論壇報》
的訪問調查，顯示近來美國海軍當局深受人員招募的困
境。皮德金自己對於海軍官員的訪問紀錄，也有類似的
結論。為了招募到充足的兵力，美國海軍在招募新兵
時，已大幅放寬年紀與相關經歷，這也使得海軍素質大
幅滑落，甚至出現有年僅十三歲的少年水兵，竟已在海
軍主力戰艦服役的尷尬情況。美國太平洋海軍新兵的逃
兵頻率，也遠大於大西洋水域。因此，美國太平洋海軍
人員素質的低落，也讓海軍官員擔憂不已。[23]

　　雖然美國海軍無法在太平洋維持對日本的絕對優
勢，但反過來說，日本同樣也不可避免陷入某種類似的
困境之中，難以主動進行跨洋遠征。因此，日本要發起

23　以上皮德金關於美、日戰爭優劣情況的比較分析，均參見 "Must
　　the U.S. Fight Japan?" *The Millard's Review of the Far East*, 16 April 1921.

越境戰爭，橫跨太平洋去遠征美國加州沿岸，一樣是不切實際的幻想。皮德金整理海軍專家的意見，認為日本如果要進攻加州，至少需要相較於美國守軍五十倍的兵力與物資，這根本是難以企及的條件。即使對於較近的美國屬地菲律賓，日本如果想要拿下，恐怕也有相當難度。畢竟日本海軍如欲南下進攻菲律賓，必須先完成對於中國沿海地區的控制，而且還要佔領英國的香港，才能夠確保補給路線的暢通，以便順勢進兵菲律賓。這也意謂著日本必須先正面挑戰英國後，才能夠構成對菲律賓的直接威脅。然而事實上，英國絕對不可能輕易縱容日本的獨佔中國與侵犯香港。所以只要日本稍微流露出進犯的意圖，英國應該很快就會尋求美國的協助與合作，而一旦英、美聯合陣線成立，勢將會形成對於日本強而有力的壓制。日本方面自然也相同清楚箇中難度，所以絕對不會輕易動武，對美國興釁。職是之故，日本一方面在亞洲囂張跋扈，不但向中國提供兇狠的二十一條要求，又悍然出兵西伯利亞，大張旗鼓聲稱要護衛日本的生存空間，但是當面對美國之時，不論表面上多麼放浪高調，實則還是不得不稍偃氣焰，甚至希望以檯面下的祕密交涉，來調解美、日歧見，希望在顧及國家顏面的情況下，盡量避免發生衝突。[24]

---

24 皮德金分析，日本雖然表面上對美國甚為不滿，甚至經常語帶威脅，但實際上不過是色厲內荏罷了。例如當美國加州通過帶有歧視日本人的移民法規，日本流露出極度不滿的憤恨之情，提出嚴正抗議，要求儘速改正不當現況，但終究還是只敢在口頭上喊喊而已，充其量提出正規的外交交涉，不太可能實際訴諸報復行動。見 "Must the U.S. Fight Japan?" *The Millard's Review of the Far East*, 16 April 1921.

　　皮德金分析，主要肇因於地理上的阻隔，必須橫跨
整個太平洋的軍事遠征行動，加上難以維持漫長又容易
受到攻擊的補給路線，在在使得美、日雙方的軍事專家
們，在經過深思熟慮後，泰半已認清要主動發起跨洋戰
爭的高難度，以及在現實戰略上的不可行。影響所及，
美國雖然非常不滿日本在遠東的所作所為，包括併吞朝
鮮、破壞中國門戶開放政策、出兵西伯利亞、透過祕密
外交奪取山東利權，甚至意圖控制整個東亞地區等，但
是在現實條件掣肘下，依然無法對日本施加軍事壓力。
反之亦然，日本也是處於類似的困境中，無論再痛恨加
州對於日本移民施加的歧視政策，再敵視美國意圖限縮
日本海外發展的生存空間，再憤恨美國奪取日本歷經歐
戰所辛苦取得的戰爭利益，充其量也只能故作姿態，表
面上大聲抗議，私下則傾向低調接受。也因此，美、日
之間，很弔詭地，逐漸陷入一種「詭異的軍事僵局」
（extraordinary military deadlock）狀態中，甚至無形中
達成「沈默的契約」（covenant of silence），亦即縱使彼
此互相不滿，口頭上也叫囂不斷，但最終只能選擇默默
承受，畢竟地理上的重重阻隔，使得雙方誰也不敢真的
撕破臉，輕易挑釁發起戰爭。[25]

　　除了從現實考量分析美、日戰爭論述的不切實際
外，也有美國記者改從新聞輿論的角度，分析所謂的戰
爭論述，可能不過只是新聞基於特定目的，而故意想像

25　關於皮德金從軍事觀點，對於美日戰爭論可行性的深入分析，可
　　以詳見其專著：Walter B. Pitkin, *Must We Fight Japan?*

出來的，並非真有其事。例如歐戰期間曾負責替美國駐華使領機構，祕密蒐集日本在華活動情資的美國報人克勞斯，亦認為傳聞甚囂塵上的美日戰爭論述，同樣也脫離實際情況。日本軍方不太可能已做出準備與美國開戰的戰略部署，充其量或許只是軍方內部為了防止擦槍走火等意外情況所做的預防性戰略評估，以便因應未來國際局勢的發展。雖然歐戰後，在美、日兩國人民間，的確充斥著不少的民族仇恨言論，但這並不意謂著就會演變成戰爭。畢竟就美國人民來說，他們從來就毫不畏懼民族仇恨。而就日本人民來說，就更顯得無稽之談。克勞斯分析，雖然談到美國故意阻礙日本民族的生存發展，日本人民確實有可能因此而生出對於美國的仇恨情緒，然而最大矛盾是，所謂日本民間的公眾輿論本身，就是一個假命題。因為日本新聞輿論從來並非是獨立自主的，而是深受日本政府控制與影響的。因此，除非日本政府有計畫地發動反美輿論宣傳，否則民間公眾輿論不太會出現過於激烈的民族仇恨。日本當局固然有可能為了轉移民間對於政府重稅與龐大軍事開支的反彈情緒，有時會故意操作反美輿論，但一切均會有所限度，不可能讓情勢失控。簡言之，歐戰後日本毫無與美國開戰的可能性，畢竟僅是俄國的問題就足以讓日本焦頭爛額了。況且雖然日本在華的擴張行動，侵害中國的獨立與主權完整，而牴觸美國的中國門戶開放政策，可能引起美國方面的不滿，但是美國不太可能僅因為此單一問題，就貿然與日本開戰。[26]

克勞斯分析日本在亞洲地區的擴張行動，可能不過是日本為了維持世界第一等強權的地位，提高能媲美與其他列強競爭的能力，所做的嘗試與努力，而並非真的要侵略中國，顛覆既有的東亞國際秩序。延續自歐戰以前的軍備競賽思維，即使到了戰後，仍然反映著當時地緣政治的現實情況，故日本必須盡其所能地維持並擴大優勢，方能在激烈競爭中勝出。日本之所以持續擴張軍備，事實上不但出於必須遏制蘇維埃勢力在西伯利亞延伸的考量，更可能還與日本必須證明自己的價值，藉由展現出強大的實力，方能贏得英國的肯定，以便繼續維持英日同盟。歐戰以來日本的所作所為，不過只是為了獲得西方列強的肯定與認同，以維持第一等強國的地位。日本或許無所不用其極地想要維持得來不易的一等強國地位，但這並不代表著日本想要挑戰美國或是西方列強，獨霸遠東，打破現有的國際現況。因此，克勞斯認為，歐戰後的美、日戰爭論述，毫無紮實的立論依據。[27]

五、美國官方對於戰爭論述的觀感

雖然美國不少民間觀點，均對於日本在遠東的擴

---

26 "Would China Profit by A Japanese-American War?" *The Millard's Review of the Far East*, 12 February 1921.

27 以上克勞斯的分析與立論依據，參見 "Would China Profit by A Japanese-American War?" *The Millard's Review of the Far East*, 12 February 1921.

張，感到憂心忡忡，且呼籲美國政府應及早採取積極作
為因應，但是實際情況究竟如何？美國軍方與政府部
門，又是如何看待歐戰後甚囂塵上的美、日戰爭論述？

　　根據當時擔任美國海軍亞洲艦隊總司令的葛利維斯
分析，歐戰後的美、日關係確實已陷入相對不太穩定的
狀態。因為在日本人心中，美國雖然是一個容易相處且
理想主義式的國家，但美國所擁有的龐大資源與潛力，
卻令日本感到忌憚，日本也一直將美國視為在遠東地區
發展最主要的假想敵。再加上日本素來覬覦菲律賓群
島，希望能夠控有該地，以作為原物料的供應地以及人
口輸出的殖民地。然而，葛利維斯認為，就目前的情況
來說，日本還不致於為了菲律賓而與美國交惡或是發生
戰爭，而是選擇伺機待變，等美國同意菲律賓正式獨立
之後，再試圖殖民並控制該群島。所以目前日本相當重
視維持與美國之間的友好關係。[28]

　　即使如此，葛利維斯仍然傾向認為美、日之間，在
未來恐怕還是無法排除爆發戰爭的可能性。其中一個導
火線，是美國對日本所採取的移民歧視政策，這一直使
日本對美國感到極度不滿與敵視憤恨。另外一個可能的
導火線，則是日本在中國與遠東地區的擴張行動，致力
於追求經濟上的壟斷與宰制，這可能牴觸到美國對華門
戶開放，以及投資利益機會均等政策的底線。中國問題
自然是其中較關鍵的衝突熱點之一。例如在對華借款部

28　"Observations on the Situation in the Far East," Commander-in-
　　Chief, Asiatic Fleet, Vladivostok, to the Secretary of the Navy, 1
　　February 1920, RIAC 893.00/3314.

分，美、日兩國即已齟齬不斷。北京政府向來有著嚴重
的財政赤字問題，歐戰結束後，美國銀行團曾考慮給予
貸款，使其度過財政難關，但卻遭到日本的從中作梗，
意圖再明顯不過，那就是早已將中國視為禁臠，不樂見
美國藉由對華放款，間接提高對中國事務的影響力與發
言權。事實上，歐戰以來，日本一方面透過西原借款等
祕密協定，大舉對華放款，以換取各種政治與產業利
益，擴大控制中國，另外一方面則阻擾美國對華放款，
如此方能避免美國涉入中國事務，而阻礙了日本在華的
擴張行動。[29] 葛利維斯認為歐戰後美、日應該不致於立
即有發生戰爭的危險，然而潛伏的矛盾與衝突恐依然不
容小覷。

　　部分專家以及民間人士似乎對於日本在中國與遠東
的種種作為與擴張行動，而感到極度不安，並呼籲政府
應採取積極作為及早因應，也相信美國有充分實力可以
輕易介入壓制日本之際，美國主管遠東事務的部分官
員則顯得相當處變不驚。遠東司官員認為眾人所擔憂之
事，或許可能不過只是日本為了應付國內困境而採取的
權宜措施，又或者乃是肇因於中國本身現況問題所致罷
了，並不代表著日本有意染指與侵略中國。言外之意，
似乎在暗指那些感到極度不安，且憂懼日本在華擴張
勢力的言論，稍微有些反應過度，甚至庸人自擾、杞人

29　"Observations on the Situation in the Far East," Commander-in-
　　Chief, Asiatic Fleet, Vladivostok, to the Secretary of the Navy, 1
　　February 1920, RIAC 893.00/3314. 關於歐戰後美國銀行團對華借
　　款爭議與美日爭執，亦可參見〈米国財団の活動と我対支方針〉，
　　《大阪每日新聞》，1919 年 7 月 18 日。

憂天。

　　根據國務院遠東司的內部評估報告，美國當下實無須針對日本在華的野心與行動，採取太過激烈的反制措施。遠東司的報告中，坦承他們很早即對日本在華野心了然於胸，但卻不認為需要過度憂心。以軍事層面來說，遠東司內部的分析，日本對華的諸多手段，不過只侷限在抑制中國軍事實力的成長，並使其在軍需供應上，更加仰賴日本罷了。至於民生經濟層面，日本似乎有意將國內糧食短缺問題，轉嫁到中國身上，將其充作日本的農業生產基地。此舉確實恐將讓中國本身糧食短缺現象，更加雪上加霜。然而，遠東司還是不認為此類問題具有急迫性，畢竟中國地大物博，農業生產力很大，現有的糧食短缺現象，並非糧食生產不足，而是國內交通不便，無法使農業生產有餘的地區，將糧食運輸到不足的地區。況且，中國的糧食問題本身即在於患不均，而非不足，這也並非全由日本造成，主要還是人為操作的結果，特別是部分中國糧商、銀行等想要囤積居奇、大賺黑心錢所造成的。[30]

　　簡單來說，相較於部分民間人士的高聲呼籲與自信，主張採取積極措施以反制日本在遠東地區的擴張行動，美國國務院的態度顯得相對保守。[31] 前述遠東司

30　"Memorandum by Division of Far Eastern Affairs to the Third Assistant Secretary, Department of State," 11 August 1919, RIAC 893.00/3201.

31　例如美國在華知名記者《大陸報》編輯瑋柏在 1919 年曾致函美國國務院，促請其嚴加注意日本在華的擴張行動，並呼籲美國政府應盡早調整遠東政策，以更積極的作為制衡日本。美國國務院遠東司遂針對此議題，進行政策評估，但認為瑋柏的觀點實在有

的內部評估分析報告，則看似亦有其論述依據，並非夸
夸而談。尤有要者，遠東司甚至認為所謂的美、日戰爭
論，可能乃是新聞輿論喧囂的陰謀論產物，並不能反映
實際情況。特別是許多言之鑿鑿的日本大肆擴張論，一
旦深究其來龍去脈，也只是日本基於現實生存與未來發
展的權宜性措施，而非有組織計畫的侵略政策。

六、小結

　　以中國場景為切入點，來檢視歐戰後的美日對立
論，可以發現許多有意義的面向。當時在中國發行的中
外報紙上，不時出現所謂的美、日戰爭論述。尤其在有
心人士的刻意宣傳散播下，不少中外人士均認為美、
日在華對立的態勢已然成形，而戰爭的爆發，不過是
時間早晚問題。1920 年代初期，部分美國、英國在華
的第一線官兵甚至深信美、日終將在五年內一戰。[32] 後
來也出現所謂的「ABC 觀念」，鼓吹美（America）、
英（Britain）、中（China）三國聯合對付日本。[33] 在
新聞輿論的推波助瀾，日本在華僑民同樣也開始對美國
抱持著不信任感。特別是他們在中國直接受到中國反

些危言聳聽。見 "Memorandum by Division of Far Eastern Affairs
to the Third Assistant Secretary, Department of State," 11 August
1919, RIAC 893.00/3201.

32　Glenn F. Howell, Dennis L. Nobel, ed., *Gunboats on the Yangtze:*
The Diary of Captain Glenn F. Howell of the USS Palos, 1920-1921
(Jefferson: McFarland & Company, Inc., 2002), p. 127.

33　"The Foreigner in China," 8 June 1921, MID, 2657-I-176.

日、抵制日貨的衝擊，又在日本反美輿論宣傳的影響
下，也認定是美國人在背後煽動，其敵意自然也就更為
高漲。[34] 部分日本軍方人士同樣相信「日米戰爭不可避
免」。[35] 在這樣的環境下，美、日矛盾的觀念自然容易
深入人心。

　　從某種程度上來說，報紙輿論宣揚的美日矛盾論
述，或許並非全然空穴來風。由於美、日兩國在西太
平洋地區的高度競爭，彼此競逐資源、市場與海上霸
權，美、日雙方軍事部門後來確曾開始認真思考軍事作
戰部署。在擬定「橘色作戰計畫」後，美國軍事情報
處在 1920 年初期，又曾擬定一旦與日本爆發軍事衝突
時，美國在華的軍事因應部署計畫。[36] 而日本軍方同樣
也在 1920 年代初期，除了籌思將原先的軍事假想敵，
從蘇俄調整為美國外，亦正式組織「對米戰備研究委員
會」，以規劃未來對美作戰事宜。[37] 顯見美、日雙方軍
事當局，確實均愈來愈正視未來彼此發生戰爭的可能性。

　　然而，所謂的假想敵與備戰規劃，充其量只是一種

---

34 "The Minister in China (Reinsch) to the Acting Secretary of State"
　　Peking, 15 March 1919, *FRUS 1919*, Vol. I, pp. 688-689.

35 〈荒木大佐ヨリ陸軍次長宛〉，1919 年 3 月 20 日，「2 大正 7 年 11
　　月 9 日から大正 8 年 11 月 1 日」，JACAR: B03030308000，頁 76。

36 "Estimate of the Political Situation in the Far East and
　　Consideration Affecting the China Expedition in Case of War:
　　The Mission of American Troops in China," 17 February 1921,
　　MID, 2657-I-161; "Chinese Opinion of Anglo-Japanese Alliance,"
　　17 June 1921, MID, 2657-I-179.

37 黑澤文貴，〈日本陸軍の對米認識〉，日本國際政治學會編，
　　《日中戰爭から日英米戰爭へ》，國際政治季刊，第 91 號（東
　　京：日本國際政治學會，1989），頁 19-38。

國防上的防禦作戰思維，並非意指兩國即將爆發戰爭。
究其實際，相較於部分民間人士對於戰爭風險的焦慮或
者自信，美國國務院對美、日矛盾局勢的態度，則顯得
相對保守與持重，既不認為既有遠東政策有大幅修正的
必要，也不認為美、日雙方在短時間內有發生戰爭的風
險。同樣地，日本在 1918 年與 1923 年，兩度調整「帝
國國防方針」，不但修正自日俄戰爭後確立的「開國進
取」路線，亦著重避免在外交上陷入孤立。[38] 換言之，
美、日之間矛盾轉趨激烈是真，進行假想敵作戰規劃，
同樣也是合理的部署，但如說兩國當時已決意採取戰爭
手段來解決當前的糾紛，則又太過了。況且歷經歐戰期
間人員死傷慘重的歷史教訓，戰後世界普遍瀰漫著裁軍
避戰的思維與氛圍，無論從政府決策還是大部分民意來
說，所謂美、日戰爭論述，應該只是少數人士對於日本
擴張現況或是美、日矛盾所做的預警之聲，而非主流意
見。再加上報紙媒體本身即有追捧獵奇、致力吸引公眾
目光的特性，故刻意渲染與散播。而部分好事者，則基
於其各自的目的與動機，從中敏銳地嗅覺到此議題的重
要性，可能對於未來中國事務以及國際政治發展，有一
定程度的影響力，故頗為熱衷抒發議論。

---

38 日俄戰爭後，日本在 1907 年擬訂的「帝國國防方針」，設有對
　外「開國進取」一項，亦即著重強化對滿州、朝鮮的控制外，亦
　籌思向中國與東南亞的擴張行動。換言之，此方針乃是較具侵略
　與擴張性的。但歐戰後，於 1918、1923 年兩度制定的「帝國國
　防方針」，則與 1907 年的版本，有不小的改動，除了強調總體
　戰的戰略規劃外，亦十分著重應避免陷入外交上的孤立。參見：
　黑川雄三，《近代日本の軍事戰略概史──明治から昭和・平成
　まで》（東京：芙蓉書房，2003）。

結論

一、山東問題與歐戰後的中、美、日糾葛

　　「山東問題」，是切入與釐清歐戰後美、日在華矛盾論述的重要關鍵。山東問題的發生，將中、美、日三國糾結在一起，也間接強化美、日矛盾的態勢。歐戰期間，日本對德宣戰，出兵山東，又積極對華發動大規模的經濟與軍事滲透，中國囿於本身欠缺對抗日本的實力，只能尋求外援。歐洲列強受到戰爭的牽制與削弱，無力東顧，而美國受戰爭影響不大，保有較大的自主與干涉能力。加上日本提出二十一條要求，破壞美國向來主張的中國門戶開放政策，使美國逐漸意識到日本對華的野心，故持續關注山東問題的演變發展。美國對山東問題的重視，自然帶給中國人無限遐想，很容易導引出「聯美制日」的外交思維。然而，中、美這樣看似合作制日的態勢，卻反過來引起日本極大的憤慨，既不滿於中國挾美自重與忤逆態度，更憤恨美國的隨意插手，鼓動中國的反日運動，從而阻礙日本往大陸發展的國策，也限制日本未來生存發展的空間。

　　如以介入山東問題與中國反日運動較深的美系基督教差會與傳教團體來說，他們大都相當同情中國的悲慘處境，部分教士甚至支持中國的民族主義運動，主張

調整既有的條約特權制度，放棄治外法權，恢復中國主權。[1] 但另一方面，日本卻仍汲汲在華遂行侵略與擴張行動，利用歐戰歐洲列強無力東顧的天賜良機，仿效 19 世紀以來歐洲對華侵略路線，在山東、南滿、東蒙等地劃分勢力範圍，蓄意推動殖民計畫。直言之，歐戰以來日本的所作所為，不但牴觸美國歷來主張的中國門戶開放政策，也與美國在華傳教團體的立場格格不入。尤有要者，日本擴大在華利權的同時，卻也開始採取排他作為，甚至針對歐美基督教團體，制定帶有敵意的不友善政策，自然更加引起美國傳教團體的警惕與厭惡。為了支持中國，同時反制日本排除基督教的種種企圖，美國傳教團體籌思的反制舉措之一，則是透過撰寫帶有鮮明反日色彩的〈山東報告〉投書媒體，希望訴諸新聞輿論的影響力，刻意將日本妖魔化，藉此對美國遠東政策，形成話語權。

整體來說，美系基督教差會在〈山東報告〉試圖形塑出的日本形象，約略分為兩大面向，但都是非常負面的。第一個面向，乃是落實日本對華侵略與殖民擴張的野心。報告中，多方比較過去德國入侵與經營山東模式，跟日本之間的差異性，而其結論，日本非但事事師

1　雖然歐戰以來，美國在華傳教團體同樣也受到英、美兩國新教教義路線之爭的影響，形成原教旨主義（Fundamentalism）與現代主義（Modernism）兩種主張：前者較為傾向維持現狀，反對變動，而後者則極力主張支持中國的民族主義運動，並努力改變中國現狀。但整體來說，在立場上還是比美國在華商人團體等，較為同情中國，並願意採取實際行動。關於 1920 年代美國在華傳教士對中國民族主義運動以及中國現況的立場，可以參見：魏良才，〈一九二〇年代後期的美國對華政策：國會、輿論及壓力團體（傳教士、商人）的影響〉，頁 159-186。

法德國，且手段更為精進全面，誠可謂青出於藍而勝於藍。〈山東報告〉中，甚至反諷日本意欲在山東打造出一個「國中之國」。[1] 此類的描述，很容易讓讀者形成一種想像，亦即日本乃是德國軍國與帝國主義擴張模式的後繼者，甚至尤有過之而不及。德國引起的歐戰，對於西方社會造成很大的損害，戰後世界輿論普遍對於德國軍國主義抱持著極為負面的觀感。因此，如果〈山東報告〉能夠成功將日本在山東的擴張，形塑成仿效德國模式，且有意發揚光大的印象，則可以在戰後美國人民心中，將其與德國和歐戰的痛苦記憶掛上連結，從而構織出對日本的厭惡感。尤有要者，由此可以再連結到另外一個嚴肅課題：當初歐洲縱容德國的軍國主義擴張，因此迎來了歐戰，日本是德國的後繼者，如果美國像當初歐洲縱容德國一樣，默視日本的擴張，是否又將會引起另外一次恐怖的戰爭？

〈山東報告〉試圖形塑的第二個面向，則是非常詳細地描繪日本在山東統治手段的細節與特徵，舉凡狡詐、投機、貪婪、排外、反教、迫害、毒品、色情、暴力、陰謀等種種暴行，罪惡甚至可能不亞於「七宗罪」（Seven Deadly Sins）。這些形容詞，幾乎落實了日本人無惡不作的劣根性，也呼應了報告本身的標題「日本

---

1 其實美系基督教差會〈山東報告〉中對於日本經營山東模式的分析，已經隱約帶出日本在華透過種種政治與經濟手段，特別是藉由南滿鐵路、膠濟鐵路及附屬地作為主幹，建立某種「非正式帝國」（informal empire）的雛形。關於日本在華建立的「非正式帝國」模式，可以參見 Peter Duus, Ramon H. Myers, & Mark R. Peattie eds., *The Japanese Informal Empire in China, 1895-1937* (Princeton: Princeton University Press, 2014)。

在山東的邪惡行徑」。換言之，如果說第一個面向可以
將日本與戰爭掛上關連性的話，則第二個面向，乃是試
圖將日本形象，連結到宗教道德上的善與惡，將日本澈
底妖魔化，視為魔鬼的化身。

美國基督教差會之所以試圖影響公眾輿論，大張旗
鼓散播極端反日的〈山東報告〉，除了對中國處境的同
情外，最主要的原因之一，乃是日本當局在山東，對於
基督教團體採取的排擠措施，無論是打壓傳教、騷擾教
民、強制遷移教會等，均使其感受到強烈的危機意識。
面對日本的咄咄進逼，如果基督教差會什麼都不做，很
有可能將坐以待斃，被日本當局排擠出山東。因此，他
們只能轉而向美國本土，尋求輿論的支持與奧援，希望
藉此影響到美國政府的遠東政策，採取更為積極的作
為，介入處理中日山東問題主權爭議。

追本溯源，問題是日本為何會採取敵視基督教的態
度？檯面上的因素，自然與山東基督教青年會多次參與
抵制日貨等反日學生運動有關。對於美國來說，日本在
山東地區的勢力擴張，除了涉及到國際政治上的顧慮
考量，還有其他程度不一的實質影響。特別是美國在山
東地區傳教利益較大，美國傳教團體相當活躍，美籍教
士也與麾下的華籍教士與教民關係極為密切。但是部分
華籍教士或是參與教會活動的學生，亦可能涉及到反日
運動。尤其是基督教青年會，非但吸引許多學生加入青
年會，部分學生也確實利用該會作為活動場地與掩護，
故在當時山東地區反日運動中，扮演相當重要的地位。
一旦這些華籍教士、教民、或入會學生等因涉入反日運

動，而遭到日本或親日當權派的拘捕與攻擊時，美籍教士及背後的美國領事，為了保護教民，可能就必須出面與日本進行斡旋交涉。況且，日本也不可能繼續容忍美國利用宗教管道，支持與煽動中國的反日運動，或是讓參與反日的學生團體隱身或託庇於美國的宗教保護傘之下。就日本而言，最有效的反制措施以及根本解決之法，或許即是想方設法驅逐美國等西方國家在山東地區的傳教據點，以為一勞永逸之計。然而，美國也不可能接受日本的強勢作為，屆時美、日之間的齟齬、交相責難與對立，也就在所難免。而隨著事態發展，日本人也就認定學生會組織、基督教青年會、美系教會三者之間的密切關係，甚至可能推演出美系教會是幕後影武者，暗中煽動山東反日運動的結論。如此，也就不難理解，為何日本會採取諸多措施，打壓基督教團體與教會了。

除了涉入反日運動的嫌疑之外，日本對於基督教的敵意，或許可能還有更深層的因素。在華旅居的日本人中，不少都對於基督教抱持負面觀感。例如《京津日日新聞》主筆橘樸後來即曾多次撰文，透露對於基督教的厭惡感。日本人對於基督教的普遍偏見與慣有反感，可能也是導致山東基督教團體經常受到騷擾排擠的原因。因此，歐戰後的美、日在華矛盾論述，某種程度上，可能多少隱含有部分傳教與反教之爭。

在商貿上，受惠於歐洲列強勢力的衰退，美商早已積極布局，擴大對華貿易，並加大商業與實業投資力道，積極參與中國各項建設與開發事業。例如美商美孚石油公司在青島有重要設施與利益，日本如欲宰制並壟斷對青島商貿活動的控制，並讓日商勢力進駐取代，可能就必須採取某些特別措施，來限制美商的發展，或是逼迫其離開。而美國領事館職司保護美商利益，則必須盡力確保美商產業與活動不受日本的干涉與影響，必須對於日本的擴張野心，抱持警覺心態，甚至採取某些積極措施，嘗試制衡或緩解日本的壟斷與排他行為。

　　總而言之，無論是美、日兩國在山東的商業競爭，還是由於美國教會疑似涉入反日學運所導致的雙方齟齬，再加上日本在美形象妖魔化的推波助瀾，均可能使得美國政府從原先的立場中立的旁觀者，被迫走到幕前，直接與日本當局進行過招。也就是說，在山東問題爭議引起中、日之間激烈的對抗後，美國政府終究也不可避免地必須涉身其中。美、日之間的對立態勢，在某種程度上，已逐漸在山東議題上獲得落實，且可能轉趨嚴峻。

二、美國對華情結的邊際效應

　　近幾年來，隨著中國崛起與美國對華政策的轉趨強勢，中美貿易戰與軍事對抗正方興未艾，儼然有形成新冷戰的趨勢。然而，回顧過往歷史，中美之間的互動關係，卻是長期屬於友好親善的。自晚清鴉片戰爭、西力入侵以來，美國雖然同為西方條約特權體系的成員，但相較於英、法、德、俄等國，美國是少數的「例外」，也是對中國較沒有領土野心的國家。[2] 當晚清瓜分風潮伊始，中國面臨被列強劃分勢力範圍、強佔分割之際，也是美國主動跳出來，提出「中國門戶開放」政策，強調尊重中國主權獨立與領土完整，從內部掣肘了西方列強意圖瓜分中國的態勢。八國聯軍之役後，美國率先將多餘的庚子賠款，主動歸還中國，用以獎助教育文化事業，迫使其他列強不得不改弦易轍，採取類似的友華措施，藉此表達善意，掩飾其野心。因此，中美關係不同於其他外國，而是一種「特殊關係」。[3] 中國人對於美國，也有著異乎尋常的信任與依賴感，總是希望美國能夠挺身而出，協助中國擺脫晚清以來的內外困境，走向光明坦途。[4] 歐戰以來，美國總統威爾遜提出「民族自決」原則，大幅助長了中國的民心士氣，後來又由於巴黎和會山東問題決議案的刺激，引發出慷慨激昂的五四學生愛國運動，帶動了中國公眾意識的覺醒。[5] 中國人對於山東問題固然一度相當失望，但對於美國的期待眷戀之情則依舊不減。這又更進一步深化了中美之間依連的臍帶關係。

2　此即所謂的「美國例外論」。關於美國在處理外交關係上的例外情況，可以參見 Seymour Martin Lipset, *American Exceptionalism: A Double-edged Sword* (New York: W. W. Norton & Company, 1996).

3　例如美國知名學者韓德，分析了 1914 年之前中、美互動的歷程，即認為兩國之間，形成了一種「特殊關係」。見韓德著，項立嶺、林勇軍譯，張自謀校，《一種特殊關係的形成：1914 年前的美國與中國》（上海：復旦大學出版社，1993）。

4　關於近代以來中國人「美國觀」的形塑及其意涵，可以參見楊玉聖，《中國人的美國觀：一個歷史的考察》。

5　應俊豪，《公眾輿論與北洋外交─以巴黎和會山東問題為中心的研究》，頁 38-52。

　　《大阪每日新聞》曾為文討論中國極度親美傾向
的來由，認為近來美國對華所作所為，諸如取締排華、
賑濟中國水災、退還庚子賠款、獎助中國學生留美、
推動禁絕鴉片計畫、協助改正關稅等，再加上巴黎和會
上對於中國爭取收回山東利權的表態支持，充分贏得中
國的感激。姑且不論美國是否有意藉此擴大在華的影響
力，但毋庸置疑歐戰後中國人的親美傾向確實已大幅
強化。[6]

　　如果暫時先放開中、美固有親善友好的泛泛而論，
深究其利益得失，美國當時究竟如何看待中國的盤算？
當中國訴諸悲情，大打美國牌，以及類似傳統「以夷制
夷」故計的策略運用，利用美國來制衡日本之舉，美國
方面又是如何因應？就美國而言，對於中國人意欲將美
國拉入中日矛盾格局的企圖，應該早就了然於胸。但關
鍵在於，美國人本身願不願意入局？是否甘願作為中國
人抗衡日本的神主牌？還有美國一旦入局，不論被動或
主動，作為中國對抗日本的重要仰仗，對美國來說，終
究有何利弊？

　　究其實際，歐戰後美國熟悉中國事務的人員，尤其
是美國在華的民間社群，均對日本在華活動與野心保持
著密切關注與戒心。這可能意謂日本自歐戰期間以來所
採取的積極對華政策，不論是政治上的二十一條要求、
軍事上的軍事合作與貸款，或是經濟上的擴大對華投資

6　〈支那の対米期待：徐総統よりウ大統領への国祭日祝電〉，《大
　　阪每日新聞》，1919 年 7 月 7 日。

貸款與拓展市場，或許已引起美國政府與民間的高度警覺。然而，究竟這些曾處理涉華事務的美國官員、關心遠東事務的美國知識分子，或是實際居住在中國的美國公民，他們所理解到或是感受的日本，是怎麼樣的？尤其是當美國在華利益可能受到日本的挑戰與威脅時，美國又該如何籌思因應對策？或許，某種程度的「白人負擔論」（White Man's Burden），[7] 可能也隱隱約約出現在美國對華政策與思維上。部分美國在華人士即堅信，中國現況的混亂並非中國人所能自救，同樣地，日本的步步入侵也非中國人所能抵抗。因此，美國必須挺身而出，強勢介入，澈底改造中國，扶持中國走向文明開放與富強之路，也才能有效抵禦來自日本的壓力。

歐戰以來，最足以體現日本對華野心的，莫過於日本於戰爭期間 1915 年所提出的二十一條要求。主管中國事務的美國國務院遠東司不承認中、日雙方在二十一條要求基礎上所簽署的《民四條約》，理由即是此類條約不但侵犯了美國的條約權利，同時也違反了門戶開放政策。[8] 這也是美國後來先後在巴黎和會與華盛頓會議上，支持中國抗衡日本，並重新檢視上述條約有效性的重要原因之一。

更具爭議性的，是部分在華美國民間團體，對於

7　關於美國帝國主義與白人負擔論，可以參見 Gretchen Murphy, *Shadowing the White Man's Burden: U.S. Imperialism and the Problem of the Color Line* (New York: NYU Press, 2010)。

8　Department of Far Eastern Affairs, "Comment on the Program Submitted by the Canton Government," 12 December 1921, RIAC 893.00/4171.

中、日之爭,很清楚地表達立場,同情中國處境,並主張美國應支持中國對抗日本。例如在五四運動山東問題爭議發生後,美國在華商會、北京英美協會等民間商業團體均出面督促美國政府應支持中國收回山東利權。無論這些美國民間公民團體表態的原始動機,是基於商業利益考量、政治目的,抑或僅是單純同情中國,但其結果均會激勵中國人繼續堅決對抗日本的意志,有助於「聯美制日」與反日運動的氣勢。尤有要者,美國駐華使領官員多半與該國在華民間公民與商業團體間關係密切,美國駐華公使館部分官員甚至即是前述團體組織的核心成員。[9]

美國在華民間團體的明確表態,可能會引發出更大的邊際效益。不禁會讓外界,特別是中國公眾以及日本方面,聯想到民間公民與商業團體的言論,背後是否可能帶有政府官員私下的授意。職是之故,中、日雙方也就在美國民間團體表態後,各取所需,也各自揣摩理解。中國公眾本來即渴望與需要美國的支持,故樂於利用美國民間團體的表態事件,將其誇大解釋,甚至無限上綱至美國政府層次,以便繼續大張旗鼓地推動反日。反之,日本方面則從中覺察到美國與中國反日運動間糾葛不清的複雜關係,甚至質疑美國政府是否對日採取兩

---

9   "The Japanese Embassy to the Department of State," 19 June 1919, *FRUS 1919*, Vol. I, pp. 703-704; "The Ambassador in Japan (Morris) to the Acting Secretary of State," TOKYO, 15 June 1919, *FRUS 1919*, Vol. I, p. 701; "The Ambassador in Japan (Morris) to the Acting Secretary of State", TOKYO, June 16, *FRUS 1919*, Vol. I, pp. 701-702.

面手法，一方面對外強調嚴守中立，不介入中國內政事務，也不會干涉中日糾紛，但實則暗自利用在華的民間與商業團體作為掩護，陰謀鼓動中國人的反日情緒。部分日本新聞媒體甚至認定美國人故意對中國示好，一方面藉此博取中國人極大的好感，二方面則可以遂行其排日政策，以便讓美國的經濟勢力在歐戰後可以深入中國，獨佔在華利益。換言之，日本懷疑美國想要將門羅主義的適用範圍，延伸至亞洲來，將中國變成像中南美洲一樣，作為美國的禁臠。[10]

對於美國在華民間商業與公民團體的表態問題，美國政府乃一再重申海外美國僑民不應介入外國內政事務的嚴正立場，也強調對於美國僑民在海外的個人言行舉止，美國政府均不負有承擔與保護之責，試圖藉此撇清關係，以避免中、日雙方利用此事大做文章。[11] 然而儘管如此，美國政府的後續澄清聲明與約束通令，無論只是形式作為官樣文章，又或者真的在藉此表達政府的嚴肅態度，終究還是限制不了中、日雙方的各自盤算。

尤有要者，美國對於中國的特殊情結，將原先套用於美洲事務的政策行為模式，轉而適用於中國；而其所預設防範的對象，最主要可能就是阻止日本對於中國進一步的侵害，就像快一百年前，美國為了防止歐洲繼續干涉美洲事務，而宣示的門羅主義宣言一樣。另外一方

---

10 〈対露策と米国：連合国及日本の対策〉，《大阪毎日新聞》，1919 年 8 月 1 日。

11 "The Secretary of State to the Chargé in China (Tenney)" No.1092, WASHINGTON, 26 December 1919, *FRUS 1919*, Vol. I, p. 723.

面，自巴黎和會山東問題爭議以來，中國「聯美制日」
的外交路線也就日益明確，中國外交官們對於美國這種
將中國套用美洲模式的處理傾向，自然也大表歡迎。
1925 年中，當參與華盛頓會議的諸國陸續完成《九國
公約》的批准後，九國代表再次齊聚華盛頓，慶賀《九
國公約》的正式生效。與會的中國代表施肇基，在慶祝
儀式上所做的發言，即清楚說明了中國外交官們對於美
國將門羅主義適用到東方來的雀躍之情。

> 武力、威脅與敵意，過去強者用來對付弱者使用的
> 武器，將由理性、合作與善意取代。美國獲得她最
> 偉大的外交成就之一：將門羅主義適用到東方來。
> 這項美國政策由海約翰首倡，羅脫與休斯制定架
> 構，由凱洛格（Frank B. Kellogg）公布。[12]

　　換言之，歐戰後華盛頓會議的召開、《九國公約》
的簽署，以至於後來華盛頓會議體制的形成，正是中國
聯美制日策略以及美國對華特殊情結的最佳寫照。

三、輿論宣傳戰及其迴響

　　當巴黎和會山東問題漸趨白熱化之際，美國駐華公
使館以及大部分旅華人士多半同情中國立場，並採取諸

12　"Transition from Strong to Weak Diplomacy," *The China Weekly Review*,
　　12 September 1925.

多行動表達對中國的支持。以美國總統威爾遜為首的美國代表團，更是在巴黎和會上唯一曾力挺中國的國家，這使得中國人「聯美制日」的心態，更為具體化與鮮明。日本方面則認定中國日漸強化的反日民族主義運動，背後有著美國運作的痕跡，況且若非美國的支持與煽動，中國人應該不敢片面撕毀與日本的協議，提出要直接收回山東利權的要求。為了有效反制美國，日本各有關當局也開始在日本本地以及中國，積極推動反美宣傳，無論是威爾遜，還是在華外交官、傳教士，幾乎都成為日本輿論攻擊的對象。[13] 不過，歐戰後日本發動的反美輿論宣傳手段，並非僅是單方面的行動。早在歐戰期間美國報人即在公共新聞委員會的旗幟下，就曾有計畫地發動對於日本的輿論攻勢。所以，歐戰後雖然戰爭結束了，但美、日兩國在報紙上的輿論宣傳戰，正逐步升溫。

　　歐戰後美國報人在華推動的反日輿論宣傳策略，對於中國知識階層的「聯美制日」傾向，亦帶有很大的推波助瀾作用。究其實際，自晚清推動新式教育與選派留學後，隨著新式學校學生的大量出現以及海外學人的陸續歸國，進一步帶動中國知識階層的西化傾向，仿效西方，建立現代文明逐漸蔚為風氣。民初新文化運動期間，中國新知識分子更是大力推動西化，競相引進各種

13　"The Chargé in Japan (MacMurray) to the Acting Secretary of State", Tokyo, 5 March 1919, *FRUS 1919*, Vol. I, pp. 686-687; "Report on Political and Economic Conditions for the Quarter Ending March 31, 1919," "The Minister in China (Reinsch) to the Secretary of State," No. 2821, Peking, 6 June 1919, *FRUS 1919*, Vol. I, p. 335.

西方學說。在「外國的月亮比較圓」的風氣影響下,中國「崇洋媚外」現象也就難以避免。美國又是西方國家中,對華最友善的國家,近代以來累積對於美國的信賴,加上公共新聞委員會在華報人所積極宣傳與帶動的威爾遜主義與親美主義,也使得中國知識分子與青年學生,當面對日本的強勢軍事與經濟侵略,自然而然地將情感投射到美國身上。也因此,明顯打著美國印記的報紙,也就對中國知識階層,有著不小的感召力,特別是年輕的學生族群。他們熱衷於學習英文,看美國報紙,並從中瞭解美國對於中國現況與中日矛盾的觀感。在情感的信賴下,他們很容易將美國報紙上所披露的反日立場,過度自我理解成美國政府的態度;換言之,美國報紙對於日本的質疑與批判言論,即體現著美國人對於中國的支持。依此邏輯,他們在閱讀美國報紙反日言論的過程中,逐漸找得心中渴望的外援,而在想像出來的美國奧援下,他們也理所當然地更有底氣與信心,去與日本對抗,爭取山東權益。部分具有留美背景的中國外交官與報人,不但樂觀其成,甚至亦刻意去鼓勵此態勢之發展,並與美國報人通力合作,策劃反日宣傳,鞏固學生的反日意識,試圖挾輿論以為外交之助,以推行聯美制日的外交策略。

　　此種思維與行為模式一旦成形,則無論美國政府是否真有介入中日之爭的情事,日本方面均會片面認定美國人是挑起歐戰後中國反日運動的主要推手與精神導師,從而強化日本人對於美國的厭惡與排斥。事實上,歐戰後日本新聞報紙輿論屢屢質疑美國在華人士、教會團體以及報紙等有意挑撥與煽動中國人的反日情緒，推動抵制日貨運動，以便藉機取代日本在華的商業利益。言外之意，則隱約帶有指控美國政府涉入到中國的反日運動。雖然近代以來因美國採取帶有歧視性的移民法規，讓日本人頗多怨言，指責美國雙重標準，往往寬以待己，嚴以律人，但整體來說，日本早期對美輿論宣傳的方向，仍致力於營造日本在美的正面形象為主（美化日本形象），而較少涉及到反美成分（汙名化美國）。然而不難理解地，歐戰以來種種新仇舊恨的重疊效應下，加以美、日崛起，競逐東亞利權，雙方矛盾更趨檯面化，日本為了有效反制美國，自然也會選擇「以子之矛、攻之子盾」，同樣選擇訴諸新聞輿論工具，發動反美輿論宣傳戰，以戰止戰，從而間接促成美、日矛盾論述的形成。因此，美國在華的反日宣傳（以中國人為對象），助長了中國的反日運動（以日本人為對象），再變成日本的敵意與反美宣傳（以美國人為對象），周而復始。原先較為抽象的輿論宣傳，經由一再地媒介轉化與層層影響下，形成一種惡性循環，也就逐漸成為現實。

操作輿論以為外交之助，乃是一種權宜手段，也體現著歐戰後美、日兩國在檯面下的溫和過招。值得注意的是，玩弄輿論稍有不慎，也可能造成反客為主的尷尬局面。如果美、日雙方均縱容或故意操弄反日或反美宣傳，同時也都認定對方私下在進行輿論攻勢，那麼原先看似單純的民間輿論問題，不知不覺中就可能逐漸加熱升溫，甚至後來成為影響兩國邦誼的國交問題。於是乎,輿論與外交之間的界線漸趨模糊,彼此糾葛不清。
輿論可能是外交的陰謀,而外交則是輿論的陽謀。在這
樣輿論與外交的持續交鋒過程中,兩國人民初始可能只
是被動員的工具與手段。但是隨著民族輿情的逐漸升
溫,當口頭上的交相攻訐,逐漸落實與升級至民族仇
恨,公眾就可能主動參與,甚至超脫出政府的控制,屆
時假的或許就可能玩成真的。職是之故,美、日雙方的
輿論宣傳戰,可能就是導致美、日在華矛盾甚囂塵上最
重要原因之一。

四、美、日在華武裝衝突的漣漪

美、日兩國間的諸多矛盾,以及日本人對於美國的
敵視態度,可能又以實際在華生活的日本僑民感觸最
深,且反應較為強烈。因為他們大多認定中國之所以敢
在二十一條、山東問題上無視日本的要求,背後主要是
由於美國的煽動與支持。而五四政治運動後,逐漸蔓延
至中國各大城市的反日風潮與抵制日貨運動,則是直接
威脅到在華日人的生存空間,影響到日常活動與營業生
計,故對於美國運作並慫恿中國人反日的既定印象,自
然更為強烈。在如此緊張的氛圍環境下,美、日兩國人
民在華一旦稍有風吹草動,縱然只是偶發事件,還是可
能引爆出大規模的流血與武裝衝突事件。

1919 年 3 月間,肇因於一件小小的酒後鬥毆案件,
美、日兩國軍警與日本居留民團,竟接連在天津日租界
與法租界大打出手,並以隨機且無差別對象的野蠻攻擊

方式，肆意圍捕與傷害對方人員。不到兩年，1921 年 5
月，在上海公共租界，單純由於美軍水兵故意戲弄日軍
水兵的輕率之舉，卻引起日本在滬居留民團與海軍士兵
極度不滿與憤恨，認定美軍士兵故意挑釁與汙辱日人，
故開始在公共租界虹口區內聚眾滋事，到處搜捕且埋伏
襲擊落單的美軍士兵，過程中亦再度出現隨機與無差別
式的攻擊模式，導致許多無辜美軍士兵因此負傷。美軍
方面自然也不甘示弱，遂集結人手，謀思反擊報復，導
致虹口區一帶風聲鶴唳，人人自危，擔心衝突事件進一
步擴大。

從天津事件到上海虹口事件，歐戰後不過兩年多的
時間裡，美、日兩國在華人員，竟然就兩度發生大規模
武裝流血衝突，涉及到陸軍士兵、海軍士兵、警察巡捕
以及日本居留民團，背後明顯帶有相當深層與複雜的原
因，故不應單純以偶發事件或擦槍走火而等閒視之。除
了查明衝突過程等細節外，事件背後隱藏的深層因素，
以及後續的外交互動與影響等均值得深入探究。尤其上
述兩起武裝衝突事件，起因都是少數士兵個人間細小的
言語口角或動作挑釁，但最後卻星火燎原，毫無例外地
演變成高達數百人的集體流血與武裝衝突事件，甚至還
出現隨機、無差別式的報復攻擊。這或許意謂事件本
身，已經從最初某些個人間的恩怨，升級到族群衝突層
次，背後甚至可能隱約流露出民族間的仇恨。

日本一直戮力於追求文明開化，透過仿效西方模
式、脫亞入歐，目的在成為西方先進文明國家的一份
子。也因此，日本一直積極在歐美等西方人眼中，營造

出民主開明的正面形象。但是天津美日衝突事件發生
後，根據華北地區各外文報紙的言論，顯然對於日本的
形象，已造成相當嚴重的傷害。英國駐華公使館的內部
情資報告中，也清楚點出，對於天津的外人公眾來說，
雖然大致上均認為美軍士兵的缺乏軍紀以及軍事當局未
能事前防範衝突，可能是導致天津事件的主要原因；但
是，外人公眾同樣感到普遍不滿的，恐怕是日本人在處
理此事上的態度，包括採取高壓手段入侵法租界，以及
無差別地逮捕美軍士兵與騷擾其他外國人等「違反慣例
又反常」（extraordinary and irregular）的行為。[14]

　　歐戰後的美、日關係，因受日本在華擴張行動、中
日山東問題爭議的刺激，以及日本發動反美宣傳而漸趨
緊張，而美、日雙方駐華軍人以及日本居留民團的活
動，則使得歐戰後的美日對立等問題就此浮出檯面，進
而在天津租界引爆成為一系列的武力衝突事件，美、日
雙方駐軍為此大打出手，並採取無差別式的血腥報復攻
擊模式。天津衝突事件發生後，雖然美、日兩國政府雖
然均採取克制態度，以外交手段來解決此案，但是雙方
民間報紙輿論長期的互相攻訐與渲染，日積月累下，早
已塑造出兩國在華人民間的敵視，以致稍有口角細故，
即可能擦槍走火，引起大規模的暴力流血衝突事件。衝

---

14 以英國來說，美、日衝突本來與英國無關，但是在衝突過程
　　中，日本方面的所作所為，顯然波及到英國人。除了有英國人
　　在法租界遭到日軍武裝士兵的阻攔外，一家英國公司的產業甚
　　至遭到日本武裝士兵的闖入與搜查。見 "Extract from Tientsin
　　Intelligence Report," Enclosure of "Sir J. N. Jordan, British Minister,
　　Peking to Earl Curzon of Kedleston, Foreign Office," 25 April 1919,
　　FO371/3698.

突事件發生第一時間，日本軍警武力介入，自然更會進一步放大民族仇恨。美、日兩國政府事後雖然均無意擴大操弄此案，但對於事件過程的是非曲直，雙方一直各持己見，要求對方先正式道歉，是以未能及時有效解決此案。再加上事件後，美、日雙方民間報紙輿論，似乎仍然延續先前的對立路線，刻意醜化對方的形象。外交上短期內無法解決，報紙輿論上又繼續各言其事，導致美、日雙方在華民間關係，陷於低潮狀態，僑民與軍警間則持續彼此仇視。因此，兩國人民如又發生類似摩擦衝突，即可能再度引起大規模流血案件。衝突事件一個多月後，1919 年 4 月底，從旁觀察事態演變的英國僑民，因認為美、日兩國敵對意識持續高漲，而曾向英國駐華公使朱爾典示警，促其注意。朱爾典亦認為在目前的環境下，美、日敵對態勢的持續，恐怕也是不可避免的。[15] 1919 年 6 月上旬，在事發衝突後近三個月，朱爾典依然認為美、日兩國在華人民之間的惡感還是未能消除。而美國政府顯然也相當不滿意日本政府在事後所做的處置。[16] 一直要至 1920 年底，美、日兩國才在勉強各讓一步的情況下，彼此道歉化解此案。[17] 然而，好景不長，不到半年，美、日雙方駐華的海軍士兵，又接著在上海爆發新一波的大規模衝突。1921 年 5 月上

15　"Sir J. N. Jordan, British Minister, Peking to Earl Curzon of Kedleston, Foreign Office," 25 April 1919, FO371/3698.

16　"Sir J. N. Jordan, British Minister, Peking to Earl Curzon of Kedleston, Foreign Office," 11 June 1919, FO371/3698.

17　〈幣原大使ヨリ內田外務大臣宛〉，1920 年 12 月 13 日，「6・調書第六号　天津事件」，JACAR: B12080893100。

海虹口事件中,日本居留民團又再度扮演重要角色,到處攻擊美軍士兵,這也證明前述判斷無誤,美、日間的仇恨與偏見,果不其然又激發出類似的大規模流血衝突,而且從華北的天津,蔓延到位於長江口、地位更為重要的上海。顯而易見,美日在華矛盾的態勢,早已埋下了伏筆。

五、中國「聯美制日」策略及反思

中國,處於弱國外交的現實處境,面對日本的步步進逼,知識分子可能很早即覺察到反日必須聯美。畢竟如無美國的奧援與支持,反日訴求無論如何很難以在外交上站穩腳步。如欲反日,則必須聯美。無論是在巴黎和會山東問題爭議上,扮演關鍵角色的顧維鈞與王正廷,抑或是在國內利用報紙推動公眾輿論的黃憲昭、董顯光,還包括實際組織與操作學生運動的青年領袖等,均致力於推動聯美策略,以便能在反日問題獲得外部的有力奧援。[18]

---

18 關於中國報紙輿論在美日矛盾論述中扮演的角色,還有發展討論的空間。中國報人對於美日矛盾論述,確實起到推波助瀾的作用。特別是中國人擔任主筆的英文報紙,訴諸的對象以外國在華的英美人士為主,所以利用英文報紙操縱美日矛盾論述,也比較容易發揮影響力。至於中文報紙在其中扮演的角色,尚需進一步斟酌在華的美國人中,中文閱讀能力如何?外交官、學者或傳教士理論上沒有問題,但一般商民就有相當難度。美國駐華使領館的報告中,同樣也有輿論分析報告,但內容上更為繁雜,許多地方報紙,只有英譯,並未檢附中文原報,也不易查找到原件。再加上美國「中國國內事務檔案」中此類輿情報告,同樣也是微卷檔案,瀏覽使用不易,因此筆者當初沒有納入本書範疇內。

　　受到巴黎和會山東問題爭取收回國權失敗的刺激，以反日為重要訴求之一的五四運動，在歐戰以後的1920年代仍持續發揮影響力。中國各大城市賡續不斷的反日學生運動與抵制日貨、日船主張，即呼應著此一脈絡。然而中國民間的反日運動，並非僅止於中、日兩國之間的對抗，同樣也牽涉到美國。特別是在中、日國際地位與實力懸殊，以及弱國無外交的客觀大環境掣肘下，中國只能將希望寄託於尋求外部的援助。而利用對華友善的外國以抗衡日本的「聯美制日」訴求與傾向，則成為當時相當重要的主流論述。姑且不論美國是否確實在反日運動中扮演關鍵角色，但不容否認的，在中國人心目中，總是主觀渴望著美國的援助，以抗衡日本。職是之故，無論是政府層次的外交施為，還是民間人士推動的公眾運動，「聯美制日」都是不可忽視的重要面向。這也間接使得歐戰以後的中國反日運動，背後似乎往往帶著一絲絲美國的元素。

　　有前述觀感的，絕非僅止於中國人，連帶也影響到日本的對美態度。尤其是居住在中國的日本人（包括使領、駐軍、海軍官員以及租界與口岸城市的居留民等），他們直接處於中國反日運動的鋒口上，感觸最深也最敏感。而自明治維新成功、國力日趨強盛後，日本政府與民間一直以來汲汲於爭取在華利益，歐戰期間更是利用歐洲列強受到戰事拖累無暇東顧之機，大肆擴大對中國事務的影響力，對於中國市場的宰制，更是顯得志在必得。而美國較晚參與歐戰，美國民間資本亦積極在中國尋求投資標的，再加上美國對於世界以及遠東局

勢與日遽增的涉入能力，歐戰期間及其後的美、日在華
互動，不可避免的，勢必帶有高度競爭性。也因此，對
於似乎有意在日本嘴邊奪食的美國，以及中國反日運動
及潛藏下與美國因素間牽扯不清的曖昧關係，日本自然
不太可能視若無睹。影響所及，日本人對於美國猜忌
與仇視情緒，就在慢慢滋長。[19] 美國駐日使館即觀察到
日本外務省及駐外使領機構，可能試圖利用運作報紙
輿論，鼓吹反美宣傳，攻訐美國在中國反日運動的角
色。[20] 換言之，當中國試圖推動聯美以制日之際，日本
則疑心美國在背後鼓動中國的反日情緒，藉機擴大在華
的政治與商業利益。而美國也確實立場模糊，表面上維
持中立，但實則同情中國與顧忌日本，且自巴黎和會山
東爭議及五四政治運動以來，美國即是中國抗衡日本最
重要的依仗。在這樣複雜的多邊關係下，也就進一步牽
起歐戰後美、中、日三角互動的微妙情勢。

　　由此觀之，歐戰後的中國知識分子，已清楚認知到
美、日崛起後彼此間的矛盾與競爭，而透過中國報界與
美國在華報紙之間的頻繁互動與串連，逐漸形成一種輿
論論述，並試圖利用此種力量來煽風點火，助長與推
動美、日在華矛盾論述。主要的操作手法之一，就是盡
量渲染與強化美國對於日本的猜忌，同時爭取美國對中

---

19 〈荒木大佐ヨリ陸軍次長宛〉，1919 年 3 月 20 日，「2 大正 7 年
11 月 9 日から大正 8 年 11 月 1 日」，JACAR: B03030308000，
頁 76；〈米國ノ臺灣擾亂說ニ關スル件〉，1919 年 11 月 10
日，「2 大正 7 年 11 月 9 日から大正 8 年 11 月 1 日」，JACAR:
B03030308000，頁 102。

20 "The Chargé in Japan (MacMurray) to the Acting Secretary of State",
Tokyo, 5 March 1919, *FRUS 1919*, Vol. I, pp. 686-687.

國的同情與支持，從而將美國因素拉進歐戰後的中、日主權爭議之中。這應該是當時中國知識分子身處弱國外交、單憑中國本身無力抗衡日本壓力的現實環境下，一種不得不、卻也較為可行的輿論外交模式。追本溯源，此種手法與歐戰期間二十一條要求交涉時袁世凱政府的新聞洩密策略，以及戰後巴黎和會上中國代表團的鼓動輿論以為外交之助等運用，在本質上，並無太大的差異，可謂是一脈相承。還必須特別注意的是，美國在華報紙與報人在上述過程中，亦扮演主動且關鍵的角色。他們與中國報人相互唱和，共同拉抬反日聲勢，並非單純被運作。事實上，當中國人因無力抗衡日本，而大力推動「聯美制日」之際，美國人之所以也願意主動入局，介入中日紛爭，除了其固有對華的親善態度以及堅持中國門戶開放政策的立場外，部分美國人也可能試圖以中國議題為籌碼，來與日本較量，間接阻礙日本的持續擴張。無論如何，能夠削弱日本在中國的實質影響力，對於歐戰後積極進軍中國市場的美國來說，確實符合自身的利益。

　　還必須檢討反思的是，中國知識分子與學生運動的反日輿論宣傳策略，除了帶有極其鮮明的「聯美」色彩外，是否還隱藏其他面向，特別是有無政治意圖？誠如《京津日日新聞》所指控的，中國學生運動可能選擇透過炒作反日議題，來吸引群眾目光，進而將其與反軍閥等政治問題掛上關連。究其實際，自 1915 年二十一條要求交涉、1919 年巴黎和會山東問題爭議以來，對中國群眾而言，反日議題已逐漸成為時髦的焦點，也是社會上的最大公約數，似乎任何人只要高揭反日的大旗，很容易就可以引起公眾輿論的關注。也因此，學運領袖往往要博取群眾關注，形成公共議題，維持社會運動的動能，反日不但是極具有煽動性的素材，也是不可或缺的關鍵因子。與此同時，1920 年代以降，中國南北對立與政爭愈益嚴重，孫中山領導的南方政府向來戮力打倒北洋軍閥，亦早已察覺到學生運動力量的強大，沛然莫之能禦，故持續加大對學生運動的支持滲透與煽動，其用意自然欲藉炒作反日議題，蓄積民氣，再將之轉而導向與帝國主義相互勾結的北洋軍閥。五四運動時期，學生曾高喊「內除國賊、外抗強權」口號，原始動機或許只是單純想要揪出親日賣國之人，使其承擔起外交失利的責任。但是後來的有心人士，卻想得更多也更深遠，試圖進一步擴充延伸與演繹，亦即如欲維護國權，首先必須將出賣國家利權的軍閥以及背後的帝國主義一併打倒。此種思維脈絡，則可能向下延續到 1920 年代中期的國民革命軍北伐時期，當時一度喊得響徹雲霄的「打倒列強、除軍閥」口號，或許即是其具體產物。只不過此思維模式，其實早已逐漸偏離原先的聯美路線，而是慢慢走向布爾什維克之路。換言之，在學生運動高舉的反日大旗陰影下，究竟隱藏的是「聯美」，還是「親蘇」？

關於此點，《京津日日新聞》主筆橘樸，曾有非常深入且露骨的論述。早在 1919 年五四運動初始，橘樸就分析中國看似激昂的反日學生運動，可能不過是一種外在的掩護，其主要的核心精神，在於推動社會革命。

而當 1920 年代中國的反基督教運動開始之後，橘樸更加認定中國的學生運動的底蘊所在，並非單純要反日，而所謂的「聯美制日」，恐怕亦不過是個幌子。那些同情中國立場的美國傳教士與報人，當初竭力支持並煽動中國的反日學生運動，最後卻適得其反，恐引火自焚。畢竟學生想要打倒的，不是只有日本，還有軍閥，甚至也包括西方列強和其背後所體現的基督教、資本主義與帝國主義。換言之，中國學生組織與其說是威爾遜親美主義的擁抱者，倒不如說他們是馬克思社會主義的信徒。更加令人諷刺的，當初將此類社會主義思想引進中國的報紙中，就包括當時由美國資金挹注與監督經營的《益世報》。美系報紙不但引進了社會主義思潮，又煽動並大力支持中國的反日學生運動，目的原想要將中國改造成美國理想中的樣子，但最終卻星火燎原，燒到了自己。[21]

橘樸對於中國反日運動的理解與解釋，固然有偏頗之處，不一定符合當時中國學運的核心精神。然而值得注意的是，橘樸的某些論點，雖然並非友愛於中國，但

21　中國學生推動的非基督教運動始於北京，其主要論點有二：其一是指控基督教桎梏了中華民族的性靈，其二是譴責基督教乃是國際資本主義侵華的先導者。換言之，反基督教運動認定基督教是西方帝國主義、資本主義箝制中國人心、經濟剝削中國的幫凶。由此，可以推出非基督教運動，可能帶有反宗教的唯物史觀特性。橘樸曾以一個相當諷刺的比喻，來說明美國的尷尬處境：美國人原本想要在中國孵育一隻「鷺」，但沒想到最後養出了「北雞」。不過，橘樸認為反基督教運動主張太過偏狹，且很多論點也與事實情況不符，在中國不會有太大的市場，也無法像反日運動一樣引起中國百姓的普遍共鳴。參見〈非基教運動〉、〈新思想運動と宗教〉，《京津日日新聞》，1922 年 3 月 27 日、28 日。

某種程度上，卻相當暗合中國的聯美制日策略。歐戰以降，日本對華輿論論調，不少仍高唱要確保並鞏固日本在華利益勢力，主張對華採取強硬的作為，壓制中國反日運動。但橘樸卻不同，他傾向冷靜對待並理解反日運動，分析中國反日運動的思維模式屬於內部消費，重點不在於反日，而是打著反日旗幟，實則對內繼續推動革命事業（無論是推動國民黨的北伐打倒軍閥或是共產黨的無產階級革命），因此毋須反映過激，以免適得其反。此種觀點縱使帶有偏見，然卻可以舒緩中日矛盾，試圖勸說日本人不要對中國的反日運動，採取過於激烈的反應。之所以呼籲理解反日運動，調和中日矛盾，很可能與他向來主張對抗歐美的立場有關。事實上，在對美問題上，橘樸大致上還是傾向與美對抗的，只是他籌思的路線，與當時主流日本輿論稍有不同。戰間期日本對華的主流意見，尤其軍方勢力（陸軍），乃是擴大在華地盤與利益，利用中國廣大的資源與市場，再與歐美抗衡，但橘樸則是主張拉攏中國，再聯合中國一同對抗歐美。橘樸的觀點，多少已隱約帶有亞洲主義的先聲，即先團結中國等亞洲人，共同對抗歐美。因此，橘樸的觀點，雖然並非主流思維，但究其實際，不過只是取徑路線不同，最終目的還是一樣的，那就是日本必須出面對抗歐美勢力。

近代以來，受到長期內憂外患的影響，中國自身實力孱弱，根本無力對抗日本的侵略。所以要抵抗日本的步步進逼，有兩個看似矛盾，實則殊途同歸的途徑。其一，就是直接聯合對華友善的強國以抗日，這也是聯美制日策略的著眼點。其二，則是想方設法舒緩日本侵華的步調，甚至反過來鼓吹中日友善論，虛以委蛇，希望日本能夠先拉攏中國，再談對抗歐美。1920 年代，因為華盛頓會議體制的約束，日本稍微偃旗息鼓，故中國人大多採取第一種途徑來制日。但到了 1930 年代，華會體制走向瓦解，美國孤立主義盛行，歐洲也因德、義等法西斯政權當道，自顧不暇，無力介入東方事務，日本亦不再掩飾侵華野心，奪佔中國東北，因此中國除了第一途徑外，第二途徑就顯得彌足重要，如此方能迷惑日本，盡量延緩其侵華步調，以待未來時機轉變。事實上，蔣中正後來採取的外交制日策略，也就是兼採兩者，一方面私底下仍繼續聯合歐美以制日，但另外一方面則鼓吹日本應拉攏中國，而非侵略中國。[22] 究其實際，蔣中正所欲訴諸的對象，其實就是像橘樸有著類似論點的日本人。

22　蔣中正在《事略稿本》中，即曾自述一段相當有意義的言論：「對倭闡明……以夷制夷之誣妄，以及以華制夷之得計」此段文字，一方面乃是向日本澄清，中國不會「以夷制夷」，故不會妄圖寄望利用西方列強之力，來抗衡日本，另外一方面則向日本暗示，日本如欲對抗歐美，更應該爭取中國的支持，方能「以華制夷」。見〈注意〉，1935 年 1 月 17 日，《民國二十四年之蔣介石先生（上）》（臺北：政大出版社，2022），頁 51。

參考書目

一、檔案

- U.S. Department of State. Records of the Department of State Relating to the Internal Affairs of China, 1910-1929 (M329). Washington, D.C.: The National Archives, 1960. (Microfilm) (RIAC)

- U.S. Department of State. Papers Relating to the Foreign Relations of the United States. Washington, D.C.: Government Printing Office, 1938. (FRUS)

- The War Department. Correspondence of the Military Intelligence Division Relating to General, Political, Economic, and Military Conditions in China, 1918-1941. (RG 165) Washington D.C.: The National Archives and Records Administration, 1987. (Microfilm) (CMID)

- Arthur Stanley Link, ed. *The Papers of Woodrow Wilson*. Princeton: Princeton University Press, 1966-94. 69 Vols. (*PWW*)

- Naval War College. International Law Documents: Conference on the Limitation of Armament with Notes and Index, 1921. Washington, D.C.: Government Printing Office, 1923. (CLA)

- 日本アジア歴史資料センター史料。

- 日本外務省,《日本外交文書》。

- U.K. Foreign Office. Central Correspondence, Political, China, 1905-1940. London: Public Record Office. (FO371)
- 中央研究院近代史研究所檔案館藏，《北洋政府外交部檔案》。

二、報紙

（一）英文報紙

- *The Millard's Review of the Far East.*
- *The Peking Leader.*
- *The New York Times.*
- *The Weekly Review of the Far East.*
- *The Shanghai Gazette.*
- *The Japan Advertizer.*
- *The Canton Times.*
- *The North China Star.*
- *The North China Herald and Supreme Court & Consular Gazette.*
- *San Francisco Examiner.*
- *The Yamato News.*
- *The Peking Daily News.*
- *The North China Herald.*
- *The North China Daily News.*
- *The Times.*
- *The Chicago Tribune.*
- *Tsinan Jih Pao.*
- *The China Press.*
- *The China Critic.*

- *The China Weekly Review.*
- *The Osaka Asahi News.*
- *The Shanghai Times.*
- *The Boston Daily Globe.*
- *The Shanghai Mercury.*
- *New York Nation.*
- *The Contemporary Review.*
- *The New Republic.*
- *The Manchester Guardian.*
- *The Peking & Tientsin Times.*

（二）日文報紙
- 《大阪每日新聞》。
- 《京津日日新聞》。
- 《滿洲日日新聞》。
- 《時事新報》。
- 《萬朝報》。
- 《東京日日新聞》。
- 《京都日出新聞》。
- 《神戶又新日報》。
- 《臺灣日日新報》。

（三）中文報紙
- 《大公報》（天津）。
- 《申報》（上海）。
- 《晨報》（北京）。

三、專書

（一）英文專書

- Asada, Sadao. *From Mahan to Pearl Harbor: American Strategic Theory and the Rise of the Imperial Japanese Navy*. Annapolis: Naval Institute Press, 2006.

- Bear, George W. *One Hundred Year of Sea Power: The U.S. Navy, 1890-1990*. Stanford: Stanford University Press, 1994.

- Beers, Burton F. *Vain Endeavor: Robert Lansing's Attempts to End the American-Japanese Rivalry*. Durham: Duke University Press 1962.

- Beresford, Charles. *The Breakup of China with An Account of Its Present Commerce, Currency, Waterways, Armies, Railways, Politics and Future Prospects*. New York and London: Harper & Brothers Publishers, 1899.

- Bernhardi, Friedrich von. *Germany and the Next War*. New York: Longmans, Green, and Co., 1914.

- Bolingbroke, Henry John Viscount. *The Works of Lord Bolingbroke: With a Life, Prepared Expressly for This Edition, Containing Additional Information Relative to His Personal and Public Character*. Philadelphia: Carey and Hart, 1841.

- Braudel, Fernand. *Civilization and Capitalism, 15th-18th Century*. New York: Harper & Row, Publishers, 1983.

- Close, Upton (Josef Washington Hall). *In the Land of the Laughing Buddha: The Adventures of an American Barbarian in China*. New York & London: G. P. Putnam's Sons, 1924.

- Cohen, Paul A. *China Unbound: Evolving Perspectives on the*

Chinese Past. London: Routledge Curzon, 2003.

- Cohen, Paul A. *Discovering History in China: American Historical Writing on the Recent Chinese Pas*t. New York: Columbia University Press, 1984.

- Cohen, Warren I. *America's Response to China: An History of Sin-American Relations.* New York: Columbia University Press, 1990.

- Cohn, Jan. *Creating America: George Horace Lorimer and The Saturday Evening Post.* Pittsburgh: University of Pittsburgh Press, 1989.

- Crow, Carl. *China Takes Her Place.* New York: Harper & Bros., 1944.

- Crow, Carl. *Foreign Devils in the Flowery Kingdom.* New York: Harper & Brothers, 1940.

- Crow, Carl. *I Speak for the Chinese.* New York: Harper & Brothers, 1937.

- Curry, Roy Walson. *Woodrow Wilson and Far Eastern Policy, 1913-1921.* New York: Octagon Books Inc., 1968.

- Dennett, Tyler. *Americans In Eastern Asia: A Critical Study of United States' Policy in the Far East in the Nineteenth Century.* New York: Barnes & Noble, 1963.

- Dewey, John. *China. Japan and U.S.A.: Present-day Conditions in the Far East and Their Bearing on the Washington Conference.* New York: Republic Publishing Co. Inc., 1921.

- DeYoung, Rebecca Konyndyk. *Glittering Vices: A New Look at the Seven Deadly Sins and Their Remedie*s. Grand Rapids:

Brazos Press, 2009.

- Duus, Peter, Ramon H. Myers, & Mark R. Peattie eds. *The Japanese Informal Empire in China, 1895-1937* Princeton: Princeton University Press, 2014.

- Elleman, Bruce A. *Wilson and China: A Revised History of the Shandong Question*. New York: M. E. Sharpe, 2002.

- Ellis, Charles Howard. *The Origin, Structure & Working of the League of Nations*. Boston: Houghton Mifflin, 1928.

- Fairbank, John King & Edwin O. Reischauer. *China: Tradition and Transformation*. Boston: Houghton Mifflin, 1973.

- Fairbank, John King & Ssŭ-yü Têng. *China's Response to the West: A Documentary Survey, 1839-1923*. Cambridge: Harvard University Press, 1954.

- Fairbank, John King. *The United States and China*. Cambridge, Mass.: Harvard Univ. Press, 1971.

- Foster, John Watson. *American Diplomacy in the Orient*. Cambridge: The Riverside Press, 1903.

- Foust, Clifford. *John Frank Stevens: Civil Engineer*. Bloomington: Indiana University Press, 2013.

- French, Paul. *Carl Crow, A Tough Old China Hand: The Life, Times, and Adventures of An American in Shanghai*. Hong Kong: Hong Kong University Press, 2006.

- Fung, Edmund S. K. *The Diplomacy of Imperial Retreat: Britain's South China Policy, 1924-1931*. Hong Kong: Oxford University Press, 1991.

- Grimes, Alan Pendleton. *The Political Liberalism of the New*

York Nation: 1865-1932. Chapel Hill: The University of North Carolina Press. 1953.

- Griswold, Alfred Whitney. *The Far Eastern Policy of the United States*. New Haven: Yale University Press, 1962.

- Gulick, Sidney Lewi. *Evolution of the Japanese: Social and Psychic*. New York: F. H. Revell Company, 1903.

- Hattendorf, John B. and Robert S. Jordan ed. *Maritime Strategy and the Balance of Power: Britain and America in the Twentieth Century*. London: The Macmillan Press, 1989.

- He, Qiliang. *Newspapers and the Journalistic Public in Republican China 1917 as a Significant Year of Journalism*. London & New York: Routledge, 2018.

- Hearnshaw, F.J.C. *Sea-Power & Empire*. London: George G. Harrap & Co. Ltd, 1937.

- Holober, Frank. *Raiders of the China Coast: CIA Covert Operations During the Korean War*. Annapolis, Md.: Naval Institute Press, 1999.

- Howell, Glenn F. & Dennis L. Nobel, ed. *Gunboats on the Yangtze: The Diary of Captain Glenn F. Howell of the USS Palos, 1920-1921*. Jefferson: McFarland & Company, Inc., 2002.

- Hunt, Michael. *The Making of A Special Relationship: The United States and China to 1914*. New York: Columbia University Press, 1983.

- Iriye, Akira. *Across the Pacific: An Inner History of American-East Asian Relations*. Chicago: Harcourt, Brace, 1967.

- Iriye, Akira. *After Imperialism: The Search for a New Order in the Far East, 1921-1931*. Cambridge: Harvard University Press, 1965.

- Iriye, Akira. *Pacific Estrangement: Japanese and American Expansion, 1897-1911*. Cambridge: Harvard University Press, 1972.
- Iriye, Akira. T*he Origins of the Second World War in Asia and the Pacific*. London: New York: Longman, 1987.
- James, Elizabeth, ed. *Macmillan: A Publishing Tradition, 1843-197*0. London: Palgrave Macmillan, 2002.
- Juergens, George. *Joseph Pulitzer and the New York World*. Princeton: Princeton University Press, 1966.
- Jukes, Geoffrey. *The Russo-Japanese War 1904-1905*. Oxford: Osprey Publishing, 2002.
- Kaplan, Lawrence M. *Homer Lea: American Soldier of Fortune*. Lexington: University Press of Kentucky, 2010.
- Kennedy, Malcolm D. *The Estrangement of Great Britain and Japan*. Berkeley and Los Angeles: University of California Press, 1969.
- Krebs, Paula M. *Gender, Race, and the Writing of Empire: Public Discourse and the Boer War*. Cambridge: Cambridge University Press, 1999.
- Kushner, Barak. *The Thought War - Japanese Imperial Propagand*a. Honolulu: University of Hawaii Press, 2006.
- Lansing, Robert. *The Peace Negotiations: A Personal Narrative*. Boston & New York: Houghton Mifflin company, 1921.
- Link, Arthur Stanley. *Wilson the Diplomatist: A Look at His Major Foreign Policies*. Baltimore, Maryland: Johns Hopkins Press, 1957.
- Lipset, Seymour Martin. *American Exceptionalism: A Double-*

edged Sword. New York: W.W. Norton & Company, 1996.

- Lo, Hui-min. *The Correspondence of G.E. Morrison*. Cambridge: Cambridge University Press, 1976.

- McWilliams, Carey. *Prejudice Japanese-Americans: Symbol of Racial Intolerance*. Boston: Little, Brown and Company. 1944.

- Miller, Dorothy Purvianc, ed. *Japanese-American Relations: A List of Works in the New York Public Library*. New York: New York Public Library, 1921.

- Miller, Edward S. *War Plan Orange: The U.S. Strategy to Defeat Japan, 1897-1945*. Annapolis, MD: United States Naval Institute Press, 2007.

- Mock, James R. & Cederic Larson. *Words That Won the War: The Story of the Committee on Public Information, 1917-1919*. New York: Russell & Russell, 1939.

- Moffat, Ian C. D. *The Allied Intervention in Russia, 1918-1920: The Diplomacy of Chaos*. London: Palgrave Macmillan 2015.

- Mohr, Joan McGuire. *The Czech and Slovak Legion in Siberia 1917-1922*. London: McFarland & Company, 2012.

- Morrison, George Ernest. *An Austrian in China, Being the Narrative of A Quiet Journey Across China to British Burma*. London: Horace Cox, 1895.

- Morse, Hosea B. and Harley F. MacNair. *Far Eastern International Relations*. Boston & New York: Houghton Mifflin Company, 1931.

- Mott, Frank Luther. *American Journalism: A History of*

Newspapers in the United States through 250 Years, 1690-1940.
New York: The Macmillan Company, 1942.

- Murphy, Gretchen. *Hemispheric Imaginings: The Monroe Doctrine and Narratives of U.S. Empire.* Durham: Duke University Press, 2005.

- Murphy, Gretchen. *Shadowing the White Man's Burden: U.S. Imperialism and the Problem of the Color Line.* New York: NYU Press, 2010.

- Neu, Charles E. *The Troubled Encounter: The United States and Japan.* New York: Wiley 1975.

- O'Connor, Peter. *The English-language Press Networks of East Asia, 1918-1945.* Folkestone: Global Oriental, 2010.

- Pitkin, Walter B. *Must We Fight Japan?* New York: The Century Co., 1921.

- Powell, J. B. *My Twenty-five Years in China.* New York: The Macmillan Company, 1942.

- Ramsay, Alex compiled. *The Peking Who's Who.* Peking: The Tientisn Press Limited, 1922.

- Remer, C. F. *Foreign Investments in China.* New York: The Macmillan company, 1933.

- Remer, C. F. *The Foreign Trade of China.* Shanghai: Commercial Press, 1926.

- Rothbard, Murray N. *Wall Street, Banks, and American Foreign Policy.* Auburn: Ludwig von Mises Institute, 2011.

- Saaler, Sven & J. Victor Koschmann, eds. *Pan-Asianism in Modern Japanese History: Colonialism, Regionalism and Borders.*

London & New York: Routledge, 2006.

- Sato, Kojiro. *IF Japan and America Fight*. Tokyo: Meguro Bunten, 1921.

- Saul, Norman E. *The Life and Times of Charles R. Crane, 1858-1939: American Businessman, Philanthropist, and A Founder of Russian Studies in America*. Lanham: Lexington, 2013.

- Sexton, Jay. *The Monroe Doctrine: Empire and Nation in 19th-Century America*. New York: Hill & Wang, 2011.

- Seymour, Charles, ed. *The Intimate Papers of Colonel House*. Boston and New York: Houghton Mifflin Company, 1926-28, Vol.4.

- Shelp, Ronald Kent and Al Ehrbar. *Fallen Giant: The Amazing Story of Hank Greenberg and the History of AIG*. Hoboken, N.J.: Wiley, 2009.

- Taleb, Nassim Nicholas. *The Black Swan: The Impact of the Highly Improbable*. London: Penguin, 2007.

- Taylor, Sandra C. *Advocate of Understanding: Sidney Gulick and the Search for Peace with Japan*. Kent: Kent State University Press, 1984.

- The Hongkong Daily Press Office. *The Directory & Chronicle for China, Japan, Corea, Indo-China, Straits Settlements, Malay States, Sian, Netherlands India, Borneo, the Philippines, &c for the Year of 1912*. London: The Hongkong Daily Press Office, 1912.

- Unger, Harlow. *Lion of Liberty: Patrick Henry and the Call to a New Nation*. Cambridge, MA: Da Capo Press, 2010.

- W. Reginald Wheeler. *China and the World War*. New York:

The Macmillan company, 1919.

- Wheeler, W. Reginald. *The Foreign Student in America*. New York: Association Press, Publication Department, National Council, YMCA, 1925.

- Wheeler, W. Reginald. *An American on China: China and the World War*. New York: Macmillan Company & Chinese-American Publishing Company, 1919.

- Widenor, William C. *Henry Cabot Lodge and the Search for An American Foreign Policy*. Oakland: University of California Press, 1983.

- Williams, William Appleman. *The Tragedy of American Diplomacy*. New York: Dell Pub. Co., 1972.

- Willoughby, Westel Woodbury. *China at the Conference: A Report*. Baltimore: The Johns Hopkins Press, 1922.

- Willoughby, Westel Woodbury. *Foreign Rights and Interests in China*. Baltimore: The Johns Hopkins Press, 1927.

- Wucker, Michele. *The Gray Rhino: How to Recognize and Act on the Obvious Dangers We Ignore*. New York: St Martin's Press, 2016.

- Xu, Xiaoqun. *Chinese Professionals and the Republican State The Rise of Professional Associations in Shanghai, 1912-1937*. Cambridge: Cambridge University Press, 2001.

- John Kuo Wei Tchen & Dylan Yeats. *Yellow Peril!: An Archive of Anti-Asian Fear*. London & New York: Verso Books, 2014.

（二）日文專書

- リーマー著，木村幾次郎譯，《近代支那通商史論》，東京：朝日書房，1930。
- 上田正昭等編，《日本人名大辞典》，東京：講談社，2001。
- 山田辰雄、家近亮子、浜口裕子編，《橘樸翻刻と研究：京津日日新聞》，東京：慶應義塾大學出版會，2005。
- 川島真，《中國近代外交の形成》，名古屋：名古屋大學出版會，2004。
- 工藤章、田嶋信雄編，《日獨關係史：一八九〇――一九四五》，東京：東京大學出版會，2008。
- 中島岳志，《アジア主義：その先の近代へ》，東京：潮出版社，2014。
- 井上清，姜晚成等譯，《日本軍國主義》，北京：商務印書館，1985。
- 井上清、渡部徹編，《米騷動の研究》，東京：有斐閣，1997。
- 加藤陽子，《戰爭の日本近現代史：東大式レッスン！征韓論から太平洋戰爭まで》，東京：講談社，2002。
- 平川清風，《支那共和史》，上海：春申社，1920。
- 示村陽一，《異文化社會アメリカ》，東京：研究社，2006。
- 仲村哲郎，《大正デモクラシーと米騷動》，福島：歷史春秋出版，2002。

- 伊原澤周，《近代朝鮮的開港：以中美日三國關係為中心》，北京：社會科學文獻出版社，2008。
- 伊藤武雄，《満鉄に生きて》，東京：勁草書房，1964。
- 佐藤鋼次郎，《日米若し戰はば》（《日米戰爭夢物語》），東京：日本評論社，1921。
- 坂根義久，《明治外交と青木周藏》，東京：刀水書房、1985。
- 原暉之，《シベリア出兵：革命と干渉1917-1921》，東京：筑摩書房，1989。
- 麻田貞雄，《兩大戰間の日米關係—海軍と政策決定過程》，東京：東京大學出版會，1993。
- 黑川雄三，《近代日本の軍事戰略概史—明治から昭和・平成まで》，東京：芙蓉書房，2003。
- 勝田龍夫，《中國借款と勝田主計》，東京：ダイヤモンド社，1972。
- 渡辺惣樹，《日米衝突の根源：1858-1908》，東京：草思社，2011。
- 渡辺惣樹，《日米衝突の萌芽：1898-1918》，東京：草思社，2018。
- 飯倉章，《イエロー・ペリルの神話：帝国日本と「黃禍」の逆説》，東京：彩流社，2004。
- 飯倉章，《黃禍論と日本人：欧米は何を嘲笑し、恐れたのか》，東京：中央公論新社，2013。
- 藤田俊，《戦間期日本陸軍の宣伝政策—民間・大衆にどう対峙したか—》，東京：芙蓉書房，2021。

（三）中文專書

- 中國社會科學院近代史研究所翻譯室編，《近代來華外國人名辭典》，北京：中國社會科學出版社，1984。

- 天津圖書館編，《天津日租界居留民團資料》，桂林：廣西師範大學出版社，2006。

- 王棟，《青島影像1898-1928：明信片中的城市記憶》，青島：中國海洋大學出版社，2007。

- 王綱領，《歐戰時期的美國對華政策》，臺北：臺灣學生書局，1988。

- 加藤陽子，黃美蓉譯，《日本人為何選擇了戰爭》，臺北：廣場出版，2016。

- 石源華，《中華民國外交史》，上海：上海人民出版社，1994。

- 臼井勝美，陳鵬仁譯，《近代日本外交與中國》，臺北：水牛出版公司，1989。

- 吳心伯，《金元外交與列強在中國（1909-1913）》，上海：復旦大學出版社，1997。

- 吳翎君，《美國人未竟的中國夢：企業、技術與關係網》，新北：聯經出版公司，2020。

- 吳翎君，《美國大企業與近代中國的國際化》，臺北：聯經出版公司，2012。

- 吳翎君，《美國與中國政治，1917-1928：以南北分裂政局為中心的探討》，臺北：東大圖書公司，1996。

- 吳滄海，《山東懸案解決之經緯》，臺北：臺灣商務印書館，1987。

- 呂芳上，《從學生運動到運動學生：民國八年至十八年》，臺北：中央研究院近代史研究所，1994。
- 呂芳上主編，《蔣中正先生年譜長編》，臺北：國史館，2014。
- 李定一，《中美早期外交史（1784-1894）》，臺北：三民書局，1985。
- 李金銓，《報人報國：中國新聞史的另一種讀法》，香港：香港中文大學出版社，2013。
- 李紹盛，《華盛頓會議之中國問題》，臺北：水牛出版社，1973。
- 李毓澍，《中日二十一條交涉（上）》，臺北：中央研究院近代史研究所，1966。
- 李瞻，《世界新聞史》，臺北：三民書局，1992。
- 沈嘉蔚編撰，《莫理循眼里的近代中國》，福州：福建教育出版社，2005。
- 周策縱（著），周子平等（譯），《五四運動：現代中國的思想革命》，南京：江蘇人民出版社，1996。
- 季辛吉（Kissinger, Henry），顧淑馨、林添貴譯，《大外交》，上冊，臺北：智庫文化，1998。
- 季嘯風、沈友益主編，《中華民國史史料外編：前日本末次研究所情報資料（英文史料）》，桂林：廣西師範大學出版社，1996。
- 芮恩施（Paul S. Reinsch），李抱宏、盛震溯（譯）《一個美國外交官使華記：1913-1919 年美國駐華公使回憶錄》，北京：商務印書館，1982。
- 金光耀，《以公理爭強權：顧維鈞傳》，北京：社會科學文獻出版社，2022。

- 羅伊・沃森・柯里（Roy Watson Curry），張瑋瑛、曾學白譯，《伍德羅・威爾遜與遠東政策（1913-1921）》，北京：社會科學文獻出版社，1994。

- 約翰・杜威、愛麗絲・C・杜威，林紋沛、黃逸涵譯，《一九一九，日本與中國：杜威夫婦的遠東家書》，臺北：網路與書出版，2019。

- 唐啟華，《巴黎和會與中國外交》，北京：社會科學文獻出版社，2014。

- 唐啟華，《北京政府與國際聯盟》，臺北：東大圖書公司，1998。

- 唐啟華，《洪憲帝制外交》，北京：社會科學文獻出版社，2017。

- 徐國琦著，馬建標譯《中國與大戰：尋求新的國家認同與國際化》，上海：三聯書店，2008。

- 徐國琦，《中國人與美國人：從同舟共濟到競爭對決，一段被忽視的共有歷史》，臺北：貓頭鷹，2018。

- 馬建標，《衝破舊秩序：中國對帝國主義國際體系的反應（1912～1922）》，北京：社會科學文獻出版社，2013。

- 張北根，《1919年至1922年間英國與北京政府的關係》，北京：北京出版社、文津出版社，2005。

- 張家鳳，《中山先生與國際人士》，臺北：秀威資訊，2018。

- 荷馬李（Homer Lea），李世祥譯，《無知之勇：日美必戰論》，上海：華東師範大學出版社，2019。

- 郭廷以，《近代中國史綱》，香港：香港中文大學出版社，1980。
- 陳以愛，《動員的力量：上海學潮的起源》，臺北：民國歷史文化學社，2021。
- 陳存恭，《列強對中國的軍火禁運，民國八年～十八年》，臺北：中央研究院近代史研究所，1984。
- 陳鼎尹，《從王道樂土到中國研究的資料庫：超越帝國主義的滿鐵》，臺北：國立臺灣大學政治學系中國大陸暨兩岸關係教學與研究中心，2014。
- 陶文釗，《中美關係史（1911-1950）》，重慶：重慶出版社，1993。
- 陶文釗、梁碧瑩主編，《美國與近現代中國》，北京：中國社會科學出版社，1996。
- 費成康，《中國租界史》，上海：上海社會科學院出版社，1991。
- 項立嶺，《中美關係史上的一次曲折—從巴黎和會到華盛頓會議》，上海：復旦大學，1997。
- 黃新憲，《基督教教育與中國社會變遷》，福州：福建教育出版社，1996。
- 楊玉聖，《中國人的美國觀：一個歷史的考察》，上海：復旦大學出版社，1996。
- 董振平，《抗戰時期國民政府鹽務政策研究》，濟南：齊魯書社，2004 年。
- 董顯光，曾虛白譯，《董顯光自傳：一個中國農夫的自述》，臺北：臺灣新生報社，1973。
- 資中筠，陶文釗主編，《架起理解的新橋樑—中美關係史研究回顧與展望》，合肥：安徽大學出版社，1996。

- 雷麥（C. F. Remer）著，蔣學楷、趙康節譯，《外人在華投資論》，上海：商務印書館，1937。
- 瑪格蕾特‧麥克米蘭（Margaret MacMillan）著，鄧峰譯，《巴黎‧和會：締造和平還是重啟戰爭？重塑世界新秩序的關鍵180天》，臺北：麥田出版社，2019。
- 魁格海（Craighead, James R. E.），小光譯，《掘地深耕：郭顯德傳（1835-1920）在華56年的宣教士》，臺北：改革宗出版社，2007。
- 潘光哲，《華盛頓神話與近代中國政治文化》，臺北：國史館，2020。
- 蔣廷黻（編），《近代中國外交史資料輯要》，臺北：臺灣商務印書館，1972。
- 蕭明禮，《「海運興國」與「航運救國」：日本對華之航運競爭（1914-1945）》，臺北：國立臺灣大學出版中心，2017。
- 應俊豪，《公眾輿論與北洋外交》，杭州：浙江古籍出版社，2020。
- 應俊豪，《公眾輿論與北洋外交—以巴黎和會山東問題為中心的研究》，臺北：國立政治大學歷史系，2001。
- 韓德（Michael H. Hunt），《一種特殊關係的形成：1914年前的美國與中國》，上海：復旦大學出版社，1993。
- 顏惠慶，《顏惠慶自傳》，北京：商務印書，2003。
- 羅家倫主編，《國父年譜》，臺北：中國國民黨中央委員會黨史委員會，1994。

- 顧維鈞（Koo, V. K. Wellington），中國社會科學院近代史研究所（譯），《顧維鈞回憶錄》，北京：中華書局，1982。

四、論文

（一）期刊論文

- "Sig Epics," *Sigma Phi Epsilon Journal*, Vol. XXII, NO. 4 (September 1925), pp. 284-287.

- Davis, Clarence B. "Financing Imperialism: British and American Bankers as Vectors of Imperial Expansion in China, 1908-1920," *The Business History Review*, Vol. 56, No. 2, East Asian Business History (Summer 1982), pp. 236-264.

- Hall, Roger I. "A System Pathology of An Organization: The Rise and Fall of the Old Saturday Evening Post," *Administrative Science Quarterly* (1976), pp. 185-211.

- John Maxwell Hamilton. "The Missouri News Monopoly and America Altruism in China: Thomas F. F. Millard, J. B. Powell, and Edgar Snow," *The Pacific Historical Review*, 55:1(February 1986), pp. 27-48.

- Kinnosuke, Adachi. "America, Japan, and the Pacific, *Harper's Weekly* (20 February 1915), Vol. 60, pp. 177-179.

- Kinnosuke, Adachi. "Anglo-American Arbitration and the Far East," *Review of Reviews* (November 1911), Vol. 44, pp. 602-604.

- Kinnosuke, Adachi. "China and Japan and America," *Harper's Weekly* (13 April 1915), Vol. 60, pp. 330-331.

- Kinnosuke, Adachi. "The Attitude of Japan towards the United States," *The Independent* (20 June 1907), Vol. 62, pp. 1457-1459.

- Kinnosuke, Adachi. "The United States, China and Japan: What the New Understanding Means to Japan," *Asia* (December 1917), Vol. 17, pp. 788-791.

- Kinnosuke, Adachi. "Why Japan's Army Will Not Fight in Europe," *Asia* (New York, February 1918), Vol. 18, pp. 117-120.

- Lyman, Stanford M. "The Yellow Peril Mystique: Origins and Vicissitudes of a Racist Discourse," *International Journal of Politics, Culture, and Society*, Vol. 13, No. 4 (Summer, 2000), pp. 683-747

- Matsuo, Kazuyuki（松尾式之）. "American Propaganda in China: The U.S. Committee on Public Information, 1918-1919," *The Journal of American and Canadian Studies*, No.14 (March 1997), pp. 19-42.

- Noble, Gregory, Charles. "The Mandate Over Yap," *American Journal of International Law*, 15:3 (July 1921), pp. 419-427.

- Tenney, Warren John. "A Disturbance Not of Great Importance: The Tientsin Incident and U.S.-Japan Relations in China, 1919-1920," *The Journal of American-East Asian Relations*, Vol. 3, No. 4 (Winter 1994), pp. 325-344.

- Thompson, J. Lee. "'To Tell the People of America the Truth': Lord Northcliffe in the USA, Unofficial British Propaganda, June-November 1917," *The Journal of Contemporary History*, Vol. 34, Iss. 2 (April 1999), pp. 243-262.

- Thompson, J. Lee. "Fleet Street Colossus: The Rise and Fall of Northcliffe, 1896-1922," *Parliamentary History*, Volume 25, Part 1, (June 2006), pp. 115-138.

- Wheeler, Gerald E. "The United States Navy and the Japanese 'Enemy': 1919-1931," *Military Affairs*, Vol. 21, No. 2 (Summer 1957), pp. 61-74.

- Yamazaki, Keiichi. "The Japanese Mandate in the South Pacific," P*acific Affairs*, 4:2 (February 1931), pp. 95-112.

- 川島真，〈華盛頓會議與北京政府的籌備──以對外「統一」為中心〉，《民國研究》，第 2 輯（1995 年 7 月），頁 113-133。

- 王立新，〈華盛頓體系與中國國民革命：二十年代中美關係新探〉，《歷史研究》，第 2 期（2001），頁 56-68。

- 王建朗，〈日本與國民政府的「革命外交」：對關稅自主交涉的考察〉，《歷史研究》，第 4 期，頁 20-32（2002 年 8 月），頁 20-32。

- 田村尚也，〈大日本帝國海軍、榮光の 50 年史 八八艦隊への道〉，《歷史群像》，2007 年 10 月號，頁 33-49。

- 朱蔭貴，〈1895 年後日本輪運勢力在長江流域的擴張〉，《中國社會科學院經濟研究所集刊》，第 10 期（1988），頁162-187。

- 吳翎君，〈1923 年北京政府廢除《中日民四條約》之法理訴求〉，《新史學》，第 19 卷第 3 期（2008），頁 151-186。

- 吳翎君，〈從徐國琦 Chinese and Americans: A Shared

History 談美國學界對中美關係史研究的新取徑〉,《臺大歷史學報》,第 55 期(2015 年 6 月),頁 219-249。

- 吳翎君,〈歐戰爆發後中美經濟交往的關係網:兼論「美國亞洲協會」的主張〉,《國立政治大學歷史學報》,第 43 期(2015 年 5 月),頁 179-218。

- 宋開友,〈20 世紀 20 年代日本對華外交之逆轉:從幣原到田中〉,《江海學刊》,第 2 期(2005 年 4 月),頁 166-170。

- 李思潔,〈黃憲昭與《廣州時報》:對三段歷史定論的重新考證〉,《新聞春秋》,第 4 期(2015 年 12 月),頁 16 -20。

- 周月峰,〈另一場新文化運動—梁啟超諸人的文化努力與五四思想界〉,《中央研究院近代史研究所集刊》,第 105 期(2020 年 9 月),頁 49-89。

- 松村正義,〈ワシントン會議と日本の廣報外交〉,《外務省調查月報》,2002/NO.1(2002 年 6 月),頁 47-76。

- 林明德,〈簡論日本寺內內閣之對華政策〉,《臺灣師大歷史學報》,第 4 期(1976 年 4 月),頁 499-528。

- 林超琦,〈美國日本研究的形成與發展〉,《臺灣國際研究季刊》,第 5 卷第 3 期(2009),頁 73-94。

- 柯文,〈變動中的中國歷史研究視角〉,《二十一世紀》,2003 年 8 月號,頁 34-49。

- 紀立新,〈20 世紀 20 年代美日在中國的角逐〉,《寧波大學學報(人文科學版)》,第 2 期(2003 年

6 月），頁 109-112。

- 胡適，夏道平譯，〈杜威在中國〉，《自由中國》，第 21 卷第 4 期（1959 年 8 月），頁 104-107。

- 胡曉，〈段祺瑞武力統一政策失敗原因探析〉，《安徽史學》，第 1 期（2003 年 1 月），頁 50、84-86。

- 唐啟華，〈1924 年《中俄協定》與中俄舊約廢止問題—以《密件議定書》為中心的探討〉，《近代史研究》，第 3 期（2006 年 5 月），頁 1-22。

- 孫科，〈八十述略（上）〉，《傳記文學》，第 23 卷第 4 期（1973 年 10 月），頁 6-13。

- 徐煜，〈論 20 世紀 20 年代的英美海上爭霸〉，《湖北師範學院學報（哲學社會科學版）》，第 6 期（2005 年 12 月），頁 92-95。

- 徐煜，〈論 20 世紀 20 年代英美爭奪世界原料市場的鬥爭〉，《歷史教學問題》，第 4 期（2006 年 8 月），頁 26、53-54。

- 袁燦興，〈1920 年琿春事件析論〉，《瀋陽大學學報》，第 23 卷 3 期（2011 年 6 月），頁 36-39。

- 馬建標、林曦，〈近代外交的「通信變革」：清末明初國際宣傳政策形成之考察〉，《復旦學報：社會科學版》，第 5 期（2013 年 10 月），頁 30-38。

- 高瑩瑩，〈一戰前後美日在華輿論戰〉，《史學月刊》，2017 年第 4 期，頁 27-36。

- 張姍，〈中國第一所女子大學概覽——記華北協和女子大學〉，《山東女子學院學報》，2011 年第 5 期，頁 64-69。

- 張威，〈密蘇里新聞幫與中國〉，《國際新聞界》，2008 年第 10 期，頁 76-80。
- 張春蘭，〈顧維鈞的和會外交—以收回山東主權問題為中心〉，《中央研究院近代史研究所集刊》，第 23 期（下）（1994 年 6 月），頁 29-52。
- 張國良，〈1890-1939 年日本人在上海出版的報紙〉，《新聞大學》，第 18 期（1988），頁 55-58。
- 張翔、吳萍莉，〈魯迅與中美圖書公司〉，《上海魯迅研究》，第 2 期（2013 年 7 月），頁 178-182。
- 張詠、李金銓，〈半殖民主義與新聞勢力範圍：二十世紀早期在華的英美報業競爭〉，《傳播與社會學刊》，總第 17 期（2011），頁 165-190。
- 張灝，〈五四與中共革命：中國現代思想史上的激化〉，《中央研究院近代史研究所集刊》，第 77 期（2012 年 9 月），頁 1-16。
- 梁碧瑩，〈庚款興學與中國留美學生〉，《貴州社會科學》，1991 年第 12 期，頁 45-50。
- 章永樂，〈威爾遜主義的退潮與門羅主義的再解釋——區域霸權與全球霸權的空間觀念之爭〉，《探索與爭鳴》，第 3 期（2019），頁 97-109。
- 陳維新，〈國立故宮博物院所藏《中德膠澳條約》及相關輿圖說明：兼論膠州灣租借交涉〉，《國立政治大學歷史學報》，第 43 期（2015 年 5 月），頁 83-134。
- 黃自進，〈從「二十一條要求」看吉野作造的日本在華權益觀〉，《中央研究院近代史研究所集刊》，第 23 期（1994 年 6 月），頁 331-365。

- 黃福慶，〈東亞同文會——日本在華文教活動研究之一〉，《中央研究院近代史研究所集刊》，第 5 期（1976），頁 338-368。

- 楊天宏，〈北洋外交與華府會議條約規定的突破——關稅會議的事實梳理與問題分析〉，《歷史研究》，第 5 期（2007 年 10 月），頁 119-134。

- 楊濤，〈民國時期的「五四」紀念活動〉，《二十一世紀》雙月刊，2010 年 6 月號，頁 49-56。

- 葉美珠，〈國民政府鹽務稽核所的興革試析（1928-1936）〉《國史館館刊》，第 49 期（2016 年 9 月），頁 1-32。

- 劉正萍，〈「蘭辛—石井協定」簽訂的歷史事實再認知〉，《南京師大學報（社科版）》，第 6 期（2016 年 11 月），頁 104-112。

- 劉常山，〈善後大借款對中國鹽務的影響（1913-1917）〉，《逢甲人文社會學報》，第 5 期（2002 年 11 月），頁 127-146。

- 蔣一道，〈英帝國主義對華鋼鐵業和機器業〉，《新聲月刊》，第 20 期（1929），頁 27-29。

- 蔣育紅，〈美國中華醫學基金會的成立及對中國的早期資助〉，《中華醫史雜誌》，第 2 期（2011 年 7 月），頁 90-94。

- 應俊豪，〈1921 年上海虹口美日衝突事件研究〉，《臺灣師大歷史學報》，第 59 期（2018 年 6 月），頁 101-140。

- 應俊豪，〈一戰後外人對華砲艦外交論述的鼓吹及其反思〉，《海洋文化學刊》，第 30 期（2021 年 6 月），頁 1-28。

- 應俊豪，〈試論一八六〇年代的中美關係—以蒲安臣使節團為例〉，《政大史粹》，創刊號（1999 年 6 月），頁 101-123。

- 應俊豪，〈遠東的塞拉耶佛？1919 年天津租界美日衝突事件始末〉，《東吳歷史學報》，第 38 期（2018 年 6 月），頁 175-226。

- 應俊豪，〈談判桌上的海權劃分：五國海軍會議（1921-1922）與戰間期的海權思維〉，《國立政治大學歷史學報》，第 30 期（2008 年 11 月），頁 119-168。

- 薛志成，〈從英日同盟看列強在遠東的爭霸〉，《安徽史學》，第 1 期（1995 年 3 月），頁 44、92-93。

- 魏良才，〈一九二〇年代後期的美國對華政策：國會、輿論及壓力團體（傳教士、商人）的影響〉，《美國研究》，第 10 卷第 2 期（1980 年 6 月），頁 159-186。

（二）專書論文

- Bloom, S. L. "By the Crowd They Have Been Broken, By the Crowd They Shall Be Healed: The Social Transformation of Trauma," in R. G. Tedeschi, C. L. Park, & L. G. Calhoun, Eds., *Post-traumatic Growth: Theory and Research on Change in the Aftermath of Crises*, Mahwah, NJ: Lawrence Erlbaum Associates, Inc., 1998.

- Dayer, Roberta Allbert. "Anglo-American Monetary Policy and Rivalry in Europe and the Far East, 1919–1931," in B. J. C. McKercher ed., *Anglo-American Relations in the 1920s*, London: Palgrave Macmillan, 1991.

- Jensen, Marius B. "Japanese Imperialism: Late Meiji Perspectives," in Ramon H. Myers & Mark R. Peattie eds., *The Japanese Colonial Empire, 1895-1945*, Princeton: Princeton University Press, 1984.

- Jürgen Osterhammel（賀遠剛）. "Semi-colonialism and Informal Empire in Twentieth-Century China: Towards a Framework of Analysis," in Wolfgang Mommsen & Jürgen Osterhammel, eds., *Imperialism and After: Continuities and Discontinuities*, London: Allen & Unwin for the German Historical Institute, 1986.

- Kuramatsu, Tadashi. "Britain, Japan and Inter-War Naval Limitation, 1921-1936," Ian Gow, Yoichi Hirama and Joan Chapman, ed., *The History of Anglo-Japanese Relations, 1600-2000*, New York: Palgrave, 2003.

- McDonald, J. Kenneth. "The Washington Conference and the Naval Balance of Power," John B. Hattendorf and Robert S. Jordan ed., *Maritime Strategy and the Balance of Power: Britain and America in the Twentieth Century*, London: The Macmillan Press, 1989.

- McWilliams, Carey. "The Yellow Peril," *Prejudice Japanese-Americans: Symbol of Racial Intolerance*, Boston: Little, Brown and Company, 1944.

- Matz, Nele. "Civilization and the Mandate System under the League of Nations as Origin of Trusteeship," A. von Bogdandy and R. Wolfrum, eds., *Max Planck Yearbook of United Nations Law*, Leiden: Martinus Nijhoff Publishers 2005, Vol.9.
- Peattie, Mark. "The Nan'yo: Japan in the South Pacific, 1885-1945," in Peattie and Ramon H. Myers, eds., *The Japanese Colonial Empire, 1895-1945*, Princeton: Princeton University Press, 1984.
- 入江昭（Iriye, Akira），〈美國的全球化進程〉，孔華潤（Warren I. Cohen）主編，王琛等譯，《劍橋美國對外關係史》，北京：新華出版社，2004，下冊，第3卷。
- 山腰敏寬，"The Media Wars: Launching the May Fourth Movement, World War I and the American Propaganda Activities in China, Led by P. S. Reinsch and Carl Crow"（「五四運動與美國對於中國宣傳活動再論」），收錄在國立政治大學文學院（編），《五四運動八十週年學術研討會論文集》，臺北：政治大學文學院，1999。
- 川島真，〈「二十一條要求〉與中日關係〉，《一戰與中國：一戰百年會議論文集》，北京：東方出版社，2015。
- 川島真，〈再論華盛頓會議體制〉，金光耀、王建朗主編，《北洋時期的中國外交》，上海：復旦大學出版社，2006。
- 米慶餘、喬林生，〈也論幣原外交〉，米慶餘主編，《日本百年外交論》，北京：中國社會科學文獻出版社，1998。

- 臼井勝美，〈凡爾賽‧華盛頓會議體制與日本〉，
  《中國をめぐる近代日本の外交》，陳鵬仁譯，《近
  代日本外交與中國》，臺北：水牛出版社，1989。

- 金光耀，〈顧維鈞與第一次世界大戰初期的中美外
  交〉，陶文釗、梁碧瑩主編，《美國與近現代中國》，
  北京：中國社會科學出版社，1996。

- 李澤厚，〈啟蒙與救亡的雙重變奏〉，《中國現代
  思想史論》，臺北：三民書局，1996。

- 李德征，〈從口述資料看齊魯大學與山東近代化的
  關係〉，吳梓明編，《中國教會大學歷史文獻研討
  會論文集》，香港：香港中文大學出版社，1995。

- 邵建國，〈從幣原外交到田中外交〉，米慶餘主編，
  《日本百年外交論》，北京：中國社會科學文獻出
  版社，1998。

- 唐啟華，〈北洋外交與「凡爾賽—華盛頓體系」〉，
  金光耀、王建朗主編，《北洋時期的中國外交》，
  上海：復旦大學出版社，2006。

- 梁啟超，〈錦璦鐵路問題〉、〈滿洲鐵路中立化問
  題〉，《飲冰室合集》，北京：中華書局，1989。

- 陶飛亞，〈齊魯大學的歷史資料與歷史研究〉，吳
  梓明編，《中國教會大學歷史文獻研討會論文集》，
  香港：香港中文大學出版社，1995。

- 麻田貞雄，〈解説　歴史に及ぼしたマハンの影響
  ——海上権力論と海外膨張論〉，麻田貞雄編譯，
  《マハン海上権力論集》，東京：講談社，2010。

- 黃自進，〈日本駐華使領館對五四學生愛國運動的觀察〉，《思想史9：五四百年專號》，臺北：聯經出版公司，2019。
- 黑澤文貴，〈日本陸軍の對米認識〉，日本國際政治學會編，《日中戰爭から日英米戰爭へ》，東京：日本國際政治學會，1989，國際政治季刊第91號。
- 葉恭綽，〈西原借款內幕〉，中國人民政治協商會議全國委員會文史資料研究委員會（編），《文史資料選輯》，北京：中國文史出版社，1980，第3輯。
- 幣原喜重郎，外務省調查部第一課編，〈ワシントン會議の裏面觀其ノ他〉，廣賴順浩監修、編集、解題，《近代外交回顧錄》，東京：ゆまに書房，2000。
- 福島隆三，〈奈良縣新聞史〉，日本新聞協會編，《地方別日本新聞史》，東京：日本新聞協會，1956。
- 潘一寧，〈近代中國的外交演進與蒲安臣使團〉，陶文釗、梁碧瑩（主編），《美國與近現代中國》，北京：中國社會科學出版社，1996。
- 應俊豪，〈一戰後美國對「中日山東問題爭議」後續效應的觀察與評估〉，中國社會科學院近代史研究所近代中外關係史室，《近代中外關係史研究》，北京：社會科學文獻出版社，2017，第7輯。
- 應俊豪，〈一戰後美國駐華使領對日本在山東活動滲透的觀察評估〉，中國社會科學院近代史研究所，《中華民國史青年論壇》，北京：社會科學文獻出版社，2020，第2輯。
- 應俊豪，〈1919年天津衝突事件與一戰後美日在華的對抗及妥協〉，李宇平主編，《戰爭與東亞國際秩序的變動》，臺北：稻香出版社，2021。

- 應俊豪，〈民初廈門船塢交易案及其背後運作情況〉，杜繼東、吳敏超主編，《紀念福建船政創辦 150 週年專題研討會論文集》，北京：中國社會科學出版社，2019。

- 應俊豪，〈從《顧維鈞回憶錄》看袁世凱政府的對日交涉─以中日山東問題為例〉，國立政治大學文學院編，《陳百年先生學術論文獎論文集》，臺北：陳百年先生學術基金會，2000，第二期。

（三）其他論文

- Wang, Yi. *Journalism under Fire in China: The Shanghai Evening Post and Mercury 1929-1949*, Dissertation of Asian Studies, School of Humanities, University of Tasmania, 2016.

- Jason Barrows, "The Japanese Yellow Peril," Proceedings of International Academic Conferences 5007625, International Institute of Social and Economic Sciences, 2017.

- 任天豪，〈胡惟德與清末民初的「弱國外交」〉，臺中：國立中興大學碩士論文，2004。

- 李柄佑，〈清末民初列強京津駐軍研究（1900-1928）〉，臺北：國立政治大學碩士論文，2013。

- 李慶西，〈段祺瑞與民初政局（民國五年至民國九年）〉，臺北：國立臺灣師範大學碩士論文，1976。

- 家近亮子，〈橘樸的孫文論──以新發現之資料《京津日日新聞》為中心〉，國父紀念館主辦，第八屆孫中山與現代中國學術研討會，臺北，2005 年 11 月。

- 郭宗禮，〈中美庚款興學論析（1904-1929）〉，濟南：山東師範大學碩士論文，2007。

- 黃世雄，〈「蒲安臣使團」之研究〉，臺北：私立中國文化大學中美關係研究所碩士論文，1980。

- 廖敏淑，〈巴黎和會與中國外交〉，臺中：中興大學碩士論文，1998。

- 黎國珍，〈安森・蒲安臣與一八六一至一八七〇年之中美關係〉，臺北：私立輔仁大學碩士論文，1980。

- 蕭道中，〈第一次世界大戰德國戰爭罪問題研究〉，臺北：國立政治大學博士論文，2009 年。

- 應俊豪，〈戰時宣傳：甲午戰爭期間日本外務省操控英文新聞輿論的嘗試〉，政大人文中心主辦，「和戰之際的清末外交」研討會，2018 年 2 月 2 日。

五、網路資源

- "Annual Report Letter of G. A. Fitch, Acting Association General Secretary, Young Men's Christian Association, Shanghai, China, for the Year Ending Sept. 30, 1919," University of Minnesota Libraries, Kautz Family YMCA Archives, ymca-forsec-00727（http://www.lib.umn.edu/ymca）（擷取時間：2019 年 1 月 22 日）。

- "William Randolph Hearst: American Newspaper Publisher," *Encyclopaedia Britannica*（https://www.britannica.com/biography/William-Randolph-Hearst）（擷取日期：2019 年 3 月 26 日）。

- Nish, Ian. "The First Anglo-Japanese Alliance Treaty" & David Steeds, "The Second Anglo-Japanese Alliance and the Russo-Japanese War" & Ayako Hotta-Lister, "The Anglo-Japanese Alliance of 1911," cited from Ayako Hotta-Lister, Ian Nish, and David Steeds, "Anglo-Japanese Alliance," LSE STICERD Research Paper, No. IS432 (April 2002)（https://ssrn.com/abstract=1162038）（擷取時間：2018 年 8 月 8 日）。

- Steeds, David. "The Second Anglo-Japanese Alliance and the Russo-Japanese War," cited from Ayako Hotta-Lister, Ian Nish, and David Steeds, "Anglo-Japanese Alliance," LSE STICERD Research Paper, No. IS432 (April 2002)（https://ssrn.com/abstract=1162038）（擷取時間：2020 年 7 月 18 日）。

- *The Herald of Asia: A Review of Life and Progress in the Orient*, 1916-1938。（https://searchworks.stanford.edu/view/484697）（擷取時間：2020 年 9 月 10 日）。

- The Hoover Institution Archives, "Register of the C. F. Remer Papers," Collection Number: 72016（https://oac.cdlib.org/findaid/ark:/13030/tf5779n7gh/）（擷取時間：2019 年 11 月 1 日）。

- Carlyle, Thomas. *Life of John Sterling*（https://www.gutenberg.org/files/1085/1085-h/1085-h.htm）（擷取時間：2019 年 6 月 7 日）。

- Dorn, Walter. "League of Nations Covenant and United Nations Charter: A Side-by-Side (Full Text) Comparison,"

12 May 2008，（https://walterdorn.net/pdf/UNCharter-LeagueCovenant-Comparison_Dorn.pdf）（擷取時間：2019 年 12 月 7 日）。

- デジタル版 日本人名大辞典 +Plus，佐藤鋼次郎條（https://kotobank.jp/word/ 佐藤鋼次郎 -1078640）（擷取時間：2018 年 5 月 3 日）。
- 日本國會圖書館，《近代日本人の肖像》，「秋山雅之介」（https://www.ndl.go.jp/portrait/datas/461.html）（擷取時間：2019 年 5 月 7 日）。
- 臺灣基督教青年會協會，基督教青年會歷史（http://www.ymca.org.tw/）（擷取時間：2020 年 9 月 28 日）。
- 日本神戶大學附屬圖書館，「新聞紀事文庫」（https://da.lib.kobe-u.ac.jp/da/np/）
- 美國康乃爾大學圖書館珍稀手稿部門（Division of Rare and Manuscript Collections, Cornell University Library）藏，《惠勒文件》（*William Reginald Wheeler Papers, 1927-1957*）（http://rmc.library.cornell.edu/EAD/htmldocs/RMM04284.html）（擷取時間：2020 年 11 月 20 日）。

民國論叢 13
歐戰後美日兩國在華的對抗
Confrontation between the United States and Japan
in China after World War I

作　　者　應俊豪
總 編 輯　陳新林、呂芳上
執行編輯　林育薇
封面設計　溫心忻
排　　版　溫心忻
助理編輯　詹鈞誌

出　　版　 開源書局出版有限公司
　　　　　香港金鐘夏愨道 18 號海富中心
　　　　　1 座 26 樓 06 室
　　　　　TEL：+852-35860995

　　　　　民國歷史文化學社 有限公司
　　　　　10646 台北市大安區羅斯福路三段
　　　　　　　　37 號 7 樓之 1
　　　　　TEL：+886-2-2369-6912
　　　　　FAX：+886-2-2369-6990

初版一刷　2023 年 10 月 31 日
定　　價　新台幣 800 元
　　　　　港　幣 220 元
　　　　　美　元　30 元
I S B N　978-626-7370-16-2（精裝）
印　　刷　長達印刷有限公司

http://www.rchcs.com.tw

國家圖書館出版品預行編目 (CIP) 資料
歐戰後美日兩國在華的對抗 = Confrontation
between the United States and Japan in China
after World War I/ 應俊豪著 . -- 初版 . -- 臺北市：
民國歷史文化學社有限公司 , 2023.10

　　面；　公分 . -- (民國論叢 ; 13)

ISBN 978-626-7370-16-2 (精裝)

1.CST: 中美關係　2.CST: 外交史

645.24　　　　　　　　　　112015499